强圉作噩仲吕啓工　閼逢執徐蕤賓蕆事

沈　奇　石　撰著

學苑出版社

二〇二一年度教育部哲學社會科學重大課題攻關項目出土商周秦漢文獻通假語料的整理與數據庫建設研究（21JZD043）階段性成果

图书在版编目（CIP）数据

上博简文字编 / 沈奇石撰著. — 北京 : 学苑出版社, 2025. 1. — ISBN 978-7-5077-7029-2

Ⅰ. K877.54

中国国家版本馆 CIP 数据核字第 2024YP1622 号

责任编辑：张鹏蕊
出版发行：学苑出版社
社　　址：北京市丰台区南方庄 2 号院 1 号楼
邮政编码：100079
网　　址：www.book001.com
电子邮箱：xueyuanpress@163.com
联系电话：010-67601101（营销部）、010-67603091（总编室）
印 刷 厂：廊坊市印艺阁数字科技有限公司
开本尺寸：889 mm × 1194 mm　1/16
印　　张：76.125
字　　数：1200 千字（插页、图等）
版　　次：2025 年 1 月第 1 版
印　　次：2025 年 1 月第 1 次印刷
定　　价：980.00 元（全二册）

目錄

附编

附録

序

白於藍

1925年，王國維先生在清華大學國學研究院任教時，暑期應學生會邀請，做了題爲《最近二三十年中中國新發見之學問》的著名講演，指出中國“古來新學問大都由於新發現”，認爲19世紀末到20世紀初中國最大發現分别是殷墟甲骨文字、敦煌塞上及西域各處之漢晉木簡、敦煌千佛洞之六朝及唐人寫本書卷、内閣大庫之元明以來書籍檔冊，“此四者之一，已足當孔壁汲塚所出，而各地零星發見之金石書記於學術有大關係者，尚不與焉。故今日之時代可謂之發見時代，自來未有能比者也”。自此之後，學界分别對其所指出的四種資料加以深入研究，並且發揚光大，均各自形成了專門而獨立的學術領域。如今近一百年過去了，身處考古大發現時代的我們，仍不時會感慨先生當年“古來新學問大都由於新發現”之遠見卓識。

王先生所言之殷墟甲骨文字，後經學者自覺或不自覺地將之與殷周金文、戰國文字等學術領域加以整合，就形成了今天的古文字學。今天看來，所謂的古文字學，表面上就是先秦漢字學，但其真實情況遠非如此。該學科的研究領域其實非常廣闊，研究内容亦非常複雜，從傳統《說文》學之研究到基礎的古文字考釋，從先秦出土文獻整理到傳世文獻研討，從文義句式判斷到古書校勘，從古史考校到思想闡發，甚至還有字體字跡分類研究等。林林總總，方方面面。總之，凡出土先秦有字材料所涉，均爲今天古文字學之研究範疇，有時還要兼顧古器物學。其研究領域，顯然早已不限於文字學，更不限於古文字學。研究古文字，不僅需要掌握古文字學的基礎理論和研究要領，還需要在全方位研讀出土材料的基礎上習讀傳世古書，同時還要掌握古音韻學和訓詁學的基礎知識，並能熟練而科學運用。研究古文字，更需要在信息化時代之今天，通過電子化整理，對當前學術研究成果有最大限度的吸納，並能對已有學術成果做出公允的思考和合理的評判。其辛苦程度，不言而喻。

1998年，文物出版社出版了荆門市博物館主編的《郭店楚墓竹簡》一書，在古文字學界引起極大震動，開啟了戰國竹簡古書的研究熱潮，同時也引起了歷史文獻學、學術思想史等相關領域學者的極大關注。2001年，上海古籍出版社出版了馬承源先生主編的《上海博物館藏戰國楚竹書》第一冊。到2012年，上博簡總計整理出版了九冊。時至今日，儘管上博簡還有部分剩餘殘簡尚未公佈，給學界研究留下了諸多遺憾，但有關上博簡的學術重要性，學界自有公論。上博簡的體量遠比郭店簡龐大，古書内容更爲豐富。就古文字學界而言，上博簡的公佈，不僅提升了學界整體的古文字釋讀能力，同時也提升了學界對簡帛古書和傳世古書的整體認知。在該簡逐冊公佈的直接推動下，戰國竹書的研究很快就成了古文字研究領域中當之無愧的“顯學”。就目前已經公佈出來的材料而言，上博簡所承載的學術内涵和學術影響力，是需要學界今後數十年去吸納和消化的。

近十年來，隨著清華簡和安大簡的逐冊公佈，有關上博簡的研究熱度看似有所下降。但與此同時，隨著新材料的公佈，上博簡當中的一些重要篇章仍會不時被學界拿出來重新研討，比較典型的例子如《曹沫之陣》。2004年，上博簡第四冊中公佈有《曹沫之陣》一篇。該篇以問答的形式記錄了魯莊公與曹沫之間有關兵學方面的内容，爲古兵書，由北京大學李零先生整理注釋。原簡有很多都在中間折斷，給拼接編聯工作帶來了很大困難。李零先生整理出來的結果是“原書包括整簡四十五支，殘簡二十支”，並將這六十五支簡分爲十七個拼聯組。之後，廖名春、陳劍、陳斯鵬、李鋭等多位學者以及本人都參與了對該篇拼接編聯問題的討論，但各種結果都認爲該篇有缺簡和殘簡，並非完整的一篇，只能以編聯組的形式呈現。直至 2022 年，安大簡第二冊公佈，該冊中亦有一篇《曹沫之陣》。兩相比對，現在我們知道上博簡的《曹沫之陳》其實是相當完整的一篇，只因其部分竹簡的中間折斷而殘損了個別字而已。相比之下，安大簡該篇的殘損程度卻要高很多，甚至有缺簡，反倒不如上博簡完整。這種現象，不僅爲學界今後進行竹簡拼接編聯工作提供了很好的參考案例，而且留給了我們很多值得今後去進一步思考和研究的空間。同時可見，對上博簡的整理研究，還遠未完結，而且任重而道遠。

沈奇石 2016 年考入華東師範大學中文系，跟隨我攻讀碩士學位。當初給他擬定的碩士論文題目是《〈上海博物館藏戰國楚竹書〉（一－九）文字編》。上博簡體量巨大，字數甚多。有些篇章字形特別，很多字由於竹簡保存狀況不良而發生變形，很多疑難字的考釋學界亦爭議甚大，我本人亦很難確定到底爲何字。回想起來，將這樣一份工作交給一個剛入門不久的碩士生去做顯然很有難度，也很令人擔心和焦慮，而且類似這樣的工作似乎也不應該是由一個剛剛入學不久的碩士生來做。但他十分刻苦用功，不論節假日，幾乎每天都在我的辦公室裡讀書和整理資料，認認真真堅持做了下來，在原始文本的整理復原以及相關研究成果的甄別與吸收方面都下了很大功夫。碩士畢業時，獲得了外審專家和答辯委員會的一致好評。碩士期間，他還因勤於思考、學習勤奮和成績優異而獲得過國家獎學金。

2020 年，沈奇石繼續跟隨我攻讀博士學位。本次出版的《上博簡文字編》是其在讀博期間對其碩士學位論文進行進一步增補修繕後完成的。毋庸諱言，該論文是本人目前所見的有關上博簡字編編撰方面的釋字最精審、收字最完整的文字彙編。經歷了數年的增補修繕和打磨，其學術質量是可以保證的。沈奇石在學期間還協助我做了大量工作。我所主持的科研項目，他都積極參與，承擔了很多工作。我近年來還承擔了華師中文系的研究生讀書會工作，沈奇石亦能積極組織並協調師弟師妹們學習研討，共同進步。

文化在傳承，文明在延續。古人云“千里馬常有，伯樂不常有”，但就本人這些年帶學生的經歷和經驗來講，其實千里馬並不常有，甚至十分罕見。出土文獻和古文字學向來以難學著稱，且來不得半點投機取巧。一路走來，我想沈奇石對此也應該是深有體會和感觸的吧。在此，衷心祝願沈奇石能夠永葆青春活力，在學術道路上繼續發揚拼搏精神，青出於藍而勝於藍！

二〇二三年五月　於上海嘉怡水岸

前　言

一

上海博物館收藏的戰國竹簡目前主要有兩宗。第一宗收購、入藏於一九九四年，計三批次，原整理者合計竹簡 1200 餘枚，35000 餘字。[1] 這批材料經整理定名爲“上海博物館藏戰國楚竹書”，於二〇〇一年至二〇一二年陸續集結出版了九冊圖版與釋文。此後，曹錦炎先生公佈了《卉茅之外》及《凡物流形》逸簡，另有個別學者在論著中偶及若干逸文。[2] 第二宗收購於二〇〇〇年三月六日，原整理者合計完、殘竹簡 400 餘枚。[3] 該宗材料與第一宗的關係目前不明，且截至二〇二四年七月尚未公佈。[4] 馬承源先生曾介紹，集結出版的《上海博物館藏戰國楚竹書》衹收入第一宗，[5] 故目前學界所謂“上海博物館藏戰國楚竹書”一般僅指第一宗材料，本書亦如是，並簡稱爲“**上博簡**”。此外，香港中文大學文物館藏有十枚戰國楚簡。這十簡大都可編聯入“上博簡”中，故本書亦將其納入。[6]

“上博簡”竹簡年代距今 2257 ± 65 年，即公元前 307 ± 65 年，時處戰國中晚期。截至二〇二四年七月，“上博簡”已公佈竹簡（含完、殘簡支，無圖版者不計）經拼綴 921

1　據馬承源先生介紹，“一九九四年五月間，這批竹簡送抵上海博物館”，至“一九九四年秋冬之際”又獲贈“四百九十七支”（馬承源：《戰國楚竹書的發現保護與整理》，《上海博物館藏戰國竹書（一）》前言，上海古籍出版社，2001 年），“前後兩次入藏的楚簡共一千兩百餘支”（朱淵清：《馬承源先生談上博簡》，《上博館藏戰國楚竹書研究》，上海書店出版社，2002 年，第 4 頁）。濮茅左先生在《新出土戰國楚竹書研究》“前言”（上海辭書出版社，2017 年）中披露：“一九九四年三月十二日，收購第一批竹簡，四百餘枚。一九九四年四月二十七日，收購第二、三批竹簡，八百餘枚。”結合兩位親歷者所言，1994 年入藏的這宗竹簡在當年三至四月分三次收購，又分兩次入藏，總數爲 1200 餘枚。

2　如李零《讀上博楚簡〈周易〉》（《中國歷史文物》，2006 年第 4 期）披露了《周易》殘簡一段；濮茅左《關於上海戰國竹簡中“孔子”的認定——論〈孔子詩論〉中合文是“孔子”而非“卜子”“子上”》（《中華文史論叢》2001 年第 3 輯，第 29 頁）、鄔可晶《〈孔子家語〉成書考》（中西書局，2015 年，第 59 頁）披露了《子路初見》部分內容等。唯這些簡文均未附錄相應圖版。

3　濮茅左：《新出土戰國楚竹書研究》“前言”。

4　其中含有一部“字書”，參見朱淵清：《馬承源先生談上博簡》，《上博館藏戰國楚竹書研究》，第 4 頁。整理者定名爲“字析”。該篇“簡長四十六釐米，書寫嚴謹，單字的字形固定，如常用字‘亓’‘丌’兩形，字書只用‘亓’，而不用‘丌’形，可謂出國文字規範的模本。”（濮茅左：《戰國竹簡書法藝術》“前言”，中西書局，2020 年）據福田哲之先生從濮茅左先生處所聞，該篇有百餘枚（含殘簡），內容包括介紹字之部首、部首下轄字數、以及關於正字、假借、轉注（按，原文用“転（轉）注”一詞，未知簡文是否真有這類信息）等通用情況的解說，參見戦国楚簡研究会（福田哲之撰寫）：《上海博物館蔵戦国楚簡「字書」に関する情報》，《中国研究集刊》第 43 号，2007 年，第 115 頁。李零先生透露，該篇“主音”，雖說“有些例子是講字形，例如美”，“它的解釋是‘人植羽爲美’”，“但更多的例子是以聲旁串連，把聲旁相同的字列爲一組。比如聲旁爲‘甚’的字有一串，它的講法是，同樣是‘甚’字，加一個形旁是什麼字，換一個形旁又是什麼字。”參見李零：《文字大一統和國家大一統是配套的》，澎湃新聞，2016 年 1 月 25 日。可見，這部“字析”的內容更像後世聲系，這種形式的先秦字書是前所未聞的。另有“吳越史料”，參見濮茅左：《戰國竹簡書法藝術》“前言”。筆者曾訪詢曹錦炎先生，亦有此說。

5　朱淵清：《馬承源先生談上博簡》，《上博館藏戰國楚竹書研究》，第 4 頁。

6　馬承源先生謂與“上博簡”同批的竹簡“據說其他大學單位也有收藏，但未見發表”。參見朱淵清：《馬承源先生談上博簡》，《上博館藏戰國楚竹書研究》，第 4 頁。

枚（原整理者拼綴爲 981 枚），可構成約 84 篇文獻，[7] 佔第一宗“上博簡”總量八成有餘。[8] 其內容遍及經史、諸子、詩賦、兵書、方數。其文字構形豐富，書風多樣。材料一經公佈，便引起學界熱議。

如此大宗的文字資料橫空問世，學界勢必亟需相應的文字編以爲參照。過去已出版的“上博簡”紙質文字編主要有四種：甲）李守奎、曲冰、孫偉龍等撰《上海博物館藏戰國楚竹書（一－五）文字編》（作家出版社，2007 年）；乙）饒宗頤、徐在國等編纂《上博藏戰國楚竹書字匯》（安徽大學出版社，2012 年）；丙）徐在國著《上博楚簡文字聲系（一－八）》（安徽大學出版社，2013 年）；丁）徐加躍、賀一平編纂《上海博物館藏楚簡字形合編》（上海古籍出版社，2024 年）。另有網絡檢索數據庫——可謂“網絡文字編”，可專查“上博簡”的主要有七種：甲）武漢大學簡帛研究中心研發的“中國古代簡帛字形、辭例數據庫”（http://www.bsm.org.cn/database/zxcl）；乙）香港中文大學中國文化研究所劉殿爵中國古籍研究中心研發的“漢達文庫”下的“竹簡帛書二”（https://wjwx.ecnu.edu.cn/wenzidb/Home/Login.aspx）；丙）華東師範大學中國文字研究與應用中心開發的“中國文字智能檢索網絡數據庫·戰國楚簡數據庫”（https://wjwx.ecnu.edu.cn/wenzidb/Home/DbIntro.aspx?Type=1030）；丁）“中央”研究院歷史語言研究所陳昭容先生領銜研發的“先秦甲骨金文簡牘詞彙庫”（https://inscription.asdc.sinica.edu.tw）；戊）顧國林先生研發的“古音小鏡·楚簡字形庫”（http://www.kaom.net/jianc.php）；己）白右尹先生研發的“戰國竹簡全文資料庫”（https://script.tw/）；庚）吉林大學“古文字＋人工智能”團隊研發的“文字智慧平臺”（https://jidagwz.com/guwenzipc/search）。這些紙質或網絡文字編基本涵蓋了當時已知的全部材料，且具有相當的釋讀水平，至今仍是學界查檢“上博簡”字詞的重要工具。但上述文字編或多或少存在圖樣不清、文字誤釋、歸字不當等問題。隨著新材料不斷湧現，相關釋讀研究日益深入，撰集一部呈現當前階段材料全貌與釋讀水平的“上博簡”文字編的時機已經完全成熟。

二

本書作爲一部新“上博簡”文字編，正基於此而撰集。下面擬就本書若干修撰體例作簡要說明：

（一）單字圖樣體例

本書所錄單字圖樣力求高清保真，故其底本主體採自《上海博物館藏戰國楚竹書》（一——九）的放大圖版。其中，《詩論》簡 1 第 17、18、21 字，簡 3 第 21 字，簡 5 第 14 字，簡 14 第 16 字，簡 15 第 11 字，《子羔》簡 7 第 16 字，簡 8 第 25 字採自濮茅左《戰國楚簡書

7　相關數據基於本書擬定的分篇、綴合意見，參見本書附錄一“綴合字信息表”及附錄二“釋文”。

8　目前已知未完整公佈的篇目至少有《子路初見》（篇題後加）、《叔百（伯）》、《司馬子有問於白炎》、《閻穀先驅》甲乙本、《左司馬言》、《靈王既》、《百占辭賞》（篇題後加）、《謙恭淑德》、《昭王聽賽人之告》（篇題後加）、《有所》（篇題後加）、《寢尹曰》（篇題後加）、《齊師子家》（篇題後加）、《殷言》、《亡道之世》（篇題後加，原整理者誤釋“世”爲“喪”）、《星》（篇題後加）與《製〔衣〕》（篇題後加，舊與《星》合稱《日書》）17 篇。首篇參見濮茅左《關於上海戰國竹簡中“孔子”的認定——論〈孔子詩論〉中合文是“孔子”而非“卜子”“子上”》及鄔可晶《〈孔子家語〉成書考》（第 60 頁），其餘參見李零：《簡帛古書與學術源流》（修訂本），生活·讀書·新知三聯書店，2020 年，第 270-271，296-297，403 頁；李零：《上博楚簡古書叢鈔（局部）》，未刊。其中，《子路初見》《謙恭淑德》《寢尹曰》等篇或與已公佈的簡文有關，詳見附錄二“釋文”相應篇題說明；《星》、《製〔衣〕》與《齊師子家》、《亡道之世》分欄雜抄於《君子爲禮》、《弟子問》等篇簡背。另有《宮》《公子》《思民毋台》《葉公子》4 篇篇題，參見濮茅左《戰國竹簡書法藝術》“前言”。唯不知其隸屬於哪一宗“上博簡”。

法藝術·竹簡書法選字一》所附圖版；《性情論》簡 13 第 2 字採用原整理者所製摹本；《三德》簡 8 第 39 至 49 字計 11 字更以《上海博物館藏戰國楚竹書（五）》第 293 頁更清晰的紅外圖版；《凡物流形》甲篇簡 13 首字及乙篇補簡可見九字採用曹錦炎《上海博物館藏戰國竹書楚辭箋注》所附陳建勝先生摹本；《成王既邦》簡 2 第 3 字，簡 8 第 8 字採自濮茅左《戰國楚簡書法藝術·竹簡書法選字三》所附圖版。此外，另有四批零簡採自相應的著錄書：甲）"港中零簡"主體採自《香港中文大學文物館藏簡牘·甲、戰國楚簡》，其中簡 1、簡 3、簡 4 更以《中國法書全集 1·先秦秦漢》中更高清的圖版；乙）"上博零簡"採自《上海博物館藏戰國楚竹書》（一）第 129、135 頁所附紅外圖版；丙）《卉茅之外》採自曹錦炎《上博竹書〈卉茅之外〉注釋》所附圖版；（丁）"藝術·選六"採自濮茅左《戰國楚簡書法藝術·竹簡書法選字六》所附圖版（第 130 頁第 1 字與第 5 字重，第 5 字不收）。

同時，由於上述圖版文字不少存在墨跡漫漶、構件殘損、誤拼失綴等問題，若直接取用原始單字彩圖，即使高清放大，其觀感亦不佳，甚至不少墨跡難以甄辨，印刷出版的效果恐怕更難合人意。因此，本書在原始單字彩圖基礎上，經過去除底色、消除污漬、殘簡勾邊、拼綴復原等多道工序，使文字墨跡清晰準確地呈現在讀者面前。保證字形真實性的同時，又能最大程度地優化觀感，便於檢用。

（二）收字體例

本書收錄了二〇二四年七月以前已公佈的"上博簡"全部可見文字資料，無論殘形漶跡，應收盡收。《性情論》殘簡 4 與《凡物流形》乙篇補簡，除後者可見的九字收錄正編外，其餘難辨存字情況，因此僅著錄兩簡圖版，參見本書附錄三"備考簡文"。

本書還收錄了簡序字、卦畫符與"＝"符三類符號。簡序字、卦畫符各自獨立爲一卷。"＝"符附字合收：若表示重文或省代，則據所附字歸入正編；若表示合文，抑或兼示重文與合文，則獨立爲一卷。其他非文字類符號（如標點、誤畫墨道等），若無爭議，一般不予收錄。此外，"上博簡"有見若干"印文"，多數是本書已收文字的反印墨跡，故本書原則上不予收錄。部分受"印文"所覆且過去影響辨識的文字，則適當保留"印文"痕跡。

（三）隸定體例

本書字頭（含子字頭）的隸定，原則上採用精準的嚴式，保證字形信息完整；同時兼顧學界慣例，對若干文字採用寬式，避免字頭繁複。具體來說：1）構件不同的異體、省體、譌體（包括譌誤與混同兩類情況）一般據形從嚴隸定；2）構件相同，但結構不同的異構字一般從寬隸定；3）一字之異寫，一般從寬隸定；4）難以精準隸定的變異（包括但不限於繁化、簡化、加飾）構件一般不輕易另作隸定。

（四）歸字體例

本書歸字時，總體依據徐鉉本《說文解字》（陳昌治刻本，下文簡稱《說文》）體例編排。在具體歸字時，參酌文字職用實際，避免機械式據形比附。具體來說：

甲）關於《說文》重出字頭，本書亦重出。下屬字形一般收錄於首次出現的字頭下，其他重出字頭下僅出一形，以作提示之用。

乙）關於《說文》重文，若與字頭正篆爲異體或異構關係，本書一般從其歸置。若爲假借、轉注或誤收（如形譌等）關係，本書一般另作歸寄，並於原《說文》重文所在字頭下重出；若歸寄的字頭與原《說文》重文歸部相同，則不重出，如"莽"實爲廾部"廾"字異體，《說文》假借爲"阱"字古文，"廾""阱"又同在廾部，故改歸"廾"下而不重出。

丙）關於《說文》分合不合理且影響歸字的部首或字頭，本書一般會略作調整。如《說文》強分“屮”“艸”爲兩個部首，其實用法無別，本書便將《說文》未收的从屮之字悉數歸入“艸”部。

丁）關於《說文》逸收表意字、部首爲《說文》所逸收之形聲字、部首不明字以及《說文》所逸雙聲符字，本書專設卷十五，統一歸寄。

戊）關於與《說文》字頭構成同構異字關係之字，本書一般據其音義歸寄相應字頭下，或據部首另設字頭。若干辭例過少或單一者，於《說文》同形字頭下重出，抑或暫寄構形對應的《說文》字頭下。

己）關於職用尚未分化或分化尚不徹底、但《說文》對應字頭已分立者，本書一般據形歸字，若干例作重出處理。

庚）關於構形不同的異體，本書一般據其音義歸於《說文》系統對應的字頭下。若該異體與《說文》字頭部首不同，則據其部首重出；若相同則不重出，如“禍”爲“禍”字異體，與“禍”同屬示部，則不重出。

辛）諸如省形、形近致譌／混者，本書歸寄正體字頭下，外標“〈〉”。若是其他因素所致譌字，一般據形歸字。如“[illegible]（膻）”（二・民之 11・32）爲“備（服）”蒙上而誤書，非因形近，故仍歸“膻”下。

（五）按語體例

過去的文字編蓋受限於體例，其按語大都惜字如金。歸字意見仿佛草蛇灰線，隱於不言。本書則不煩加設千餘條按語，方便讀者知悉歸字之緣由。本書按語內容包括但不限於：甲）對上述歸字體例所涉字頭作簡要說明；乙）對疑難字以及殘泐字、未識字過往的釋讀意見斟酌折衷，留存相對合理的看法，偶附謭識；丙）對若干文字（如“裿”（七・鄭子甲 04・19）、“訁”（五・君子 04・16）、“訍”（六・用曰 14・30）、“收”（五・三德 10・33）、“戹”（六・用曰 14・30）等）抑或構件（如“辛”“辛”之辨，詳見卷二“辞”下；“貯”“賈”之辨，詳見卷六“賓”下等）略出己見，以供參考。必要時或附辭例，以輔助說明。

上述體例中不僅有過去字編的通行辦法，還有若干撰者著意的新創之舉。雖說“著意尋春不肯香，香在無尋處”，但是這番著意若能凸顯乃至提升這部工具小書的學術價值——起碼看上去不止是件“剪刀”與“漿糊”裁貼出來的活計，那便是撰者莫大的榮幸。能否如願，有待列位看官審正。

三

以上簡要交代了本書在撰集過程中遇到的若干體例問題及其處理方式。本書歸字及文末釋文之編聯、括讀，蓋博採諸家辯論，平心折中以成。囿於體例，所吸收的諸家意見未能悉數隨文注出來源，唯存目於書末“徵引及參考文獻要目”，謹請讀者海涵。同時，本書還融入了若干筆者的新釋讀或編聯意見，同樣難以詳證，亦懇請讀者斟酌。

劉釗先生曾在初版《新甲骨文編》的後記中指出：“任何文字編衹能代表某個時段的水準”，[9] 本書也不例外。且況限於撰者的學殖與精力，本書肯定還有不少考慮不周的地方，唯有待後來者再作訂正。

9 劉釗：《新甲骨文編》，福建人民出版社，2009年。

凡 例

一 本書收字範圍爲二〇二四年七月以前已公佈的“上博簡”全部可見文字，計二萬八千六百六十八字（重合文作一字計，下同）。其中正編收錄的總字頭計二千一百五十八個，其下設子字頭計二千七百六十六個；附編收錄的合文字頭卌六個、未識字卌九個、残泐字一百廿七個，另收有簡序字四個、卦畫符廿五個。

二 本書主體由正編、附編、附錄三部分組成。正編情況參見凡例第三條。附編收錄合文、簡序字、未識字、殘泐字和卦畫符。附錄由“綴合字信息表”“釋文”與“備考簡文”構成。

三 本書正編十五卷。前十四卷字頭編次主要依據陳昌治刻徐鉉本《說文解字》（以下簡稱“大徐本《說文》”）體例。個別據徐鍇《說文解字繫傳》（以下簡稱“小徐本《說文》”）等增補。凡其意符存見於《說文》部首體系的《說文》逸字，據部歸寄。第十五卷收錄《說文》所逸表意字、部首《說文》所逸形聲字、部首不明字以及《說文》所逸雙聲符字。

四 本書正編每一字頭下依次臚列：甲）總字頭、乙）《說文》篆形、丙）子字頭、丁）單字圖樣、戊）單字圖注、己）辭例、庚）按語。其中乙、己、庚按需間出。此七項具體體例如下：

甲）總字頭採用隸定形體。若該字與《說文》篆字（含重文）有關，則總字頭用大徐本《說文》正篆隸定形體。

乙）《說文》篆形一般出大徐本《說文》正篆。若所收字形與《說文》重文相合或有源流關係，則改出重文篆形，以便“會最比屬，以尋古文大小篆沿革之大例”（孫詒讓《名原》自序），並注明古、籀、或、篆（非字頭正篆）、俗、秦刻石等——上述定名一般以大徐本《說文》爲準。篆形選用教育部人文社會科學重點研究基地重大研究課題《〈說文解字〉〈原本玉篇〉和〈篆隸萬象名義〉比較研究》（01JAZJD740007）研發的篆形。個別篆形據大徐本《說文》其他版本或小徐本《說文》稍作修改。

丙）子字頭呈現的是總字頭下各類異構（含異體、省體、譌體）形體的隸定面貌，採用本書前言規定的嚴式隸定形體。子字頭的編次，以與篆形最近者爲正，其餘分列其左。個別異構字僅作分行，不出子字頭，如“者”下異構諸形等；異寫者一般亦僅分行，不出子字頭，如“天”下異寫諸形。

丁）單字圖樣一般情況下去除底色，保留墨跡。至若字跡極度漫漶者，保留原底色。字形大小據字編排版予以等比例調整。

戊）單字圖注包含冊序、篇名、簡號、簡序、綴合等信息。如“一·詩論18·01綴”，表示《上海博物館藏戰國楚竹書（一）》中《詩論》篇第18簡第1字，且此字樣經綴合而成。凡有經過拼綴復原者，均注明“綴”，本書所採用的拼綴方案參見附錄一“綴合字信息表”。

己）辭例按需間出，一般用於需要憑藉語境來說明問題的字例。辭例中的字詞若無爭議，一般徑作破讀處理，並使用“△”代表該字，“〈〉”注出譌字的正字，“{}”注明衍文，以“〔〕”注出可補出的文字，以“□”表示殘泐字，以“……”

表示簡文殘缺。若其中的字詞釋讀尚存爭議，用“（ ）”/“（？ ）”括出。辭例僅在句中另用其他句讀符號時，其末尾施加句號。完整釋文參見附錄二“釋文”。

庚）按語按需間出。凡涉按斷，前加“按”字。

五　編末另設《筆畫索引表》。

書名篇名稱引對照表

原稱	引稱	原稱	引稱
上海博物館藏戰國楚竹書（一）	一	從政（甲乙）	從政乙
孔子詩論	詩論	昔者君老	昔者
紂衣	緇衣	容成氏	容成氏
性情論	性情論	上海博物館藏戰國楚竹書（三）	三
上海博物館藏戰國楚竹書（二）	二	周易	周易
民之父母	民之	中弓	中弓
子羔	子羔	亙先	亙先
魯邦大旱	魯邦	彭祖	彭祖
從政（甲篇）	從政甲		

原稱	引稱	原稱	引稱
上海博物館藏戰國楚竹書（四）	四	鮑叔牙與隰朋之諫	鮑叔牙
采風曲目	采風	季庚子問於孔子	季庚子
交交鳴⿰鳥於	鳴烏	姑成家父	姑成
多薪	多薪	君子爲禮	君子
昭王毀室　昭王與龔之脽	昭王	弟子問	弟子問
柬大王泊旱	柬大王	三德	三德
內豊	內豊	鬼神之明　融師有成氏	鬼神
相邦之道	相邦	上海博物館藏戰國楚竹書（六）	六
曹沬之陳	曹沬	競公瘧	競公瘧
上海博物館藏戰國楚竹書（五）	五	孔子見季桓子	季桓子
競建內之	競建	莊王既成	莊王

原稱	引稱
平王問鄭壽	鄭壽
平王與王子木	王子木
慎子曰恭儉	慎子
用曰	用曰
天子建州（甲本）	天子甲
天子建州（乙本）	天子乙
上海博物館藏戰國楚竹書（七）	七
武王踐阼	武王
鄭子家喪（甲本）	鄭子甲
鄭子家喪（乙本）	鄭子乙
君人者何必安哉（甲本）	君人甲
君人者何必安哉（乙本）	君人乙
凡物流形（甲本）	凡物甲
凡物流形（乙本）	凡物乙
吳命	吳命
上海博物館藏戰國楚竹書（八）	八
子道餓	子道餓
顏淵問於孔子	顏淵
成王既邦	成王
命	命
王居	王居
志書乃言	志書

原稱	引稱	原稱	引稱
李頌	李頌	史蒥問於夫子	史蒥
蘭賦	蘭賦	卜書	卜書
有皇將起	有皇		
鶹鷅	鶹鷅	卉茅之外	卉茅
上海博物館藏戰國楚竹書（九）	九	香港中文大學文物館藏簡牘・甲	港中零簡
成王爲城濮之行（甲本）	成王甲	上海博物館藏戰國楚竹書（一）頁129	上博零簡01
成王爲城濮之行（乙本）	成王乙	上海博物館藏戰國楚竹書（一）頁135	上博零簡02
靈王遂申	靈王	戰國楚簡書法藝術・竹簡書法選字六	藝術・選六
陳公治兵	陳公	上海博物館藏戰國竹書楚辭箋注頁136	凡物甲13・01補
舉治王天下（五篇）	舉治	上海博物館藏戰國竹書楚辭箋注頁161	凡物乙補
邦人不稱	邦人		

正
編

上博簡文字編卷一

申城 沈奇石 撰集

一

一・詩論 22・31
一・緇衣 03・18
一・緇衣 08・08
一・緇衣 20・06
一・性情論 04・04
二・從政甲 03・24
二・從政甲 04・06
二・從政甲 05・20
二・容成氏 02・03
二・容成氏 42・18
二・容成氏 48・19
三・周易 42・32
三・亙先 09・26
三・亙先 09・29
三・彭祖 07・18
三・彭祖 07・26
三・彭祖 07・44
四・昭王 01・31
四・柬大王 14・10
四・曹沫 24・25
四・曹沫 59・16
四・曹沫 60・07
四・曹沫 64・22
五・鮑叔牙 01・11
六・競公瘧 10・32
六・天子甲 06・17
六・天子甲 06・19
六・天子甲 09・10
六・天子乙 05・28
六・天子乙 05・30
六・天子乙 08・20
七・君人甲 03・21
七・君人乙 03・19
七・君人乙 04・15
七・吳命 04・05
七・吳命 06・16
七・吳命 07・31
八・子道餓 02・36
八・命 10・01
八・李頌 02・18
九・成王甲 01・21
九・成王甲 01・27

一

九・成王乙 01・23
九・成王乙 02・03
九・成王乙 03・06
九・靈王 02・27
九・陳公 12・24
九・舉治 13・04

九・舉治 30・07
九・卜書 04・23
港中零簡 01・03
藝術・選六 148・05

八・命 10・06

立友無△人

元

元　弌（古）

弌

三・亙先 02・09
三・彭祖 07・20
三・彭祖 07・46
三・彭祖 07・52
九・舉治 08・07

《説文》古文譌从弋。

元

三・周易 05・35
三・周易 09・04
三・周易 16・02
三・周易 18・02
三・周易 20・03
三・周易 22・47

三・周易 33・05
三・周易 45・42
三・周易 47・06
三・周易 54・43
四・柬大王 21・14
四・柬大王 23・13

六・用曰 16・15
八・子道餓 01・26

天

天

天

一・詩論 07・13
一・詩論 19・05
一・詩論 22・48
二・子羔 01・39
二・子羔 08・22
二・子羔 09・30

二·子羔 14·03

二·魯邦 03·42

二·魯邦 04·21

二·魯邦 05·04

二·容成氏 05·31

二·容成氏 05·41

二·容成氏 07·06

二·容成氏 07·17

二·容成氏 07·40

二·容成氏 09·08

二·容成氏 09·15

二·容成氏 09·33

二·容成氏 10·16

二·容成氏 10·22

二·容成氏 16·38

二·容成氏 17·42

二·容成氏 19·22

二·容成氏 30·03

二·容成氏 30·20

二·容成氏 34·17

二·容成氏 35·03

二·容成氏 35·26

二·容成氏 36·14

二·容成氏 37·42

二·容成氏 41·27

二·容成氏 42·10

二·容成氏 42·14

二·容成氏 46·30

三·周易 11·15

三·周易 41·28

三·彭祖 01·49

三·彭祖 02·02

三·彭祖 03·16

三·彭祖 04·04

五·君子 12·08

五·君子 15·11

五·弟子問 01·19

五·弟子問 02·08

七·吳命 03·28

七·吳命 05·55

七·吳命 08·06

七·吳命 08·26

港中零簡 02·05

二・從政甲 01・12
二・容成氏 01・26
二・容成氏 08・07
二・容成氏 11・14
二・容成氏 28・09
二・容成氏 30・11

二・容成氏 49・12
二・容成氏 50・30
二・容成氏 50・36
二・容成氏 53・03
二・容成氏 53・25
二・容成氏 53・31

三・周易 23・12
三・亙先 01・41
三・亙先 04・12
三・亙先 04・22
三・亙先 04・35
三・亙先 05・06

三・亙先 07・28
三・亙先 09・21
三・亙先 10・16
三・亙先 10・29
三・亙先 10・36
三・亙先 11・22

三・亙先 12・02
三・亙先 12・13
三・亙先 12・26
三・亙先 13・08
三・亙先 13・17
四・昭王 09・21

五・競建 07・03
五・競建 07・17
五・三德 01・01
五・三德 01・25
五・三德 01・43
五・三德 02・11

五・三德 02・13
五・三德 02・17
五・三德 02・34
五・三德 03・01
五・三德 03・38
五・三德 03・42

五・三德 07・12
五・三德 08・17
五・三德 12・07
五・三德 13・42
五・三德 14・29
五・三德 15・13

七・凡物甲 07・17	七・鄭子甲 04・04	六・天子乙 01・25	六・天子甲 01・24	六・用曰 05・20	五・鬼神 01・30	五・三德 18・20	五・三德 15・43
七・凡物甲 08・10	七・鄭子乙 02・08	六・天子乙 02・21	六・天子甲 02・26	六・用曰 08・18	五・鬼神 01・38	五・三德 18・25	五・三德 17・03
七・凡物甲 11・09	七・鄭子乙 04・04	六・天子乙 05・32	六・天子甲 06・21	六・用曰 09・20	五・鬼神 02・03	五・三德 18・30	五・三德 17・14
七・凡物甲 11・19	七・君人甲 05・04	六・天子乙 07・25	六・天子甲 08・13	六・用曰 10・18	五・鬼神 02・42	五・三德 18・34	五・三德 17・27
七・凡物甲 12・21	七・凡物甲 03・19	六・天子乙 08・06	六・天子甲 08・27	六・用曰 13・04	五・鬼神 03・08	五・三德 19・09	五・三德 18・09
七・凡物甲 15・03	七・凡物甲 03・25	七・鄭子甲 02・05	六・天子乙 01・02	六・天子甲 01・01	五・鬼神 03・22	五・三德 19・23	五・三德 18・15

四·曹沫 09·20	二·民之 02·22	九·舉治 30·04	九·舉治 09·12	八·成王 11·17	七·凡物乙 12·13	七·凡物甲 30·04	七·凡物甲 17·17
四·曹沫 16·16	二·民之 06·13	九·舉治 30·12	九·舉治 09·19	八·成王 14·05	七·凡物乙 18·02	七·凡物乙 補·07摹	七·凡物甲 17·26
四·曹沫 51·26	四·曹沫 03·04	九·舉治 30·31	九·舉治 10·03	八·蘭賦 05·04	七·凡物乙 22·02	七·凡物乙 03·06	七·凡物甲 21·17
四·曹沫 65·02	四·曹沫 04·02	九·舉治 32·02	九·舉治 21·31	九·舉治 05·06	七·凡物乙 22·20	七·凡物乙 03·12	七·凡物甲 21·24
九·邦人 02·10	四·曹沫 07·07	九·舉治 33·15	九·舉治 26·03	九·舉治 07·06	八·成王 06·10	七·凡物乙 06·14	七·凡物甲 25·02
藝術·選六 143·07	四·曹沫 09·08	九·邦人 01·11	九·舉治 29·15	九·舉治 08·17	八·成王 07·01	七·凡物乙 12·01	七·凡物甲 29·13

一・性情論 02・06

五・姑成 04・27

六・季桓子 26・07

〈而〉

一・詩論 09・06

《△保》

七・凡物甲 17・05

如併△下而祖之

八・有皇 04・12

周流△下含兮

四・柬大王 14・03

王仰△臨而泣

按，「而」爲「天」之譌。

上

上

一・詩論 08・14

一・詩論 22・44

一・緇衣 02・20

一・緇衣 03・22

一・緇衣 04・32

一・緇衣 06・29

一・緇衣 07・12

一・緇衣 08・21

一・緇衣 08・34

一・緇衣 09・01

一・緇衣 15・03

一・性情論 25・11

二・子羔 11・17

二・魯邦 03・41

二・容成氏 01・42

二・容成氏 05・03

二・容成氏 44・19

三・周易 01・26

三・周易 05・37

三・周易 08・20

三・周易 10・26

三・周易 11・12

三・周易 13・10

三・周易 15・06

二・民之 13・29	九・舉治 05・02	五・三德 08・44	五・弟子問 09・25	三・周易 57・29	三・周易 43・05	三・周易 29・03	三・周易 17・18
二・從政甲 07・17	九・舉治 05・10	五・三德 19・22	五・三德 02・25	四・采風 03・13	三・周易 45・34	三・周易 31・10	三・周易 19・06
五・鮑叔牙 07・21	九・舉治 16・02	六・季桓子 03・08	五・三德 06・13	四・曹沫 62・12	三・周易 49・22	三・周易 33・23	三・周易 21・24
五・鮑叔牙 07・29	九・卜書 04・04	七・凡物甲 30・18	五・三德 07・31	四・曹沫 62・15	三・周易 51・38	三・周易 36・01	三・周易 23・09
六・季桓子 05・06	港中零簡 04・04	七・吳命 03・27	五・三德 07・40	五・季庚子 03・02	三・周易 55・18	三・周易 39・13	三・周易 25・30
六・季桓子 05・12	港中零簡 09・07	九・陳公 01・18	五・三德 08・36	五・姑成 06・10	三・周易 56・05	三・周易 41・29	三・周易 27・09

帝

帝

帝	𨑒						
五·三德 08·45	五·三德 19·15	四·柬大王 11·17	七·鄭子乙 02·34	四·鳴烏 03·14	九·舉治 17·16	七·鄭子乙 02·33	七·武王 01·05
上△弗怡	五·三德 22·18	五·三德 02·26		四·曹沫 36·15	九·舉治 18·02	七·凡物甲 28·27	七·武王 01·30
	港中零簡 04·05	五·三德 06·14		五·鮑叔牙 07·13	九·舉治 19·13	九·舉治 04·04	七·武王 02·32
		五·三德 07·32		六·莊王 03·21	九·舉治 21·04	九·舉治 05·19	七·武王 03·25
		五·三德 07·41		按，从止上聲，蓋動詞「上」。卷三止部附錄重出。	九·史蒥 10·13	九·舉治 06·04	七·鄭子甲 02·31
		五·三德 08·37				九·舉治 14·15	七·鄭子甲 04·31

下　旁

古

下	旁						
一・緇衣 02・27	八・有皇 06・08	一・緇衣 04・33	九・舉治 17・20	七・鄭子甲 02・32	九・舉治 19・17	九・舉治 16・10	七・武王 01・11
一・緇衣 03・29		二・子羔 01・21				九・舉治 18・06	
一・緇衣 06・33		二・子羔 12・37					
一・緇衣 08・01		三・彭祖 01・31					
一・性情論 25・16		《說文》古文如此。					
二・子羔 01・40							

四·昭王 03·30	三·亙先 12·03	二·容成氏 28·10	二·民之 02·23	二·容成氏 47·04	二·容成氏 34·18	二·容成氏 07·07	二·子羔 08·23
四·內豊 09·15	三·亙先 12·14	二·容成氏 44·13	二·民之 06·14	二·容成氏 49·03	二·容成氏 35·04	二·容成氏 07·41	二·容成氏 01·27
四·曹沫 03·05	三·亙先 12·27	三·亙先 10·17	二·民之 13·30	五·弟子問 09·22	二·容成氏 35·27	二·容成氏 10·17	二·容成氏 02·01
四·曹沫 04·03	三·亙先 13·09	三·亙先 10·30	二·從政甲 01·13	五·弟子問 23·10	二·容成氏 41·28	二·容成氏 17·43	二·容成氏 05·04
四·曹沫 16·17	三·亙先 13·18	三·亙先 10·37	二·容成氏 10·23	七·吳命 05·26	二·容成氏 42·11	二·容成氏 30·04	二·容成氏 05·32
四·曹沫 65·03	四·鳴烏 03·16	三·亙先 11·23	二·容成氏 11·15		二·容成氏 42·15	二·容成氏 30·12	二·容成氏 05·42

五・姑成 04・28
五・姑成 06・11
五・君子 12・09
五・君子 15・12
五・三德 18・04
五・三德 19・25

五・鬼神 01・31
五・鬼神 02・04
五・鬼神 02・43
五・鬼神 03・09
五・鬼神 03・23
六・莊王 06・06

六・用曰 08・20
七・鄭子甲 04・05
七・鄭子甲 05・03
七・鄭子乙 04・05
七・鄭子乙 05・01
七・君人甲 05・05

七・凡物甲 14・26
七・凡物甲 15・04
七・凡物甲 17・06
七・凡物甲 17・18
七・凡物甲 21・18
七・凡物甲 21・25

七・凡物甲 30・05
七・凡物甲 30・17
七・凡物乙 10・05
七・凡物乙 10・09
七・凡物乙 12・02
七・凡物乙 22・21

八・蘭賦 05・46
八・有皇 04・13
九・舉治 05・07
九・舉治 08・18
九・舉治 09・04
九・舉治 21・32

九・舉治 26・04
九・舉治 29・16
九・舉治 30・05
九・舉治 30・13
九・舉治 30・32
九・舉治 32・03

九・舉治 33・16
港中零簡 09・08
卉茅 01・05

示 示

一・緇衣 08・18
△之事上也

七・凡物乙 12・14
若併天△

眡

一・緇衣 21・30
△我周行

按，从見（視）旨聲，「示」字異體。卷八見部附錄重出。

福 福

褔

三・周易 45・20

三・周易 57・27

一・詩論 12・13
按，衍一横。

五・三德 05・42

五・三德 14・38

〈褔〉

六・競公瘧 06・10

七・吳命 08・05

七・吳命 08・25

三・彭祖 05・18

六・季桓子 15・05

六・用曰 02・28

五・競建 04・07

神

七・武王 10・03

按，从「酉」爲从「畐」之譌。

二・容成氏 40・28

三・亙先 04・15

四・柬大王 06・06

四・柬大王 06・18

四・柬大王 06・25

四・曹沫 63・18

五・競建 07・15

五・三德 02・14

五・三德 04・13

五・三德 09・26

五・三德 20・18

五・鬼神 01・04

五・鬼神 02・15

五・鬼神 04・06

七・鄭子甲 03・01

七・鄭子甲 04・11

七・鄭子乙 04・11

七・凡物甲 05・13

七・凡物甲 12・01

七・凡物甲 24・04

七・凡物甲 24・06

七・凡物乙 04・26

七・凡物乙 17・07

七・凡物乙 17・09

八・成王 16・14

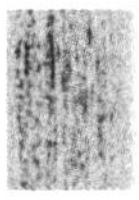

五・三德 08・41

鬼△禋祀

六・競公瘧 12・40

六・鄭壽 01・22

（神）

七・凡物甲 08・17

齋

七・武王 12・21

七・武王 12・33

祭

九・舉治 34・10

一・性情論 29・11

二・昔者 02・21

三・周易 43・03

三・周易 57・24

三・中弓 06・17

四・柬大王 03・13

四・柬大王 04・06

四・柬大王 05・10

四・柬大王 07・04

四・柬大王 07・11

五・競建 02・13

五・競建 03・01

五・競建 03・03

五・競建 04・04

五・鮑叔牙 07・37

五・鮑叔牙 07・40

五・三德 13・25

六・競公瘧 12・31

六・競公瘧 13・02

七・君人甲 05・21

七・凡物甲 07・06

七・凡物乙 06・03

六・競公瘧 13・22

命艾款不敢監△

祀 祀

祀

五・競建 04・17

七・君人乙 05・16

按，从「攴」省作。

二・昔者 02・22

三・周易 43・04

四・內豊 08・35

五・三德 07・45

五・三德 08・43

五・三德 09・15

五・三德 13・26

〈礿〉

一・性情論 29・12

祭△

按，从「卩」爲从「巳」之譌。

祖 祖

祖

三・彭祖 01・06

三・彭祖 01・34

三・彭祖 02・23

三・彭祖 03・22

三・彭祖 07・16

六・競公瘧 10・31

五・競建 02・21

五・競建 02・30

禃

九・舉治 09・10

乃語周之先△曰

按，「宜」係「且（俎）」字繁構，與今「宜」字同形。「且（俎）」字繁構或作「[illegible]」（出自清華簡《迺命二》「祖」字聲符）。經理據重構，右部筆畫易作「宀」，整字遂成「宜」形。本編卷四「⿰目宜」有同例。

祠 祠

祠

五・三德 03・04

祝 祝 祝					祈 祈 祈	禱 禱 禱	社 社 社
七・鄭子甲 04・19 △（台）必使子家毋以成名立於上 乙本對應作「我」。按，疑从示台聲，此讀「台」。「台」，譌省成「ㄐ」形。	四・采風 01・34	六・競公瘧 07・02	六・競公瘧 03・22 是信吾無良△史	六・競公瘧 05・19	七・武王 12・27	二・子羔 12・35	二・子羔 06・03
	四・內豊 08・32	六・競公瘧 07・38		六・競公瘧 07・32			四・柬大王 18・12
	六・競公瘧 02・13	九・邦人 08・29		六・競公瘧 08・05			七・吳命 02・20
	六・競公瘧 02・20	九・邦人 09・02					
	六・競公瘧 04・40	九・邦人 09・16					
	六・競公瘧 05・13	藝術・選六 148・08					

禍

禍

⿰礻圭古

	⿰礻化		⿰礻骨	禍		⿰礻圭	
二・容成氏 16・24	五・競建 08・08	六・鄭壽 01・13	五・三德 13・38	四・昭王 09・23	七・吳命 05・47	五・鬼神 02反・13	五・姑成 03・08
			五・三德 14・44		《說文》古文如此。	八・志書 07・23	
			六・用曰 09・16				
			九・邦人 04・09				
			九・邦人 11・02				

祟	⿰礻芺	⿰礻虘	祚	⿰礻工			材
祟	⿰礻芺	⿰礻虘 小徐	祚				
祟	祅	⿰礻虘	⿱⿰亻乍示	⿰礻工			材
六·競公瘧 09·07	二·容成氏 16·20	六·競公瘧 08·01	五·鮑叔牙 03·26	二·容成氏 20·07	九·舉治 33·07	四·內豊 08·29	五·三德 02·37
六·競公瘧 12·35	《集韻》："祅，⿰礻芺之或省，通作妖。"	……△（詛）爲無傷 按，字頭據小徐本《説文》補。《廣韻》："詛，亦作⿰礻虘。"或即"詛"字異體。		四·曹沫 37·24	九·舉治 34·14	按，从示工聲，或即祭名"攻"專字。新蔡簡甲三309"⿰示攻"即从示攻聲作。	詳見卷十火部"災"下。
				六·用曰 04·29			
				六·用曰 17·33			
				六·天子甲 09·31			
				六·天子乙 09·05			

⿱夂示 ⿸尸示 ⿰礻各 ⿰礻采 ⿰礻青 崈

崈	⿰礻青	⿰礻采	⿰礻各		⿰礻各	⿸尸示	⿱夂示
一·詩論 09·52	八·有皇 06·36	藝術·選六 132·01	四·昭王 05·12	九·靈王 05·34	四·昭王 01·14	六·鄭壽 01·10	四·昭王 01·24
一·緇衣 09·35					四·昭王 01·29	六·天子甲 03·13	
三·彭祖 01·32						六·天子乙 03·04	
四·柬大王 05·23						按，从示尸聲，或即「尸」之專字。上三字辭例均爲「△廟」，一曰「宗」字，从「尸」爲从「宀」之譌。	
四·柬大王 06·20							
四·柬大王 21·24							

⿱攸示　⿰示眚　⿱㓞示　⿰示艮　⿱罒示

⿱攸示	⿰示眚	⿱㓞示	⿰示艮	⿱罒示			
四・曹沫 52・16	三・周易 05・04	上博零簡 01・12	七・凡物甲 08・15	一・詩論 07・03	卉茅 02・39	五・三德 01・45	四・曹沫 24・17
改△爾鼓	三・周易 20・11		詳見卷九甶部「鬼」下。	詳見卷七囧部「盟」下。		五・三德 02・12	四・曹沫 50・05
安大簡本《曹沫之陳》對應作「⿰壽頁」，讀「禱」。	三・周易 21・30					五・三德 05・09	五・季庚子 20・29
	三・周易 56・20					五・三德 05・15	六・莊王 01・25
	按，从示眚聲，或即月侵日（引申表示災祥）之「眚」專字。					五・三德 05・25	
						五・三德 10・19	

禝　⿰礻虐　⿰礻喬　三

三

禝	⿰礻虐	⿰礻喬	三				
二・子羔 06・04	二・從政甲 15・04	二・容成氏 45・39	一・性情論 08・15	二・從政甲 01・05	二・容成氏 14・16	二・容成氏 31・14	二・容成氏 48・03
詳見卷七禾部「稷」下。	二・從政甲 15・24		一・性情論 34・25	二・從政甲 05・13	二・容成氏 18・13	二・容成氏 31・19	二・容成氏 48・08
	按，从示虐聲，與卷三虎部虎字異形「虐」不屬。		二・民之 02・17	二・從政甲 05・26	二・容成氏 23・04	二・容成氏 31・24	二・容成氏 51・26
			二・民之 05・21	二・從政甲 07・12	二・容成氏 26・14	二・容成氏 31・29	二・容成氏 51・41
			二・民之 05・25	二・從政甲 10・06	二・容成氏 29・41	二・容成氏 39・21	三・中弓 17・14
			二・民之 07・16	二・昔者 01・37	二・容成氏 31・05	二・容成氏 45・06	三・中弓 18・06

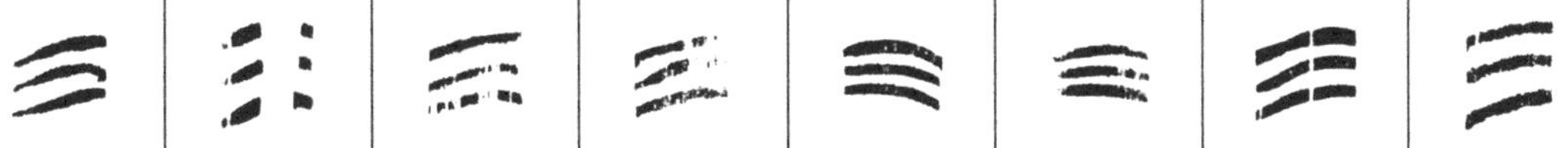

三・中弓 20・31

三・彭祖 02・15

三・彭祖 07・28

三・彭祖 07・34

三・彭祖 08・05

四・昭王 10・24

四・柬大王 16・12

四・柬大王 18・02

四・曹沫 14・08

四・曹沫 19・30

四・曹沫 22・27

四・曹沫 28・25

四・曹沫 30・08

四・曹沫 36・27

四・曹沫 40・31

四・曹沫 42・22

四・曹沫 43・02

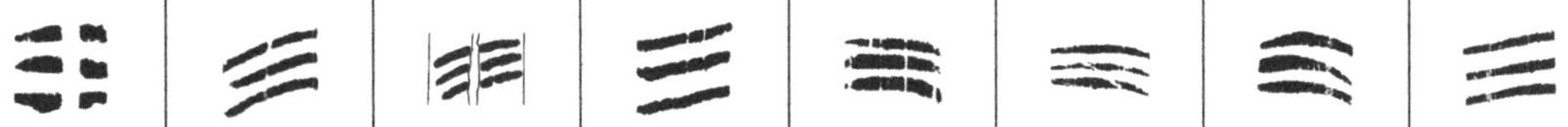

四・曹沫 46・14

四・曹沫 49・07

四・曹沫 56・17

四・曹沫 60・03

四・曹沫 60・10

四・曹沫 64・25

五・競建 03・27

五・季庚子 14・11

五・君子 10・07

六・競公瘧 10・39

六・天子甲 02・01

六・天子甲 09・04

六・天子甲 13・10

六・天子乙 01・34

六・天子乙 08・14

七・武王 02・19

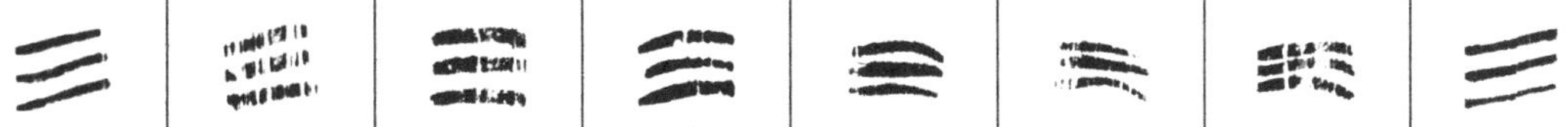

七・鄭子甲 03・23

七・鄭子甲 05・18

七・鄭子乙 03・22

七・鄭子乙 05・16

七・君人甲 01・09

七・君人甲 02・12

七・君人甲 04・16

七・君人甲 06・03

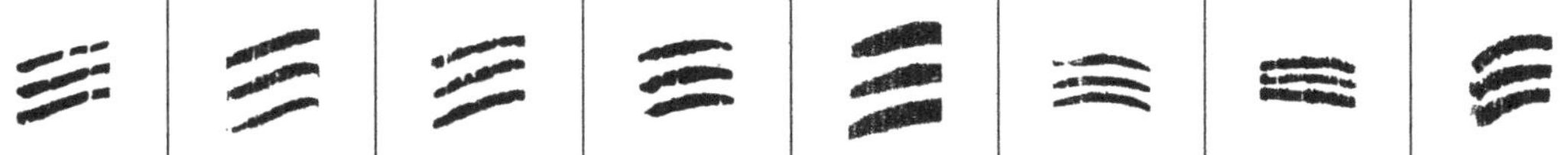

七・君人乙 01・09

七・君人乙 02・11

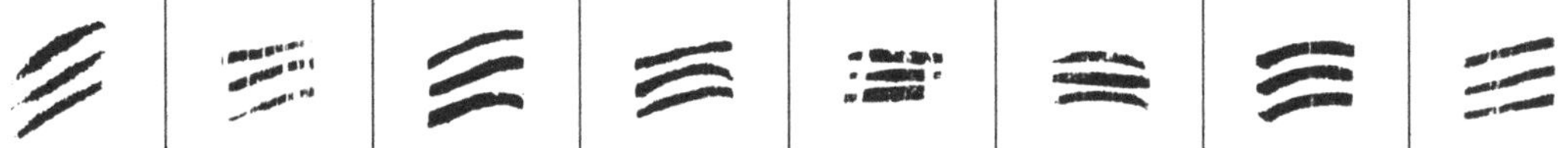

七・君人乙 04・13

七・君人乙 05・24

七・吳命 07・05

七・吳命 07・20

七・吳命 09・06

八・命 09・10
八・命 11・03
八・命 11・07
八・有皇 05・24
八・有皇 06・05
八・有皇 06・20

八・有皇 06・33
九・成王甲 02・07
九・成王甲 02・12
九・成王乙 02・10
九・成王乙 02・15
九・陳公 14・09

九・舉治 13・18
九・舉治 17・07
九・舉治 19・19
九・舉治 26・05
九・舉治 30・37
九・舉治 31・12

九・舉治 33・11
九・邦人 03・04
九・邦人 03・07
九・卜書 05・07
九・卜書 05・11
九・卜書 07・12

九・卜書 07・23
九・卜書 08・19
九・卜書 08・25
九・卜書 09・05
九・卜書 09・09
九・卜書 09・22

港中零簡 03・01

四・曹沫 28・17

△軍

按，據辭例及安大簡本《曹沫之陳》對應，當釋「三」。疑原整理者綴合錯位。

晶

三・周易 01・02

按，由「曑」截取分化，「三」之專字，詳見卷七晶部「曑」。

王 王 王

厽

一・緇衣 07・27

按，由「參」截取分化，「三」之專字，詳見卷七晶部「曑」。

王

一・詩論 01・07

一・詩論 02・04

一・詩論 05・15

一・詩論 06・24

一・詩論 07・17

一・詩論 07・31

一・詩論 08・18

一・詩論 21・44

一・緇衣 01・27

一・緇衣 05・02

一・緇衣 15・28

一・緇衣 15・36

一・緇衣 17・27

二・民之 08・15

二・子羔 07・04

二・子羔 07・11

二・子羔 09・08

二・子羔 13・08

二・子羔 13・21

二・從政甲 01・09

二・從政甲 02・11

二・容成氏 05・40

二・容成氏 35・02

二・容成氏 35・17

二・容成氏 42・09

二・容成氏 42・13

二・容成氏 42・28

二・容成氏 46・07

二・容成氏 46・41

二・容成氏 47・17

二・容成氏 47・21

二・容成氏 47・42

二・容成氏 48・38

二・容成氏 49・26

二・容成氏 49・36

二・容成氏 49・39

二・容成氏 49・43

二・容成氏 50・40

二・容成氏 51・31

二・容成氏 52・37

二・容成氏 53・35

三・周易 05・16

四·柬大王 09·08	四·柬大王 05·05	四·柬大王 01·14	四·昭王 08·15	四·昭王 06·21	四·昭王 01·26	三·周易 54·03	三·周易 07·25
四·柬大王 09·14	四·柬大王 06·12	四·柬大王 01·18	四·昭王 08·38	四·昭王 06·34	四·昭王 02·02	三·中弓 18·10	三·周易 10·15
四·柬大王 10·11	四·柬大王 07·07	四·柬大王 01·23	四·昭王 08·41	四·昭王 07·07	四·昭王 03·16	三·亙先 13·21	三·周易 17·28
四·柬大王 13·14	四·柬大王 07·15	四·柬大王 02·05	四·昭王 09·10	四·昭王 07·15	四·昭王 05·16	四·采風 04·25	三·周易 35·21
四·柬大王 13·23	四·柬大王 08·05	四·柬大王 02·19	四·昭王 09·30	四·昭王 07·33	四·昭王 05·36	四·昭王 01·02	三·周易 42·02
四·柬大王 14·01	四·柬大王 09·01	四·柬大王 04·23	四·柬大王 01·03	四·昭王 08·10	四·昭王 06·07	四·昭王 01·16	三·周易 45·15

六・王子木 01・04	六・鄭壽 04・24	六・鄭壽 02・02	六・莊王 06・15	六・莊王 02・18	五・弟子問 17・02	四・柬大王 23・12	四・柬大王 15・21
六・王子木 01・06	六・鄭壽 05・19	六・鄭壽 02・17	六・莊王 06・24	六・莊王 03・08	五・弟子問 17・08	四・曹沫 64・02	四・柬大王 16・03
六・王子木 02・05	六・鄭壽 05・25	六・鄭壽 03・11	六・莊王 07・09	六・莊王 05・01	五・三德 01・11	四・曹沫 64・38	四・柬大王 17・24
六・王子木 03・02	六・鄭壽 06・05	六・鄭壽 03・21	六・莊王 08・19	六・莊王 05・10	六・競公瘧 04・06	五・競建 03・08	四・柬大王 20・17
六・王子木 03・17	六・鄭壽 06・10	六・鄭壽 04・09	六・莊王 08・22	六・莊王 05・15	六・莊王 01・02	五・競建 04・23	四・柬大王 21・13
六・王子木 04・08	六・鄭壽 06・13	六・鄭壽 04・19	六・鄭壽 01・03	六・莊王 05・21	六・莊王 01反・02	五・競建 07・02	四・柬大王 22・07

七・君人乙 01・25	七・君人甲 06・21	七・君人甲 02・03	七・鄭子乙 06・22	七・鄭子甲 07・07	七・武王 13・12	七・武王 03・03	六・王子木 04・13
七・君人乙 02・02	七・君人甲 07・07	七・君人甲 03・10	七・鄭子乙 07・04	七・鄭子甲 07・14	七・鄭子甲 01・10	七・武王 03・11	六・王子木 05・05
七・君人乙 03・08	七・君人甲 08・03	七・君人甲 04・11	七・鄭子乙 07・11	七・鄭子乙 01・09	七・鄭子甲 03・30	七・武王 05・28	六・王子木 05・17
七・君人乙 04・08	七・君人甲 09・12	七・君人甲 05・10	七・君人甲 01・05	七・鄭子乙 03・29	七・鄭子甲 06・01	七・武王 11・02	七・武王 01・01
七・君人乙 05・05	七・君人乙 01・05	七・君人甲 05・18	七・君人甲 01・17	七・鄭子乙 06・02	七・鄭子甲 06・13	七・武王 11・33	七・武王 02・04
七・君人乙 05・13	七・君人乙 01・17	七・君人甲 06・07	七・君人甲 01・25	七・鄭子乙 06・14	七・鄭子甲 06・21	七・武王 12・32	七・武王 02・17

九·靈王 05·14	九·成王甲 04·20	八·志書 01·20	八·王居 01·01	八·成王 07·22	七·吳命 09·60	七·凡物乙 07·04	七·君人乙 06·04
九·靈王 05·16	九·成王乙 01·05	八·志書 02·09	八·王居 01·19	八·成王 10·22	八·成王 01·12	七·吳命 05·62	七·君人乙 06·18
九·陳公 01·01	九·成王乙 01·16	八·志書 02·16	八·王居 01 反·01	八·成王 14·07	八·成王 01·20	七·吳命 08·03	七·君人乙 06·28
九·陳公 01·11	九·成王乙 02·17	九·成王甲 01·02	八·王居 05·15	八·命 01·17	八·成王 02·01	七·吳命 08·23	七·君人乙 07·19
九·陳公 02·07	九·靈王 01·02	九·成王甲 01·08	八·王居 06·11	八·命 05·12	八·成王 05·11	七·吳命 08·55	七·君人乙 09·08
九·陳公 06·03	九·靈王 01·09	九·成王甲 02·24	八·王居 06·23	八·命 08·18	八·成王 06·06	七·吳命 09·52	七·凡物甲 08·21

皇

皇

皇

九·陳公 07·13
九·陳公 07·29
九·陳公 08·03
九·陳公 08·09
九·陳公 10·05
九·陳公 10·24

九·陳公 14·07
九·陳公 14·15
九·陳公 14·24
九·舉治 04·09
九·舉治 06·01
九·舉治 11·08

九·舉治 13·36
九·舉治 14·09
九·舉治 15·07
九·舉治 16·12
九·舉治 17·10
九·舉治 19·07

九·舉治 21·30
九·舉治 26·02
九·舉治 29·14
九·舉治 33·14
九·邦人 02·15
九·邦人 02·19

九·邦人 03·24
九·邦人 05·07
九·邦人 05·27
九·邦人 07·15
九·邦人 10·03
九·邦人 11·14

藝術·選六 133·01

一·詩論 22·41
《文△》

一·詩論 22·42
〔文〕△在上

六·季桓子 22·24
六·莊王 04·21

㞷

二·民之 02·20

二·民之 06·11

五·三德 07·11

五·三德 07·30

五·三德 08·16

五·三德 10·01

五·三德 19·08

六·競公瘧 12·06

七·武王 07·12

八·有皇 01·02

卉茅 02·26

五·三德 02·16

△天將興之

八·有皇 04·19

……△今兮

六·莊王 04·19

六·莊王 05·19

玉

二·容成氏 38·40

二·容成氏 53·22

四·鳴烏 01·08

五·弟子問 19·04

六·競公瘧 09·13

六·競公瘧 10·42

六·天子甲 06·05

六·天子乙 05·16

九·成王甲 01·14

九·成王甲 02·01

九·成王甲 04·23

九·成王甲 05·19

九·成王乙 04·02

九·舉治 23·12

七·君人甲 01·08

七·君人甲 02·11

七·君人乙 01·08

七·君人乙 02·10

璿 璧

璿 璧

珤	⿹弋王	⿰王辛		璧	璿	〈王〉	
四·昭王 06·02	二·容成氏 38·34	六·競公瘧 01·35	五·鮑叔牙 03·12	二·魯邦 02·23	二·容成氏 38·32	九·成王乙 01·11	五·季庚子 03·25
詳見卷七宀部「寶」下。	詳見卷七巾部「飾」下。	珪△大於吾先君之……		二·魯邦 03·51		子△	九·成王乙 02·06
		按，从辟省聲作。				按，「王」爲「玉」之譌。	

瑕	珵		琗	閨	班	气	氣
六・競公瘧 12・07	九・成王甲 03・07	九・成王甲 04・17	四・曹沫 63・10	二・容成氏 38・41	三・周易 22・34	三・周易 44・14	一・性情論 01・30
	 九・成王甲 03・20	伯△（嬴）	弗△危地	詳見卷十二門部「門」下。		 九・舉治 30・21	按，从火气聲，「气」字異體。卷十火部附錄重出。
			安大簡本《曹沫之陳》對應作「[illegible]」。按，疑从玉執省聲，讀「躡」，謂至也，往也。安大簡本字疑从衣个聲，或即「緘」字異體。「个」，本音 KRəM，戰國秦漢與「占 TəM」聲字互爲異文，疑當時有顎化異讀 *TəM，在此與執聲字通用。 				

士

士

⿱既火

字形出處
三·亙先 02·23
三·亙先 02·37
三·亙先 04·06
三·亙先 04·10
三·亙先 04·13
三·亙先 09·36
六·天子甲 08·16
六·天子乙 07·28
一·性情論 36·31
二·民之 12·32
二·民之 13·21
二·從政甲 09·17
二·容成氏 30·23
三·亙先 01·28
三·亙先 02·30
七·凡物甲 27·06
七·凡物甲 27·20
卉茅 02·44

按，从火既聲，「气」字異體，亦即《玉篇·火部》「炁」字異體。卷十火部附錄重出。

⿱既火

字形出處
二·民之 10·12

卷十火部附錄重出。

〈⿱既而〉

字形出處
二·容成氏 29·35

乃辨陰陽之△，而聽其訟獄

按，从「而」爲从「火」之譌，蓋蒙下「而」致誤。

士

字形出處
一·詩論 06·02
一·詩論 29·12
一·緇衣 12·45
二·從政甲 03·23
二·從政甲 04·05
三·亙先 13·25
四·曹沫 29·11
四·曹沫 39·20
四·曹沫 55·03
五·姑成 01·09
五·姑成 01·46
五·弟子問 09·01

壯

壯

丨	埇	壯	壯	壯	壯
二・容成氏 01・19	四・曹沫 61・09	五・弟子問 05・25	六・天子乙 08・03	六・天子甲 08・24	五・弟子問 10・24
二・容成氏 39・22			六・天子乙 08・19綴	六・天子甲 09・09	六・季桓子 03・23
六・用曰 03・01			七・武王 10・14	六・天子乙 01・19	六・天子甲 01・18
八・李頌 01反・14			九・陳公 12・03	六・天子乙 01・36	六・天子甲 02・03
				六・天子乙 02・01	六・天子甲 02・06
				六・天子乙 07・06	六・天子甲 07・23

丨

丨

按，此字於《李頌》用爲脂真部韻腳字，王寧（2011.9.7）以爲「細」之初文。此字另有陽部音證：於清華簡《三不韋》用爲陽部韻腳字；於郭店簡本《緇衣》與今本「章」對應；同篇「丨」聲字「[言丨]」與今本「望」對應。葉曉鋒（2008.5.9）以爲「萌／芒」之初文。鄔可晶（2024:95-96）編按綜合二說，以爲轉注「芒」與「細」。唯「細」字通假、用韻更傾向於支部。一曰「章」之省形，《緇衣》「[言丨]」讀「尚」，說聞於管文韜未刊稿《說裸章》。

中

中

中

中						𠁧 籀	
一・詩論 17・09	三・中弓 08・06	三・中弓 17・09	五・季庚子 09・11	三・中弓 27・01 △（仲）弓	按，右「中」均用爲〔仲〕。	一・詩論 08・28	二・容成氏 40・04
一・詩論 27・28	三・中弓 08・26	三・中弓 20・03	五・君子 10・03			二・容成氏 14・23	六・慎子 03・05
三・中弓 01・05	三・中弓 09・12	三・中弓 25・09	五・君子 11・11			七・吳命 05・58	九・舉治 06・21
三・中弓 01・09	三・中弓 10・04	三・中弓 28・01				九・舉治 32・27	九・舉治 34・15
三・中弓 05・09	三・中弓 10・26	三・中弓 附・23					
三・中弓 06・05	三・中弓 16 反・01	五・季庚子 04・20					

一・性情論 10・28
一・性情論 34・22
二・子羔 05・16
二・子羔 08・18
三・周易 04・06
三・周易 39・09

三・周易 39・17
三・周易 51・07
三・周易 51・22
四・柬大王 03・04
四・柬大王 09・20
四・柬大王 10・07

四・柬大王 15・04

四・鳴烏 02・10
四・鳴烏 03・22
四・內豊 附・22
四・曹沫 35・02
四・曹沫 35・30
四・曹沫 45・09

四・曹沫 50・32
五・季庚子 03・06
六・王子木 05・04
六・天子甲 04・27
六・天子甲 13・01
七・吳命 02・06

四・內豊 07・28
五・姑成 06・06
六・季桓子 07・16
六・季桓子 27・06

九・舉治 06・15

七・君人甲 02・24

六・天子乙 04・12

七・君人乙 02・23

七・吳命 03・30

與《說文》籀文同源。按，右多用爲〔中〕，或假借他用，與用爲〔仲〕之「中」有別。

中

四・鳴鳥 01・01

〔集于〕△梁

按，據本詩重章「集于中（中）某」辭例當爲「中」字殘蹟。

二・容成氏 07・04

二・容成氏 21・01

三・亙先 08・24

三・周易 07・21

八・李頌 01・12

八・蘭賦 01・22

七・凡物甲 11・01

七・凡物乙 08・29

六・用曰 03・13

六・用曰 18・15

九・史蕾 07・02

按，从宀中聲，「中」字繁構。卷七宀部附錄重出。

屯

屯

二・民之 12・01

六・天子甲 04・16

六・天子甲 04・21

六・天子乙 04・01

六・天子乙 04・06

九・卜書 02・20

九・卜書 04・06

每

每

二・子羔 04・08

字頭	小篆	隸定	字形出處	按語
芬	芬（或）	芬	三・周易 23・04	《說文》或體如此。
艸	艸	𡴭	二・子羔 05・13；二・容成氏 15・04；二・容成氏 16・32；五・三德 01・18；七・凡物甲 12・15；七・凡物甲 13・10	
			七・凡物乙 09・05；九・陳公 19・13；卉茅 01・20；卉茅 03・16	按，「艸」字繁構，與《說文》「卉」同形。
莆	莆	莆	九・陳公 02・13	△（蒲）騷　一曰「蒲」字異體。
莧	莧	莧	三・周易 39・06	
蘭	蘭	萰	八・蘭賦 02・21；八・蘭賦 03・19；八・蘭賦 04・13；八・蘭賦 04・18；八・蘭賦 05・20	
茖	茖	茖	二・容成氏 01・03；五・三德 17・01；五・鬼神 05・46；八・李頌 01・26；八・蘭賦 02・24；九・舉治 18・01	一曰「落」字異體。

藋	蒷	薛		茅	芺	葛	蔞
藋	蒷	薛		茅	芺	葛	蔞
藋	⿱艹𡰥	⿱艹月	⿱艹⿰丰月	茅	芺	葛	蔞
二・容成氏 06・12	八・蘭賦 01・11 △（稊）稗茂豐 八・蘭賦 05・09 △（稊）稗之並起 按，从艸𡰥聲，古文「蒷」。據辭例，或即「稊」字異體。	七・吳命 04・29 按，从艸月聲，「薛」字異體。詳見卷十四辛部「辥」下。	七・凡物甲 09・16 按，从丰、月雙聲。詳見卷十四辛部「辥」下。丰，本音KET，初與「玉」同形，利用其豎筆出頭、橫筆傾斜之異體，孳乳爲「丰」。此處聲符即此。東周有以「丰」形記錄諸如「戟」「格」等音KAK之詞，與音KET之「丰」或係方言異音（後起形聲字「箇」或記錄音KAK之「丰」），或異源而同形（一曰音KAK之「丰」爲「枝格」字）。	二・子羔 05・14 六・慎子 05・11 六・用曰 16・12 八・蘭賦 01・13 卉茅 01・21	二・子羔 12・23 冬見△ 一曰「荑」。	四・采風 03・06 按，「昜」衍一橫。	二・容成氏 25・36

藟 藟 虆
三・周易 43・10
困于葛△

薛 薛 薛
八・蘭賦 01・12
八・蘭賦 05・10

薺 薺 薺
一・詩論 28・08

蕅 蕅 [illegible]
二・容成氏 26・05
△（藕）州
按，从艸㵙聲，「蕅」字異體。

莪 莪 莪
一・詩論 09・46
一・詩論 26・10

葛 葛 [illegible]
三・周易 43・09
困于△藟

四・采風 01・28
《野有△》

五・季庚子 08・02
△戲今
按，从艸剨（割）省聲。楚字从刀表意多可省作。本編卷八「倮」、卷十「偲」、卷十一「深」以及卷二「逾」、卷八「俞」省均有同例。

萎　芫　茦　葉　英

蒚	〈萬〉	萎	芫	葳	蘵	葉	英
一・詩論 16・23	一・詩論 16・43	二・容成氏 14・33	五・君子 10・13	五・三德 03・18	八・有皇 03・06	六・用曰 15・33	四・鳴烏 01・10
《△覃》	夫△之見歌也						四・鳴烏 02・04
按，从艸禼聲，「葛」字異體。	一・詩論 17・25						
	《采△》						
	按，从艸禼省聲，「葛」字異體，與今「萬」同形。						

芒	芟	蓺	茲		蓁	蒼	蔽
芒	芟	蓺	丝	茲	蓁	蒼	蔽
七·吳命 03·17	三·周易 51·09	二·容成氏 14·30	四·采風 05·04	三·亙先 02·21	二·容成氏 31·43	四·相邦 03·03	一·緇衣 17·13
敢不△（撫？）道以告 一曰「喪」（禤健聰 2010=2017:509-516）。		免△（笠）幵（建）耨 二·容成氏 15·10 冒蒲△（笠） 按，从艸執聲，或即楚「笠」字。	按，「茲」本从作「丝」。《說文》「茲」蓋由「丝」上端加飾而來（陳劍 2005=2013:146-167）。卷四玄部「茲」下重出。	按，从艸丝聲，合於《說文》所謂「茲」「艸木多益」義。一曰「茲（滋）益」字。			

菜		芳	藥			葩	葺
菜		芳	藥			蘤	葺
三・周易 21・23	一・詩論 17・24	八・蘭賦 02・30	三・周易 21・21	一・性情論 08・25	二・從政甲 13・19	一・緇衣 12・08	四・曹沫 48・14
		八・蘭賦 04・16			二・從政甲 16・16	一・性情論 07・10	
					二・從政乙 03・04		

折

折 籀

折

一·詩論 18·12

一·詩論 20·41

二·從政甲 05·14

二·從政甲 07·13

三·周易 51·10

六·競公瘧 07·37

六·天子甲 10·15

六·天子甲 12·30

九·舉治 23·33

九·邦人 12·26

五·三德 08·28

五·鬼神 06·30

六·用曰 14·22

一·緇衣 14·18

五·鬼神 02反·04

八·蘭賦 03·18

二·容成氏 18·16

二·容成氏 21·38

五·弟子問 23·12

七·武王 03·17

一·性情論 27·05

六·天子乙 09·22

《說文》籀文如此。

萑

萑

萑

四·多薪 01·13

莫如△葦

《豳風·七月》：「八月萑葦。」《說文》「萑」作「萑」。

葦

葦

葦

四·多薪 01·14

四·采風 03·16

萊

萊

三·周易 51·32

△（來）章，有慶譽，吉。

芑

芑

三·周易 41·20

荼

荼

八·子道餓 04·11

八·子道餓 05·07

蒿

蒿

二·容成氏 53·42

武王素甲以陳於殷△（郊）

三·周易 02·16

需于△（郊）

四·柬大王 15·26

修四△（郊）

按，或即「郊」之異體。

蓄

蓄

六·用曰 08·03

蓸

蓸

六·莊王 01·22

六·用曰 10·03

八·王居 05·13

芙　蓉　藏

旾	芙		蓉	藏	⿱宀戕	⿰戕貝	⿰爿⿱宀貝
八・命 01・12	六・愼子 05・12	二・容成氏 15・09	八・李頌 01 反・23	三・周易 38・11	一・詩論 19・14	一・詩論 21・03	六・用曰 13・19 有△在心
			八・蘭賦 05・24	三・周易 40・03		四・曹沫 32・27	六・用曰 13・27 心△之既權
				三・周易 54・19		八・成王 10・09	
按，从日屯聲，「萅」字異體。卷七日部附錄重出。					卷七宀部附錄重出。	卷六貝部附錄重出。	按，从貝宀，爿聲，「藏」字異體。一曰从宾（實）爿聲（白師於藍 2014=2017:307-318）。卷六貝部附錄、卷七宀部附錄重出。

⿱艹巳　⿱艹女　芇　⿱艹六　苽

⿱艹巳	⿱艹女	⿱艹惑	⿱艹憲		芇	⿱艹六	苽
二・容成氏 42・33	二・從政乙 03・10	一・性情論 01・26	五・三德 13・01	一曰「惄」（楊澤生 2010）。	三・周易 51・05	三・周易 39・07	一・詩論 18・03
自爲△（改）爲	六・鄭壽 01・25	七・鄭子甲 03・04	五・三德 13・28		三・周易 51・42		詳見卷七瓜部「瓜」下。
一曰「芸」。		七・鄭子乙 03・03	卷十心部附錄重出。				
		九・靈王 04・22					
		九・靈王 05・08					
		卷十心部附錄重出。					

蓑　蒥　菖　萇　蔽　若　葛　莉

莉	葛	若	蔽	萇	菖	蒥	蓑
二・子羔 03・05	一・詩論 02・24	二・容成氏 15・07	一・詩論 24・03	一・性情論 16・06	六・競公瘧 09・40	一・緇衣 21・22	二・容成氏 32・23
	一・性情論 28・16		絺△（綌）			九・史蒥 01・05	
			按，从「爻（綌）」省聲作。			九・史蒥 01・07	
						九・史蒥 06・03	
						九・史蒥 09・12	

⿱艹蘆 ⿱艹鼓 蕢 ⿱艹寒 ⿱艹臬 蔁 蒖

蔖	蕧	⿱艹鼓	蕢	⿱艹寒	⿱艹臬	蔁	蒖
一・詩論 23・21	四・曹沫 56・16	四・曹沫 13・17	三・周易 12・25	二・容成氏 22・30	二・容成氏 40・36	六・競公瘧 08・16	四・鳴鳥 03・08
		四・曹沫 22・24		詳見卷七宀部「寒」下。			
		四・曹沫 64・28					

〈⿱艹㐭〉	⿱艹𠷎		蔈	⿱艹壹	⿱艹廥	萛	蔽
七・君人甲 09・16	六・王子木 05・03	藝術・選六 129・03	一・緇衣 09・12	二・容成氏 15・06	五・三德 06・33	六・競公瘧 08・25	四・曹沫 22・25
先君靈王乾溪殞△（旃）			民之△（表）也	乃草服△（箬）箬	一曰「莒」字異體。		
	六・王子木 05・16			按，从艸儯省聲。			
七・君人乙 09・12	六・王子木 05・20						
先君靈王乾溪殞△（旃）	按，从艸𠷎聲，或即「疇」字異體。						
按，从艸㐭聲。「㐭」或有「亶」音（石小力2021），此疑讀「旃」。							

薺 莫

四・曹沫 13・18

薺

八・王居 04・11

莫

一・性情論 39・23

二・子羔 09・44

二・從政甲 01・15

二・容成氏 10・27

二・容成氏 11・06

三・周易 30・25

三・周易 38・03

三・亙先 02・28

四・多薪 01・11

四・多薪 01・17

四・多薪 02・07

四・多薪 02・13

四・曹沫 50・07

五・弟子問 04・21

五・弟子問 08・15

五・三德 22・26

六・慎子 02・07

六・慎子 02・14

六・用曰 08・22

六・用曰 10・34

六・用曰 17・08

七・君人甲 05・06

七・君人乙 05・01

八・顏淵 06・27

八・顏淵 07・06

八・命 07・01

八・命 07・09

八・蘭賦 05・29

八・有皇 04・17

八・有皇 04・29

九・舉治 07・10

九・史蒥 05・01

葬

𦱤 𣧘

六・季桓子 25・10

四・多薪 02・01
△如松梓

五・姑成 04・14
型△大焉
按，从「田」爲从「日」之混同。

二・容成氏 33・15
其死易△
按，从歺爿聲，「葬」字異體。卷四歺部附録重出。

上博簡文字編卷二

申城 沈奇石 撰集

少

一・詩論 03・12
一・詩論 08・22
一・詩論 08・32
一・詩論 08・38
一・詩論 08・42
一・詩論 25・02
一・詩論 25・19
一・緇衣 06・12
一・緇衣 06・21
一・緇衣 12・14
一・緇衣 12・30
一・緇衣 18・06
一・緇衣 18・26
一・緇衣 21・42
二・子羔 01・47
二・從政甲 17・27
二・從政甲 18・08
二・從政乙 03・02
二・容成氏 52・02
三・周易 02・27
三・周易 04・26
三・周易 16・23
三・周易 16・34
三・周易 18・45
三・周易 30・03
三・周易 32・02
三・周易 50・13
三・周易 53・02
三・亙先 08・30
四・昭王 02・16
四・昭王 02・29
四・柬大王 15・09
四・曹沫 02・11
四・曹沫 14・24
四・曹沫 46・22
四・曹沫 46・25
四・曹沫 64・18
五・季庚子 19・14
五・季庚子 20・22
五・季庚子 22・06
五・君子 01・28
五・弟子問 05・10

少

五·三德 05·16

六·鄭壽 03·07

六·鄭壽 04·23

六·用曰 03·21

七·凡物甲 11·04

七·凡物甲 18·03

七·凡物甲 18·07

七·凡物甲 30·06

八·顏淵 08·04

八·成王 11·12

九·舉治 23·34

上博零簡 01·02

上博零簡 01·07

《△雅》

尐

一·性情論 31·08

四·鳴烏 04·24

四·内豊 10·10

七·凡物乙 22·22

八·王居 02·03

九·陳公 01·08

九·邦人 08·13

九·卜書 03·11

九·卜書 03·16

按,《說文》有別「少」「尐」。於古文字而言,「少」「尐」兩形共同記錄〔小〕若〔少〕,蓋一字之孳乳。故改寄「尐」於「少」下。

至於《說文》謂「尐」「讀若輟 TOT」,據「䪷尐」又作「懱截 MET-TSET」,且《說文》「𩯁 TSET」聲訓「尐」(均參段《注》),知此〔尐〕音近 TSET,「截」「𢦏」等以爲聲(亦知《方言》作「懱爵(雀) TSEUK」,其中「爵(雀)」或即近義異文,抑「截」之省形),又,清華簡《迺命一》「吾少探厥使事從內,而稽視汝從外」之「少探」疑讀「察探」,其中「少」即音 TSET 之「尐」;《說文》與「輟 TOT」音認同,或係轉注〔短小〕義——「輟 TOT」音記錄〔短 TON〕。又,「乚」亦兼有 TOT 音(《說文》讀若捕鳥罬/竅)與 TSET 音(「札 TSET」从其得聲,「截 TSET」或从乚聲),蓋轉注「截斷」義。兩者音義轉注關係仿佛,抑可相參。

省

七·凡物甲 28·06

七·凡物乙 20·04

按,「少」字繁構,「口」爲羨符。卷二口部附錄重出。

尐

四・內豊 10・19

故爲△必聽長之命

按，「小子」之專字。卷十四子部附錄重出。

八

九・陳公 13・07

九・史蒥 06・07

分

六・天子乙 10・09

九・舉治 13・16

六・慎子 04・07

均△而廣施

尔

一・緇衣 02・11

一・緇衣 09・21

一・緇衣 16・02

一・緇衣 16・36

一・緇衣 20・14

一・詩論 07・02

三・周易 24・13

四・昭王 02・26

四・昭王 05・06

四・昭王 05・08

四・曹沫 32・26

四・曹沫 37・22

四・曹沫 52・08

四・曹沫 52・17

七・吳命 05・46

八・志書 03・06

八・志書 03・09

八・志書 04・21

八・志書 05・03

八・志書 06・10

八・志書 07・19

九・邦人 13・05

藝術・選六 145・02

四·采風 03·20

二·昔者 04·01

二·昔者 04·05

曾

曾 曾

五·季庚子 21·10

八·成王 14·11

八·李頌 01反·10

九·卜書 01·26

尚

尚 尚

一·緇衣 18·16

二·子羔 12·40

四·柬大王 03·19

四·柬大王 07·13

四·柬大王 10·12

六·競公瘧 02·27

(尚 cont.)

八·命 08·04

九·舉治 07·14

九·邦人 11·21

詹

詹 詹

九·史蒥 08·08

介

介 介

六·鄭壽 05·21

七·吳命 04·06

九·舉治 08·10

(介 cont.)

四·昭王 06·31

雁△騶君王

按，一曰「掌」，傳抄古文「掌」或作「[illegible]」（劉雲 2008.11.29）。

紒

紒

- 二·容成氏 14·34

斬△（芥）而坐之

按，「介」字繁構，附「介」後。

公

公

- 一·詩論 08·19
- 一·詩論 15·18
- 一·詩論 16·02
- 一·緇衣 12·23
- 二·魯邦 01·06
- 二·魯邦 06·01
- 四·相邦 02·13
- 四·曹沫 01·03
- 四·曹沫 06·26
- 四·曹沫 10·11
- 四·曹沫 20·12
- 四·曹沫 22·16
- 四·曹沫 23·32
- 四·曹沫 25·24
- 四·曹沫 25·26
- 四·曹沫 26·06
- 四·曹沫 26·08
- 四·曹沫 33·26
- 四·曹沫 35·08
- 四·曹沫 36·04
- 四·曹沫 38·20
- 四·曹沫 40·14
- 四·曹沫 41·14
- 四·曹沫 42·18
- 四·曹沫 43·19
- 四·曹沫 44·26
- 四·曹沫 46·01
- 四·曹沫 49·04
- 四·曹沫 50·11
- 四·曹沫 53·06
- 四·曹沫 53·33
- 四·曹沫 55·31
- 四·曹沫 57·11
- 四·曹沫 59·07
- 四·曹沫 64·07
- 五·競建 01·12
- 五·競建 05·19
- 五·競建 05·21
- 五·競建 05·32
- 五·競建 06·14
- 五·競建 08·10
- 五·競建 09·23

六・王子木 05・13	六・莊王 07・16	六・競公瘧 13・33	六・競公瘧 02反・02	五・姑成 10・38	五・姑成 06・16	五・鮑叔牙 06・37	五・競建 10・30
七・武王 11・06	六・莊王 08・02	六・莊王 04・17	六・競公瘧 03・24	五・鬼神 03・20	五・姑成 08・06	五・鮑叔牙 07・33	五・鮑叔牙 04・09
七・武王 11・27	六・莊王 08・11	六・莊王 05・07	六・競公瘧 03・34	六・競公瘧 01・03	五・姑成 08・24	五・鮑叔牙 08・31	五・鮑叔牙 05・09
七・武王 12・05	六・王子木 01・20	六・莊王 05・17	六・競公瘧 09・30	六・競公瘧 01・19	五・姑成 09・10	五・姑成 01・07	五・鮑叔牙 05・21
七・武王 13・08	六・王子木 02・18	六・莊王 05・24	六・競公瘧 12・13	六・競公瘧 02・01	五・姑成 09・38	五・姑成 01・20	五・鮑叔牙 06・30
七・武王 13・19	六・王子木 05・09	六・莊王 06・09	六・競公瘧 13・08	六・競公瘧 02・22	五・姑成 10・30	五・姑成 05・19	五・鮑叔牙 06・35

七・凡物甲 04・20
七・凡物乙 04・01
八・成王 01・16
八・成王 02・06
八・成王 03・07
八・成王 06・16

八・成王 14・31
八・命 01・02
九・靈王 02・06
九・靈王 04・10
九・靈王 05・29
九・陳公 08・06

九・陳公 09・10
九・陳公 10・18
九・陳公 12・30
九・陳公 14・30
九・陳公 14・34
九・舉治 01・03

九・舉治 01・06
九・舉治 03・17
九・舉治 08・29
九・邦人 04・07
九・邦人 05・01
九・邦人 05・33

九・邦人 07・21
九・卜書 02・11
九・卜書 07・08
九・卜書 08・11
藝術・選六 140・01
藝術・選六 145・03

九・舉治 02・09

胡△

必

必

一・詩論 16・37
一・詩論 20・15
一・詩論 24・37
一・詩論 24・44
一・詩論 27・12
一・性情論 28・23

一・性情論 28・31
一・性情論 29・05
一・性情論 29・15
一・性情論 29・23
一・性情論 30・18
二・民之 02・04

二·民之 02·28
二·魯邦 04·38
二·魯邦 05·21
二·容成氏 22·23
三·彭祖 05·07
三·彭祖 05·11
三·彭祖 05·19
四·昭王 02·27
四·柬大王 10·25
四·柬大王 18·01
四·柬大王 22·03
四·內豊 08·37
四·內豊 10·20
四·內豊 10·27
四·曹沬 08·05
四·曹沬 17·14
四·曹沬 18·09
四·曹沬 18·15
四·曹沬 20·03
四·曹沬 23·01
四·曹沬 25·01
四·曹沬 25·09
四·曹沬 25·17
四·曹沬 26·04
四·曹沬 29·01
四·曹沬 34·23
四·曹沬 39·06
四·曹沬 39·16
四·曹沬 41·02
四·曹沬 52·27
四·曹沬 53·19
四·曹沬 56·30
四·曹沬 60·32
五·鮑叔牙 03·02
五·鮑叔牙 03·13
五·鮑叔牙 06·33
五·季庚子 13·05
五·季庚子 15·03
五·季庚子 16·02
五·季庚子 22·28
五·姑成 05·31
五·弟子問 04·13
五·三德 04·04
五·三德 07·15
五·三德 07·35
五·三德 08·10
五·三德 13·39
五·三德 15·18

五·三德 15·45
五·三德 16·14
五·三德 17·12
五·鬼神 04·10
六·競公瘧 11·10
六·莊王 08·06

六·鄭壽 05·07
六·慎子 05·21
六·天子甲 04·26
六·天子乙 04·11
七·武王 06·10
七·武王 07·30

七·鄭子乙 03·14
七·鄭子乙 04·21
七·鄭子乙 07·05
七·君人甲 08·24
七·君人甲 09·21
七·君人乙 09·17

七·凡物甲 09·22
七·凡物乙 07·34
七·吳命 05·43
七·吳命 09·25
八·顏淵 03·01
八·有皇 05·09

九·陳公 11·09
九·陳公 16·19
九·陳公 17·18

一·性情論 18·01
凡〔至樂〕△悲
一·性情論 30·02
身△從之
上二例郭店簡本《性自命出》對應作「必」。

二·從政甲 12·13
二·從政甲 13·15
二·從政甲 15·15
二·從政甲 15·29
二·從政甲 18·19
八·顏淵 10·25

七·鄭子甲 03·15
七·鄭子甲 04·21
七·鄭子甲 07·08
八·成王 01·05
八·命 09·02
八·王居 05·04

九・邦人 04・29

九・邦人 05・09

按，下部撇筆譌若「延」下「廴」形。本編卷三「謐」、卷八「佖」中「必」形均有同例。

七・君人乙 08・16

君人者何△安哉

余

余

余

二・容成氏 10・03

五・弟子問 05・14

五・弟子問 11・13

六・天子甲 08・26

七・吳命 04・24

八・有皇 01・08

九・成王甲 03・24

九・成王甲 04・03

九・成王乙 01・07

九・成王乙 01・18

九・成王乙 02・19

九・成王乙 02・24

三・中弓 05・06

七・吳命 05・42

二・容成氏 29・04

三・周易 14・01

三・周易 14・10

三・周易 14・25

三・周易 14・33

三・周易 15・09

四・昭王 07・18

四・柬大王 09・21

四・柬大王 10・08

四・柬大王 15・05

五・弟子問 13・20

八・顏淵 12・18

八・有皇 01・23

八・有皇 01・35

八・有皇 03・12

八・有皇 05・02

八・有皇 06・15

八・鶹鷅 01・03

番

番（篆） [釆+囗形]（古）

番						
三·彭祖 06·22	五·姑成 09·54	八·顏淵 12·29	四·昭王 10·16	六·競公瘧 09·37	一·緇衣 15·22	
	七·武王 10·25		又△（舍）衣	六·用曰 18·17		
			按，據辭例及上文謂「余（舍）之身袍」，應爲「余」字殘蹟。	七·凡物甲 15·05	按，从斗省釆聲（李家浩2018）。《說文》古文由此譌變。	
				七·凡物乙 10·10		

宷

審（篆）

審

一·詩論 21·17

六·季桓子 12·11

八·成王 07·12

《說文》篆文如此。按，从宀，下部係聲符。該聲符中「口」形本象無蓋器口，與有蓋「合（盒）」形對應；其上盛米，一曰「粸」字。構形方式有類「皀」字之畫出粢盛於無蓋器口之上，以示「簋」用；「香」字之畫出「黍」形於無蓋器口之上，以示「薌」用，合乎「卬盛于豆，于豆于登。其香始升，上帝居歆」之說；「沓」字之畫出「水」形於無蓋器口之上，以表涫溢之「涾」意。古文字另有「口」形構件，亦突出其口沿，乃割取自「[字形]（鐔）」。如甲骨

「[字形]」字異文省作「[字形]」；「釁」字本作「[字形]」，其鐔形割取出「口」形作「[字形]」，復簡省分化出「召」字；霸伯簋「覃（鹽）」字省作「[字形]」。皆其例。金文另有从合、从米之字，舊亦以爲「糂」，相關情況參見本編卷五亼部附錄「畣」下疏解。

牛

牛

三·周易 22·44

三·周易 30·22

三·周易 47·18

三·周易 57·17

港中零簡 02·01

牲

牲

三·周易 42·15

犧

[我/牛]

五·鮑叔牙 03·09

△牲珪璧

按，从牛我聲，「犧」字異體。

牪

牪

四·曹沫 37·21

△爾正功

四·曹沫 37·26

不△而或興

四·曹沫 38·07

故帥不可使△，△則不行。

一曰「牛」字繁構（孟蓬生2007.9.22=2008）。按，或即「友」字異體。「牛」，由「又」變形聲化。《說文》「友」古文源此。

告

告

一·緇衣 24·08

二·昔者 02·06

二·昔者 02·10

二·容成氏 22·16

三·中弓 01·12

三·彭祖 02·31

三·彭祖 05·22

三·彭祖 06·23

四·昭王 02·19

四·昭王 03·10

四·昭王 04·22

四·昭王 04·27

四・昭王 04・37

四・昭王 06・20

四・昭王 08・36

四・柬大王 07・18

四・柬大王 09・16

四・柬大王 17・04

四・柬大王 19・16

四・相邦 04・04

四・曹沫 23・07

四・曹沫 32・02

五・季庚子 14・25

五・弟子問 05・06

六・競公瘧 03・39

六・競公瘧 03・43

六・季桓子 07・08

六・鄭壽 04・02

六・王子木 02・24

六・用曰 15・14

七・鄭子甲 01・08

七・鄭子甲 01・29

七・鄭子乙 01・07

七・鄭子乙 01・28

七・君人甲 01・21

七・君人乙 01・21

七・吳命 01・31

七・吳命 03・20

七・吳命 07・15

八・命 02・16

八・王居 01・18

八・王居 02・11

八・王居 02・23

九・靈王 02・30

藝術・選六 135・01

三・彭祖 02・53

余△〔汝：：〕

按，據辭例當爲「告」字殘蹟。

五・姑成 02・06

五・姑成 09・41

（告）

五・弟子問 15・05

嚳

⿱爻告

五・競建 10・31

按，《說文》以爲从告、學省聲，無妨視作「告」「學」雙聲。此字从「爻」，或亦「學」之省形。

口

口

二・從政乙 01・08

三・周易 24・08

五・君子 02・01

五・鬼神 05・24

六・用曰 12・04

七・武王 07・15

七・武王 07・18

七・武王 07・23

八・志書 01・15

吞

⿰申欠

二・子羔 11・29

取而△之

按，从欠申聲，「吞」字異體。卷八欠部附錄重出。

嗌

籀

⿱艹⿰大大

一・詩論 09・50

一・性情論 17・11

二・容成氏 34・34

二・容成氏 34・40

三・彭祖 07・24

四・內豊 08・39

五・三德 08・03

六・競公瘧 08・08

《說文》籀文如此。

啜

〈涇〉

五・弟子問 08・09

飲酒如△

按，从「圣」爲从「巠」之譌。从水巠聲，「啜」字異體。卷十一水部附錄重出。一曰「溼（啜）水」合文。

噬 噬

噬	噬	〈訡〉				含	味
三·周易 33·18 登宗△（噬）膚	七·吳命 05·35 △（逝）敢居我江濱	三·彭祖 02·50 難易△（愆）俗	按，从齒（齒）斷聲，「噬」字異體。卷二齒部附錄重出。	二·從政乙 04·05 △（哲）敏而恭遜	按，从「言」爲从「音」之混同。一曰改从言聲，說聞於劉新全。	二·子羔 08·32 詳見卷五亼部「今」下。	二·容成氏 21·27 食不重△
九·陳公 09·05 乃△（逝）設師徒				九·舉治 14·25 毋自△（愆）而信……			六·季桓子 26·16 不△酒肉
				按，舊釋「訐」，於形不合。右旁爲「欠」，疑讀「愆」，說聞於趙雲卓。			按，从「甘」爲从「口」之繁謁。一曰从甘未聲，「味」字異體。

含 含

味 味

唫

唫

唫

二・容成氏 02・17

於是乎△（喑）聾執燭

訡

二・容成氏 37・03

於是乎有△（喑）、聾 按，从言金聲，「唫」字異體，與「噤」「喑」等同源。卷三言部附錄重出。

名

名

名

三・亙先 06・05

三・亙先 06・36

三・亙先 07・01

三・亙先 07・04

三・亙先 10・02

三・亙先 10・19

三・亙先 13・11

三・亙先 05・36

一・緇衣 19・28

二・魯邦 04・41

二・魯邦 05・24

二・從政甲 18・30

二・從政甲 18・33

二・從政乙 05・06

二・容成氏 27・39

二・容成氏 28・05

二・容成氏 33・22

四・柬大王 03・08

四・柬大王 03・10

五・君子 13・05

五・君子 14・04

五・鬼神 05・35

六・季桓子 10・03

六・鄭壽 05・23

七・武王 06・01

七・武王 07・25

七·武王 08·02

七·武王 08·23

七·武王 09·15

七·武王 10·05

七·鄭子甲 04·28

七·凡物甲 13·04

八·顏淵 10·20

八·顏淵 10·23

九·陳公 15·15

九·邦人 02·02

〈明〉

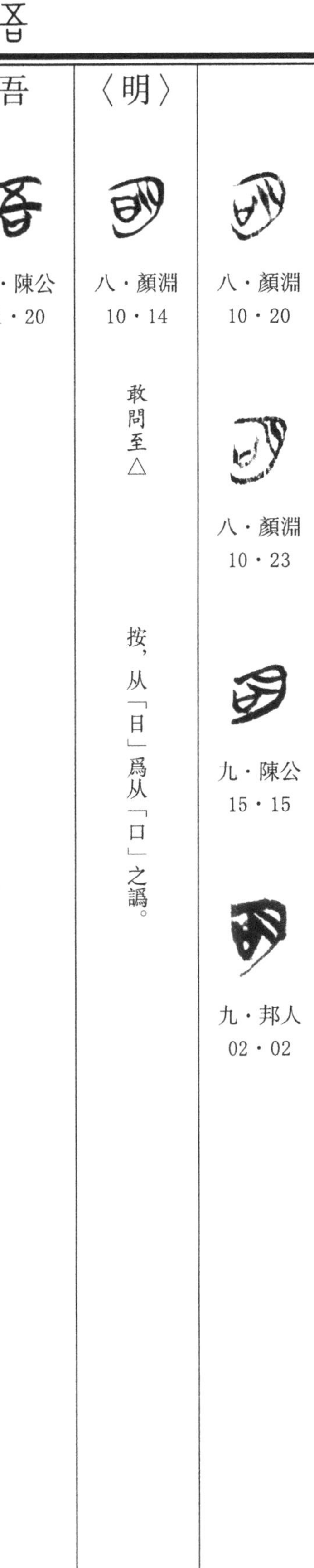

八·顏淵 10·14

敢問至△

按，从「日」爲从「口」之譌。

吾

吾

吾

九·陳公 11·20

六·季桓子 05·31

君

君

君

一·詩論 27·30

一·緇衣 02·34

一·緇衣 02·42

一·緇衣 03·33

一·緇衣 04·14

一·緇衣 04·26

一·緇衣 05·09

一·緇衣 05·12

一·緇衣 05·17

一·緇衣 05·28

一·緇衣 06·06

一·緇衣 10·42

一·緇衣 12·11

一·緇衣 18·31

一·緇衣 18·37

一·緇衣 19·09

一·緇衣 19·30

一·緇衣 20·02

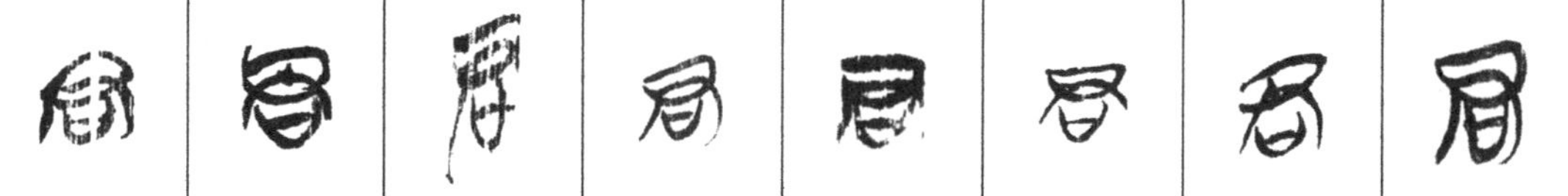

四・柬大王 04・22	四・昭王 06・33	四・鳴烏 04・03	三・彭祖 04・19	二・容成氏 46・12	二・昔者 01・06	二・民之 06・07	一・緇衣 20・08
四・柬大王 06・11	四・昭王 07・06	四・昭王 01・32	四・采風 01・35	三・中弓 15・14	二・昔者 01・11	二・子羔 08・21	一・緇衣 21・18
四・柬大王 07・06	四・昭王 08・14	四・昭王 02・01	四・采風 06・03	三・中弓 20・21	二・昔者 02・12	二・從政甲 11・22	一・緇衣 22・26
四・柬大王 07・20	四・昭王 08・37	四・昭王 02・06	四・鳴烏 01・05	三・中弓 21・05	二・昔者 03・05	二・從政甲 11・32	一・性情論 25・15
四・柬大王 10・10	四・昭王 08・40	四・昭王 03・15	四・鳴烏 01・11	三・中弓 25・14	二・昔者 04・11	二・從政甲 19・22	二・民之 01・10
四・柬大王 11・25	四・昭王 09・28	四・昭王 04・23	四・鳴烏 02・20	三・亙先 13・23	二・容成氏 10・35	二・昔者 01・01	二・民之 04・29

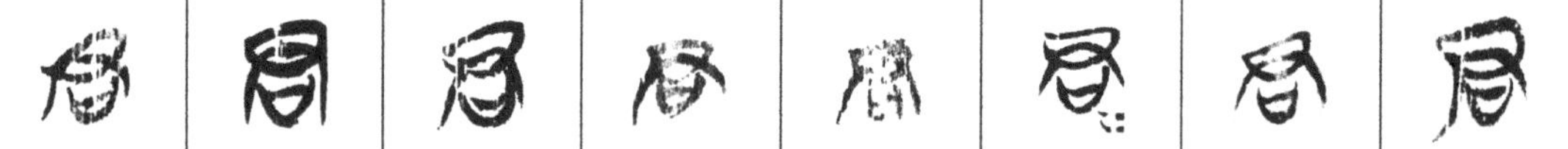

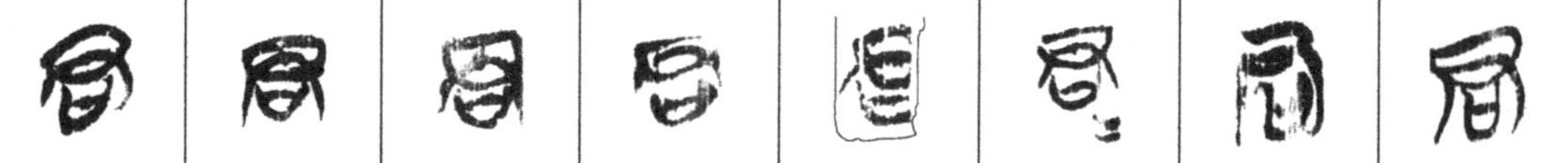

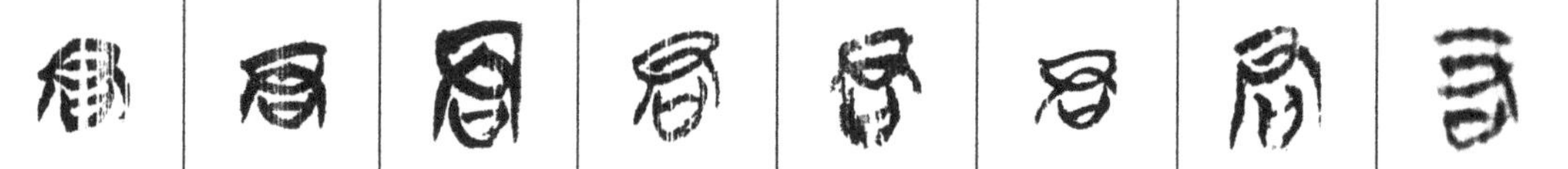

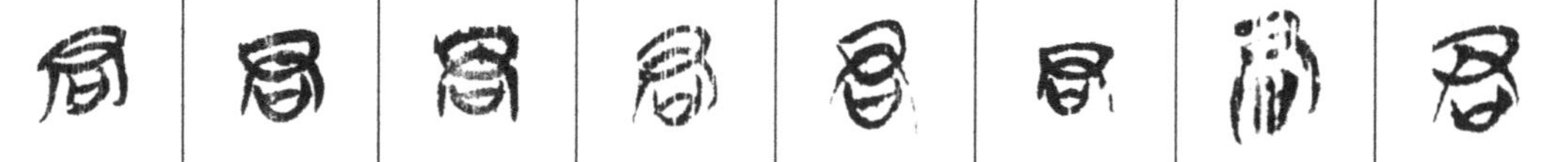

四・柬大王 12・23
四・柬大王 13・13
四・柬大王 13・22
四・柬大王 17・11
四・柬大王 19・06
四・柬大王 19・19

四・柬大王 20・02
四・柬大王 20・08
四・柬大王 20・16
四・柬大王 21・12
四・柬大王 21・15
四・柬大王 22・06

四・柬大王 23・11
四・柬大王 23・14
四・內豊 01・01
四・內豊 01・15
四・內豊 01・20
四・內豊 02・02

四・內豊 02・18
四・內豊 02・25
四・內豊 05・03
四・內豊 05・11
四・內豊 06・10
四・內豊 07・19

四・內豊 08・06
四・內豊 08・40
四・內豊 09・03
四・內豊 10・01
四・相邦 04・11
四・曹沫 02・16

四・曹沫 04・05
四・曹沫 05・05
四・曹沫 05・16
四・曹沫 06・04
四・曹沫 07・01
四・曹沫 08・17

四・曹沫 08・26
四・曹沫 08・33
四・曹沫 09・24
四・曹沫 20・02
四・曹沫 22・02
四・曹沫 22・30

四・曹沫 27・13
四・曹沫 28・23
四・曹沫 34・04
四・曹沫 34・22
四・曹沫 40・05
四・曹沫 47・15

四·曹沫 63·27
五·競建 02·36
五·季庚子 02·03
五·季庚子 16·10
五·姑成 01·55
五·姑成 03·02

五·姑成 03·37
五·姑成 04·10
五·姑成 04·26
五·姑成 04·30
五·姑成 04·49
五·姑成 05·04

五·姑成 05·33
五·姑成 08·14
五·君子 01·09
五·君子 12·07
五·弟子問 11·10
五·弟子問 11·24

五·弟子問 12·20
五·弟子問 13·11
五·弟子問 14·09
五·三德 04·27
五·三德 15·15
五·三德 22·07

六·競公瘧 01·29
六·競公瘧 01·40
六·競公瘧 05·18
六·競公瘧 06·13
六·競公瘧 07·01
六·季桓子 06·05

六·季桓子 23·01
六·季桓子 24·03
六·莊王 06·14
六·莊王 06·19
六·莊王 06·23
六·莊王 07·03

六·莊王 08·18
六·莊王 08·21
六·鄭壽 03·20
六·鄭壽 05·18
六·鄭壽 05·24
六·鄭壽 06·04

六·鄭壽 06·09
六·王子木 02·27
六·王子木 03·23
六·王子木 04·17
六·用曰 02·07
六·用曰 02·35

七・君人乙 01・16	七・君人甲 07・06	七・君人甲 01・16	七・鄭子乙 01・22	七・武王 12・25	六・天子乙 02・12	六・天子甲 02・17	六・用曰 03・33
七・君人乙 03・07	七・君人甲 08・02	七・君人甲 03・09	七・鄭子乙 02・22	七・鄭子甲 01・23	六・天子乙 02・19	六・天子甲 02・24	六・用曰 13・10
七・君人乙 03・24	七・君人甲 08・20	七・君人甲 03・26	七・鄭子乙 04・18	七・鄭子甲 02・20	六・天子乙 07・30	六・天子甲 08・18	六・用曰 14・07
七・君人乙 04・07	七・君人甲 09・10	七・君人甲 04・10	七・鄭子乙 06・21	七・鄭子甲 04・18	六・天子乙 08・13	六・天子甲 09・03	六・用曰 20・35
七・君人乙 05・12	七・君人甲 09・17	七・君人甲 05・17	七・鄭子乙 07・03	七・鄭子甲 06・20	七・武王 12・11	六・天子乙 01・09	六・天子甲 01・08
七・君人乙 06・17	七・君人乙 01・04	七・君人甲 06・20	七・君人甲 01・04	七・鄭子甲 07・06	七・武王 12・20	六・天子乙 01・30	六・天子甲 01・29

九·邦人 01·18	九·陳公 02·19	九·成王乙 03·02	八·李頌01 反·17	八·顏淵 05·09	七·吳命 07·26	七·凡物乙 20·12	七·君人乙 06·27
九·邦人 06·04	九·陳公 06·02	九·成王乙 03·05	九·成王甲 04·19	八·顏淵 05·21	七·吳命 07·30	七·吳命 02·09	七·君人乙 07·18
九·邦人 07·27	九·陳公 09·17	九·成王乙 03·15	九·成王甲 05·06	八·顏淵 06·01	七·吳命 08·36	七·吳命 02·12	七·君人乙 08·12
九·邦人 08·11	九·陳公 10·04	九·靈王 05·12	九·成王甲 05·12	八·顏淵 10·01	七·吳命 09·47	七·吳命 03·01	七·君人乙 09·06
九·邦人 08·17	九·陳公 10·23	九·陳公 01·10	九·成王乙 01·04	八·命 01·16	七·吳命 09·64	七·吳命 03·06	七·君人乙 09·13
九·邦人 09·06	九·陳公 14·23	九·陳公 02·05	九·成王乙 01·15	八·命 08·17	八·顏淵 01·10	七·吳命 03·11	七·凡物甲 28·14

命

命

命

九・邦人 11・13
九・史蕾 02・16
港中零簡 07・09
藝術・選六 137・08
藝術・選六 139・09
藝術・選六 147・08

三・周易 08・23
三・周易 12・03
三・周易 12・10
三・周易 30・44
三・周易 38・16

四・鳴鳥 02・14
愷悌△子
按，爲印文「以」所覆。

一・詩論 02・06
一・詩論 07・14
一・詩論 07・19
一・緇衣 08・28
一・緇衣 12・26
一・緇衣 19・03

二・魯邦 03・30
二・從政甲 15・25
二・昔者 02・02
二・昔者 04・08
二・昔者 04・23
三・周易 07・28

三・周易 08・26
四・昭王 03・03
四・昭王 04・17
四・昭王 04・33
四・昭王 05・30
四・昭王 07・34

四・昭王 08・43
四・昭王 10・27
四・柬大王 04・20
四・柬大王 23・20
四・內豊 10・24
四・內豊 10・31

四・曹沫 07・08
四・曹沫 09・21
四・曹沫 10・20
四・曹沫 31・04
四・曹沫 50・29
四・曹沫 51・27

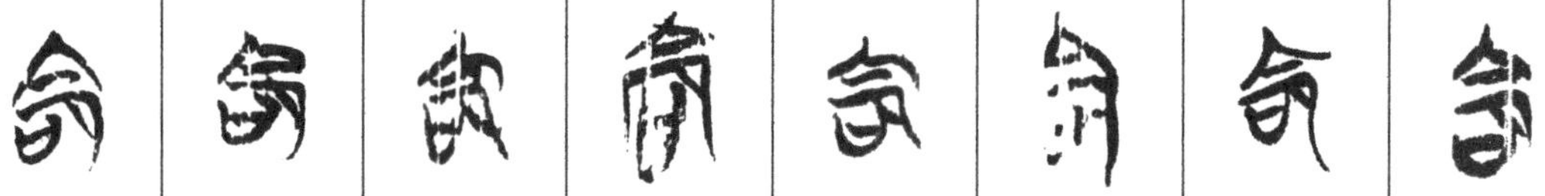

五・競建 03・05
五・競建 04・28
五・鮑叔牙 03・41
五・鮑叔牙 07・36
五・姑成 08・20
五・姑成 08・27

六・競公瘧 04・07
六・競公瘧 13・16
六・王子木 01・05
六・用曰 01・36
七・鄭子甲 03・31
七・鄭子甲 05・06

七・鄭子乙 03・30
七・君人甲 01・14
七・君人乙 01・14
八・成王 16・08
八・命 01・09
八・命 01・21

八・命 02・12
八・命 06・06
八・命 06・12
八・命 08・22
八・命 09・23
八・命 10・24

八・命 11 反・01
八・王居 01・13
八・王居 02・01
八・王居 02・19
八・王居 05・10
八・王居 06・04

八・王居 07・04
八・王居 07・09
九・成王乙 01・17
九・成王乙 03・01
九・靈王 01・16
九・靈王 01・34

九・靈王 02・14
九・陳公 01・24
九・陳公 03・31
九・陳公 05・07
九・陳公 06・10
九・陳公 09・03

九・陳公 10・21
九・陳公 10・31
九・陳公 11・11
九・陳公 11・13
九・陳公 14・28
九・邦人 04・11

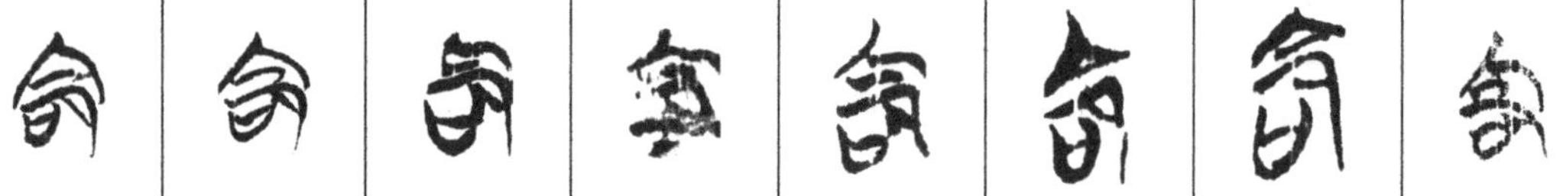

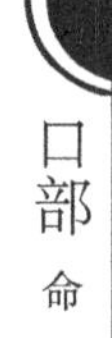

二・從政乙 01・20	五・鮑叔牙 03・22	三・彭祖 07・45	三・中弓 08・16	二・容成氏 15・02	一・詩論 06・33	四・柬大王 01・06	九・邦人 11・19
七・鄭子甲 05・12	六・用曰 15・21	三・彭祖 07・53	三・中弓 11・04	二・容成氏 28・30	一・詩論 07・11	四・柬大王 11・19	九・邦人 11・31
七・鄭子乙 05・04	七・吳命 03反・02	三・彭祖 08・06	三・彭祖 01・15	二・容成氏 29・29	一・詩論 07・27	四・柬大王 22・16	九・邦人 12・03
七・鄭子乙 05・10	七・吳命 07・23	四・曹沬 09・09	三・彭祖 07・19	二・容成氏 30・38	一・詩論 07・38	九・邦人 11・28	卉茅 02・29
九・靈王 03・19	八・顏淵 05・30	四・曹沬 62・17	三・彭祖 07・27	二・容成氏 37・30	二・子羔 07・24		藝術・選六 132・02
		五・鮑叔牙 01・19	三・彭祖 07・35	二・容成氏 44・37	二・從政甲 19・11		藝術・選六 137・03

一·性情論 02·04
三·周易 05·27 
五·三德 03·43 
八·命 03·03 
八·命 03·13 
八·王居 06·07 

八·王居 06·19

一·性情論 02·02

自△出，命自天降。

二·民之 08·22

按，下譌从「又」。

唯

唯

唯

四·柬大王 12·10
四·內豊 07·03 
五·三德 05·41 
五·三德 08·08 
五·三德 08·21 
五·三德 13·27 

港中零簡 06·07

一·詩論 07·32
一·性情論 01·03 
一·性情論 08·07 
一·性情論 21·24
一·性情論 22·02 
一·性情論 34·08 

一·性情論 34·17
一·性情論 34·26 
二·魯邦 01·29 
二·從政甲 12·09 
二·昔者 04·24 
二·昔者 04·29

二・容成氏 46・11
二・容成氏 46・20
三・中弓 09・19
三・中弓 13・09
三・中弓 21・11
三・中弓 附・11

三・彭祖 01・52
三・彭祖 05・09
三・彭祖 05・17
四・柬大王 23・25
五・鮑叔牙 05・14
五・季庚子 01・22

五・姑成 04・17
五・姑成 05・21
五・姑成 07・36
六・競公瘧 10・43
六・季桓子 05・13
六・季桓子 08・14

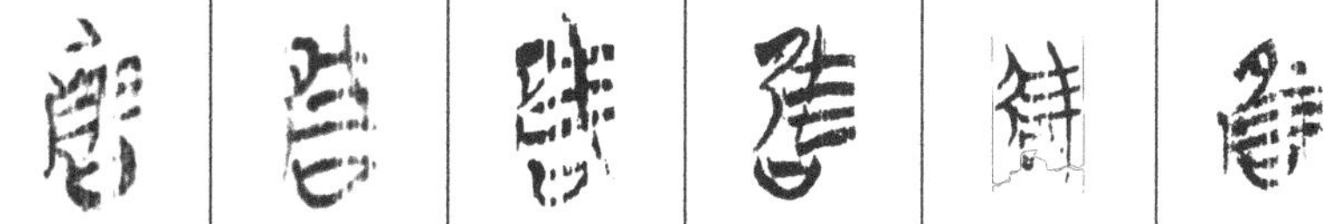

六・季桓子 12・19
七・鄭子甲 03・10
七・鄭子乙 03・09
七・君人甲 08・04
七・君人乙 07・20
七・凡物甲 28・13

七・凡物甲 28・17
七・凡物甲 28・21
七・凡物乙 20・11
七・凡物乙 20・15
七・凡物乙 21・02
七・吳命 02・08

八・命 03・08
八・志書 07・16
九・舉治 07・20
九・卜書 05・13
九・卜書 06・06
九・卜書 08・27

九・卜書 09・07
藝術・選六 140・09

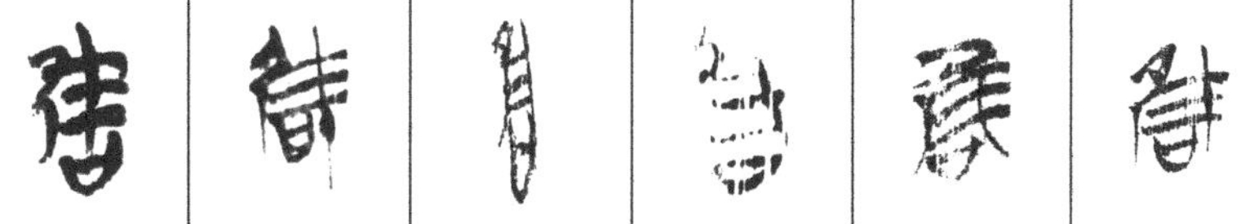

一・性情論 殘02・12

△（雖）未之爲

郭店簡本《性自命出》對應作「唯」。

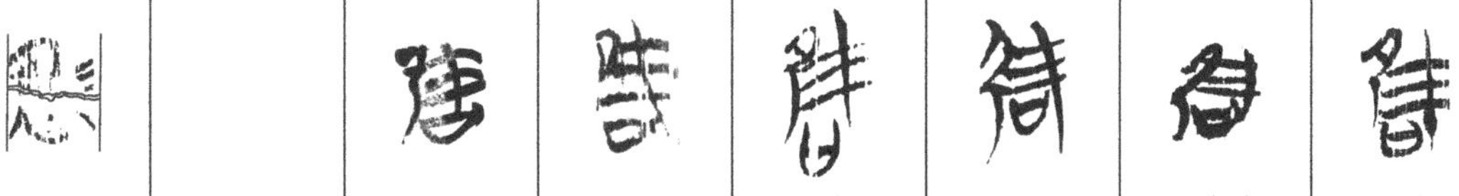

四・曹沫 63・26

△君其知之

安大簡本《曹沫之陳》對應作「唯」。

六·季桓子 02·19

△（雖）吾子勿問，固將以告。

六·季桓子 10·13

和

和

一·詩論 04·34

一·性情論 38·19

二·子羔 08·03

二·容成氏 08·26

二·容成氏 30·14

四·采風 03·32

四·曹沫 16·06

四·曹沫 18·32

四·曹沫 19·09

四·曹沫 19·18

四·曹沫 20·15

四·曹沫 22·12

四·曹沫 22·19

四·曹沫 23·28

四·曹沫 24·02

四·曹沫 33·16

四·曹沫 35·12

四·曹沫 36·01

四·曹沫 48·11

六·天子甲 06·15

六·天子乙 05·26

七·凡物甲 02·15

七·凡物甲 08·04

七·凡物甲 27·19

七·凡物乙 02·08

八·李頌 02·36

九·陳公 17·14

九·舉治 31·25

哉

哉

六·用曰 07·31

咠
咠
咠

四・曹沫 16・08

四・曹沫 33・19

台
㠯
台

六・用曰 01・13

六・用曰 01・18

六・用曰 09・03

六・用曰 11・12

六・用曰 12・30

六・用曰 13・16

六・用曰 14・18

六・用曰 16・14

六・用曰 18・05

六・用曰 18・21

五・三德 16・28

五・三德 20・07

八・李頌 01・07

九・舉治 10・17

按，一曰「㠯」，非是。楚「台」字庶用爲〈以〉。唯《李頌》「桐且△兮」中用爲〈治〉。一曰「㔟」之省譌（曹雨楊 2023）。

咸
咸
咸

七・凡物甲 25・03

七・凡物乙 18・03

一・緇衣 01・16

一・緇衣 03・16

右
右
右

二・容成氏 17・01

詳見卷三又部「右」下。

啻
啻
啻

四・曹沫 14・31

四・曹沫 51・22

五・季庚子 23・22

七・凡物甲 12・04

八・蘭賦 05・16

三・周易 38・01

吉 吉 吉

三・周易 01・25
三・周易 02・07
三・周易 02・31
三・周易 03・01
三・周易 04・07
三・周易 04・30

三・周易 05・13
三・周易 05・31
三・周易 05・36
三・周易 07・05
三・周易 07・22
三・周易 09・07

三・周易 09・33
三・周易 09・40
三・周易 10・25
三・周易 11・11
三・周易 11・18
三・周易 12・16

三・周易 14・21
三・周易 16・14
三・周易 17・17
三・周易 18・29
三・周易 20・21
三・周易 22・09

三・周易 23・01
三・周易 23・08
三・周易 24・03
三・周易 25・09
三・周易 25・24
三・周易 25・35

三・周易 26・07
三・周易 26・20
三・周易 26・33
三・周易 28・45
三・周易 30・39
三・周易 31・02

三・周易 31・09
三・周易 32・04
三・周易 34・08
三・周易 36・07
三・周易 37・11
三・周易 37・16

三・周易 37・31
三・周易 40・15
三・周易 43・20
三・周易 46・01
三・周易 47・29
三・周易 49・26

三・周易 50・04
三・周易 50・29
三・周易 51・29
三・周易 51・37
三・周易 53・06
三・周易 54・20

三・周易 54・44
三・周易 57・28
三・周易 58・08
三・周易 58・26
六・用曰 13・24
七・武王 14・21

九・卜書 03・18
九・卜書 05・01
九・卜書 05・14
九・卜書 09・08

周

周

周

八・成王 01・15
八・成王 03・06
八・成王 06・15
八・成王 07・15
八・成王 14・30
九・邦人 07・06

八・成王 10・28

△〔公〕

五・鮑叔牙 02・13
八・成王 16・04
九・舉治 01・14
九・舉治 05・14
九・舉治 09・07
上博零簡 01・22

一・緇衣 21・32
三・彭祖 05・08
四・曹沫 01・18
四・曹沫 03・17
四・曹沫 41・09
七・吳命 04・27

台 啐 唇 吟 吝

周（續）

七・吳命 05・60

七・吳命 06・12

七・吳命 08・34

九・卜書 07・16

九・卜書 07・30

八・成王 02・05

△公旦

按，兩豎筆借邊而省，或旁逸簡外。

台

二・容成氏 34・01

二・容成氏 34・11

啐

三・周易 42・01

三・周易 42・29

唇

二・容成氏 52・27

吟　或 **詅**

六・季桓子 05・02

九・舉治 14・07

《說文》或體如此。

吝

二・容成氏 53・01

以吉（造？）△于天

三・周易 01・20

困蒙，△。

三・周易 26・29

執其隨，△。

三・周易 28・31

貞△

三・周易 41・34

姤其角，△，无咎。

九・卜書 02・32

其有△

吝

吝

九・卜書 07・19

周邦有△

九・卜書 09・01

有△於外

九・卜書 09・18

有△於內

九・舉治 21・17

△（鄰）而均蹠，遠而旁達。

九・舉治 21・36

恆△（粦／鄰）長明

六・用曰 16・05

沭△（文）惠武

按，楚「吝」字蓋可記錄兩類音義。右前九例，義爲憂患、凶喪，秦漢文字中或用「閵」若「⿱吅文」表示，傳世異文或作「遴」，與其後二例記錄之詞，聲韻同爲 RIN，合於傳世「吝」之音。此其一。右之末字，用爲「文」，蓋「文」字繁構，聲韻爲 MIN。此其二。卷九文部「文」下重出。一曰傳世「吝」字兩源：一者「吝 MƏN」，字本音 MƏN，字義憂患、凶喪，「閔／憫」之本字；另者「吝 RIN」，字音 RIN，表示恨惜、慚恥。右前九字均爲「吝 MƏN」字，故當讀「閔／憫」。右之末字音同此。嗣後，央元音韻腹受銳音聲母前化，易爲 MIN，遂與「吝 RIN」音近，故秦漢及傳世文字之混用「閵、⿱吅文、遴」表示。

右中二者蓋與「吝 RIN」音同，「⿱吅文（鄰）」字之譌與？抑音變以致混用與？說聞於鄔可晶。

各

一・性情論 04・09

二・昔者 04・03

二・容成氏 05・07

五・季庚子 20・34

五・三德 12・29

六・用曰 06・05

八・成王 03・14

九・陳公 10・13

否 否	哀 哀

	否	哀		㥆		悘	
四·曹沫 32·24	二·魯邦 03·24	一·性情論 01·27	一·性情論 29·28	二·民之 04·25	二·民之 04·21	二·昔者 04·25	六·天子甲 09·26
四·曹沫 65·05	三·周易 31·04	一·性情論 18·11	居喪必有夫累累之△ 郭店簡本《性自命出》對應作「依」。按，據本篇用字習慣，當爲「哀」字殘蹟。	五·弟子問 04·07	樂之所至者，△亦至焉 按，據本篇用字習慣，當爲「㥆」之殘。	五·三德 20·08	六·天子乙 08·36
	八·成王 14·19	二·魯邦 01·05		卷十心部附錄重出。			《改併四聲篇海·心部》：「依，哀也。」卷十心部附錄重出。

唬

唬

虐

二・容成氏 20・14 禹然後始爲之△（號）旗

二・容成氏 36・36 △（虐）疾始生

三・周易 38・02 惕△（號）

三・周易 39・16 无△（號）

三・周易 42・31 若△（號）一握于笑

三・周易 55・12 渙其大△（號）

五・姑成 01・23 △（虐）于百豫

按，以右均用爲牙喉宵藥部之詞，蓋从口从虎，合於《說文》所謂「讀若暠」，亦合於《說文》「虐」字古文「𧆛」，卷五虍部「虐」下重出。

一・詩論 01・08

一・詩論 06・22

一・詩論 07・36

一・詩論 09・43

一・詩論 13・12

二・魯邦 05・29

二・容成氏 04・04

二・容成氏 08・03

二・容成氏 11・13

二・容成氏 25・24

二・容成氏 26・24

二・容成氏 34・32

二・容成氏 34・38

二・容成氏 37・01

二・容成氏 39・10

二・容成氏 41・12

二・容成氏 41・26

二・容成氏 41・35

二・容成氏 44・02
二・容成氏 45・01
二・容成氏 45・33
二・容成氏 47・24
三・中弓 15・09
三・中弓 25・08

四・柬大王 03・18
四・柬大王 21・05
四・柬大王 23・06
四・相邦 04・27
五・競建 06・12
五・弟子問 01・05

五・弟子問 01・22
五・弟子問 02・11
五・弟子問 04・15
五・弟子問 04・34
五・弟子問 08・11
五・弟子問 08・17

五・弟子問 08・26
五・弟子問 10・05
五・弟子問 11・26
五・弟子問 14・08
五・弟子問 15・10
五・弟子問 19・06

五・弟子問 19・16
五・弟子問 20・16
五・弟子問 23・08
五・鬼神 04・21
五・鬼神 04・34
五・鬼神 05・10

五・鬼神 05・47
五・鬼神 06・08
六・競公瘧 07・09
六・競公瘧 07・22
六・競公瘧 11・15
六・季桓子 14・12

七・武王 01・19
七・武王 01・28
七・武王 02・11
七・武王 11・25
七・武王 12・03
八・子道餓 02・25

八・子道餓 04・12
八・顔淵 01・18
八・顔淵 06・09
八・成王 02・10
九・成王乙 03・14
九・陳公 07・19

吕 㕣

九・陳公 08・02

九・陳公 08・19

九・舉治 14・14

九・舉治 17・15

九・舉治 19・12

九・邦人 07・19

九・史蒥 04・08

港中零簡 03・09

六・季桓子 03・21

六・季桓子 19・04

九・舉治 21・09

日行△（乎）

按，目前存蹟僅見「虎」形，或釋「虎」。唯下部殘損漫漶，據本篇用字習慣，容猶有「口」形，姑寄此。

九・成王乙 03・19

……哉言乎！

君子哉問△（乎）！

按，以右用爲牙喉魚部「乎」若「呼」，蓋从口虎聲。或即與《說文》「嘑」同形，姑寄此。《左傳》宣公二年「公嗾夫獒焉〈烏，據《說文》口部殘卷改〉」之「獒烏」者，嘑嘯聲，今作「嗷嗚」，以爲猛犬名也（說聞於胡敕瑞）。「虐」之轉注 DAU 與 GA，無乃記錄虎嘑嘯聲「獒烏 / 嗷嗚 DAU-ʔA」。

㕣

二・從政甲 09・05

詳見卷十三二部「凡」下。

吕

一・緇衣 07・09

詳見卷十四己部「己」下。

⿱少口	吉	⿱丹口	⿱弔口	⿱止口	⿱丙口	吴	⿱口立
七・凡物甲 28・06	二・容成氏 52・45	二・容成氏 38・28	一・緇衣 03・01	一・緇衣 01・22	卉茅 01・02	三・彭祖 07・51	一・緇衣 13・15
詳見卷二少部「少」下。		詳見卷五丹部「丹」下。	詳見卷八人部「弔」下。	詳見卷三言部「詩」下。	詳見卷十四丙部「丙」下。	是謂遺△（殃）	民有△心

一曰「吴」，讀「娛」（陳英傑2003；禤健聰2020）。郭店簡本《緇衣》對應作「懽（歡）心」，今《禮記》本作「格（娛）心」。

⿱亞口 ⿱青口 ⿱网口 時 㓜

⿱亞口	⿱青口	⿱网口				時	㓜
三・周易 32・15	一・詩論 11・01	八・蘭賦 05・03	二・從政甲 07・14	六・莊王 02・01	五・鬼神 06・03	二・民之 08・12	三・中弓 08・13
	詳見卷五丹部「青」下。	詳見卷七网部「网」下。	二・從政甲 12・05	以△（待）四鄰之賓客	六・慎子 04・11	五・季庚子 07・02	詳見卷四部「幼」下。
			二・從政甲 15・27		八・李頌 01・34	五・君子 01・03	
			二・從政乙 05・05		八・蘭賦 02・16	五・君子 03・36	
					九・陳公 13・06	五・君子 16・03	
					卉茅 02・37	五・弟子問 14・07	

⿱林口　⿰爿⿹戈口　⿱⿰耳口口

⿱林口

六・競公瘧 08・23

詳見卷六林部「林」下。

⿰爿⿹戈口

四・曹沫 01・02

四・曹沫 06・25

四・曹沫 10・10

四・曹沫 20・11

四・曹沫 22・15

四・曹沫 33・25

四・曹沫 35・07

四・曹沫 36・03

四・曹沫 38・19

四・曹沫 41・13

四・曹沫 42・17

四・曹沫 43・18

四・曹沫 44・25

四・曹沫 45・34

四・曹沫 49・03

四・曹沫 50・10

四・曹沫 53・05

四・曹沫 53・32

四・曹沫 55・30

四・曹沫 57・10

四・曹沫 59・06

四・曹沫 64・06

六・莊王 01・01

六・莊王 01 反・01

六・王子木 03・01

七・鄭子甲 01・09

七・鄭子乙 01・08

按，从口戕聲，以右均用爲謚號「莊」。此謚號與武功有關，本當作「戕」。若是，此字或即「戕」字繁構，以爲謚號專字（曾憲通、陳偉武 2018：667）。一曰「臧」字異體，卷三臣部「臧」下重出。

⿱⿰耳口口

一・緇衣 11・01

詳見卷十二耳部「聖」下。

⿱既口　⿱吅各　⿰飠㕣　⿰彔各　舊　嚴　咢

嚴（古）

字頭	出處	簡號	按語
⿱既口	三・亙先	05・14	詳見卷五皀部「既」下。
⿱吅各	一・性情論	39・17	詳見卷十五。
⿰飠㕣	七・君人甲	02・26	詳見卷五食部「飤」下。
⿰彔各	五・鬼神	07・17	詳見卷三攴部附錄。
舊	五・季庚子	05・06	詳見卷四隹部「雚」下。
嚴	五・三德	15・16	《說文》古文如此。
噩	五・弟子問	19・18	
⿱吅各	三・周易	42・03	按，从叩省、各雙聲，或即「咢」字異體。「咢」，从叩省、屰雙聲，春秋早期鄂侯簋蓋（《銘圖三》0464）「咢」作「⿱吅屰」，「叩」旁不省作。詳見卷十五。

單

嚚

八・子道餓 02・11

以受△攻之食於子

八・子道餓 03・14

食而弗與爲禮，是△攻畜之也。

按，據其形，「單」字繁構。據其辭例，與《孟子・盡心上》「食而弗愛，豕交之也。愛而不敬，獸畜之也」相關。則此字或即「獸」之截取分化，亦即《說文》訓犧之「嚚」所自，與「單」字繁構同形。清華簡《五紀》有「禽獸」字作「單」，亦其例。楚人有不別「戰」「獸」者，如《曹沫之陣》「戰新以獸（守）」之「獸」，安大簡本譌作「戰」；郭店簡《窮達以時》「戰監門」之「戰」即「獸（守）」之譌。兩字之不別，蓋楚「嚚」形已兼示「單」「獸」。

哭

哭

一・性情論 18・24

五・三德 01・32

九・卜書 03・21

藝術・選六 144・08

一・性情論 18・03

△亦悲

郭店簡本《性自命出》對應作「哭」。

喪

喪

五・弟子問 04・11

五・弟子問 07・08

乢

三・周易 44・08

三・周易 53・35

七・武王 14・06

按，由最初「桑」之象形譌變、截取分化而來。

三・周易 38・38

五・三德 13・14

六・鄭壽 05・08

六・天子甲 04・20

六・天子甲 04・25

六・天子甲 12・06

六・天子乙 04・05

六・天子乙 04・10

六・天子乙 11・21

七・鄭子甲 01・04

七・鄭子乙 01・03

七・吳命 05・45

喪

五・三德 07・01

五・三德 07・20

五・三德 16・15

五・三德 16・27

六・鄭壽 07・01

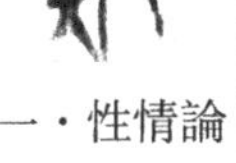
一・性情論 29・22

二・民之 09・02

二・民之 13・12

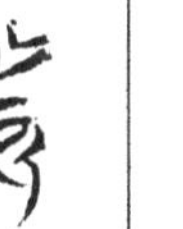
二・民之 14・01

三・中弓 23・34

四・昭王 01・34

卷四死部附錄重出。

走

㞐走

走

三・周易 54・26

〈歪〉

八・志書 02・06

又猶△趨事王

按，从「旡」爲从「夭」之譌。

趣

𧾷趣

趣

四・昭王 06・32

八・志書 02・07

趮　越　起

古

[辶取]	[辶巢]	[辶戉]	迉	[辶巳]			
五・鬼神 05・34	一・性情論 35・10	八・蘭賦 05・07	六・用曰 18・08	二・容成氏 37・11	四・曹沬 55・11	五・三德 18・36	七・鄭子乙 06・24
卷二辵部附錄重出。	凡用心之△者，思爲甚。 按，从走巢聲，「趮」字異體。	卷二辵部附錄重出。	七・鄭子甲 03・19	二・容成氏 38・08	四・曹沬 64・40	六・競公瘧 12・15	七・凡物甲 15・16
			七・鄭子甲 06・23	二・容成氏 41・32	五・競建 09・19	六・莊王 08・14	七・凡物甲 20・09
			《說文》古文如此。	二・容成氏 47・44	五・季庚子 15・20	六・王子木 02・19	七・凡物甲 25・25
				二・容成氏 52・31	五・君子 04・02	六・用曰 15・29	七・凡物乙 18・25
				四・內豊 08・05	五・三德 14・06	七・鄭子乙 03・18	八・志書 06・23

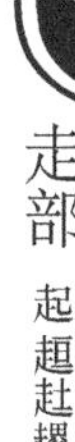

䞶

䞶

䞶		䞶		𨑵	赴	𧽯	𧾷
八·蘭賦 05·13	八·有皇 01·04	六·季桓子 02·02	六·季桓子 01·04	三·中弓 01·02	六·用曰 10·16	四·采風 02·26	六·用曰 14·28
九·陳公 13·25	卷二辵部附錄重出。	六·季桓子 06·09	子見季△=〔子=〕（桓子，桓子）曰	六·競公瘧 12·27	詳見卷二辵部「徒」下。	四·采風 04·10	
九·舉治 17·08		六·季桓子 22·09	按，據辭例當爲「䞶」字重文。	九·陳公 16·18			
九·舉治 30·27				卷二辵部附錄重出。			
九·卜書 06·07							
藝術·選六 144·09							

赴

𧽯

𧾷

止

𣥂

止

一・緇衣 16・37

一・緇衣 17・31

三・周易 48・14

八・鶹鷅 01・11

九・卜書 01・08

九・卜書 01・31

九・卜書 02・18

歬

肯

歬

一・詩論 06・23

一・詩論 20・29

二・子羔 11・26

二・昔者 01・26

二・昔者 01・32

三・周易 10・19

四・曹沫 24・23

四・曹沫 29・18綴

四・曹沫 30・06

四・曹沫 31・13

四・曹沫 60・34

五・競建 02・19

五・鮑叔牙 04・31

六・鄭壽 05・02

七・武王 07・29

七・君人甲 03・08

七・君人乙 03・06

七・吳命 05・14

八・顏淵 06・31

八・顏淵 07・19

八・蘭賦 04・03

九・舉治 34・11

六・用曰 05・31

視△顧後

九・陳公 20・16

或兩陣△

按，从「之」爲从「止」之譌。

歸

⿺辶帚

- 一·詩論 10·16
- 一·詩論 11·35
- 三·周易 04·36
- 三·周易 50·03
- 五·鮑叔牙 08·18
- 五·季庚子 19·12
- 九·成王甲 02·25
- 九·靈王 03·18
- 九·靈王 03·23
- 九·靈王 03·33
- 九·靈王 05·32
- 藝術·選六 133·02
- 六·鄭壽 02·05

卷二辵部附錄重出。

歨

四·鳴烏 03·14

詳見卷一上部「上」下。

⿱及止

二·容成氏 19·42

詳見卷三又部「及」下。

⿱化止

一·性情論 24·31

詳見卷二辵部「過」下。

⿱斤止

一·性情論 02·17

卷二止部附錄重出。

⿱从止

一·性情論 20·23

詳見卷八从部「從」下。

⿸厂止　⿱屮止　　⿱去止　⿱包止　⿸厂⿱丯止　⿱氏止　疌

⿸厂止

四・曹沫 63・11

詳見卷十三土部「坐」下。

⿱屮止

一・性情論 01・10

四・昭王 02・14

四・昭王 02・28

四・昭王 02・38

四・內豊 06・38

四・曹沫 21・21

九・靈王 05・22

九・陳公 07・16

九・陳公 07・33

九・陳公 08・13

九・陳公 14・18

九・邦人 09・03

⿱去止

四・曹沫 43・31

詳見卷五凵部「去」下。

⿱包止

五・競建 02・16

詳見卷二辵部「迿」下。

⿸厂⿱丯止

二・容成氏 02・25

詳見卷二足部「跛」下。

〈⿱氏止〉

五・君子 07・16

行毋△（蹶）、毋搖，足毋偏、毋高。

按，从「氏」爲从「氒」之譌。从止氒聲，或即「蹶」字異體。一曰从止氏聲，「企」字異體（黄傑 2018）。

疌

二・容成氏 22・06

詳見卷二廴部「建」下。

⿱亚止　⿱乍止　⿱从止　⿰阝⿱从止　⿱來止　⿱戔止　⿱臼止　⿱亞止

⿱亚止		六・天子甲 07・26	詳見卷二止部附錄「⿺辶亚」下。
⿱乍止		五・競建 03・16	詳見卷二辵部「迮」下。
⿱从止		六・王子木 05・01	詳見卷十三土部「坐」下。
⿰阝⿱从止		九・舉治 01・10	詳見卷十四𠂤部附錄。
⿱來止		三・周易 35・17	詳見卷五來部「來」下。
⿱戔止		七・吳命 08・44	詳見卷二足部「踐」下。
⿱臼止		二・容成氏 02・26	詳見卷二止部附錄「⿺辶⿱臼王」下。
⿱亞止		三・亙先 12・20	

⿱降止　⿱相止　⿱复止　⿴行⿱坴止　⿱俞止　⿱羕止　⿰阝⿱生止

⿱降止	⿱相止	⿱复止	⿴行⿱坴止	⿱俞止	⿱羕止	⿰阝⿱生止	隆
二・容成氏 40・19	六・天子甲 06・02	八・命 05・18	一・詩論 27・25	七・武王 02・24	七・吳命 01・28	三・周易 33・16	二・容成氏 31・42
詳見卷十四阜部「降」下。	詳見卷三寸部「將」下。	詳見卷二彳部「復」下。	詳見卷二辵部「逹」下。	詳見卷二辵部「逾」下。			詳見卷十四𠂤部附錄。

⿱⿰坴攴止　⿱埶止　⿱亶止　⿱萬止　⿰阝⿱⿱爫工止　⿱與止

⿱⿰坴攴止

九・陳公 07・03
命狂相執事人△（設）師徒

九・陳公 09・06
乃逝△（設）師徒

九・陳公 11・03
命臣相執事人△（設）師徒

按，从止埶聲（蔣偉男2019）。

⿱埶止

五・競建 10・25

詳見卷二辵部「遱」下。

⿱亶止

一・性情論 27・13

詳見卷二辵部「逝」下。

⿱萬止

七・吳命 01・23

詳見卷二辵部「邁」下。

⿰阝⿱⿱爫工止

五・三德 14・35

詳見卷十四𠂤部「隕」下。

⿱與止

三・中弓 09・25

三・中弓 09・29

三・中弓 10・13

三・中弓 10・31

三・亙先 07・27

三・亙先 10・15

三・亙先 10・28

三・亙先 11・21

三・亙先 12・01

三・亙先 12・25

三・亙先 13・07

五・鬼神 02・08

衜　衙

⿱與止					衙	衜
六·競公瘧 02·23；六·競公瘧 08·28；九·成王甲 02·14；九·成王乙 02·21；九·陳公 19·11；九·舉治 04·06	二·子羔 02·01綴；二·子羔 02·09；三·周易 07·33；三·周易 08·16；六·用曰 11·37；八·成王 12·07	九·靈王 04·23	九·舉治 13·11　五 □没不△	按，从止與聲，或即「舉」之專字。	二·魯邦 03·09　詳見卷六𨙵部「𨛜」下。	二·容成氏 31·32　詳見卷二足部「躛」下。
一·性情論 09·16；一·性情論 30·09						

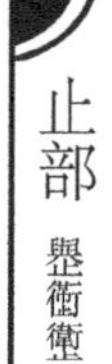
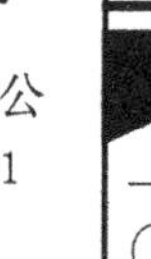

⿱罒⿱巳止

〈⿱罒⿱巳止〉

三・中弓 08・35

夫民安舊而重△

按，从「⿱罒巳」爲从「⿱罒⿱巳止」之省譌。詳見卷二辵部「遷」下。

⿱興止

⿱興止

四・曹沫 37・29

詳見卷三舁部「興」下。

⿱京止

⿱京止

八・王居 05・16

詳見卷五京部「就」下。

登

⿱癶⿱豆廾 籀

〈豐〉

一・性情論 13・12

三・彭祖 04・13

按，《說文》籀文从登、廾。上述諸字「廾」形蒙上類化成「癶」形。

〈⿱癶䜴〉

六・競公瘧 08・11

今薪△（蒸）使虞守之

按，上述諸字或由「豐」形進一步成字重組成「䜴」形。

〈荳〉

五・弟子問 05・16

△年不恆至

按，从「艸」爲从「癶」之譌（田煒2008）。

癹

⿱癶⿰豆殳

⿱癶⿰豆殳

二・昔者 04・07

四・柬大王 16・19

五・君子 07・06

五・鬼神 07・07

六・競公瘧 05・06

六・用曰 11・20

九・舉治 33・10

步　歲　此

[illegible]	步	[illegible]			此		
五·競建 03·11	四·柬大王 22·25	三·周易 52·12	四·柬大王 13·06	五·鮑叔牙 08·02	一·詩論 01·02	一·緇衣 10·22	二·民之 07·13
五·競建 03·17		六·競公瘧 01·08	六·鄭壽 04·08	一曰从「日」。	一·詩論 07·15	一·緇衣 18·19	二·魯邦 03·43
		六·競公瘧 02·06	九·舉治 24·20		一·詩論 07·26	一·緇衣 19·17	二·從政甲 09·06
		八·李頌 01反·51			一·詩論 07·37	一·緇衣 22·13	三·周易 53·11
		八·蘭賦 05·18			一·詩論 27·02	二·民之 05·03	三·中弓 17·13
					一·緇衣 10·18	二·民之 06·10	四·昭王 03·26

六・天子甲 13・17	六・競公瘧 12・39	五・鬼神 01・34	五・季庚子 13・11	四・曹沫 55・24	四・曹沫 43・13	四・曹沫 03・06	四・昭王 09・04
七・鄭子甲 06・24	六・季桓子 05・10	五・鬼神 02・18	五・季庚子 15・05	四・曹沫 63・31	四・曹沫 44・13	四・曹沫 10・17	四・柬大王 10・03
七・鄭子乙 06・25	六・季桓子 16・04	五・鬼神 02 反・01	五・季庚子 23・15	五・競建 04・03	四・曹沫 45・29	四・曹沫 22・08	四・柬大王 11・05
七・君人甲 03・19	六・季桓子 17・23	五・鬼神 03・34	五・姑成 06・33	五・競建 08・02	四・曹沫 49・06	四・曹沫 28・24	四・柬大王 11・11
七・君人甲 04・24	六・季桓子 27・07	五・鬼神 04・40	五・弟子問 04・14	五・季庚子 02・02	四・曹沫 52・31	四・曹沫 40・08	四・柬大王 12・21
七・君人甲 06・01	六・王子木 05・10	五・鬼神 05・07	五・弟子問 11・03	五・季庚子 04・11	四・曹沫 53・26	四・曹沫 42・12	四・內豊 06・07

正

正

- 七・君人甲 06・09
- 七・君人乙 03・17
- 七・君人乙 04・22
- 七・君人乙 05・22
- 七・君人乙 06・06
- 七・凡物甲 20・07

- 七・凡物甲 25・23
- 七・凡物甲 28・03
- 七・凡物乙 18・23
- 七・凡物乙 20・01
- 七・吳命 02・18
- 七・吳命 05・13

- 八・顏淵 05・16
- 八・成王 15・11
- 八・命 10・15
- 八・王居 02・06
- 八・志書 02・22
- 八・李頌 02・35

- 八・李頌 03・06
- 九・靈王 03・10
- 九・陳公 06・01
- 九・舉治 03・06
- 九・舉治 13・29
- 九・舉治 21・25

- 九・卜書 05・10
- 港中零簡 07・06

- 六・季桓子 13・20

△邪民〔也〕

- 六・季桓子 08・04
- 六・季桓子 11・01
- 六・季桓子 13・02
- 六・季桓子 15・39
- 九・史蒥 07・11

- 一・緇衣 02・15
- 一・緇衣 06・01
- 一・緇衣 13・20
- 一・緇衣 14・31
- 一・性情論 01・08
- 一・性情論 25・22

古

五·姑成 01·12	三·中弓 08·02	二·容成氏 32·05	二·容成氏 07·31	二·從政甲 10·03	二·民之 05·02	六·天子乙 06·25	三·中弓 12·13
五·姑成 01·38	三·中弓 17·02	二·容成氏 36·26	二·容成氏 08·16	二·從政甲 16·19	二·子羔 01·07	六·天子乙 09·15	三·中弓 附·05
五·姑成 05·18	四·柬大王 14·15	二·容成氏 36·29	二·容成氏 18·12	二·從政乙 01·17	二·從政甲 05·08		三·中弓 附·07
五·姑成 06·09	四·柬大王 19·27	二·容成氏 45·30	二·容成氏 21·02	二·從政乙 01·22	二·從政甲 07·05		三·中弓 附·16
五·姑成 07·03	四·曹沫 14·03	二·容成氏 52·19	二·容成氏 23·03	二·從政乙 03·23	二·從政甲 08·12		六·競公瘧 12·32
五·鬼神 08·19	四·曹沫 37·23	三·中弓 05·15	二·容成氏 30·34	二·容成氏 05·34	二·從政甲 09·09		六·天子甲 07·13

是

是

是

六・競公瘧 05・22

六・競公瘧 13・04

六・競公瘧 13・29

六・天子甲 05・06

六・天子甲 10・08

六・天子乙 04・22

七・鄭子甲 02・13

七・鄭子乙 02・16

七・凡物甲 10・11

七・凡物乙 08・09

八・成王 06・02

八・成王 06・13

八・成王 07・04

八・命 06・21

八・命 08・08

八・命 10・10

八・志書 03・14

九・舉治 20・05

九・舉治 22・07

九・舉治 27・02

九・舉治 29・07

九・舉治 30・06

《說文》古文如此。

一・緇衣 02・14

一・性情論 12・27

一・性情論 18・18綴

二・從政甲 01・29

二・從政甲 03・19

二・從政甲 04・11

二・從政甲 12・17

二・從政甲 17・12

二・從政甲 18・05

二・昔者 01・15

二・昔者 04・27

二・昔者 04・34

二・容成氏 01・02

二・容成氏 01・05

二・容成氏 01・08

二・容成氏 01・11

二・容成氏 01・14

二・容成氏 01・17

二・容成氏 01・20

二・容成氏 01・23

二・容成氏 02・15

二・容成氏 03・36

二・容成氏 04・03

二・容成氏 06・40

三·亙先 02·24	二·容成氏 46·05	二·容成氏 41·25	二·容成氏 39·03	二·容成氏 34·31	二·容成氏 26·03	二·容成氏 14·26	二·容成氏 07·20
三·亙先 02·31	二·容成氏 47·23	二·容成氏 41·34	二·容成氏 39·09	二·容成氏 34·37	二·容成氏 26·23	二·容成氏 16·13	二·容成氏 07·27
三·彭祖 01·09	二·容成氏 49·32	二·容成氏 42·04	二·容成氏 39·28	二·容成氏 35·23	二·容成氏 27·05	二·容成氏 17·04	二·容成氏 08·02
四·內豊 01·07	二·容成氏 51·01	二·容成氏 44·01	二·容成氏 40·12	二·容成氏 36·02	二·容成氏 27·24	二·容成氏 19·27	二·容成氏 09·01
四·內豊 01·10	二·容成氏 52·39	二·容成氏 44·45	二·容成氏 40·37	二·容成氏 36·41	二·容成氏 32·07	二·容成氏 25·04	二·容成氏 11·12
四·內豊 09·01	三·中弓 09·03	二·容成氏 45·32	二·容成氏 41·11	二·容成氏 38·14	二·容成氏 33·19	二·容成氏 25·23	二·容成氏 14·07

古

四·曹沫 19·25
四·曹沫 44·17 
五·競建 02·27 
五·鮑叔牙 01·26 
五·鮑叔牙 08·01 
五·姑成 06·41 

五·君子 03·30
五·君子 06·12 
六·競公瘧 10·21 
六·競公瘧 10·44 
六·競公瘧 12·25 
六·用曰 01·25 

六·用曰 05·36
六·用曰 06·30 
六·用曰 06·34 
六·用曰 20·31 
六·天子甲 12·31 
七·凡物甲 12·26 

七·凡物甲 18·01
七·凡物甲 21·13 
七·吳命 02·10 
七·吳命 02·17 
八·子道餓 02·24 
八·子道餓 03·13 

八·成王 08·17
八·成王 10·15 
八·成王 13·01 
八·成王 14·12 
八·成王 14·33 
八·成王 15·31 

八·王居 03·04
八·志書 07·04 
九·成王甲 04·06 
九·舉治 15·02 
九·邦人 02·04 
九·邦人 08·06 

九·卜書 04·08
九·卜書 09·11 

七·凡物甲 16·17

七・凡物乙 11・17

《說文》古文如此。

六・鄭壽 07・07

八・志書 01・05

八・志書 02・23

二・民之 08・01

四・鳴烏 01・21

四・鳴烏 03・03

四・鳴烏 03・07

四・鳴烏 04・13

四・鳴烏 04・17

四・曹沫 07・21

四・曹沫 26・10

四・曹沫 28・30

四・曹沫 41・11

五・季庚子 03・22

五・季庚子 10・20

五・季庚子 11・23

二・魯邦 03・44

三・周易 40・24

三・周易 56・16

三・周易 57・25

三・中弓 02・06

五・三德 01・14

五・三德 01・40

五・三德 02・09

五・三德 03・15

五・三德 03・22

五・三德 03・36

五・三德 04・24

五・三德 04・31

五・三德 06・15

五・三德 06・22

五・三德 06・30

五・三德 06・39

五・三德 07・07

五·三德 07·27
五·三德 08·04
五·三德 08·32
五·三德 09·23
五·三德 13·29
五·三德 13·33

五·三德 14·25
五·三德 16·07
五·三德 16·24
五·三德 16·41
五·三德 20·19
五·三德 22·17

六·競公瘧 02·09
六·競公瘧 02·29
六·競公瘧 03·01
六·競公瘧 03·17
九·卜書 01·09
九·卜書 01·32

九·卜書 02·24
九·卜書 03·13

六·季桓子 01·12
六·季桓子 04·03
六·季桓子 05·20
六·季桓子 27·01

二·子羔 10·11
二·子羔 10·19
二·子羔 12·02
二·子羔 12·11
二·子羔 13·01
二·子羔 13·14

二·子羔 01·04

三·中弓 01·16

季△（氏）

韙

𩒨（籀）

七・凡物甲 19・01　△故一

乙本對應作「是」。

三・周易 11・09

八・李頌 02・21

《說文》籀文如此。

二・民之 10・15

八・顏淵 10・07

按，下部「夊」形蒙上部類化。

八・顏淵 05・27

按，「韋」下或繁加「小」形，如本編卷一「葦」字作「⿱艹⿱韋小」，三歧或作兩歧，遂如是。

⿺辶⿱丷韋

⿺辶⿱丷韋（篆）

⿱丷韋

七・吳命 01・23　馬將△

七・吳命 09・36　吳△陳

按，从止䡴聲，「⿺辶⿱丷韋」字異體。卷二止部附錄重出。一曰「走」。

⿺辶率

⿺辶率（篆）

衛

一・詩論 27・25

二・容成氏 07・05

三・周易 08・12

四・曹沫 22・32

四・曹沫 25・31

四・曹沫 28・20

四・曹沫 32・06

四・曹沫 33・06

四・曹沫 36・30

四・曹沫 38・03

四・曹沫 58・06

四・曹沫 58・10

五・姑成 10・04

九・陳公 11・29

按，从止率聲，「⿺辶率」字異體。「率」中小點形（戴侗以爲象麻枲之餘）改作「行」，本屬楚字部件集團類化，本編卷四「⿰角率」有同例，於「率」或屬義化。卷二止部附錄重出。

徒

赴

徒

四・曹沫 27・16

君如親△

四・曹沫 32・19

四・曹沫 58・11

四・曹沫 58・13

五・鮑叔牙 01・08

五・君子 10・06

五・君子 10・10

七・君人甲 04・30

七・君人乙 04・28

七・吳命 08・43

八・王居 01・08

八・王居 02・15

八・王居 04・12

八・王居 05・21

八・王居 07・11

九・靈王 02・02

九・靈王 02・19

九・陳公 01・22

九・陳公 01・26

九・陳公 01・34

九・陳公 05・10

九・陳公 07・05

九・陳公 07・10

九・陳公 07・18

九・陳公 08・01

九・陳公 08・15

九・陳公 09・08

九・陳公 10・09

九・陳公 11・05

九・陳公 15・03

九・陳公 17・02

九・陳公 17・05

九・陳公 18・01

九・陳公 18・09

五・君子 10・16

芫蕢之△

延 征或

逝

述

赴
六・用曰 10・16
按，从走土聲，「徒」字異體。卷二走部附錄重出。

征
三・周易 13・18
三・周易 24・31
三・周易 43・19
三・周易 47・28
三・周易 47・34
三・周易 50・37

三・周易 58・17
六・用曰 05・13
六・用曰 13・31
《說文》或體如此。

道
九・靈王 02・16
命之△（逝）

童
一・性情論 27・13
凡身欲靜而毋△（滯）
卷二止部附錄重出。

述
一・性情論 08・05
二・容成氏 34・22
二・容成氏 35・14
二・容成氏 37・40
二・容成氏 39・41
二・容成氏 40・24

二・容成氏 41・01
二・容成氏 42・25
二・容成氏 44・25
二・容成氏 44・27
二・容成氏 44・30
三・亙先 12・38

三・彭祖 06・07
五・季庚子 04・27
五・季庚子 08・13
五・三德 15・07
六・季桓子 11・14
六・莊王 04・15

遵 適 過

遵			迸	遆	⿺辶比		⿱化止
六·莊王 06·04	九·邦人 05·21	一·性情論 08·16	五·季庚子 05·17	九·卜書 01·24	一·緇衣 11·31	五·三德 08·14	一·性情論 24·31
八·子道餓 02·28		按，古文字多用爲「遂」。	百姓△（逐？）之以□		四·采風 02·06	五·三德 08·27	三·周易 56·09
八·王居 02·13			六·慎子 05·17		四·曹沫 52·28		六·王子木 01·12
九·靈王 05·18			△（遵）畋服畝		四·曹沫 60·33		卷二止部附錄重出。
九·陳公 07·27			按，从辵并聲，楚「遵」字，與《說文》訓遣之「迸（送）」同形，故改寄「遵」下。		五·弟子問 17·12		
九·陳公 14·19					五·三德 05·22		

進

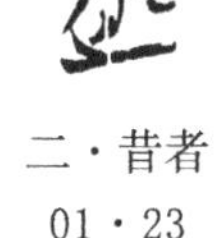
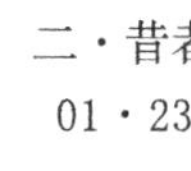

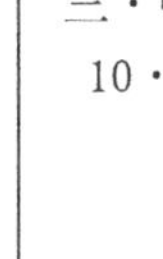

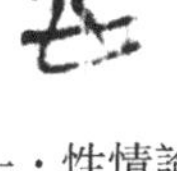

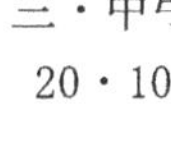
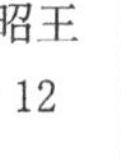

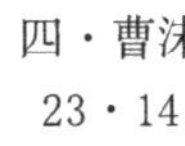
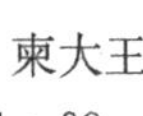
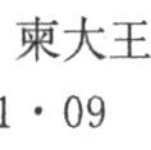
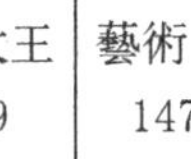

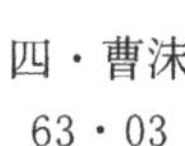

按，从止若辵，化聲，楚「經過」字。

怂

一·性情論 21·25
一·性情論 32·20
一·性情論 39·35
一·性情論 39·44
一·性情論 40·02
三·中弓 07·12

三·中弓 10·30
三·中弓 19·16
三·中弓 20·10
四·曹沫 23·14
四·曹沫 63·03
五·三德 05·45

七·吳命 03·32
八·有皇 02·06
九·邦人 07·04
藝術·選六 147·04

按，从心化聲，楚「過失」字。卷十心部附錄重出。

進

二·昔者 01·23
二·容成氏 48·06
四·昭王 02·12
四·柬大王 11·09
四·柬大王 14·26
四·曹沫 24·31

四·曹沫 40·07
六·季桓子 09·05
六·季桓子 09·12
六·用曰 19·38
七·鄭子甲 06·18
七·鄭子甲 07·09

七·鄭子乙 06·19
七·鄭子乙 07·06
八·顏淵 09·15
八·成王 12·12
八·命 04·10
八·王居 02·04

八·王居 04·04
九·陳公 05·03
九·陳公 07·08
九·陳公 13·28
九·陳公 18·11

逾 逾（篆）　迮 迮（篆）　速 速（篆）

（續）	逾	⿱俞止	迮	迷	遫	（遫）	徚
 六・競公瘧 04・42	 六・莊王 04・01	 七・武王 02・24	 五・競建 03・16	 一・性情論 39・38	 二・容成氏 22・24	 七・吳命 01・27	 七・吳命 07・11
使其私祝史△……	六・莊王 04・11	卷二止部附録重出。	 五・競建 03・18	 八・王居 06・15	 二・容成氏 32・22	 八・有皇 03・15	卷二彳部附録重出。
	按，聲符「俞」省去「刀」形。本編卷八「俞」字有同例。		按，从止作聲，「迮」字異體。卷二止部附録重出。	按，「朱」「速」聲隔。从「朱」爲从「朿」之譌。	 四・柬大王 02・25		
					 四・柬大王 05・09		
					 四・曹沬 44・02		
					 五・季庚子 22・15		

适

逆

迠

五・姑成 07・08

逆

九・陳公 16・08

五・三德 06・42

六・慎子 01・19

八・成王 15・15

七・吳命 04・11

九・靈王 04・17

按，聲符與「毛」混同。

一・性情論 04・21

一・性情論 05・10

二・容成氏 08・37

二・容成氏 21・31

二・容成氏 52・34

七・武王 15・14

五・季庚子 17・10

按，聲符與「丰」混同。

一・性情論 10・01

觀其先後而△順之

郭店簡本《性自命出》對應作「逆」。

遇

遇

二·魯邦 03·02

三·周易 32·21

三·周易 33·04

三·周易 34·05

三·周易 38·21

三·周易 51·25

三·周易 56·08

四·昭王 06·13

四·昭王 06·23

迪

迪

八·顏淵 07·29

通

迵

二·容成氏 05·29

有虞△

二·容成氏 25·14

禹乃△淮與沂

二·容成氏 25·35

禹乃△蔞與易

二·容成氏 26·13

禹乃△三江、五湖

二·容成氏 26·35

禹乃△伊、洛

二·容成氏 27·15

禹乃△涇與渭

二·容成氏 32·19

有虞△

卉茅 02·46

血氣不△

按，从辵同聲，「通」字異體，與《說文》「迵」同形。

[辶用]

九·邦人 09·24

今日△既失邦，又得之。

按，从辵用聲，「通」字異體。一曰从舟。

徙

[古文] 古

[尸少]

四·柬大王 09·18

四·柬大王 10·06

四·柬大王 15·03

《說文》古文源此。

迻 遷 遜 還 選

〈遅〉	迻	〈䙴〉	遜	還			選
四・昭王 05・17	四・柬大王 12・16	三・中弓 08・35	四・柬大王 14・24	四・曹沬 12・10	六・天子乙 06・16	七・鄭子乙 06・07	八・蘭賦 01・17
王△處於坪滿		夫民安舊而重△		六・用曰 10・05	六・天子乙 06・27	七・鄭子乙 06・16	
按，从辵𡰪省聲，「徙」之專字。楚「𡰪」旁多省作「尾」，本編卷三「誽」「敀」及卷十四「犀」均同例。		三・彭祖 01・24		六・用曰 11・09	六・天子乙 07・11	七・鄭子乙 07・13	
		而△於朕身		六・天子甲 07・04	七・鄭子甲 06・06	八・李頌 01・54	
		按，从「礜」爲从「䙴」之省訛。卷二止部附錄重出。		六・天子甲 07・15	七・鄭子甲 06・15	九・邦人 12・32	
				六・天子甲 07・28	七・鄭子甲 07・16		

送		遲		逗	逶		
𨓨		𨑩或	遟籀	逗	蟡或		
遻	遱	迟	〈迖〉	逗	蟡		
九・成王甲 01・17	九・成王乙 01・19	三・周易 14・27	七・吳命 07・10	四・柬大王 15・15；四・柬大王 16・07	六・季桓子 19・09	六・季桓子 11・10	六・季桓子 12・04
子文△（總）師於殽	君王命余△（總）師於殽 按，一曰「送」字之譌，一曰「遻」字轉注「送」「遺」（沈培 2023）。	《說文》或體如此。	毋敢有△速之期 按，从犀省聲作，《說文》籀文異體。				按，「爪」「象」部分黏連，重組成「目」形。本編卷九「色」字亦有同例。

六・季桓子 23・08

《說文》或體如此。

違

韙 違

五・三德 08・34

六・競公瘧 12・16

公強起△席

按，从辵韋省聲。

逡

䢓 逡

八・子道餓 04・08

達

䞩 達

一・詩論 19・19

六・用曰 10・28

八・蘭賦 02・35

五・三德 04・43

六・用曰 19・32

七・凡物甲 16・13

七・凡物乙 11・13

八・成王 12・16

九・舉治 06・14

九・舉治 21・24

九・舉治 33・01

迷

二・民之 02・05

迷

二・容成氏 37・41

三・周易 19・08

六・季桓子 22・01 如△〈⿱米心（悉）〉言之

六・季桓子 22・17 吾子△〈⿱米心（悉）〉言之

按，陳劍（2008.3.22=2013:281-317）以此二例底本或作「悉」字異體「⿱米心」。書手誤識从米聲，讀「迷」，遂改如此。若可信，蓋用字之誤，故寄「迷」下。又，陳劍（2001=2007:377-378）嘗以「悉」字聲符源自甲骨文之「釆」。若可信，則此二例蓋从辵釆聲，在此讀「悉」。因「釆」「米」後世形近而混同，遂與「迷」同形。

連

連

三・周易 35・39

四・柬大王 15・08

四・曹沫 32・10

七・武王 09・22

九・邦人 10・17

逑

逑

二・民之 11・28 日△月將

一曰从丯聲，讀「格」（禤健聰 2017:110）。

遺

遺

四・采風 03・29

五・季庚子 09・18

八・顏淵 07・07

八・鶹鷅 01・02

八・命 02・11 先大夫之風[illegible]△命

按，从「米」爲从「少」之譌。

遂 逃 逐

遺	遂		逃		逐		
藝術・選六 134・05 按，辭例不明，一曰「送」。	五・鬼神 02・11	五・三德 22・06	二・從政甲 08・35 二・容成氏 40・08 二・容成氏 40・33 二・容成氏 41・02 二・容成氏 42・02 四・昭王 06・01	四・昭王 07・31 五・姑成 05・24 六・季桓子 05・14 六・季桓子 12・13 六・季桓子 21・13 六・用曰 11・34	七・凡物甲 07・09 窒祭員奚△乎 七・凡物甲 08・29 △高從卑，致遠從邇。 七・凡物乙 06・06 窒祭員奚△乎	 七・凡物乙 07・12 △高從卑，致遠從邇。 按，以右均用爲「逐」。楚「逐」形另有源自「遯」之省者，詳見卷二辵部「邇」下。	二・從政甲 03・12 教之以刑則△ 按，一曰从「豕」爲从「㒸」之譌，「遂」謂亡也。一曰从「豕」爲从「彖」之譌，讀「遯」。而「遂」「遯」音義固可相通。姑寄「逐」下。

近 䜣

邋 䢽

邇 迩古

迖	近		⿺辶丘		邋	迩	〈逐〉
三·周易 43·15	二·從政甲 13·17	二·容成氏 19·08	一·性情論 02·17	一·性情論 34·12	九·史蒥 07·07	一·緇衣 22·15	二·容成氏 19·29
五·競建 10·03	三·中弓 20·33	乃因△以知遠	一·性情論 02·21	一·性情論 34·21		七·凡物甲 09·07	夫是以△者悅怡，遠者自至。
按，从辵、犬，楚「逐」字。	五·競建 07·23	一曰「⿺辶止」（王磊 2019）。	一·性情論 18·16 綴	卷二止部附錄重出。		七·凡物乙 07·19	五·季庚子 19·29
			一·性情論 25·13			《說文》古文如此。	毋禁遠，毋稽△。
			一·性情論 25·20				
			一·性情論 25·25				

遱

一曰从辵豖省聲，「邇」字異體（趙平安 2017）。按，若是，據其聲符，當爲「暬」若「褻{近}」字異體（李豪 2022:163-164；沈奇石 2024A:223）。與「逐」同形，詳見卷二辵部「逐」下。

塿

五·競建 10·25

卷二止部附錄重出。

遠

遠

一·詩論 02·29

一·緇衣 22·20

一·性情論 18·23

二·子羔 05·05

二·從政甲 10·15

二·容成氏 19·11

二·容成氏 19·34

三·彭祖 06·14

四·采風 03·19

四·內豊 附·10

五·競建 07·27

五·季庚子 19·26

五·姑成 07·32

六·用曰 03·32

六·用曰 03·34

七·武王 07·04

七·凡物甲 09·05

七·凡物甲 13·22

七·凡物甲 23·18

七·凡物乙 07·17

七·凡物乙 15·31

八·顏淵 09·07

八·顏淵 09·29

八·志書 05·05

八·李頌 02·50

八·蘭賦 03·12

九·成王甲 03·05

九·舉治 21·21

九·邦人 12·13

七·凡物乙 補·03摹

𢓊

六·季桓子 12·23

七·凡物甲 11·15

卷二彳部附錄重出。

逮　邍　道

逮	〈备〉	道					
九・舉治 19・10	三・周易 09・02	一・詩論 23・09	二・容成氏 04・17	二・容成氏 46・23	三・中弓 03・06	四・相邦 04・17	四・曹沫 38・14
	△（原）笡	一・性情論 02・08	二・容成氏 08・12	二・容成氏 48・23	三・中弓 11・08	四・相邦 04・23	四・曹沫 40・12
	按，从田彖省聲，「邍」字異體（陳劍 2008B）。卷十三田部附錄重出。	二・子羔 07・07	二・容成氏 35・19	二・容成氏 49・14	三・亙先 09・22	四・曹沫 06・06	四・曹沫 46・09
		二・從政甲 08・23	二・容成氏 42・30	二・容成氏 50・21	三・彭祖 01・51	四・曹沫 08・03	四・曹沫 50・19
		二・從政甲 13・05	二・容成氏 44・22	二・容成氏 53・08	三・彭祖 08・36	四・曹沫 09・12	四・曹沫 53・04
		二・從政甲 17・04	二・容成氏 46・14	三・周易 17・07	四・采風 03・17	四・曹沫 10・04	四・曹沫 53・14

八・成王 14・28	八・成王 06・03	七・凡物乙 06・16	六・用曰 19・10	六・季桓子 07・12	五・三德 12・36	五・競建 09・27	四・曹沫 53・31
八・蘭賦 03・14	八・成王 06・14	七・凡物乙 10・02	六・天子甲 10・03	六・季桓子 17・11	五・三德 17・11	五・季庚子 04・07	四・曹沫 54・06
八・蘭賦 05・05	八・成王 07・05	七・吳命 03・18	六・天子乙 09・10	六・季桓子 23・04	六・季桓子 02・06	五・季庚子 10・01	四・曹沫 55・29
九・舉治 06・17	八・成王 11・08	七・吳命 04・22	七・凡物甲 07・19	六・季桓子 27・13	六・季桓子 04・09	五・姑成 01・22	四・曹沫 64・05
九・舉治 07・01	八・成王 12・01	七・吳命 09・42	七・凡物甲 14・23	六・慎子 01・23	六・季桓子 04・18	五・姑成 07・02	四・曹沫 64・19
九・舉治 08・02	八・成王 14・14	八・子道餓 01・02	七・凡物甲 22・02	六・慎子 06・16	六・季桓子 05・23	五・弟子問 14・11	五・競建 06・03

道

九・舉治 14・11

九・舉治 14・22

九・舉治 17・12

九・舉治 26・13

九・舉治 31・06

上博零簡 01・16

八・成王 05・15

△……

九・舉治 13・33

此盍民之△也

九・舉治 32・01

百川既△（導）

一・性情論 06・09

一・性情論 07・21

一・性情論 08・03

一・性情論 08・09

一・性情論 08・12

一・性情論 08・18

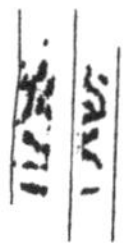

一・性情論 11・20 綴

一・性情論 12・23

一・性情論 13・17

一・性情論 23・24

一・性情論 24・33

一・性情論 25・04

一・性情論 26・03

一・性情論 30・24

一・性情論 34・19

一・性情論 35・04

七・武王 01・17

七・武王 03・29

七・武王 09・25

七・武王 11・22

七・武王 11・36

七・武王 12・14

七・武王 12・19

八・顏淵 01・17

八・顏淵 06・08

八・顏淵 07・10

一・性情論 35・01

〔唯人〕△爲可道也

一・性情論 殘 03・08

凡△，心〔術〕爲主。

一・性情論 殘 03・05

羣物之△也

右三例郭店簡本《性自命出》對應作「道」。

七・武王 12・23

七・武王 12・30

按，辵、頁共筆。

《正字通・辵部》：「[辶頁]，同道。」按，所謂「頁」即「首」。

迒

迒

迒

五・競建 10・12

五・鮑叔牙 05・34

邊

邊

鄾

四・曹沫 13・13

藝術・選六 135・02

四・曹沫 17・21

七・鄭子乙 01・04

卷六邑部附錄重出。

鄍

七・鄭子甲 01・05

迸

迸

迸

七・凡物甲 14・17

七・凡物乙 09・33

⿺辶卜

四・昭王 03・02

四・昭王 04・32

四・昭王 04・16

△（卜）令尹

六・季桓子 22・14

八・王居 07・14

迈

四・柬大王 17・07

七・鄭子甲 07・12

七・鄭子甲 07・19

七・鄭子乙 07・09

七・鄭子乙 07・16

⿺辶己

二・容成氏 37・11

詳見卷二走部「起」下。

迕

五・姑成 04・51

詳見卷二彳部「御」下。

迗

四・柬大王 02・15

筮儀愈△

一曰从「夭」爲从「夷」之譌（gefei，潘燈 2021.10.15F167，2021.12.25）。

⿺辶圭

五・弟子問 05・04

可△（暑）而告也

按，从辵圭聲，或即「逆」若「格」字異體。

⿺辶今　⿺辶式　迲　⿺辶百　迪　迿

⿺辶今	⿺辶式	迲	⿺辶百	迪	〈⿰糸里〉	迿	⿱口止
六・慎子 06・02	六・季桓子 11・05	一・詩論 20・06 詳見卷五凵部「去」下。	四・昭王 01・39 詳見卷三足部「蹠」下。	一・緇衣 20・09 三・中弓 11・16	一・緇衣 10・43 《君△（陳）》 按，字左所从，上似「糸」，下若「彳」。蓋書手誤以「彳」作「糸」，書未畢已察之，遂改書「彳」形，以致字形在「糸」「彳」之間。	五・競建 10・02 五・鮑叔牙 02・25 五・鮑叔牙 02・37 五・鮑叔牙 02・48	五・競建 02・16 卷二止部附錄重出。

⿺辶羊　⿺辶或　迡　⿺辶寺　迺　适　选

字頭	出處	辭例	按語
⿺辶羊	四・柬大王 14・25	太宰遜，△（返）進……	一曰「退」之譌形。
⿺辶或	八・蘭賦 05・07		詳見卷二走部「越」下。
迡	二・從政甲 13・18	不必在近△	
⿺辶匚	二・民之 08・02	何詩是△	
	八・蘭賦 02・33	芳馨密△	按，从辵，匚若尼聲，「迡」字異體。《玉篇》：「迡，近也。」
⿺辶寺	二・昔者 02・07		
迺	二・民之 08・19	△（夙）夜基命宥密	按，从辵⿰亻西（宿）聲，「辵」「⿰亻西」共筆。
适	五・姑成 05・06		
	五・姑成 07・07		一曰「達」字異體。
选	三・周易 18・08		詳見卷八先部「先」下。

迿　⿺辶各　⿺辶亘　逕　逞　⿺辶坐　⿺辶夌

迿

八・有皇 04・10

⿺辶各

一・性情論 30・25

詳見卷二足部「路」下。

⿺辶亘

三・中弓 01・02

詳見卷二走部「趄」下。

逕

九・陳公 07・11

⿱巠止

六・天子甲 07・26

六・天子乙 07・09

九・舉治 19・05

卷二止部附錄重出。

逞

四・曹沫 27・12

詳見卷三寸部「將」下。

⿺辶坐

四・柬大王 18・15

社稷以△（危）歟

詳見卷十三土部「坐」下。

⿺辶夌

二・容成氏 47・14

九邦者，其可△（陵）乎？

二・容成氏 47・35

七邦△（陵）服

按，从辵夌聲，或即「陵犯」字。

逨　⿺辶更　⿺辶戔　⿺辶兹　⿺辶豈　⿺辶里

逨

三・周易 09・13

卷五來部「來」下重出。

⿺辶更

五・季庚子 14・14

世三代之△（傳）史

五・季庚子 14・23

豈敢不以其先人之△（傳）志告

六・用曰 10・06

春秋還△（轉）

按，从辵更聲，「傳」若「轉」字異體。

⿺辶戔

五・競建 06・05

詳見卷二足部「踐」下。

⿺辶兹

六・用曰 10・02

⿺辶豈

五・季庚子 15・24

詳見卷八壬部「徵」下。

⿺辶里

四・曹沬 18・02

四・曹沬 42・03

⿱𦥑土

二・容成氏 02・26

卷二止部附錄重出。一曰「踔」字異體。

⿺辶㸒　㣙　⿺辶自　⿺辶取　⿺辶帚　逿　　逞

〈逕〉	六・競公瘧 12・43	神見吾△（淫）暴　按，从「巠」爲从「㸒」之譌。
㣙	九・陳公 13・21	金鐸以△（坐），木鐸以起。　詳見卷十三土部「坐」下。
⿺辶自	四・曹沫 60・31	
⿺辶取	五・鬼神 05・34	詳見卷二走部「趣」下。
⿺辶帚	一・詩論 10・16	詳見卷二止部「歸」下。
逿	八・成王 12・14	
	九・邦人 01・19	天加禍於楚邦，吾君△出。
逞	五・鮑叔牙 04・18	篤△伓忎　一曰从吳，讀「娛」（禤健聰 2020）。

⿺辶复	⿺辶眞				遲	⿺辶舀	⿺辶𡿺
三・周易 19・03 詳見卷二彳部「復」下。	七・鄭子甲 04・02 七・鄭子乙 04・02	五・三德 14・09	三・周易 24・24 △（顛）頤 三・周易 25・07 △（顛）頤 按，上第二例中「真」旁尚从鼎作，清華簡《湯在啻門》簡18「真」作「[illegible]」，龍會河簡用爲鎧甲	量詞之字聲符「真」亦如此作。上第一例中「真」旁下部類「天」若「而」，蓋「鼎」之譌。陳劍（2005=2013:146-167）以爲从冄，唯上部不類。或爲「真」「冄」雜糅。	二・容成氏 01・22 二・容成氏 09・26	四・采風 04・33	一・詩論 11・37 一・詩論 13・22 一・詩論 27・08

遑　⿺辶⿰卓刂　⿺辶⿱日囟　⿺辶⿱夫圭　⿺辶害　⿺辶畀　⿺辶旅

	⿺辶旅	⿺辶畀	⿺辶害	⿺辶⿱夫圭	⿺辶⿱日囟	⿺辶⿰卓刂	遑
六・用曰 04・25	三・周易 53・01	五・鮑叔牙 02・02	二・從政乙 01・28	一・緇衣 10・20	三・周易 32・31	八・成王 07・07	五・三德 04・26
按，「皀」旁下部離析脫變爲「口」形。同篇「節」「槩」「⿺辶皀」等中「匕」形均有同例。	詳見卷七㫃部「旅」下。	五・鮑叔牙 02・29	穽戒先△則自异句	詳見卷十二手部「失」下。	見車△（曳）		
			二・從政乙 06・06		按，从辵⿱日囟聲，或即「徹」字異體。「⿱日囟」，割取自早期文字「劃（斲）」（鄔可晶 2018=2020:1-34）。		
			……不武則志不△				
			一曰「達」（顧史考 2021:79-114）。				

⿺辶豢　⿺辶樂　邅　徑　復

徑（小篆）　復（小篆）

⿺辶豢

五・鬼神 03・18

⿺辶⿲幺白幺

四・內豊 06・17

無私△（樂）

按，从辵樂省聲。「辵」「樂」共筆。

邅

二・容成氏 07・10

卷五京部「就」下重出。

徑

六・用曰 04・02

⿺辶复

三・周易 19・03

三・周易 32・13

三・周易 50・39

三・中弓 22・03

七・鄭子甲 04・03

二・從政乙 03・01

三・周易 05・25

三・周易 20・09

三・周易 37・10

五・鮑叔牙 08・24

六・鄭壽 04・10

六・用曰 12・23

七・鄭子乙 04・03

九・邦人 03・17

二・容成氏 28・38

三・亙先 03・39

三・亙先 05・01

三・亙先 05・09

三・亙先 09・31

三・亙先 09・34

⿱复止		⿺辶复					
八・命 05・18	九・陳公 10・19	一・性情論 10・20	七・凡物甲 24・18	藝術・選六 142・07	五・三德 07・16	四・曹沫 52・25	三・亙先 12・12
卷二止部附錄重出。	按，楚「復」「退」「後」字中「夊」形，或繁加「口」旁成「各」形，疑局部義化。	一・性情論 16・17	七・凡物甲 24・26		五・三德 07・36	四・曹沫 52・32	四・曹沫 29・17
		一・性情論 31・17	七・凡物甲 24・30		五・三德 21・07	四・曹沫 53・10	四・曹沫 46・05
		五・弟子問 05・24	七・凡物乙 17・23			四・曹沫 53・27	四・曹沫 50・15
		七・武王 13・16	七・凡物乙 17・31			四・曹沫 54・02	四・曹沫 50・26
		九・陳公 10・02	七・凡物乙 17・35			四・曹沫 55・25	四・曹沫 51・31

往

徃

徃	⿺辶㞷 古			
 四・曹沫 55・04	 三・周易 20・16	 三・周易 35・36	 三・周易 42・38	 七・吳命 09・24   
	 三・周易 22・40	 三・周易 36・03	 三・周易 44・11	 八・子道餓 03・03 
	三・周易 30・16	三・周易 37・07	三・亙先 01・37	九・舉治 11・02
	三・周易 34・04	三・周易 37・14	四・曹沫 60・13	九・舉治 30・24
	三・周易 35・15	三・周易 40・18	五・弟子問 19・15	《說文》古文如此。
	三・周易 35・30	三・周易 42・19	五・三德 06・06	

彶

彶

⿱彶水
六・競公瘧 02・41

二子△（揖？）

按，从彳汲聲。「彶」字異體。一曰从水彶聲。詳見卷十一水部「汲」下。

復

退 古

退	
一・詩論 03・07	九・舉治 07・15
五・君子 02・33	《說文》古文如此。
六・競公瘧 03・33	
     六・競公瘧 09・31	
    六・用曰 19・39	
    九・陳公 18・12	

後

𢔏古

				逡	退		
七・凡物甲 01・31	五・鬼神 02・09	四・曹沬 24・27	二・容成氏 33・33	一・詩論 02・14	一・性情論 27・27	四・曹沬 58・05	二・容成氏 48・11
七・凡物乙 01・31	五・鬼神 06・22	五・鮑叔牙 04・32	二・容成氏 34・10	二・從政甲 17・06	二・昔者 01・31	所以爲毋△	三鼓而△之
七・吳命 05・15	六・競公瘧 07・25	五・季庚子 01・13	三・周易 09・14	二・容成氏 12・14	五・姑成 08・02	按，从「田」爲从「白」之混同。	四・相邦 04・03
八・王居 04・05	六・莊王 02・07	五・季庚子 22・19	三・周易 18・12	二・容成氏 12・24	八・顏淵 09・19		孔子△
八・志書 07・12	六・用曰 05・33	五・姑成 05・40	三・中弓 04・09	二・容成氏 17・26	九・陳公 12・07		按，从「目」爲从「白」之混同。
八・蘭賦 04・08	七・鄭子乙 02・09	五・姑成 07・35	三・亙先 10・10	二・容成氏 17・36			

得

古

			㝵		遙		
二·子羔 06·25	二·民之 07·06	一·詩論 24·24	一·詩論 07·35	九·陳公 14·04	一·性情論 09·31	五·競建 04·19	九·舉治 06·25
二·子羔 11·07	二·民之 10·02	一·詩論 26·18	一·詩論 11·30	九·陳公 15·12	一·性情論 11·15	七·武王 06·20	九·邦人 03·20
二·從政甲 03·21	二·民之 12·02	一·性情論 25·18	一·詩論 13·02	九·陳公 18·04	一·性情論 31·30	七·武王 06·32	《說文》古文如此。
二·從政甲 10·11	二·民之 13·02	一·性情論 32·06	一·詩論 16·25	九·陳公 20·03	四·曹沫 30·11	七·武王 07·33	
二·從政甲 17·17	二·子羔 01·19	二·民之 06·22	一·詩論 19·18	九·陳公 20·10	六·鄭壽 06·19	八·王居 06·21	
二·從政甲 18·11	二·子羔 06·01	二·民之 07·01	一·詩論 20·43		七·鄭子甲 02·06		

七・凡物乙 21・04	七・凡物乙 02・34	七・凡物甲 08・14	七・武王 01・25	六・季桓子 02・09	四・曹沫 10・01	三・亙先 12・33	三・周易 14・36
八・顏淵 08・02	七・凡物乙 09・02	七・凡物乙 01・06	七・武王 10・10	六・季桓子 09・11	五・季庚子 05・04	三・亙先 13・01	三・周易 16・39
八・顏淵 11・01	七・凡物乙 09・08	七・凡物乙 01・14	七・武王 10・16	六・季桓子 09・15	五・姑成 03・11	三・彭祖 08・34	三・周易 21・03
八・顏淵 14・07	七・凡物乙 09・14	七・凡物乙 02・02	七・武王 11・38	六・天子甲 05・14	五・姑成 04・18	四・昭王 04・05	三・周易 37・27
八・命 02・22	七・凡物乙 12・06	七・凡物乙 02・10	七・凡物甲 01・14	六・天子甲 05・18	五・姑成 05・34	四・曹沫 07・03	三・周易 44・10
八・志書 06・01	七・凡物乙 16・05	七・凡物乙 02・22	七・凡物甲 03・10	六・天子甲 05・31	五・三德 02・03	四・曹沫 08・09	三・周易 53・24

九·靈王 03·09
九·靈王 05·01
九·靈王 05·26
九·陳公 03·23
九·舉治 05·01
九·舉治 06·20

九·舉治 07·13
九·邦人 05·06
九·邦人 05·26
九·邦人 09·29
九·史蕾 11·12

九·史蕾 04·11
始△（得）可人而與之

一·緇衣 10·34
二·容成氏 05·08
二·容成氏 18·03
二·容成氏 29·09
二·容成氏 37·37
二·容成氏 42·06

二·容成氏 52·21
四·柬大王 08·24
五·競建 04·06
五·競建 08·24
五·鮑叔牙 05·19
六·競公瘧 06·08

六·競公瘧 12·10
六·鄭壽 06·17
六·王子木 04·16
六·王子木 04·22
六·慎子 04·02
六·用曰 01·34

六·用曰 08·25
六·天子乙 04·30
六·天子乙 04·34
七·凡物甲 01·06
七·凡物甲 02·09
七·凡物甲 02·17

七·凡物甲 02·29
七·凡物甲 07·27
七·凡物甲 12·07
七·凡物甲 12·12
七·凡物甲 12·18
七·凡物甲 13·12

御

𢔁 御　馭 古

⿰馬舌	馶	迕	御				
四·曹沫 42·10	四·昭王 06·06	五·姑成 04·51	一·詩論 22·21	一·詩論 09·09	七·武王 04·22	按，从又、貝省。《說文》古文从「見」爲「貝」之譌。《說文》卷八見部「㝵」重出，今亦重出。	七·凡物甲 13·18
	五·弟子問 20·02	按，从辵午聲，「迎御」字異體。卷二辵部附錄重出。	一·緇衣 12·38	△祿蔑疆	七·武王 05·04		七·凡物甲 13·28
			三·周易 01·35	按，字形與同篇「㝵」不同。一曰「寽」，說聞於張文成未刊稿《上博一札記二則》。	七·武王 05·17		七·凡物甲 17·10
			三·周易 04·24				七·凡物甲 23·25
			九·陳公 16·17				七·凡物甲 28·23
							九·陳公 10·14

䮋

九・靈王 03・15

按，本从夊（鞭）策馬會意，「駕馭」字。「夊」上部聲化爲「午」作「駇」；與「迎御」字雜糅作「騶」；又徑省作「䮋」。

按，《說文》正篆「御」爲「迎御」字，古文「馭」爲「駕馭」字。今謹據《說文》歸寄一處。

𢓋

九・史蒥 11・18

邦家以△（親）

按，从彳、广，辛聲。舊或釋「遲」「厚」，均於形不合。楚「辛」「辛」總體有別，凡時人以爲从辛者，其下加飾，本編「辟／璧／薛／辪／壁」「屖／遲」「辡」所从辛均有同例。此加飾寫法始自晚商文字。更有甚者，其下類化若刀形，本編「屖」「辟」「辡」等均有同例。凡以爲从辛者，其下庶無飾。雖本从辛，如本編「辟（脖）」者，時人蓋已誤認从辛，故多改从辛作。一曰「痒」之譌，説聞於劉新全。

𢕄

六・季桓子 12・23

詳見卷二辵部「遠」下。

徑

二・容成氏 18・40

𢕌

七・吳命 07・11

詳見卷二辵部「速」下。

徫

港中零簡 06・04

律　廷　建

律	廷				建	⿺止聿	
六·季桓子 03·19	八·命 03·02	二·容成氏 22·09	五·姑成 09·04	九·邦人 09·10	三·周易 14·03	二·容成氏 22·06	六·天子甲 01·03
詳見卷十二手部「失」下。		三·周易 48·10	五·姑成 09·31	阜△服出就		五·姑成 04·47	六·天子甲 01·09
		四·昭王 01·37				五·三德 06·34	六·天子甲 01·14
		四·柬大王 17·23				六·用曰 18·29	六·天子甲 01·19
		藝術·選六 132·05					六·天子乙 01·04
							六·天子乙 01·10

延 延

行 行

建

- 六・天子乙 01・15
- 六・天子乙 01・20
- 九・舉治 34・13
- 五・競建 01 反・02

卷二止部附錄重出。

- 九・舉治 24・21

日月閼間，歲△□……

延

- 六・天子乙 08・10

行

- 一・詩論 01・01
- 一・緇衣 07・08
- 一・緇衣 07・18
- 一・緇衣 08・33
- 一・緇衣 14・34
- 一・緇衣 16・11
- 一・緇衣 16・16
- 一・緇衣 16・22
- 一・緇衣 16・28
- 一・緇衣 17・08
- 一・緇衣 17・22
- 一・緇衣 17・36
- 一・緇衣 17・39
- 一・緇衣 17・48
- 一・緇衣 19・14
- 一・緇衣 19・48
- 一・緇衣 21・33
- 一・性情論 01・19
- 一・性情論 24・27
- 二・民之 02・16
- 二・從政甲 02・04
- 二・從政甲 07・04
- 二・從政甲 07・15
- 二・從政甲 11・04

四·曹沫 43·09	四·曹沫 30·07	三·亙先 05·07	三·周易 48·08	三·周易 14·05	二·容成氏 21·17	二·從政甲 19·08	二·從政甲 11·21
四·曹沫 51·17	四·曹沫 30·09	三·彭祖 01·22	三·中弓 05·02	三·周易 21·28	二·容成氏 32·04	二·從政乙 05·03	二·從政甲 11·27
五·競建 03·06	四·曹沫 31·07	三·彭祖 06·06	三·中弓 14·04	三·周易 38·20	二·容成氏 32·12	二·容成氏 08·20	二·從政甲 11·35
五·競建 03·14	四·曹沫 31·14	四·內豊 08·18	三·中弓 23·17	三·周易 38·35	二·容成氏 47·30	二·容成氏 14·04	二·從政甲 12·02
五·競建 03·22	四·曹沫 32·16	四·內豊 08·31	三·亙先 02·03	三·周易 39·10	二·容成氏 52·23	二·容成氏 16·23	二·從政甲 16·08
五·季庚子 03·31	四·曹沫 38·10	四·曹沫 24·26	三·亙先 04·04	三·周易 41·03	三·周易 13·16	二·容成氏 19·15	二·從政甲 18·26

五・季庚子 07・16
五・季庚子 13・02
五・姑成 01・11
五・姑成 07・31
五・君子 03・19
五・君子 07・14

五・君子 11・01
五・弟子問 12・13
五・弟子問 12・15
五・三德 06・05
五・鬼神 08・11
六・競公瘧 04・15

六・競公瘧 09・04
六・季桓子 04・05
六・季桓子 04・14
六・季桓子 05・26
六・季桓子 06・20
六・季桓子 14・17

六・季桓子 15・29
六・季桓子 18・01
六・季桓子 18・12
六・王子木 03・07
六・用曰 04・12
六・用曰 11・07

六・用曰 12・34
六・天子甲 06・13
六・天子甲 06・32
六・天子甲 09・15
六・天子甲 12・24
六・天子甲 13・12

六・天子乙 05・24
六・天子乙 06・09
六・天子乙 08・25
七・武王 03・15
七・武王 06・16
七・君人甲 08・11

七・君人乙 08・03
七・吳命 04・18
八・子道餓 02・08
八・子道餓 02・29
八・顏淵 04・08
八・顏淵 09・18

八・顏淵 13・02
八・成王 01・08
八・命 09・16
八・蘭賦 03・13
九・成王甲 01・07
九・成王甲 02・22

衜　齒　齧

九·陳公	九·陳公／九·舉治	九·舉治	九·舉治／九·史蒥／卉茅／藝術·選六	五·季庚子／五·鬼神	衜	齒	齧
九·陳公 01·05	九·陳公 16·04	九·舉治 21·27	九·舉治 34·20	五·季庚子 17·15 百事皆請△之	一·緇衣 01·12 詳見卷六𨛜部「鄉」下。	六·用曰 06·23	三·周易 33·18
九·陳公 07·26	九·舉治 17·02	九·舉治 21·39	九·史蒥 11·09	五·鬼神 06·01 〔猶〕△猶待		八·子道餓 01·13	
九·陳公 10·16	九·舉治 17·06	九·舉治 34·04	九·史蒥 11·23				
九·陳公 11·24	九·舉治 19·23	九·舉治 34·08	卉茅 02·01				
九·陳公 14·12	九·舉治 21·03	九·舉治 34·12	藝術·選六 137·05				
九·陳公 14·22	九·舉治 21·08	九·舉治 34·16					

牙

⿱筮臼

七・吳命 05・35

詳見卷二口部「噬」下。

𤘅 古

⿱牙臼

三・周易 23・07

五・競建 01・08

五・競建 01・24

五・競建 05・07

五・競建 06・36

五・競建 09・16

五・競建 10・15

五・鮑叔牙 06・16

五・鮑叔牙 07・04

五・鮑叔牙 09・03

一・緇衣 06・07

《說文》古文如此。按，从㐫（齒）牙聲，「牙齒」字。

足

𧾷

足

一・緇衣 11・26

一・性情論 39・06

二・子羔 09・23

二・從政甲 14・13

二・容成氏 15・12

二・容成氏 38・07

三・周易 48・24

三・中弓 15・10

四・曹沫 15・03

四・曹沫 15・09

四・曹沫 16・01

四・曹沫 34・30

四・曹沫 49・09

五・君子 07・19

五・弟子問 13・16

五・三德 17・28

五・三德 17・34

五・三德 17・40

踐

踐（篆文）

遱

五・鬼神 05・32

五・鬼神 06・42

六・季桓子 20・02

七・凡物甲 09・17

七・凡物乙 07・29

八・顏淵 07・17

八・顏淵 12・14

八・顏淵 12・25

卉茅 02・15

遱

五・競建 06・05

六・鄭壽 05・26

六・慎子 06・01

卷二辵部附錄重出。

⿱戔止

七・吳命 08・44

九・卜書 08・01

卷二止部附錄重出。

按，从辵若止，戔聲，「踐」字異體。《說文》另有「後」「衛」，或爲一字之異。

躗

躗（篆文）

⿱衛止

二・容成氏 31・32

八・子道餓 02・32

至宋△（衛）之間

卷二止部附錄重出。

躅

躅（篆文）

⿱蜀止

五・鮑叔牙 05・12

公弗詰△（誅）

按，从止蜀聲，「躅」字異體。卷二止部附錄重出。

蹠

⿺辶石

九・邦人 04・18

九・邦人 05・22

按，从辵石聲，楚「蹠」字。卷二辵部附錄重出。

四・昭王 01・39

四・昭王 05・37

四・柬大王 16・21

六・王子木 01・09

六・王子木 03・03

九・陳公 01・02

跛

⿸皮止

二・容成氏 02・25

按，从止皮聲，「跛」字異體。卷二止部附錄重出。

路

⿺辶各

一・性情論 30・25

二・魯邦 03・10

二・容成氏 04・18

五・鮑叔牙 01・04

五・弟子問 19・14

六・鄭壽 04・16

八・有皇 03・02

按，从辵各聲，「路」字異體。卷二辵部附錄重出。

疋

疋

一・詩論 10・02

一・詩論 10・40

一・詩論 11・05

二・容成氏 01・04

三・周易 38・37

三・周易 41・05

四・采風 01・23

五・季庚子 11・31

五・季庚子 19・18

五・鬼神 03・06

六・用曰 02・11

六・用曰 03・22

九・舉治 30・25

九・舉治 30・34

九・舉治 30・38

九・舉治 33・05

品 品	喿 喿		冊 𠕁古	嗣 嗣
品	喿		冊	嗣
 六・季桓子 03・24	八・顔淵 09・05	 一・性情論 21・01	五・季庚子 17・04	五・鮑叔牙 01・22
六・季桓子 24・09	八・李頌 01・23	△，由樂也。郭店簡本《性自命出》對應作「喿」。	《説文》古文源此。	 五・鮑叔牙 03・24
				 五・鮑叔牙 07・39

上博簡文字編卷三

申城 沈奇石 撰集

嚚	器	[㗊+𤔔]	舌	[乇/月]	[舌+它]	干
一・詩論 21・07	二・從政甲 17・25	一・詩論 22・22	八・志書 01・16	三・周易 27・14	六・用曰 12・24	二・容成氏 26・40
五・三德 05・34	五・鮑叔牙 03・01	詳見卷四𠬪部「𤔔」下。		六・用曰 10・37	△非巧讀	六・慎子 02・01
五・三德 16・34	五・鮑叔牙 03・08			卉茅 02・03	按，繁从它聲。	六・慎子 02・09
九・邦人 10・18	九・靈王 01・24					六・慎子 02・16
	九・靈王 03・08					

只

只

三・彭祖 04・02

五・鬼神 02反・12

商

古 籀 古

商

四・采風 02・14

四・采風 02・27

四・采風 02・31

《說文》古文之一如此。

二・民之 08・07

《說文》古文之一源此，與《說文》籀文同源。

句

句

一・詩論 06・35

一・詩論 20・26

一・詩論 20・32

一・詩論 24・07

一・緇衣 20・22

一・緇衣 20・29

一・性情論 01・13

一・性情論 01・18

一・性情論 01・23

一・性情論 10・19

一・性情論 14・09

一・性情論 19・32

一・性情論 20・04

一・性情論 31・05

一・性情論 殘02・08綴

二・子羔 12・05

二・子羔 13・02

二・從政甲 13・02

二・昔者 01・39

二・容成氏 18・06

二・容成氏 20・10

二・容成氏 21・15

二・容成氏 28・20

二・容成氏 28・25

二・容成氏 39・33

三・彭祖 01・08

四・內豊 附・18

四・曹沫 30・12

四・曹沫 55・21

五・季庚子 22・10

五・姑成 07・40

五・弟子問 12・19

五・三德 01・23

五・三德 10・02

五・三德 19・14

六・季桓子 15・06

九・卜書 06・08

九・卜書 08・21

卉茅 02・27

一・性情論 21・20

△（苟）以其情

郭店簡本《性自命出》對應作「句」。

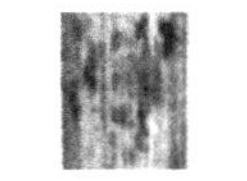

上博零簡 01・25

周□然△（後）作

鉤

鉤

鉤

一・性情論 03・32

丩

丩

丩

九・舉治 31・15

峌

峌

二・容成氏 24・04

△（脛）不生之毛

按，从丩至聲，或即「脛」字異體。「丩」，陳劍（2017）以爲即「骩（骹）」之省作。

古

古

古

一・緇衣 13・30

一・緇衣 19・29

一・性情論 05・18

一・性情論 07・03

一・性情論 17・07

一・性情論 18・19

一・性情論 26・12

二・從政甲 04・12

二・從政甲 12・18

二・容成氏 03・34

二・容成氏 43・20

三・周易 35・27

六・季桓子 07・05	五・鬼神 04・29	五・季庚子 17・03	五・季庚子 03・23	四・曹沫 28・31	四・內豊 07・31	四・內豊 01・12	三・彭祖 04・18
六・慎子 03・14	五・鬼神 04・45	五・季庚子 18・23	五・季庚子 10・21	四・曹沫 38・02	四・內豊 10・17	四・內豊 02・04	四・昭王 05・09
六・慎子 05・06	六・競公瘧 07・30	五・姑成 05・09	五・季庚子 11・04	四・曹沫 44・18	四・曹沫 07・22	四・內豊 02・33	四・柬大王 05・24
六・慎子 06・06	六・競公瘧 10・08	五・三德 05・08	五・季庚子 11・26	四・曹沫 65・15	四・曹沫 07・26	四・內豊 03・18	四・柬大王 06・21
六・用曰 20・34	六・競公瘧 11・16	五・三德 10・40	五・季庚子 13・08	五・競建 03・12	四・曹沫 07・30	四・內豊 04・01	四・柬大王 21・04
六・天子甲 04・06	六・季桓子 05・21	五・鬼神 04・12	五・季庚子 14・35	五・競建 03・15	四・曹沫 19・26	四・內豊 04・28	四・柬大王 21・25

一・詩論 09・17	一・緇衣 05・23	九・史蒥 04・04	八・命 04・24	七・凡物甲 30・13	七・凡物甲 12・27	七・鄭子甲 06・30	六・天子甲 11・23
一・詩論 09・35	一・緇衣 17・01	卉茅 02・23	八・命 07・23	七・凡物乙 04・25	七・凡物甲 16・18	七・鄭子乙 03・28	六・天子甲 12・07
一・詩論 16・09			九・陳公 12・37	七・凡物乙 05・14	七・凡物甲 19・02	七・鄭子乙 06・31	六・天子乙 03・26
一・詩論 16・32			九・邦人 02・05	七・凡物乙 08・22	七・凡物甲 21・14	七・凡物甲 05・12	六・天子乙 11・07
一・詩論 20・10			九・邦人 10・14	七・凡物乙 11・18	七・凡物甲 24・20	七・凡物甲 06・09	六・天子乙 11・22
一・詩論 24・05			九・史蒥 01・09	七・凡物乙 17・25	七・凡物甲 27・14	七・凡物甲 11・03	七・鄭子甲 03・29

三·彭祖 01·43

八·李頌 02·31

八·李頌 03·02

一·詩論 24·31

二·子羔 01·17

二·子羔 01·36

二·子羔 06·17

二·子羔 08·04

三·中弓 09·04

一·緇衣 06·40

一·緇衣 12·10

一·緇衣 15·02

一·緇衣 17·43

一·緇衣 22·01

四·相邦 01·15

七·凡物甲 10·24

何△（故）大而不煥　按，書手先誤書作「曰」，後改作「古」。

五·鬼神 04·01

△（故）吾因加鬼神不明，則必有故。

七·吳命 07·01

△（故）用使其三臣

十

十

十

一·詩論 08·01

二·從政甲 05·16

二·從政乙 01·06

五·君子 11·25

七·君人甲 04·07

七·君人乙 04·04

七·凡物甲 09·08

八·命 06·01

八·命 09·07

八·命 10·19

丈　千　植

十	十	十	丈	千	千	植
二·容成氏 05·35	七·武王 11·14	七·武王 05·12	三·周易 07·03	二·容成氏 07·24	七·凡物甲 16·11	一·性情論 32·21
二·容成氏 14·11	七·凡物乙 07·20	其運△世	三·周易 16·26	二·容成氏 45·07	七·凡物乙 07·32	不過△（十）〔舉〕
二·容成氏 35·05	九·陳公 11·21		三·周易 16·31	二·容成氏 51·07	七·凡物乙 11·11	
三·周易 24·39			六·競公瘧 10·33	二·容成氏 51·42		
五·鮑叔牙 01·05				七·凡物甲 09·20		
五·三德 12·21				七·凡物甲 15·14		

郭店簡本《性自命出》對應作「十」。按，疑从十直聲，記錄楚語中韻在職部之「十」，故寄十部附錄。此詞亦見清華簡《五紀》簡89，字从十悳聲作。清華簡《湯在啻門》「五以成人，悳以光之」之「悳」亦記錄此詞。參見拙作《說戰國楚簡中一類讀音特殊的「十」》。

世

殜

二·子羔 01·28

二·子羔 08·34

二·容成氏 05·10

四·曹沫 65·08

五·弟子問 21·18

五·鬼神 02·10

六·慎子 04·05

六·天子甲 01·27

六·天子甲 02·02

六·天子甲 02·05

六·天子甲 12·23

六·天子乙 01·28

六·天子乙 01·32

六·天子乙 01·35

六·天子乙 01·38

七·武王 15·10

八·成王 09·07

九·舉治 04·14

九·舉治 06·22

九·舉治 28·14

九·邦人 08·21

五·季庚子 22·20

五·姑成 06·34

五·姑成 07·25

五·姑成 07·39

七·武王 05·13

七·武王 11·18

二·從政甲 12·10

卷四歺部附錄重出。

⿺歺世

五·季庚子 14·10

按，从死若歺，从世若枼，世若枼亦聲，楚「世」字，一曰「既世」字（郭永秉2018=2019），與「殗殜」之「殜」同形，卷四死部附錄重出。

言

言

言

四·曹沫 09·18

按。从「力」爲从「人」繁形之譌。楚「人」旁或加點飾，點筆變橫筆，進而繁作「[glyph]」「[glyph]」等形（朱國雷 2022:161），此處譌从「力」，蓋源此。

七·凡物甲 04·14

一·緇衣 04·15

一·緇衣 16·08

一·緇衣 16·14

一·緇衣 16·25

一·緇衣 16·31

一·緇衣 17·02

一·緇衣 17·34

一·緇衣 18·20

一·緇衣 19·11

一·緇衣 20·18

一·緇衣 23·31

港中零簡 01·11

一·性情論 09·09

一·性情論 22·07

一·性情論 28·06

一·性情論 28·30

一·性情論 30·05綴

一·性情論 30·30

一·性情論 31·18

一·性情論 38·01

二·從政甲 04·15

二·從政甲 11·01

二·從政甲 11·17

二·從政甲 11·25

二·從政甲 11·31

二·從政甲 19·27

二·從政乙 05·13

二·昔者 03·32

二·昔者 03·37

二·容成氏 08·15

二·容成氏 08·23

二·容成氏 08·31

二·容成氏 22·39

三·周易 49·17

三·亙先 05·32

三·亙先 06·01

五·季庚子 04·22	五·競建 05·02	四·曹沫 08·25	四·內豊 05·09	四·內豊 03·23	四·內豊 01·17	四·昭王 08·28	三·亙先 06·30
五·季庚子 04·32	五·競建 09·21	四·曹沫 10·18	四·內豊 05·14	四·內豊 03·33	四·內豊 01·30	四·昭王 09·15	三·亙先 06·32
五·季庚子 09·13	五·鮑叔牙 02·01	四·曹沫 37·19	四·內豊 05·19	四·內豊 04·06	四·內豊 02·09	四·柬大王 17·21	三·亙先 06·35
五·季庚子 13·12	五·鮑叔牙 02·12	四·曹沫 60·02	四·內豊 05·24	四·內豊 04·18	四·內豊 02·22	四·柬大王 19·14	三·亙先 10·01
五·季庚子 14·01	五·鮑叔牙 02·24	四·曹沫 60·09	四·內豊 06·03	四·內豊 04·33	四·內豊 02·38	四·柬大王 20·14	三·亙先 10·08
五·季庚子 15·08	五·季庚子 03·27	四·曹沫 64·11	四·曹沫 07·13	四·內豊 05·04	四·內豊 03·10	四·柬大王 21·11	四·采風 02·20

七・武王 15・26	六・天子乙 11・05	六・天子甲 11・18	六・用曰 10・29	六・用曰 01・24	六・季桓子 19・02	五・君子 03・14	五・季庚子 18・05
七・鄭子甲 01・16	六・天子乙 11・20	六・天子甲 11・21	六・用曰 15・26	六・用曰 03・07	六・季桓子 22・02	五・三德 10・08	五・季庚子 19・19
七・鄭子乙 01・15	七・武王 03・32	六・天子甲 12・05	六・用曰 18・04	六・用曰 05・26	六・季桓子 22・18	五・三德 11・23	五・姑成 06・47
七・君人甲 08・15	七・武王 09・13	六・天子甲 12・21	六・天子甲 11・09	六・用曰 07・12	六・莊王 07・18	六・季桓子 02・15	五・姑成 08・03
七・君人乙 08・07	七・武王 11・15	六・天子甲 13・16	六・天子甲 11・12	六・用曰 07・33	六・鄭壽 05・04	六・季桓子 13・10	五・君子 01・38
七・凡物甲 18・25	七・武王 13・25	六・天子乙 10・24	六・天子甲 11・15	六・用曰 09・02	六・慎子 02・13	六・季桓子 17・14	五・君子 02・03

七・凡物甲 20・08
七・凡物甲 20・17
七・凡物甲 20・24
七・凡物甲 25・24
七・凡物甲 27・08
七・凡物甲 29・03

七・凡物甲 29・10
七・凡物乙 03・31
七・凡物乙 13・10
七・凡物乙 14・12
七・凡物乙 14・18
七・凡物乙 18・24

八・顔淵 04・04
八・命 03・05
八・王居 03・05
八・王居 07・01
八・志書 01・04
八・志書 01・23

八・志書 04・18
九・成王乙 03・13
九・舉治 05・17
九・舉治 16・05
九・邦人 07・03
九・邦人 08・25

九・史蒥 05・15
九・史蒥 12・04
港中零簡 06・02
藝術・選六 147・03

一・詩論 02・13
一・詩論 02・38
一・詩論 03・03
一・詩論 03・30
一・詩論 08・05
一・詩論 08・13

一・詩論 08・26
一・詩論 08・35
一・詩論 08・45
一・詩論 08・47
一・詩論 17・11
一・詩論 19・10

一・詩論 20・21
一・詩論 25・15
一・詩論 28・14
一・緇衣 15・29
一・緇衣 15・37
一・緇衣 17・18

語

語

一・緇衣 17・46	三・周易 04・28	五・弟子問 05・15	五・弟子問 附・14	六・競公瘧 12・29	七・吳命 02・15	一・緇衣 16・19 可行不可△	二・容成氏 08・05
二・子羔 04・13	三・周易 08・07	五・弟子問 08・25	六・競公瘧 01・17	六・天子乙 10・18		七・凡物乙 14・23 一△〔而萬民之利〕	四・柬大王 20・11
二・子羔 05・19	三・周易 39・01	五・弟子問 12・05	六・競公瘧 03・02	六・天子乙 10・21			四・內豊 08・26
二・子羔 10・10	三・周易 47・37	五・弟子問 12・08	六・競公瘧 07・11	六・天子乙 11・02			四・曹沫 06・31
二・魯邦 03・12	三・周易 50・17	五・弟子問 12・14	六・競公瘧 07・19	六・天子乙 11・15			五・季庚子 08・05
三・周易 02・29	三・彭祖 02・01	五・弟子問 附・03	六・競公瘧 07・42	七・吳命 01・19			五・君子 01・36

許 請

語	語	⿰言五	語	語	請	許	許
六・天子甲 09・29	藝術・選六 146・01	六・鄭壽 04・22	六・天子乙 10・13	六・天子乙 09・17	六・用曰 15・20	九・舉治 15・09	三・亙先 12・19
六・天子乙 09・03		六・用曰 15・27	六・天子甲 10・05	處政不△樂	七・凡物甲 03・18	九・舉治 27・06	四・柬大王 04・10
六・天子乙 09・07		六・天子乙 09・12	六・天子甲 10・10		八・命 07・20		四・柬大王 15・22
七・君人甲 05・08		六・天子乙 09・27	六・天子甲 10・20		九・舉治 10・08		六・競公瘧 13・14
七・君人乙 05・03		六・天子乙 10・03	六・天子甲 10・25		九・舉治 13・38		七・鄭子甲 06・02
九・舉治 09・06		六・天子乙 10・08	六・天子甲 11・04		七・凡物乙 03・05		七・鄭子乙 06・03

諾 詩

古

[言+午+攴]	諾	詩		[之/言]		[之/口]
二·民之 09·09	四·柬大王 04·11	四·曹沫 21·25	二·民之 01·06	一·詩論 01·11	一·性情論 09·01	一·緇衣 01·22
	四·柬大王 15·23		《△》曰：愷悌君子，民之父母。	一·詩論 04·02	△，有爲爲之也。	一·緇衣 02·07
	八·王居 06·18		按，右所从聲符構形不詳，據辭例應爲「詩」字異體，姑寄此。	一·詩論 16·29	郭店簡本《性自命出》對應作「[之/言]」。	一·緇衣 02·43
	八·王居 07·07			一·性情論 08·22		一·緇衣 05·31
				《說文》古文源此。		一·緇衣 07·13
						一·緇衣 09·14

(許，續)：八·王居 06·17；八·王居 07·06；九·靈王 03·27；九·陳公 05·14；九·邦人 11·23

善

一·緇衣 10·25
一·緇衣 13·54
一·緇衣 16·32
一·緇衣 17·23
一·緇衣 21·05
一·緇衣 21·24

一·緇衣 22·24
一·緇衣 23·17
港中零簡 01·04

按，从口之聲，「詩」字異體。卷二口部附錄重出。

善

善

善

五·鬼神 04·26

七·武王 01·20

訓

訓

訓

一·性情論 16·25
二·從政甲 16·07
四·曹沫 51·24
七·武王 15·16

一·性情論 10·02

觀其先後而逆△之

郭店簡本《性自命出》對應作「訓」。

譬

譬

諀

一·詩論 08·04

《十月》善△言

按，从言卑聲，「譬」字異體。

謀

古

[母/日]

三·周易 47·11
四·曹沫 55·19

《說文》古文之一如此。

督 訊 諦 訪

督 䚯古 諦 訪 𧦝古

謀		譔	詾	諦	訪		謩
九・舉治 25・01	六・季桓子 06・18	四・曹沫 45・15	四・相邦 04・41	五・競建 06・25	八・成王 01・25	七・凡物甲 04・24	六・天子甲 13・14
	六・季桓子 16・11	五・鮑叔牙 05・24	五・姑成 01・13		九・舉治 04・02	七・凡物乙 04・05	
	六・季桓子 18・08		《說文》古文如此。		九・舉治 06・02	八・有皇 02・02	
	六・季桓子 27・02				九・舉治 22・01	《說文》古文之一源此。	
	按，从言，聲符與楚「菐 POK」省形近同。楚字用以記錄 TSAT/N 音，形體來源不明。						

⿹戈⿱小言

七·凡物甲 14·22

七·凡物甲 18·12

七·凡物甲 20·06

七·凡物甲 22·01

七·凡物甲 22·15

七·凡物甲 22·25

七·凡物甲 23·07

七·凡物甲 24·01

七·凡物甲 24·05

七·凡物甲 24·11

七·凡物甲 24·15

七·凡物甲 25·22

七·凡物乙 10·01

七·凡物乙 15·01

七·凡物乙 15·11

七·凡物乙 15·20

七·凡物乙 17·04

七·凡物乙 17·08

七·凡物乙 17·12

七·凡物乙 17·16

七·凡物乙 17·20

七·凡物乙 18·22

按，从言戋聲，「詧」字異體（徐在國 2009.1.6=2010=2013:261–264）。「戋」，源自「截」。「截」或作「㦰」。清華簡《四告》「哀告㦰叩」之「㦰」與清華簡《三不韋》「哀説⿹戈⿱小言命冊告」之「⿹戈⿱小言」對應，即其證。「戋/㦰」一曰从尐 TSET 得聲——尐 TSET 字，參見本編卷二「少」下疏解；一曰从㦰省形（薛培武 2022），上部變形音化爲尐 TSET（網友「丨上示三王」在徐在國 2009.1.6 下跟帖）。

信

訐

一·詩論 07·22

一·詩論 21·41

一·詩論 22·38

一·緇衣 10·13

一·緇衣 13·39

一·緇衣 17·52

一·緇衣 23·14

一·性情論 13·10

一·性情論 14·07

一·性情論 40·03

一·性情論 殘 01·04

二·從政甲 01·34

二·從政甲 10·09

二·從政乙 01·36

二·容成氏 09·12

三·亙先 04·14

三·亙先 04·20

四·采風 05·05

五·季庚子 21·08

五·弟子問 08·10

五·弟子問 08·28

五·弟子問 21·06

五·三德 15·19

六·競公瘧 03·18

六·慎子 02·10

六·用曰 05·29

六·天子甲 05·12

六·天子甲 05·16

六·天子甲 13·15

六·天子乙 04·28

六·天子乙 04·32

八·顏淵 04·06

八·顏淵 05·06

八·顏淵 13·04

八·蘭賦 04·17

九·舉治 14·27

藝術·選六 148·09

一·性情論 22·09

未言而△

郭店簡本《性自命出》對應作「訐」。

誥

⿱言廾

一·緇衣 03·09

一·緇衣 15·13

按，从収言，「誥」字異體。《王庶子碑》「誥」即作「⿱言廾」。

詔

⿱召言

八·成王 02·04

⿱召言

五·競建 02·20

諫			謠	訢	話	設	譽
					籀		
諫			[illegible]	訢	譮	㱿	譽
五·鮑叔牙 09·08	四·內豊 07·12	六·用曰 17·25	五·君子 05·12	五·競建 07·12	六·用曰 18·33	六·用曰 18·30	三·周易 35·18
六·用曰 18·34			一曰从音。		《說文》籀文如此。	建△之正	三·周易 38·04
七·武王 07·02						按，今「設」字或即上述「㱿」之省形。	

諺

（無隸定）	二・從政甲 03・26

⿸产言

出處
五・君子 01・01
五・君子 01・17
五・君子 02・31
五・君子 03・34
八・子道餓 01・33
八・子道餓 03・04
八・子道餓 04・05
八・子道餓 05・13

《六書統・言部》：「⿸产言，古諺。」一曰「彦」字異體（黄德寬 2021）。卷七宀部附錄重出。

⿱宀⿸产言

出處
八・顔淵 01・02
八・顔淵 01・22
八・顔淵 03・08
八・顔淵 05・18
八・顔淵 06・13
八・顔淵 09・31

按，从宀⿸产言聲，「諺」字繁構。卷七宀部附錄重出。

詣

詣

出處
五・季庚子 19・28
四・曹沫 61・03

賞獲△葸

安大簡本《曹沫之陳》對應作「詣」。按，疑右所从爲「旨」之譌。

諛

⿱臼言

出處
一・性情論 13・02 摹

其△文也

一曰「謏」，一曰「諛」。

謱 謱

誖 ⿱或⿰言或 籀

訾 訾

訮 訮

訇 訇 籀

謱	譽		⿱或⿰或或	〈⿱或⿰言或〉	訿	訮	詢
五・三德 10・41	四・曹沫 25・11	二・容成氏 02・40	九・成王甲 01・24	九・成王乙 01・26	五・季庚子 20・24	五・鬼神 07・16	一・詩論 22・05
	四・曹沫 25・19	五・君子 02・34	九・成王甲 02・10				
			與《說文》籀文同源。	按，从二「白」或即二「或」所从圈形之譌。			與《說文》籀文同源。

說

說

二・從政甲 19・21

從事而毋△（閲）

按，从言兒聲，或即「閲」字異體。

諅

䛴

二・民之 08・21

《正字通・言部》：「䛴，古文諅。」按，或即「諆」字異體。

諴

識

四・曹沫 45・06

譌

譌

五・姑成 06・13

八・志書 01・19

訛

九・邦人 01・13

〈訙〉

四・昭王 09・18

何△（過）有焉

按，从「从」爲从「化」之譌。

何有祖（2005. 4. 15）以爲从「攸」聲，讀「羞」。

諆

訂

五・三德 02・30

五・三德 02・33

按，或即「諅」字異體。

謯

〈䛔〉

六・用曰 07・35

按，从言⿸尸少省聲，「謯」字異體。

訟

訟

一・詩論 02・08

一・詩論 05・10

一・詩論 06・42

二・容成氏 30・08

二・容成氏 36・13

二・容成氏 53反・01

三・周易 04・01

三・周易 04・35

三・周易 05・24

三・周易 05・34

四・昭王 08・08

詥

九・史蒥 07・10

藝術・選六 141・02

《說文》古文如此。

〈詷〉

二・容成氏 29・39

而聽其△獄

四・曹沬 34・21

匹夫寡婦之獄△

按，从「同」爲从「谷」之譌。一曰特殊「谷」旁之譌寫（陳劍［儒藏 282］2020：587-588）。

〈詓〉

二・容成氏 22・15

以爲民之有△告者訊焉

按，从「去」爲从「谷」之譌。

訶

訶

一・詩論 02・21

詳見卷八欠部「歌」下。

訐

訐

三・周易 35・01

三・周易 35・16

三・周易 35・23

三・周易 35・31

三・周易 35・37

三・周易 35・43

（訐）

三・周易 36・04

四・采風 01・22

四・采風 02・30

四・采風 03・02

四・采風 04・16

五・競建 07・26

五・鮑叔牙 05・16

五・鬼神 02・30

讒

⿰言䖵

八・志書 03・19

抑忌回△媢

八・志書 04・17

然以△言相謗

按，从言䖵聲，「讒」字異體。

一・詩論 08・48

《小弁》《巧言》則言△人之害也

一曰右下兩點爲省文符號，字本从蟲聲作。

讓

⿰言⿱吅㸚

八・顏淵 07・22

⿰言⿱吅⿱乂土

二・子羔 06・18

詰

詰

五・鮑叔牙 05・11

五・鬼神 03・35

詘

詘

一・性情論 38・08

誅 誅

謑 謑

詬 詢或

詢	謑			敱	戠	敊	誼
五・三德 04・09	九・舉治 03・07	按，以右均爲「誅殺」字異體。或可歸《說文》「殊」下。	六・競公瘧 02・37	二・容成氏 25・19	二・容成氏 50・32	二・容成氏 02・29	三・亙先 10・21
《說文》或體如此。			六・競公瘧 07・26	二・容成氏 25・40	二・容成氏 53・27	卷三攴部附錄重出。	四・曹沫 27・02
			七・凡物甲 11・07	二・容成氏 26・19	五・弟子問 19・22		四・曹沫 45・11
			八・命 10・30	二・容成氏 27・01	六・競公瘧 03・26		按，「誅責」字異體。與《說文》謂「誅」「討也」義相合。
			藝術・選六 129・01	二・容成氏 27・20	卷十二戈部附錄重出。		
			卷三攴部附錄重出。	六・競公瘧 02・18			

⿰言丨

一・緇衣 10・02

〔黎民〕所△

今《禮記》本《緇衣》作「望」。

五・君子 04・16

智而比△

按，此字正與郭店簡《成之聞之》簡17「知而比即」之「即」對應，疑从言丨（紃？）聲，讀「諮」。關於「丨」字音義，參見卷一丨部「丨」下疏解。

⿰言力

二・從政乙 01・34

顯△勸信則僞不彰

一曰从言力聲，讀「力」。一曰从加省聲，讀「嘉」。

⿰言土

七・武王 01・27

⿱言大

一・緇衣 08・14

萬民△（賴）之

今《禮記》本《緇衣》作「賴」，郭店簡本作「贎」。按，从言大聲，「譪」字異體。一曰从大、言，强調口舌之貌，突出「多言」之義（劉曉晗2024）。

訋

四・昭王 02・32

四・昭王 04・30

四・昭王 07・16

按，从言勺聲，或即「詔」字異體。

四・曹沫 29・02

按，「勺」形下部繁化成「甘」形。本編卷十三「約」中「勺」形有同例。

⿰言乚

六・季桓子 20・05

⿰言攵　琂　託　⿰言反　⿰言亢　⿰爿言　⿰言必

⿰言攵	琂	託	⿰言反	⿰言亢	⿰爿言	⿰言必	
一・性情論 33・01	七・武王 01・13	八・志書 03・20	六・用曰 14・30	六・用曰 03・10	三・周易 07・15	三・彭祖 01・29	八・王居 06・02
						四・柬大王 03・20	
						四・柬大王 04・12	
						四・柬大王 04・25	
郭店簡本《性自命出》對應作「⿰言攵」。	顓△（頊） 按，从言玉聲，與《說文》从玉言聲之「琂」同形。		△（繁）其有絕（算）圖，而難其有惠民。 按，疑聲符爲加飾「反」形。「反」形加飾之著「又」上，見於石鼓文。此讀「繁」，下文「絕圖」疑讀「算圖」。句意謂強君算謀寔多，而難恩惠百姓。				

譮 詯 䛗 𧦝 誜

䛑	譮	詯			䛗	𧦝	誜
八・蘭賦 02・32	五・競建 01・25 五・競建 02・32 五・競建 05・08 五・競建 05・30	五・三德 07・26			四・柬大王 19・02	一・詩論 09・19	二・容成氏 45・16
	按，从言合聲，「答」字異體。與《說文》「詥」無涉，故別置於言部附錄。	凡食飲無量△ 按，从言自聲，疑讀「節」；或聯繫从自之「臬」「皇」諸字讀音，讀「臬」（禤健聰 2017:265）；禤健聰 2019）若「藝」（陳劍 2022B）。如取後説，則該字聲符「自」係「𦣻」之省形，「臬」「皇」	諸字聲符亦如是。楚字从刀表意多可省作。 又，《說文》有「詯」，陳劍（2022B）據其後世注音「荒內切」推斷與此處从自聲之「詯」無涉，可信，故別置於言部附錄。唯陳氏以《說文》「詯」本从臱聲，	與《說文》謂「詯」「讀若反目相睞」不合，疑其所从「自」係「息」古文。「荒內切」蓋後世類推誤音。	詳見卷十四辡部「辯」下。		△（厚）樂於酒 一曰豈聲，讀「微」（鄔可晶 2021）。

論　⿰言呈　訽　誚　詮　⿰言务　⿰言𠂢

⿰言𠂢

三・周易 38・31

三・周易 40・38

⿰言务

二・從政甲 10・08

從政所務三：敬、△、信。

二・從政甲 10・13

△（懋）則遠戾

按，从言务聲（賈連翔 2018=2021），或即「辯駁」字，讀「懋」。「务」疑「駁」字，楚璽有字作「𢼸」，即其獨體用例。

詮

八・有皇 05・25

誚

六・用曰 17・24

六・天子甲 04・14

六・天子乙 03・34

一曰从「言」爲从「自」之譌，「辥」字異體。

訽

四・柬大王 12・02

⿰言冋

一・詩論 17・07

⿰言呈

二・容成氏 41・13

論

八・有皇 06・19

八・有皇 06・31

按，从言命聲，或即「命」若「令」字繁構。

詮　諹　謂　譖　謓

論	詮	諹		謂	譖	訢	訢
八・有皇 06・04	二・容成氏 37・03	二・容成氏 36・08	八・王居 01・10	六・季桓子 12・21	六・鄭壽 01・07	一・緇衣 09・08	一・緇衣 16・35
△三夫之謗也今兮　按，右所从爲「命」之譌。單育辰（2015）以爲「余」之譌，讀「捨」。	詳見卷二口部「唫」下。		△關　一曰从尋。	雖有△（過）	景平王就鄭壽△之於层廟		
				九・史蒥 10・19	六・鄭壽 02・19		
				一或不免有△（禍）　按，从言骨聲，「禍」若「過失」字異體。	王固△之　一曰「訊」，一曰「卟」。		

諸　　讘　　讇　　譱

譱 篆

𧥠	諸		讘	讇	善		
 一・性情論 39・27	六・用曰 10・08	 六・用曰 09・09	三・中弓 12・07	 二・從政甲 13・12	 二・民之 08・05	 一・詩論 03・34	 一・性情論 03・07
詳見卷十心部「慎」下。					《說文》篆文如此。	 一・詩論 08・03	 一・性情論 03・11
						 一・詩論 21・31	 一・性情論 03・14
						 一・詩論 22・12	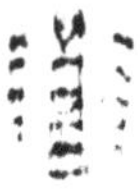 一・性情論 07・08
						 一・詩論 23・12	 一・性情論 12・15
						 一・性情論 03・05	 一・性情論 16・16

五・鬼神 03・38	五・三德 05・39	五・季庚子 15・26	四・曹沫 57・13	四・內豊 06・36	三・中弓 24・04	二・從政甲 12・06	二・子羔 01・30
六・競公瘧 11・07	五・三德 11・30	五・季庚子 22・30	五・競建 06・07	四・曹沫 05・26	三・中弓 24・13	二・從政乙 05・12	二・子羔 01・32
六・競公瘧 12・19	五・三德 14・37	五・弟子問 11・21	五・競建 08・05	四・曹沫 06・16	三・亙先 08・07	二・容成氏 13・03	二・子羔 06・33
六・用曰 01・26	五・三德 14・43	五・弟子問 17・03	五・競建 08・18	四・曹沫 47・08	三・亙先 08・17	二・容成氏 13・29	二・子羔 09・36
六・用曰 20・30	五・三德 21・09	五・弟子問 21・10	五・季庚子 12・12	四・曹沫 56・01	四・柬大王 23・15	二・容成氏 17・02	二・從政甲 03・16
六・用曰 20・32	五・鬼神 01・16	五・三德 05・36	五・季庚子 12・14	四・曹沫 56・27	四・內豊 06・31	三・中弓 15・06	二・從政甲 11・03

音

競

音		競					
二·容成氏 16·05	一·詩論 06·14	二·容成氏 25·25	六·用曰 20·33	一·性情論 22·21	藝術·選六 142·02	九·陳公 08·18	八·命 05·02
三·亙先 05·28	六·競公瘧 01·02	四·曹沫 41·01	八·成王 14·18	性△者也		九·陳公 11·10	八·命 10·28
三·亙先 05·35		五·競建 01反·01				九·舉治 14·05	八·志書 05·23
三·亙先 06·24		六·競公瘧 02反·01				九·史蒥 12·14	八·有皇 04·24
三·亙先 06·26		六·鄭壽 01·01				藝術·選六 137·09	九·成王甲 02·21
三·亙先 06·29		六·王子木 01·02				藝術·選六 138·05	九·成王甲 05·14

童 詐 詨 章

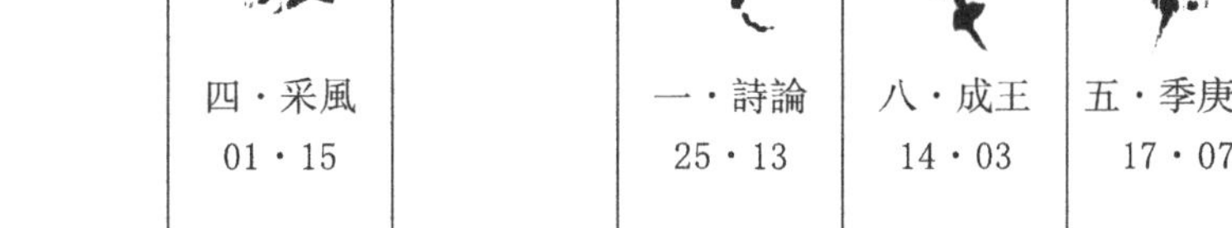
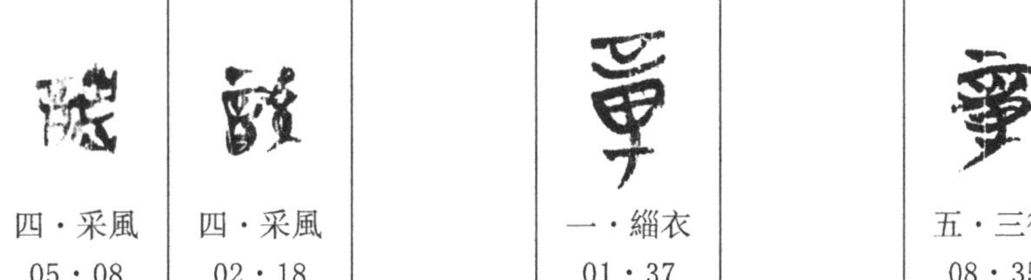

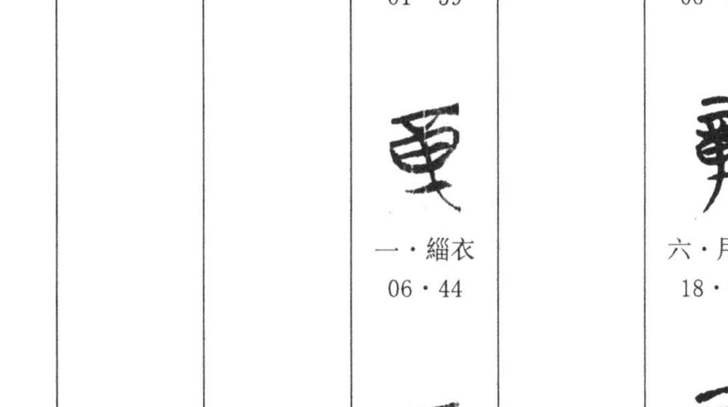

童	〈詍〉	詨				章	
二・容成氏 21・26	四・采風 04・30	四・采風 01・03	三・周易 51・33	一・詩論 14・05	八・成王 05・05	二・從政乙 02・02	四・采風 04・26
五・季庚子 05・14	羽△	四・采風 01・15		一・詩論 25・13	八・成王 14・03	五・季庚子 17・07	
六・鄭壽 01・16	四・采風 05・08	四・采風 02・18		一・緇衣 01・37		五・三德 08・35	
	邛△豻虎			一・緇衣 01・39		五・鬼神 06・36	
	按，據構形限制，从「世」爲从「乍」之譌。			一・緇衣 06・44		六・用曰 18・07	
				三・周易 41・24		六・用曰 19・37	

一·詩論 10·30
二·子羔 02·17
二·子羔 03·02
七·吳命 01·25

八·成王 15·01
八·成王 15·33
九·陳公 14·01
九·舉治 32·11

六·季桓子 15·13

△叩拜四方之位以（動）

按，从「貝」爲从「目」之譌。

妾

妾

七·君人甲 04·05
七·君人乙 04·02

三·周易 30·38

業

業

七·吳命 07·28

△三大夫辱命於寡君之

一曰「菐（僕）」。

古 [業業]

一·詩論 05·36
三·亙先 04·34

《说文》古文源此。

僕

僕

九·成王甲 01·05

古

⿰亻⿱业臣

三·周易 53·26
三·周易 53·38
四·昭王 03·11
四·昭王 03·19
四·昭王 03·31
四·昭王 04·02
四·昭王 04·07
四·昭王 04·26
四·昭王 04·28
四·昭王 06·22
四·昭王 08·29
四·昭王 09·06

四·柬大王 20·12

按，从臣僕聲，「僕」字繁構，《說文》古文異體。

⿱付臣

八·命 03·20
八·命 06·05
八·命 10·13
八·命 10·23

按，从臣付聲，「僕」字異體。

⿰亻⿱業臣

八·命 02·20
八·命 08·02

按，从臣，僕、付雜糅雙聲，「僕」字繁構。

奉

⿱丰廾

一·詩論 25·07
二·子羔 06·08
二·子羔 07·09
二·從政甲 08·05
二·從政甲 17·09
二·容成氏 07·11
四·內豊 附·19
五·三德 14·26
六·季桓子 26·13
七·武王 03·27
七·武王 13·02
七·凡物甲 05·06
七·凡物乙 04·19
九·舉治 32·09

弇 古		𢍏	弆	𢍇	戒		
穽		𢍏	弆	关	戒		
二・從政乙 01・25	六・競公瘧 07・20	六・用曰 07・36	一・緇衣 07・16	二・容成氏 43・19	二・從政乙 01・26	四・昭王 01・17	八・蘭賦 02・14
三・中弓 10・11	如順言△（掩）惡乎		按，《說文》分別「弆」「匊」，實即一字。卷九勹部「匊」下重出。		二・容成氏 37・15	四・曹沫 37・18	九・史蒥 11・05
九・陳公 16・03					二・容成氏 39・12	四・曹沫 49・15	卉茅 02・35
《說文》古文如此。					三・周易 10・24	四・曹沫 60・23	
					三・周易 57・11	五・三德 15・27	
					三・彭祖 02・36	七・武王 06・11	

兵

〈武〉

二・從政甲 15・12

不修不△，謂之必成，則暴。

按，「武」爲「戒」之譌。《論語・堯曰》：「不戒視成謂之暴。」（陳劍 20031８=2013:24-31 所揭）上博簡《蘭賦》：「備修庶戒。」辭例可參。

兵

兵		
 二・容成氏 02・09	四・曹沫 29・15	四・曹沫 39・05
 二・容成氏 37・33	四・曹沫 30・15	四・曹沫 51・05
 二・容成氏 41・30	 四・曹沫 32・23	五・競建 05・15
四・曹沫 15・08	四・曹沫 38・16	五・姑成 09・56
 四・曹沫 18・14	 四・曹沫 38・23	 五・三德 16・39
四・曹沫 24・15	四・曹沫 38・32	 五・鬼神 07・23

龏

龏	龏	
 四・昭王 06・03	六・用曰 06・26	一・緇衣 02・10
 四・昭王 07・22	六・用曰 06・31	
 四・昭王 07・35		
 四・昭王 10・28		
 五・季庚子 04・25		
 六・鄭壽 07・03		

具

具

一・緇衣 09・20

弅　丵　彝　樊　共

古

〈具〉	弅	丵	彝	羿	共		
七·凡物甲 23·03	二·昔者 01·30	五·鬼神 06·21	三·周易 54·01	二·容成氏 41·36	二·從政甲 05·25	二·容成氏 51·22	六·慎子 02·02
百物△（俱）失	七·凡物甲 09·24	卷三又部附錄重出。		四·昭王 07·30	二·從政甲 06·06	四·曹沫 08·06	六·慎子 03反·04
七·凡物乙 15·16				八·王居 01·09	二·從政乙 04·08	五·三德 01·02	七·吳命 09·58
百物△（俱）失					二·昔者 04·04	五·三德 01·05	《说文》古文如此。
按，从「貝」爲从「貝」之繁譌。					六·莊王 01·21	五·三德 01·08	
					九·舉治 12·02	六·慎子 01·04	

龔

龔

龏	〈龏〉	韶	異				
 六·用曰 07·37	 一·緇衣 14·03	六·用曰 16·08	三·亙先 03·22	一·性情論 04·10	六·用曰 06·08	二·民之 13·09	七·凡物甲 04·10
	按，从䛩、共。「䛩」中「辛」形與「共」之上部成字作「言」形；俞紹宏（2019（1）:246-247）以爲「䛩」中「肉」形與「兄」雜糅作「目」形，不排除「目」形係由「兄」下趁隙加筆所致。	按，从䛩共省聲。	 三·亙先 03·24	 四·曹沫 07·10	八·李頌 01反·47		七·凡物乙 03·27
			三·亙先 04·27	 四·曹沫 08·21	八·蘭賦 05·22		
			八·有皇 02·20	 五·季庚子 09·01綴			

異

異

戴

戴（小篆）

六·季桓子 07·21 容貌不求△於人

六·季桓子 17·04 皆求△於人

一曰「兕」，讀「軼」（尉侯凱 2019:48-49；尉侯凱 2023:73-74）。

𩠐

二·容成氏 09·07

按，从首戠省聲，「戴」字異體。清華簡《繫年》有「戴」字作「[illegible]」，聲符「戠」不省。

峕

六·慎子 05·10 首△茅蒲

五·鬼神 02 反·10 而紂△（得／止）於岐社

六·莊王 04·20 陳公子芏△（得／止）皇子

九·邦人 03·08 三戰而三△（得／止）

貴

藝術·選六 149·08

按，从首若頁，之聲，「戴」字異體。其中「峕」字一曰从首戋省聲，讀「捷」（陳劍 2013.1.16=2013）。唯目前相關字形之聲符未見从「戋」之不省者，且讀「得／止」亦通。卷九首部附錄重出。

與

與（小篆）

與

一·性情論 13·11

一·性情論 38·18

一·詩論 04·07

一·詩論 21·25

一·緇衣 12·13

二·容成氏 06·11

二·容成氏 08·13

二·容成氏 08·21

五・姑成 09・35	五・鮑叔牙 06・19	四・內豊 06・01	四・內豊 04・17	四・柬大王 18・16	三・彭祖 02・08	三・中弓 附・13	二・容成氏 08・29
五・三德 13・10	五・鮑叔牙 09・04	四・曹沫 03・15	四・內豊 05・02	四・柬大王 20・27	三・彭祖 02・12	三・亙先 03・05	二・容成氏 09・11
六・競公瘧 01・13	五・姑成 01・45	四・曹沫 13・05	四・內豊 05・07	四・內豊 01・29	四・昭王 10・11	三・亙先 11・14	二・容成氏 25・16
六・競公瘧 06・07	五・姑成 02・17	四・曹沫 64・20	四・內豊 05・12	四・內豊 02・21	四・柬大王 07・21	三・亙先 11・31	二・容成氏 25・37
六・競公瘧 12・11	五・姑成 06・44	四・曹沫 65・14	四・內豊 05・17	四・內豊 03・09	四・柬大王 09・19	三・亙先 13・16	二・容成氏 27・17
六・競公瘧 13・03	五・姑成 09・32	五・競建 01・05	四・內豊 05・22	四・內豊 03・32	四・柬大王 15・06	三・彭祖 02・04	三・中弓 21・09

六・季桓子 11・09
六・季桓子 12・03
六・季桓子 13・03
六・季桓子 13・21
六・季桓子 19・08
六・莊王 03・03

六・莊王 03・12
六・鄭壽 03・22
六・鄭壽 04・20
六・用曰 02・14
六・天子甲 07・17
六・天子乙 06・29

七・武王 08・04
八・子道餓 03・10
八・命 08・23
八・李頌 02・22
八・李頌 02・26
八・有皇 01・22

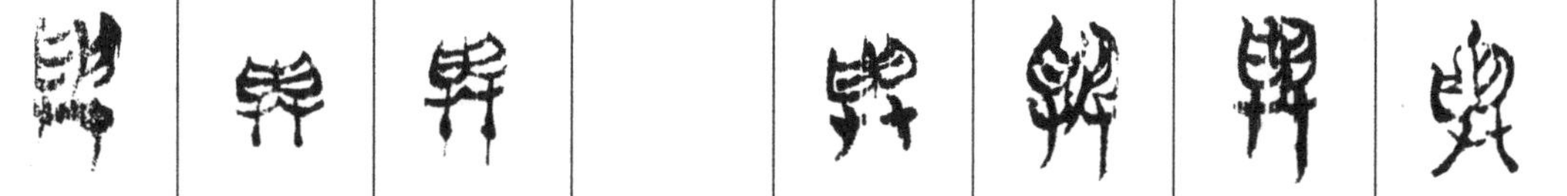

八・有皇 03・07
九・靈王 05・30
九・陳公 02・08
九・陳公 03・12
九・陳公 03・29
九・陳公 04・11

九・舉治 09・17
藝術・選六 147・09

二・子羔 01・31
二・子羔 05・17
二・子羔 09・26
二・子羔 09・33
二・魯邦 01・26
二・魯邦 02・17

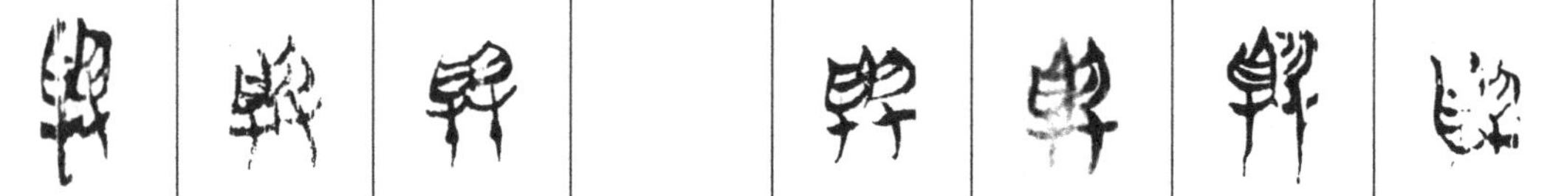

二・魯邦 02・31
二・魯邦 03・20
二・魯邦 03・32
二・魯邦 03・37
五・君子 11・13
五・君子 14・11

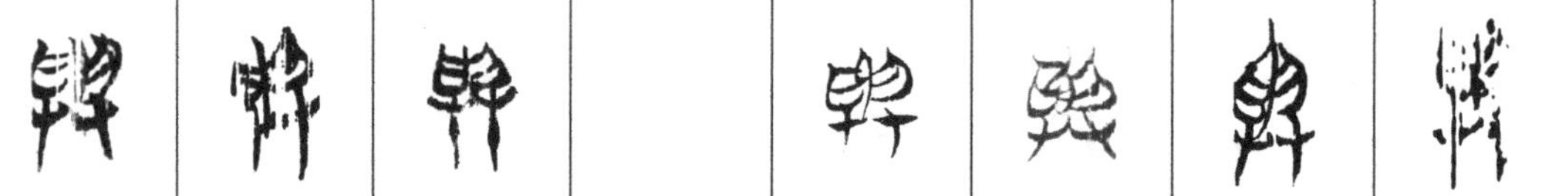

五・君子 15・02
五・弟子問 11・18
七・鄭子甲 01・14
七・鄭子甲 07・21
七・鄭子乙 07・18
九・邦人 10・19

興

古

譽

三・中弓 07・08

△（舉）賢才

按，繁加「予」若「呂」聲。

舁

五・競建 02・01

五・競建 05・27

五・競建 09・13

五・競建 10・13

五・競建 10・28

六・季桓子 02・11

六・季桓子 06・03

六・季桓子 14・14

六・季桓子 16・07

七・凡物甲 11・12

七・凡物甲 16・03

七・凡物乙 11・03

二・民之 10・05

七・武王 03・07

《說文》古文如此。

与

一・性情論 39・24

六・季桓子 09・20

六・季桓子 10・06

六・季桓子 11・02

六・季桓子 17・24

七・鄭子乙 01・13

七・凡物甲 11・16

七・凡物乙 補・04摹

九・史蒥 04・15

九・史蒥 05・14

九・史蒥 06・12

九・史蒥 06・16

九・史蒥 07・08

卷十四勺部「与」下重出。按，「与」和「牙」本一字分化，楚以「与/牙」爲〈與〉，以「舀」爲〈牙〉。本編隸定前者作「与」，兼寄「與」「与」字下，後者聲符隸定作「牙」，寄「牙」字下。

興

一・性情論 11・03

三・中弓 11・10

按，所从圈形由「同」中部橫畫變來（張峰 2016:180–181）。

六・天子乙 06・11

二・從政甲 08・18

二・從政乙 01・13

二・容成氏 13・04

堯爲善△賢

按，其下部圈形由「同」所从「口」形變來（張峰 2016:180–181）。《容成氏》字例一曰「與（舉）」之譌，未必。古書自有「興賢」之語。

六・季桓子 17・10

按，圈形省作二横。

五・弟子問 22・11

〈舉〉

九・舉治 08・25

或以△，或以亡。

按，「興」之省譌。

〈譽〉

二・昔者 03・41

△美廢惡

按，「興」之譌。一曰「與」讀「舉」。

舋

四・曹沫 37・29

五・季庚子 10・30

五・季庚子 21・16

五・三德 02・19

五・三德 06・02

五・三德 14・04

五・三德 14・18

五・三德 17・06

五・三德 19・07

要	農	革	鞄
𦥔	古	古	鞄（篆）

按，从止與聲，蓋動詞「與」。卷二止部附錄重出。

要

四・采風 02・10

四・昭王 07・02

九・舉治 14・13

九・邦人 02・18

〈𡡗〉

一・性情論 14・29

聞歌△（謠）

郭店簡本《性自命出》對應作「舀」。按，「𡡗」爲「要」之譌。與《說文》古文「𦥔」形近混同（郭永秉 2010-2011:189-201）。

[illegible]

五・三德 15・25

《說文》古文源此。

革

二・容成氏 18・17

二・容成氏 51・05

二・容成氏 51・34

三・周易 30・24

三・周易 47・01

三・周易 47・20

三・周易 47・26

三・周易 47・36

《說文》古文如此。

鞄

五・競建 01・06

五・競建 01・22

五・競建 05・05

五・競建 06・34

五・競建 09・14

五・鮑叔牙 07・02

五・鮑叔牙 09・01

鞭　𠫼（古）

鬲　鬲

鬴　釜（或）

融　融

以右均用爲「鮑叔牙」之「鮑」。
按，从革缶聲，「鞄」字異體。

攴

二·容成氏 16·02

二·容成氏 20·17

二·容成氏 29·31

五·君子 07·21

六·慎子 02·08

六·慎子 02·15

《說文》古文源此。按，上古「攴（鞭）PEN」與「卞 PON」韻隔，故「攴」所从「卞」形與今「卞」字屬異代同形。今「卞」字源自早期隸書「元」（魏宜輝、李雨萌 2024）。

鬲

二·容成氏 40·10

五·鬼神 02反·06

[illegible]

二·容成氏 13·14

釜

七·吳命 05·08

《說文》或體源此。一曰「斧」字異體，詳見卷十四斤部「斧」下。

融

五·鬼神 05·11

五·鬼神 07·12

䰜

三·周易 25·12

鬻

鬻

- 二·容成氏 21·36
- 四·曹沫 11·14

盉

- 五·三德 13·09
- 六·王子木 03·14

卷五皿部附錄重出。

鬻

或

餌

- 四·曹沫 55·07

《說文》或體如此。

鬻

或

煮

- 二·容成氏 03·02

《說文》或體如此。

孚

孚

- 三·周易 02·03
- 三·周易 04·03
- 三·周易 09·20
- 三·周易 09·26
- 三·周易 11·06
- 三·周易 17·05
- 三·周易 17·14
- 三·周易 33·08
- 三·周易 40·23
- 三·周易 42·23
- 三·周易 45·41
- 三·周易 47·05
- 三·周易 47·41
- 三·中弓 20·09

爲

爲

- 一·詩論 05·26
- 一·詩論 05·34
- 一·詩論 21·11
- 一·詩論 24·48
- 一·緇衣 02·19
- 一·緇衣 02·26

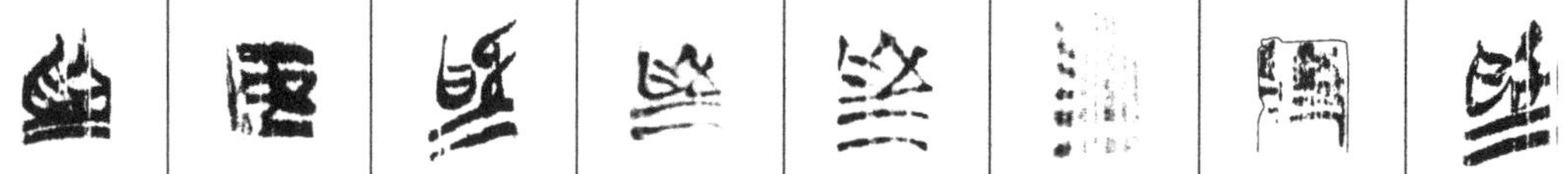

一・緇衣 05・10
一・緇衣 05・15
一・緇衣 06・35
一・緇衣 18・25
一・性情論 03・19
一・性情論 06・32

一・性情論 08・01
一・性情論 08・10
一・性情論 09・08
一・性情論 09・15
一・性情論 11・24 綴
一・性情論 13・09

一・性情論 21・16
一・性情論 32・03
一・性情論 34・11
一・性情論 34・20
一・性情論 34・30
一・性情論 35・13

一・性情論 35・21
一・性情論 36・02 綴
一・性情論 36・10 綴
一・性情論 36・18
一・性情論 37・06
一・性情論 37・22

一・性情論 38・33
一・性情論 38・45
二・民之 12・24
二・子羔 01・20
二・子羔 13・24
二・魯邦 01・11

二・魯邦 04・14
二・魯邦 04・18
二・魯邦 04・47
二・魯邦 05・01
二・從政甲 03・05
二・從政甲 15・34

二・容成氏 02・31
二・容成氏 07・16
二・容成氏 09・32
二・容成氏 09・37
二・容成氏 12・13
二・容成氏 12・23

二・容成氏 13・02
二・容成氏 14・09
二・容成氏 16・03
二・容成氏 17・25
二・容成氏 17・35
二・容成氏 20・12

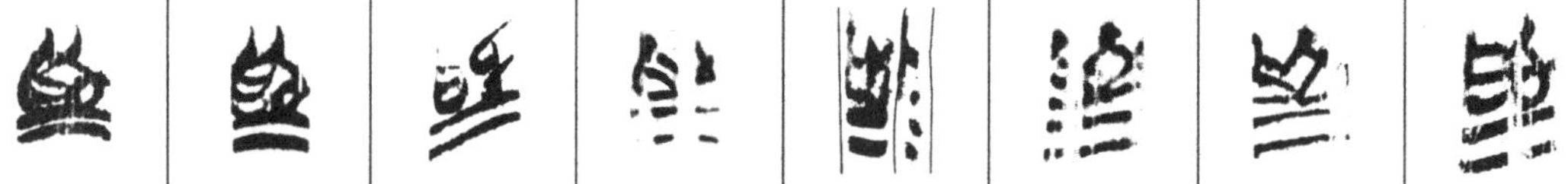

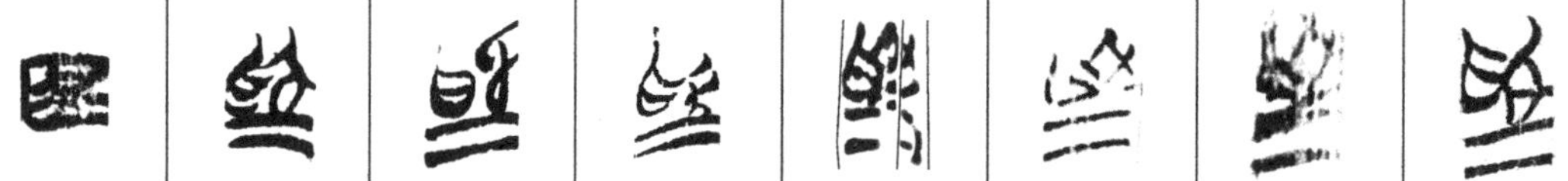

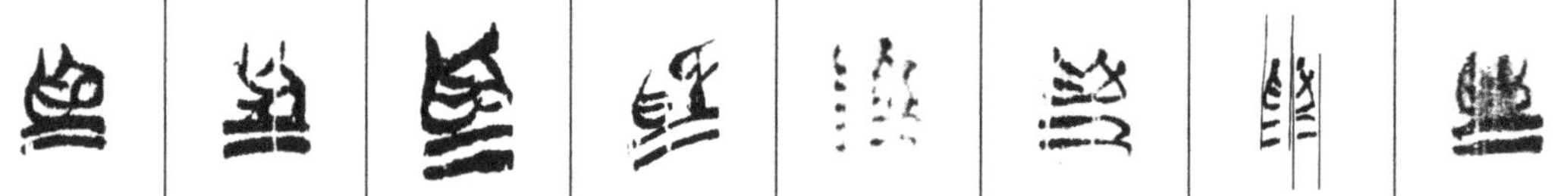

三·亙先 11·25	 三·中弓 05·04	 二·容成氏 50·19	 二·容成氏 44·04	 二·容成氏 38·27	 二·容成氏 33·21	 二·容成氏 30·40	二·容成氏 22·11
 三·亙先 11·36	 三·中弓 05·14	 二·容成氏 51·04	 二·容成氏 45·03	 二·容成氏 38·31	 二·容成氏 33·32	 二·容成氏 31·04	 二·容成氏 27·38
 四·鳴烏 01·17	 三·中弓 08·22	 二·容成氏 53·06	 二·容成氏 45·09	 二·容成氏 38·35	 二·容成氏 34·09	 二·容成氏 31·13	 二·容成氏 28·04
 四·鳴烏 04·09	三·中弓 12·11	 三·周易 01·32	 二·容成氏 45·13	 二·容成氏 38·39	二·容成氏 35·21	 二·容成氏 31·18	 二·容成氏 28·23
 四·昭王 01·03	三·亙先 02·08	 三·周易 45·08	 二·容成氏 45·23	 二·容成氏 42·32	 二·容成氏 36·25	二·容成氏 31·23	 二·容成氏 29·22
 四·昭王 03·07	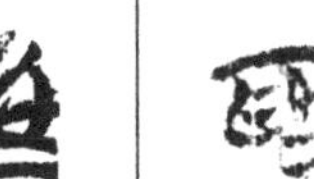 三·亙先 07·33	 三·中弓 01·07	 二·容成氏 48·21	 二·容成氏 42·34	 二·容成氏 37·23	二·容成氏 31·28	二·容成氏 30·32

五·鮑叔牙 02·07	五·競建 06·01	四·曹沫 36·07	四·曹沫 24·01	四·曹沫 01·05	四·內豊 02·34	四·柬大王 12·22	四·昭王 04·20
五·鮑叔牙 02·10	五·競建 08·16	四·曹沫 47·12	四·曹沫 30·05	四·曹沫 18·23	四·內豊 03·19	四·柬大王 13·05	四·昭王 04·25
五·鮑叔牙 04·06	五·競建 08·29	四·曹沫 58·03	四·曹沫 31·12	四·曹沫 20·14	四·內豊 04·02	四·柬大王 17·02	四·昭王 04·35
五·鮑叔牙 06·10	五·競建 09·25	四·曹沫 62·09	四·曹沫 32·32	四·曹沫 22·11	四·內豊 04·29	四·柬大王 22·26	四·昭王 08·13
五·鮑叔牙 06·25	五·競建 10·16	五·競建 01·21	四·曹沫 33·28	四·曹沫 22·18	四·內豊 10·18	四·內豊 01·13	四·柬大王 06·01
五·鮑叔牙 08·29	五·鮑叔牙 01·37	五·競建 01·31	四·曹沫 35·11	四·曹沫 23·27	四·內豊 10·25	四·內豊 02·05	四·柬大王 07·27

六・天子甲 03・22	六・季桓子 15・36	六・競公瘧 08・30	五・鬼神 01・37	五・三德 11・36	五・弟子問 12・03	五・姑成 04・29	五・鮑叔牙 08・35
六・天子甲 03・28	六・莊王 07・02	六・競公瘧 09・11	五・鬼神 02・41	五・三德 12・06	五・弟子問 12・11	五・姑成 05・28	五・季庚子 13・13
六・天子甲 04・03	六・莊王 08・17	六・競公瘧 11・13	五・鬼神 04・20	五・三德 13・02	五・弟子問 18・06	五・姑成 06・32	五・季庚子 14・37
六・天子甲 12・11	六・王子木 05・23	六・季桓子 05・01	六・競公瘧 03・11	五・三德 14・36	五・三德 02・22	五・君子 01・11	五・季庚子 18・34
六・天子甲 12・17	六・用曰 18・06	六・季桓子 13・17	六・競公瘧 04・02	五・三德 14・41	五・三德 10・06	五・君子 13・03	五・姑成 01・08
六・天子甲 12・28	六・天子甲 03・18	六・季桓子 14・23	六・競公瘧 05・16	五・三德 15・32	五・三德 10・10	五・弟子問 11・23	五・姑成 03・46

八·命 08·25	七·吳命 08·41	七·凡物乙 04·17	七·凡物甲 18·11	七·凡物甲 07·23	七·鄭子乙 05·08	七·鄭子甲 03·03	六·天子乙 03·09
八·命 09·21	八·子道餓 03·11	七·凡物乙 06·20	七·凡物甲 24·22	七·凡物甲 11·18	七·君人甲 06·08	七·鄭子甲 03·16	六·天子乙 03·19
八·王居 01·16	八·顔淵 02·09	七·凡物乙 17·27	七·凡物甲 29·12	七·凡物甲 11·21	七·君人甲 07·08	七·鄭子甲 05·10	六·天子乙 03·23
八·有皇 01·34	八·命 01·23	七·凡物乙 17·32	七·凡物乙 補·06摹	七·凡物甲 11·24	七·凡物甲 04·18	七·鄭子乙 02·13	七·武王 05·33
九·靈王 04·20	八·命 04·18	七·凡物乙 22·01	七·凡物乙 03·35	七·凡物甲 12·03	七·凡物甲 04·26	七·鄭子乙 03·02	七·武王 15·21
九·靈王 05·06	八·命 07·15	七·吳命 04·20	七·凡物乙 04·07	七·凡物甲 17·25	七·凡物甲 05·04	七·鄭子乙 03·15	七·鄭子甲 02·10

九・靈王 05・13

九・靈王 05・33

九・陳公 13・02

九・舉治 07・25

九・舉治 30・36

九・邦人 03・23

九・邦人 12・05

九・邦人 12・20

九・史蒥 08・13

九・史蒥 08・15

九・史蒥 12・10

港中零簡 08・03

藝術・選六 149・09

一・性情論 09・03

有△＝（爲爲）之也

一・性情論 20・11

心△甚

一・性情論 35・02

〔爲道者四，唯人〕道△可道也。

一・性情論 37・01

〔人〕不〔難〕△之死

一・性情論 殘01・01

雖未之△

五例郭店簡本《性自命出》對應作「爲」。

二・從政甲 01・26

民皆以△義

按，與本篇「爲」形體不夠密合，一曰「取」（劉信芳2003）。唯文意不順。

二・容成氏 23・18

乃立禹以△司工

三・彭祖 03・19

六・競公瘧 08・02

六・莊王 05・14

六・莊王 06・18

六・鄭壽 01・24

六・鄭壽 05・17

孚

六·王子木 02·11

六·王子木 02·15

六·慎子 02·04

六·慎子 02·12

六·慎子 06·03

六·天子乙 03·13

六·天子乙 11·26

七·君人甲 05·13

七·君人甲 05·24

七·君人乙 01·15

七·君人乙 05·08

七·君人乙 05·19

七·君人乙 06·05

七·君人乙 06·29

七·凡物甲 24·27

七·吳命 09·40

八·王居 02·21

八·王居 05·24

八·王居 07·12

八·志書 04·04

八·志書 05·04

八·志書 05·11

九·成王甲 01·03

九·成王甲 03·25

九·成王甲 05·07

九·成王乙 02·18

九·舉治 23·22

九·舉治 31·01

九·邦人 05·14

九·邦人 10·15

九·邦人 11·30

七·君人甲 01·15

乙本對應作「爲」。

孚

一·詩論 25·12

卷八衣部附錄重出。

豕

豕
二・從政甲 02・15

詳見卷七宀部「家」下。

埶

埶		
一・緇衣 15・07	六・慎子 01・28	六・用曰 02・06
一・性情論 03・15	六・用曰 03・27	六・用曰 02・08
一・性情論 05・28	八・志書 03・08	六・用曰 15・10
一・性情論 06・26	九・舉治 20・01	
一・性情論 06・30	九・邦人 05・17	
三・彭祖 01・20	港中零簡 08・05	

按，「坴」旁改从「禾」作。

秇
六・用曰 18・25

△（設）立師長

按，「坴」旁改从「禾」作，且省去「土」形。清華簡《五紀》有「䢆」作「[glyph]」，亦省土形，與商代文字用爲「夙」者或屬異代同形。

玑

玑
三・周易 47・15

又

又	
一・詩論 01・05	一・詩論 09・24
一・詩論 04・27	一・詩論 13・21
一・詩論 05・03	一・詩論 17・05
一・詩論 06・31	一・詩論 19・08
一・詩論 07・10	一・詩論 19・13
一・詩論 08・39	一・詩論 20・16

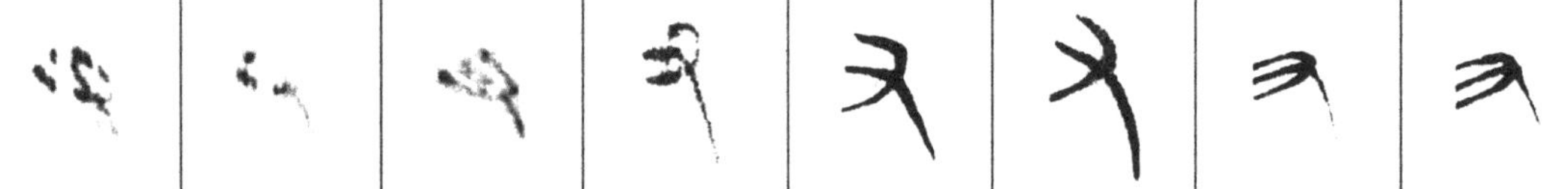

一・性情論 37・20	一・性情論 29・16	一・性情論 23・23	一・性情論 03・28	一・緇衣 20・23	一・緇衣 13・14	一・詩論 28・07	一・詩論 20・22
一・性情論 37・29	一・性情論 29・24	一・性情論 23・31	一・性情論 07・15	一・緇衣 20・30	一・緇衣 13・27	一・緇衣 01・34	一・詩論 22・06
一・性情論 38・06	一・性情論 30・20	一・性情論 28・04	一・性情論 09・07	一・緇衣 22・06	一・緇衣 13・37	一・緇衣 03・17	一・詩論 25・04
一・性情論 38・23	一・性情論 32・02	一・性情論 28・24	一・性情論 09・14	一・緇衣 22・11	一・緇衣 13・52	一・緇衣 07・15	一・詩論 25・17
一・性情論 38・31	一・性情論 37・04	一・性情論 28・32	一・性情論 23・04	一・緇衣 23・30	一・緇衣 19・12	一・緇衣 08・10	一・詩論 26・11
一・性情論 38・43	一・性情論 37・13	一・性情論 29・06	一・性情論 23・14	一・性情論 01・04	一・緇衣 19・15	一・緇衣 09・34	一・詩論 26・15

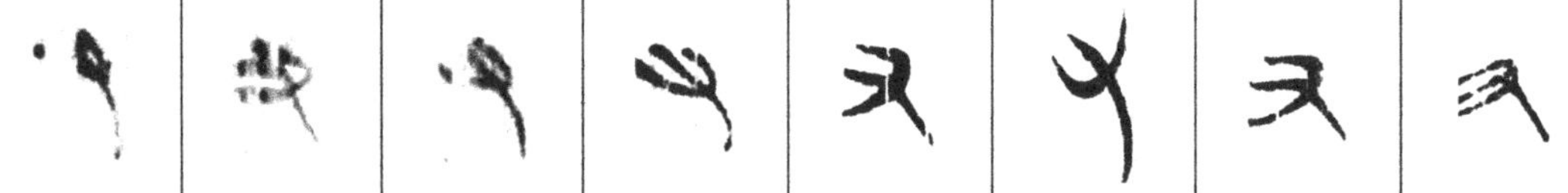

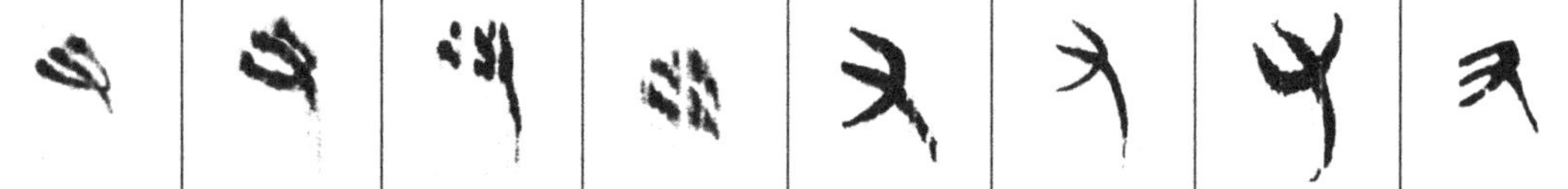

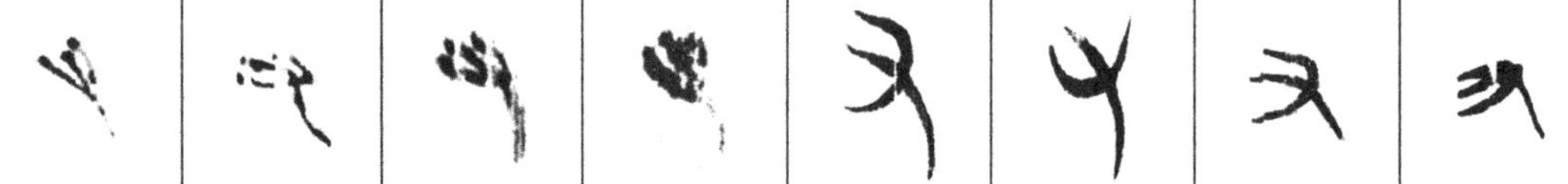

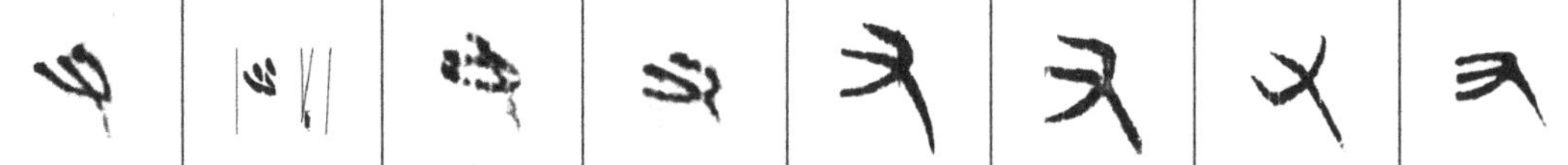

三・周易 12・05	三・周易 04・27	二・容成氏 42・17	二・容成氏 29・03	二・容成氏 05・36	二・從政甲 14・01	二・子羔 01・46	一・性情論 39・43
三・周易 14・28	三・周易 08・03	二・容成氏 52・17	二・容成氏 32・17	二・容成氏 05・44	二・從政甲 14・03	二・子羔 10・17	一・性情論 40・01
三・周易 14・35	三・周易 08・25	三・周易 01・11	二・容成氏 33・24	二・容成氏 12・05	二・從政甲 14・10	二・子羔 11・18	一・性情論 殘 02・09 綴
三・周易 15・11	三・周易 09・19	三・周易 02・02	二・容成氏 35・06	二・容成氏 14・12	二・從政甲 15・30	二・子羔 12・09	二・民之 02・26
三・周易 16・11	三・周易 09・25	三・周易 02・28	二・容成氏 35・25	二・容成氏 17・17	二・容成氏 01・25	二・從政甲 01・11	二・民之 08・23
三・周易 16・18	三・周易 09・31	三・周易 04・02	二・容成氏 37・02	二・容成氏 22・14	二・容成氏 05・27	二・從政甲 08・13	二・子羔 01・02

三·中弓 附·12	三·中弓 09·20	三·周易 57·06	三·周易 43·17	三·周易 39·18	三·周易 30·14	三·周易 20·14	三·周易 16·38
三·中弓 附·20	三·中弓 13·10	三·中弓 03·02	三·周易 45·40	三·周易 40·16	三·周易 30·33	三·周易 21·18	三·周易 16·46
三·亙先 01·04	三·中弓 18·11	三·中弓 07·06	三·周易 47·40	三·周易 40·29	三·周易 37·12	三·周易 21·22	三·周易 17·04
三·亙先 01·24	三·中弓 19·02	三·中弓 08·20	三·周易 49·18	三·周易 41·25	三·周易 38·05	三·周易 21·29	三·周易 18·22
三·亙先 01·27	三·中弓 19·05	三·中弓 09·01	三·周易 50·16	三·周易 42·17	三·周易 38·14	三·周易 22·16	三·周易 18·46
三·亙先 01·30	三·中弓 19·15	三·中弓 09·05	三·周易 51·34	三·周易 42·22	三·周易 38·25	三·周易 22·38	三·周易 20·10

四·柬大王 07·14	四·采風 02·24	三·亙先 13·13	三·亙先 09·10	三·亙先 08·29	三·亙先 08·06	三·亙先 05·20	三·亙先 01·31
四·柬大王 16·04	四·昭王 01·30	三·亙先 13·27	三·亙先 09·13	三·亙先 08·32	三·亙先 08·08	三·亙先 05·27	三·亙先 01·33
四·柬大王 16·09	四·昭王 09·19	四·采風 01·02	三·亙先 09·16	三·亙先 08·35	三·亙先 08·12	三·亙先 06·12	三·亙先 01·36
四·柬大王 18·04	四·昭王 10·04	四·采風 01·12	三·亙先 09·19	三·亙先 09·01	三·亙先 08·15	三·亙先 06·14	三·亙先 01·40
四·柬大王 21·03	四·柬大王 03·07	四·采風 01·14	三·亙先 10·05	三·亙先 09·04	三·亙先 08·23	三·亙先 06·17	三·亙先 02·01
四·柬大王 23·04	四·柬大王 05·22	四·采風 01·27	三·亙先 11·12	三·亙先 09·07	三·亙先 08·26	三·亙先 07·21	三·亙先 03·04

四・內豊 08・13

四・內豊 08・38

四・內豊 附・15

四・相邦 04・14

四・曹沫 02・05

四・曹沫 03・03

四・曹沫 08・01

四・曹沫 09・30

四・曹沫 10・07

四・曹沫 12・07

四・曹沫 13・24

四・曹沫 14・01

四・曹沫 18・16

四・曹沫 21・07

四・曹沫 21・12

四・曹沫 21・27

四・曹沫 23・04

四・曹沫 25・02

四・曹沫 25・10

四・曹沫 25・18

四・曹沫 25・29

四・曹沫 26・05

四・曹沫 28・01

四・曹沫 28・04

四・曹沫 28・15

四・曹沫 28・19

四・曹沫 28・22

四・曹沫 34・27

四・曹沫 37・17

四・曹沫 38・12

四・曹沫 40・22

四・曹沫 40・27

四・曹沫 41・06

四・曹沫 42・26

四・曹沫 42・31

四・曹沫 43・24

四・曹沫 43・29

四・曹沫 44・32

四・曹沫 45・03

四・曹沫 45・27

四・曹沫 46・08

四・曹沫 46・13

四・曹沫 50・04

四・曹沫 50・18

四・曹沫 50・23

四・曹沫 53・13

四・曹沫 53・18

四・曹沫 54・05

五・鬼神 05・19	五・鬼神 01・08	五・弟子問 14・06	五・姑成 06・48	五・季庚子 09・12	五・鮑叔牙 03・23	四・曹沫 60・19	四・曹沫 54・10
五・鬼神 05・23	五・鬼神 02・02	五・弟子問 20・06	五・弟子問 03・02	五・季庚子 12・08	五・鮑叔牙 07・38	五・競建 02・14	四・曹沫 56・09
五・鬼神 05・27	五・鬼神 02・07	五・三德 03・30	五・弟子問 03・06	五・季庚子 18・30	五・鮑叔牙 08・14	五・競建 05・14	四・曹沫 57・02
五・鬼神 05・31	五・鬼神 04・11	五・三德 03・34	五・弟子問 04・29	五・姑成 01・54	五・季庚子 01・10	五・競建 05・16	四・曹沫 57・09
五・鬼神 06・41	五・鬼神 05・03	五・三德 19・24	五・弟子問 12・06	五・姑成 05・16	五・季庚子 04・21	五・鮑叔牙 01・21	四・曹沫 59・12
六・競公瘧 09・20	五・鬼神 05・13	五・鬼神 01・05	五・弟子問 13・19	五・姑成 05・39	五・季庚子 05・12	五・鮑叔牙 01・24	四・曹沫 60・14

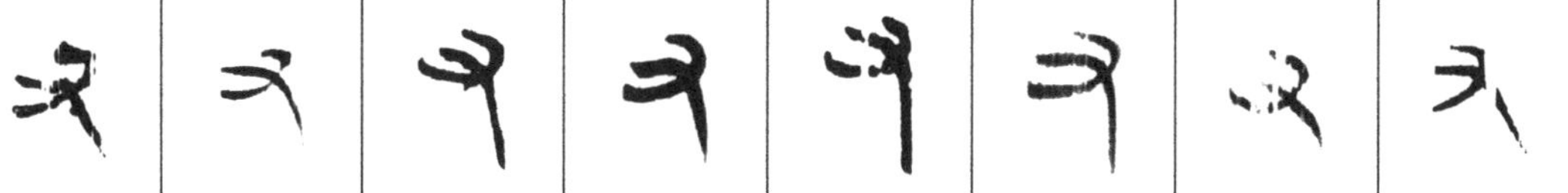

七・君人甲 04・12	七・武王 13・26	六・用曰 20・20	六・用曰 19・02	六・用曰 14・32	六・用曰 06・06	六・季桓子 08・03	六・競公瘧 09・24
七・君人甲 07・13	七・武王 15・27	六・天子甲 11・25	六・用曰 19・18	六・用曰 14・38	六・用曰 06・38	六・季桓子 12・20	六・競公瘧 13・31
七・君人乙 01・06	七・君人甲 01・06	六・天子乙 11・09	六・用曰 19・28	六・用曰 16・19	六・用曰 07・38	六・用曰 02・15	六・季桓子 23・03
七・君人乙 02・08	七・君人甲 02・09	七・武王 11・10	六・用曰 20・06	六・用曰 16・24	六・用曰 08・30	六・用曰 03・03	六・莊王 09・11
七・君人乙 02・24	七・君人甲 02・25	七・武王 11・23	六・用曰 20・11	六・用曰 16・30	六・用曰 08・34	六・用曰 03・12	六・鄭壽 04・03
七・君人乙 03・09	七・君人甲 03・11	七・武王 11・31	六・用曰 20・15	六・用曰 18・14	六・用曰 13・18	六・用曰 05・28	六・王子木 02・23

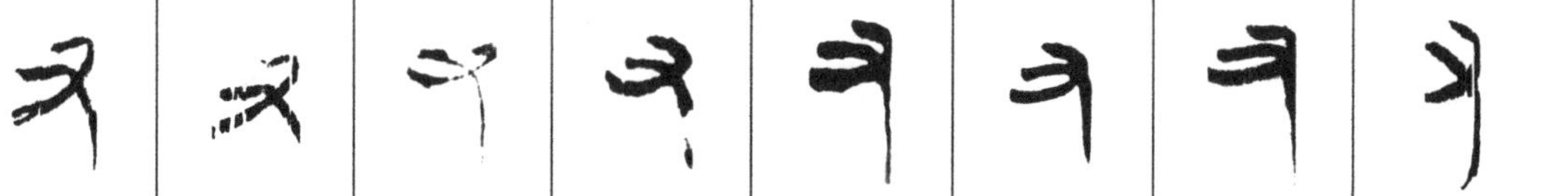

八・有皇 04・22	八・蘭賦 03・17	八・成王 15・25	八・顏淵 06・07	七・吳命 08・16	七・凡物乙 13・26	七・凡物甲 19・11	七・君人乙 04・09
九・靈王 04・13	八・蘭賦 05・21	八・成王 16・13	八・顏淵 06・12	八・子道餓 01・23	七・凡物乙 14・20	七・凡物甲 20・26	七・君人乙 07・03
九・陳公 10・01	八・有皇 01・01	八・命 06・02	八・顏淵 12・17	八・顏淵 01・16	七・吳命 01・18	七・凡物甲 21・15	七・凡物甲 03・09
九・陳公 12・09	八・有皇 02・05	八・命 09・09	八・顏淵 12・28	八・顏淵 01・21	七・吳命 05・01	七・凡物乙 02・33	七・凡物甲 09・28
九・陳公 12・13	八・有皇 02・14	八・命 10・20	八・成王 14・27	八・顏淵 01・31	七・吳命 05・07	七・凡物乙 08・05	七・凡物甲 10・07
九・陳公 12・17	八・有皇 02・24	八・志書 05・21	八・成王 15・18	八・顏淵 02・05	七・吳命 07・09	七・凡物乙 13・22	七・凡物甲 19・06

九・陳公 12・21

九・陳公 12・25

九・舉治 01・16

九・舉治 03・01

九・舉治 06・24

九・舉治 07・02

九・舉治 09・26

九・舉治 14・12

九・舉治 17・13

九・舉治 19・09

九・舉治 32・30

九・舉治 33・06

九・邦人 07・14

九・史蒥 10・01

九・史蒥 10・18

九・卜書 02・06

九・卜書 02・31

九・卜書 05・04

九・卜書 05・09

九・卜書 06・23

九・卜書 07・18

九・卜書 08・32

九・卜書 09・17

港中零簡 02・10

上博零簡 01・15

卉茅 02・28

卉茅 03・14

藝術・選六 129・08

按，庶用爲「有」，或即楚「有」字。

一・性情論 09・02

△（有）爲爲之也

一・性情論 22・10

△美情者也

上二例郭店簡本《性自命出》對應作「又」。

四・采風 02・17

△訢

四・曹沫 62・01

一人△（有）多

安大簡本《曹沫之陳》對應作「又」。

五・弟子問 23・04

□仁之△（有）

七・凡物乙 13・18

咀之△（有）味

甲本對應作「又」。

厷

厷

厷				右			
二・民之 09・13	《説文》卷二口部「右」下重出，今亦重出。	九・陳公 05・17	七・武王 06・12	二・容成氏 17・01	七・凡物甲 21・29 無一，天下亦無一〈不〉△～（有一）。按，字下鉤乙疑「鼠」字之省代，佔一字。	七・凡物甲 21・21 是故有一，天下無不△～（有一）。按，字下鉤乙疑「鼠」字之省代，佔一字。	八・顔淵 12・01 〔先〕△（有）司
		九・陳公 13・18	七・武王 06・33	二・容成氏 20・20			上博零簡 02・08 生民未之△（有）
		九・陳公 20・05	七・凡物甲 03・16	三・周易 11・16			
		九・陳公 20・17	七・凡物乙 03・03	三・周易 51・12			
		九・舉治 06・10	七・吳命 08・39	六・競公瘧 11・03			
			九・陳公 04・36	六・用曰 15・09			

父 父

二・民之 12・26 綴

一・詩論 09・20

二・民之 01・14

二・民之 01・25

二・民之 03・04

二・子羔 09・19

二・容成氏 13・26

二・容成氏 46・21

三・周易 18・19

三・周易 18・42

三・彭祖 05・01

四・多薪 02・16

四・昭王 03・21

四・昭王 04・09

四・內豊 02・36

四・內豊 03・01

四・內豊 03・36

四・內豊 05・13

四・內豊 05・21

四・內豊 06・13

四・內豊 06・21

四・內豊 06・26

四・內豊 07・32

四・內豊 08・11

四・內豊 09・09

四・曹沫 22・06

四・曹沫 35・25

四・曹沫 42・04

五・季庚子 15・28

五・姑成 01・04

五・姑成 01・32

五・姑成 02・10

五・姑成 03・33

五・姑成 05・45

五・姑成 06・30

五・姑成 07・16

五・姑成 09・24

五・姑成 10・19

五・弟子問 07・05

五・弟子問 08・18

五・三德 11・02

六・王子木 01・11

七・武王 01・06

七・武王 01・31

七・武王 02・33

七・武王 03・26

七・吳命 06・28

八・志書 05・16

九·舉治 04·05
九·舉治 05·03
九·舉治 05·11
九·舉治 05·20
九·舉治 06·05
九·舉治 14·16

九·舉治 16·03
九·舉治 17·17
九·舉治 18·03
九·舉治 19·14
九·舉治 21·05

二·民之 02·01

民〔之〕△母乎

曼

曼

一·性情論 28·19
一·性情論 37·36
四·昭王 01·36
四·曹沫 10·13
六·用曰 07·15

七·武王 02·23

端服△（冕）

按，从「乇」爲从「又」之譌。本編卷三「敃」有同例。

夬

夬

三·周易 38·18
三·周易 39·08
四·采風 03·30
八·成王 15·19
八·蘭賦 01·15
九·舉治 31·10

七·凡物甲 05·24
七·凡物乙 05·01

尹

尹

一·緇衣 03·08
一·緇衣 03·12
一·緇衣 09·18
二·容成氏 37·21
二·容成氏 37·26
四·昭王 03·04

九·邦人 01·09	八·王居 02·02	六·天子乙 05·23	六·莊王 01·10	四·柬大王 21·02	四·柬大王 07·23	四·柬大王 02·03	四·昭王 04·34
九·邦人 04·12	八·王居 05·11	八·命 01·10	六·莊王 02·15	四·柬大王 21·22	四·柬大王 08·09	四·柬大王 02·17	四·昭王 06·12
九·邦人 10·22	八·王居 06·05	八·命 06·07	六·莊王 02·23	四·柬大王 21·27	四·柬大王 19·08	四·柬大王 02·24	四·昭王 06·18
九·邦人 12·01	八·王居 07·05	八·命 06·13	六·莊王 04·04	四·柬大王 22·17	四·柬大王 19·10	四·柬大王 04·09	四·昭王 08·04
藝術·選六 131·09	八·王居 07·15	八·命 09·24	六·鄭壽 03·05	四·柬大王 23·21	四·柬大王 20·07	四·柬大王 04·18	四·昭王 09·13
	九·陳公 03·32	八·命 10·25	六·天子甲 06·12	五·鮑叔牙 06·08	四·柬大王 20·26	四·柬大王 05·17	四·柬大王 01·08

〈君〉

四・昭王 04・18

令△

按，書手初作「君」，後將「口」形刮去而未盡。

䖒

䖒

䖒

二・容成氏 27・26

三・周易 37・35

四・柬大王 19・22

四・曹沫 14・20

四・曹沫 16・07

四・曹沫 18・26

四・曹沫 28・10

四・曹沫 45・07

四・曹沫 45・13

五・三德 13・05

五・三德 13・13

五・三德 13・21

五・鬼神 05・45

五・鬼神 06・06

六・用曰 19・08

八・李頌 01・06

九・卜書 07・27

港中零簡 02・06

一・詩論 06・39

五・季庚子 04・18

五・季庚子 14・04

六・競公瘧 01・05

六・競公瘧 02・03

七・凡物甲 17・08

七・凡物甲 19・04

七・凡物乙 12・04

七・吳命 04・15

九・史蒥 05・17

七・凡物乙 13・16

△（咀）之有味

甲本對應作「䖒」。

及

及

及

二・容成氏 13・33

二・容成氏 43・23

三・中弓 12・04

四・柬大王 15・11

四・曹沫 29・07

五・鬼神 08・15

（古文）

七・武王 05・24

一・詩論 15・01

一・緇衣 03・14

一・性情論 01・33

一・性情論 30・06 綴

四・多薪 01・02

六・鄭壽 05・10

⿺辶及

二・民之 12・10

二・民之 13・14

四・曹沫 52・07

五・鮑叔牙 01・32

五・鬼神 02・21

五・鬼神 03・03

六・用曰 01・23

六・用曰 10・10

《說文》古文源此。

⿱及止

二・容成氏 19・42

卷二止部附錄重出。

秉

秉

一・緇衣 05・34

六・用曰 02・18

八・蘭賦 03・21

一・詩論 05・29

一・詩論 06・03

五・三德 12・45

八・蘭賦 03・09

九・靈王 03・30

反

反 反

一・詩論 09・33
一・詩論 12・02
一・詩論 16・39
一・性情論 25・05
二・容成氏 46・34
三・周易 35・33

四・曹沫 51・28
五・姑成 01・27
五・姑成 01・43
五・姑成 05・11
五・三德 04・02
五・三德 06・41

六・慎子 01・17
七・吳命 05・24
卉茅 01・11

一・性情論 16・15
四・內豊 06・06
七・武王 06・26
七・凡物甲 25・21
七・凡物乙 18・21

六・用曰 09・14
六・天子甲 03・25
六・天子乙 03・16
八・志書 01・12

九・舉治 11・06

𠬛

𠬛 𠬛

四・曹沫 09・15
五・三德 03・08
五・三德 17・22
五・鬼神 02・40
五・鬼神 03・31
七・鄭子甲 02・27

〈及〉

四・曹沫 65・10

以△（沒）其身

安大簡本《曹沫之陳》作「𠬛」。按，「及」爲「𠬛」之譌（李松儒 2018）。

取

七・鄭子乙 02・29

以△（沒）入地

甲本對應作「叟」。按，「及」爲「叟」之譌。

取

二・從政甲 01・21

二・容成氏 34・42

二・容成氏 38・15

三・周易 01・05

三・周易 26・05

三・周易 40・06

三・周易 53・14

三・周易 56・01

四・昭王 06・09

四・昭王 06・26

四・曹沬 06・23

四・曹沬 17・15

四・曹沬 55・05

五・姑成 03・18

五・姑成 08・12

八・成王 10・12

一・性情論 01・40

一・性情論 03・22

一・性情論 17・20

五・競建 10・27

九・陳公 01・28

九・史蒥 04・02

一・詩論 23・27

二・子羔 05・08

二・子羔 11・27

取

八・顏淵 11・19

九・靈王 01・21

九・靈王 04・14

九・邦人 12・24

卷三攴部附錄重出。

叚

叚

三・周易 54・04

⿰己又　⿰工又　友

⿰尤尤 古　⿱羽曰 古

友	友	⿱羽曰	友	⿰尤尤	⿱⿰尤尤甘	⿰工又	⿰己又
七・吳命 07・16	六・季桓子 14・20	一・緇衣 22・04	八・命 09・08	六・王子木 01・22	六・天子甲 10・28	一・詩論 13・04	一・詩論 11・07
		一・緇衣 23・20	八・命 09・26	成公乾△坐於疇中	朋△	詳見卷三攴部「攻」下。	詳見卷三攴部「改」下。
		五・弟子問 15・16	八・命 10・04	按，从並尤得聲，「友」字古字之一「⿰尤尤」異體。「尤」由「又」變形聲化。一曰「㼌」之譌，讀「遇」。	六・天子乙 10・06		
		六・慎子 01・20	八・命 11・02		朋△		
		八・命 08・10	八・命 11・06		按，从甘⿰尤尤聲，「⿰尤尤」字繁構，即「友」字古文之一「⿱羽曰」異體。		
		八・命 08・14	《說文》古文之一源此。				

𠬛　叙　度　敬　相　僉　爯　叢

𠬛

一・緇衣 01・30

詳見卷八人部「作」下。

叙

三・周易 30・28

詳見卷三攴部「敘」下。

度

二・容成氏 06・03

三十又七年而△（歿）終

按，从又𠃋聲，疑由「旻」變形音化，讀「歿」。「𠃋」，疑由「目（民所从）」旁減體象目之無睛形，蓋「瞖／眛／昒」之初文。本編「乚（𢆶）」之於「水」，「片（析）」之於「木」均有同例。一曰「麋」若「眉」之初文之省形。

敬

一・詩論 15・04

詳見卷九茍部「敬」下。

相

四・柬大王 09・17

詳見卷四目部「相」下。

僉

六・競公瘧 01・07

六・競公瘧 02・05

爯

二・子羔 08・25

詳見卷四冓部「爯」下。

叢

八・志書 01・18

叡　叜　蘡　卑　史

丵	叡	叜	蘡	卑	（卑）	史	史
五・鬼神 06・21	二・容成氏 53・30	八・顔淵 12・07	二・容成氏 47・27	七・吳命 05・59	九・舉治 11・10	一・性情論 04・12	二・從政甲 18・17
卷三収部附錄重出。	詳見卷十三力部「勴」下。	詳見卷三攴部「敘」下。	一日交、羿雙聲。	九・邦人 09・09	文王乃△（俾）……	一・性情論 30・19	三・中弓 01・04
						二・子羔 01・44	三・中弓 04・01
						二・從政甲 17・20	三・中弓 16・08
						二・從政甲 17・23	三・中弓 25・16
						二・從政甲 18・14	四・曹沫 39・19

四·曹沫 39·22
四·曹沫 39·25
四·曹沫 39·28
四·曹沫 40·01
五·競建 06·31
五·鮑叔牙 01·31

五·鮑叔牙 02·28
五·鮑叔牙 07·32
五·季庚子 12·18
五·季庚子 15·15
六·競公瘧 02·14
六·競公瘧 02·21

六·競公瘧 03·23
六·競公瘧 04·23
六·競公瘧 04·26
六·競公瘧 04·37
六·競公瘧 04·41
六·競公瘧 05·14

六·競公瘧 07·28
六·競公瘧 07·33
六·競公瘧 08·18
六·競公瘧 08·24
六·鄭壽 04·06
七·武王 15·11

七·吳命 04·04
七·吳命 04·07
七·吳命 07·03
八·成王 11·03
九·舉治 31·21
九·史蒥 01·04

九·史蒥 01·13
九·史蒥 02·12
九·史蒥 06·02
九·史蒥 09·11
九·史蒥 11·08
九·史蒥 11·21

叓

三·中弓 14·02

㬎（早？騷？）△（使）不行，綏施有成。

一曰「弁」，讀「變」。

〈弁〉

二·子羔 01·51

△（使）皆得其社稷百姓而奉守之

二·子羔 08·20

采（抽？擢？）諸畎畝之中而△（使）君天下而稱

事

古

事

二・子羔 12・41
帝之武，尚△（使）……

四・內豐 01・24
言人之君之不能△（使）其臣者

四・內豐 02・29
不與言人之君之不能△（使）其臣者

四・內豐 05・05
與君言，言△（使）臣。

四・曹沫 29・14
從卒△（使）兵

四・曹沫 33・08
親率勝△（使）人

四・曹沫 36・21
能治百人，△（使）長百人。

五・季庚子 14・15
世三代之傳△

六・天子乙 04・31
信文得△（事）

甲本對應作「事」。

按，以右「弁」爲「史」之混同。楚「史」「弁」總體有別，唯個別書手混用。如《性情論》〈史（使）〉〈弁（變）〉均作「史」，《內豐》則均作「弁」；《柬大王》僅見〈變〉，均作「史」；《子羔》《曹沫》《季庚子》僅見〈史（使／志）〉，混用「弁」「史」。

一・緇衣 04・13

一・緇衣 08・20

一・性情論 11・07

一・性情論 25・14

一・性情論 31・24

一・性情論 31・28

《說文》古文如此。

六・季桓子 05・04

二・子羔 14・05

二・魯邦 02・11

二・魯邦 03・40

二・從政甲 04・19

二・從政甲 05・01

二・從政甲 07・09

二・從政甲 09・21

二・從政甲 15・28

二・從政甲 19・18

二・昔者 02・24

二・昔者 03・02

二・昔者 04・06

二・容成氏 09・29

二・容成氏 36・19

二・容成氏 46・18

二・容成氏 46・27

三・周易 05・17

三・亙先 06・02

三・亙先 07・05

三・亙先 07・07

三・亙先 07・10

三・亙先 07・22

三・亙先 07・26

三・亙先 07・30

三・亙先 07・34

三・亙先 12・09

四・昭王 05・15

四・內豊 01・37

四・內豊 02・16

四・內豊 05・10

四・內豊 06・12

四・內豊 09・08

四・相邦 02・18

四・曹沫 17・29

五・鮑叔牙 04・07

五・季庚子 01・32

五・季庚子 05・02

五・季庚子 16・08

五・季庚子 17・12

五・季庚子 23・18

五・姑成 01・05

五・姑成 03・13

九·靈王 02·32	八·顏淵 05·25	七·凡物乙 05·15	六·天子甲 10·16	六·用曰 14·04	五·三德 15·14	五·弟子問 21·11	五·姑成 04·25
九·靈王 03·25	八·成王 01·04	七·凡物乙 11·04	六·天子乙 08·22	六·用曰 14·17	五·三德 16·23	五·三德 06·04	五·姑成 05·20
九·陳公 07·01	八·志書 02·08	七·吳命 09·50	六·天子乙 09·23	六·用曰 17·30	五·三德 16·40	五·三德 10·16	五·姑成 06·37
九·陳公 09·15	八·李頌 02·49	七·吳命 09·61	七·凡物甲 06·10	六·用曰 18·09	六·莊王 08·03	五·三德 10·37	五·姑成 07·24
九·陳公 11·01	九·靈王 01·26	八·顏淵 01·14	七·凡物甲 08·07	六·天子甲 05·15	六·用曰 02·12	五·三德 15·05	五·弟子問 09·06
九·陳公 11·07	九·靈王 02·22	八·顏淵 05·13	七·凡物甲 16·04	六·天子甲 09·12	六·用曰 05·11	五·三德 15·09	五·弟子問 10·19

(事)

九・舉治 08・21

九・舉治 30・10

九・史蒥 12・17

上博零簡 01・11

卉茅 01・06

三・周易 04・25

三・周易 32・03

四・相邦 01・17

四・相邦 01・24

四・相邦 03・08

三・中弓 21・04

四・柬大王 17・25

四・柬大王 18・06

九・舉治 20・09

八・成王 07・27

請問其△

肅 肅

一・詩論 05・37

聿 聿

三・周易 07・13

𦘒 𦘒

二・民之 09・17

二・容成氏 49・08

三・中弓 25・19

四・曹沫 08・28

四・曹沫 32・07

四・曹沫 56・19

書

書

七·君人甲 06·22	一·性情論 36·15	箸 一·性情論 08·23	五·君子 16·04綴	七·武王 13·04	三·彭祖 02·45	五·鮑叔牙 03·25	𦘦 一·緇衣 12·39
七·君人乙 06·19	二·從政甲 14·08	一·性情論 09·06	七·武王 02·03	七·武王 13·23		八·志書 01·02	毋以嬖御△（疾）莊后
九·靈王 04·25	八·志書 07·06	五·季庚子 06·17	七·武王 02·14	七·武王 15·24		按，从竹者聲，楚「書」字。卷五竹部「箸」下重出。	一·緇衣 12·46
	九·舉治 08·31	五·姑成 06·19	七·武王 03·05	七·凡物甲 16·01			毋以嬖士△（疾）大夫、卿、士
	九·舉治 31·28	五·姑成 07·50	七·武王 03·28	七·凡物乙 11·01			今《禮記》本《緇衣》引《葉（祭）公之顧命》作「疾」，郭店簡本引
	九·舉治 32·23	五·姑成 10·35	七·武王 03·30				

作「𢛳」，清華簡《祭公之顧命》作「息」。按，「百」爲「自」之譌。單複無別，从聿自聲。本讀質部，楚人或已讀如職部。《說文》訓「傷痛」之「𦘫」，楚字从心𦘫聲作，或即「𢡱」字異體。

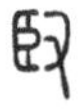

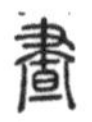

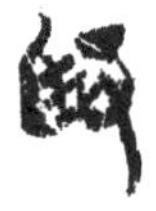

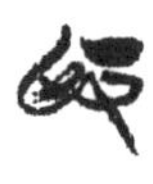

書

書 書

四·曹沫 10·29
五·三德 19·27

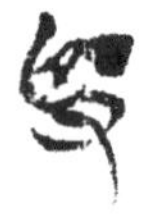

臤

臤 臤

二·容成氏 01·36
二·容成氏 09·04
二·容成氏 10·09
二·容成氏 10·20
二·容成氏 10·25
二·容成氏 10·42

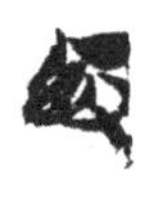

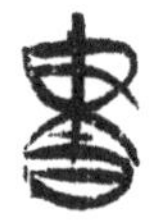

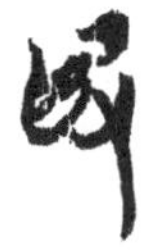

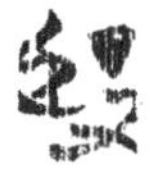

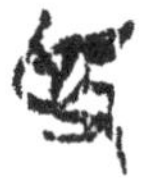

二·容成氏 11·01
二·容成氏 11·04
二·容成氏 12·18
二·容成氏 13·05
二·容成氏 17·30
二·容成氏 17·45

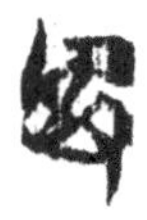

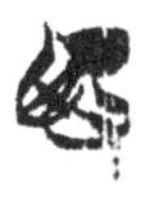

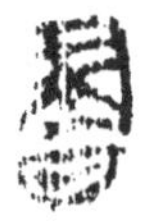

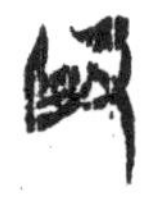

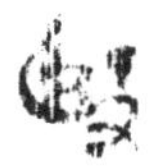

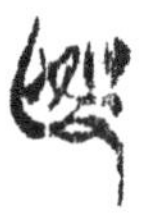

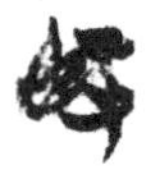

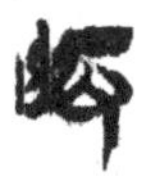

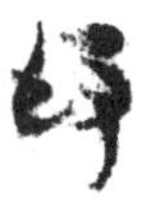

二·容成氏 34·04
二·容成氏 34·20
二·容成氏 37·17
二·容成氏 39·14
二·容成氏 43·22
三·中弓 07·09

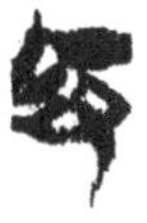

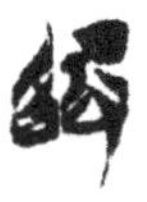

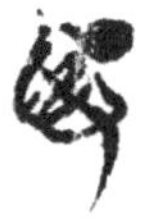

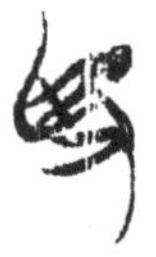

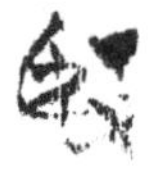

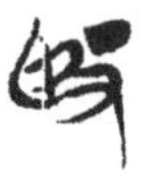

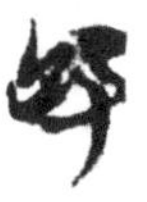

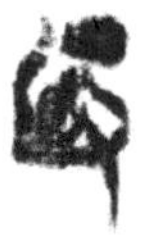

三·中弓 09·21
三·中弓 10·07
三·中弓 19·17
三·彭祖 08·18
四·曹沫 09·03
四·曹沫 09·27

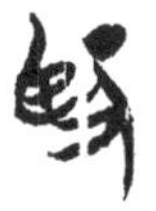

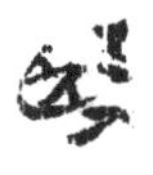

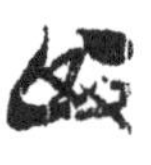

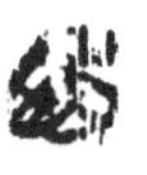

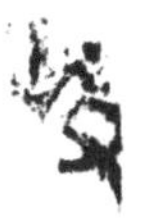

四·曹沫 36·16
五·季庚子 10·22
五·季庚子 18·24
五·季庚子 21·14
五·季庚子 22·31
五·君子 11·18

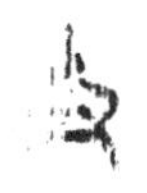

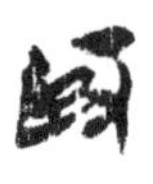

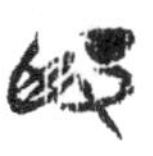

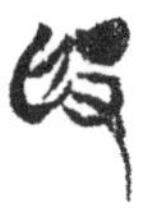

五·君子 12·02
五·君子 14·07
五·君子 15·05
五·弟子問 05·26
五·弟子問 15·17
六·季桓子 01·10

臣 豎 緊

	臣	豎	緊	〈䝈〉			
三·周易 35·22	一·緇衣 02·38	五·競建 10·11	四·曹沫 39·13	一·緇衣 10·11	一·緇衣 23·01	一·詩論 10·33	八·成王 10·03
三·中弓 03·03	一·緇衣 04·12	五·鮑叔牙 05·33	四·曹沫 39·17	大人不親其所△ 按，从「弓」由「臤」右所从譌變重組而來。		二·子羔 06·16	九·舉治 07·21
三·彭祖 01·18	一·緇衣 11·17	九·史蒥 05·04				二·子羔 08·11	九·舉治 29·06
四·昭王 08·12	一·緇衣 12·19						
四·昭王 08·19	二·容成氏 46·15						
四·昭王 09·39	三·周易 30·37						

八・命 05・03	六・王子木 02・21	六・莊王 07・04	五・姑成 05・29	四・曹沫 40・28	四・曹沫 08・29	四・內豊 02・31	四・柬大王 15・13
八・志書 08・01	六・用曰 13・13	六・莊王 08・16	五・姑成 06・01	四・曹沫 42・32	四・曹沫 13・21	四・內豊 05・06	四・柬大王 23・01
九・靈王 05・15	七・武王 12・13	六・莊王 08・20	五・三德 04・30	四・曹沫 64・32	四・曹沫 14・21	四・內豊 05・08	四・內豊 01・26
九・陳公 10・27	七・吳命 07・06	六・鄭壽 05・16	六・競公瘧 10・02	五・競建 02・06	四・曹沫 18・27	四・曹沫 05・09	四・內豊 01・33
九・陳公 10・32	七・吳命 09・49	六・鄭壽 05・20	六・莊王 06・11	五・競建 07・24	四・曹沫 21・17	四・曹沫 07・20	四・內豊 02・07
九・邦人 10・30	八・命 04・02	六・鄭壽 06・26	六・莊王 06・21	五・鮑叔牙 05・13	四・曹沫 28・11	四・曹沫 08・23	四・內豊 02・12

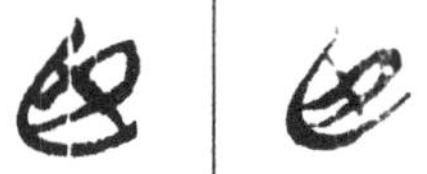

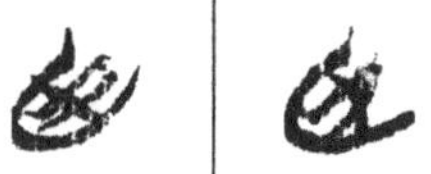

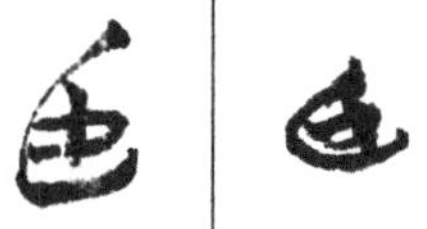

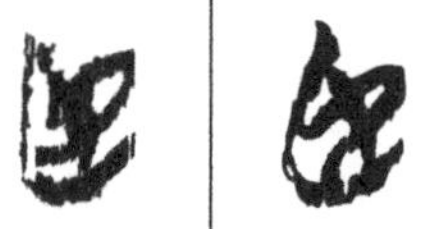

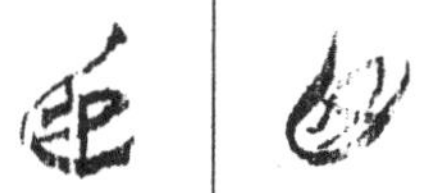

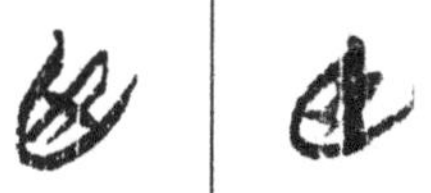

臧 臧 ⿱臧土 小徐籀 毄 毄 殹 殹 役 役

	臧	⿱臧土	毄	⿰医攴	〈⿰医欠〉	⿰医戈	役
 九・邦人 11・16	 四・曹沫 01・02	 五・季庚子 20・15	 二・容成氏 22・20	 二・子羔 09・27	 六・莊王 03・23	 二・魯邦 03・25	 六・季桓子 26・11
 藝術・選六 135・04	按，一曰謚號「莊（戕）」之專字。詳見卷二口部附錄。	按，从土臧聲，小徐本《說文》籀文異體。詳見卷十三土部附錄。	 三・周易 01・28	 二・魯邦 06・09	載之傳車以上乎？△（抑）四艇以逾乎？ 按，从「医」爲从「医」之譌。	 六・季桓子 14・13	 九・卜書 06・24
 藝術・選六 142・03			 五・弟子問 01・02	 八・志書 03・16		按，从戈医聲，「殹」字異體。卷十二戈部附錄重出。	 卉茅 01・24
 藝術・選六 143・03			 九・靈王 04・02	 九・卜書 06・21			
 藝術・選六 146・04				 藝術・選六 137・07			
				按，从攴医聲，「殹」字異體。卷三攴部附錄重出。			

字頭	出處	釋文
（續）	二・容成氏 03・27	
	二・容成氏 16・17	
伇	二・從政甲 15・10	詳見卷三攴部「攸」下。
〈毁〉	九・成王甲 02・06	子玉受師，出之△（蔿／薳），三日而畢，斬三人。按，據同篇又作「犬」及「遠」，《左傳》僖公二十七年載此地名作「蔿」，漢晉著述或作「薳」，从「吳」爲从「犬」之譌。
𣏂	五・三德 14・33	弗△（滅）不隕 按，从殳末聲，或即「滅」字異體。
殻	七・武王 02・26	詳見卷八人部「散」下。
㪅	一・性情論 12・29	詳見卷九茍部「敬」下。
𩲡	九・成王甲 01・26	
	九・成王乙 03・11	不△（扶）〔一人〕

毄 毀 殺

般

九·成王乙 02·02

不△（扶）一人

卷三攴部附錄重出。

按，从殳若攴，逸省聲，一曰「兔」或可轉注「逸」（陳劍 2008）。

毄

九·成王甲 01·20

詳見卷三攴部附錄「敫」下。

毀

二·民之 02·27

詳見卷三攴部「敗」下。

殺

二·從政甲 15·22

二·容成氏 04·12

二·容成氏 06·29

三·周易 57·16

四·柬大王 07·03

四·柬大王 07·10

五·季庚子 10·16

五·季庚子 21·20

五·三德 12·39

五·三德 14·20

五·鬼神 02·29

六·鄭壽 03·03

六·天子甲 05·03

六·天子甲 05·29

六·天子乙 04·19

六·天子乙 05·08

七·鄭子甲 01·21

七·鄭子甲 02·18

七·鄭子乙 01·20

七·鄭子乙 02·20

九·陳公 01·27

卷三攴部附錄重出。

寺

寺

一・詩論 02・01

一・性情論 01・15

一・性情論 01・20

二・子羔 04・11

二・魯邦 04・39

二・魯邦 05・22

四・相邦 01・12

八・志書 01・01

九・成王甲 03・11

九・舉治 22・14

九・舉治 24・02

九・邦人 02・22

將

逞

四・曹沫 27・12

四・曹沫 32・05

四・曹沫 42・02

卷二辵部附錄重出。

桯

六・天子乙 05・13

六・天子甲 06・02

按，从辵若止，匿省若相聲，楚「將」字。卷二止部附錄重出。

尋

尋

二・子羔 01・34

善與善相△也

按，舊釋「受」，改從白師於藍（2005）釋讀。張文成《上博一札記二則》釋「寻」，蓋「爪」形繁化如此。

尃

尃

一・詩論 03・20

二・容成氏 22・03

二・容成氏 36・24

二・容成氏 45・20

四・曹沫 44・07

六・競公瘧 07・05

皮

古

六・季桓子 03・14

七・凡物甲 29・21

七・凡物乙 22・10

藝術・選六 133・08

三・彭祖 02・28

五・姑成 09・25

八・顏淵 07・02

九・舉治 31・08

二・子羔 05・22

敓（率？）△（溥／博）……

皮

二・容成氏 37・05

三・周易 56・02

三・彭祖 01・48

四・柬大王 10・19

五・鮑叔牙 04・21

六・慎子 03・09

一・緇衣 10・27

五・鬼神 06・38

《說文》古文源此。

韟

二・容成氏 22・02

按，从韋皮聲，「皮」字繁構。卷五韋部附錄重出。

啟

啟

啟

二・從政甲 17・03

二・容成氏 34・35

三・周易 08・27

四・柬大王 09・13

八・李頌 01反・53

九・陳公 07・23

九・舉治 17・01

二・容成氏 35・01

△王天下十有六世而桀作

敄

敄

五・三德 15・24

旼

旼

二・容成氏 08・34

五・季庚子 11・06

故

故

二・容成氏 48・40

三・彭祖 08・14

毋△（怙）富

按，所从「古」與同篇簡二「古」形同。後者據與下句末字「度」叶韻，釋「古」無疑，故此字當釋「故」，讀「怙」。一曰「故」，蓋因與同篇簡4作「古」之「古」形有別。然簡4據字跡宜歸上博簡《景公瘧》（程鵬萬2010.1.17=2015），故此字釋「故」無疑。

政

政

一・詩論 08・08

二・魯邦 02・29

二・魯邦 03・35

二・容成氏 43・02

四・相邦 01・19

四・曹沫 05・24

四・曹沫 06・14

四・曹沫 10・27

五・三德 04・10

五・三德 19・26

六・用曰 13・38

六・用曰 14・09

（政）

六・用曰 18・32

𢻱

𢼊

五・三德 20・01

秉之不固，△之不𢀲。

九・舉治 32・13

△（施）于四域

按，从攴它聲，或即「施」字異體。古文字从它聲者，今多轉寫从也作，本編「駝（馳）」「沱（池）」有同例。

敷

敷

九・陳公 11・15

𣀔

攼

二・子羔 12・24

七・吳命 05・44

找

三・中弓 20・11

四・曹沫 16・03

按，《説文》分別「扞」「䟕」，實即一字。卷十二手部「扞」下、卷十二戈部附錄重出。

敳

敳

一・緇衣 21・44

九・邦人 13・02

改

改

一・詩論 10・04

一・緇衣 09・31

二・從政乙 05・15

三・周易 44・02

三・周易 44・05

三・周易 47・02

三・周易 47・23

三・亙先 10・26

四・曹沫 27・10

四・曹沫 52・15

四・曹沫 55・22

五・三德 05・47

六・鄭壽 02・08

六・鄭壽 06・07

八・有皇 02・09

八・有皇 04・32

港中零簡 01・09

按，从攴巳聲，「改」字異體。與《說文》「攺」同形。

攺

一・詩論 11・07

一・詩論 12・09

卷三又部附錄重出。

斂

歛

一・緇衣 14・09

陳

戦

四・曹沫 02反・04

四・曹沫 13・09

四・曹沫 14・07

四・曹沫 14・11

四・曹沫 19・16

四・曹沫 19・20

四・曹沫 19・28

四・曹沫 24・04

四・曹沫 43・06

四・曹沫 44・20

四・曹沫 52・26

九・陳公 15・09

卉茅 03・05

按，从戈申聲，楚「陳」字。卷十二戈部附錄重出。

救

救

二・容成氏 31・07

五・季庚子 20・04

五・三德 04・19

五・三德 14・12

七・鄭子甲 06・11

七・鄭子甲 07・03

七・鄭子乙 06・12

敓

敓

敓

- 一・詩論 06・28
- 一・詩論 14・13
- 一・詩論 24・41
- 一・緇衣 19・22
- 一・緇衣 19・27
- 二・子羔 05・21

- 二・魯邦 02・09
- 二・容成氏 08・17
- 二・容成氏 08・25
- 二・容成氏 08・33
- 二・容成氏 08・40
- 二・容成氏 19・31

- 二・容成氏 50・06
- 三・周易 22・23
- 四・曹沫 20・30
- 四・曹沫 63・05
- 五・競建 05・26
- 五・競建 06・09

- 五・三德 15・40
- 五・三德 16・01
- 五・三德 16・18
- 五・三德 16・35
- 六・競公瘧 05・20
- 六・競公瘧 07・03

- 六・莊王 05・04
- 九・卜書 07・15

敓

- 三・周易 30・28

卷三又部附錄重出。

攸

攸

攸

- 一・性情論 19・24
- 一・性情論 25・07
- 一・性情論 25・23
- 二・容成氏 36・21
- 二・容成氏 40・22
- 三・周易 25・15

- 四・柬大王 11・21
- 四・柬大王 13・15
- 四・柬大王 15・24
- 四・曹沫 05・23
- 四・曹沫 06・13
- 四・曹沫 18・10

改　敗

（篆文）改　敗　贁 籀

			〈攸〉	伇	改	敗	贁
五·競建 04·21	八·蘭賦 02·23	八·顏淵 06·21	三·彭祖 05·12	二·從政甲 15·10	四·曹沫 03·02	七·凡物甲 19·25	一·緇衣 12·32
五·競建 07·32	九·舉治 07·04	△（修）身以先	雖貧必△（修）	卷三殳部附錄重出。		八·命 10·12	四·曹沫 44·21
五·三德 17·45	九·舉治 18·07	按，从「尸」爲从「人」之混同。	按，「攸」爲「攸」之譌。				四·曹沫 46·06
七·凡物甲 22·05	九·舉治 19·18						四·曹沫 46·17
八·子道餓 02·05							五·三德 13·45
八·成王 11·05							六·鄭壽 01·14

寇 𡨥

敳 𢾾

收 𢼄

（續）

- 六・用曰 01・27
- 七・鄭子甲 07・28 
- 七・鄭子乙 07・25 
- 九・靈王 01・10 
- 九・卜書 08・28 

《說文》籀文如此。

⿰貝殳

- 二・民之 02・27
- 六・用曰 14・29 
- 九・成王甲 05・03 

卷三殳部附錄重出。

戝

- 七・武王 15・05

卷十二戈部附錄重出。

寇

- 三・周易 01・33
- 三・周易 01・36 
- 三・周易 02・38 
- 三・周易 34・01
- 三・周易 37・38 
- 四・昭王 04・31 
- 八・子道餓 04・03 
- 八・子道餓 04・14 
- 八・子道餓 05・10 

〈寂〉

- 四・昭王 02・33

小人將召△

按，「寂」爲「寇」之譌。一曰「寂」，讀「慼」。

收

- 四・曹沫 45・19
- 四・曹沫 47・02 
- 四・曹沫 54・11 
- 五・三德 10・33 
- 八・顏淵 11・15 
- 八・顏淵 12・10 

敳

- 一・詩論 14・21

詳見卷五壴部「鼓」下。

攷　敏　攻

攷	敏		攻				⿰工又
三・周易 18・24	三・周易 17・22	一・性情論 14・17	二・容成氏 34・39	四・曹沬 56・02	八・子道餓 03・15	四・相邦 03・05	一・詩論 13・04
四・內豊 07・29	三・周易 40・01	然後其入撥人之心也△（厚）	二・容成氏 39・36	四・曹沬 56・28			卷三又部附錄重出。
	三・周易 41・31		二・容成氏 40・17	四・曹沬 57・04			
	五・姑成 09・12	郭店簡本《性自命出》對應作「敂」。	二・容成氏 40・42	四・曹沬 60・35			
			四・曹沬 21・02	五・三德 16・06			
			四・曹沬 36・14	八・子道餓 02・12			

攻	數	敔	敔	敔	欽	畋	
	數 敊	敔 敔			欽 欽	畋 畋	
二・容成氏 02・22	三・周易 33・20	四・曹沫 26・17	五・三德 17・05	二・從政甲 17・32	八・命 03・09	三・周易 08・02	五・競建 10・04
九・陳公 16・14		五・三德 10・34		六・莊王 04・12		三・周易 28・34	
藝術・選六 144・03				卷十二戈部附錄重出。		三・周易 37・23	
卷十二戈部附錄重出。						九・史蒥 07・06	

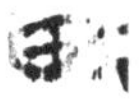

敘 牧 攸 放 攷

敘	敍	⿰豫攵	⿱豫又	牧	攸	放	攷
二・從政甲 05・15 二・從政甲 06・10 五・鮑叔牙 01・03	二・容成氏 27・07	八・顏淵 11・12 △（紓）約而收貧 按，从攴豫省聲，「敘」字異體。	八・顏淵 12・07 △（紓）約而收貧 按，从又豫聲，「敘」字異體。「豫」，左「予」下用「=」省代一重圈形。卷三又部附錄重出。	四・采風 03・04 四・相邦 01・07 七・吳命 05・21	四・曹沫 30・16	三・中弓 13・07 一曰「敕」字異體（馮勝君2007:75）。	二・容成氏 02・39

玫　赦　敁　攸　㪊　敢　数　敉

字頭	字形	出處	說明
玫	玫	六・用曰 13・39	
赦	赦	二・容成氏 03・16	
敁	敁	三・周易 10・06	
攸	攸	港中零簡 02・02	
㪊	㪊	七・吳命 06・03	
敢	敢	八・顏淵 11・19	詳見卷三又部「取」下。
数	数	五・弟子問 01・03	詳見卷十二戈部附錄。
敉	敉	二・容成氏 02・29	詳見卷三言部「誅」下。

⿰杀攵　⿰夾攵　⿰豆攵　敺　⿰吉攵　⿰埶攵　⿰孚攵

⿰杀攵	⿰夾攵	⿰豆攵	敺	⿰吉攵		⿰埶攵	⿰孚攵
二·從政甲 15·22	藝術·選六 130·02	二·容成氏 25·19	二·子羔 09·27	三·彭祖 07·50	四·曹沫 20·21	六·用曰 19·40	七·吳命 06·22
詳見卷三殳部「殺」下。	按，辭例不明，一曰「敵」之省形，說聞於古廣政。	詳見卷三言部「誅」下。	詳見卷三殳部「毆」下。	四·曹沫 01·12 四·曹沫 02反·01 四·曹沫 05·02 四·曹沫 07·14 四·曹沫 12·15	按，从攴吉聲，陳偉武（1999:123）以爲从攴表意，「著重於鍛打工藝」，或即「軍器製造」之「造」專字。		

散 [𠦝攴] [命攴] [免攴] [系攴] [育攴] [肩攴]

散	[𠦝攴]	[命攴]	[免攴]	[系攴]	[鬲攴]	[肩攴]	〈[肩毛]〉
五・三德 06・38	八・有皇 03・05	九・陳公 11・31	九・成王乙 02・02	五・君子 07・18	七・凡物甲 18・04	五・君子 07・04	六・天子甲 07・16
			詳見卷三殳部附錄。	按，或即「搖」字異體。	是謂小△（徹）		顧還△（肩）
		九・邦人 01・07			七・凡物甲 18・08		六・天子乙 06・28
		按，从攴命聲，或即「命」若「令」之繁構。			奚謂小△（徹）		顧還△（肩）
					按，从攴鬲聲，「敵（徹）」字異體。		一曰从「毛」爲从「又」之譌。本編卷三「曼」有同例。

敎 敉 敳 毀 𢽼 敕 魰

敎	敉	〈敳〉	毀	𢽼		敕	魰
二・容成氏 28・39	一・緇衣 22・29	三・周易 24・18	二・從政甲 18・03	一・緇衣 04・02	一・緇衣 17・20	五・姑成 01・06	二・容成氏 03・07
詳見卷十四子部「𣪊」下。	詳見卷十二戈部附錄「𢦏」下。	△（短）黿 王韓注本《易》作「朶」，阜陽漢簡本作「端」，馬王堆帛書本作「揣」。按，从「岏」爲从「耑」之譌。	詳見卷十三部「毀」下。			五・姑成 01・19	六・競公瘧 08・19
						五・姑成 08・05	
						五・姑成 10・37	

𡋯	〈㪹〉	數	歠	𢾊	𢽾	𣀒	毄
七・鄭子甲 05・30	六・用曰 18・35	二・容成氏 30・30	四・曹沫 32・31	一・性情論 04・18	六・競公瘧 10・36	五・鬼神 07・17	九・成王甲 01・20
七・鄭子乙 05・28		二・容成氏 30・35			七・凡物甲 27・01		九・成王乙 01・22
一曰从土敹聲，或即「埉」字異體。	諭諫△（差）用 按，从㬅省聲。			詳見卷十三力部「動」下。		卷二口部附錄重出。	卷三殳部附錄重出。

⿰酓攵 ⿰豊攵 敼 ⿰睿攵 ⿰齊攵 ⿰虘攵 ⿰⿱𥫗音攵 ⿰亶攵

⿰酓攵	⿰豊攵	敼	⿰睿攵	⿰齊攵	⿰虘攵	⿰⿱𥫗音攵	⿰亶攵
二・從政甲 19・16	三・中弓 20・34	四・曹沫 13・01	三・周易 28・09	七・吳命 05・29	二・容成氏 50・35	五・鮑叔牙 04・17	三・周易 47・39
	蓋近△（禮）矣 按，从攴，「豊」之省譌。	四・曹沫 20・22	詳見卷四𠬪部「叡」下。		詳見卷十三力部「⿰虘力」下。		

教

古

教	斈				[illegible]		
八・顏淵 06・05	一・詩論 23・14	一・性情論 31・32	三・中弓 16・06	八・有皇 01・09	一・緇衣 10・17	四・曹沫 19・31	九・成王甲 01・12
八・顏淵 07・31	一・緇衣 14・35	二・民之 08・11	三・中弓 17・06	按，《說文》分別「教」「斈」，實即一字。卷十四子部「斈」下重出。	一・緇衣 13・04	四・曹沫 37・14	九・成王乙 03・03
八・顏淵 09・26	一・性情論 04・11	二・容成氏 03・18	三・亙先 10・12		一・緇衣 13・17	四・曹沫 40・18	九・史蒥 04・05
八・顏淵 10・05	一・性情論 10・22	二・容成氏 09・39	五・弟子問 03・04		二・從政甲 01・35	四・曹沫 63・24	
九・舉治 29・09	一・性情論 12・26	二・容成氏 48・43	六・天子甲 13・06		二・從政甲 15・20	五・季庚子 03・08	
	一・性情論 22・16	三・中弓 15・12	六・天子甲 13・20		二・從政乙 01・18	八・蘭賦 05・32	

數

學 篆

[illegible]	學				卜		貞
二・從政甲 03・07	二・從政甲 11・11	《說文》篆文異體。	六・季桓子 16・15	六・季桓子 18・06	四・柬大王 01・17	九・卜書 02・27	九・史蒥 06・20
《說文》古文从爻、子、言，或即「[illegible]」「斈」雜糅。	三・中弓 22・10		九・史蒥 03・13		四・柬大王 02・26	九・卜書 06・03	
	三・中弓 23・20				四・柬大王 03・22	九・卜書 08・16	
	三・中弓 24・07				四・柬大王 04・14	《說文》古文源此。	
	三・中弓 25・02				四・柬大王 05・02		
	六・季桓子 17・12				九・卜書 01・12		

卜

古

貞

四·柬大王 01·10

三·周易 02·06

三·周易 05·10

三·周易 05·30

三·周易 07·02

三·周易 08·18

三·周易 09·06

三·周易 14·20

三·周易 15·01

三·周易 16·05

三·周易 16·13

三·周易 16·42

三·周易 17·02

三·周易 18·38

三·周易 20·06

三·周易 21·11

三·周易 22·04

三·周易 22·32

三·周易 24·02

三·周易 24·37

三·周易 25·23

三·周易 26·04

三·周易 26·32

三·周易 28·04

三·周易 28·11

三·周易 28·30

三·周易 28·42

三·周易 29·07

三·周易 30·05

三·周易 37·30

三·周易 40·14

三·周易 42·12

三·周易 47·08

三·周易 47·10

三·周易 50·06

三·周易 53·05

三·周易 53·28

三·周易 53·39

三·周易 58·07

三·周易 58·25

九·邦人 10·13

九·卜書 05·19

九·卜書 06·02

占 [兆卜]

占 [兆卜]

貞

- 九·卜書 06·17
- 九·卜書 08·06
- 九·卜書 08·17
- 九·卜書 10·06
- 三·周易 48·19
- 二·容成氏 05·20
- 九·邦人 11·10

按，疑義化从「田」，或即「眕」字異體。

[忄貞]

- 五·弟子問 21·14

按，从心貞聲，「貞潔」字（蘇建洲 2012）。卷十心部附錄重出。

占

- 二·從政乙 02·04
- 九·卜書 04·24
- 九·卜書 07·09
- 九·卜書 08·12

[兆卜]

- 六·天子乙 10·16
- 九·卜書 01·04
- 九·卜書 01·28
- 九·卜書 02·13
- 九·卜書 03·10
- 九·卜書 06·05
- 九·卜書 10·02
- 六·天子甲 11·07

按，「兆」旁下「止」形與表示垗域之曲畫共筆。本編卷六「桃」有同例。

⿰妟卜

⿰妟卜

- 九·卜書 04·05

用

用

- 三·周易 01·04
- 三·周易 02·18
- 三·周易 04·11
- 三·周易 08·33
- 三·周易 13·04
- 三·周易 13·15
- 三·周易 17·29
- 三·周易 25·01
- 三·周易 30·13
- 三·周易 30·20
- 三·周易 40·05
- 三·周易 42·13
- 三·周易 43·02
- 三·周易 47·16
- 三·周易 57·02
- 五·姑成 10·23
- 六·用曰 02·04
- 六·用曰 03·30
- 六·用曰 05·08
- 六·用曰 05·38
- 六·用曰 06·19
- 六·用曰 07·08
- 六·用曰 08·26
- 六·用曰 09·30
- 六·用曰 10·11
- 六·用曰 11·35
- 六·用曰 12·15
- 六·用曰 14·01
- 六·用曰 17·01
- 六·用曰 17·06
- 六·天子甲 04·17
- 六·天子甲 04·22
- 六·天子乙 04·02
- 六·天子乙 04·07

甫

甫

- 六·天子甲 06·01
- 六·天子乙 05·12

葡

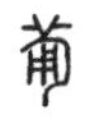

苚

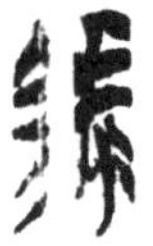

九·舉治
19·21

上博簡文字編卷四

申城 沈奇石 撰集

目

目

一・性情論 36・20

二・民之 06・27

五・君子 02・10

五・君子 06・07

五・鬼神 05・28

六・用曰 01・22

六・天子甲 07・25

六・天子乙 07・08

七・君人甲 05・14

七・君人甲 07・01

七・君人乙 05・09

七・君人乙 06・22

八・志書 05・06

八・蘭賦 05・39

七・凡物甲 13・01摹

按，楚「目」字上部尖直，與「貝」有別，至少獨體少見有混譌者。此字之形，疑摹有誤。

眊

眊

三・彭祖 03・09

瞏

⿱罒𧘇

六・季桓子 26・03

瞻

⿰見合

六・鄭壽 07・08

民是△望

卷八見部附錄重出。

相

相

相							⿱相又
一・性情論 18・15	四・鳴烏 01・13	八・成王 15・26	二・昔者 01・16	二・民之 11・30	三・中弓 16・17	三・中弓 22・02	四・柬大王 09・17
二・民之 04・27	四・鳴烏 04・05	八・志書 04・19	五・弟子問 12・16	七・吳命 05・28		上下△復以忠	四・柬大王 10・05
二・子羔 01・33	五・競建 10・17	八・有皇 01・24					四・柬大王 15・02
二・從政甲 13・11	五・季庚子 22・24	九・舉治 13・15					四・相邦 02・10
二・從政甲 17・10	六・競公瘧 11・04						四・相邦 04・20
三・亙先 04・18	六・用曰 04・26						五・弟子問 18・09

眚

眚

眚

八・李頌 01・01

九・陳公 06・12

九・陳公 10・33

九・陳公 11・14

按，从又相聲，蓋動詞「相」。卷三又部附錄重出。

一・緇衣 07・04

一・緇衣 07・30

一・性情論 01・31

一・性情論 02・14

一・性情論 03・08

一・性情論 03・18

一・性情論 04・03

一・性情論 04・16

一・性情論 05・06

一・性情論 05・11

一・性情論 05・16

一・性情論 05・21

一・性情論 05・26

一・性情論 06・02

一・性情論 06・07

一・性情論 07・19

一・性情論 18・14

一・性情論 22・20

一・性情論 33・22

一・性情論 33・26

一・性情論 34・04

一・性情論 34・09

四・昭王 03・06

一・詩論 16・31

一・詩論 20・09

一・詩論 24・30

二・子羔 06・06

五・季庚子 03・11

七・武王 15・19

八・志書 05・18

眛　眯　睇

睇	眯	眛					
⿰𡰥見	⿰見米	眛					
五·君子 06·05	五·季庚子 15·27	六·用曰 19·19	八·子道餓 01·18	五·鮑叔牙 05·01	二·容成氏 50·25	一·緇衣 03·27	四·曹沫 27·08
毋側△	 六·用曰 17·11			五·季庚子 05·16	二·容成氏 53·12	一·緇衣 06·05	
按，从⿱目大（視）𡰥聲，「睇」字異體。卷八見部附錄重出。	按，从⿱目大（視）米聲，「眯」字異體。卷八見部附錄重出。			 五·鬼神 02·34	二·容成氏 53·20	二·從政甲 06·04	
				七·凡物甲 08·02	三·彭祖 07·41	二·昔者 03·09	
				七·凡物甲 28·10	四·柬大王 12·15	二·容成氏 35·39	
				七·凡物乙 20·08	四·柬大王 14·18	二·容成氏 48·25	

眥　⿰目且　⿱目巴　⿱日辛　書　⿰目堇　自

㿝

眥	〈卣〉	⿰目宜	⿱目巴	⿱日辛	書	⿰目堇	自
一・緇衣 19・39	一・緇衣 02・31	九・舉治 05・15	六・季桓子 13・06	一・緇衣 10・08	二・子羔 10・03	三・周易 48・37	一・詩論 07・12
	爲下可述而△（志）也	墜我周△（祚）	詳見卷九色部「色」下。	詳見卷八見部「親」下。	三年而△於背而生		一・緇衣 20・13
	按，从「因」爲从「目」之譌。陳偉武（2005=2014:102–105）以爲「覞」字異體。	按，「宜」係「且（俎）」字繁構，本編卷一「禎」有同例。			港中零簡 03・04		一・緇衣 21・21
					娠三年而△於膺		一・性情論 02・05
					一曰「晝」，讀「劃」。一曰从目𢎘（文）聲，讀「發」（白師於藍 2010=2017:223–231）。		二・從政乙 01・30
							二・容成氏 09・41

七·凡物甲 06·22	六·用曰 07·24	四·曹沫 34·07	四·鳴烏 01·16	三·亙先 03·38	三·中弓 18·02	二·容成氏 42·31	二·容成氏 19·36
七·凡物甲 18·20	六·用曰 08·28	四·曹沫 63·02	四·鳴烏 04·08	三·亙先 07·31	三·亙先 01·17	三·周易 09·38	二·容成氏 34·41
七·凡物乙 05·27	六·用曰 09·19	五·姑成 09·09	四·昭王 04·14	三·亙先 11·08	三·亙先 01·20	三·周易 11·14	二·容成氏 35·20
七·凡物乙 13·06	六·用曰 09·24	六·競公瘧 10·07	四·昭王 08·07	三·亙先 11·35	三·亙先 02·25	三·周易 24·06	二·容成氏 39·39
七·吳命 09·20	六·用曰 09·28	六·競公瘧 11·06	四·柬大王 01·15	三·彭祖 07·12	三·亙先 02·32	三·周易 32·12	二·容成氏 39·43
八·成王 07·09	六·用曰 11·22	六·用曰 03·08	四·曹沫 22·31	三·彭祖 07·32	三·亙先 02·34	三·周易 41·27	二·容成氏 40·20

皆

皆

四・曹沫 60・12	四・曹沫 14・12	四・鳴鳥 04・23	二・容成氏 20・05	一・詩論 08・12	一・性情論 02・01	藝術・選六 141・05	八・成王 07・14
四・曹沫 62・05	四・曹沫 32・11	四・鳴鳥 04・25	三・中弓 24・08	一・詩論 10・32	〔性〕△命出		八・成王 07・19
五・競建 09・17	四・曹沫 52・11	四・柬大王 15・14	三・中弓 25・03	一・性情論 18・06	二・從政甲 01・20		八・王居 02・16
五・鮑叔牙 01・36	四・曹沫 53・22	四・柬大王 16・24	四・鳴鳥 02・03	二・從政甲 01・24	而△取之		九・舉治 14・24
五・鮑叔牙 05・02	四・曹沫 56・22	四・柬大王 17・12	四・鳴鳥 03・13	二・容成氏 01・29			九・史蒥 03・14
五・季庚子 05・03	四・曹沫 60・05	四・柬大王 19・11	四・鳴鳥 03・15	二・容成氏 10・36			藝術・選六 132・07

魯

五·弟子問 14·04	五·弟子問 18·03	六·競公瘧 10·22	六·競公瘧 10·30	六·季桓子 17·02	七·鄭子甲 06·17
七·鄭子乙 06·18	七·吳命 09·29	八·成王 08·02	八·成王 08·10	八·成王 14·01	八·成王 15·14
八·成王 15·17	八·命 09·11	八·李頌 01反·27	九·舉治 05·22	九·舉治 20·02	九·舉治 20·10綴
 九·舉治 31·05	九·邦人 04·24	 藝術·選六 128·03	 藝術·選六 139·03	 藝術·選六 139·07	

五·季庚子 17·13

百事△請行之

按，「皆」之省形。郭店簡《唐虞之道》「[illegible]」或作「[illegible]」，其「皆」旁即如此作。一曰「昏」（陳斯鵬 2006.4.1），一曰「之」（劉洪濤 2006.9.6）。

四·鳴鳥 02·01

△華皆英

一曰从虍作。

替

一·性情論 08·30

△生於〔人〕

郭店簡本《性自命出》對應作「皆」。按，疑上部義化作「并」，本編卷五「僉」有同例。一曰「并」字異體。

魯

二·魯邦 01·01	四·曹沫 01·01	四·曹沫 01·22	八·子道餓 04·01	九·陳公 09·18

者

者

四・柬大王 12・24	二・民之 04・20	一・性情論 35・19	一・性情論 25・09	一・性情論 17・15	一・性情論 06・20	一・性情論 05・17	一・性情論 02・16
四・柬大王 16・08	二・從政甲 09・08	一・性情論 36・08綴	一・性情論 26・04	一・性情論 24・09	一・性情論 06・27	一・性情論 05・22	一・性情論 02・20
四・柬大王 23・02	四・柬大王 03・05	一・性情論 36・16	一・性情論 26・13	一・性情論 24・13	一・性情論 07・06	一・性情論 05・27	一・性情論 02・25
四・曹沫 47・05	四・柬大王 03・17	二・民之 03・25	一・性情論 26・30	一・性情論 24・21	一・性情論 07・14	一・性情論 06・03	一・性情論 02・31
四・曹沫 47・11	四・柬大王 11・22	二・民之 04・02	一・性情論 31・33	一・性情論 24・34	一・性情論 08・17	一・性情論 06・08	一・性情論 05・07
四・曹沫 47・14	四・柬大王 12・03	二・民之 04・11	一・性情論 35・11	一・性情論 25・01	一・性情論 10・29	一・性情論 06・13	一・性情論 05・12

四·曹沫 49·08
四·曹沫 55·13
四·曹沫 55·17
四·曹沫 56·03
四·曹沫 56·29
四·曹沫 57·15

四·曹沫 59·03
四·曹沫 61·10
四·曹沫 61·14
四·曹沫 64·17
四·曹沫 65·04
五·季庚子 01·33

五·季庚子 06·11
五·季庚子 07·04
五·季庚子 07·11
五·季庚子 15·02
五·季庚子 17·01
五·季庚子 23·19

五·君子 10·02
五·弟子問 05·02
五·弟子問 05·27
五·弟子問 06·09
五·弟子問 06·19
五·弟子問 09·10

五·弟子問 14·19
五·弟子問 18·02
五·弟子問 18·07
五·弟子問 附·12
六·季桓子 01·11
六·季桓子 02·07

六·季桓子 04·02
六·季桓子 08·11
六·季桓子 11·06
六·季桓子 12·14
六·季桓子 16·01
六·季桓子 16·05

六·季桓子 21·01
七·武王 15·04
七·武王 15·08
七·鄭子乙 02·14
七·君人乙 09·15
八·顔淵 09·16

八·顔淵 09·20
九·舉治 13·28
九·史蒥 08·07
上博零簡 01·01
上博零簡 01·08
上博零簡 01·20

五・姑成 03・22
五・姑成 04・31
五・姑成 04・36
五・姑成 05・30
五・姑成 09・30

二・昔者 01・05
二・容成氏 02・34
二・容成氏 02・38
二・容成氏 03・01
二・容成氏 03・06
二・容成氏 03・17

二・容成氏 10・10
二・容成氏 11・02
二・容成氏 11・05
二・容成氏 18・01
二・容成氏 19・01
二・容成氏 19・30

二・容成氏 19・35
二・容成氏 22・17
二・容成氏 24・21
二・容成氏 44・26
二・容成氏 44・31
二・容成氏 44・38

二・容成氏 47・11
二・容成氏 49・24
二・容成氏 50・04
二・容成氏 52・04
二・容成氏 53・10
二・容成氏 53・15

四・內豊 01・16
四・內豊 01・27
四・內豊 02・03
四・內豊 02・08
四・內豊 02・19
四・內豊 02・32

四・內豊 02・37
四・內豊 03・07
四・內豊 03・17
四・內豊 03・22
四・內豊 03・30
四・內豊 03・42

四・內豊 04・05
四・內豊 04・15
四・內豊 04・27
四・內豊 04・32

五・競建 03・19
五・競建 03・23
五・競建 03・33
五・競建 04・08
五・競建 07・13
五・競建 07・28

五・競建 07・33
五・競建 08・09
五・競建 08・30

三・亙先 01・38
三・彭祖 07・02
三・彭祖 07・07
三・彭祖 07・11
四・曹沫 19・29
四・曹沫 45・17

四・曹沫 45・21
五・三德 02・02
五・三德 02・06
五・三德 13・34
五・三德 21・11
五・鬼神 01・21

五・鬼神 02・31
五・鬼神 03・07
五・鬼神 03・21
五・鬼神 03・39
五・鬼神 04・42
六・競公瘧 02・19

六・競公瘧 05・11
六・競公瘧 06・06
六・競公瘧 07・29
六・競公瘧 08・34
六・競公瘧 08・38
六・競公瘧 09・08

三・亙先 03・12
三・亙先 08・05
三・亙先 10・04
三・亙先 10・11
三・亙先 10・34
三・亙先 11・18

三・亙先 13・15
四・曹沫 56・18

四・曹沫 28・26

此三△所以戰

四・曹沫 37・02

凡有司率倀民△

按，左下垂筆衍譌作「人」形，本編卷七「兩」、卷八「舟」及卷十一「魚」均有同例。

一・性情論 22・22

一・性情論 23・07

一・性情論 23・16

一・性情論 23・25

一・性情論 24・01

一・性情論 24・25

一・性情論 26・21

一・性情論 殘02・04綴

二・從政甲 01・14

二・容成氏 05・02

二・容成氏 10・21

二・容成氏 10・26

二・容成氏 16・37

二・容成氏 30・10

二・容成氏 34・21

二・容成氏 50・23

二・容成氏 50・28

五・鮑叔牙 02・27

五・鮑叔牙 06・20

六・天子甲 03・05

六・天子甲 07・06

六・天子甲 13・09

六・天子乙 02・29

六・天子乙 06・18

七・鄭子甲 02・11

七・君人甲 08・22

七・君人甲 09・19

七・君人乙 08・14

八・成王 10・04

八・成王 11・11

八・成王 15・13

八・成王 16・12

九・舉治 10・15

九・舉治 28・15

九・邦人 04・22

九・邦人 08・08

藝術・選六 142・04

三・中弓 06・04

三・中弓 10・25

三・中弓 11・01

三・中弓 16・05

三・中弓 20・30

三・中弓 21・06

三・中弓 22・13

三・中弓 附・06

一・詩論 01・03

一・詩論 03・08

一・詩論 04・35

一・詩論 05・06

一・詩論 08・30

一・詩論 09・39

一・詩論 09・45

一・詩論 09・53

一・詩論 10・37

一・詩論 11・38

一・詩論 18・10

一・詩論 24・52

二・子羔 01・25

二・子羔 05・12

二・子羔 08・14

二・子羔 09・09

二・子羔 11・24

二・子羔 13・09

二・子羔 13・22

二・魯邦 01・24

一・緇衣 01・36

一・緇衣 06・43

一・緇衣 09・27

一・緇衣 13・03

一・緇衣 22・16

一・緇衣 22・21

一・性情論 38・04

一・性情論 38・21

三・中弓 19・18

𠷎

𠷎

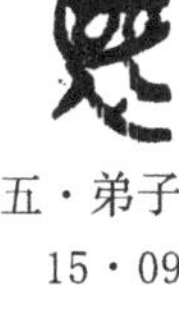

五·弟子問 15·09

五·弟子問 21·07

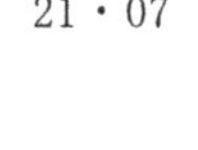

五·弟子問 21·15

形亦見於郭店《五行》簡50（陳偉 2006. 2. 21=2010:242-245）。

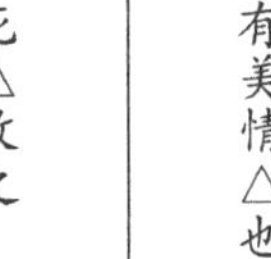

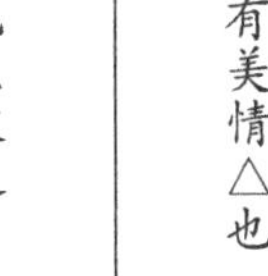

一·性情論 22·13

有美情△也

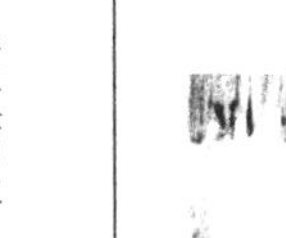

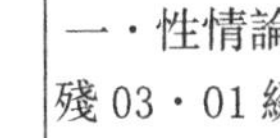

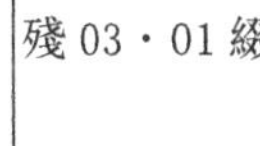

一·性情論 殘03·01綴

道也△

郭店簡本《性自命出》對應作「者」。

四·曹沫 47·01

死△收之

安大簡本《曹沫之陳》對應作「者」。

七·吳命 04·01

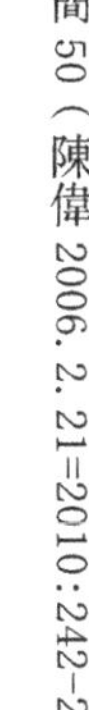

智

智

一·詩論 10·12

一·詩論 11·25

一·詩論 11·27

一·詩論 13·10

一·詩論 25·14

一·詩論 27·26

一·詩論 28·13

一·詩論 28·17

一·詩論 29·04

一·詩論 29·18

一·性情論 02·23

一·性情論 02·29

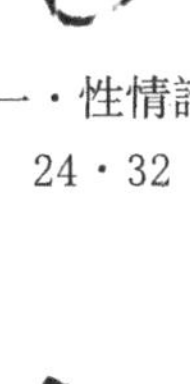

一·性情論 24·32

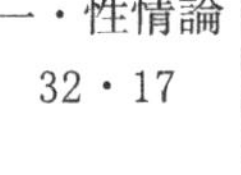

一·性情論 32·17

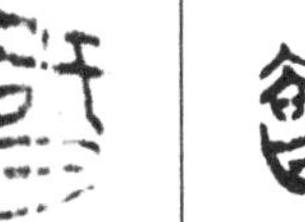

一·性情論 34·14

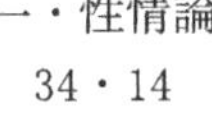

一·性情論 殘02·02綴

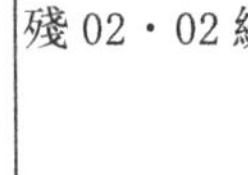

二·民之 02·30

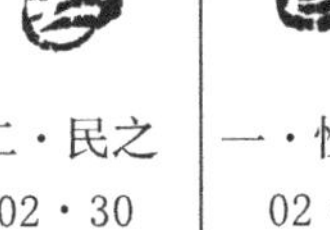

二·魯邦 02·08

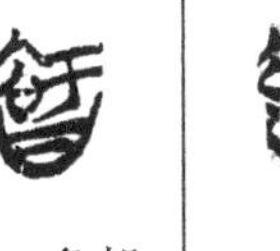

二·魯邦 02·15

二·從政甲 08·03

二·從政甲 12·15

二·從政乙 06·10

二·容成氏 19·10

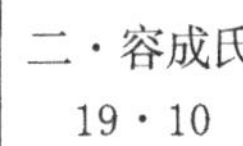

二·容成氏 48·16

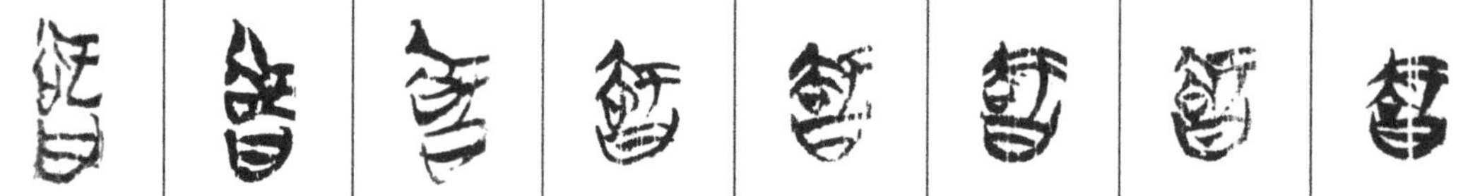

二・容成氏 49・09
二・容成氏 49・11
二・容成氏 49・15
二・容成氏 52・14
三・中弓 06・03
三・中弓 09・24

三・中弓 10・16
三・中弓 10・20
三・彭祖 03・03
四・昭王 05・04
四・柬大王 02・04
四・柬大王 02・18

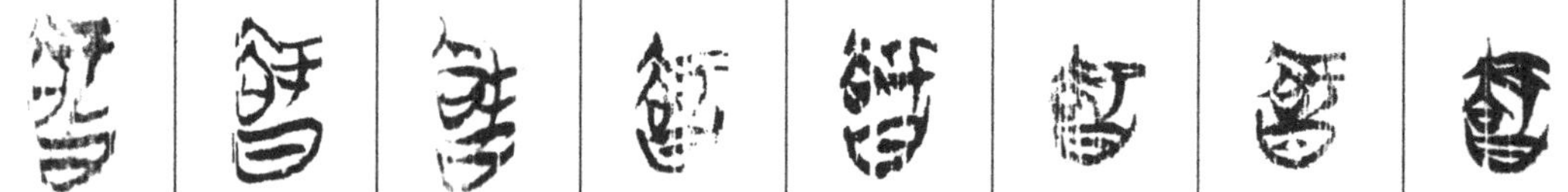

四・曹沫 04・09
四・曹沫 28・02
四・曹沫 34・28
四・曹沫 63・29
五・競建 08・14
五・鮑叔牙 06・01

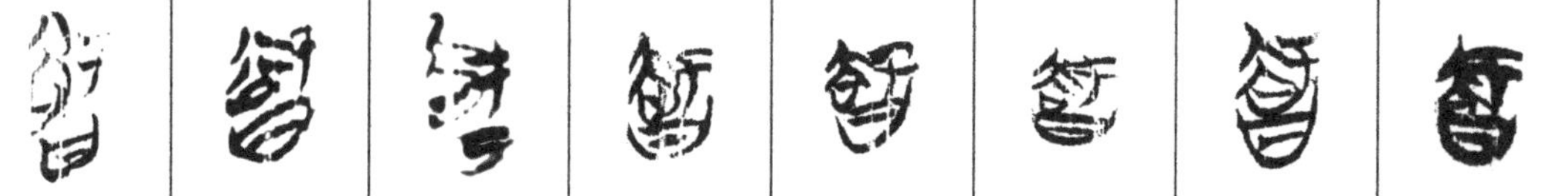

五・季庚子 01・16
五・君子 04・13
五・君子 09・03
五・弟子問 04・23
五・弟子問 10・03
五・弟子問 22・08

五・三德 17・26
五・三德 17・32
五・三德 17・38
五・鬼神 01・29
五・鬼神 04・24
五・鬼神 04・38

六・季桓子 05・15
六・季桓子 10・05
六・季桓子 15・27
六・季桓子 22・23
六・莊王 06・13
六・王子木 01・01

六・王子木 04・11
六・慎子 06・15
七・武王 01・09
七・武王 10・26
七・凡物甲 03・14
七・凡物甲 05・20

七・凡物甲 05・28
七・凡物甲 08・23
七・凡物甲 13・03
七・凡物甲 15・30
七・凡物甲 16・06
七・凡物甲 18・15

古

七・凡物甲 24・02
七・凡物甲 26・11
七・凡物甲 30・03
七・凡物乙 03・01
七・凡物乙 05・05
七・凡物乙 07・06

七・凡物乙 11・06
七・凡物乙 11・30
七・凡物乙 13・01
七・凡物乙 17・03
七・凡物乙 17・05
七・凡物乙 19・10

七・凡物乙 22・19
八・顏淵 07・16
八・顏淵 09・11
八・顏淵 09・21
八・成王 03・04
九・陳公 06・05

九・陳公 07・07
九・陳公 07・21
九・陳公 10・26
九・舉治 19・02
九・舉治 23・06
九・邦人 02・07

卉茅 03・09
藝術・選六 146・07

三・亙先 05・13
四・柬大王 18・23
四・柬大王 22・04
六・莊王 06・22
六・王子木 04・01
九・舉治 03・14

九・舉治 19・26
八・成王 14・17
八・成王 14・22
九・舉治 29・05

一・性情論 35・16

百

𦣻 古

百

一・緇衣 02・24

一・緇衣 03・31

一・緇衣 19・45

《說文》古文源此。

一・詩論 13・17

一・緇衣 03・26

一・緇衣 06・04

一・緇衣 07・03

一・緇衣 07・29

二・子羔 06・05

三・彭祖 07・40

四・柬大王 14・17

九・邦人 10・12

九・邦人 11・09

藝術・選六 134・08

二・從政甲 06・03

二・容成氏 03・28

二・容成氏 07・01

二・容成氏 27・42

二・容成氏 28・08

二・容成氏 35・38

二・容成氏 48・24

二・容成氏 50・24

二・容成氏 51・37

二・容成氏 53・11

四・柬大王 12・14

四・相邦 03・04

四・曹沫 01・26

四・曹沫 01・30

四・曹沫 27・07

四・曹沫 36・19

四・曹沫 36・23

五・競建 03・35

五・競建 08・25

五・鮑叔牙 01・20

五・鮑叔牙 03・38

五・鮑叔牙 04・33

五・季庚子 03・10

五・季庚子 05・15

五・季庚子 17・11

五・姑成 01・25

五・姑成 01・39

五・姑成 05・48

五・姑成 09・15

五・三德 12・17

⿰鼻卒

五·三德 15·04	七·君人甲 04·08	七·凡物甲 25·04	七·凡物乙 20·07	九·卜書 08·03	〈自〉	⿰鼻卒
五·鬼神 02·33	七·君人乙 03·25	七·凡物甲 28·09	九·舉治 31·03	《說文》古文源此。	七·凡物甲 08·01	七·凡物甲 19·08
七·武王 04·30	七·君人乙 04·05	七·凡物乙 11·15	九·舉治 31·13		欲得△姓之和乎	△〔之有⿱鼻羊〕
七·武王 11·17	七·凡物甲 16·15	七·凡物乙 15·04	九·舉治 31·30		按，「自」爲「百」之譌。	七·凡物乙 13·20
七·武王 15·18	七·凡物甲 22·18	七·凡物乙 15·14	九·史蒥 11·10			△之有⿱鼻羊
七·君人甲 03·27	七·凡物甲 23·01	七·凡物乙 18·04	九·史蒥 11·24			七·凡物乙 13·23
						⿰鼻卒之有△（⿱鼻羊）

按，从畀（鼻）卒聲，疑「屩鼻不能達芬芳」之「達」專字。名詞義讀「⿱鼻羊」，與「馨」同源。辭例可與《莊子·外物》「鼻徹（達）爲顫（⿱鼻羊／馨）」相參。

奭

古 奭

- 一・緇衣 18・38

按，从二自。《說文》古文源此。

習

- 一・性情論 01・21
- 一・性情論 06・04
- 一・性情論 07・12
- 一・性情論 07・17
- 一・性情論 30・34
- 三・亙先 10・22
- 九・舉治 19・24

羽

- 四・采風 04・06
- 四・采風 04・11
- 四・采風 04・17
- 四・采風 04・29
- 五・君子 11・05
- 八・鶹鷅 01・24

翏

- 一・詩論 26・09
- 六・競公瘧 10・12

翯

- 五・姑成 08・30
- 五・姑成 09・07
- 五・姑成 09・28
- 五・姑成 10・09

羿

- 二・從政甲 15・31

詳見卷七㫃部「旗」下。

羿

- 四・柬大王 15・01

翌 ⿱羽能 ⿱羽肙 ⿱羽憲 ⿰羽臱 隹

翌

一·緇衣 15·10

詳見卷十四車部「輕」下。

⿱羽能

五·季庚子 01·14

八·王居 05·22

九·邦人 08·15

按，石小力（2022）據「⿱羽能」字形體變化推斷此字聲符「能」源自早期「□」形。「□」，舊釋「翼」，與其記錄之詞〈翌〉音隔，陳夢家、聞一多釋「巤」，於形有理；應金琦（2023:57-61）以爲「翊/翋」之初文，可參。一曰此字从能聲，記錄楚語底層讀舌音蒸部之〈一〉（鄭偉 2007；蔡一峰 2023）。唯此字已有確例用爲「揖」，且與「熊」字初文構成異文（詳見卷十熊部「熊」下）；雖郭店簡《六德》「能與之齊」之「能」，《禮記·郊特牲》對應作「壹」，僅此孤證，無乃省譌者，尚不足據。

〈⿱羽肙〉

七·凡物甲 10·28

日之始出，何故大而不△（燠）？

七·凡物乙 08·26

日之始出，何故大而不△（燠）？

按，从「占」之繁構爲「肙」之省譌。本編卷七「⿱宀肙」、卷十「怨」下「⿰亻⿱肙心〈⿰亻息〉」有同例。疑讀「燠」，與下文「樹」幽侯合韻。

⿱羽憲

五·鮑叔牙 06·34

卷十心部附錄重出。

⿰羽臱

八·鶹鷅 01·34

隹

一·緇衣 03·11

一·緇衣 05·01

一·緇衣 06·14

一·緇衣 06·24

一·緇衣 14·21

一·緇衣 21·36

雀

雀

雀

一·緇衣 23·08

三·周易 44·40

三·亙先 05·08

三·亙先 09·25

三·亙先 09·30

四·鳴烏 03·05

四·鳴烏 04·15

四·曹沫 65·19

五·弟子問 15·11

五·鬼神 06·33

六·用曰 05·25

六·用曰 09·26

六·用曰 13·09

六·用曰 17·04

六·用曰 20·29

七·武王 07·13

七·武王 08·24

七·吳命 06·14

七·吳命 06·25

九·舉治 05·24

九·舉治 06·27

九·舉治 22·13

一·詩論 06·15

一·詩論 06·19

七·吳命 09·05

七·吳命 09·14

藝術·選六 131·01

七·武王 09·16

七·武王 10·06

六·季桓子 26·04

好罿△聚

一曰从尸。包山簡5、67「佳」字分别作「[illegible]」「[illegible]」，陳劍（2008322=2013:281-317）疑與之形近。

一·詩論 20·44

一·詩論 27·05

䧹

（籀）

䧹

五・弟子問 01・07

港中零簡 03・06

⿰氐隹

（籀）

鴟

五・鬼神 03・14

《說文》籀文如此。

⿰甾隹

⿰甾隹

五・三德 10・21

六・王子木 03・05

售

一・詩論 05・38

三・中弓 04・02

三・中弓 04・10

三・中弓 06・01

三・中弓 06・09

三・中弓 09・15

三・中弓 21・02

三・中弓 26・15

八・成王 04・09

〈售〉

三・中弓 附・04

孔子曰：△，政者，正也。

按，「售」之省作。

雁

⿸产鳥

九・陳公 19・06

陣於阜崗，則△飛。

按，从鳥产聲，「雁」字異體。卷四鳥部重出。

琟

（或）

鳿

三・周易 50・09

《說文》或體如此。詳見卷四鳥部「鴻」下。

奮

奮

一・性情論
38・25

五・三德
01・24

九・舉治
32・26

藝術・選六
135・06

一・性情論
15・01

則陶如也斯△

郭店簡本《性自命出》對應作「奮」。

雚

雚

五・季庚子
07・22

八・顏淵
09・17

九・陳公
01・20

九・邦人
07・18

按，上部「亼」形爲「丫」形之譌省。

舊

藿

五・季庚子
05・06

五・季庚子
13・20

按，从口雚聲，「雚」字繁構。卷二口部附錄重出。

舊

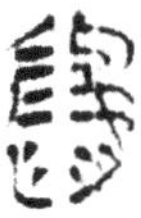

一・性情論
16・13

二・子羔
09・41

三・周易
05・08

三・周易
44・30

三・中弓
08・32

六・季桓子
18・04

六・季桓子
22・06

卉茅
02・10

羣　羔　羊　蔑

舊	蔑	羊	羔	羣			
五·姑成 07·43	一·詩論 09·11	三·周易 38·39	二·子羔 01·14	五·競建 02·05	一·性情論 07·07	八·李頌 01反·34	一·性情論殘 03·02 △物之道也
	四·曹沫 02反·02	五·季庚子 10·14	二·子羔 05反·02	五·競建 10·23	二·容成氏 41·41		
	五·鬼神 06·25		二·子羔 06·21		三·周易 54·42		
	六·競公瘧 07·35		二·子羔 08·27		四·曹沫 21·16		
			二·子羔 09·02		四·曹沫 23·03		
			二·子羔 13·16		六·用曰 07·11		

美 美

美

九・史蒥 07・01

彝 彝

彝

一・性情論 14・22

瞿 瞿

瞿

九・邦人 08・16

矍 矍

矍

九・史蒥 12・06

九・史蒥 12・19

雧 或 集

集

一・緇衣 19・01

四・鳴鳥 02・08

四・鳴鳥 03・20

《說文》或體如此。

〈椎〉

三・彭祖 04・06

既跂於天，或△（潛）於淵。

按，據辭例釋「集」（史傑鵬 2005=2018:64-71），與「椎」同形。安崗簡有「雧」字作「[字形]」，其中「集」形可參。讀「潛」，一曰如字訓「降」（劉釗 2018）。

鳥 鳥

鳥

二・容成氏 21・12

三・周易 56・12

四・采風 04・21

八・李頌 01・29

八・李頌 01反・36

鳴

一・詩論 09・28

《黃△》

六・用曰 05・16

征蟲飛△

按，从口鳥聲，「烏」字繁構。與《說文》从口、鳥會意之「鳴」同形。清華簡《赤鳩之集湯之屋》「鴍（烏）」

鳳 古 古

鳩

雛 或

鷬 小徐古

字形符「鳥」作「鳴」，安大簡《詩》「黃鳥」字亦如此作。甚六鐘（《銘圖》15521等）「鳴」或作从口、鳴，此「鳴」亦係「鳥」字繁構。「鳥」之繁作「鳴」，无乃與「隹」之繁作「唯」屬同類現象。

⿰鳥聖

八·李頌 01·28

《說文》古文之一異體。一曰从「鼠」爲从「鳥」之譌。

朋

五·三德 17·18

《說文》古文之一源此。詳見卷八人部「倗」下。

⿰鳥台

一·詩論 21·39

一·詩論 22·27

隼

一·詩論 03·37

一·緇衣 05·33

三·中弓 21·16

五·姑成 03·26

五·姑成 04·32

《说文》或体如此。按，與「鷹隼」字異源（沈奇石2024B）。

⿰堇隹

五·姑成 05·01

五·姑成 06·22

五·弟子問 10·11

六·用曰 01·09

六·用曰 14·36

按，大徐本《說文》或體作「⿰堇隹」，古文之一作「⿰堇隹」，小徐本分別作「⿰堇隹」與「⿰堇隹」。上述或體蓋源自「堇」之中部寫成「日」形者，古文則源自其寫成「田」形者。故小徐本古文形體更合實際，茲改用之。

難

一·性情論 15·12

一·性情論 20·13

一·性情論 22·03

二·從政甲 17·16

二·從政甲 18·13

四·曹沫 23·24

五・季庚子 04・34
五・季庚子 11・09
六・季桓子 14・11

六・用曰 02・22

六・用曰 03・19

六・用曰 05・01

六・用曰 15・13
七・武王 10・09
七・武王 10・15
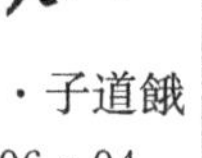
八・子道餓 06・04

九・舉治 01・17
九・舉治 06・11

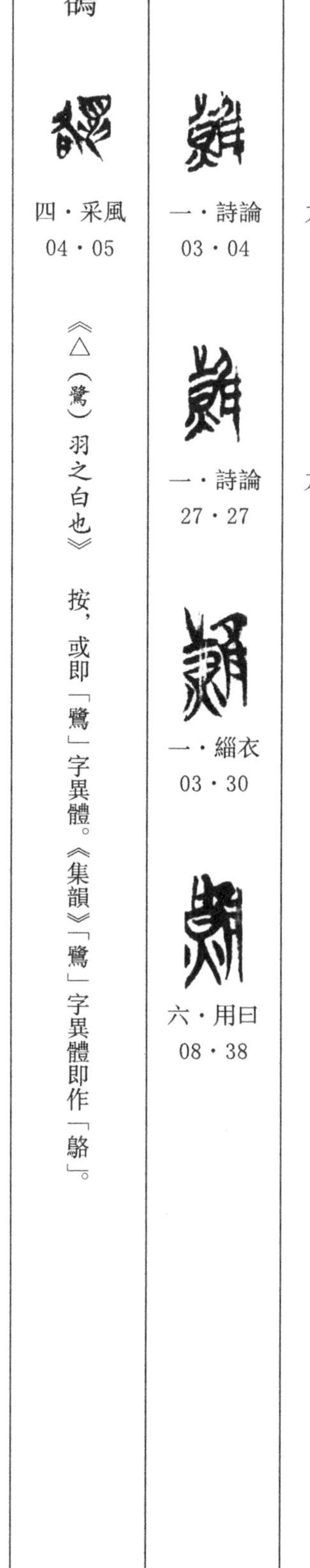

九・舉治 08・20
九・史蒥 05・13

一・詩論 03・04
一・詩論 27・27
一・緇衣 03・30
六・用曰 08・38

鴿

鴿

四・采風 04・05

《△（鷺）羽之白也》

按，或即「鷺」字異體。《集韻》「鷺」字異體即作「鴼」。

九・陳公 03・17

熊雪、子林與巴人戰於△（雒）州

按，或即「雒」字異體。《爾雅・釋鳥》記作「鴼」。

鴻

鳿

三・周易 50・09
三・周易 50・22
三・周易 50・32

卷四隹部「琟」下重出。

鳴

鳴

一・詩論 23・02
一・性情論 03・34
二・容成氏 40・21
三・周易 12・19
三・周易 13・12
三・周易 14・09

烏　鷃　鶨　鷜　鳶

烏

烏	鷃	鶨	鷜	鳶	〈鼳〉		
五·弟子問 04·20	一·詩論 10·25	四·鳴烏 02·07	五·競建 02·15	五·競建 04·30	七·凡物甲 13·21	五·鬼神 05·26	四·鳴烏 02·06
	詳見卷十一燕部「燕」下。	詳見卷四烏部「烏」下。	有△（雉）雊於彝前 一曰「雉」字異體。	高宗命傅△羹之以祭 按，从鳥戈聲，古「鳶」字。今譌从弋作。後世或以「鳶（鳶）」轉注「鳶」，故以與反切改《説文》「鳶」字音，其誤段《注》已駁，故不寄「鳶」下而歸於烏部附錄。	禽獸得之以△ 按，从「鼠」爲从「鳥」之譌。		四·鳴烏 03·18 七·凡物甲 01·25 七·凡物甲 13·30 七·凡物乙 01·25 七·凡物乙 09·16

古

於

一・緇衣 02・41
二・子羔 09・04
二・子羔 10・04
二・子羔 11・04
二・子羔 11・13
二・子羔 12・16

三・彭祖 01・25
六・競公瘧 01・37
港中零簡 03・05
藝術・選六 132・03

一・緇衣 17・17
一・緇衣 17・21
一・緇衣 17・28

八・顏淵 09・25

一・性情論 06・18
一・性情論 14・04
二・昔者 02・03
二・昔者 03・12
二・昔者 03・16
二・昔者 03・19

二・昔者 03・23
二・昔者 03・26
二・昔者 03・30
二・容成氏 02・14
二・容成氏 04・02
二・容成氏 06・08

二・容成氏 06・39
二・容成氏 07・19
二・容成氏 07・26
二・容成氏 07・28
二・容成氏 08・01
二・容成氏 10・19

二・容成氏 10・41
二・容成氏 11・11
二・容成氏 13・13
二・容成氏 13・17
二・容成氏 13・21
二・容成氏 14・06

<table>
<tr><td>四・內豊
10・38</td><td>二・容成氏
52・08</td><td>二・容成氏
45・31</td><td>二・容成氏
41・33</td><td>二・容成氏
34・36</td><td>二・容成氏
31・33</td><td>二・容成氏
26・22</td><td>二・容成氏
14・19</td></tr>
<tr><td>四・曹沫
02・27</td><td>二・容成氏
52・24</td><td>二・容成氏
46・42</td><td>二・容成氏
42・35</td><td>二・容成氏
36・40</td><td>二・容成氏
31・37</td><td>二・容成氏
27・04</td><td>二・容成氏
14・25</td></tr>
<tr><td>四・曹沫
02・31</td><td>二・容成氏
52・38</td><td>二・容成氏
47・22</td><td>二・容成氏
43・13</td><td>二・容成氏
39・08</td><td>二・容成氏
32・06</td><td>二・容成氏
27・06</td><td>二・容成氏
22・08</td></tr>
<tr><td>四・曹沫
03・09</td><td>二・容成氏
53・40</td><td>二・容成氏
50・41</td><td>二・容成氏
44・17</td><td>二・容成氏
40・03</td><td>二・容成氏
32・08</td><td>二・容成氏
27・23</td><td>二・容成氏
25・03</td></tr>
<tr><td>四・曹沫
05・27</td><td>四・昭王
08・23</td><td>二・容成氏
51・17</td><td>二・容成氏
44・44</td><td>二・容成氏
41・10</td><td>二・容成氏
32・16</td><td>二・容成氏
28・33</td><td>二・容成氏
25・22</td></tr>
<tr><td>四・曹沫
06・17</td><td>四・內豊
08・33</td><td>二・容成氏
51・21</td><td>二・容成氏
45・18</td><td>二・容成氏
41・24</td><td>二・容成氏
34・30</td><td>二・容成氏
28・36</td><td>二・容成氏
26・02</td></tr>
</table>

九・陳公 04・02	八・志書 06・11	八・命 03・10	七・吳命 04・09	六・季桓子 27・05	五・姑成 09・14	五・季庚子 01・34	四・曹沫 19・19
九・陳公 04・15	九・靈王 01・14	八・命 07・17	七・吳命 07・24	六・慎子 04・04	六・季桓子 03・18	五・姑成 05・07	四・曹沫 20・16
九・陳公 04・24	九・陳公 02・12	八・命 08・26	七・吳命 08・33	七・武王 09・20	六・季桓子 07・22	五・姑成 05・36	四・曹沫 22・13
九・陳公 05・04	九・陳公 03・02	八・王居 02・05	八・子道餓 02・23	七・武王 09・26	六・季桓子 12・17	五・姑成 06・46	四・曹沫 22・20
九・陳公 07・12	九・陳公 03・16	八・王居 02・10	八・成王 04・08	七・武王 10・01	六・季桓子 13・14	五・姑成 06・54	四・曹沫 47・09
九・陳公 10・03	九・陳公 03・34	八・志書 06・03	八・命 01・08	七・吳命 03・33	六・季桓子 17・05	五・姑成 09・03	五・季庚子 01・05

三・亙先 07・18	三・亙先 05・22	二・魯邦 02・26	一・性情論 30・23	一・詩論 22・14	一・詩論 06・21	九・陳公 19・09	九・陳公 10・22
三・亙先 08・20	三・亙先 05・26	二・魯邦 04・03	一・性情論 34・03	一・詩論 22・45	一・詩論 09・03	九・史蒥 03・09	九・陳公 11・19
四・昭王 01・05	三・亙先 05・30	二・魯邦 04・35	二・民之 01・03	一・性情論 02・10	一・詩論 10・34	九・史蒥 04・06	九・陳公 11・23
四・昭王 02・23	三・亙先 05・34	二・魯邦 05・18	二・民之 02・06	一・性情論 02・13	一・詩論 10・44	九・史蒥 10・10	九・陳公 14・03
四・昭王 03・25	三・亙先 05・38	二・魯邦 05・28	二・民之 07・09	一・性情論 24・11	一・詩論 12・04	九・卜書 09・02	九・陳公 18・06
四・昭王 05・19	三・亙先 06・04	三・中弓 04・05	二・子羔 02・16	一・性情論 24・23	一・詩論 21・33	九・卜書 09・19	九・陳公 19・02

六·用曰 15·07	六·鄭壽 06·01	五·三德 06·28	五·君子 01·04	五·競建 06·06	四·柬大王 18·24	四·柬大王 02·08	四·昭王 05·26
六·天子甲 04·31	六·王子木 03·10	五·三德 08·30	五·君子 01·15	五·競建 06·30	四·柬大王 20·01	四·柬大王 03·02	四·昭王 07·09
六·天子甲 13·07	六·王子木 05·02	五·三德 18·02	五·君子 11·07	五·競建 09·34	四·柬大王 20·15	四·柬大王 03·14	四·昭王 08·09
六·天子甲 13·21	六·慎子 05·22	六·莊王 04·13	五·君子 14·08	五·姑成 01·18	四·柬大王 22·21	四·柬大王 03·24	四·昭王 09·24
六·天子乙 03·03	六·用曰 02·27	六·鄭壽 01·09	五·三德 04·12	五·姑成 03·01	五·競建 02·17	四·柬大王 04·21	四·昭王 09·33
六·天子乙 04·16	六·用曰 13·03	六·鄭壽 01·17	五·三德 06·20	五·姑成 08·04	五·競建 05·18	四·柬大王 17·22	四·柬大王 01·11

七·武王 01·03

七·武王 05·25

七·武王 06·02

七·武王 08·07

七·武王 08·11

七·武王 08·17

七·武王 11·04

七·武王 11·13

七·鄭子乙 02·06

七·鄭子乙 07·21

七·君人乙 01·22

七·君人乙 09·02

七·凡物甲 05·09

七·凡物甲 06·05

七·凡物甲 20·10

七·凡物甲 23·21

七·凡物甲 25·01

七·凡物甲 25·26

七·凡物乙 04·22

七·凡物乙 05·10

七·凡物乙 10·11

七·凡物乙 10·18

七·凡物乙 11·22

七·凡物乙 14·05

七·凡物乙 16·01

七·凡物乙 18·01

七·凡物乙 18·26

八·顏淵 01·05

八·成王 05·13

八·成王 11·14

九·成王甲 01·19

九·成王甲 02·27

九·成王乙 01·21

九·舉治 06·03

九·舉治 10·11

九·舉治 15·01

九·舉治 22·03

九·舉治 23·27

九·舉治 25·03

九·舉治 28·13

九·邦人 01·14

九·邦人 02·20

九·邦人 02·24

九·邦人 02·27

九·邦人 02·30

卉茅 03·18

一・性情論 01・36
一・性情論 08・32
三・彭祖 04・03
三・彭祖 04・07
四・內豊 07・05
四・相邦 03・07

四・相邦 03・16
四・相邦 04・10
四・曹沫 03・13
四・曹沫 07・11
四・曹沫 08・22
四・曹沫 12・14

四・曹沫 16・11
四・曹沫 19・01
四・曹沫 19・10
四・曹沫 21・26
四・曹沫 23・29
四・曹沫 24・03

四・曹沫 35・19
四・曹沫 35・24
四・曹沫 37・15
四・曹沫 49・01
四・曹沫 50・30
四・曹沫 51・25

四・曹沫 63・06
四・曹沫 65・01
五・季庚子 03・09
五・季庚子 09・02
五・季庚子 18・27
五・君子 03・15

五・君子 03・37
五・鬼神 02反・05
五・鬼神 02反・11
六・競公瘧 01・18
六・競公瘧 01・26
六・競公瘧 02・33

六・競公瘧 04・04
六・競公瘧 04・29
六・競公瘧 05・09
六・競公瘧 07・27
六・競公瘧 10・05
六・競公瘧 12・38

六・王子木 01・16
六・用曰 13・07
七・鄭子甲 02・03
七・鄭子甲 04・30
七・鄭子甲 05・02
七・鄭子甲 07・24

七・君人甲 01・22

七・君人甲 03・07

七・君人甲 09・06

七・君人乙 03・05

七・凡物甲 15・02

七・凡物甲 15・06

七・凡物甲 15・13

七・凡物甲 15・21

七・凡物甲 16・22

七・昊命 03・24

八・子道餓 02・15

八・子道餓 02・17

八・子道餓 02・20

八・子道餓 04・07

八・命 09・06

八・有皇 01・16

藝術・選六 142・09

六・用曰 03・23

六・用曰 03・28

六・用曰 11・39

六・用曰 12・03

六・用曰 12・13

六・用曰 14・12

六・天子甲 03・12

九・舉治 01・08

九・舉治 24・14

《說文》古文省形如此。

八・王居 03・08

按，羨餘筆畫，李松儒（2015:536–537）以爲刮削後所殘留原字筆畫。

七・武王 02・01

△丹書

今《大戴禮記》本《武王踐阼》對應作「在」。按，據殘形當釋「於」。

⿰鳥於

四・鳴烏 02・07

四・鳴烏 03・19

按，从鳥於聲，「烏」字繁構。卷四鳥部附錄重出。

鳥 篆 鵲

一・詩論 10・13

一・詩論 11・32

一・詩論 13・13

按，从鳥昔聲，《說文》篆文異體。

鵙

四・采風 04・03

□其△也

按，从鳥臭聲，「鳥」字異體。說聞於郭理遠未刊稿《「鳥」字略説》。卷十五重出。

棄 古 弃

二・容成氏 03・10

五・競建 07・20

五・三德 13・22

五・三德 19・12

六・莊王 07・19

六・用曰 04・07

六・用曰 05・07

六・用曰 07・14

九・成王甲 04・09

九・靈王 04・05

九・舉治 34・01

《說文》古文如此。

五・季庚子 19・09

△惡如歸

再 再

二・昔者 01・36

爯 爯 𠕋

二・子羔 08・25

二・子羔 09・24

二・容成氏 34・23

四・曹沫 09・04

四・曹沫 09・13

四・曹沫 09・28

四・曹沫 10・05

五・季庚子 15・33

五・君子 06・22

六・用曰 02・17

八・命 04・08

八・志書 06・20

幼　幽　幾

九・陳公 13・10	八・志書 05・13	幼 二・子羔 04・06	呦 三・中弓 08・13	幽 五・三德 03・14	幾 四・曹沫 40・23	四・曹沫 45・33	卉茅 02・30
九・邦人 03・13	而縱不爲吾△（稱）擇	三・中弓 07・04	若夫老老慈△	五・三德 03・19	四・曹沫 42・16	四・曹沫 50・06	
九・邦人 04・02	按，先誤書作「受」，後改筆成「爯」（李松儒 2015:536）。		按，从口幼聲，「幼」字繁構。其中「加」爲「力」之繁構，本編卷五「嘉」「静」有同例，或受其集團類化影響。卷二口部附錄重出。	七・君人甲 09・02	四・曹沫 42・27	五・季庚子 14・16	
九・邦人 10・27				七・君人乙 08・21	四・曹沫 43・25	六・天子甲 05・02	
九・邦人 12・31				八・蘭賦 02・42	四・曹沫 44・16	六・天子乙 04・18	
按，从又爯聲，「爯」字繁構。卷三又部附錄重出。				九・史留 06・14	四・曹沫 44・33	八・李頌 01反・25	

四・曹沫 43・17

此斬果之△（忌？機？）

二・民之 01・08

二・從政甲 08・15

三・中弓 附・18

三・彭祖 02・19

四・曹沫 21・30

五・競建 09・03

六・莊王 02・10

七・吳命 05・31

七・武王 01・21

意△亡不可得而睹乎

按，意符「攴」誤類推作「殳」。

叀

叀

叀

一・緇衣 21・14

二・容成氏 39・16

二・從政甲 05・28

二・從政甲 06・13

二・從政乙 01・09

六・用曰 05・35

六・用曰 08・02

六・用曰 14・39

六・用曰 16・06

六・鄭壽 07・05

疐

疐

五·鬼神 05·39

六·莊王 09·06

八·命 02·05

八·命 03·12

玄

玄

六·慎子 01·15

二·子羔 12·17

五·季庚子 21·09

玆

丝

四·采風 05·04

按，《說文》分別「玆」「兹」，實即一字。詳見卷一艸部「兹」下。

舒

舒

三·周易 49·19

爰

爰

六·季桓子 09·02

𤔔

𤔔

四·柬大王 06·16

六·用曰 11·04

六·天子甲 11·10

六·天子乙 10·19

九·陳公 01·36

[illegible]

一・詩論 22・22

二・容成氏 33・01

二・容成氏 43・17

三・周易 42・27

三・亙先 08・11

三・亙先 08・18

五・弟子問 04・04

五・鬼神 02・35

五・鬼神 03・25

八・李頌 01反・08

藝術・選六 138・09

按，从吅𤔔省聲，「𤔔（亂）」字繁構。春秋晚期曾侯𦢊鐘（《銘圖續》1029）用爲「亂」之字作「[illegible]」，其中「𤔔」旁不省作。

二・從政甲 02・10

二・從政甲 09・04

二・從政乙 03・27

四・內豊 10・16

五・鮑叔牙 08・15

九・邦人 13・06

按，「𤔔」旁省「工」「爪」作。

四・內豊 06・08

五・季庚子 10・19

五・季庚子 22・22

六・季桓子 05・18

按，省「工」「爪」之「𤔔」旁下部「幺」形繁化作「糸」，遂與「奚」同形。

七・凡物甲 26・20

七・凡物乙 19・19

按，「𤔔」旁省「工」「爪」「又」作。

按，以右諸字中「𤔔」旁均爲省形，或與「𡛷（紳）」「奚」若「糸」混同，蓋受意符「吅」限制，不致相亂。

受

受

受

三·周易 45·18
三·周易 57·26
五·姑成 03·41
八·子道餓 02·10
八·命 06·14
九·邦人 11·26

一·詩論 02·05
一·詩論 06·36
二·容成氏 01·31綴
二·容成氏 01·35
二·容成氏 10·30
二·容成氏 11·09

二·容成氏 15·01
二·容成氏 18·08
二·容成氏 28·29
二·容成氏 29·28
二·容成氏 30·37
二·容成氏 37·29

二·容成氏 42·21
二·容成氏 42·23
二·容成氏 46·35
二·容成氏 49·29
二·容成氏 50·18
二·容成氏 52·12

二·容成氏 53·05
三·彭祖 01·14
四·曹沫 36·31
四·曹沫 65·25
五·弟子問 01·14
五·弟子問 09·09

五·弟子問 10·14
五·鬼神 02·23
五·鬼神 02反·09
六·競公瘧 12·05
六·天子甲 08·25
六·天子乙 08·04

二·子羔 07·23
六·用曰 05·17
七·君人甲 09·01
七·君人乙 08·20
九·成王甲 02·02
九·舉治 20·06

藝術·選六 132·06

叡

古

二·民之 01·16	四·昭王 02·37	六·莊王 09·08	七·君人乙 01·20	八·顏淵 10·11	卉茅 03·04	二·容成氏 18·07	三·中弓 09·27
二·民之 03·10	五·季庚子 14·17	六·鄭壽 02·15	七·君人乙 08·09	八·命 03·16	《说文》古文源此。	二·容成氏 22·28	三·中弓 11·06
二·民之 05·17	五·姑成 07·19	七·鄭子甲 05·25	八·顏淵 01·08	九·靈王 02·01		二·容成氏 22·34	三·彭祖 03·17
二·民之 08·17	五·君子 04·06	七·鄭子乙 05·23	八·顏淵 01·24	卉茅 01·03		二·容成氏 46·16	四·柬大王 06·09
二·從政甲 14·07	五·三德 05·02	七·君人甲 01·20	八·顏淵 05·32	卉茅 01·25		二·容成氏 46·25	四·柬大王 07·02
二·從政甲 14·16	六·季桓子 20·04	七·君人甲 08·17	八·顏淵 06·15	卉茅 02·31		三·中弓 05·12	四·柬大王 13·25

殜　㱚　殤　叡

籀

殜	㱚	殤	叡	敢			
 二・子羔 01・28	 二・容成氏 33・15	 二・容成氏 04・20	 三・周易 28・09	 九・邦人 13・03	三・中弓 27・04	 七・吳命 05・36	 四・柬大王 15・17
詳見卷三卅部「世」下。	詳見卷一茻部「葬」下。		 三・周易 29・05	《說文》籀文亦从殳。	△問民務	 七・吳命 07・08	 四・相邦 02・15
			 六・用曰 18・12			 七・吳命 07・14	 四・曹沫 07・24
			按，从支睿聲，「叡」字異體。卷三支部附錄重出。			 七・吳命 08・20	 六・競公瘧 13・20
							 六・競公瘧 13・27
							 七・吳命 03・15

殄　死

殄	死						
七・君人甲 09・04	 二・魯邦 04・29	 三・周易 15・05	 四・內豊 07・06	 五・競建 03・24	六・莊王 09・01	七・凡物甲 25・07	八・成王 04・07
詳見卷十二戈部「戮」下。	二・魯邦 05・12	 三・中弓 23・09	 四・曹沬 44・24	 五・鮑叔牙 07・11	 七・君人甲 09・05	 七・凡物乙 01・17	 八・志書 03・02
	二・容成氏 05・01	 四・采風 06・05	 四・曹沬 45・16	 五・弟子問 08・20	 七・君人乙 09・01	 七・凡物乙 02・32	 九・舉治 34・07
	二・容成氏 33・13	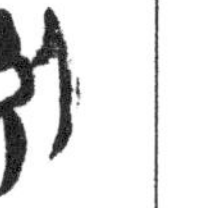 四・昭王 01・06	四・曹沬 47・10	五・三德 05・35	七・凡物甲 01・17	七・凡物乙 17・30	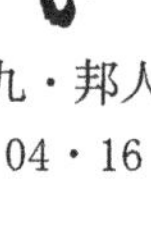 九・邦人 04・16
	二・容成氏 34・28	 四・昭王 08・24	 四・曹沬 54・26	 五・三德 18・01	 七・凡物甲 03・08	 七・凡物乙 18・07綴	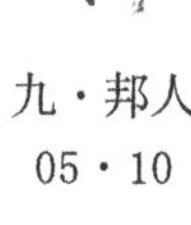 九・邦人 05・10
	二・容成氏 44・34	 四・昭王 08・27	五・競建 03・20	 五・鬼神 03・17	 七・凡物甲 24・25	 八・子道餓 01・05	

殯　募　薨　薧

𣦵古

殯	募	薨	薧				
一・性情論 29・22	四・昭王 05・07	五・鮑叔牙 01・34	五・季庚子 14・10	五・姑成 05・22	一・緇衣 19・24	四・曹沫 58・17	六・競公瘧 11・11
詳見卷二哭部「喪」下。	詳見卷十三土部「墓」下。	詳見卷十二亡部「亡」下。	詳見卷三卅部「世」下。	五・姑成 07・45	一・性情論 37・03		六・競公瘧 11・17
				五・姑成 10・21	《說文》古文如此。		

骨	體	體		僼	肉	膚	
骨	體	體		僼	肉	膚	
二・容成氏 21・39	六・慎子 02・05	一・性情論 10・04	二・民之 12・13	一・緇衣 05・16	二・魯邦 06・07	二・魯邦 04・15	四・柬大王 03・03
四・昭王 03・23	八・王居 03・17	二・民之 05・33	二・民之 13・04	一・緇衣 05・26	五・弟子問 08・02	二・魯邦 04・48	《說文》籀文如此。
四・昭王 04・12	八・蘭賦 05・35	二・民之 07・26	二・民之 13・26	按，从人豊聲，「體」字異體。卷八人部附錄重出。	六・季桓子 26・18	二・容成氏 01・01	
四・昭王 10・01		二・民之 11・01	按，从肉豊聲，「體」字異體。卷四肉部附錄重出。				
		二・民之 11・24					
		二・民之 11・32					

胃

肤	胃						
三・周易 04・37	一・性情論 06・15	二・民之 03・13	九・陳公 08・04	九・史蒥 06・06	三・亙先 06・22	三・周易 56・17	五・季庚子 04・13
三・周易 33・19	一・性情論 06・22	二・民之 05・05	九・陳公 12・11	九・史蒥 09・15	三・亙先 06・34	四・柬大王 11・13	五・君子 04・09
三・周易 38・33	一・性情論 06・29	二・民之 05・20	九・陳公 12・15	九・史蒥 09・18		四・柬大王 14・07	五・弟子問 04・32
三・周易 41・01	一・性情論 07・02	二・民之 07・15	九・陳公 12・19			四・柬大王 23・22	五・弟子問 11・05
按，从肉夫聲，「膚」字異體。	二・民之 01・22	五・姑成 06・26	九・陳公 12・23			四・內豊 09・02	五・弟子問 附・08
	二・民之 03・01	八・命 07・13	九・陳公 12・27			五・季庚子 02・15	五・三德 01・15

五·三德 01·41
五·三德 02·10
五·三德 03·16
五·三德 03·23
五·三德 03·37
五·三德 04·25

五·三德 04·32
五·三德 04·47
五·三德 05·04
五·三德 06·23
五·三德 06·31
五·三德 06·40

五·三德 07·08
五·三德 07·28
五·三德 08·05
五·三德 08·33
五·三德 09·24
五·三德 16·08

五·三德 16·25
五·鬼神 05·09
六·用曰 10·23
七·君人甲 06·11
七·君人甲 06·15
七·凡物甲 18·02

七·凡物甲 18·06
七·凡物甲 28·05
七·凡物乙 20·03
八·成王 08·18
八·成王 10·16
八·成王 14·26

八·成王 15·32
八·命 01·13
八·命 10·16
八·王居 03·18
八·王居 06·12
八·志書 02·13

八·志書 03·01
八·志書 06·16
八·李頌 01反·33
九·成王甲 04·21
九·邦人 05·31
九·卜書 01·10

九·卜書 01·33
九·卜書 02·25
九·卜書 03·14
九·卜書 04·09

三・亙先 06・10

三・亙先 06・16

三・亙先 06・28

三・亙先 07・03

三・亙先 07・09

一・詩論 07・07

二・子羔 07・22

二・魯邦 01・07

二・魯邦 03・15

二・從政甲 11・10

二・從政甲 15・13

三・彭祖 07・23

三・彭祖 07・31

三・彭祖 07・39

三・彭祖 07・49

三・彭祖 08・02

三・彭祖 08・10

四・柬大王 17・09

四・柬大王 20・05

四・相邦 02・09

四・曹沫 26・11

六・競公瘧 13・10

六・用曰 10・17

六・天子甲 12・32

七・君人乙 06・08

七・君人乙 06・12

七・吳命 04・23

港中零簡 07・08

按，古文字多用爲「謂」。

腸

腸

腸

一・詩論 25・01

膏

膏

膏

八・成王 13・12

肘

肘

又

七・凡物甲 17・22

按，又（手形）下加畫，指事也，「肘」之初文。卷十五重出。

臍 臍

一・性情論 29・18

腹 腹

四・內豊 07・27

腓 脊

三・周易 26・17

咸其△（腓）

三・周易 26・25

咸其△（腓）

王韓注本《易》作「腓」，馬王堆帛書本作「腥」。按，从肉弢省聲，「腓」字異體。一曰从肉弢聲，「弢」爲古「發」字。唯楚「發」字已無如此作者，此中「弢」旁與早期「發」字蓋異代同形。

胤 〈衜〉

三・周易 49・03

列其△（夤）

按，从「行」爲从「乂」之譌，本編卷二「衜」有同例。

臐 臐

三・彭祖 07・47

三・彭祖 08・08

肴 肴

六・競公瘧 09・14

胡

胋

六・競公瘧 10・24

脡

脡

五・弟子問 01・08

五・弟子問 01・15

五・弟子問 02・03

脂

脂

七・武王 09・27

膩

貳

四・曹沫 11・13

散

𦜝

六・用曰 19・34

而△其甚彰

按，白師於藍（2017:1201）以爲从㯼省聲，讀「顯」。

肰

肰

一・詩論 16・33

一・詩論 20・11

一・詩論 24・32

一・詩論 24・54

一・性情論 04・13

一・性情論 10・18

一・性情論 14・08

一・性情論 19・05

一・性情論 19・25

一・性情論 20・33 綴

一・性情論 38・16

一・性情論 39・32

二・子羔 13・18

二・從政甲 13・01

二・昔者 01・38

二・容成氏 18・05

二・容成氏 20・09

二・容成氏 21・14

肥　胃　膠

	肥	胃	膠				
五·季庚子 11·19	二·容成氏 16·30	六·用曰 17·15	八·有皇 06·12	五·弟子問 12·18	五·季庚子 14·29	四·曹沫 07·28	二·容成氏 39·32
五·季庚子 11·32	二·容成氏 49·04		八·有皇 06·24	五·弟子問 14·13	五·季庚子 15·21	四·曹沫 09·23	四·柬大王 13·20
五·季庚子 18·14	三·周易 31·12			五·三德 05·07	五·季庚子 23·07	四·曹沫 55·20	四·內豊 10·35
九·卜書 01·01	五·季庚子 01·08			六·競公瘧 02·28	五·君子 03·10	五·競建 05·23	四·內豊 附·17
	五·季庚子 06·03			八·志書 07·15	五·君子 11·38	五·鮑叔牙 05·06	四·曹沫 05·30
	五·季庚子 08·06			上博零簡 01·24	五·君子 14·05	五·鮑叔牙 06·39	四·曹沫 06·20

肓　肣　胉　䏚　脀　脖

肓	肣	胉	䏚	脀	𦛗	蠽	
二・容成氏 36・35	二・容成氏 05・21	四・曹沫 06・30	九・成王甲 03・17	五・競建 04・15	一・性情論 19・15	九・成王乙 02・13	九・成王乙 03・09
詳見卷十兔部「𩇗」下。	二・容成氏 16・28		九・成王甲 04・07	按，从肉汲聲，或即「湆（涪）」字異體。一曰「脩」，从肉攸聲。「攸」，《說文》謂「秦刻石繹山文攸字如此」。	濬深△（怫）陶		君一日而△（畢）
	按，《說文》假「𦙃（肣）」爲「函」，以爲俗體。卷七㔾部「函」下重出。				按，从肉𠧪聲，「脖」字異體（黄德寛、徐在國2002=2007）。「𠧪」旁省譌作並戈形，與《說文》「誖」字籀文同源。郭店簡本《性自命出》對應作「賊」，从「𠧪」省聲。舊多讀「鬱」，聲隔，疑讀「怫」，鬱也。		

腈		⿱㚔月	⿰月差	〈敬〉	膰	⿰月豊	⿰月章
六・天子甲 03・17	六・天子乙 03・08	一・性情論 24・10	五・季庚子 18・18	八・顏淵 01・30	八・有皇 06・13	一・性情論 10・04	五・弟子問 19・08
六・天子甲 03・19	六・天子乙 03・10	按，从肉㚔聲，或即「舌」字異體。	五・君子 03・07	△有過	詳見卷十炙部「⿰炙番」下。	詳見卷四骨部「體」下。	
六・天子甲 03・27	六・天子乙 03・18		五・君子 03・32	八・顏淵 02・04綴			
六・天子甲 04・01	六・天子乙 03・21		一曰「骴／胔」之譌（鄔可晶 2018=2024:76-140）。	△有過			
八・有皇 06・27				按，「敬」爲「⿰月羞」之譌。			

臆

臆

一・性情論 24・22

剴

剴

二・魯邦 06・02

六・季桓子 14・09

四・內豊 08・36

按，「豈」旁上部譌作「幺」形。

〈豆勻〉

六・季桓子 20・03

△（豈）敢望之

按，从豆、勻，「剴」之譌形。本或作从刃之「剴」。「刃」最上一筆與「豈」上部三橫筆之中筆勾連，經重組、分解書作「勻」「豆」兩個成字偏旁（陳劍 2008. 3. 22=2013: 281-317）。

利

古

利

九・史蕾 11・14

藝術・選六 129・02

一・詩論 17・06

一・緇衣 23・11

一・性情論 36・17

一・性情論 38・02

二・從政甲 15・35

二・容成氏 19・25

二・容成氏 49・07

二・容成氏 49・18

三・周易 01・15

三・周易 01・31

三・周易 01・34

三・周易 02・08

三・周易 02・17

三・周易 04・10

三・周易 04・16

三・周易 08・05

三・周易 10・10

三・周易 11・21

三・周易 12・24

三・周易 13・03

三・周易 13・09

三・周易 14・02

三・周易 16・04

三・周易 16・40

三·周易 18·04
三·周易 20·05
三·周易 20·13
三·周易 21·33
三·周易 22·03
三·周易 22·10

三·周易 22·18
三·周易 22·30
三·周易 22·37
三·周易 25·04
三·周易 25·36
三·周易 26·03

三·周易 28·03
三·周易 28·15
三·周易 30·04
三·周易 31·16
三·周易 35·02
三·周易 35·06

三·周易 35·09
三·周易 36·08
三·周易 37·02
三·周易 40·34
三·周易 42·06
三·周易 42·11

三·周易 42·16
三·周易 43·01
三·周易 47·09
三·周易 48·17
三·周易 50·05
三·周易 54·07

三·周易 54·11
三·周易 58·09
三·周易 58·19
三·亙先 07·13
四·曹沫 15·11
四·曹沫 18·13

四·曹沫 20·32
四·曹沫 51·04
五·三德 04·20
五·三德 05·11
七·鄭子甲 05·16
七·鄭子乙 05·14

七·君人甲 06·17
七·君人乙 06·14
七·凡物甲 29·08
八·李頌 01·57
九·卜書 10·04
藝術·選六 135·07

初

初

初

三・周易 58・01

〔初六：濡其尾，〕△。

《說文》古文如此。

一・詩論 16・27

三・周易 02・12

三・周易 04・20

三・周易 07・08

三・周易 09・17

三・周易 12・07

三・周易 14・07

三・周易 16・08

三・周易 18・16

三・周易 20・17

三・周易 22・14

三・周易 24・10

三・周易 26・08

三・周易 28・07

三・周易 30・06

三・周易 32・05

三・周易 35・13

三・周易 37・17

三・周易 40・08

三・周易 42・20

三・周易 44・24

三・周易 47・13

三・周易 50・07

三・周易 53・07

三・周易 54・15

港中零簡 02・09

六・用曰 01・04

按，字本从刃。楚「刀」「刃」混同，且「刀」作聲符亦可作「刃」形，如清華簡《命訓》「卲」作「[illegible]」，聲符作「刃」形。此類「刃」形蓋「刀」之加飾。故凡从「刃」形之屬，非傳承用字或从刃聲者，本編寬隸从刀。字之不見於《說文》者，均寄刀部。

一・詩論 10・36

五・姑成 04・38

按，从卒、刀若刃。楚「卒」多爲「衣」字。

則 則

一・緇衣 02・02

一・緇衣 02・33

一・緇衣 03・25

一・緇衣 03・32

一・緇衣 04・25

一・緇衣 06・32

一・緇衣 01・14

一・緇衣 05・19

一・緇衣 10・30

一・緇衣 11・22

一・緇衣 12・17

一・緇衣 13・12

一・緇衣 13・25

一・緇衣 13・35

一・緇衣 13・43

一・緇衣 13・50

一・緇衣 16・23

一・緇衣 17・03

一・緇衣 17・09

一・緇衣 17・14

一・緇衣 17・38

一・緇衣 22・41

二・子羔 02・06

二・子羔 02・21

二・從政乙 01・37

五・競建 05・24

五・鬼神 03・37

六・天子甲 09・19

六・天子甲 09・24

六・天子乙 08・24

六・天子乙 08・29

六・天子乙 08・34

七・武王 04・03

七・武王 04・08

七・武王 04・13

七・武王 04・18

七・武王 12・10

七・武王 12・15

七・武王 12・28

七・武王 13・32

七・武王 14・05

七・武王 14・10

七・武王 14・15

七・武王 14・20

七・武王 14・25

七・武王 15・02

七・凡物甲 19・23

七・凡物甲 19・27

七・凡物甲 20・04

七・凡物甲 22・17

七・凡物甲 25・15

七・凡物甲 25・19

七・凡物乙 15・03

七・凡物乙 15・13

七・凡物乙 18・15

七・凡物乙 18・19

八・顏淵 05・01

八・顏淵 06・25

八・顏淵 07・04

八・顏淵 07・14

八・顏淵 07・23

八・顏淵 09・09

八・顏淵 09・23

八・顏淵 10・19

八・顏淵 10・30

八・顏淵 12・19

八・顏淵 12・26

八・顏淵 14・02

九・舉治 23・01

九・史蕾 03・12

一・緇衣 07・05

按，衍一筆。

一・緇衣 09・36

△民德一

一・緇衣 11・38

△〔大臣不以而褻臣託也〕

一・緇衣 14・40

△〔刑罰不足恥〕

右三例今《禮記》本、郭店簡本《緇衣》對應作「則」。

七·凡物甲 22·27

△百物俱失

乙本對應作「則」。

八·顏淵 12·15

祿不足△請

二·從政甲 01·30
二·從政甲 03·02
二·從政甲 03·11
二·從政甲 05·02
二·從政甲 05·38
二·從政甲 06·07

二·從政甲 06·14
二·從政甲 07·01
二·從政甲 07·08
二·從政甲 08·04
二·從政甲 08·17
二·從政甲 08·20

二·從政甲 08·25
二·從政甲 08·29
二·從政甲 08·33
二·從政甲 09·01
二·從政甲 10·10
二·從政甲 10·14

二·從政甲 15·17
二·從政甲 15·23
二·從政甲 15·32
二·從政甲 16·17
二·從政甲 16·21
二·從政甲 17·02

二·從政甲 17·08
二·從政甲 17·30
二·從政甲 18·01
二·從政乙 01·21
二·從政乙 01·29
二·從政乙 02·07

二·從政乙 02·14
二·從政乙 03·05
二·從政乙 03·08
二·從政乙 03·11
二·從政乙 03·14
二·從政乙 03·17

𠟭 籀

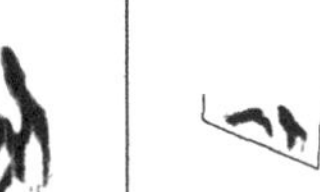

劏							
六·用曰 04·14	二·從政乙 06·11	九·舉治 23·05	七·吳命 03·05	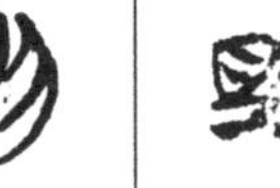 五·鬼神 05·40	 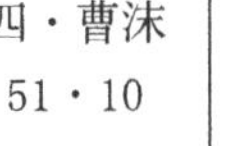 四·曹沫 51·10	四·曹沫 24·28	二·從政乙 03·26
六·用曰 04·18	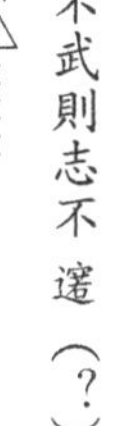 〔□而〕不武則志不遙（？），仁而不智△……	九·舉治 23·13	 八·成王 12·13	六·競公瘧 12·08	五·鬼神 01·12	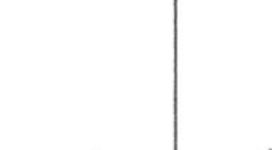   四·曹沫 38·08	二·從政乙 03·31
六·用曰 07·01	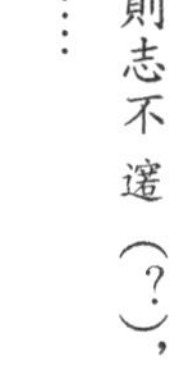	九·舉治 29·02	 八·命 04·16	六·季桓子 04·19	五·鬼神 02·13	 四·曹沫 46·26	二·從政乙 06·03
六·用曰 12·05	四·曹沫 23·19	 藝術·選六 136·06	 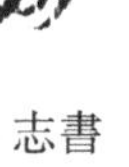 八·志書 07·05	六·季桓子 20·17	五·鬼神 02·45	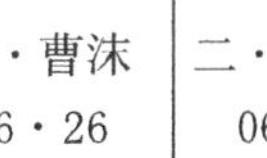 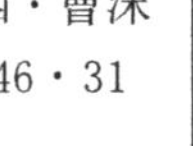 四·曹沫 46·31	四·內豊 06·32
六·用曰 12·33	△其合之不難	 藝術·選六 137·06	八·李頌 01反·29	 六·季桓子 22·04	五·鬼神 04·09	 四·曹沫 48·07	 四·內豊 06·37
與《說文》籀文同源。	安大簡本《曹沫之陳》作「則」。		八·李頌 02·46	 七·武王 14·29	五·鬼神 05·36	 四·曹沫 48·12	 四·內豊 10·36

五・競建 07・31	四・曹沫 33・17	四・內豊 附・13	二・子羔 08・35	一・詩論 23・25	一・詩論 11・26	一・詩論 08・46	三・周易 34・07
五・鮑叔牙 06・40	四・曹沫 33・22	四・曹沫 05・18	二・子羔 13・19	一・詩論 24・13	一・詩論 11・36	一・詩論 09・29	
五・季庚子 04・26	四・曹沫 35・03	四・曹沫 06・07	三・中弓 10・33	一・緇衣 04・08	一・詩論 14・06	一・詩論 09・47	
五・季庚子 04・29	四・曹沫 35・31	四・曹沫 20・06	三・中弓 22・06	一・緇衣 17・53	一・詩論 16・48	一・詩論 09・55	
五・季庚子 05・10	四・曹沫 50・01	四・曹沫 28・06	三・彭祖 03・14	二・子羔 06・31	一・詩論 18・14	一・詩論 11・08	
五・季庚子 08・21	五・競建 07・11	四・曹沫 33・12	四・昭王 09・05	二・子羔 07・12	一・詩論 21・09	一・詩論 11・17	

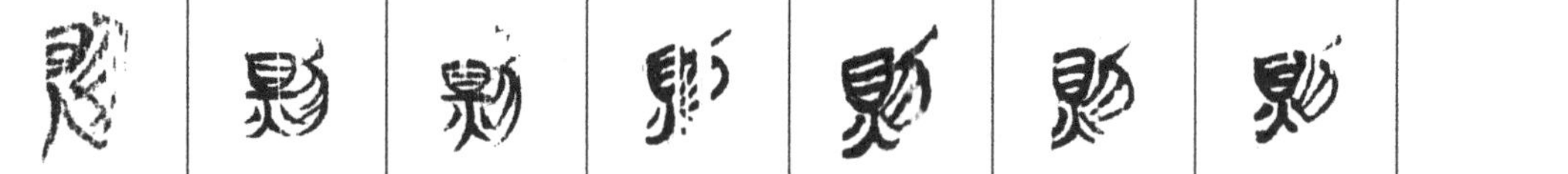

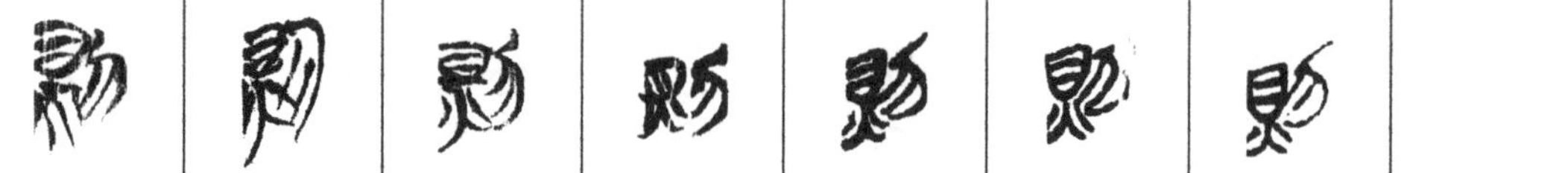

五·季庚子 09·17

五·季庚子 09·20

五·季庚子 10·03

五·季庚子 10·07

五·季庚子 10·17

五·季庚子 12·06

五·季庚子 13·22

五·季庚子 15·22

五·季庚子 18·16

五·季庚子 20·10

五·季庚子 20·17

五·季庚子 20·23

五·季庚子 21·03

五·季庚子 23·08

五·姑成 03·04

五·姑成 03·17

五·君子 08·02

五·君子 14·06

五·弟子問 10·28

五·弟子問 14·14

五·弟子問 16·08

五·弟子問 16·12

五·弟子問 16·16

五·弟子問 16·20

五·三德 05·18

六·競公瘧 07·10

六·競公瘧 07·23

六·天子甲 09·14

七·吳命 02·19

九·陳公 18·08

九·陳公 19·05

九·史蒥 03·06

港中零簡 06·03

五·季庚子 10·12

好刑△不祥

五·季庚子 15·09

言△美矣

五·君子 08·08

其在庭則欲濟濟，其在堂△……

五·君子 11·39

然△〔賢於子產〕矣

九·陳公 19·17

陣於剿野、深草、霜露，車△……

剛 割

〈鼎〉

- 一・性情論 01・38　△物取之〔也〕
- 一・性情論 11・27綴　△文也
- 一・性情論 14・21　△侃如也斯喜 
- 一・性情論 15・07　△悸如也斯嘆 
- 一・性情論 15・16　△齊如也斯作 
- 一・性情論 20・21　△心從之矣 
- 一・性情論 20・29　△其聲亦然 
- 一・性情論 30・07綴　言及△明譽之而毋僞 
- 一・性情論 30・33　凡於道路，毋思，毋獨言、獨處，△襲。 
- 一・性情論 31・15　已△勿復言也
- 一・性情論 37・18　不有夫簡簡之心△采 
- 一・性情論 37・35　不有夫恆謹之志△慢 
- 一・性情論 38・11　不有夫訥訥之心△流 
- 一・性情論 38・29　不有夫奮猛之情△侮 
- 一・性情論 39・45　有過△咎 
- 一・性情論 11・18　其先後之舍(敘/序)△宜道也 

按，「鼎」之省作。與《說文》「鼎」同形。楚「鼎」之爲〔鼎〕，蓋「貞」之爲〔鼎〕，「貞」字省形之爲〔貞〕，遂以「鼎」代償「鼎」職（陳斯鵬 2011=2023:268–271）。

剛

- 三・亙先 09・02

割

- 五・弟子問 13・21
- 六・競公瘧 09・21 
- 八・成王 15・28 
- 九・舉治 23・19 
- 九・舉治 23・31
- 九・舉治 26・11

⿰畀刂	劓	⿱罒至		罰	戠	割	
港中零簡 02・07	三・周易 43・12	四・柬大王 12・05	五・季庚子 20・21	一・緇衣 15・18	五・鮑叔牙 08・36	六・競公瘧 13・17	二・昔者 03・10
按，「畀」，在此用爲「鼻」。《説文》或體異體。		四・柬大王 12・26	五・季庚子 22・08	二・從政甲 08・32	卷十二戈部附録重出。		六・競公瘧 01・11
			五・鬼神 01・17	二・容成氏 04・08			
				四・曹沫 21・06			

⿰皇勿

八・李頌
01反・13

芰△（刈）節兮

按，从勿皇聲，「⿰臬刂」字異體。「勿」，作偏旁與「刀」同意。「皇」「皇」字繁構，从土兒省聲；一曰「兒」字繁構。疑讀「刈」。一曰「毀」（張富海 2021）。

⿰勿呈

九・陳公
19・10

陣於△野、深草、霜露。

按，从勿呈聲，「⿰臬刂」字異體。「呈」「皇」之變形音化，改从「日」聲。此「日」音 DET，蓋轉注「熱」音；馬王堆帛書《十六經・姓爭》「寒涅燥濕」之「涅」記錄｛熱｝，該字聲符同此。是「呈 DET」與後世「呈 NIT」屬異代同形乎，抑歷史音變乎，待考。此王精松讀「外」。

⿰屯刂

一・緇衣
01・21

今《禮記》本《緇衣》作「試」，郭店簡本作「屯」。按，一曰「屯」爲「弋」之譌（白師於藍 2000）。此字所从「屯」亦爲从「弋」之譌（孟蓬生 2002）。

⿰甚刂

九・舉治
23・15

按，从刀甚聲，或即「勘」若「戡」字異體。

⿰昜刂

四・曹沫
45・20

詳見卷八人部「傷」下。

⿴囗列

三・周易
49・01

按，或即「列」字異體。

⿷匚戏

二・容成氏
16・16

五・季庚子
08・03

五・季庚子
14・06

卷十二戈部附錄重出。

⿰宰刂

三・中弓
01・08

詳見卷七宀部「宰」下。

⿰丵刂

⿰丵刂

二・容成氏 18・26

⿰⿱丵乂刂

五・三德 10・18

刃 𠚣

釰

二・容成氏 18・19

按，从金刃聲，「刃」字異體。卷十四金部附錄重出。

耕 䋨

掙

三・周易 20・25

不△而穫

〈靜〉

二・容成氏 13・12

昔舜△於歷丘

按，楚「耕」字本从手持力耕田作「畊」；「靜」从青、爭雙聲，「青」本从齒音「井」。兩字音隔而形混。推原其故，蓋戰國兩字基本構件易混同：①兩字均从「井」形。「畊（耕）」或作「䎬」，加注牙喉音「井」表音。「靜」中「井」形或譌作「井」形。②兩字均从「爭」形。「畊（耕）」所从加爪之「力」或繁加「又」飾（楚「嘉」字亦然），遂與「靜」所从「爭」同形。職是之故，時人極易誤以兩字通用，如右《容成氏》以「靜」爲「耕」。又如楚「掙」字，於右《周易》用爲「耕」，他處又音「爭」，詳見卷五𠬪部「爭」下。蓋兩字不別而後孳乳。

角 𧢲

角

一・詩論 29・13

三・周易 41・33

五・三德 10・07

衡 ⿱角大古

解 解

⿰角干

⿴𣎆角

⿱角大

七・君人甲 03・06

七・君人乙 03・04

七・凡物甲 04・01

七・凡物乙 03・18

《說文》古文源此。

解

港中零簡 04・01

八・王居 03・16

七・凡物甲 28・25

得而△之

七・凡物乙 21・06

得而△之

繲

三・周易 37・01

三・周易 37・42

按，从糸解聲，「解」字異體。卷十三糸部附錄重出。

⿰角干

一・詩論 20・37

人不可△也

按，一曰「⿰角干（觸）」，非是，下所从與《魯邦大旱》「旱」所从「干」同。

⿴𣎆角

二・從政乙 02・12

三・周易 40・21

三・周易 44・20

三・周易 53・10

按，从角、𣎆。「𣎆」類化作「能」。《左傳》宣公八年宣公夫人「嬴氏」，《公羊》《穀梁》均作「熊氏」，即其同例。上古「𣎆」轉注 ROL 與 LEŊ 二音之義。「𣎆（ROL）」蓋〈蜾蠃〉字，「𣎆（LEŊ）」則不詳。李豪謂前者記錄〈蛞／螺 ROL〉，後者記錄〈螊 LE〉。右《周易》字，王韓注本對應作「嬴」，知此字當分析爲从角𣎆（ROL）聲，與「蠃、嬴、贏」等構形同例。

上博簡文字編卷五

申城 沈奇石 撰集

筱

筱

六・慎子 05・14

節

節

一・性情論 10・08

一・性情論 11・26綴

一・性情論 12・06

一・性情論 12・17

一・性情論 16・11

四・曹沫 44・10

五・姑成 06・03

五・弟子問 04・05

五・三德 03・27

五・三德 03・35

六・用曰 01・31

六・用曰 11・05

八・志書 04・09

等

等

四・曹沫 41・10

五・季庚子 14・24

等

五・季庚子 07・06

筮

箁

三・周易 09・03

筥 箸 竿 策 箴 竽

⿱竹啻	⿱竹膚	箸	竿	⿱竹早	策	⿱竹裁	竽
四・曹沫 52・10	二・容成氏 25・27	一・性情論 08・23	五・三德 21・02	六・用曰 11・38	九・靈王 03・22 九・靈王 03・31 九・靈王 04・07	五・君子 10・05	七・君人甲 03・04 七・君人乙 03・02
及爾龜△ 安大簡本《曹沫之陳》對應作「⿱竹啻」。按，从竹啻聲，「筮」字異體。一曰从「帝」爲从「巫」之譌。	按，从竹膚（臚）聲，「筥」字異體。一曰「籚」字異體。	詳見卷三聿部「書」下。				昔者仲尼△徒三人 按，从竹裁聲，「箴」字異體。「竹」「裁」共筆。一曰「裁」字繁構。	

管

筦

五・季庚子 04・19

△仲

按，从竹关聲，「管」字異體。

笑

芺

一・性情論 13・19

一・性情論 14・19

三・周易 42・35

四・柬大王 19・05

五・三德 11・08

五・鬼神 02・44

六・莊王 07・14

六・鄭壽 04・25

六・鄭壽 06・14

笲

笲

四・柬大王 02・12

笞

笞

五・君子 04・04

詳見卷七巾部「席」下。

篧

篧

藝術・選六 128・05

按，辭例不詳，一曰从竹雀省聲，「爵」字異體。「雀」旁「少」形猶存點筆不省。

篳

篳

七・武王 04・29

七・武王 05・11

篹

篹

藝術・選六 149・06

篧　⿱竹埶　箽　⿱竹果　⿱竹慮　箕

𠀠 古　　箕 籀

篧	⿱竹埶	箽	⿱竹果	⿱竹慮	其		𠀠
二・容成氏 32・10	四・柬大王 15・20	五・鮑叔牙 03・40	四・柬大王 15・19	五・競建 03・13	一・性情論 06・19	一・詩論 09・04	六・慎子 05・04
					八・王居 03・13		
					藝術・選六 131・04		
詳見卷五皀部「爵」下。						《說文》籀文如此。	《說文》古文如此。

丌

一・緇衣 04・16	一・詩論 24・46	一・詩論 20・20	一・詩論 16・35	一・詩論 11・19	一・詩論 08・34	一・詩論 03・32	一・詩論 01・04
一・緇衣 04・22	一・詩論 24・50	一・詩論 21・22	一・詩論 16・40	一・詩論 14・03	一・詩論 09・08	一・詩論 04・03	一・詩論 02・15
一・緇衣 08・25	一・詩論 27・09	一・詩論 22・29	一・詩論 17・20	一・詩論 15・02	一・詩論 09・34	一・詩論 04・13	一・詩論 02・20
一・緇衣 08・31	一・詩論 29・08	一・詩論 23・22	一・詩論 18・08	一・詩論 15・06	一・詩論 09・40	一・詩論 04・36	一・詩論 02・25
一・緇衣 10・09	一・緇衣 02・37	一・詩論 24・35	一・詩論 18・17	一・詩論 15・08	一・詩論 10・35	一・詩論 05・27	一・詩論 03・16
一・緇衣 10・14	一・緇衣 03・04	一・詩論 24・39	一・詩論 20・12	一・詩論 16・16	一・詩論 11・09	一・詩論 05・35	一・詩論 03・29

三·周易 48·06	三·周易 38·34	三·周易 28·24	二·魯邦 05·13	二·子羔 08·09	一·緇衣 21·47	一·緇衣 18·03	一·緇衣 11·03
三·周易 48·09	三·周易 41·02	三·周易 28·28	三·周易 04·38	二·子羔 09·18	一·緇衣 22·08	一·緇衣 18·07	一·緇衣 15·32
三·周易 48·13	三·周易 41·32	三·周易 28·40	三·周易 13·01	二·子羔 09·43	二·子羔 04·05	一·緇衣 20·04	一·緇衣 15·40
三·周易 48·23	三·周易 44·21	三·周易 30·09	三·周易 25·13	二·子羔 11·25	二·子羔 04·12	一·緇衣 20·27	一·緇衣 17·05
三·周易 48·27	三·周易 45·19	三·周易 32·32	三·周易 26·27	二·魯邦 03·31	二·子羔 06·02	一·緇衣 21·03	一·緇衣 17·11
三·周易 48·29	三·周易 48·02	三·周易 37·08	三·周易 27·05	二·魯邦 04·30	二·子羔 07·20	一·緇衣 21·40	一·緇衣 17·51

五·弟子問 02·16	四·柬大王 19·13	三·中弓 20·25	三·周易 58·05	三·周易 54·41	三·周易 53·12	三·周易 51·19	三·周易 48·36
五·弟子問 04·12	四·柬大王 21·18	三·中弓 20·28	三·中弓 03·10	三·周易 55·01	三·周易 53·22	三·周易 51·26	三·周易 49·02
五·弟子問 08·27	四·相邦 01·05	三·中弓 21·12	三·中弓 10·22	三·周易 55·10	三·周易 53·33	三·周易 51·41	三·周易 49·10
五·弟子問 15·07	五·君子 06·23	三·中弓 25·20	三·中弓 12·05	三·周易 55·14	三·周易 53·36	三·周易 52·02	三·周易 49·15
五·弟子問 15·18	五·弟子問 01·06	三·彭祖 02·17	三·中弓 13·13	三·周易 55·21	三·周易 54·27	三·周易 52·05	三·周易 51·04
五·弟子問 19·11	五·弟子問 02·07	三·彭祖 04·16	三·中弓 20·01	三·周易 57·32	三·周易 54·34	三·周易 52·08	三·周易 51·11

亓

一·詩論 24·42	六·競公瘧 04·24	港中零簡 02·03	八·成王 04·13	七·吳命 04·17	六·用曰 09·13	六·競公瘧 04·38	五·弟子問 20·09
一·性情論 01·34	夫子使△私史聽獄於晉邦	藝術·選六 130·08	八·李頌 02·44	七·吳命 05·57	六·用曰 19·20	六·競公瘧 05·12	五·弟子問 23·09
一·性情論 04·02	六·競公瘧 11·01		八·李頌 02·48	七·吳命 07·04	七·鄭子甲 01·22	六·競公瘧 05·17	五·弟子問 23·13
一·性情論 04·06	△左右相容自善		八·李頌 02·51	七·吳命 09·08	七·鄭子甲 04·17	六·競公瘧 07·31	五·弟子問 23·16
一·性情論 07·18			九·靈王 02·08	七·吳命 09·45	七·凡物甲 27·11	六·競公瘧 10·16	五·弟子問 附·13
一·性情論 08·14			港中零簡 01·06	七·吳命 09·54	七·吳命 04·13	六·競公瘧 11·18	六·競公瘧 03·42

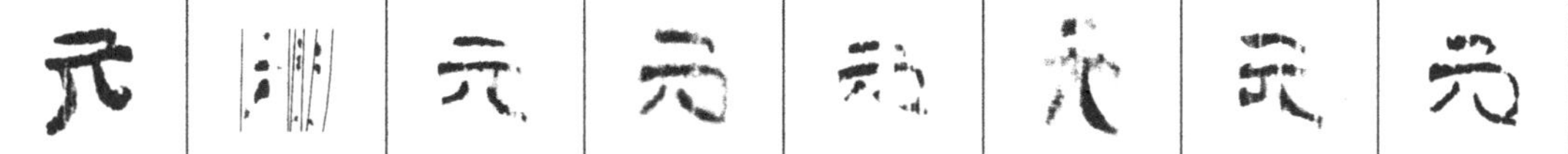

二・從政甲 17・22	一・性情論殘 02・10 綴	一・性情論 31・35	一・性情論 20・18	一・性情論 16・27	一・性情論 13・14	一・性情論 12・10	一・性情論 08・26
二・從政甲 18・16	二・民之 02・32	一・性情論 37・05	一・性情論 20・26	一・性情論 18・08	一・性情論 14・02	一・性情論 12・13	一・性情論 09・22
二・從政乙 05・16	二・民之 09・07	一・性情論 37・21	一・性情論 20・30	一・性情論 18・13	一・性情論 14・10	一・性情論 12・16	一・性情論 09・29
二・昔者 03・03	二・從政甲 02・09	一・性情論 38・32	一・性情論 21・22	一・性情論 18・31	一・性情論 16・09	一・性情論 12・19	一・性情論 10・05
二・容成氏 01・32	二・從政甲 09・20	一・性情論 38・44	一・性情論 26・37	一・性情論 19・17	一・性情論 16・14	一・性情論 12・22	一・性情論 10・12
二・容成氏 01・37	二・從政甲 11・06	一・性情論 39・34	一・性情論 27・04	一・性情論 19・31	一・性情論 16・21	一・性情論 12・25	一・性情論 11・13

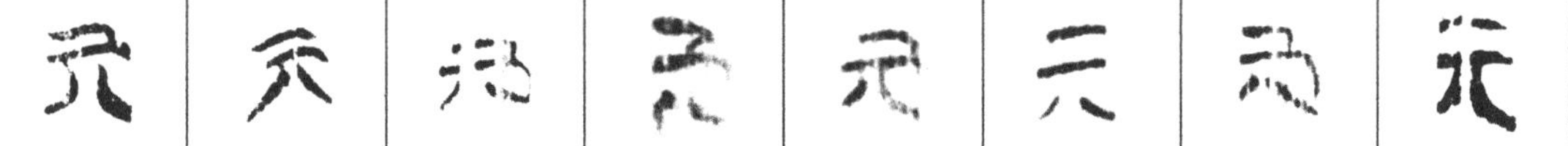

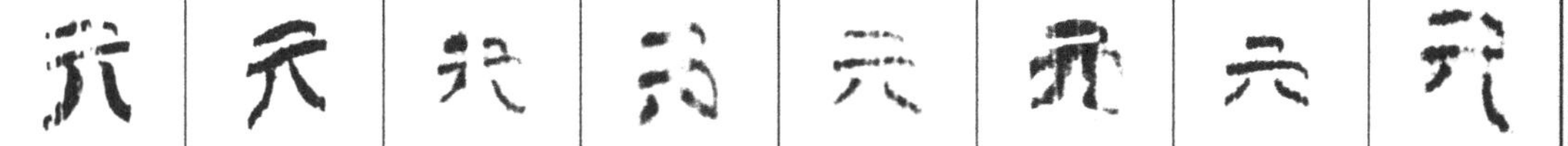

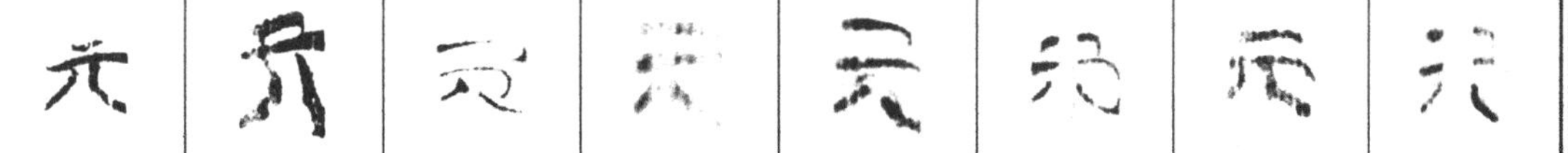

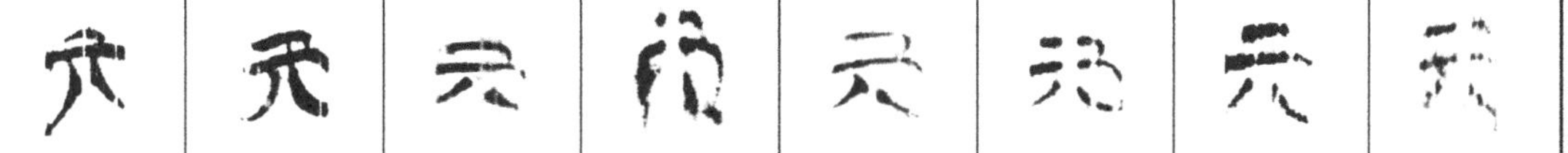

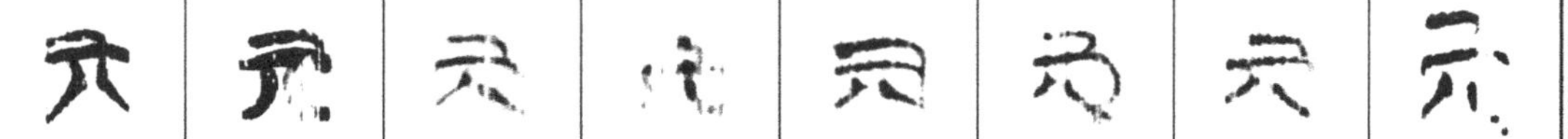

二・容成氏 02・04

二・容成氏 02・08

二・容成氏 02・12

二・容成氏 05・09

二・容成氏 09・28

二・容成氏 10・38

二・容成氏 12・11

二・容成氏 13・30

二・容成氏 14・03

二・容成氏 17・23

二・容成氏 20・18

二・容成氏 29・38

二・容成氏 33・07

二・容成氏 33・12

二・容成氏 33・30

二・容成氏 35・15

二・容成氏 38・03

二・容成氏 38・16

二・容成氏 38・24

二・容成氏 38・42

二・容成氏 42・26

二・容成氏 43・01

二・容成氏 44・12

二・容成氏 44・18

二・容成氏 45・27

二・容成氏 47・12

二・容成氏 48・26

二・容成氏 50・10

二・容成氏 52・15

三・周易 20・07

三・周易 26・11

三・周易 26・16

三・周易 26・24

三・周易 37・43

三・亙先 03・19

三・亙先 04・31

三・亙先 05・02

三・亙先 11・04

三・亙先 12・08

三・亙先 12・23

三・亙先 12・34

四・采風 04・02

四・昭王 05・05

四・昭王 07・27

四・昭王 08・21

四・昭王 10・07

四・內豊 01・25

四・內豊 02・01

五・鮑叔牙 02・21	五・鮑叔牙 01・38	四・曹沫 63・28	四・曹沫 54・25	四・曹沫 44・03	四・曹沫 20・08	四・曹沫 05・06	四・內豊 02・17
五・鮑叔牙 02・30	五・鮑叔牙 01・48	四・曹沫 65・07	四・曹沫 54・29	四・曹沫 44・08	四・曹沫 23・20	四・曹沫 08・18 綴	四・內豊 02・30
五・鮑叔牙 02・36	五・鮑叔牙 01・51	四・曹沫 65・11	四・曹沫 55・09	四・曹沫 45・04	四・曹沫 27・11	四・曹沫 15・01	四・內豊 08・44
五・鮑叔牙 06・09	五・鮑叔牙 02・03	五・競建 08・15	四・曹沫 56・32	四・曹沫 45・10	四・曹沫 32・04	四・曹沫 15・07	四・相邦 01・02
五・鮑叔牙 06・24	五・鮑叔牙 02・08	五・鮑叔牙 01・28	四・曹沫 59・01	四・曹沫 52・21	四・曹沫 42・01	四・曹沫 15・13	四・相邦 01・08
五・鮑叔牙 07・15	五・鮑叔牙 02・11	五・鮑叔牙 01・33	四・曹沫 61・07	四・曹沫 52・29	四・曹沫 43・30	四・曹沫 17・30	四・曹沫 02・17

六・季桓子 11・13	五・鬼神 04・13	五・三德 15・02	五・三德 11・18	五・君子 08・05	五・姑成 09・33	五・季庚子 07・27	五・鮑叔牙 07・23
六・季桓子 12・01	五・鬼神 04・27	五・三德 16・16	五・三德 11・22	五・君子 09・28	五・姑成 09・36	五・季庚子 14・20	五・季庚子 03・26
六・季桓子 12・09	六・季桓子 03・16	五・三德 17・23	五・三德 12・31	五・弟子問 01・18	五・姑成 10・24	五・季庚子 14・30	五・季庚子 03・30
六・季桓子 15・18	六・季桓子 05・05	五・三德 17・46	五・三德 12・35	五・三德 03・05	五・君子 03・06	五・季庚子 23・02	五・季庚子 03・34
六・季桓子 15・24	六・季桓子 05・08	五・三德 22・11	五・三德 13・47	五・三德 04・22	五・君子 04・20	五・姑成 01・34	五・季庚子 04・06
六・季桓子 16・13	六・季桓子 06・19	五・鬼神 01・14	五・三德 14・02	五・三德 04・36	五・君子 07・24	五・姑成 06・42	五・季庚子 05・05

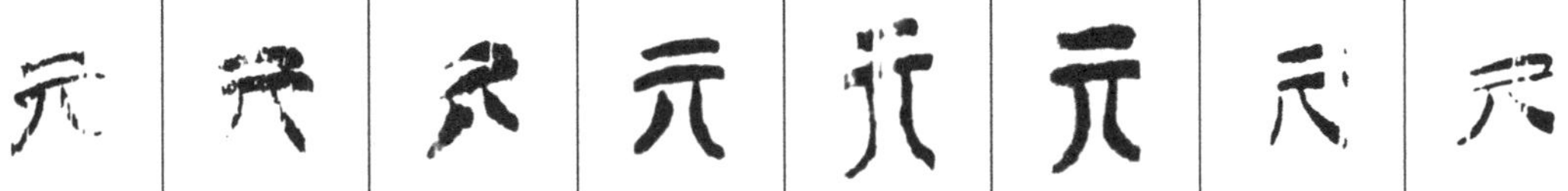

七・君人甲 03・20	七・鄭子甲 03・28	七・武王 07・28	六・用曰 19・25	六・用曰 14・31	六・用曰 07・17	六・季桓子 24・06	六・季桓子 17・17
七・君人甲 04・25	七・鄭子乙 01・21	七・武王 07・32	六・用曰 19・35	六・用曰 14・37	六・用曰 07・23	六・用曰 03・02	六・季桓子 17・21
七・君人甲 05・25	七・鄭子乙 02・21	七・武王 08・05	六・天子甲 05・32	六・用曰 16・18	六・用曰 07・32	六・用曰 03・11	六・季桓子 18・11
七・君人甲 06・02	七・鄭子乙 02・25	七・武王 11・35	六・天子乙 05・11	六・用曰 16・23	六・用曰 08・29	六・用曰 06・07	六・季桓子 21・10
七・君人乙 03・18	七・鄭子乙 03・27	七・鄭子甲 02・19	七・武王 04・28	六・用曰 16・29	六・用曰 12・18	六・用曰 06・14	六・季桓子 21・14
七・君人乙 04・23	七・鄭子乙 04・17	七・鄭子甲 02・23	七・武王 05・10	六・用曰 18・13	六・用曰 13・40	六・用曰 06・37	六・季桓子 22・25

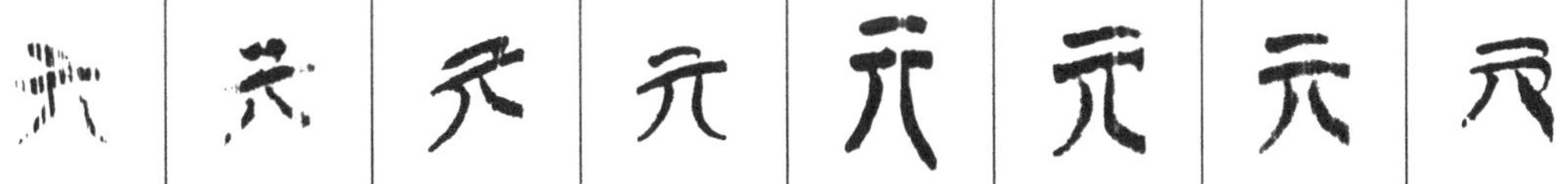

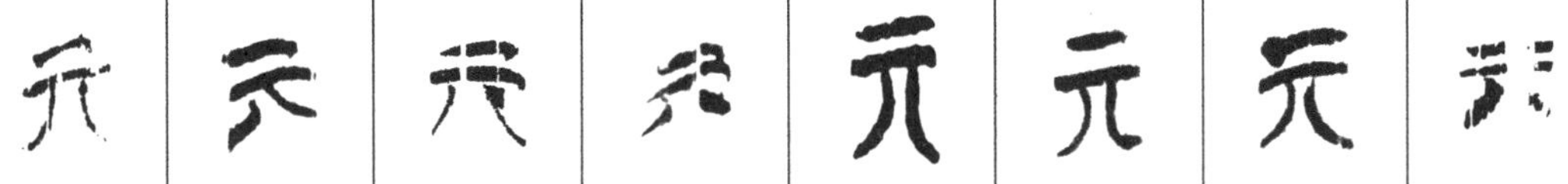

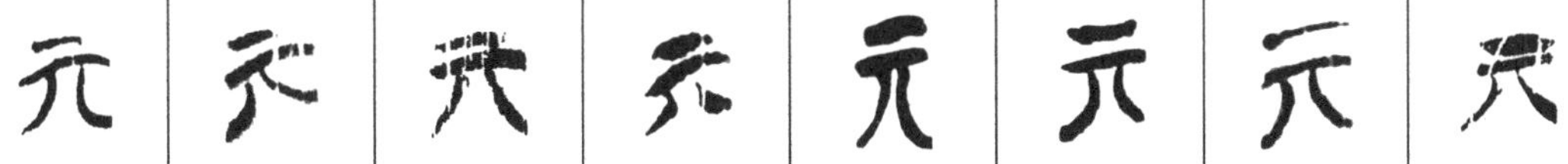

八・蘭賦 04・04	八・志書 02・12	八・成王 13・10	八・成王 07・26	七・凡物乙 13・02	七・凡物乙 05・30	七・凡物甲 06・25	七・君人乙 05・15
八・蘭賦 04・09	八・志書 06・15	八・成王 15・03	八・成王 08・05	八・子道餓 02・06	七・凡物乙 07・24	七・凡物甲 09・12	七・君人乙 05・20
八・蘭賦 04・19	八・李頌 01・24	八・命 07・22	八・成王 08・13	八・子道餓 02・35	七・凡物乙 08・27	七・凡物甲 10・29	七・君人乙 05・23
八・蘭賦 05・06	八・李頌 01・52	八・王居 05・08	八・成王 09・06	八・顏淵 09・24	七・凡物乙 11・23	七・凡物甲 16・23	七・凡物甲 05・19
八・蘭賦 05・17	八・李頌 01反・04	八・王居 06・09	八・成王 10・07	八・成王 01・22	七・凡物乙 11・29	七・凡物甲 18・16	七・凡物甲 05・23
八・有皇 03・14	八・蘭賦 02・03	八・志書 01・14	八・成王 10・26	八・成王 03・16	七・凡物乙 11・33	七・凡物乙 05・06	七・凡物甲 06・01

九・成王甲 02・20

九・靈王 03・21

九・靈王 04・06

九・靈王 04・12

九・陳公 03・24

九・陳公 07・22

九・陳公 10・15

九・陳公 17・04

九・舉治 03・09

九・舉治 07・19

九・舉治 08・30

九・舉治 13・12

九・舉治 15・11

九・舉治 19・03

九・舉治 24・08

九・舉治 26・12

九・舉治 26・16

九・舉治 30・23

九・舉治 35・09

九・邦人 12・25

九・史蒥 01・01

九・史蒥 02・04

九・史蒥 02・06

九・史蒥 03・03

九・史蒥 05・12

九・史蒥 08・17

九・史蒥 11・13

九・卜書 01・18

九・卜書 02・30

九・卜書 07・33

卉茅 02・40

卉茅 03・10

一・性情論 13・01

△嘼文也

郭店簡本《性自命出》對應作「丌」。按，據本篇用字釋「亓」。

一・性情論 18・20

是故△心不遠

郭店簡本《性自命出》對應作「亓」。

七・君人甲 05・20

君王隆△祭而不爲其樂

按，蓋書手初誤書，又徑改如是。

巽

篆

巽

- 三・中弓 23・18
- 六・慎子 01・27

與《說文》篆文同源。

- 一・詩論 09・14
- 九・陳公 12・33

奠

奠

- 二・容成氏 28・14
- 六・鄭壽 01・05
- 六・鄭壽 02・11
- 六・鄭壽 03・15
- 六・鄭壽 03・27
- 六・鄭壽 04・12
- 七・鄭子甲 01・01
- 七・鄭子甲 02・15
- 七・鄭子甲 03・22
- 七・鄭子甲 03・25
- 七・鄭子甲 03・35
- 七・鄭子甲 05・04
- 七・鄭子甲 06・12
- 七・鄭子乙 01・17
- 七・鄭子乙 02・17
- 七・鄭子乙 03・21
- 七・鄭子乙 03・24
- 七・鄭子乙 05・02
- 七・鄭子乙 06・13
- 八・子道餓 01・25
- 七・鄭子甲 01・18

窴

- 卉茅 02・17

按，从宀奠聲，「奠」字異體，或即「寘」字異體。卷七宀部「寘」下重出。

墓

- 一・性情論 01・24

按，从土奠聲，「奠」字異體。卷十三土部附錄重出。

左

- 二・容成氏 20・19
- 三・周易 07・39
- 五・季庚子 11・24
- 六・競公瘧 11・02
- 六・鄭壽 03・04
- 六・用曰 15・08
- 七・武王 06・21
- 七・凡物甲 03・15
- 七・凡物乙 03・02
- 七・吳命 05・33
- 七・吳命 08・38
- 九・陳公 04・35
- 九・陳公 05・16
- 九・陳公 13・14
- 九・陳公 20・07
- 九・舉治 06・08
- 藝術・選六 137・02
- 藝術・選六 138・03
- 九・陳公 20・19

右麾△〔麾〕……

差

- 一・詩論 21・34
- 一・詩論 22・15
- 二・容成氏 16・41
- 二・容成氏 37・24
- 二・容成氏 49・28
- 三・中弓 19・11
- 八・李頌 01反・16
- 九・舉治 10・06

工

- 一・詩論 05・05
- 二・容成氏 18・29
- 二・容成氏 23・20

巨（古）巨

五・弟子問 19・02

六・天子甲 06・25

六・天子乙 06・02

《說文》古文如此。

甘 甘

一・詩論 10・17

一・詩論 13・24

一・詩論 15・12

一・詩論 24・22

四・曹沫 53・11

四・曹沫 53・28

猒 猒

一・詩論 23・18

一・緇衣 24・05

三・中弓 12・08

三・亙先 01・18

二・從政甲 12・08

三・中弓 16・13

八・王居 05・14

六・季桓子 20・12

如夫見人不△（厭）按，从「攴」爲从「犬」之譌。

三・周易 16・19

三・周易 17・03

甚

甚

- 一·詩論 24·33
- 二·子羔 02·07
- 二·魯邦 04·34
- 二·魯邦 05·17
- 二·容成氏 06·34
- 四·柬大王 08·14
- 四·柬大王 22·01
- 五·競建 06·16
- 六·競公瘧 01·24
- 六·用曰 19·26
- 八·子道餓 01·19
- 九·成王甲 02·30
- 一·性情論 20·12
- 一·性情論 35·14
- 一·性情論 35·22
- 一·性情論 36·03綴
- 一·性情論 36·11綴
- 一·性情論 36·19
- 六·用曰 19·36

古

- 五·季庚子 11·08

《說文》古文如此。

〈尚〉

- 八·命 10·27

△善

按，「尚」爲「甚」之譌。

曰

曰

- 一·詩論 01·10
- 一·詩論 03·36
- 一·詩論 04·01
- 一·詩論 04·20
- 一·詩論 05·09
- 一·詩論 06·12
- 一·詩論 07·25
- 一·詩論 10·29
- 一·詩論 16·20
- 一·詩論 19·04
- 一·詩論 21·27
- 一·詩論 22·04

二・子羔 06・22	二・民之 08・04	二・民之 01・29	一・緇衣 21・35	一・緇衣 15・27	一・緇衣 09・24	一・緇衣 02・18	一・詩論 22・16
二・子羔 07・18	二・民之 09・06	二・民之 03・09	一・緇衣 22・31	一・緇衣 16・06	一・緇衣 10・04	一・緇衣 03・21	一・詩論 22・28
二・子羔 08・28	二・子羔 01・15	二・民之 03・17	一・緇衣 23・09	一・緇衣 17・33	一・緇衣 11・15	一・緇衣 05・06	一・詩論 27・13
二・子羔 08・39	二・子羔 01・23	二・民之 05・10	一・緇衣 23・27	一・緇衣 19・08	一・緇衣 12・51	一・緇衣 06・28	一・詩論 27・23
二・子羔 09・06	二・子羔 02・11	二・民之 05・24	一・緇衣 23・32	一・緇衣 20・21	一・緇衣 14・27	一・緇衣 07・24	一・緇衣 01・02
二・子羔 09・35	二・子羔 03・09	二・民之 07・20	二・民之 01・07	一・緇衣 21・12	一・緇衣 14・30	一・緇衣 08・17	一・緇衣 01・33

二・容成氏 53・04	二・容成氏 43・21	二・昔者 01・03	二・從政甲 19・07	二・從政甲 11・15	二・從政甲 05・27	二・魯邦 05・27	二・子羔 12・36
三・周易 22・33	二・容成氏 46・10	二・昔者 02・13	二・從政乙 01・01	二・從政甲 13・08	二・從政甲 05・30	二・從政甲 01・03	二・子羔 13・17
三・周易 24・23	二・容成氏 47・08	二・昔者 03・07	二・從政乙 01・07	二・從政甲 16・14	二・從政甲 05・33	二・從政甲 03・15	二・魯邦 01・17
三・周易 43・14	二・容成氏 47・18	二・容成氏 09・40	二・從政乙 02・20	二・從政甲 17・14	二・從政甲 08・10	二・從政甲 05・06	二・魯邦 02・05
三・中弓 01・14	二・容成氏 48・13	二・容成氏 32・20	二・從政乙 03・21	二・從政甲 18・07	二・從政甲 09・15	二・從政甲 05・21	二・魯邦 03・05
三・中弓 05・11	二・容成氏 50・01	二・容成氏 33・04	二・從政乙 04・04	二・從政甲 18・25	二・從政甲 10・01	二・從政甲 05・24	二・魯邦 03・23

四·曹沫 08·32	四·曹沫 01·16	四·內豊 05·01	四·昭王 02·15	三·彭祖 02·24	三·中弓 25·11	三·中弓 11·15	三·中弓 06·08
四·曹沫 10·12	四·曹沫 05·04	四·內豊 08·08	四·昭王 05·01	三·彭祖 02·35	三·中弓 26·14	三·中弓 15·05	三·中弓 06·15
四·曹沫 13·02	四·曹沫 05·12	四·內豊 09·05	四·昭王 09·11	三·彭祖 03·08	三·中弓 27·03	三·中弓 17·11	三·中弓 08·08
四·曹沫 13·20	四·曹沫 06·27	四·內豊 10·03	四·柬大王 05·06	三·彭祖 07·17	三·中弓 附·03	三·中弓 20·05	三·中弓 08·28
四·曹沫 20·13	四·曹沫 06·34	四·相邦 02·14	四·柬大王 05·19	三·彭祖 08·28	三·彭祖 01·07	三·中弓 20·18	三·中弓 09·14
四·曹沫 20·24	四·曹沫 07·16	四·相邦 04·07	四·柬大王 23·10	四·昭王 01·44	三·彭祖 01·35	三·中弓 21·01	三·中弓 10·28

四·曹沫 64·08	四·曹沫 56·13	四·曹沫 53·17	四·曹沫 49·14	四·曹沫 43·28	四·曹沫 38·29	四·曹沫 33·27	四·曹沫 21·29
四·曹沫 64·31	四·曹沫 56·15	四·曹沫 54·01	四·曹沫 50·14	四·曹沫 44·29	四·曹沫 40·15	四·曹沫 34·03	四·曹沫 22·17
五·競建 01·26	四·曹沫 57·12	四·曹沫 54·09	四·曹沫 50·22	四·曹沫 45·02	四·曹沫 40·26	四·曹沫 35·16	四·曹沫 22·26
五·競建 01·30	四·曹沫 57·19	四·曹沫 55·34	四·曹沫 51·01	四·曹沫 46·04	四·曹沫 42·21	四·曹沫 36·12	四·曹沫 24·08
五·競建 02·04	四·曹沫 59·10	四·曹沫 56·07	四·曹沫 52·12	四·曹沫 46·12	四·曹沫 42·30	四·曹沫 37·20	四·曹沫 32·03
五·競建 02·26	四·曹沫 60·18	四·曹沫 56·11	四·曹沫 53·09	四·曹沫 49·05	四·曹沫 43·22	四·曹沫 38·21	四·曹沫 32·13

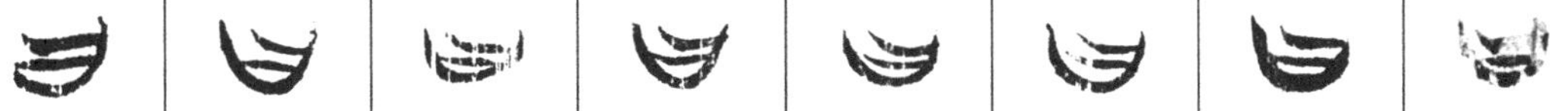

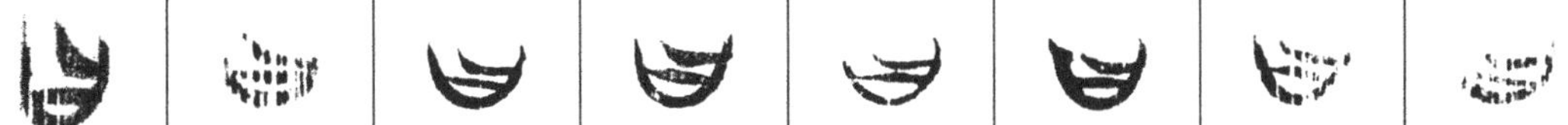

五・君子 12・05	五・君子 03・02	五・姑成 07・17	五・季庚子 15・07	五・季庚子 08・14	五・季庚子 01・07	五・競建 07・16	五・競建 02・33
五・君子 15・08	五・君子 03・09	五・姑成 08・07	五・季庚子 16・11	五・季庚子 09・14	五・季庚子 02・11	五・競建 08・11	五・競建 05・03
五・弟子問 02・02	五・君子 03・40	五・姑成 09・45	五・季庚子 18・02	五・季庚子 11・16	五・季庚子 02・21	五・競建 09・22	五・競建 05・09
五・弟子問 04・19	五・君子 04・05	五・君子 01・07	五・姑成 02・11	五・季庚子 13・17	五・季庚子 04・23	五・鮑叔牙 01・23	五・競建 05・22
五・弟子問 04・28	五・君子 11・10	五・君子 01・22	五・姑成 03・34	五・季庚子 14・28	五・季庚子 06・06	五・鮑叔牙 06・38	五・競建 05・31
五・弟子問 04・36	五・君子 11・21	五・君子 01・33	五・姑成 06・31	五・季庚子 14・34	五・季庚子 06・13	五・鮑叔牙 07・06	五・競建 06・15

六·王子木 02·01	六·鄭壽 01·12	六·莊王 03·01	六·季桓子 06·11	六·競公瘧 11·08	五·三德 10·03	五·弟子問 15·01	五·弟子問 05·09
六·王子木 02·07	六·鄭壽 03·12	六·莊王 03·09	六·季桓子 10·09	六·競公瘧 12·18	五·三德 19·20	五·弟子問 16·05	五·弟子問 06·03
六·王子木 02·13	六·鄭壽 05·01	六·莊王 04·07	六·季桓子 19·07	六·季桓子 01·05	五·鬼神 05·44	五·弟子問 22·04	五·弟子問 07·02
六·王子木 02·20	六·鄭壽 05·05	六·莊王 05·22	六·季桓子 22·11	六·季桓子 02·04	五·鬼神 06·05	五·弟子問 23·06	五·弟子問 09·19
六·王子木 03·18	六·鄭壽 05·15	六·莊王 06·10	六·季桓子 26·10	六·季桓子 02·14	六·競公瘧 03·09	五·弟子問 附·01	五·弟子問 11·12
六·王子木 05·15	六·鄭壽 06·25	六·莊王 07·10	六·莊王 01·13	六·季桓子 03·07	六·競公瘧 04·20	五·三德 09·09	五·弟子問 13·10

七·鄭子乙 01·16	七·武王 12·08	七·武王 09·17	七·武王 07·11	七·武王 01·32	六·用曰 10·12	六·用曰 03·31	六·王子木 05·19
七·鄭子乙 06·20	七·武王 13·21	七·武王 10·07	七·武王 07·26	七·武王 03·33	六·用曰 11·36	六·用曰 05·09	六·慎子 01·03
七·君人甲 01·03	七·武王 13·28	七·武王 10·24	七·武王 08·03	七·武王 06·07	六·用曰 12·16	六·用曰 05·39	六·慎子 03·15
七·君人甲 02·04	七·鄭子甲 01·17	七·武王 11·08	七·武王 08·26	七·武王 06·14	六·用曰 14·02	六·用曰 06·20	六·慎子 03反·03
七·君人甲 02·20	七·鄭子甲 03·34	七·武王 11·30	七·武王 09·01	七·武王 06·23	六·用曰 17·07	六·用曰 07·09	六·慎子 05·07
七·君人乙 01·03	七·鄭子甲 06·19	七·武王 11·34	七·武王 09·08	七·武王 06·35	七·武王 01·07	六·用曰 08·27	六·用曰 02·05

八·成王 14·08	八·成王 05·03	八·顏淵 06·11	八·子道餓 03·06	七·吳命 01·20	七·凡物乙 07·11	七·凡物甲 21·03	七·君人乙 02·03
八·成王 14·32	八·成王 05·12	八·顏淵 06·20	八·子道餓 04·10	七·吳命 01·32	七·凡物乙 09·37	七·凡物甲 22·13	七·君人乙 02·19
八·成王 16·10	八·成王 06·07	八·顏淵 09·33	八·顏淵 01·07	七·吳命 04·25	七·凡物乙 14·10	七·凡物甲 26·14	七·凡物甲 02·23
八·命 01·15	八·成王 06·17	八·顏淵 10·16	八·顏淵 01·20	七·吳命 05·41	七·凡物乙 18·31	七·凡物甲 27·15	七·凡物甲 08·28
八·命 02·19	八·成王 07·23	八·成王 02·08	八·顏淵 01·29	七·吳命 07·19	七·凡物乙 19·13	七·凡物甲 28·08	七·凡物甲 14·21
八·命 06·08	八·成王 10·23	八·成王 03·08	八·顏淵 05·20	八·子道餓 01·10	七·凡物乙 20·06	七·凡物乙 02·16	七·凡物甲 20·15

八・命 07・25	九・靈王 05・11	九・舉治 13・37	九・舉治 17・18	九・舉治 22・12	九・舉治 32・07	九・邦人 07・24	九・史蒥 08・04
八・命 10・26	九・陳公 16・02	九・舉治 14・10	九・舉治 18・04	九・舉治 23・29	九・舉治 33・12	九・邦人 09・21	九・卜書 01・03
八・王居 05・18	九・舉治 01・11	九・舉治 14・17	九・舉治 19・08	九・舉治 24・05	九・舉治 35・02	九・邦人 11・12	九・卜書 01・27
八・志書 02・19	九・舉治 04・10	九・舉治 15・08	九・舉治 19・15	九・舉治 24・13	九・邦人 01・10	九・邦人 12・09	九・卜書 02・12
九・成王甲 03・21	九・舉治 06・06	九・舉治 16・06	九・舉治 21・06	九・舉治 30・08	九・邦人 04・26	九・史蒥 06・04	九・卜書 03・09
九・成王甲 04・18	九・舉治 09・11	九・舉治 17・11	九・舉治 22・05	九・舉治 30・20	九・邦人 05・04	九・史蒥 06・10	九・卜書 07・11

乃　曹　暨

乃	曺	曹		暨			
一・緇衣 15・17	五・弟子問 17・13	五・弟子問 04・09	六・用曰 11・06	二・容成氏 38・19	四・曹沫 41・15 莊公△	二・子羔 01・01 〔孔子〕△	九・卜書 08・14
二・子羔 12・28							港中零簡 03・10
二・魯邦 01・22					六・競公瘧 01・20 艾款與梁丘據言於公△	三・中弓 07・01 仲尼△	港中零簡 09・12
二・魯邦 03・14							上博零簡 02・03
二・魯邦 04・07					六・用曰 09・31 用△	三・彭祖 03・23 彭祖△	藝術・選六 138・01
二・昔者 04・15							

二·容成氏 08·39
二·容成氏 09·36
二·容成氏 13·32
二·容成氏 15·03
二·容成氏 17·08
二·容成氏 17·38
二·容成氏 18·35
二·容成氏 19·06
二·容成氏 22·05
二·容成氏 23·14
二·容成氏 25·34
二·容成氏 26·12
二·容成氏 26·34
二·容成氏 27·14
二·容成氏 27·33
二·容成氏 28·15
二·容成氏 28·18
二·容成氏 28·31
二·容成氏 28·44
二·容成氏 29·11
二·容成氏 29·17
二·容成氏 29·30
二·容成氏 30·17
二·容成氏 30·28
二·容成氏 34·13
二·容成氏 36·23
二·容成氏 36·33
二·容成氏 37·13
二·容成氏 37·18
二·容成氏 37·31
二·容成氏 40·07
二·容成氏 40·32
二·容成氏 46·38
二·容成氏 47·43
二·容成氏 48·35
二·容成氏 51·32
三·周易 17·25
三·周易 42·26
三·周易 47·25
三·彭祖 01·38
三·彭祖 01·44
四·曹沫 10·19
四·曹沫 32·17
四·曹沫 52·19
四·曹沫 63·01
五·鮑叔牙 01·18
五·鮑叔牙 03·21
五·鮑叔牙 07·34

九·舉治 09·05	九·陳公 10·12	八·王居 07·08	七·凡物甲 26·21	六·用曰 01·37	五·三德 08·46	五·三德 02·35	五·鮑叔牙 08·17
九·舉治 11·01	九·陳公 14·11	八·志書 01·03	七·凡物甲 30·16	六·用曰 13·33	五·三德 09·03	五·三德 03·02	五·季庚子 11·18
九·舉治 11·09	九·陳公 14·21	九·陳公 01·35	七·凡物乙 19·20	七·鄭子甲 03·18	五·三德 14·39	五·三德 05·30	五·姑成 05·46
九·舉治 16·04	九·陳公 15·04	九·陳公 05·13	八·成王 01·24	七·鄭子乙 03·17	五·三德 14·45	五·三德 05·33	五·姑成 08·01
九·舉治 23·25	九·陳公 20·04	九·陳公 09·04	八·成王 16·07	七·君人甲 01·26	六·競公瘧 13·34	五·三德 06·45	五·姑成 08·26
九·舉治 30·17	九·舉治 05·21	九·陳公 09·11	八·王居 06·16	七·君人乙 01·26	六·季桓子 08·19	五·三德 06·49	五·姑成 10·32

九・舉治 31・27
九・邦人 05・15
九・邦人 08・26
九・卜書 02・08
九・卜書 03・05
九・卜書 03・20

港中零簡 03・08
港中零簡 04・08
藝術・選六 147・02

五・君子 13・01

△以爲己名

卣

卣

卣

二・子羔 10・18
三・周易 42・28
三・周易 47・04
八・顏淵 03・10

丂

丂

丂

三・亙先 07・14

甹

甹

甹

八・命 04・13
九・陳公 03・28

可

可

可

一・詩論 04・18
一・詩論 04・41
一・詩論 05・07
一・詩論 11・29
一・詩論 13・01
一・詩論 13・06

一・詩論 17・13
一・詩論 20・05
一・詩論 20・36
一・詩論 21・13
一・詩論 21・15
一・詩論 27・03

四・柬大王 10・04	三・中弓 25・05	三・中弓 10・03	三・周易 25・26	二・魯邦 04・09	一・緇衣 19・21	一・緇衣 16・10	一・緇衣 02・21
四・柬大王 11・06	三・彭祖 01・19	三・中弓 10・10	三・周易 33・21	二・魯邦 06・14	一・緇衣 19・26	一・緇衣 16・15	一・緇衣 02・28
四・柬大王 13・04	三・彭祖 01・21	三・中弓 10・35	三・周易 45・12	三・周易 13・14	二・子羔 01・16	一・緇衣 16・18	一・緇衣 09・06
四・柬大王 17・26	三・彭祖 04・15	三・中弓 11・13	三・中弓 05・16	三・周易 14・24	二・子羔 07・21	一・緇衣 17・41	一・緇衣 12・02
四・柬大王 23・17	三・彭祖 06・05	三・中弓 23・12	三・中弓 08・25	三・周易 17・10	二・子羔 08・36	一・緇衣 18・17	一・緇衣 15・05
四・相邦 02・08	三・彭祖 06・12	三・中弓 23・29	三・中弓 09・08	三・周易 18・37	二・魯邦 02・02	一・緇衣 18・24	一・緇衣 16・07

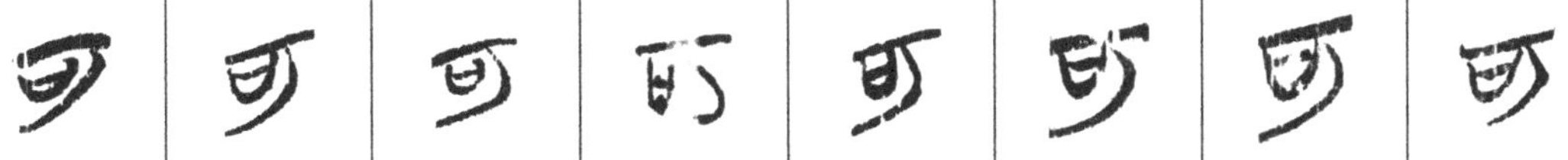

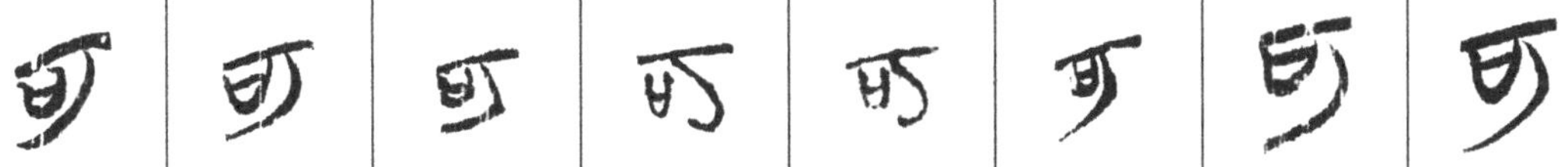

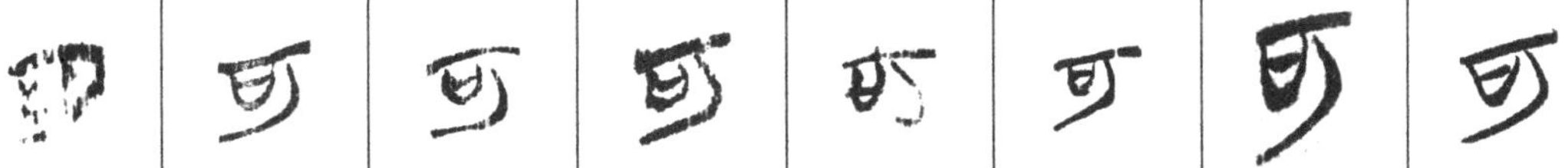

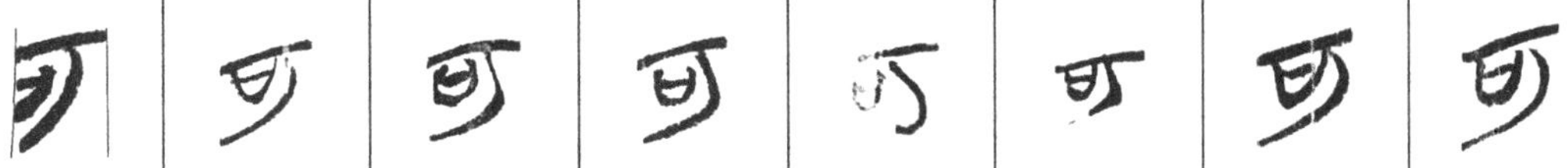

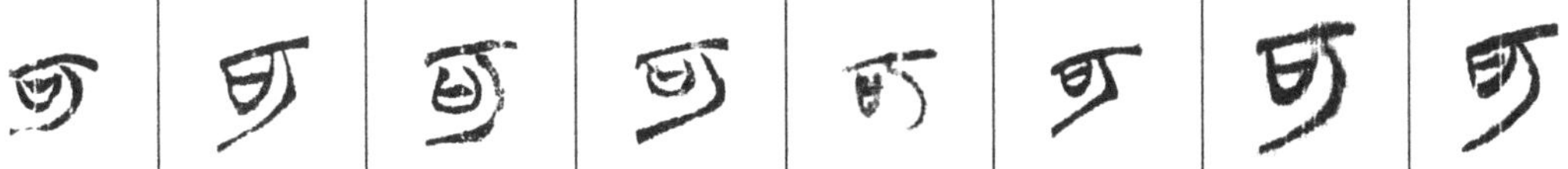

四・相邦 04・36
五・弟子問 05・03
五・弟子問 08・24
五・弟子問 18・04
五・弟子問 附・07
五・弟子問 附・18

五・鬼神 05・41
五・鬼神 06・15
六・競公瘧 03・14
六・競公瘧 05・07
六・競公瘧 11・21
六・競公瘧 12・03

六・莊王 09・07
六・王子木 02・08
六・慎子 06・18
六・用曰 04・36
六・用曰 11・33
六・用曰 15・36

六・用曰 19・07
六・用曰 19・16
七・鄭子甲 03・07
七・吳命 08・12
八・王居 05・02
八・志書 02・15

八・李頌 01・08
八・李頌 01・27
八・李頌 01・37
八・李頌 01・46
八・李頌 01・55
八・李頌 01反・07

八・李頌 01反・15
八・李頌 01反・24
八・李頌 01反・32
八・李頌 01反・41
八・李頌 01反・49
八・李頌 02・03

八・李頌 02・12
八・李頌 02・20
八・李頌 02・29
九・邦人 04・28
九・邦人 05・11
九・邦人 07・29

九・邦人 12・15

四·內豊 07·02	 三·周易 21·10	 二·容成氏 27·29	 二·容成氏 18·42	 二·從政甲 11·09	 二·民之 05·19	 一·性情論 38·17	 一·性情論 08·11
 四·曹沫 04·08	三·亙先 07·38	 二·容成氏 39·31	 二·容成氏 25·11	 二·從政甲 11·16	 二·民之 06·21	 一·性情論 38·42	 一·性情論 21·17
 四·曹沫 05·20	三·亙先 10·25	 二·容成氏 46·33	 二·容成氏 25·30	 二·從政甲 11·20	二·民之 06·32	 一·性情論 39·10	 一·性情論 24·07
四·曹沫 06·10	 四·昭王 02·10	 二·容成氏 47·13	 二·容成氏 26·08	 二·從政甲 11·26	 二·民之 07·33	 二·民之 01·18	 一·性情論 24·19
 四·曹沫 17·04	 四·昭王 09·17	 二·容成氏 47·19	 二·容成氏 26·30	 二·從政甲 11·30	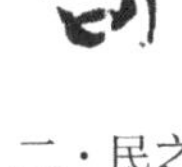 二·民之 08·10	 二·民之 01·21	 一·性情論 31·12
 四·曹沫 19·04	 四·內豊 06·42	 二·容成氏 48·27	 二·容成氏 27·10	 二·從政甲 19·03	 二·民之 10·01	二·民之 03·12	 一·性情論 35·03

六・用曰 12・07	六・王子木 05・11	六・季桓子 25・04	五・三德 17・19	五・姑成 03・36	五・競建 02・28	四・曹沫 34・01	四・曹沫 19・13
六・用曰 12・22	六・王子木 05・21	六・莊王 02・11	五・三德 22・04	五・姑成 06・38	五・競建 05・25	四・曹沫 35・14	四・曹沫 19・22
六・天子甲 08・02	六・用曰 02・02	六・鄭壽 02・07	五・鬼神 05・37	五・姑成 07・46	五・競建 06・11	四・曹沫 36・10	四・曹沫 20・20
六・天子乙 07・14	六・用曰 07・06	六・鄭壽 02・10	六・季桓子 02・08	五・君子 03・05	五・季庚子 02・14	四・曹沫 38・05	四・曹沫 22・23
七・武王 01・24	六・用曰 07・29	六・鄭壽 05・12	六・季桓子 09・17	五・君子 03・28	五・季庚子 08・17	四・曹沫 41・04	四・曹沫 24・06
七・武王 06・17	六・用曰 08・13	六・鄭壽 06・22	六・季桓子 10・02	五・君子 04・08	五・姑成 03・10	四・曹沫 48・02	四・曹沫 29・10

八·有皇 01·20	八·命 04·11	八·成王 13·09	七·凡物乙 08·21	七·凡物甲 19·19	七·凡物甲 07·13	七·鄭子乙 03·06	七·武王 06·30
八·有皇 01·27	八·李頌 01·17	八·成王 14·15	七·凡物乙 14·02	七·凡物甲 26·09	七·凡物甲 10·03	七·君人甲 08·23	七·武王 08·14
八·有皇 01·32	八·蘭賦 02·06	八·成王 14·20	七·凡物乙 19·08	七·凡物乙 06·10	七·凡物甲 10·10	七·君人甲 09·20	七·武王 08·20
八·有皇 02·04	八·蘭賦 02·22	八·成王 14·25	八·子道餓 02·26	七·凡物乙 08·01	七·凡物甲 10·17	七·君人乙 07·24	七·武王 08·27
八·有皇 02·11	八·有皇 01·06	八·成王 15·06	八·顏淵 01·26	七·凡物乙 08·08	七·凡物甲 10·23	七·君人乙 08·15	七·武王 09·09
八·有皇 02·17	八·有皇 01·13	八·命 02·14	八·顏淵 06·17	七·凡物乙 08·15	七·凡物甲 19·15	七·君人乙 09·16	七·武王 11·37

八・有皇 02・23

八・有皇 03・04

八・有皇 03・10

八・有皇 04・02

八・有皇 04・09

八・有皇 04・15

八・有皇 04・21

八・有皇 04・28

八・有皇 04・34

八・有皇 04・40

八・有皇 05・06

八・有皇 05・14

八・有皇 05・20

八・有皇 06・03

八・有皇 06・11

八・有皇 06・17

八・有皇 06・23

八・有皇 06・30

八・有皇 06・39

八・鶹鷅 01・07

八・鶹鷅 01・13

八・鶹鷅 01・20

八・鶹鷅 01・26

八・鶹鷅 01・28

八・鶹鷅 01・31

八・鶹鷅 02・01

八・鶹鷅 02・08

九・舉治 03・13

九・舉治 22・08

九・舉治 24・03

九・史蕾 04・12

九・史蕾 06・05

九・史蕾 09・14

九・史蕾 09・17

九・史蕾 11・02

一・性情論 32・16

△知也

郭店簡本《性自命出》對應作「可」。

八・有皇 01・40

能爲余拜楮柧今△（兮）

七・君人甲 08・08

君王雖不荒佞，△也？

按，左豎筆或即誤畫墨道。若爲筆畫，疑「人」形殘蹟，或即「何」字。

奇

奇 奇

- 八・子道餓 04・04

于

于 于

- 一・詩論 22・47
- 一・緇衣 19・04
- 一・性情論 10・27
- 二・民之 02・21
- 二・民之 06・12
- 二・民之 11・20
- 二・民之 12・17
- 二・昔者 02・11
- 二・容成氏 37・38
- 二・容成氏 45・42
- 二・容成氏 53・02
- 三・周易 02・15
- 三・周易 02・25
- 三・周易 02・35
- 三・周易 02・43
- 三・周易 14・15
- 三・周易 17・15
- 三・周易 17・31
- 三・周易 24・28
- 三・周易 32・23
- 三・周易 38・12
- 三・周易 40・11
- 三・周易 42・04
- 三・周易 42・34
- 三・周易 43・08
- 三・周易 43・11
- 三・周易 50・11
- 三・周易 50・24
- 三・周易 50・34
- 三・周易 54・05
- 三・彭祖 01・04
- 三・彭祖 01・30
- 三・彭祖 02・25
- 三・彭祖 03・15
- 四・鳴烏 02・09
- 四・鳴烏 03・21
- 五・鮑叔牙 04・27
- 五・姑成 01・24
- 五・姑成 06・15
- 五・三德 03・10
- 六・用曰 04・03
- 六・用曰 05・19

旨

古

旨

六・用曰 15・02

八・成王 14・04

八・蘭賦 02・37

九・舉治 09・03

九・舉治 32・14

九・卜書 08・02

港中零簡 04・02

八・成王 16・03

……之至△周之東

八・命 05・11

不以私惠私怨入△王門

一・緇衣 17・10

二・從政甲 09・19

七・凡物甲 17・28

七・凡物甲 23・23

七・凡物甲 29・15

七・凡物乙 16・03

七・凡物乙 22・04

八・李頌 01・21

九・舉治 31・16

九・卜書 08・22

《說文》古文源此。

三・彭祖 08・26

嘗

嘗（篆）

嘗

- 九・舉治 03・04

⿱八旨

⿱八旨

- 七・鄭子甲 05・19

詳見卷十四酋部「尊」下。

喜

喜（篆）

壴

- 三・中弓 05・03　亦〔可〕以行△
- 三・中弓 08・17　既聞命△ 
- 三・中弓 11・05　既聞命△ 
- 三・中弓 15・13　足以教△ 
- 五・君子 15・01　然則〔賢於子產〕△ 
- 五・弟子問 06・13　吾見之△ 
- 五・弟子問 09・05　吾見之△ 
- 八・子道餓 01・16　吾子齒年長△ 

按，「喜」之省作，均用爲「矣」，與《說文》「壴」同形。

歖（古）

歖

- 五・弟子問 11・22

按，从欠喜省聲，《說文》古文異體。《說文》卷八欠部「歖」下重出，今亦重出。

憙

憙（篆）

憙

- 一・性情論 01・25
- 一・性情論 13・20
- 一・性情論 13・26
- 一・性情論 14・26
- 二・昔者 03・11
- 二・昔者 03・18
- 四・采風 04・34
- 四・曹沫 55・15
- 四・曹沫 61・11
- 五・三德 06・12
- 五・三德 07・02
- 八・命 07・04

彭 嘉

嘉		彭					
三・周易 17・16	八・王居 05・20	三・彭祖 01・05	六・天子甲 06・18	一・詩論 21・36	六・季桓子 19・15	一・詩論 18・16	九・成王甲 05・11
	八・王居 07・10	三・彭祖 01・33	六・天子乙 05・29		衣服好△（采）	一・詩論 22・24	九・陳公 14・25
		三・彭祖 02・22	九・成王甲 02・31		按，右上有印文，讀「采」，說聞於李丹未刊稿《釋上博六〈孔子見季桓子〉中的「憙」字》。		港中零簡 04・06
		三・彭祖 03・21	按，「壴」旁加飾，與「彭」同形。楚字「豆」形右旁或加彡飾，本編卷五「豊」「豐」有同例。				
		三・彭祖 07・15					
		八・王居 01・07					

訏　鋸　鼓

鼓

四・采風 04・31
△賓

按，「加」爲「力」之繁構，本編卷四「幼」、卷五「靜」有同例。

三・周易 31・07

九・舉治 25・08

卉茅 03・15

按，繁从「又」作，遂與「爭」同形。

六・用曰 11・23

六・用曰 13・22

按，「又」義化作「力」。从力嘉聲，「嘉」字繁構。

訏

二・容成氏 22・18

禹乃建鼓於廷，以爲民之有訟告者△（訊）焉。

鋸

九・陳公 13・33

鼓

七・君人甲 03・15

七・君人乙 03・13

鼓

一・詩論 14・21

二・容成氏 02・23

二・容成氏 22・07

二・容成氏 22・21

二・容成氏 48・04

二・容成氏 48・09

四・柬大王 09・04

四・柬大王 11・01

七·凡物甲 19·09

七·凡物乙 13·24

九·陳公 13·08

九·陳公 13·26

九·陳公 14·10

九·陳公 14·20

四·曹沫 52·18

按，《說文》分別「鼓」「鼔」，實即一字。卷三支部「鼓」下重出。

鼙

鼙

鞞

九·陳公 13·30

《集韻》以爲「鼙」字異體。

⿰豈幾

⿰豈幾

⿰豈幾

四·鳴烏 01·03

四·鳴烏 01·19

四·鳴烏 02·12

四·鳴烏 03·01

四·鳴烏 03·24

四·鳴烏 04·11

按，豈、幾雜糅雙聲。

豆

豆

豆

八·李頌 01反·02

豊

豊

豊

四·采風 02·23

五·三德 03·39

五·三德 05·27

六·天子甲 03·04

六·天子甲 03·10

六·天子甲 04·08

六·天子乙 02·28

六·天子乙 03·01

六·天子乙 03·28

按，「豊」本从二玉、壴（鼓）會意，西周晚期「壴」旁已見譌作「豆」者，東周六國「二玉」復省譌作「丰」形，由此構形重組爲从⿶凵丰、豆會意。

一・緇衣
13・11

一・詩論
05・24

一・詩論
12・05

一・詩論
25・18

二・民之
02・07

二・民之
04・03

二・民之
04・07

二・民之
06・02

二・民之
07・28

二・民之
11・03

二・民之
11・26

二・民之
12・15

二・民之
13・06

二・民之
13・28

二・子羔
05・20

四・內豊
01反・02

四・內豊
附・16

五・季庚子
17・05

五・君子
01・12

五・三德
12・08

七・鄭子甲
04・07

港中零簡
05・07

四・內豊
01・09

五・季庚子
16・13

七・吳命
06・19

八・子道餓
03・12

二・容成氏
08・32

按，旁加彡飾，本編卷五「憙」「豐」有同例。

六・季桓子
21・11

六・季桓子
20・14

七・鄭子乙
04・07

七・凡物甲
01・12

七・凡物甲
03・04

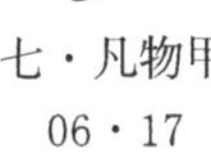
七・凡物甲
06・17

豐

豐

豐

七・凡物甲 27・04

七・凡物乙 01・12

七・凡物乙 02・28

七・凡物乙 05・22

一・性情論 08・24

一・性情論 09・12

一・性情論 10・31

一・性情論 28・05

一・性情論 29・04

一・性情論 29・14

二・從政甲 02・07

二・從政甲 03・01

二・從政乙 04・10

一・詩論 10・45

《關雎》以色喻於△（禮）

三・周易 51・03

三・周易 51・18

三・周易 51・40

八・蘭賦 01・14

八・李頌 02・04

按，旁加彡飾，本編卷五「壴」「豐」有同例。

古

二・容成氏 45・38

二・容成氏 47・37

二・容成氏 48・01

二・容成氏 48・29

《說文》古文如此。

虘

虘

一・緇衣 14・04

虐（古）	虞（篆）		虡	虎（篆）			
二・容成氏 36・36	五・弟子問 20・15	六・競公瘧 13・25	九・成王甲 03・23	三・周易 25・10	二・民之 02・03	九・靈王 02・10	九・靈王 05・02
△（虐）疾始生	六・競公瘧 01・16			四・鳴鳥 02・19	二・民之 03・20	九・靈王 02・17	九・靈王 05・09
《說文》古文如此。亦合於「讀若暠」之「唬」。詳見卷二口部「唬」下。	《說文》篆文如此。			五・三德 18・08	二・民之 05・27	九・靈王 02・25	九・靈王 05・31
					四・采風 04・22	九・靈王 03・29	
					四・采風 05・10		

⿸虍介

二・容成氏 02・16

二・容成氏 06・41

二・容成氏 07・21

二・容成氏 14・08

二・容成氏 14・27

二・容成氏 25・05

二・容成氏 26・04

二・容成氏 27・25

二・容成氏 46・19

二・容成氏 46・28

二・容成氏 47・15

二・容成氏 51・02

二・容成氏 52・40

四・曹沫 20・10

四・曹沫 40・24

四・曹沫 42・28

四・曹沫 43・26

四・曹沫 44・34

四・曹沫 46・10

四・曹沫 49・12

四・曹沫 50・20

四・曹沫 50・28

△（號）令於軍中

四・曹沫 53・15

四・曹沫 54・07

四・曹沫 60・16

六・莊王 03・07

六・莊王 03・22

六・莊王 04・02

六・莊王 06・07

八・成王 12・05

九・舉治 24・15

九・邦人 01・02

按，下部「介」形蓋由「虎」字下部加飾譌變而來。

⿸虍示

一・詩論 12・10

一・詩論 13・23

一・詩論 23・16

一・緇衣 14・24

唯作五△（虐）刑曰法

五・季庚子 11・25

九・舉治 07・23

按，下部「示」形蓋由「介」進一步譌變而來。

							虐
四·曹沫 13·03	四·昭王 10·12	三·中弓 26·04	二·容成氏 41·06	二·魯邦 01·28	一·詩論 23·26	一·詩論 21·40	一·詩論 06·07
四·曹沫 51·20	四·柬大王 05·12	三·中弓 26·09	二·容成氏 48·14	二·魯邦 03·26	一·詩論 24·20	一·詩論 21·45	一·詩論 06·27
四·曹沫 59·11	四·柬大王 08·22	四·采風 02·07	二·容成氏 50·05	二·魯邦 04·40	一·詩論 27·14	一·詩論 22·11	一·詩論 16·21
四·曹沫 64·10	四·相邦 04·08	四·采風 06·02	二·容成氏 50·12	二·魯邦 04·42	一·緇衣 14·01	一·詩論 22·23	一·詩論 20·39
四·曹沫 64·21	四·相邦 04·31	四·昭王 05·02	二·容成氏 50·34	二·魯邦 05·23	二·民之 11·12	一·詩論 22·37	一·詩論 21·30
五·競建 06·18	四·曹沫 10·15	四·昭王 10·02	二·容成氏 53·29	二·魯邦 05·25	二·子羔 04·01	一·詩論 22·49	一·詩論 21·35

六・王子木 02・25	六・競公瘧 03・19	六・競公瘧 01・27	五・弟子問 22・07	五・弟子問 07・03	五・君子 03・03	五・姑成 05・14	五・競建 08・12
七・鄭子甲 03・05	六・競公瘧 12・21	六・競公瘧 01・33	五・鬼神 04・02	五・弟子問 09・02	五・君子 03・11	五・姑成 05・26	五・季庚子 11・28
七・鄭子乙 03・04	六・競公瘧 12・42	六・競公瘧 01・38	五・鬼神 04・22	五・弟子問 09・11	五・君子 03・29	五・姑成 07・09	五・姑成 02・13
七・君人甲 02・07	六・季桓子 07・01	六・競公瘧 02・10	五・鬼神 04・35	五・弟子問 14・02	五・君子 11・14	五・姑成 07・18	五・姑成 04・01
七・君人乙 02・06	六・莊王 01・14	六・競公瘧 02・16	五・鬼神 04・44	五・弟子問 15・04	五・弟子問 06・10	五・姑成 07・27	五・姑成 04・39
七・凡物甲 03・29	六・鄭壽 02・06	六・競公瘧 02・30	六・競公瘧 01・21	五・弟子問 21・01	五・弟子問 06・20	五・君子 01・35	五・姑成 05・08

八·李頌 01反·56	八·志書 05·12	八·王居 02·24	八·成王 05·14	七·凡物乙 06·22	七·凡物乙 03·25	七·凡物甲 07·20	七·凡物甲 04·08
九·舉治 01·12	八·志書 05·15	八·王居 06·01	八·成王 14·29	七·凡物乙 13·11	七·凡物乙 04·10	七·凡物甲 07·25	七·凡物甲 04·29
九·舉治 06·12	八·志書 06·07	八·王居 06·13	八·命 01·22	七·凡物乙 13·14	七·凡物乙 05·12	七·凡物甲 08·05	七·凡物甲 06·07
九·邦人 01·17	八·志書 07·20	八·志書 03·04	八·命 04·05	八·子道餓 01·11	七·凡物乙 05·25	七·凡物甲 18·26	七·凡物甲 06·20
九·邦人 13·01	八·李頌 01·02	八·志書 03·24	八·命 04·22	八·子道餓 01·27	七·凡物乙 06·07	七·凡物甲 28·01	七·凡物甲 07·01
卉茅 01·12	八·李頌 01反·20	八·志書 05·01	八·王居 02·07	八·成王 05·09	七·凡物乙 06·17	七·凡物乙 03·16	七·凡物甲 07·10

一・緇衣 23・12

六・季桓子 22・07

六・季桓子 22・15

按，下部「壬」形蓋由「虎」字下部加飾譌變而來。

按，楚「虎」字經加飾孳乳爲「⿸虍子」「⿸虍示」「⿸虍王」者，所以分化職用，常用爲〈吾〉〈乎〉等。個別混用爲牙喉宵藥部之〈虐〉（一・緇衣 14・24）、〈號〉（四・曹沬 50・28）者，蓋受「⿸虍口（唬）」職用交叉侵染（陳劍 2019）。

虢

虢

六・用曰 05・12

虞

一・緇衣 09・16

⿱虤曰

虘

二・子羔 01・52

四・昭王 10・21

六・季桓子 17・19

九・陳公 10・10

二・子羔 09・13

按，从「虤」省作，「⿱虤曰」字異體，楚「皆」字。

盂

盂

二・容成氏 44・10

盌

鎾

七・武王 08・01

按，从金、皿，㕣聲，「盌」字異體，亦《說文》「甇」字異體。卷十二瓦部「甇」下、卷十四金部附錄重出。㕣，「宛頸」字，詳見本編卷五亼部附錄。

盛

盛

一・詩論 02・34

盈

浧

三・亙先 04・21　伸△天地

六・競公瘧 09・38　播△藏蓄

七・武王 11・12　亦有不△於十言而百世不失之道，有之乎？

七・凡物甲 10・18　水之東流，將何△？

七・凡物甲 29・19　握之不△握

七・凡物乙 08・16　水之東流，將何△？

七・凡物乙 22・08　握之不△握

八・蘭賦 02・31　芳△（馨）密迡

六・用曰 08・17　積△天之下

按，从水呈聲，楚「盈」字。卷十一水部附錄重出。

溋

五・三德 08・09　雖△必虛

六・用曰 17・05　無咎唯△

按，从皿浧聲，「浧（盈）」字繁構。

汭

三・周易 09・27　有孚△缶

王韓注本《易》對應作「盈」。一曰从「内」爲从「企」之譌。从水企聲，「盈」字異體（侯乃峰 2018:176-177 引裘錫圭說）。

盄　⿱酪皿　⿱⿰酉共皿　⿱蜀皿　　去

盄

五・三德 13・09

詳見卷三㒸部「䗼」下。

⿱酪皿

六・王子木 03・13

詳見卷十四酉部「酪」下。

⿱⿰酉共皿

六・王子木 03・19

詳見卷十二瓦部「瓮」下。

⿱蜀皿

五・鮑叔牙 03・03

器必△（獨）介

六・天子甲 08・20

邦君食△（獨）

六・天子乙 07・32

邦君食△（獨）

按，从皿蜀聲，沈培讀「獨」。一曰「蠲」。

去

五・君子 06・17

七・君人甲 06・23

七・君人乙 06・20

八・子道餓 05・15

⿱去止

四・曹沫 43・31

按，从止去聲，蓋動詞「去」。卷二止部附錄重出。

迲

一・詩論 20・06

二・容成氏 16・26

二・容成氏 19・12

二・容成氏 33・16

二・容成氏 38・23

二・容成氏 41・03

三・彭祖 02・16

四・柬大王 12・18

五・競建 08・07

五・君子 03・24

五・弟子問 13・07

五・三德 20・10

八・蘭賦 01・16

九・卜書 01・17

五・君子 04・03

△席

按，从辵去聲，蓋動詞「去」。卷二辵部附錄重出。

血

血

三・周易 02・44

三・周易 55・22

卉茅 02・43

衄

衄

三・周易 38・08

三・周易 42・37

五・三德 16・13

盍

盍

六・競公瘧 02・36

六・競公瘧 03・25

六・競公瘧 11・09

六・王子木 03・21

六・王子木 04・04

七・武王 02・09

七・吳命 09・65

九・舉治 13・30

九・舉治 19・11

九・邦人 03・21

九・邦人 07・07

丹

丹	二・容成氏 06・09
	七・武王 02・02
	七・武王 13・03
	七・武王 13・22
	七・武王 15・23
⿱丹口	二・容成氏 38・28

北去其邦，鑿爲△宮。

按，从口丹聲，「丹」字繁構。卷二口部附錄重出。一曰「同」，讀「頃」。

青

⿱青口	一・詩論 28・15
	二・容成氏 03・32
	二・容成氏 20・06
	三・中弓 20・26
	四・曹沫 34・13
	五・競建 04・10
	五・季庚子 01・27
	五・季庚子 02・12
	五・季庚子 17・14
	五・姑成 05・41
	六・競公瘧 07・06
	六・競公瘧 07・14
	六・競公瘧 13・01
	六・慎子 03・16
	六・天子甲 04・18
	六・天子甲 04・28
	七・鄭子甲 03・27
	七・吳命 03・22
	七・吳命 04・16
	八・顏淵 11・02
	八・顏淵 12・16
	八・顏淵 12・27
	八・成王 06・08
	八・成王 07・24
	八・成王 10・24
	九・邦人 11・18

靜

靜

一・詩論 11・01	 一・緇衣 19・44	 六・天子乙 04・03		靜 一・緇衣 02・09	一・緇衣 06・38	四・內豊 10・12	〈⿰井殳〉 四・柬大王 23・05
……△（情）愛也		 六・天子乙 04・13	按，从口青聲，「青」字繁構。卷二口部附錄重出。	 八・顏淵 08・06	 二・從政甲 18・35	 八・顏淵 07・26	爲人臣者，亦有△（諍）乎？
						按，「加」爲「力」之繁構，本編卷四「幼」、卷五「嘉」有同例。从「力」爲从「爭」之省譌。	 四・柬大王 23・19
							君善，大夫何用△（諍）？
							按，从井、爭省，「⿰井爭」字異體。詳見卷四耒部「耕」下疏解。

丼

丼

汬

三・周易 44・01

三・周易 44・06

三・周易 44・13

三・周易 44・19

三・周易 44・26

三・周易 44・31

三・周易 44・36

三・周易 45・04

三・周易 45・23

三・周易 45・29

三・周易 45・36

按，楚「水井」字。《说文》丼部假「汬（汬）」爲「阱」，以爲古文。

㓝

㓝

井

六・用曰 04・10

五△（刑）不行

六・用曰 13・36

兇△（刑）厲政

六・用曰 14・25

制法節△（刑）

六・用曰 16・21

柬其有恆△（形）

按，「㓝」字初文，所謂「井者，法也」。與「水井」之「井」不同源（張富海 2022）。

即

即

即

一・詩論 08・09

一・性情論 33・14

二・容成氏 49・40

二・容成氏 50・11

三・周易 05・26

六・用曰 14・24

〈卽〉

六・季桓子 02・16

言△至矣

按，从「艮」爲从「皀」之譌。

既

既

既

一・緇衣 11・08

一・緇衣 24・04

一・詩論 19・03

三・周易 53・19

三・亙先 09・23

三・彭祖 04・01

三・彭祖 08・33

四・柬大王 04・24

七・吳命 09・17
八・成王 01・13
九・舉治 31・32

六・用曰 10・09
六・用曰 12・01
六・用曰 13・29
六・用曰 17・31

八・王居 03・06
是言△聞於眾已
九・成王甲 05・02
△敗師已

二・民之 05・13
二・民之 07・07
二・民之 13・01
二・民之 13・23
二・容成氏 23・22
二・容成氏 28・27

二・容成氏 29・26
二・容成氏 30・36
二・容成氏 37・27
二・容成氏 45・08
三・中弓 08・14
三・中弓 11・02

四・昭王 01・11
四・昭王 01・22
四・昭王 05・11
四・昭王 10・10
四・曹沫 01・09
四・曹沫 04・07

四・曹沫 32・28
四・曹沫 40・16
四・曹沫 44・30
四・曹沫 45・24
四・曹沫 45・30
四・曹沫 50・24

五・競建 01・11
五・競建 03・02
五・競建 04・16
五・鮑叔牙 08・08
五・姑成 10・28
六・莊王 01・03

六・莊王 01・15

六・莊王 01反・03

七・凡物甲 01・18

七・凡物甲 01・20

七・凡物甲 01・26

七・凡物甲 01・28

七・凡物甲 04・05

七・凡物甲 04・30

七・凡物甲 05・17

七・凡物甲 06・14

七・凡物乙 01・18

七・凡物乙 01・20

七・凡物乙 01・26

七・凡物乙 01・28

七・凡物乙 03・22

七・凡物乙 04・11

七・凡物乙 05・19

七・凡物乙 11・27

八・子道餓 05・06

八・顏淵 05・28

八・顏淵 10・08

八・命 02・21

九・靈王 01・03

九・陳公 04・22

九・陳公 04・32

九・陳公 09・01

九・陳公 17・08

九・舉治 05・16

九・舉治 11・03

九・舉治 23・32

九・邦人 04・15

九・邦人 07・13

九・邦人 08・24

九・邦人 09・25

九・史蒥 02・01

⿱既口

三・亙先 05・14

按，从口既聲，「既」字繁構。卷二口部附錄重出。

鬯

鬯

五・鬼神 06・28

爵				養	飯	飤		
籊		尐	敦	飯	飤			
二·容成氏 32·10	四·曹沫 37·05	一·緇衣 15·11	一·性情論 38·40	二·魯邦 06·04	二·魯邦 06·06	二·容成氏 28·32	三·周易 45·33
於是乎始△而行祿	毋攝△	故上不可以褻刑而輕△	《說文》古文如此。	四·曹沫 02·26	二·從政甲 07·19	二·容成氏 29·05	三·周易 50·27
二·容成氏 43·10	四·曹沫 50·03	按，从斗少聲，「爵」字異體。卷十四斗部附錄重出。		五·弟子問 08·04	二·容成氏 03·24	三·周易 05·07	四·內豊 09·12
官而不△	進則祿△有賞				二·容成氏 04·15	三·周易 22·08	四·曹沫 11·11
四·曹沫 21·11	按，从竹雀聲，右均用爲「爵秩」，疑酌酒器「爵」字異體。《玉篇·鬯部》：「爵，竹器，所以酌酒也。」卷五竹部附錄重出。				二·容成氏 21·24	三·周易 44·29	四·曹沫 15·02
刑罰有罪，而賞△有德。					二·容成氏 28·17	三·周易 45·07	四·曹沫 15·05

餄	飤						
七・君人甲 02・26	五・鮑叔牙 05・29	八・子道餓 03・07	六・天子乙 10・11	六・天子甲 07・08	五・鬼神 06・12	五・弟子問 08・01	四・曹沫 21・04
七・君人乙 02・25	五・鮑叔牙 06・22	九・成王甲 04・05	七・凡物甲 06・23	六・天子甲 08・19	六・季桓子 14・02	五・弟子問 23・15	四・曹沫 30・03
按，从口飤聲，「飤」字繁構。卷二口部附錄重出。	五・鮑叔牙 07・19	九・卜書 04・16	七・凡物甲 08・19	六・天子甲 11・02	六・王子木 01・15	五・三德 07・22	四・曹沫 32・21
		九・卜書 07・01	七・凡物乙 05・28	六・天子乙 06・03	六・王子木 03・09	五・三德 12・44	四・曹沫 63・15
		九・卜書 07・25	七・凡物乙 07・02	六・天子乙 06・20	六・用曰 08・15	五・三德 13・11	五・競建 01・18
		卉茅 03・02	八・子道餓 02・14	六・天子乙 07・31	六・天子甲 06・26	五・三德 18・07	五・競建 06・33

飽	飢	餓		飠㐬	合		
古							
歠	餡	餓	戝	飠㐬	會		
七・凡物甲 07・15	二・從政甲 19・12	八・子道餓 01・03	八・成王 04・05	四・曹沫 63・16	二・魯邦 01・16	四・曹沫 34・02	四・曹沫 43・27
七・凡物乙 06・12	五・三德 15・44		伯夷、叔齊△而死於溝瀆。		二・魯邦 03・18	四・曹沫 35・15	四・曹沫 45・01
《說文》古文異體。			按，从食戈聲，「餓」字異體。		四・曹沫 07・27	四・曹沫 36・11	四・曹沫 46・11
					四・曹沫 13・19	四・曹沫 38・28	四・曹沫 49・13
					四・曹沫 20・23	四・曹沫 40・25	四・曹沫 50・21
					四・曹沫 24・07	四・曹沫 42・29	四・曹沫 53・16

四・曹沫 54・08
四・曹沫 56・06
四・曹沫 57・18
四・曹沫 60・17
四・曹沫 64・30
五・季庚子 19・16

五・君子 01・21
六・競公瘧 02・25
六・莊王 02・26
六・莊王 08・15
七・武王 11・29
七・武王 12・07

七・鄭子乙 03・08
七・鄭子乙 03・31
九・成王甲 03・01
九・舉治 10・19
九・舉治 22・11
卉茅 01・08

二・民之 01・28
四・柬大王 05・18
四・柬大王 10・09
四・柬大王 11・10
四・柬大王 13・11
四・柬大王 23・09

四・相邦 04・34
五・鮑叔牙 07・05
六・競公瘧 04・19
六・鄭壽 02・16
六・鄭壽 02・21
六・鄭壽 05・14

六・鄭壽 06・24
六・王子木 02・12
六・王子木 05・14
七・武王 13・20
七・鄭子甲 03・32
七・吳命 07・18

八・命 02・18
八・命 03・07
八・命 07・24
八・王居 01・21
八・王居 06・06
九・靈王 05・04

九・靈王 05・10
九・舉治 28・11
藝術・選六 139・04

按，「合」字繁構，多用爲「答」。

僉

（篆文）

	七・鄭子甲 03・09	按，衍一筆，疑誤畫墨道。
	六・競公瘧 03・08	高子、國子△（答）曰 按，「合」之「口」形穿插入「甘」形，蓋書手筆誤。
	六・季桓子 08・10	□有此貌也，而無以△諸□矣。 按，上與「亯」合，下與「畣」合，據辭例釋「畣」（陳劍 2008322=2013:281-317）。
畣	三・中弓 06・07	《玉篇・人部》：「畣，今作荅。」《爾雅・釋言》：「畣，然也。」陸德明《釋文》以爲古「荅（答）」字。
僉	七・凡物甲 24・10 七・凡物甲 24・12 七・凡物乙 17・15 七・凡物乙 17・17 八・顔淵 07・13	
	六・用曰 17・12	△（斂）之不肯，而展之亦不能。 按，「僉」之省形，下部横筆上迻。包山簡 135、清華簡《子犯子餘》「僉」及清華簡《治政之道》「憸」字所从，均有同例。
[illegible]	一・詩論 03・26 一・緇衣 14・05 二・容成氏 35・32 四・曹沫 08・07	
	二・容成氏 21・19 五・鮑叔牙 07・24 六・季桓子 05・32 六・慎子 01・05 八・蘭賦 04・06 卉茅 03・19	

按，右諸例下部或義化从「并」，本編卷四「皆」有同例。

六・慎子 03反・05

按，从「田」爲从「甘」之混同。

侖

一・性情論 09・25

今

三・周易 35・25
四・昭王 08・39
四・曹沫 02・08
四・曹沫 04・01
四・曹沫 07・09
四・曹沫 65・13

五・姑成 03・49
五・鬼神 01・01
六・競公瘧 06・12
六・競公瘧 08・09
六・競公瘧 09・17
七・吳命 09・12

九・邦人 09・22

含

二・子羔 08・32
二・容成氏 50・17
三・中弓 16・15
三・中弓 20・06
三・中弓 20・19
三・中弓 25・12

四・昭王 02・24
四・柬大王 09・22
四・柬大王 20・21
四・柬大王 22・12
五・競建 04・02
五・競建 08・20

八·有皇 06·16	八·有皇 04·39	八·有皇 04·01	八·有皇 02·03	八·命 09·18	七·鄭子乙 06·32	六·莊王 07·21	五·鮑叔牙 05·32
八·有皇 06·22	八·有皇 05·05	八·有皇 04·08	八·有皇 02·10	八·有皇 01·05	七·君人甲 06·19	六·鄭壽 05·11	五·季庚子 08·04
八·有皇 06·29	八·有皇 05·13	八·有皇 04·14	八·有皇 02·16	八·有皇 01·12	七·君人乙 06·16	七·鄭子甲 02·04	五·季庚子 14·07
八·有皇 06·38	八·有皇 05·19	八·有皇 04·20	八·有皇 02·22	八·有皇 01·26	七·凡物甲 13·16	七·鄭子甲 02·14	五·姑成 05·02
八·鶹鷅 01·06	八·有皇 06·02	八·有皇 04·27	八·有皇 03·03	八·有皇 01·31	七·凡物甲 13·25	七·鄭子甲 06·31	五·姑成 06·55
八·鶹鷅 01·12	八·有皇 06·10	八·有皇 04·33	八·有皇 03·09	八·有皇 01·39	七·凡物乙 09·11	七·鄭子乙 02·07	五·弟子問 21·16

八·鶹鷅 01·19

八·鶹鷅 01·25

八·鶹鷅 01·30

八·鶹鷅 01·36

八·鶹鷅 02·07

九·史蒥 02·11

八·有皇 01·19

……△兮

八·有皇 03·17

慮余子其速長△〔兮〕

按，从口今聲，「今」字繁構。或與《說文》「含」同形。卷二口部「含」下重出。

舍

舍

一·詩論 27·16

一·性情論 11·17

一·性情論 11·23 綴

二·從政甲 01·17

二·從政甲 02·12

二·從政甲 14·04

三·彭祖 02·30

三·彭祖 02·52

三·彭祖 03·10

三·彭祖 05·21

四·曹沫 28·03

六·天子乙 08·05

七·吳命 06·15

八·志書 07·13

八·鶹鷅 01·29

九·舉治 13·17

一曰从口余聲，「余」字繁構。

仓

仓

一·緇衣 06·26

小民亦唯日△（怨）

一·緇衣 12·21

故君不與小謀大，則大臣不△（怨）。

[illegible]

一·緇衣 06·16

小民唯日△（怨）

畲

會

會

按，「仓」即《說文》「怨」字古文「□」中聲符。一曰「夗」，唯兩者構形不夠密合。一曰源自西周「□」（《銘圖》10655）字（陳斯鵬等 2012：214）。若後說可信，該字聲符「□」作跽人折首之形，或即「冤頸」字。右楚字類化作一般「卩」形。該聲符或繁加圈飾，所以指事，右揭「□」字所在器身同銘即作「□」。右「⿱人邑」字聲符形體或源此。

〈邑〉

五·三德 12·16

臨川之瀦，密濶之△（澳），百乘之家，十室之聚。

按，據韻例，「邑」爲「夗」之省譌，疑讀爲「澳」。

畲

二·容成氏 46·03

△（密）須氏

按，从合省、米聲，形亦見於郭店簡《六德》。與西周「□」字異代同形，抑本一字，待考。若後說可取，其聲符「米」處形符「合（盒）」中，形聲兼以其聲符所處位置表「密閉」字意。構形方式有類「天」字聲符「丁」處形符「大（正人形）」上，其位置兼表「頂」意；「狽」字聲符「貝」處形符「犬」尾，其位置兼表「跋」意；「備」與「重」字各自聲符「葡（箙）」與「東（篼）」均處形符「人」背，其位置各兼表「背負」與「重」意；「受」字聲符「舟」處形符兩「又（手形）」之間，其位置兼表「授受」意；「⿰犭首」字意符「首」處「犬」尾，構成「犮（跋）」聲；「⿰衤聿」字聲符「聿（筆）」處形符「衣」尾，其位置兼表「卒」意。卷九山部「密」下重出。

會

一·詩論 23·07

一·性情論 09·26

二·容成氏 09·13

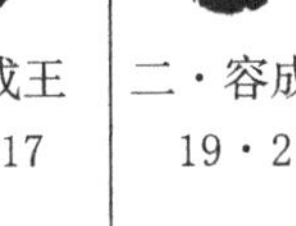

二·容成氏 19·21

二·容成氏 30·19

二·容成氏 52·03

四·曹沫 23·21

四·曹沫 38·01

五·三德 17·42

八·成王 07·17

倉

倉 奇

倉

二・容成氏 01・09

按，或與《說文》奇字同源。

內

內 內

內

一・詩論 03・17

一・詩論 12・03

一・詩論 20・27

一・緇衣 20・12

一・性情論 02・33

一・性情論 04・01

一・性情論 10・16

一・性情論 14・11

一・性情論 16・23

一・性情論 23・32

一・性情論 26・33

一・性情論 31・10

二・民之 11・11

二・子羔 12・20

二・從政甲 11・05

二・昔者 02・09

二・昔者 02・18

二・昔者 03・13

二・昔者 03・24

二・昔者 03・31

二・昔者 03・40

二・容成氏 05・19

二・容成氏 09・25

二・容成氏 10・01

二・容成氏 19・41

二・容成氏 32・01

二・容成氏 39・42

二・容成氏 41・23

二・容成氏 44・32

三・周易 09・39

三・中弓 18・15

三・中弓 20・15

四・昭王 01・27

四・昭王 02・04

四・昭王 06・19

四・柬大王 07・16

四・柬大王 20・09

四・內豊 01反・01

四・曹沫 01・14

四・曹沫 18・06

五・競建 01反・03

五・競建 08・21

全

全 篆

全

五·鮑叔牙 03·06
五·姑成 09·18
五·姑成 09·48
五·三德 03·29
五·三德 11·37
五·三德 22·16

六·競公瘧 03·35
六·競公瘧 05·04
六·競公瘧 09·18
六·用曰 09·07
六·天子甲 09·30
六·天子甲 12·19

六·天子乙 09·04
七·鄭子甲 02·28
七·鄭子乙 02·30
七·凡物甲 25·13
七·凡物乙 18·13
八·顏淵 01·13

八·顏淵 03·06
八·顏淵 04·01
八·顏淵 05·12
八·顏淵 06·04
八·顏淵 10·04
八·命 05·10

八·命 07·08
八·命 09·03
九·陳公 07·28
九·陳公 08·08
九·陳公 14·14
九·史蒥 06·11

九·卜書 01·30
九·卜書 09·20

八·顏淵 05·24

君子之△（入）事也

五·鮑叔牙 03·14

《說文》篆文如此。

缶 匋 鉼 錆 矢

缶	⿱宀缶	⿰土⿱宀缶		鉼	錆	矢	
三·周易 09·28	二·容成氏 13·16	二·容成氏 29·20	二·容成氏 29·25 卷十三土部附錄重出。	三·周易 44·22	一·詩論 09·44	一·詩論 22·18 二·容成氏 02·32 二·容成氏 18·23 三·周易 37·29 六·用曰 12·10 七·凡物甲 12·24	七·凡物甲 13·24綴

䠶

⿰弓矢

- 三·周易 44·38

矰

矰

- 五·三德 20·09

矦（古）

⿸厂矢

- 三·周易 14·04
- 五·姑成 03·23
- 卉茅 02·02

《說文》古文如此。

矣

矣

- 二·容成氏 50·29
- 二·容成氏 52·05
- 二·容成氏 53·16
- 四·柬大王 10·18
- 四·柬大王 11·23
- 四·柬大王 14·21
- 五·競建 08·31
- 五·弟子問 18·08
- 六·天子甲 07·01
- 六·天子甲 07·07
- 六·天子乙 06·13
- 七·鄭子甲 02·12
- 七·鄭子乙 02·15
- 七·君人甲 04·14
- 七·君人乙 04·11
- 九·靈王 01·13
- 六·天子乙 06·19
- 一·詩論 02·07
- 一·詩論 02·31
- 一·詩論 03·11
- 一·詩論 03·13
- 一·詩論 05·19
- 一·詩論 06·41

一・詩論 07・23
一・詩論 09・13
一・詩論 11・12
一・詩論 14・02
一・詩論 14・08綴
一・詩論 15・11

一・詩論 27・07
一・性情論 20・25
一・性情論 32・08
一・性情論 39・16
一・性情論 39・20
一・性情論 40・04

一・性情論 殘01・06
二・民之 03・06
二・民之 05・16
二・民之 07・12
二・民之 08・13
二・民之 09・12

二・民之 09・14
二・民之 09・16
二・子羔 07・27
二・子羔 08・12
二・子羔 09・42
二・從政甲 11・12

三・中弓 20・35
三・彭祖 04・14
四・相邦 02・12
四・曹沫 01・11
四・曹沫 07・19
四・曹沫 33・04

四・曹沫 40・19
四・曹沫 44・19
四・曹沫 44・22
四・曹沫 52・06
四・曹沫 59・05
四・曹沫 65・26

五・競建 07・22
五・鮑叔牙 06・14
五・鮑叔牙 06・29
五・季庚子 11・13
五・季庚子 13・07
五・季庚子 15・11

五・季庚子 23・14
五・鬼神 02・20
五・鬼神 03・02
六・競公瘧 01・32
六・競公瘧 06・02
六・季桓子 02・01

高 矤

高

（矣）

六·季桓子 05·19
六·季桓子 09·13
六·季桓子 24·12
六·用曰 07·07
七·君人甲 08·14
七·君人乙 08·06

七·吳命 09·19
八·顏淵 03·07
八·顏淵 04·02
八·顏淵 05·17
八·顏淵 05·31
八·顏淵 06·30

八·顏淵 07·09
八·顏淵 07·18
八·顏淵 07·27
八·顏淵 09·13
八·顏淵 09·30
八·顏淵 10·10

八·顏淵 10·22
八·蘭賦 01·06
八·蘭賦 05·33
八·蘭賦 05·42
八·蘭賦 05·51
九·舉治 16·01

九·史蒥 02·21
卉茅 03·22

二·容成氏 04·01
德速衰△

矤

三·周易 14·14

高

二·容成氏 31·40
二·容成氏 40·27
二·容成氏 49·02
四·采風 02·28
四·柬大王 06·26
四·柬大王 07·25

门 古

市

同

三・周易 49・05

《說文》古文如此。

市

二・容成氏 18・31

二・容成氏 36・31

八・成王 09・02

五・競建 10・01

[貝+市]

六・競公瘧 08・39

縛桼諸△

按，从貝市聲，「市」字繁構。卷六貝部附錄重出。

四・柬大王 08・01

四・柬大王 08・10

四・柬大王 08・18

四・柬大王 13・17

五・競建 02・11

五・競建 04・26

五・君子 07・23

五・三德 09・07

六・競公瘧 03・04

六・競公瘧 03・44

六・用曰 10・19

七・凡物甲 09・01

七・凡物甲 11・11

七・凡物甲 20・01

七・凡物乙 07・13

八・命 01・04

八・蘭賦 05・50

九・邦人 05・03

九・邦人 06・02

九・邦人 07・23

九・卜書 04・03

冘 冘 沓

九・卜書 02・01

按，从臼冘聲，「冘」字繁構，楚多如此作。卷七臼部附錄重出。

央 央 央

二・子羔 11・14

五・三德 04・07

六・用曰 02・24

𩫖 𩫖 𩫖

四・曹沫 18・08

城△（郭／墉）必修

按，古文字「𩫖」轉注「郭」「墉」，《說文》亦然。本卷之「𩫖」，《說文》音訓「度」，即「郭」字。上例一曰「郭」，故寄此。《說文》卷十三重出以爲「墉」字古文，今亦重出。

又，《說文》分別「𩫖」「𩫏」，實即一字，本編所收獨體僅見「𩫖」形，故「𩫏」下不重出。

𩫖欠 𩫖欠 𩫖欠

三・周易 52・07

京 京 京

五・三德 07・14

五・三德 07・34

五・三德 07・43

五・三德 21・01

九・靈王 04・19

就

（篆文）

就	五・三德 08・39 上帝弗△（諒）
⿱亯京	六・鄭壽 01・04
	七・鄭子甲 01・11
	七・鄭子乙 01・10
	八・成王 08・15
	九・舉治 30・18
	九・邦人 02・13
	九・邦人 03・16
	九・邦人 04・05
	九・邦人 09・13
	九・邦人 10・02
	藝術・選六 145・06
⿱亯止	八・王居 05・16
	八・王居 06・24
	卷二止部附錄重出。
⿺辶⿱亯京	二・容成氏 07・10
	四・曹沫 09・17
	四・曹沫 44・04
	四・曹沫 51・16
	五・弟子問 13・01
	九・陳公 09・12
	卷二辵部附錄重出。

按，从止若辵，亯聲，或即「蹴」字異體。

亯

（篆文）

亯	三・周易 17・30
	五・三德 04・16
	五・三德 07・47
	五・三德 09・14

𦎫 𦎫

管 管

𥶢					管	〈𦎫〉	𦎫
一・性情論 33・16	七・凡物乙 04・16	七・凡物甲 14・05	七・凡物甲 11・10	五・君子 12・01	二・子羔 13・23	二・從政甲 05・09	三・周易 19・02
按，从心管聲，「管厚」字。卷十心部附錄重出。	七・凡物乙 05・04	七・凡物甲 14・13	七・凡物甲 11・14	五・君子 15・04	二・容成氏 46・29	從政△（敦）五德	三・周易 49・24
	七・凡物乙 09・21	七・凡物乙 補・02 摹	七・凡物甲 11・17	七・凡物甲 04・17	四・柬大王 13・08	二・從政甲 12・01	
	七・凡物乙 09・29	七・凡物乙 補・05 摹	七・凡物甲 11・20	七・凡物甲 04・25	四・柬大王 16・25	△（敦）行不倦	
	七・吳命 08・40	七・凡物乙 03・34	七・凡物甲 11・23	七・凡物甲 05・03	四・曹沫 04・11	按，「𦎫」爲「𦎫」之譌。	
	卉茅 02・47	七・凡物乙 04・06	七・凡物甲 12・02	七・凡物甲 05・27	五・君子 11・17		

厚

𠩋

厚

一·詩論 15·10

二·容成氏 35·28

三·彭祖 07·33

五·鮑叔牙 06·28

五·鮑叔牙 07·22

六·用曰 10·25

四·曹沫 54·17

五·姑成 03·29

九·陳公 14·06

一·緇衣 02·01

五·姑成 08·11

三郤家△取主君之衆

一曰「度」（白師於藍 2017:710）。

良

古

良

三·周易 22·27

《說文》古文之一源此。

二·從政乙 04·15

三·彭祖 04·22 綴

四·采風 03·21

四·昭王 09·38

四·柬大王 19·23

四·曹沫 54·32

四·曹沫 55·02

六·競公瘧 02·12

六·競公瘧 03·21

七·鄭子甲 05·09

藝術·選六 141·01

六·用曰 03·15

六·用曰 12·29

六·用曰 15·34

按，上部蒙下部影響而類化从「亡」作。

嗇

七・鄭子乙 05・07

八・王居 05・05

按，上部从「匄」爲从「亡」之繁訛。本編卷十二「望」有同例。

嗇

二・子羔 02・15

六・用曰 12・32

按，从「日」爲从「田」之混同。

牆

⿰爿章

一・詩論 28・06

五・三德 19・01

七・凡物甲 27・02

來

來

九・史蒥 10・04

自始有民以△

⿱來止

一・性情論 15・14

三・周易 35・17

三・周易 35・32

三・周易 35・38

三・周易 36・05

三・周易 37・09

三・周易 44・12

三・中弓 18・17

四・曹沫 32・01

五・弟子問 05・12

五・弟子問 15・03

五・三德 06・08

五・三德 14・40

五・三德 15・46

五・三德 16・33

七・鄭子甲 01・07

七・鄭子乙 01・06

七・凡物甲 06・26

复  夌 竷

七・凡物乙 05・31

七・吳命 01・30

七・吳命 08・01

八・成王 01・10

卉茅 01・10

卷二止部附錄重出。

二・容成氏 07・39

懷以△天下之民

一曰从辵作。

五・競建 05・12

害將△

一曰「水」（何義軍 2020）。

逨

三・周易 09・13

三・周易 09・30

七・吳命 04・02

卷二辵部附錄重出。

按，从止若辵，來聲，蓋動詞「來」。

复

三・周易 22・24

夌

八・成王 13・17

詳見卷十四𠂤部「陵」下。

竷

五・季庚子 19・33

六・用曰 20・16

夏

頣

- 一・詩論 02・33
- 一・緇衣 04・30
- 一・性情論 17・22
- 四・柬大王 01・13
- 四・柬大王 04・02
- 五・鬼神 07・18

- 八・成王 14・10
- 上博零簡 01・03
- 上博零簡 01・30

頣

- 二・容成氏 22・32

冬不敢以寒辭，△不敢以暑辭。

一曰从女夏聲。形亦見於鄂君啓節。

虽

- 一・緇衣 18・10
- 一・緇衣 18・27
- 二・容成氏 47・01
- 五・鮑叔牙 01・25

〈邑〉

- 二・民之 01・01　子△問於孔子
- 二・民之 03・08　子△曰
- 二・民之 05・09　子△曰

- 二・民之 07・19　子△曰
- 二・民之 09・05　子△曰

按，从「它」爲从「虫」之譌。

舜

古

垩

- 二・子羔 02・14
- 二・子羔 04・04
- 二・子羔 05・09
- 二・子羔 06・13
- 二・子羔 06・26
- 二・子羔 06・28

- 二・子羔 07・19
- 二・子羔 07・28
- 二・子羔 08・06
- 二・子羔 08・30
- 二・容成氏 12・16
- 二・容成氏 13・11

二・容成氏 14・18

二・容成氏 14・24

二・容成氏 14・42

二・容成氏 14・45

二・容成氏 16・42

二・容成氏 17・07

二・容成氏 17・16

二・容成氏 23・01

二・容成氏 30・16

四・曹沫 02・24

五・君子 12・06

五・君子 14・12

五・鬼神 01・23

七・武王 01・15

九・舉治 10・16

九・舉治 26・01

九・舉治 26・09

九・舉治 32・10

《說文》古文源此。唯聲符「允」譌成「肉」。

韋

韋

一・詩論 17・15

三・亙先 03・28

三・亙先 03・32

五・君子 01・08

五・君子 01・23

五・君子 09・01

五・弟子問 04・16

五・弟子問 15・02

六・競公瘧 06・20

八・命 03・17

八・志書 03・18

六・天子甲 13・03

是謂中不△（違）

韡

韡

二・容成氏 22・02

詳見卷三皮部「皮」下。

弟　桀　乘

弟	俤			桀			椉
三・周易 08・14	二・民之 01・09	四・內豊 04・14	四・內豊 10・04	二・容成氏 40・06	五・鬼神 02・22	按，从木匃聲，「桀」字異體。匃，亡、刀若刃共筆（張峰 2012=2016:134-141）。卷六木部附錄重出。	四・柬大王 02・22
三・彭祖 05・04	二・昔者 01・14	四・內豊 04・21	五・季庚子 15・31	△乃逃，之歷山氏。	及△、紂、幽、厲		七・君人甲 02・06
四・多薪 01・03	二・昔者 01・29	四・內豊 04・31	藝術・選六 140・03		五・鬼神 02反・03		七・君人甲 02・19
藝術・選六 148・07	二・昔者 01・46	四・內豊 04・36	按，从人弟聲，「弟」之專字。卷八人部附錄重出。		此以△折於鬲山		七・君人乙 02・05
	四・鳴烏 01・04	四・內豊 05・26					七・君人乙 02・18
	四・鳴烏 02・13	四・內豊 06・02					九・邦人 05・16

《說文》古文如此。

⿱乘車

二・容成氏
14・14

二・容成氏
51・08

二・容成氏
51・38

五・鮑叔牙
06・03

五・季庚子
12・04

八・成王
02・14

九・靈王
02・26

九・邦人
05・20

⿱乘車

五・三德
12・18

三・周易
37・36

按，从車乘聲，「乘」字異體。卷十四車部附錄重出。

上博簡文字編卷六

申城沈奇石撰集

木

木

- 一·詩論 10·06
- 一·詩論 11·14
- 一·詩論 12·12
- 一·詩論 18·02
- 一·詩論 19·11
- 二·魯邦 04·16
- 二·魯邦 04·27
- 二·容成氏 16·33
- 二·容成氏 44·16
- 四·采風 02·29
- 五·三德 01·19
- 六·競公瘧 04·01
- 六·競公瘧 04·09
- 六·王子木 01·08
- 七·鄭子甲 05·17
- 七·凡物甲 09·11
- 七·凡物甲 12·16
- 七·凡物甲 13·11
- 七·凡物乙 07·23
- 七·凡物乙 09·06
- 八·李頌 01·14
- 八·李頌 01·38
- 八·李頌 01反·46
- 八·李頌 02·17
- 八·李頌 02·24
- 九·陳公 13·22
- 一·詩論 08·54 《伐△》
- 七·鄭子乙 05·15 利△三寸 甲本對應作「木」。

櫝

櫝

- 六·慎子 05·16

李 桃 棠 杜 楑 梓

李	桃	棠		榿	杜	楑	杍
二·容成氏 29·23	七·吳命 04·10	一·詩論 10·18	九·陳公 04·17	七·鄭子乙 07·23	一·詩論 18·13	三·周易 32·01	四·多薪 02·10
八·李頌 01反·45	按，「兆」旁上「止」形與表示垗域之曲畫共筆，本編卷三「𣥺」有同例。	一·詩論 15·13	《集韻》：「棠，或書作梮。」		一·詩論 20·42	三·周易 33·02	莫如松△
八·李頌 02·39		一·詩論 24·23				三·周易 33·25	按，从木子聲，「梓」字異體。《書·梓材》之「梓」，馬融注：「古文作杍。」此處「松梓」連文，亦然。楚「李」作「李」，與之有別。《說文》假木部「杍（杍）」爲「李」，以爲古文，同在木部。
九·舉治 27·01		七·鄭子甲 07·26					

柅	枸	枋	槭	權	楮	梂	桐
柅	枸	枋	槭	權	楮	梂	桐
三・周易 40・13	五・三德 21・05	三・亙先 09・08	六・鄭壽 02・26	六・用曰 13・30	八・有皇 01・37	一・詩論 10・05	八・李頌 01・05
			按，从木戚聲，或即「椒（茮）」字異體。		八・有皇 03・08	一・詩論 11・13	
						一・詩論 12・11	

枌 梗 松 樹 本

枌

枌（小篆）

枌

二・容成氏 24・16

梗

梗（小篆）

⿰木⿱丙口

五・三德 01・29

按，从木⿱丙口聲，「丙」下繁加「口」飾，「梗」字異體。「⿱丙口」，疑「更（㪅）」之初文，構形表意與「爻（效）」相倣，或與「㒳」同源。古文字「更（㪅）」「⿺辶⿱丙口」「馭（騍／驟）」「⿰金⿱丙口」「⿰言⿱丙口」及此處「⿰木⿱丙口」均从此得聲。

松

松（小篆）

松

四・多薪 02・09

樹

樹（小篆） 尌（籀）

⿰⿱木豆攴

五・季庚子 18・21

六・用曰 08・01

按，从木、攴，豆聲，《說文》籀文異體。

⿱木豆

一・詩論 15・07

八・李頌 01・04

八・李頌 01反・21

八・李頌 02・01

梪

三・彭祖 08・21

按，从木豆聲，「樹」字異體。與《說文》「梪」同形。

本

本（小篆） 本（古）

本

一・詩論 16・41

八・李頌 01反・09

⿱木臼

一・詩論 05・28

三・中弓 23・21

《說文》古文或源此。

枝		果			末	株	
	枳		果		末	株	杲
六・用曰 15・32 罪之△葉	四・相邦 03・18 庶人勸於四△（肢）之藝	四・曹沫 43・15	三・亙先 10・35	一・性情論 30・21 必使有△ 郭店簡本《性自命出》對應作「末」。	四・采風 01・20	五・三德 21・06	四・曹沫 20・09
八・李頌 01反・11 亂本層△	五・弟子問 23・14 藾乎其下，不折其△。	六・莊王 01・16	三・亙先 11・13		四・曹沫 20・01		七・凡物甲 01・27
按，从木只聲，「枝」字異體。傳世支聲字者，楚多从只聲作。與《說文》「枳」同形。	五・鬼神 04・43 此兩者△（歧）	八・成王 12・10	三・亙先 11・16		九・卜書 05・12		七・凡物乙 01・27 按，下「臼」形上迻，破壞原字理據。《逸周書・嘗麥》「若木之顛巢」之「巢」蓋「杲」之誤識（賈連翔 2020）。
		八・成王 13・05	三・亙先 12・37		九・卜書 07・24		
		九・舉治 21・12	四・曹沫 33・02		九・卜書 08・26		
		九・邦人 07・31	四・曹沫 42・25		九・卜書 09・06		

杞	槼	朵	条	枓	桂	柔	杤
七・武王 09・14	六・季桓子 13・19	七・凡物甲 27・17	二・容成氏 38・36	三・周易 45・05	一・性情論 31・09	五・弟子問 03・03	六・莊王 04・14
△銘唯曰				三・周易 45・37	二・從政甲 15・36		詳見卷七朿部「棘」下。
					七・武王 15・03		
					八・志書 03・13		

材	栽	築	榦	檐	植		𣞤
材	栽	𥱢	榦	檐	植		𣞤
一・詩論 03・27	四・曹沫 32・12	二・容成氏 38・30	三・周易 18・18	九・陳公 17・01	一・緇衣 02・16	按，《說文》卷十二「直」下重出（大徐本字形譌，據小徐本），以爲古文，今亦重出。	五・姑成 07・28
五・三德 01・06	九・陳公 06・09	《說文》古文如此。	三・周易 18・32		一・性情論 28・08		按，从木悳聲，「植」字異體。卷十二「直」字古文「植」下重出。一曰「悳」，詳見卷十心部「悳」下重出。
五・三德 17・37	九・陳公 10・30		三・周易 18・41		五・弟子問 03・09		
八・志書 04・02			五・季庚子 05・13		五・弟子問 20・08		
			八・李頌 02・16		六・季桓子 25・09		
			卉茅 02・38		八・李頌 01・48		

楷字	說文小篆	字頭	字形出處	辭例	按語
楣	楣	楣	二·容成氏 02·21		
桯	桯	桯	七·武王 08·22	△（楹）銘	按，从木呈聲，或即「楹」字異體。
桱	桱	桱	六·莊王 01·12；六·莊王 02·25；六·莊王 04·06		按，从木巠聲，或即「莖」字異體。
牀	牀	牀	五·季庚子 09·09；五·三德 10·31		
枕	枕	〈橎〉	一·詩論 29·14	《角△》	按，从「釆」爲从「冘」之譌（季旭昇 2004）。一曰即从「冘」作（李家浩 2016）。从市沓聲，「枕」字異體。
槈	槈	槈	二·容成氏 14·32；五·弟子問 20·10		
苿	苿	苿	三·周易 23·14	荷天之△（衢）	按，西周早期亢鼎（《銘圖》02420）「美」字或其形源。一曰从木虘省聲。
	釪 或	釪	九·陳公 13·16		《說文》或體如此。

槩	槃	[木寺]	機	椯	樂	樂	樂
	籀						
槩	盤	[木寺]	機	椯	樂		
六・用曰 10・22	四・曹沫 50・16	八・成王 09・01	七・武王 07・10	五・三德 11・11	一・性情論 09・13	一・性情論 19・08	一・性情論 36・26
	四・曹沫 51・15	九・舉治 06・16	按，从戈省作。		一・性情論 12・21	一・性情論 20・01	五・三德 16・30
	四・曹沫 53・01				一・性情論 13・25	一・性情論 21・03	六・天子甲 10・11
	《說文》籀文異體。				一・性情論 17・08	一・性情論 23・30	六・天子乙 09・18
					一・性情論 17・19	一・性情論 31・04	七・君人甲 05・26
					一・性情論 18・12	一・性情論 31・27	七・君人乙 05・21

二·容成氏 08·24

二·容成氏 30·33

二·容成氏 45·17

四·內豊 06·24

四·曹沫 11·06

五·鮑叔牙 04·16

六·競公瘧 11·14

六·季桓子 03·03

六·用曰 01·15

六·用曰 04·24

六·用曰 11·24

八·顏淵 13·12

五·三德 07·03

五·三德 11·40

八·李頌 02·47

一·詩論 01·15

一·詩論 02·16

一·詩論 14·23

一·詩論 23·04

二·子羔 01·06

五·君子 11·30

五·君子 11·37

七·武王 06·09

九·邦人 10·21

六·季桓子 21·12

七·君人甲 05·02

七·君人乙 04·30

按，「白」旁受左右類化作「幺」形。

一·性情論 17·12

古樂龏心，益△龏〔指〕。

一·性情論 17·23

《韶》《夏》△情

一·性情論 36·01

〔哀〕樂爲甚

柎 梁

右三例郭店簡本《性自命出》對應作「樂」。

〈線〉

二·民之 02·08
二·民之 04·12
二·民之 04·16
二·民之 04·26
二·民之 05·31
二·民之 07·24

二·民之 08·28
二·民之 10·11
二·民之 11·18
二·民之 12·08
二·民之 12·31
二·民之 13·20

按，「樂」省作。與「線（繹）」同形。一曰「線（繹）」，讀「懌」。秉紙簡《詩書之言（乙）·羽訐》「樂」字叶魚部韻，疑「線（繹－懌）」之轉注。

柎

一·詩論 29·10

⿰木办

二·魯邦 06·05
五·三德 18·03

⿱刅木

六·競公瘧 01·14
六·競公瘧 08·17
六·競公瘧 09·25
六·競公瘧 13·23

⿰氵办

四·鳴烏 01·02

〔集于〕中△

按，从水办聲，「梁」字異體。卷十一水部附錄重出。

樔

樔

一・詩論 10・14 《鵲△》

一・詩論 11・33 《鵲△》

一・詩論 13・14 《鵲△》

按，从木巢聲，或即「巢」字繁構。

采

采

三・亙先 07・15

三・亙先 08・02

柧

柧

八・有皇 01・38

析

斨

三・中弓 20・12

按，从斤劈半木，「析」字異體。片，象半木形，東周文字中充當聲符，用「析」字音，與傳世唇音元部之「片」有別。疑「片」轉注「判」「析」。

休

休

三・彭祖 01・36

桎

桎

二・容成氏 44・41

二・容成氏 45・05

二・容成氏 45・11

梏

⿱口㚔

二・容成氏 44・42

五・鬼神 07・02

卉茅 03・07

按，从口、㚔，「梏」字異體。卷十五重出。

板　⿰木父　杆　柙　檻

板	⿰木父	杆		虖	檻		槔
二・容成氏 07・30	一・性情論 39・04	六・季桓子 14・08	四・曹沫 39・15	二・容成氏 51・10	七・武王 07・24	五・姑成 09・29	三・周易 22・46
詳見卷七片部「版」下。	弗△（輔）不足		四・曹沫 51・03	二・容成氏 51・40			
	按，从木父聲，或即與本編卷六「桶」「𥠖」爲一字之異。一曰「輔（榜）」字異體。		 九・陳公 18・02	 二・容成氏 53・37			
			 九・陳公 18・10	 四・曹沫 18・12			
			一曰「狎」。卷十五重出。	四・曹沫 31・03			
				 四・曹沫 39・11			

杭　桀　⿰木甫　棶　椃　⿱臤木　⿱紁木　槿

杭

一・性情論
28・26

二・容成氏
01・18

五・三德
14・24

按，《說文》假「□（杭）」爲「抗」，以爲或體，或與漢人「扌」「木」形混有關。卷十二手部「抗」下重出。

桀

二・容成氏
40・06

詳見卷五桀部「桀」下。

⿰木甫

八・命
04・14

棶

三・周易
35・45

按，楚「來」多繁从止作，故即「棶」字繁構。

椃

六・用曰
14・08

⿱臤木

八・蘭賦
03・23

按，下从木而形殘，舊多徑釋「臤」，不確。

⿱紁木

六・季桓子
03・13

槿

二・容成氏
45・24

東　櫱　樸　樵

東（小篆）

樵

七・凡物甲 01・29

七・凡物乙 01・29

八・王居 01・03

一曰「穌」字異體。

樸

六・慎子 05・13

櫱

九・舉治 02・02

東

二・容成氏 20・25

二・容成氏 25・18

二・容成氏 25・39

二・容成氏 26・41

三・周易 35・07

三・周易 57・14

三・中弓 02・08

四・采風 01・32

四・曹沫 01・23

五・弟子問 18・11

七・凡物甲 10・14

七・凡物乙 08・12

七・吳命 05・51

二・容成氏 26・18

二・容成氏 31・11

六・競公瘧 10・15

林

橆

七・武王 03・20

八・成王 16・06

一・詩論 17・01

《△方未明》

林

二・容成氏 31・44

四・柬大王 22・19

⿱林口

六・競公瘧 08・23

山△使衡守之

按，从口林聲，「林」字繁構。卷二口部附錄重出。

橆

二・容成氏 04・14

二・容成氏 04・19

二・容成氏 06・31

二・容成氏 18・25

二・容成氏 18・32

二・容成氏 29・06

二・容成氏 43・11

二・容成氏 50・20

三・亙先 01・03

三・亙先 06・09

三・亙先 06・15

三・亙先 06・21

三・亙先 06・27

三・亙先 06・33

三・亙先 07・02

三・亙先 07・08

三・亙先 07・25

三・亙先 08・10

三・亙先 11・27

三・亙先 11・30

三・亙先 12・10

三・亙先 12・18

三・亙先 12・21

三・亙先 12・31

三・亙先 13・12

四・柬大王 03・06

五・弟子問 13・17

五・三德 01・12

五・三德 04・28

五・三德 07・04

五・三德 07・24

五・三德 09・04

五・三德 18・10

六・莊王 01・18

六・用曰 17・32

八・王居 01・24

八・志書 02・20

九・卜書 01・14

九・卜書 02・04

九・卜書 06・19

九・卜書 07・04

港中零簡 04・09

卉茅 01・01

藝術・選六 141・08

八・志書 07・21

九・陳公 06・08

九・陳公 10・29

按，以右均用爲「𣡕（無）」。《說文》“蕪”作「𣡕」，“無”作「𣡕」，楚字均作「𣡕」，今據形寄「𣡕」下。

楚

楚

楚

一・詩論 26・17

四・昭王 09・25

四・昭王 09・35

四・柬大王 03・15

四・柬大王 05・20

四・柬大王 06・02

四·柬大王 17·13
六·鄭壽 01·18
六·鄭壽 03·23
六·王子木 04·18

七·鄭子甲 02·07

七·鄭子乙 02·10

七·君人甲 02·21
七·君人甲 03·12
七·君人甲 04·13
七·君人乙 02·20
七·君人乙 03·10

七·君人乙 04·10

七·吳命 03·25
七·吳命 09·38
八·子道餓 04·09
八·命 01·24

八·命 06·18

八·命 08·05

八·命 08·27
八·命 09·22
八·志書 01·06
八·志書 08·02
九·成王甲 05·08

九·成王乙 01·01

九·陳公 01·06
九·陳公 12·34
九·邦人 01·15
藝術·選六 129·07
藝術·選六 143·01

才

才 ⺘ 才

一·詩論 12·15
一·詩論 22·43
二·子羔 08·31
二·魯邦 02·03
二·魯邦 03·45
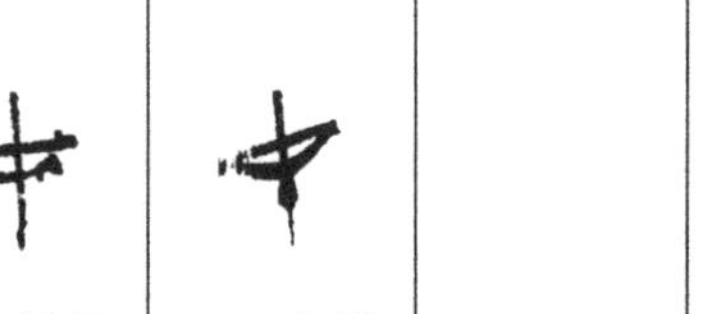
二·魯邦 06·08

二·從政甲 13·16
二·從政甲 18·27
二·從政甲 18·31
三·周易 07·19
三·周易 17·06
三·周易 56·03

三·中弓 07·10
三·中弓 09·22
三·中弓 09·30
三·中弓 10·08
三·中弓 15·07
三·亙先 04·16

三·彭祖 01·37
六·用曰 10·30
七·君人甲 02·17
七·君人甲 08·26
七·君人乙 02·16
七·君人乙 08·18

七·吳命 06·02
藝術·選六 129·06

七·吳命 05·34
豈不差△（哉）

二·容成氏 02·13
二·容成氏 09·14
二·容成氏 09·21
二·容成氏 16·25
四·昭王 03·24
四·相邦 04·01

四·曹沫 05·01
四·曹沫 10·14
四·曹沫 23·16
四·曹沫 23·18
五·君子 07·25
五·君子 08·06

六·競公瘧 12·20
六·用曰 13·20
六·天子甲 10·02
六·天子乙 09·09
七·君人甲 09·23
七·君人乙 09·19

七·凡物甲 04·15
七·凡物乙 03·32
八·成王 03·15
八·成王 14·24
八·蘭賦 01·20
八·蘭賦 02·20

九·邦人 06·08
九·史蒥 04·09
藝術·選六 138·02

五・季庚子 01・21
五・季庚子 02・23
五・季庚子 22・18

二・民之 08・06
二・民之 09・08
五・競建 06・17
五・競建 09・10
五・三德 05・37
五・三德 05・40

五・三德 17・15
五・三德 17・17
五・三德 17・21
五・三德 17・25
八・顏淵 03・03
八・成王 12・03

九・成王乙 03・17
九・舉治 27・04

四・內豊 07・26
四・內豊 10・09
四・內豊 10・13
五・競建 06・13
五・姑成 04・37
五・姑成 06・56

五・姑成 06・45
五・姑成 07・26
五・姑成 07・48
七・武王 01・18
八・成王 02・02
八・成王 02・13

八・成王 02・16
九・史蒥 12・15
藝術・選六 149・02

九・史蒥 10・08

扎

四・相邦 02・02

……□△辺毋辺之人

九・成王乙 03・12

……△（哉）言乎

扎

一・緇衣 20・25

一・緇衣 20・32

一・緇衣 21・01

六・季桓子 07・15

九・卜書 05・03

九・史蒥 03・01

按，从才乚聲，或即「必」字異體。

叒

若

四・內豊 07・25

三・周易 42・30

六・鄭壽 05・13

六・鄭壽 06・23

七・凡物甲 17・15

七・凡物甲 18・21

七・凡物乙 12・11

七・凡物乙 13・07

藝術・選六 136・03

三・亙先 02・10

三・亙先 11・09

四・鳴烏 01・07

四・鳴烏 01・09

四・鳴烏 02・18

八・有皇 05・01

桑

九・陳公 05・15

九・陳公 20・11

二・子羔 08・37

三・中弓 08・09

三・中弓 17・12

三・彭祖 02・06

三・彭祖 02・10

三・彭祖 02・20

四・柬大王 09・02

四・柬大王 10・02

四・柬大王 13・19

六・競公瘧 03・41

六・競公瘧 13・15

六・用曰 12・09

六・用曰 13・41

七・吳命 02・16

九・舉治 09・15

九・舉治 09・22

卉茅 02・41

卉茅 03・11

五・三德 13・32

五・鬼神 05・17

六・用曰 11・16

九・卜書 08・15

四・鳴鳥 02・16

△豹若虎

按，爲印文「爲」所覆。

四・鳴鳥 04・01

〔若□〕△貝

按，據詩重章辭例當爲「若」字殘蹟。

櫜

二・容成氏 41・05

四・采風 01・18

之

之

- 二·民之 06·06
- 二·民之 07·32
- 二·民之 11·10
- 二·民之 12·23

按，从木喪聲，「桑」字異體。

- 一·詩論 04·12
- 一·詩論 04·26
- 一·詩論 04·32
- 一·詩論 05·23
- 一·詩論 05·31
- 一·詩論 06·05
- 一·詩論 06·09
- 一·詩論 06·29
- 一·詩論 06·37
- 一·詩論 07·08
- 一·詩論 07·20
- 一·詩論 08·15
- 一·詩論 08·21
- 一·詩論 08·50
- 一·詩論 09·21
- 一·詩論 09·42
- 一·詩論 10·03
- 一·詩論 10·07
- 一·詩論 10·11
- 一·詩論 10·15
- 一·詩論 10·19
- 一·詩論 10·23
- 一·詩論 10·26
- 一·詩論 11·06
- 一·詩論 11·15
- 一·詩論 11·24
- 一·詩論 11·34
- 一·詩論 14·12
- 一·詩論 14·17
- 一·詩論 14·22
- 一·詩論 15·14
- 一·詩論 16·06
- 一·詩論 16·13
- 一·詩論 16·28
- 一·詩論 16·44
- 一·詩論 17·10
- 一·詩論 17·18
- 一·詩論 17·26
- 一·詩論 18·04
- 一·詩論 20·03
- 一·詩論 20·30
- 一·詩論 21·06

一・緇衣 15・24	一・緇衣 13・34	一・緇衣 12・07	一・緇衣 08・15	一・詩論 27・37	一・詩論 24・17	一・詩論 22・13	一・詩論 21・19
一・緇衣 17・37	一・緇衣 13・42	一・緇衣 12・24	一・緇衣 08・19	一・緇衣 05・03	一・詩論 24・27	一・詩論 22・25	一・詩論 21・32
一・緇衣 18・14	一・緇衣 13・49	一・緇衣 13・05	一・緇衣 09・02	一・緇衣 05・22	一・詩論 25・11	一・詩論 22・39	一・詩論 21・37
一・緇衣 18・21	一・緇衣 14・25	一・緇衣 13・09	一・緇衣 09・11	一・緇衣 06・34	一・詩論 26・21	一・詩論 22・51	一・詩論 21・42
一・緇衣 19・37	一・緇衣 14・32	一・緇衣 13・18	一・緇衣 11・18	一・緇衣 07・22	一・詩論 27・06	一・詩論 24・04	一・詩論 21・47
一・緇衣 19・43	一・緇衣 14・36	一・緇衣 13・22	一・緇衣 11・34	一・緇衣 08・03	一・詩論 27・17	一・詩論 24・09	一・詩論 22・01

一・緇衣 19・49
一・緇衣 21・08
一・緇衣 21・27
一・緇衣 22・03
一・緇衣 23・15
一・性情論 01・29
一・性情論 01・41
一・性情論 02・28
一・性情論 03・23
一・性情論 03・27
一・性情論 04・19
一・性情論 04・22
一・性情論 04・25
一・性情論 04・28
一・性情論 05・03
一・性情論 06・14
一・性情論 06・21
一・性情論 06・25
一・性情論 06・28
一・性情論 07・01
一・性情論 07・09
一・性情論 08・19
一・性情論 09・10
一・性情論 09・17
一・性情論 09・27
一・性情論 10・03
一・性情論 10・10
一・性情論 10・17
一・性情論 11・04
一・性情論 11・12
一・性情論 11・16
一・性情論 11・25綴
一・性情論 13・21
一・性情論 13・27
一・性情論 14・14
一・性情論 15・05
一・性情論 17・04
一・性情論 18・25
一・性情論 19・09
一・性情論 20・08
一・性情論 20・15
一・性情論 20・24
一・性情論 23・13
一・性情論 24・04
一・性情論 24・16
一・性情論 24・28
一・性情論 26・34
一・性情論 28・27

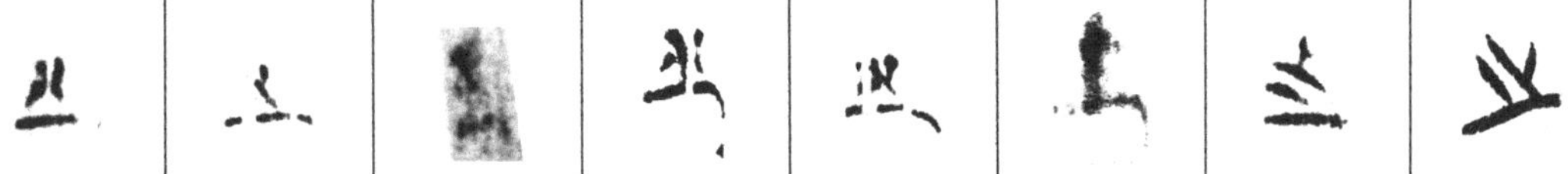

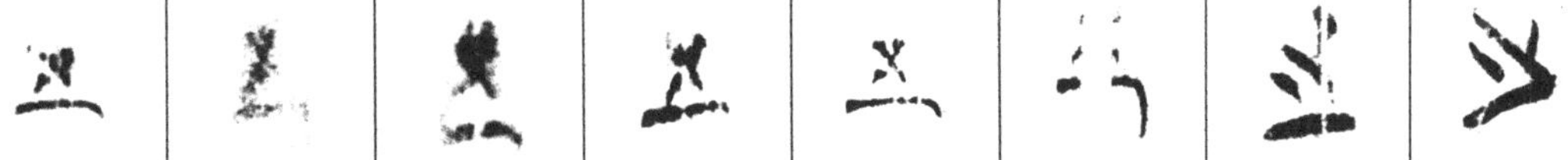

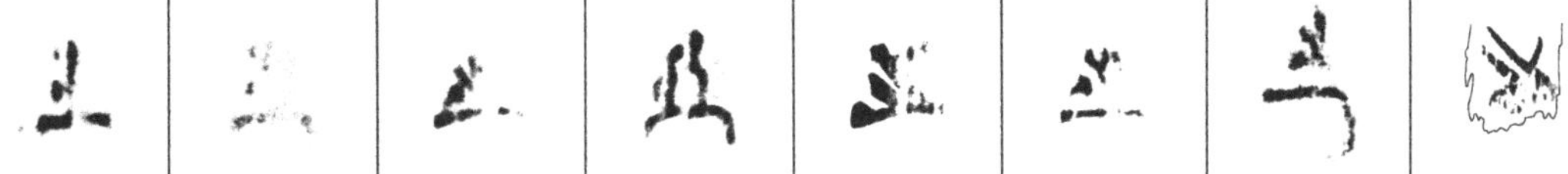

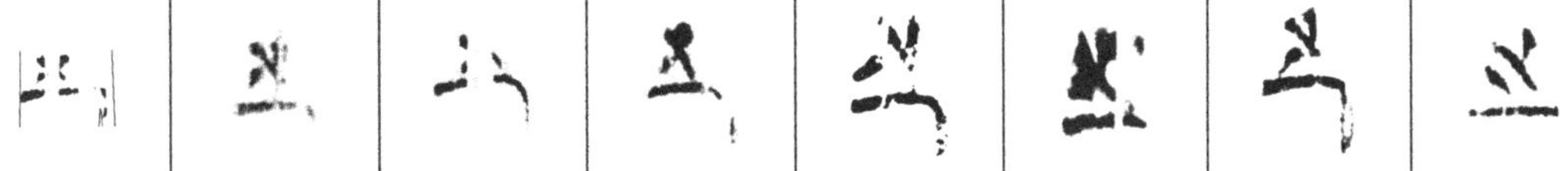

一・性情論 29・03
一・性情論 29・09
一・性情論 29・13
一・性情論 29・19
一・性情論 29・27
一・性情論 30・04綴

一・性情論 30・10
一・性情論 31・02
一・性情論 31・11
一・性情論 31・23
一・性情論 32・07
一・性情論 32・10

一・性情論 33・03
一・性情論 33・08
一・性情論 33・13
一・性情論 33・18
一・性情論 33・23
一・性情論 33・29

一・性情論 35・09
一・性情論 35・17
一・性情論 35・25
一・性情論 36・06綴
一・性情論 36・14
一・性情論 36・21

一・性情論 36・25
一・性情論 36・30
一・性情論 37・02
一・性情論 37・08
一・性情論 37・16
一・性情論 37・24

一・性情論 37・33
一・性情論 37・38
一・性情論 38・09
一・性情論 38・14
一・性情論 38・27
一・性情論 38・35

一・性情論 38・47
一・性情論 39・25
一・性情論 39・29
一・性情論 39・40
一・性情論 殘01・05
一・性情論 殘03・04

二・民之 01・13
二・民之 01・24
二・民之 02・09
二・民之 02・31
二・民之 03・03
二・民之 03・22

二·民之 03·31
二·民之 04·08
二·民之 04·17
二·民之 05·04
二·民之 05·15
二·民之 05·30
二·民之 06·05
二·民之 06·19
二·民之 06·30
二·民之 07·14
二·民之 07·23
二·民之 07·27
二·民之 07·31
二·民之 08·27
二·民之 09·01
二·民之 10·10
二·民之 11·02
二·民之 11·09
二·民之 11·17
二·民之 11·25
二·民之 11·33
二·民之 12·07
二·民之 12·14
二·民之 12·22
二·民之 12·30
二·民之 13·05
二·民之 13·19
二·民之 13·27
二·子羔 01·05
二·子羔 01·10
二·子羔 02·04
二·子羔 02·19
二·子羔 03·01
二·子羔 03·04
二·子羔 05·07
二·子羔 05·15
二·子羔 05·18
二·子羔 06·10
二·子羔 06·14
二·子羔 06·19
二·子羔 06·24
二·子羔 06·29
二·子羔 07·05
二·子羔 07·25
二·子羔 08·07
二·子羔 08·17
二·子羔 08·33
二·子羔 09·10

二·從政甲 17·26	二·從政甲 14·09	二·從政甲 08·09	二·從政甲 01·32	二·魯邦 03·17	二·子羔 13·10	二·子羔 12·07	二·子羔 09·39
二·從政甲 17·33	二·從政甲 15·14	二·從政甲 09·14	二·從政甲 02·01	二·從政甲 01·02	二·子羔 14·06	二·子羔 12·12	二·子羔 10·15
二·從政甲 18·04	二·從政甲 16·11	二·從政甲 11·14	二·從政甲 02·05	二·從政甲 01·07	二·魯邦 01·14	二·子羔 12·19	二·子羔 10·20
二·從政甲 18·24	二·從政甲 16·13	二·從政甲 12·16	二·從政甲 03·08	二·從政甲 01·10	二·魯邦 02·01	二·子羔 12·27	二·子羔 11·08
二·從政甲 19·01	二·從政甲 17·05	二·從政甲 13·07	二·從政甲 03·14	二·從政甲 01·16	二·魯邦 02·10	二·子羔 12·38	二·子羔 11·16
二·從政甲 19·06	二·從政甲 17·11	二·從政甲 13·10	二·從政甲 05·05	二·從政甲 01·22	二·魯邦 03·11	二·子羔 13·04	二·子羔 11·30

二・容成氏 14・37	二・容成氏 11・07	二・容成氏 09・17	二・容成氏 07・14	二・容成氏 05・13	二・昔者 02・23	二・從政乙 05・07	二・從政乙 01・04
二・容成氏 16・10	二・容成氏 11・16	二・容成氏 09・24	二・容成氏 07・42	二・容成氏 05・18	二・昔者 04・31	二・昔者 01・12	二・從政乙 02・19
二・容成氏 16・40	二・容成氏 12・17	二・容成氏 09・38	二・容成氏 08・11	二・容成氏 05・33	二・容成氏 01・24	二・昔者 01・27	二・從政乙 03・20
二・容成氏 17・29	二・容成氏 13・09	二・容成氏 10・24 綴	二・容成氏 08・14	二・容成氏 06・14	二・容成氏 03・21	二・昔者 01・33	二・從政乙 04・03
二・容成氏 17・44	二・容成氏 13・38	二・容成氏 10・28	二・容成氏 08・22	二・容成氏 07・03	二・容成氏 03・25	二・昔者 01・42	二・從政乙 04・11
二・容成氏 18・09	二・容成氏 14・22	二・容成氏 10・34	二・容成氏 08・30	二・容成氏 07・08	二・容成氏 03・33	二・昔者 02・15	二・從政乙 04・20

二·容成氏 18·41
二·容成氏 19·05
二·容成氏 19·19
二·容成氏 19·24
二·容成氏 19·40
二·容成氏 20·03
二·容成氏 20·13
二·容成氏 20·27
二·容成氏 20·33
二·容成氏 20·39
二·容成氏 21·03
二·容成氏 21·09
二·容成氏 22·13
二·容成氏 24·07
二·容成氏 24·22
二·容成氏 25·01
二·容成氏 25·20
二·容成氏 25·41
二·容成氏 26·20
二·容成氏 27·02
二·容成氏 27·21
二·容成氏 28·11
二·容成氏 29·34
二·容成氏 30·05
二·容成氏 30·22
二·容成氏 30·27
二·容成氏 31·09
二·容成氏 34·03
二·容成氏 34·19
二·容成氏 35·18
二·容成氏 35·24
二·容成氏 36·18
二·容成氏 38·05
二·容成氏 39·07
二·容成氏 39·26
二·容成氏 39·37
二·容成氏 40·09
二·容成氏 40·18
二·容成氏 40·23
二·容成氏 40·29
二·容成氏 40·34
二·容成氏 40·43
二·容成氏 41·04
二·容成氏 41·07
二·容成氏 41·16
二·容成氏 41·22
二·容成氏 41·29
二·容成氏 42·29

三·周易 23·13	三·周易 18·43	三·周易 10·07	二·容成氏 52·35	二·容成氏 50·16	二·容成氏 49·06	二·容成氏 46·37	二·容成氏 44·07
三·周易 30·23	三·周易 20·30	三·周易 11·17	二·容成氏 53·33	二·容成氏 50·38	二·容成氏 49·10	二·容成氏 47·03	二·容成氏 44·23
三·周易 30·26	三·周易 21·02	三·周易 17·23	三·周易 06·04	二·容成氏 51·24	二·容成氏 49·13	二·容成氏 48·07	二·容成氏 44·43
三·周易 35·26	三·周易 21·06	三·周易 17·27	三·周易 09·22	二·容成氏 52·06	二·容成氏 49·17	二·容成氏 48·12	二·容成氏 45·29
三·周易 47·19	三·周易 22·45	三·周易 18·20	三·周易 09·37	二·容成氏 52·10	二·容成氏 49·27	二·容成氏 48·31	二·容成氏 45·37
三·周易 47·27	三·周易 23·06	三·周易 18·34	三·周易 09·44	二·容成氏 52·26	二·容成氏 50·09	二·容成氏 48·34	二·容成氏 46·09

三·周易 53·27
三·周易 56·10
三·周易 56·14
三·周易 57·22
三·中弓 02·03
三·中弓 02·09

三·中弓 04·08
三·中弓 05·05
三·中弓 06·20
三·中弓 08·03
三·中弓 08·23
三·中弓 10·02

三·中弓 10·24
三·中弓 11·17
三·中弓 13·02
三·中弓 13·08
三·中弓 16·03
三·中弓 16·09

三·中弓 18·08
三·中弓 18·14
三·中弓 20·07
三·中弓 20·20
三·中弓 23·03
三·中弓 24·01

三·中弓 25·13
三·中弓 附·17
三·亙先 02·38
三·亙先 04·02
三·亙先 07·29
三·亙先 09·37

三·亙先 10·09
三·亙先 10·18
三·亙先 10·31
三·亙先 11·01
三·亙先 11·24
三·亙先 12·04

三·亙先 12·15
三·亙先 12·28
三·亙先 13·02
三·亙先 13·06
三·亙先 13·10
三·亙先 13·19

三·彭祖 01·50
三·彭祖 02·37
三·彭祖 02·46
三·彭祖 04·11
三·彭祖 04·20
三·彭祖 06·02

三·彭祖 06·09
三·彭祖 07·42
四·采風 01·19
四·采風 02·11
四·采風 03·15
四·采風 03·18

四·采風 03·35
四·采風 04·07
四·采風 04·13
四·采風 05·03
四·昭王 01·08
四·昭王 01·15

四·昭王 01·25
四·昭王 02·07
四·昭王 02·18
四·昭王 03·12
四·昭王 03·20
四·昭王 03·22

四·昭王 03·28
四·昭王 04·03
四·昭王 04·08
四·昭王 04·11
四·昭王 04·21
四·昭王 04·36

四·昭王 06·04
四·昭王 06·14
四·昭王 07·04
四·昭王 07·19
四·昭王 07·23
四·昭王 07·26

四·昭王 07·36
四·昭王 08·06
四·昭王 08·18
四·昭王 08·32
四·昭王 09·07
四·昭王 09·14

四·昭王 09·37
四·昭王 10·23
四·昭王 10·29
四·柬大王 02·06
四·柬大王 02·20
四·柬大王 03·23

四·柬大王 04·07
四·柬大王 04·15
四·柬大王 05·03
四·柬大王 05·11
四·柬大王 06·04
四·柬大王 06·13

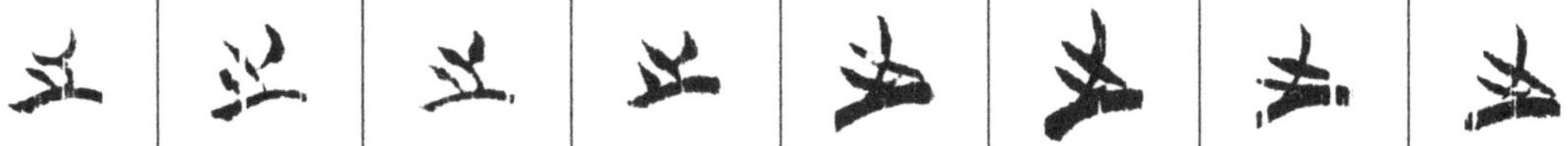

四・東大王 06・19

四・東大王 07・08

四・東大王 09・07

四・東大王 10・22

四・東大王 11・04

四・東大王 11・14

四・東大王 11・20

四・東大王 11・24

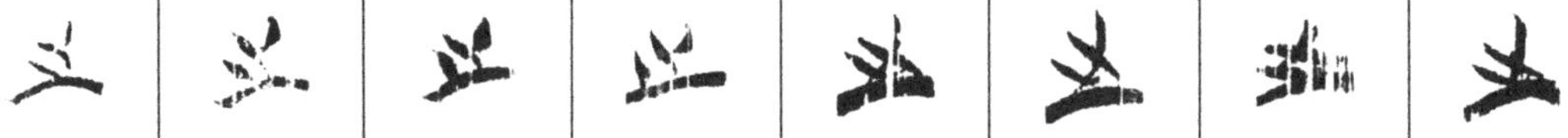

四・東大王 11・26

四・東大王 12・06

四・東大王 12・25

四・東大王 16・18

四・東大王 17・10

四・東大王 17・15

四・東大王 20・13

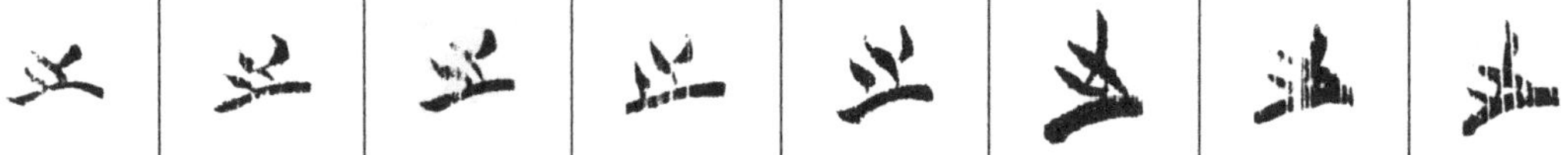

四・東大王 20・18

四・東大王 21・08

四・東大王 21・23

四・東大王 22・05

四・東大王 22・08

四・內豐 01・03

四・內豐 01・19

四・內豐 01・21

四・內豐 01・32

四・內豐 01・34

四・內豐 02・11

四・內豐 02・13

四・內豐 02・24

四・內豐 02・26

四・內豐 02・40

四・內豐 03・02

四・內豐 03・12

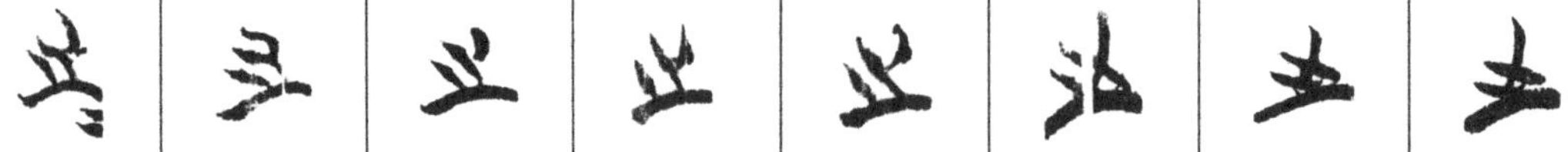

四・內豐 03・14

四・內豐 03・25

四・內豐 03・27

四・內豐 03・35

四・內豐 03・37

四・內豐 04・08

四・內豐 04・10

四・內豐 04・20

四・內豐 04・22

四・內豐 04・35

四・內豐 04・37

四・內豐 06・25

四・內豐 06・30

四・內豐 06・34

四・內豐 06・39

四・內豐 07・08

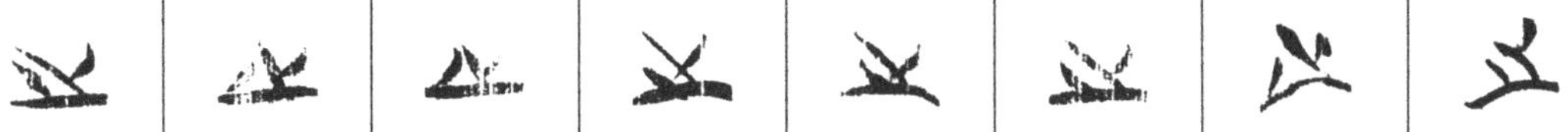

四·內豊 08·01
四·內豊 09·16
四·內豊 10·06
四·內豊 10·23
四·內豊 10·30
四·內豊 附·12

四·內豊 附·20
四·相邦 03·19
四·相邦 04·16
四·相邦 04·22
四·相邦 04·33
四·曹沫 01·20

四·曹沫 02·19
四·曹沫 02·22
四·曹沫 02反·03
四·曹沫 04·04
四·曹沫 05·11
四·曹沫 05·15

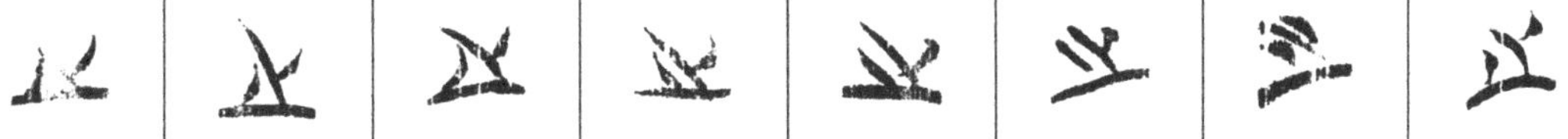

四·曹沫 06·03
四·曹沫 06·24
四·曹沫 07·04
四·曹沫 07·06
四·曹沫 08·10
四·曹沫 08·16

四·曹沫 08·24
四·曹沫 08·31
四·曹沫 09·07
四·曹沫 13·23
四·曹沫 14·10
四·曹沫 14·23

四·曹沫 14·29
四·曹沫 15·06
四·曹沫 15·12
四·曹沫 16·04
四·曹沫 16·15
四·曹沫 18·28

四·曹沫 18·30
四·曹沫 19·32
四·曹沫 20·19
四·曹沫 21·28
四·曹沫 22·05
四·曹沫 23·08

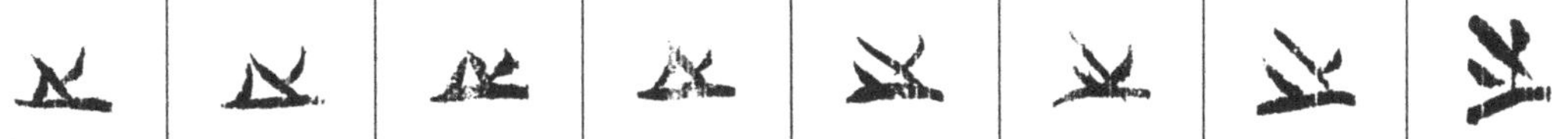

四·曹沫 23·13
四·曹沫 23·22
四·曹沫 25·22
四·曹沫 26·02
四·曹沫 28·09
四·曹沫 28·13

四·曹沫 29·04
四·曹沫 29·09
四·曹沫 30·10
四·曹沫 31·05
四·曹沫 32·33
四·曹沫 34·12

四·曹沫 34·19
四·曹沫 34·26
四·曹沫 35·06
四·曹沫 36·02
四·曹沫 38·31
四·曹沫 39·10

四·曹沫 40·10
四·曹沫 40·30
四·曹沫 42·11
四·曹沫 42·15
四·曹沫 43·01
四·曹沫 43·16

四·曹沫 43·32
四·曹沫 44·05
四·曹沫 44·15
四·曹沫 45·32
四·曹沫 47·03
四·曹沫 47·07

四·曹沫 50·08
四·曹沫 52·14
四·曹沫 53·03
四·曹沫 53·25
四·曹沫 53·30
四·曹沫 54·14

四·曹沫 54·18
四·曹沫 55·06
四·曹沫 55·28
四·曹沫 57·06
四·曹沫 59·15
四·曹沫 60·15

四·曹沫 61·12
四·曹沫 61·16
四·曹沫 63·30
四·曹沫 64·03
四·曹沫 64·34
四·曹沫 64·36

四·曹沫 64·39
五·競建 01·17
五·競建 01反·04
五·競建 02·07
五·競建 03·09
五·競建 03·31

五·季庚子 08·12	五·季庚子 05·18	五·季庚子 03·01	五·季庚子 01·19	五·鮑叔牙 04·10	五·鮑叔牙 01·46	五·競建 08·22	五·競建 04·05
五·季庚子 09·08	五·季庚子 06·09	五·季庚子 03·05	五·季庚子 01·24	五·鮑叔牙 05·26	五·鮑叔牙 02·15	五·競建 08·28	五·競建 04·12
五·季庚子 10·24	五·季庚子 06·19	五·季庚子 03·19	五·季庚子 01·30	五·鮑叔牙 06·04	五·鮑叔牙 02·19	五·競建 08·35	五·競建 04·18
五·季庚子 11·20	五·季庚子 07·15	五·季庚子 04·12	五·季庚子 01·36	五·鮑叔牙 06·18	五·鮑叔牙 02·44	五·競建 09·07	五·競建 04·24
五·季庚子 11·30	五·季庚子 07·20	五·季庚子 04·15	五·季庚子 02·05	五·鮑叔牙 09·07	五·鮑叔牙 03·18	五·鮑叔牙 01·12	五·競建 04·32
五·季庚子 12·05	五·季庚子 07·23	五·季庚子 05·09	五·季庚子 02·17	五·季庚子 01·12	五·鮑叔牙 04·01	五·鮑叔牙 01·42	五·競建 06·10

五·季庚子 12·15
五·季庚子 13·03
五·季庚子 13·21
五·季庚子 14·08
五·季庚子 14·13
五·季庚子 14·22
五·季庚子 14·36
五·季庚子 16·01
五·季庚子 16·07
五·季庚子 17·08
五·季庚子 17·16
五·季庚子 18·04
五·季庚子 19·06
五·季庚子 19·23
五·季庚子 20·12
五·季庚子 20·19
五·季庚子 20·25
五·季庚子 21·06
五·季庚子 21·17
五·季庚子 22·01
五·季庚子 22·05
五·季庚子 22·09
五·季庚子 23·06
五·季庚子 23·20
五·姑成 01·28
五·姑成 01·52
五·姑成 02·05
五·姑成 03·07
五·姑成 05·13
五·姑成 05·25
五·姑成 06·02
五·姑成 06·12
五·姑成 06·49
五·姑成 07·12
五·姑成 08·15
五·姑成 09·20
五·姑成 09·50
五·姑成 09·55
五·君子 01·39
五·君子 02·06
五·君子 02·15
五·君子 03·01
五·君子 03·20
五·君子 03·25
五·君子 05·07
五·君子 06·19
五·君子 10·15
五·君子 11·27

五·三德 17·04	五·三德 13·18	五·三德 08·18	五·三德 04·48	五·三德 02·20	五·弟子問 22·03	五·弟子問 09·04	五·君子 11·34
五·三德 17·08	五·三德 13·43	五·三德 12·11	五·三德 05·05	五·三德 02·29	五·弟子問 23·03	五·弟子問 09·15	五·君子 15·13
五·三德 18·17	五·三德 14·07	五·三德 12·15	五·三德 05·43	五·三德 03·41	五·三德 01·44	五·弟子問 11·04	五·弟子問 04·10
五·三德 18·22	五·三德 14·47	五·三德 12·19	五·三德 06·10	五·三德 04·03	五·三德 02·04	五·弟子問 12·04	五·弟子問 04·31
五·三德 18·27	五·三德 15·33	五·三德 12·23	五·三德 07·17	五·三德 04·40	五·三德 02·08	五·弟子問 12·12	五·弟子問 06·12
五·三德 18·32	五·三德 15·38	五·三德 12·46	五·三德 07·37	五·三德 04·44	五·三德 02·15	五·弟子問 21·17	五·弟子問 07·07

六・季桓子 07・11	六・季桓子 03・04	六・競公瘧 10・01	六・競公瘧 05・15	六・競公瘧 01・41	五・鬼神 03・10	五・三德 22・01	五・三德 18・38
六・季桓子 09・06	六・季桓子 04・08	六・競公瘧 10・37	六・競公瘧 06・14	六・競公瘧 02・26	五・鬼神 03・24	五・三德 22・15	五・三德 19・10
六・季桓子 10・12	六・季桓子 04・17	六・競公瘧 10・41	六・競公瘧 07・39	六・競公瘧 02・38	五・鬼神 03・36	五・三德 22・19	五・三德 19・16
六・季桓子 11・11	六・季桓子 05・24	六・競公瘧 12・28	六・競公瘧 08・15	六・競公瘧 03・27	五・鬼神 05・08	五・鬼神 01・33	五・三德 20・02
六・季桓子 12・05	六・季桓子 06・08	六・競公瘧 13・11	六・競公瘧 08・21	六・競公瘧 03・40	五・鬼神 07・13	五・鬼神 02・12	五・三德 20・14
六・季桓子 14・16	六・季桓子 06・16	六・季桓子 01・08	六・競公瘧 08・27	六・競公瘧 04・14	六・競公瘧 01・30	五・鬼神 02・16	五・三德 21・03

六・用曰 01・28	六・慎子 04・17	六・莊王 09・10	六・莊王 05・09	六・莊王 02・13	六・季桓子 25・16	六・季桓子 20・06	六・季桓子 15・10
六・用曰 01・32	六・慎子 06・05	六・鄭壽 01・08	六・莊王 06・05	六・莊王 02・21	六・季桓子 27・04	六・季桓子 22・03	六・季桓子 15・16
六・用曰 03・20	六・慎子 06・08	六・鄭壽 02・20	六・莊王 06・16	六・莊王 03・05	六・季桓子 27・14	六・季桓子 22・19	六・季桓子 15・22
六・用曰 04・30	六・用曰 01・03	六・鄭壽 04・21	六・莊王 07・01	六・莊王 03・14	六・莊王 01・24	六・季桓子 23・07	六・季桓子 16・08
六・用曰 05・02	六・用曰 01・12	六・鄭壽 06・20	六・莊王 07・20	六・莊王 03・17	六・莊王 02・04	六・季桓子 25・07	六・季桓子 19・03
六・用曰 05・22	六・用曰 01・17	六・王子木 03・06	六・莊王 08・24	六・莊王 05・05	六・莊王 02・08	六・季桓子 25・11	六・季桓子 19・10

六・天子甲 12・12	六・天子甲 02・28	六・天子甲 01・04	六・用曰 20・08	六・用曰 16・02	六・用曰 12・11	六・用曰 08・10	六・用曰 05・27
六・天子甲 12・18	六・天子甲 03・07	六・天子甲 01・10	六・用曰 20・13	六・用曰 16・13	六・用曰 13・11	六・用曰 08・19	六・用曰 07・13
六・天子甲 12・29	六・天子甲 03・11	六・天子甲 01・15	六・用曰 20・17	六・用曰 17・13	六・用曰 13・28	六・用曰 08・23	六・用曰 07・19
六・天子乙 01・05	六・天子甲 03・26	六・天子甲 01・20	六・用曰 20・22	六・用曰 17・18	六・用曰 15・16	六・用曰 10・01	六・用曰 07・26
六・天子乙 01・11	六・天子甲 06・03	六・天子甲 02・09	六・用曰 20・26	六・用曰 18・31	六・用曰 15・22	六・用曰 11・18	六・用曰 07・34
六・天子乙 01・16	六・天子甲 08・09	六・天子甲 02・18	六・用曰 20・36	六・用曰 19・30	六・用曰 15・31	六・用曰 11・27	六・用曰 08・06

七・鄭子甲 06・03	七・鄭子甲 01・33	七・武王 13・24	七・武王 10・27	七・武王 05・18	七・武王 03・04	六・天子乙 03・17	六・天子乙 01・21
七・鄭子甲 06・22	七・鄭子甲 03・12	七・武王 13・27	七・武王 11・21	七・武王 05・23	七・武王 03・31	六・天子乙 05・14	六・天子乙 02・04
七・鄭子甲 06・29	七・鄭子甲 03・33	七・武王 15・20	七・武王 11・24	七・武王 05・30	七・武王 04・23	六・天子乙 07・21	六・天子乙 02・13
七・鄭子甲 07・13	七・鄭子甲 04・06	七・武王 15・25	七・武王 12・12	七・武王 06・04	七・武王 04・27	六・天子乙 11・27	六・天子乙 02・23
七・鄭子甲 07・20	七・鄭子甲 04・12	七・武王 15・28	七・武王 12・18	七・武王 06・25	七・武王 05・05	七・武王 01・16	六・天子乙 02・31
七・鄭子甲 07・22	七・鄭子甲 05・31	七・鄭子甲 01・15	七・武王 12・24	七・武王 07・22	七・武王 05・09	七・武王 02・08	六・天子乙 03・02

七・凡物甲 05・16	七・凡物甲 02・06	七・君人乙 04・29	七・君人乙 01・19	七・君人甲 04・02	七・鄭子乙 07・19	七・鄭子乙 05・29	七・鄭子乙 01・14
七・凡物甲 06・11	七・凡物甲 02・14	七・君人乙 06・09	七・君人乙 02・01	七・君人甲 05・01	七・君人甲 01・19	七・鄭子乙 06・04	七・鄭子乙 02・02
七・凡物甲 06・13	七・凡物甲 02・22	七・君人乙 06・13	七・君人乙 02・22	七・君人甲 06・12	七・君人甲 02・02	七・鄭子乙 06・23	七・鄭子乙 03・11
七・凡物甲 06・24	七・凡物甲 03・17	七・君人乙 06・23	七・君人乙 03・15	七・君人甲 06・16	七・君人甲 02・23	七・鄭子乙 06・30	七・鄭子乙 03・32
七・凡物甲 07・04	七・凡物甲 04・19	七・君人乙 07・17	七・君人乙 03・23	七・君人甲 07・02	七・君人甲 03・17	七・鄭子乙 07・10	七・鄭子乙 04・06
七・凡物甲 07・12	七・凡物甲 04・27	七・凡物甲 02・01	七・君人乙 03・27	七・君人甲 08・01	七・君人甲 03・25	七・鄭子乙 07・17	七・鄭子乙 04・12

七·凡物甲 26·07	七·凡物甲 20·14	七·凡物甲 19·10	七·凡物甲 16·27	七·凡物甲 14·11	七·凡物甲 12·23	七·凡物甲 08·27	七·凡物甲 07·18
七·凡物甲 26·13	七·凡物甲 21·02	七·凡物甲 19·14	七·凡物甲 17·02	七·凡物甲 14·18	七·凡物甲 13·13	七·凡物甲 09·10	七·凡物甲 08·03
七·凡物甲 28·04	七·凡物甲 22·12	七·凡物甲 19·18	七·凡物甲 17·09	七·凡物甲 14·20	七·凡物甲 13·19	七·凡物甲 09·27	七·凡物甲 08·08
七·凡物甲 28·26	七·凡物甲 23·12	七·凡物甲 19·22	七·凡物甲 17·14	七·凡物甲 15·11	七·凡物甲 13·23	七·凡物甲 10·06	七·凡物甲 08·11
七·凡物甲 29·07	七·凡物甲 23·16	七·凡物甲 19·26	七·凡物甲 17·21	七·凡物甲 15·19	七·凡物甲 14·03	七·凡物甲 10·13	七·凡物甲 08·16
七·凡物甲 29·17	七·凡物甲 23·24	七·凡物甲 20·03	七·凡物甲 19·05	七·凡物甲 15·25	七·凡物甲 14·08	七·凡物甲 10·20	七·凡物甲 08·22

七·凡物甲 29·22

七·凡物甲 30·01

七·凡物甲 30·07

七·凡物甲 30·11

七·凡物甲 30·14

七·凡物乙 01·32

七·凡物乙 02·07

七·凡物乙 02·15

七·凡物乙 03·04

七·凡物乙 03·36

七·凡物乙 04·08

七·凡物乙 04·29

七·凡物乙 05·16

七·凡物乙 05·18

七·凡物乙 05·29

七·凡物乙 06·01

七·凡物乙 06·09

七·凡物乙 06·15

七·凡物乙 07·05

七·凡物乙 07·10

七·凡物乙 07·22

七·凡物乙 08·04

七·凡物乙 08·11

七·凡物乙 08·18

七·凡物乙 09·19

七·凡物乙 09·24

七·凡物乙 09·27

七·凡物乙 09·34

七·凡物乙 09·36

七·凡物乙 10·16

七·凡物乙 12·05

七·凡物乙 12·10

七·凡物乙 13·17

七·凡物乙 13·21

七·凡物乙 13·25

七·凡物乙 14·09

七·凡物乙 15·25

七·凡物乙 15·29

七·凡物乙 16·04

七·凡物乙 16·09

七·凡物乙 18·30

七·凡物乙 19·06

七·凡物乙 19·12

七·凡物乙 20·02

七·凡物乙 22·06

七·凡物乙 22·11

七·凡物乙 22·17

七·凡物乙 22·23

八·顏淵 08·03	八·顏淵 04·09	八·子道餓 02·13	七·吳命 09·11	七·吳命 08·04	七·吳命 05·27	七·吳命 03·07	七·吳命 01·08
八·顏淵 08·09	八·顏淵 05·11	八·子道餓 02·33	七·吳命 09·32	七·吳命 08·08	七·吳命 05·53	七·吳命 03·12	七·吳命 01·15
八·顏淵 09·08	八·顏淵 05·23	八·子道餓 06·02	七·吳命 09·48	七·吳命 08·15	七·吳命 06·05	七·吳命 04·28	七·吳命 01·26
八·顏淵 10·03	八·顏淵 06·03	八·顏淵 01·12	八·子道餓 01·29	七·吳命 08·24	七·吳命 06·09	七·吳命 05·04	七·吳命 02·05
八·成王 02·12	八·顏淵 07·11	八·顏淵 03·05	八·子道餓 01·31	七·吳命 08·28	七·吳命 07·12	七·吳命 05·10	七·吳命 03·02
八·成王 03·05	八·顏淵 07·20	八·顏淵 04·05	八·子道餓 02·01	七·吳命 08·60	七·吳命 07·27	七·吳命 05·16	七·吳命 03·04

八·成王 03·10
八·成王 03·12
八·成王 06·01
八·成王 06·12
八·成王 07·03
八·成王 08·09

八·成王 08·16
八·成王 09·04
八·成王 10·10
八·成王 10·19
八·成王 11·04
八·成王 11·09

八·成王 12·08
八·成王 13·03
八·成王 13·07
八·成王 14·13
八·成王 15·21
八·成王 15·29

八·成王 16·01
八·成王 16·05
八·成王 16·09
八·命 01·05
八·命 01·14
八·命 02·08

八·命 03·01
八·命 03·15
八·命 03·21
八·命 05·01
八·命 06·20
八·命 07·07

八·命 08·03
八·命 08·07
八·命 08·19
八·命 09·05
八·命 09·17
八·王居 01·05

八·王居 01·17
八·王居 01·22
八·王居 02·22
八·王居 03·03
八·王居 04·09
八·王居 04·17

八·王居 05·07
八·王居 05·17
八·王居 06·03
八·王居 07·02
八·志書 01·08
八·志書 01·22

九·陳公 06·07	九·靈王 04·21	九·靈王 01·23	九·成王甲 05·20	八·鶹鷅 01·10	八·蘭賦 05·01	八·李頌 01·30	八·志書 02·14
九·陳公 10·28	九·靈王 05·07	九·靈王 01·31	九·成王甲 05·22	八·鶹鷅 01·23	八·蘭賦 05·11	八·李頌 01·44	八·志書 05·20
九·陳公 11·12	九·陳公 01·04	九·靈王 02·15	九·成王乙 01·12	九·成王甲 01·06	八·蘭賦 05·30	八·李頌 01反·22	八·志書 07·03
九·陳公 12·08	九·陳公 01·17	九·靈王 03·16	九·成王乙 02·08	九·成王甲 02·05	八·有皇 06·07	八·李頌 01反·52	八·志書 07·09
九·陳公 12·36	九·陳公 04·05	九·靈王 03·28	九·成王乙 03·04	九·成王甲 04·14	八·有皇 06·26	八·李頌 02·09	八·李頌 01·15
九·陳公 13·29	九·陳公 04·27	九·靈王 04·18	九·成王乙 04·03	九·成王甲 05·13	八·有皇 06·35	八·蘭賦 04·14	八·李頌 01·20

九・陳公 14・02
九・陳公 14・26
九・陳公 15・01
九・陳公 16・01
九・陳公 17・17
九・舉治 02・06

九・舉治 03・08
九・舉治 04・03
九・舉治 07・07
九・舉治 07・11
九・舉治 07・18
九・舉治 08・01

九・舉治 08・13
九・舉治 08・19
九・舉治 08・32
九・舉治 09・08
九・舉治 09・18
九・舉治 09・24

九・舉治 10・05
九・舉治 10・10
九・舉治 13・32
九・舉治 16・13
九・舉治 22・02
九・舉治 23・20

九・舉治 25・02
九・舉治 25・07
九・舉治 28・05
九・舉治 33・19
九・邦人 02・11
九・邦人 02・16

九・邦人 03・19
九・邦人 04・08
九・邦人 04・21
九・邦人 06・05
九・邦人 07・02
九・邦人 07・11

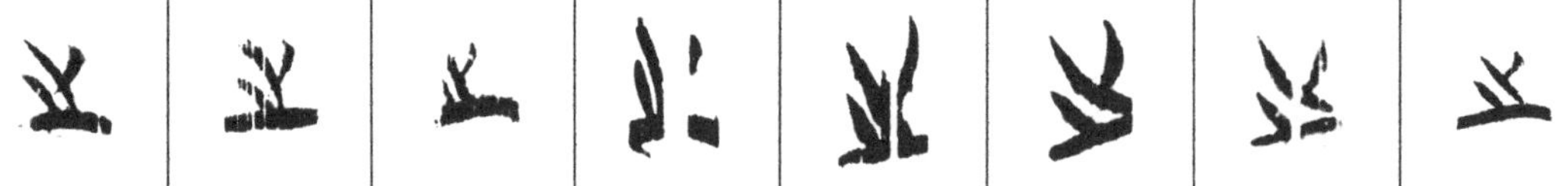

九・邦人 08・01
九・邦人 08・14
九・邦人 08・18
九・邦人 09・30
九・邦人 10・04
九・邦人 10・08

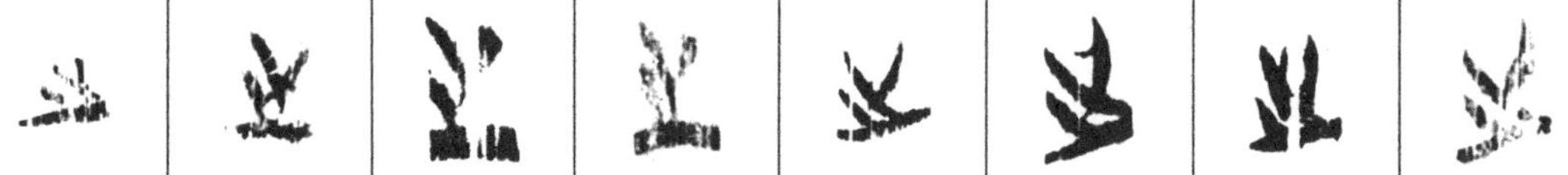

九・邦人 11・04
九・邦人 11・17
九・邦人 11・29
九・邦人 12・04
九・邦人 12・12
九・史蒥 01・03

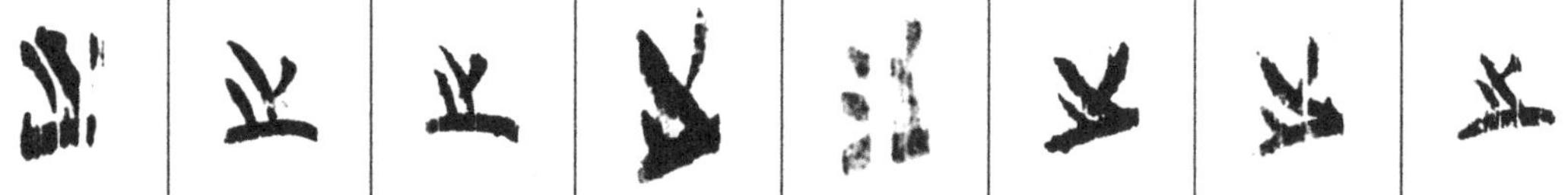

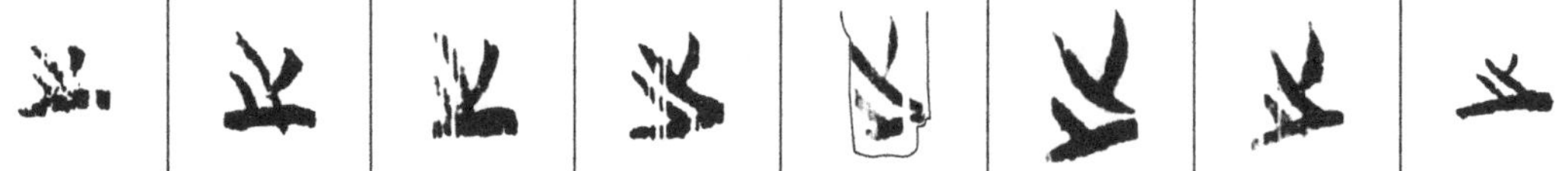

九·史蒥 01·14

九·史蒥 02·02

九·史蒥 02·08

九·史蒥 02·15

九·史蒥 02·17

九·史蒥 02·19

九·史蒥 04·16

九·史蒥 05·02

九·史蒥 05·10

九·史蒥 08·10

九·史蒥 08·14

九·史蒥 09·09

九·史蒥 10·12

九·史蒥 11·07

九·史蒥 11·20

九·史蒥 12·03

九·卜書 07·10

九·卜書 07·14

九·卜書 07·31

九·卜書 08·13

港中零簡 04·07

港中零簡 05·02

港中零簡 07·01

港中零簡 07·07

港中零簡 09·05

港中零簡 09·09

上博零簡 01·06

上博零簡 01·31

上博零簡 02·07

卉茅 01·09

卉茅 01·17

卉茅 01·22

卉茅 03·03

卉茅 03·20

藝術·選六 131·08

藝術·選六 132·09

藝術·選六 145·04

一·性情論 02·34

知情者能出之，知義者能內△。

一·性情論 09·04

有爲爲△也

一·性情論 27·01

〔門外〕△治

㞷　師

㞷　師

㞷　帀

一・性情論 殘02・14

雖未△爲

上四例郭店簡本《性自命出》對應作「之」。

二・民之 06・01

無體△禮

令《禮記・孔子閒居》本對應作「之」。

七・凡物乙 14・01

〔操〕△可操

七・凡物乙 21・07

得而解△

上二例甲本對應作「之」。

四・相邦 02・06

……□才□毋□△人

一・詩論 10・10

一・詩論 11・23

二・容成氏 05・30

二・容成氏 31・38

六・慎子 04・09

二・容成氏 38・09

二・容成氏 41・17

二・容成氏 47・45

二・容成氏 52・07

二・容成氏 52・32

三・周易 07・01

三・周易 07・10

三・周易 07・20

三・周易 07・31

三・周易 07・38

三・周易 08・13

三・周易 13・17

三・周易 14・06

四・曹沫 25・23

四・曹沫 40・21

四・曹沫 42・14

四・曹沫 51・29

五・鮑叔牙 08・16

五·鬼神 05·12
五·鬼神 06·26
五·鬼神 07·15
六·季桓子 21·07
六·鄭壽 03·08
六·用曰 18·27

七·武王 01·04
七·武王 01·29
七·武王 02·31
七·武王 03·24
七·吳命 08·42
九·成王甲 01·18

九·成王甲 02·03
九·成王甲 02·23
九·史蒥 02·14

六·天子甲 13·08
六·天子甲 13·22
九·邦人 04·31
九·邦人 05·13

七·鄭子甲 03·17
七·鄭子甲 03·20
七·鄭子甲 06·04
七·鄭子甲 06·25
七·鄭子甲 07·10
七·鄭子甲 07·30

七·鄭子乙 03·16
七·鄭子乙 03·19
七·鄭子乙 06·05
七·鄭子乙 06·26
七·鄭子乙 07·07
九·成王甲 05·01

九·成王甲 05·04
九·成王甲 05·21
九·成王乙 01·20
九·陳公 01·21
九·陳公 01·25
九·陳公 01·33

九·陳公 02·15
九·陳公 03·05
九·陳公 03·19
九·陳公 04·07
九·陳公 04·18
九·陳公 04·31

出

九・陳公 05・09
九・陳公 07・04
九・陳公 07・09
九・陳公 07・17
九・陳公 07・34
九・陳公 08・14

九・陳公 09・07
九・陳公 10・08
九・陳公 11・04
九・陳公 15・02

一・緇衣 09・17
赫赫△尹

一・緇衣 20・15
出入自爾△虞

七・鄭子乙 07・27
大敗晉△焉

甲本對應作「帀」。按，古文字「師」與《說文》「帀」同形。《說文》「帀」字義蓋源自「雜」，其形亦割取自漢「雜」字。今之作「匝」，蓋譌自从辵之「迊」。

出

一・詩論 13・15
一・緇衣 15・33
一・緇衣 20・11
一・性情論 02・03
一・性情論 02・27
一・性情論 04・30

一・性情論 05・25
一・性情論 08・28
一・性情論 10・15
一・性情論 14・03
一・性情論 16・22
一・性情論 28・29

一・性情論 34・02
二・魯邦 03・01
二・從政甲 16・10
二・昔者 03・35
二・容成氏 22・25
二・容成氏 34・26

二・容成氏 46・39
二・容成氏 51・33
三・周易 02・45
三・周易 04・23
三・周易 07・11
三・周易 16・15

三·周易 55·25	三·亙先 05·33	四·相邦 01·14	四·曹沫 40·33	五·姑成 04·21	六·用曰 09·23	七·君人乙 01·27	七·凡物乙 18·10
三·亙先 02·04	三·亙先 05·37	四·相邦 01·18	四·曹沫 42·13	五·姑成 09·47	六·用曰 12·02	七·君人乙 04·21	九·成王甲 02·04
三·亙先 04·25	三·亙先 06·03	四·曹沫 19·06	四·曹沫 60·01	五·君子 02·37	七·鄭子甲 05·29	七·凡物甲 04·23	九·成王乙 02·07
三·亙先 05·21	三·亙先 07·17	四·曹沫 19·15	四·曹沫 60·08	六·競公瘧 10·03	七·鄭子乙 05·27	七·凡物甲 10·22	九·靈王 01·20
三·亙先 05·25	三·亙先 08·19	四·曹沫 22·29	五·競建 03·26	六·競公瘧 13·35	七·君人甲 01·27	七·凡物乙 04·04	九·靈王 02·03
三·亙先 05·29	四·采風 01·29	四·曹沫 40·20	五·姑成 03·21	六·鄭壽 04·14	七·君人甲 04·23	七·凡物乙 08·20	九·靈王 02·20

九・陳公 04・30

九・陳公 05・08

九・陳公 15・05

九・陳公 15・13

九・邦人 01・20

九・邦人 09・12

九・卜書 01・07

九・卜書 02・17

港中零簡 01・10

藝術・選六 145・09

七・凡物甲 25・10

△則又入

按，右上爲誤畫墨道。一曰「此」，非是。

〈此〉

四・相邦 01・16

時出古△〈古=(故，故)出〉事

按，「此」爲「=出」之糅合，「=」屬上「古」字重文符號（裘錫圭2006=2012（2）:507–511）。

六・季桓子 13・09

△言不忌

按，「此」爲「出」之譌，蒙上文「出」而誤。

南

古

南

一・詩論 08・10

二・容成氏 14・40

二・容成氏 20・37

二・容成氏 27・37

二・容成氏 31・21

二・容成氏 40・35

三・周易 35・04

三・周易 37・04

四・曹沫 01・27

五・弟子問 18・13

七・武王 02・27

七・武王 03・19

七・武王 13・09

卉茅 03・13

《說文》古文如此。

生

生

一·緇衣 19·19
一·性情論 01·05
一·性情論 02·12
一·性情論 08·31
一·性情論 10·25
一·性情論 33·28

二·民之 04·28
二·子羔 10·07
二·容成氏 24·06
二·容成氏 33·08
二·容成氏 36·39
三·中弓 23·26

三·亙先 02·05
三·亙先 02·22
三·亙先 02·26
三·亙先 02·29
三·亙先 02·33
三·亙先 03·01

三·亙先 03·10
三·亙先 03·21
三·亙先 03·23
三·亙先 03·26
三·亙先 03·29
三·亙先 03·31

三·亙先 03·34
三·亙先 04·01
三·亙先 04·03
三·亙先 04·07
三·亙先 04·11
三·亙先 04·19

三·亙先 04·28
三·亙先 04·30
三·亙先 05·24
三·亙先 05·31
三·亙先 06·18
三·亙先 06·20

三·亙先 06·23
三·亙先 09·38
三·亙先 12·05
四·采風 03·14
四·多薪 02·04
四·曹沫 47·13

四·曹沫 54·30
五·競建 07·09
五·競建 08·26
五·鮑叔牙 03·10
五·鮑叔牙 05·27
五·弟子問 02·12

產

產							
五・君子 11・16	港中零簡 03・07	八・李頌 01反・28	七・凡物乙 07・26	七・凡物甲 21・07	七・凡物甲 05・08	六・天子甲 05・27	五・弟子問 02・20
	上博零簡 02・04	九・舉治 13・21	七・凡物乙 09・10	七・凡物甲 21・09	七・凡物甲 06・04	六・天子乙 05・06	五・弟子問 08・23
	卉茅 03・17	九・舉治 23・03	七・凡物乙 18・33	七・凡物乙 01・21	七・凡物甲 09・14	七・武王 07・16	五・鬼神 05・18
		九・舉治 34・03	七・吳命 06・08	七・凡物乙 02・24	七・凡物甲 12・20	七・武王 07・19	六・競公瘧 09・15
		九・史蕾 11・11	八・子道餓 01・21	七・凡物乙 04・21	七・凡物甲 13・15	七・凡物甲 01・21	六・用曰 01・05
		九・史蕾 11・25	八・李頌 01・41	七・凡物乙 05・09	七・凡物甲 21・05	七・凡物甲 02・31	六・用曰 18・24

華 / 東 / 刺 / 橐

芋		東			刺	柬	橐
一・詩論 09・54	按，从艸于聲，楚「華」字，與《説文》「芋」同形。	一・性情論 28・34 綴	四・柬大王 01・01	九・邦人 04・25	一・詩論 06・10	一・性情論 19・18	二・容成氏 09・20
四・鳴烏 02・02		一・性情論 37・15	六・用曰 02・10		一・性情論 30・17	按，「刺」之省作（陈斯鹏等 2012:190）。	三・周易 40・28
五・競建 09・29		一・性情論 37・25	六・用曰 07・16		五・弟子問 23・07		三・周易 41・12
五・弟子問 21・04		二・容成氏 08・18	六・用曰 16・17		九・舉治 02・05		三・周易 41・21
五・三德 08・07		二・容成氏 19・16	八・子道餓 01・09				
八・李頌 02・05		三・中弓 20・16	八・蘭賦 05・26				

囩　回　圖

囩	回			⿴囗者	⿱者心		
二·容成氏 07·23	六·莊王 05·03	七·君人甲 03·22	七·君人乙 04·25	二·魯邦 01·13	五·姑成 07·11	五·鮑叔牙 06·32	七·凡物甲 17·01
三·亙先 09·05	六·莊王 05·12	七·君人甲 04·27	七·君人乙 06·01		五·姑成 07·34	七·凡物乙 16·08	
按，从口云聲，或即「圓」字異體。	七·鄭子甲 03·21	七·君人甲 06·04	七·凡物甲 09·09				
	七·鄭子乙 03·20	七·君人乙 01·10	七·凡物乙 07·21				
	七·君人甲 01·10	七·君人乙 02·12					
	七·君人甲 02·13	七·君人乙 03·20					

國

國

一・緇衣 12・34

四・曹沫 02・18

八・子道餓 01・30

九・史蒥 01・19

六・用曰 06・09

六・用曰 14・34

六・用曰 18・18

按，从心者聲，「圖」字異體。卷十心部附錄重出。

國

一・緇衣 01・35

宬

四・曹沫 16・13

九・邦人 10・11

按，从宀或聲，「國」字異體。卷七宀部附錄重出。

囿

図

七・凡物甲 04・22

九△（有）出牧

七・凡物乙 04・03

九△（有）出牧

按，从囗又聲，「囿」字異體。另有从囗、又表意之字，蓋「緤」之初文，與之同形。詳見卷六囗部「図」下。

因

因

一・詩論 18・01綴

二・容成氏 18・36

二・容成氏 19・07

三・亙先 04・29

三・亙先 09・39

四・昭王 05・29

図

図

六・天子甲 12・25

藝術・選六 129・09

三・中弓 26・08

三・彭祖 01・42

五・季庚子 17・02

五・季庚子 21・11

五・姑成 04・07

五・弟子問 02・15

五・鬼神 04・03

六・競公瘧 05・08

六・鄭壽 01・15

八・李頌 02・43

二・容成氏 19・17

一・性情論 11・08

一・緇衣 23・22

朋友攸△（攝），△（攝）以威儀。

四・曹沫 37・04

毋△（攝）爵

按，从又（手形）在口，或即「韘」之初文（張宇衛 2016）。字音與《說文》之謂「図」「讀若聶」合，本初與「囿」字異體「図」不同形，後混同。後者詳見卷六口部「囿」下。

固

固

固			[匚古]	
四・曹沫 13・25	五・鬼神 08・20	藝術・選六 140・08	二・從政甲 05・12	六・莊王 02・19
四・曹沫 13・29	七・凡物甲 02・11		五・季庚子 22・12	
四・曹沫 15・15	七・凡物乙 02・04		六・莊王 02・16	
四・曹沫 56・14	九・舉治 33・04			
五・三德 06・25	九・舉治 34・17			
五・三德 12・48	九・邦人 08・28			

二・從政甲 05・12：△三制

五・季庚子 22・12：苟能△守而行之，民必服矣。

六・莊王 02・16：沈尹△辭

六・莊王 02・19：王△問之

按，从匚古聲，「固」字異體。據其職用，其中「匚」形係「口」字異構，與受物之器「匚」同形。本編「或／國」等字有同例。

困

困

困	
一・詩論 09・30	七・凡物乙 17・21
三・周易 01・18	九・卜書 02・22
三・周易 43・07	
七・凡物甲 24・14	
七・凡物甲 24・16	
七・凡物乙 17・19	

員

員

員
 一・緇衣 02・08
一・緇衣 10・26
一・緇衣 10・44
一・緇衣 12・27
一・緇衣 14・12
一・緇衣 15・21

一・緇衣 16・33
一・緇衣 17・24 
一・緇衣 18・11 
一・緇衣 18・28 
一・緇衣 18・39 
一・緇衣 20・10 

一・緇衣 21・06
一・緇衣 21・25 
一・緇衣 22・25 
一・緇衣 23・18 
一・緇衣 24・01 
八・子道餓 02・22 

港中零簡 01・05

九・舉治 19・20

九・舉治 18・09
黃帝修三△（損）

四・曹沫 05・08

一・緇衣 01・23
一・緇衣 02・44 
一・緇衣 03・10 
一・緇衣 04・31 
一・緇衣 05・32 
一・緇衣 06・08 

一・緇衣 07・14
一・緇衣 08・07 
一・緇衣 09・15 
一・緇衣 15・14

六・用曰 14・19

克獵戎事，以△（損）四踐。

七・凡物甲 07・07

寷祭△奚逐乎

七・凡物乙 06・04

寷祭△奚逐乎

按，一曰「異」，蓋下部與「異」所从混同，實係楚字部件集團類化所致。

一・緇衣 13・55

《詩》△（云）

八・王居 04・14

以△（損）不穀之……

貝

貝

四・鳴烏 04・02

貨

貨

三・彭祖 05・24

四・曹沫 17・24

六・用曰 08・32

六・用曰 13・15

⿰貝爲

⿰貝爲

九・史蒥 06・13

資

資

四・曹沫 17・25

購 購 賢 賢 贈 贈 贛 贛

購	孯	孯	孯	贈	贛		
藝術・選六 128・09	二・從政甲 03・22	八・命 04・09	八・命 07・16	一・詩論 27・19	二・魯邦 03・04	四・相邦 04・06	五・弟子問 01・24
	△士一人	不稱△進可	子謂陽爲△於先大夫		二・魯邦 03・22	四・相邦 04・29	五・弟子問 08・13
	二・從政甲 04・04					五・君子 11・09	六・用曰 07・21
	△士一人					五・君子 11・20	
	按，从子臤聲，「賢」字異體。卷十四子部附錄重出。					五・君子 12・04	
						五・君子 15・07	

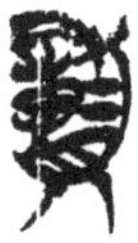

賚

賚 賚

四·柬大王 02·16

四·柬大王 04·08

四·柬大王 04·17

四·柬大王 05·16

四·柬大王 08·08

四·柬大王 19·09

四·柬大王 21·01

四·柬大王 21·21

四·柬大王 21·26

五·君子 10·14

賞

賞 賞

二·容成氏 04·06

二·容成氏 43·06

四·曹沫 21·10

四·曹沫 27·04

四·曹沫 35·27

四·曹沫 45·05

四·曹沫 54·20

四·曹沫 61·01

四·曹沫 62·06

五·鬼神 01·15

五·鬼神 02·17

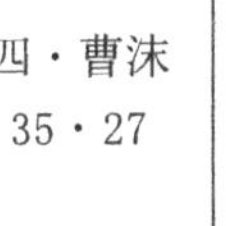
五·鬼神 03·42

七·吳命 05·05

九·邦人 10·07

九·邦人 11·03

九·邦人 11·27

一·性情論 22·25

未△〔而民勸〕

郭店簡本《性自命出》對應作「賞」。

賜

賜 賜

五·弟子問 22·05

二·魯邦 03·06

二·容成氏 33·09

二·容成氏 33·14

三·周易 05·40

三·周易 07·27

貤

貤（篆） ⿰貝它

- 二・容成氏 06・18
- 六・慎子 04・10

負

負（篆） ⿱伓貝

- 三・周易 33・29
- 三・周易 37・34
- 四・曹沫 21・24

按，从貝伓聲，「負」字異體。

貯

貯（篆） ⿱宁貝

- 六・用曰 13・12　唯君之△（賈）臣，非貨以酬。

按，《說文》之「貯」「賈」有別，蓋始自秦字。早期僅見「貯」字，且記錄{賈}義。疑早期{賈}{貯}均音 kraʔ，兼用「貯」形。今據形寄「貯」下。後{貯}發生 kraʔ>taʔ 音變，秦字之另用「賈」記錄{賈}，蓋緣此。

賓

賓（篆） 賓

- 一・詩論 27・18
- 二・容成氏 13・19
- 四・采風 04・32
- 九・舉治 26・08
- 藝術・選六 133・05
- 五・季庚子 16・05
- 九・成王乙 02・20　王爲余△
- 一・性情論 29・01　△客之禮

郭店簡本《性自命出》對應作「賓」。

責	賤	賦	貪	貧		賃	賕
責	賤	賦	貪	貧		⿱壬貝	賕
一・詩論 09・22	一・緇衣 10・16	二・容成氏 18・33	二・從政甲 05・03	一・緇衣 22・34	六・競公瘧 10・23	六・慎子 03・10	五・季庚子 15・34
	一・緇衣 22・35		六・競公瘧 06・15	一・性情論 23・18	八・顏淵 11・16	八・成王 01・23	
				三・彭祖 05・10	八・顏淵 12・11		
				四・曹沫 03・08	八・顏淵 13・09		
				五・弟子問 06・04			
				五・三德 11・06			

貴

贅

五・三德 13・48

貴

一・詩論 24・11

一・詩論 24・34

一・緇衣 22・40

一・性情論 12・12

一・性情論 22・05

一・性情論 23・12

二・容成氏 05・05

四・內豊 01・11

四・內豊 10・29

四・曹沫 21・18

四・曹沫 24・16

四・曹沫 24・19

四・曹沫 29・05

五・鮑叔牙 06・07

五・季庚子 20・03

五・姑成 03・38

五・君子 09・09

五・君子 09・20

五・君子 09・30

五・弟子問 06・15

五・鬼神 01・36

七・武王 10・02

七・凡物甲 28・12

七・凡物甲 28・16

七・凡物甲 28・20

七・凡物乙 20・10

七・凡物乙 20・14

七・凡物乙 21・01

九・史蕾 03・08

一・詩論 06・38

一・詩論 21・01

一・緇衣 11・29

按，上部蒙下「貝」旁類化，譌如「貞」形。

六・競公瘧 09・41

按，一曰「史」，非是。據其下部磔筆上揚，異乎本篇「史」所从「又」，當爲从貝之「貴」。

賽		貽	貥	賆	賉	賀	賊
七・吳命 06・01	二・容成氏 06・21	六・用曰 13・34	藝術・選六 128・06	六・競公瘧 08・39	四・曹沬 54・19	藝術・選六 128・08	六・用曰 13・19
九・靈王 01・06	九・舉治 26・15	征民乃△		詳見卷五冂部附錄。	詳見卷八重部「重」下。		詳見卷一艸部「藏」下。
卉茅 02・05	九・舉治 31・07	按，一曰从古，非是。所在辭例爲韻腳字，與「酬」「猷」幽部平聲字相叶，故必从由。					

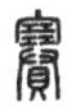

賨 賡 賔 賜 賵 賹 贇 贅

賨	賡	賔		賜	賵	賹	贇
[seal] 六・莊王 02・05	[seal] 二・從政甲 16・03	[seal] 四・相邦 03・11	[seal] 二・容成氏 39・19	[seal] 九・邦人 12・19	[seal] 五・三德 09・02	[seal] 一・詩論 11・11	[seal] 一・詩論 21・03
以待四鄰之△（賓）客	[seal] 三・亙先 07・39	詳見卷九广部「府」下。		一曰「賈」字異體（徐在國 2009.7.15）。	詳見卷七宀部「寶」下。	[seal] 一・詩論 21・20	詳見卷一艸部「藏」下。
按，从貝命聲，或即「賓」字異體。	卷十三糸部「續」下重出。						

⿱亡貝

⿱亡貝

五·三德 18·19

好昌天從之，好△（喪）天從之。

按，从貝喪省聲，或即「喪財」字。

⿰貝童

⿰貝童

七·吳命 09·55

廢其△獻

按，从貝童聲，或即表示〔投贈〕若〔輸貢〕之「贛」陽聲韻異讀。說聞於陳戩。

⿰貝辟

⿰貝辟

五·季庚子 20·07

⿰貝僉

⿰貝會

二·從政乙 02·06

毋䙷民△則同

按，从貝會聲，或即「稅斂」字。

⿰貝壽

⿰貝𠷎

六·用曰 13·17

非貨以△（酬）

按，从貝𠷎聲，或即「酬」字異體。

邑

邑

二·容成氏 18·44

三·周易 04·39

三·周易 10·21

三·周易 21·04

三·周易 44·03

五·君子 11·28

七·吳命 01·02

七·吳命 01·14

七·吳命 08·61

七·吳命 09·31

藝術·選六 144·06

邦

邦

八·成王 01·14

八·成王 08·14

一・詩論 03・14
一・詩論 04・21
一・緇衣 01・29
一・緇衣 11・32
二・民之 14・05
二・子羔 01・43

二・魯邦 01・02
二・魯邦 01・18
二・從政甲 02・14
二・從政乙 01・14
二・昔者 04・30綴
二・容成氏 04・13

二・容成氏 10・33
二・容成氏 10・39
二・容成氏 13・34
二・容成氏 38・25
二・容成氏 45・28
二・容成氏 45・35

二・容成氏 47・10
二・容成氏 47・32
二・容成氏 47・34
三・周易 08・28
三・周易 13・19
四・昭王 01・18

四・昭王 09・26
四・昭王 09・36
四・昭王 10・19
四・柬大王 03・16
四・柬大王 05・21
四・柬大王 06・03

四・柬大王 12・19
四・柬大王 16・16
四・柬大王 17・14
四・柬大王 18・07
四・柬大王 18・17
四・柬大王 18・25

四・相邦 02・11
四・相邦 04・15
四・相邦 04・21
四・曹沫 01・21
四・曹沫 02・09
四・曹沫 05・14

四・曹沫 06・02
四・曹沫 10・26
四・曹沫 14・25
四・曹沫 14・28
四・曹沫 14・32
四・曹沫 19・02

六・鄭壽 06・12	五・鬼神 07・19	五・三德 05・21	五・季庚子 23・09	五・季庚子 11・07	五・鮑叔牙 06・05	四・曹沫 41・08	四・曹沫 20・17
六・王子木 04・19	六・競公瘧 04・31	五・三德 06・24	五・姑成 03・06	五・季庚子 12・07	五・鮑叔牙 07・08	四・曹沫 42・09	四・曹沫 22・14
六・天子甲 01・07	六・競公瘧 08・29	五・三德 06・32	五・君子 11・35	五・季庚子 15・01	五・鮑叔牙 08・13	四・曹沫 56・23	四・曹沫 28・21
六・天子甲 01・28	六・鄭壽 01・19	五・三德 08・01	五・三德 04・34	五・季庚子 18・28	五・季庚子 05・11	五・競建 08・01	四・曹沫 29・03
六・天子甲 02・16	六・鄭壽 03・24	五・三德 13・12	五・三德 05・12	五・季庚子 21・12	五・季庚子 08・10	五・鮑叔牙 04・04	四・曹沫 29・08
六・天子甲 02・23	六・鄭壽 05・06	五・鬼神 02・36	五・三德 05・17	五・季庚子 22・23	五・季庚子 10・26	五・鮑叔牙 04・24	四・曹沫 37・16

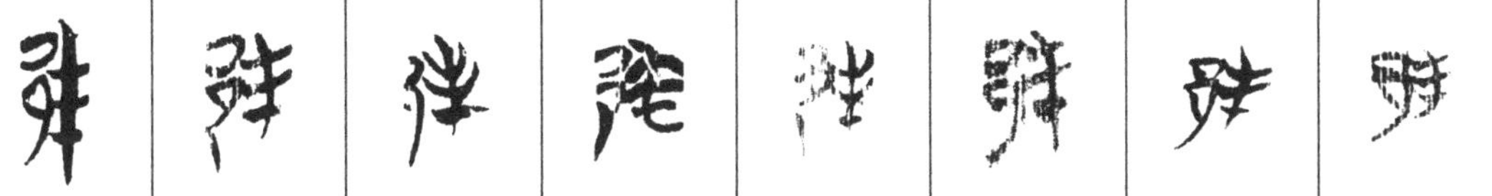

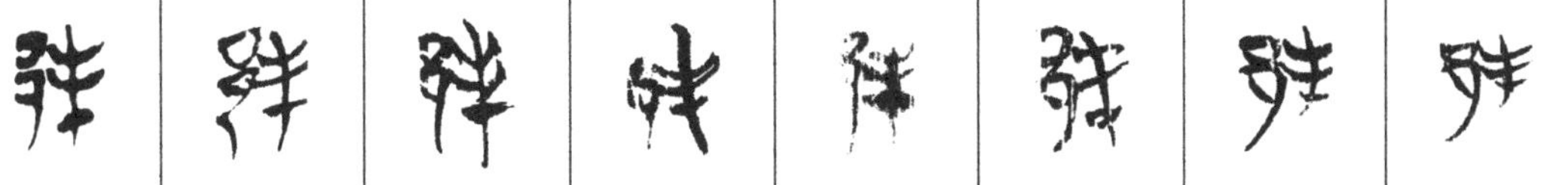

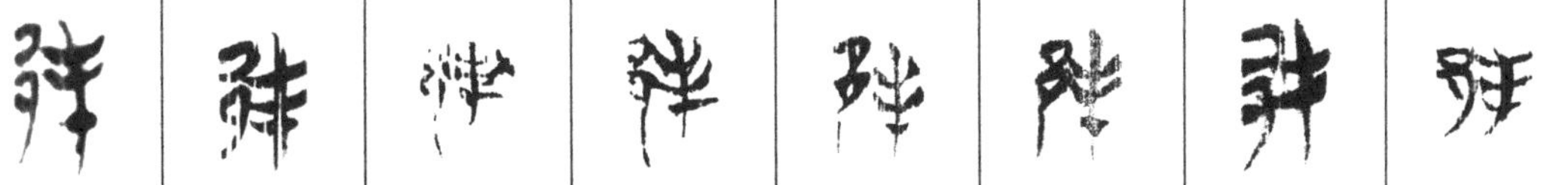

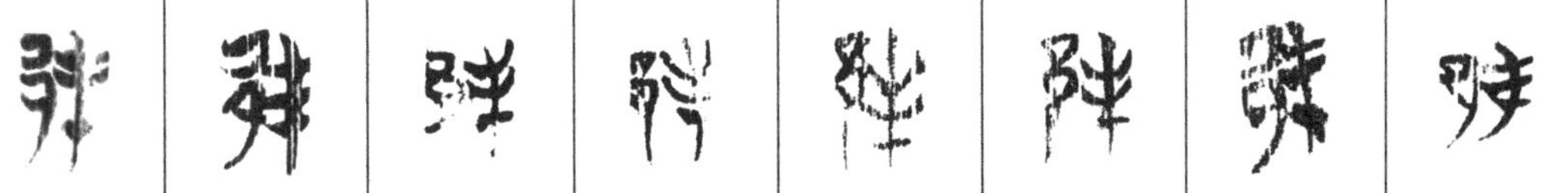

八・志書 06・13	八・命 09・01	七・凡物乙 22・26	七・君人乙 02・21	七・鄭子甲 03・11	六・天子乙 04・21	六・天子乙 01・08	六・天子甲 04・19
八・志書 08・03	八・命 10・09	七・吳命 06・10	七・君人乙 06・11	七・鄭子乙 02・01	六・天子乙 07・29	六・天子乙 01・29	六・天子甲 04・24
九・成王甲 02・15	八・王居 03・11	七・吳命 08・50	七・凡物甲 16・25	七・鄭子乙 02・11	六・天子乙 08・12	六・天子乙 02・11	六・天子甲 05・05
九・成王甲 03・02	八・志書 01・07	八・命 01・25	七・凡物甲 22・09	七・鄭子乙 03・10	六・天子乙 11・18	六・天子乙 02・18	六・天子甲 08・17
九・成王甲 05・09	八・志書 02・10	八・命 06・19	七・凡物甲 30・10	七・君人甲 02・22	七・鄭子甲 01・32	六・天子乙 04・04	六・天子甲 09・02
九・成王乙 01・02	八・志書 06・04	八・命 08・06	七・凡物乙 11・25	七・君人甲 06・14	七・鄭子甲 02・08	六・天子乙 04・09	六・天子甲 12・03

九・成王乙 02・22
九・靈王 04・24
九・靈王 05・19
九・陳公 01・07
九・陳公 12・35
九・邦人 01・16

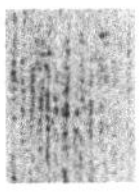

九・邦人 03・10
九・邦人 03・18
九・邦人 03・27
九・邦人 07・12
九・邦人 08・10
九・邦人 08・23

九・邦人 09・05
九・邦人 09・27
九・邦人 10・24
九・邦人 12・28
九・邦人 13・07
九・史蒥 01・11

九・史蒥 03・04
九・史蒥 11・15
九・卜書 05・02
九・卜書 05・20
九・卜書 06・04
九・卜書 06・18

九・卜書 07・17
九・卜書 08・04
九・卜書 08・07
九・卜書 08・18
九・卜書 10・05
藝術・選六 128・04

藝術・選六 129・04
藝術・選六 136・07
藝術・選六 142・08
藝術・選六 147・07

都

䣊

都

五・三德 08・48
△家

四・曹沫 37・13

⿰野阝	⿰呈阝	鄖	鄘	⿰正阝	⿰只阝
𨛦	郢	鄖	鄘		

（都）

五・三德 12・12

六・鄭壽 02・25

⿰野阝

六・競公瘧 10・06

詳見卷十三里部「里」下。

郢

四・昭王 09・34

四・柬大王 13・16

九・邦人 04・19

九・邦人 05・23

䢵

九・陳公 02・09

按，从邑云聲，「鄖」字異體。《左傳》宣公四年：「若敖娶於䢵。」陸德明《釋文》：「䢵，本又作鄖。」

鄘

九・陳公 03・13

熊雪、子林與△（巴）人戰於雒州

九・陳公 03・30

屈耑與△（巴）令尹戰於墤

按，或即國名「巴」字。

⿰正阝

藝術・選六 134・04

⿰只阝

四・采風 05・07

郲　郘　⿰肉阝　⿰木都　⿰⿷匚豆阝

郲	郘	〈郙〉	⿰肉阝	⿰木都			⿰⿷匚豆阝
上博零簡 01・19	八・王居 01・14	二・容成氏 16・01	二・容成氏 45・40	九・靈王 01・11	九・邦人 09・31	九・邦人 08・32	九・陳公 01・03
		作爲六律六△（呂）		九・靈王 01・22	九・邦人 10・20	九・邦人 09・14	
		按，从「串」爲从「呂」之譌。		九・靈王 01・29		按，或即國名「蔡」字。	

⿰奉阝		⿰⿱亠爻阝	⿰易阝	⿰枼阝		⿰畀阝	⿰⿱亼冘阝
八・有皇 02・13	八・有皇 02・25	九・卜書 02・10	二・容成氏 26・27	八・命 01・01	九・邦人 12・11	藝術・選六 143・05	九・卜書 03・12
八・有皇 02・19	無⿰奉阝有諷今兮，同⿰奉阝異心今兮。			九・邦人 04・20	按，或即國名「葉」字。		按，或即國名「邥（沈）」字。《廣韻・寑韻》：「沈，古作邥，亦姓。」雷浚《說文外編・經字・左傳》：「《說文》無『邥』，當爲『沈』之異體。」
	有△〔無□今兮。〕			九・邦人 04・32			
				九・邦人 05・32			
				九・邦人 07・20			
				九・邦人 10・16			

⿰⿱丰廾阝 ⿱弜⿱石邑 ⿰⿱自方阝 ⿱殸邑 ⿱戠邑 ⿰纕阝 ⿰广⿰應阝 ⿰咒巴

⿱苜⿵冂⿱口口 篆

⿰⿱丰廾阝	⿱弜⿱石邑	⿰⿱自方阝	⿱殸邑	⿱戠邑	⿰纕阝	⿰广⿰應阝	⿰帀阝
九・陳公 03・03	二・容成氏 45・41	四・曹沫 13・13	二・容成氏 53・41 二・容成氏 53・44 五・鮑叔牙 01・40	四・曹沫 42・24	五・競建 03・29	九・卜書 02・23	四・采風 01・17
	豐、鎬、郙、△(謝)、邘、鹿、魏(?)、崇、密須氏 按，从邑弜聲。「弜」，从弓石聲，「射」字異體，此疑讀「謝」，反紂九邦之一，後改遷周南。	詳見卷二辵部「邊」下。	按，或即國名「殷」字。		按，或即部族名「狄」字。	按，或即國名「應」字。	與《説文》篆文同源。

⿴行巿

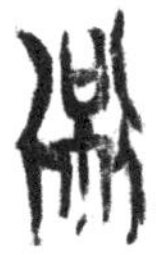

一・緇衣

01・12

卷二行部附錄重出。

⿴行正

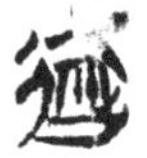

二・魯邦

03・09

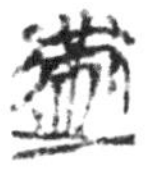

三・周易

32・24

卷二止部附錄重出。

上博簡文字編卷七

申城 沈奇石 撰集

日

日

日

一·緇衣 06·09
一·緇衣 06·15
一·緇衣 06·25
二·民之 11·27
二·容成氏 20·30
三·周易 14·19

三·周易 18·11
三·周易 18·15
三·周易 47·03
三·周易 47·24
三·周易 51·06
三·周易 51·21

三·周易 57·10
四·昭王 02·25
四·昭王 03·09
四·昭王 10·25
四·柬大王 01·20
四·柬大王 02·09

四·柬大王 16·02
四·柬大王 16·13
四·柬大王 20·22
四·柬大王 22·13
四·曹沫 51·07
四·曹沫 52·24

五·競建 01·10
五·競建 01·16
五·競建 06·32
五·鮑叔牙 01·13
五·鮑叔牙 04·25
五·鮑叔牙 08·25

五·君子 02·35
六·莊王 07·22
六·用曰 04·22
七·武王 02·20
七·武王 12·35
七·鄭子甲 01·26

七·鄭子乙 01·25
七·君人甲 01·24
七·君人乙 01·24
七·凡物甲 09·26
七·凡物甲 10·19
七·凡物乙 08·17

時

時

旹古

旹		時					
一·詩論 10·08	八·蘭賦 01·10	二·容成氏 16·14	藝術·選六 145·07	九·舉治 19·22	九·成王甲 01·22	八·命 03·24	七·吳命 07·17
一·詩論 11·16	八·李頌 01反·54	二·容成氏 48·39		九·舉治 21·02	九·成王甲 02·08	八·命 09·20	七·吳命 09·13
一·詩論 25·08		二·容成氏 48·41綴		九·舉治 21·07	九·成王乙 01·24	八·命 10·18	七·吳命 09·22
二·容成氏 03·37		二·容成氏 49·01		九·舉治 21·26	九·成王乙 02·11	八·王居 02·14	七·吳命 09·28
二·容成氏 06·20		四·相邦 01·13		九·舉治 24·16	九·成王乙 03·07	八·蘭賦 01·07	八·成王 05·04
二·容成氏 36·03		六·天子甲 12·20		九·邦人 09·23	九·舉治 04·11	八·有皇 05·15	八·命 02·25

早

㬰

二・容成氏 36・17

四・內豊 08・27

四・曹沫 20・28

五・鮑叔牙 07・31

五・三德 01・03

五・三德 01・21

五・三德 15・42

五・三德 16・03

五・三德 16・20

五・三德 16・37

五・三德 17・31

七・凡物甲 07・03

八・成王 01・02

港中零簡 04・03

《說文》古文如此。

三・中弓 14・01

四・曹沫 32・15

四・曹沫 32・20

按，从日棗聲，「早」字異體。

昧

昧

四・內豊 08・28

睹

睹

六・王子木 01・14

△（託）食於䣕宿

六・王子木 03・08

△（託）食於䣕宿

七・吳命 09・21

△日

一曰「㬰」（沈培 2009）。

晉 晉

	昃		晏	晉			晉	
	二・昔者 01・19	港中零簡 07・03	六・競公瘧 12・23	一・緇衣 12・22	七・鄭子乙 07・26	六・競公瘧 04・30	一・緇衣 06・17	按，《說文》新附字「曙」亦其異體。與《說文》「暑」字無涉，楚「暑」字从尻聲作。
	五・君子 06・04			七・凡物甲 05・05	七・吳命 06・29	七・鄭子甲 06・07	二・容成氏 16・34	
	六・用曰 09・15			七・凡物乙 04・18	九・陳公 04・12	七・鄭子甲 06・32	四・柬大王 10・17	
	八・志書 01・13			按，「晉」之省作。一曰「箭」之初文（沈培 2002）。「晉」「晉」「箭」本一字分化（白師於藍 2017:1288）。		七・鄭子甲 07・29	五・鮑叔牙 08・04	
						七・鄭子乙 06・08	五・鮑叔牙 08・12	
						七・鄭子乙 06・33	五・姑成 03・05	

昏

五・季庚子 06・12

按，「大」側圈形即楚「日」形簡構。本編卷七「昏」、卷十「暴」均有同例。

五・鬼神 06・24

葉後 △

按，从立、日。一曰从「立」爲从「矢」之譌（禤健聰2020）。一曰从「竝（替）」省。

一・性情論 14・27	一・性情論 25・03	二・子羔 04・02	二・子羔 09・03	二・子羔 09・38	二・魯邦 03・08
二・容成氏 38・12	三・周易 34・02	三・中弓 02・02	三・中弓 05・13	三・中弓 06・12	三・中弓 08・15
三・中弓 09・28	三・中弓 11・03	三・中弓 11・07	三・中弓 15・01	三・中弓 15・08	三・亙先 03・15
三・彭祖 01・03	三・彭祖 01・41	三・彭祖 02・14	三・彭祖 02・29	三・彭祖 03・18	三・彭祖 08・35
四・昭王 08・05	四・昭王 08・26	四・相邦 02・16	四・相邦 04・13	四・相邦 04・19	五・競建 01・13
五・競建 02・24	五・季庚子 01・28	五・季庚子 02・13	五・季庚子 06・08	五・季庚子 09・05	五・季庚子 09・07

（昏，續）

五・季庚子 11・21

五・季庚子 18・11

五・弟子問 11・09

六・競公瘧 04・10

六・競公瘧 12・12

六・莊王 02・20

七・吳命 08・37

七・吳命 09・10

八・命 07・21

藝術・選六 134・01

按，楚「問／聞」多假「昏」及从其得聲之字表示。

港中零簡 08・09

子又焉△（問）矣

六・莊王 01・08

按，从「田」爲从「日」之混同。

晦

晦

晦

三・亙先 09・11

五・鬼神 08・08

⿰月墨

五・三德 01・33

按，从月墨省聲（白師於藍 2017:619–620）「晦」字異體（劉雲 2017；段凱 2018:1184–1185；段凱 2018=2020）。清華簡《三不韋》中該字即作「[illegible]」，从墨不省。《荀子・解蔽》引佚詩「墨以爲明」之「墨」即用爲「晦」。卷七月部附錄重出。

旱

旱

旱

二・魯邦 01・04

二・魯邦 01・20

昌

昌（小篆） 籀

昌	籀	〈回〉	[illegible]		曑	昔	
五・三德 10・12	八・王居 01・15	七・武王 14・01	一・緇衣 06・10	六・季桓子 10・01	一・詩論 06・18	七・吳命 03・26	二・子羔 01・24
五・三德 18・14	八・王居 02・20	志勝慾則△	二・容成氏 22・36	六・季桓子 16・09	一・詩論 06・40	九・邦人 07・05	二・從政甲 01・04
六・用曰 10・38	與《說文》籀文同源。	按，「回」爲「昌」之譌。	八・志書 04・10	按，上从圈形即楚「日」形簡構。望山簡「日」或作「ワ」。本編卷七「昃」、卷十「暴」及楚「䄬」字均有同例。	二・從政乙 01・33		二・昔者 01・04
八・成王 15・04			按，从日尻聲，「暑」字異體。		四・曹沫 38・13		二・容成氏 06・05
					四・曹沫 40・11		二・容成氏 13・10
					五・鬼神 08・12		二・容成氏 16・36

暑

曑

昔

暏 暲 晎 ⿱丰日 ⿱几日

（昔）	（昔）	（昔）	⿱几日	⿱丰日	晎	暲	暏
 二・容成氏 49・23	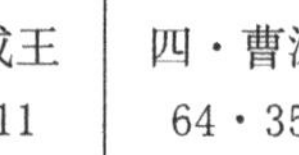 四・曹沫 64・35	八・成王 16・11	八・有皇 01・28	八・命 01・12	六・用曰 12・19	七・凡物甲 05・22	四・柬大王 16・10
 三・中弓 18・05	 五・競建 02・10	九・舉治 06・18		詳見卷一艸部「⿱艹⿱丰日」下。		七・凡物甲 11・06	屬者有△（暍）人
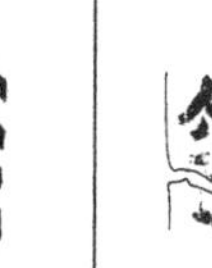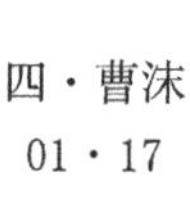 四・曹沫 01・17	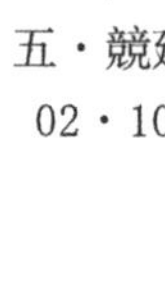 五・競建 02・34	九・舉治 10・14				七・凡物乙 11・32	按，从日、火，害省聲，或即「暍」字異體。一曰从炅（熱）。卷十火部附錄重出。
 四・曹沫 02・20	 五・君子 10・01	卉茅 02・14				按，或即「章」字繁構。《玉篇・日部》：「暲，明也。與章同。」	
 四・曹沫 03・16	 五・鬼神 01・20	按，从「田」爲从「日」之混同。					
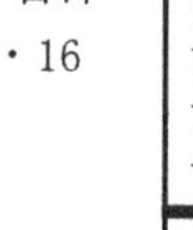 四・曹沫 06・28	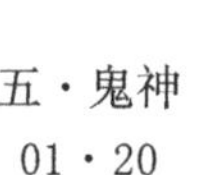 五・鬼神 07・11						

旦

旦

旦

五·姑成 01·49

五·三德 01·30

八·成王 02·07

八·成王 03·09

〈里〉

二·容成氏 26·39

併△（㶆）、澗

按，「里」爲「旦」之譌。

倝

倝

倝

二·容成氏 24·02

五·三德 05·14

六·王子木 01·21

八·李頌 01·18

九·邦人 07·28

九·邦人 10·31

港中零簡 06·01

七·君人甲 02·08

七·君人乙 02·07

〈𠦝〉

七·君人甲 09·13

△（乾）溪

七·君人乙 09·09

△（乾）溪

按，「𠦝」爲「倝」之譌。

韓

韓

韓

二·昔者 01·10

二·容成氏 05·23

二·容成氏 21·28

五·弟子問 14·12

六·用曰 15·03

六·天子甲 09·27

八·志書 06·22

旗

羿

[illegible]	七・武王 13・06	
[illegible]	三・周易 06・01	
[illegible]	六・天子乙 09・01	△不語內 甲本對應作「朝」。
〈折〉	六・競公瘧 13・37	公乃出，視△。 按，「折」爲「朝」之譌（周鳳五 2009=2016：411–416）。秦家嘴 M1093《齊莊侯侵晉伐朝歌》「朝（朝）歌」之「朝（朝）」作「⿰𠦪川」，字形可參。
羿	五・競建 10・07	
	七・吳命 07・13	
	九・陳公 03・26	
	二・從政甲 15・31	
	二・容成氏 20・15	
	二・容成氏 20・28	
	二・容成氏 20・34	
	二・容成氏 20・40	
	二・容成氏 21・04	
	二・容成氏 21・10	
	八・成王 15・07	按，从羽丌聲，「旗」字異體。卷四羽部附錄重出。

游

⿰氵⿱斿止

⿰氵⿱斿止	五・三德 21・10

游

古

遊

二・子羔 07・06

二・子羔 11・12

二・子羔 12・15

五・君子 06・09

五・弟子問 04・27

八・子道餓 01・34

八・子道餓 03・05

八・子道餓 04・06

八・子道餓 05・14

八・有皇 01・15

《說文》古文源此。

七・武王 08・15

溺於淵猶可△

斿

一・性情論 21・02

一・性情論 21・06

一・性情論 21・10

一曰「游（旒）」之初文，與《說文》訓義合。

旅

遊

三・周易 53・01

三・周易 53・04

三・周易 53・09

三・周易 53・18

三・周易 53・31

三・周易 53・43

四・相邦 03・24

以備軍△

按，从辵旅聲，「旅」字異體。卷二辵部附錄重出。

族

族

二・容成氏 41・39

五・姑成 01・35

五・姑成 02・14

八・有皇 05・07

九・卜書 05・08

九・卜書 07・13

九・卜書 08・20

九・卜書 09・10

九・卜書 09・23

⿰方族　冥　曐　曑

（篆）冥　星或　曑

⿰方族	冥		星	曑		晶	
九·舉治 02·07	三·周易 15·08	二·容成氏 37·06	三·中弓 19·08	五·三德 05·38	五·三德 01·16	三·周易 01·02	三·周易 07·30
按，「族」字繁構，附「族」後。	五·三德 19·21	按，「冥」之省作（周波2019=2020.6.23）。	五·競建 01·27	六·用曰 01·30		三·周易 02·33	三·周易 09·42
			《說文》或體如此。			三·周易 04·41	三·周易 10·16
						三·周易 05·06	三·周易 14·23
						三·周易 06·02	三·周易 16·29
						三·周易 07·26	三·周易 18·10

曑 或

- 三·周易 18·14
- 三·周易 18·40
- 三·周易 22·26
- 三·周易 24·34
- 三·周易 26·22
- 三·周易 28·21

- 三·周易 30·30
- 三·周易 32·28
- 三·周易 35·29
- 三·周易 37·25
- 三·周易 37·33
- 三·周易 38·10

- 三·周易 40·37
- 三·周易 45·03
- 三·周易 47·33
- 三·周易 47·38
- 三·周易 48·34
- 三·周易 50·31

- 三·周易 51·02
- 三·周易 52·11
- 三·周易 53·30
- 三·周易 54·32
- 三·周易 58·14

按，由「曑」截取分化，卷一三部「三」下重出。

參

- 五·姑成 01·36
- 五·姑成 02·15
- 五·姑成 06·04
- 五·姑成 06·24
- 五·姑成 08·08
- 五·姑成 10·11

- 五·姑成 10·26

《說文》或體如此。

厽

- 一·緇衣 07·27
- 二·子羔 09·07
- 二·子羔 11·10
- 二·子羔 13·07
- 二·子羔 13·20
- 二·子羔 14·02

- 四·柬大王 09·10
- 四·柬大王 16·01
- 四·曹沫 23·10
- 五·弟子問 14·17
- 七·凡物甲 21·08
- 八·命 06·03

八・命 10・21

九・靈王 02・18

九・舉治 18・08

五・競建 06・22

五・鮑叔牙 02・41

五・鮑叔牙 05・28

按，由「參」截取分化，卷一三部「三」下重出。

曟

晨 或

⿸辰日

三・中弓 19・09

日月星△（辰）猶差

《説文》或體如此。按，从日辰聲，「星辰」字。

月

月

月

一・詩論 08・02

二・民之 11・29

二・容成氏 03・31

二・容成氏 20・36

四・采風 01・25

五・鮑叔牙 01・02

五・鮑叔牙 01・06

七・鄭子甲 03・24

七・鄭子乙 03・23

七・凡物甲 10・05

七・凡物甲 25・09

七・凡物乙 08・03

七・凡物乙 18・09

八・蘭賦 01・08

八・有皇 05・16

九・舉治 24・17

期

⿱日丌 古

⿱日开

六・天子甲 11・27

六・天子乙 11・11

七・吳命 09・04

七・吳命 09・33

藝術・選六 130・01

《説文》古文源此。

⿰月墨

⿰月墨

五・三德 01・33

詳見卷七日部「晦」下。

有

朙

明 古

有	朙		明				
一・性情論 06・31	三・亙先 02・18	三・亙先 13・20	一・詩論 17・04	二・從政甲 01・08	四・柬大王 06・27	五・三德 03・45	五・鬼神 05・06
五・三德 06・16	三・亙先 05・05	三・亙先 13・22	一・詩論 25・20	二・容成氏 17・12	四・曹沫 05・17	五・鬼神 01・07	五・鬼神 08・13
五・三德 13・06	三・亙先 09・14		一・緇衣 15・16	二・容成氏 24・20	四・曹沫 51・06	五・鬼神 01・11	六・競公瘧 09・01
五・三德 13・36	三・亙先 13・24		一・性情論 30・08	三・周易 17・09	四・曹沫 52・23	五・鬼神 02・19	六・用曰 19・27
五・三德 20・20			二・民之 06・26	三・周易 45・16	四・曹沫 60・20	五・鬼神 04・08	八・成王 03・03
			二・民之 12・04	三・中弓 18・09	四・曹沫 64・37	五・鬼神 05・02	八・成王 09・03

盟

古

盟		盟	昷	〈𥁰〉	盟	𥛚	
八・成王 11・10 八・有皇 05・18 九・舉治 21・38 九・舉治 29・01 卉茅 02・09 《說文》古文如此。	五・鬼神 03・01 則〔神之罰，此〕△矣。	二・子羔 07・10	二・子羔 02・08 按，从日皿聲，「盟」字異體。一曰「日」爲「囧」之譌。	五・季庚子 10・06 六・鄭壽 04・07 按，从「田」爲从「囧」之譌。一曰「日」之混同。	五・競建 07・19 《說文》古文如此。	一・詩論 07・03 五・三德 01・10 七・凡物甲 08・12 按，从示明聲，「盟」字異體。卷一示部附錄重出。	七・凡物甲 05・14 七・凡物乙 04・27 按，「明」旁類化譌从二日。

夕	夜			夢	外		
夕	夜			夢	外		
四・柬大王 09・23	二・昔者 04・10	二・民之 08・20	五・季庚子 20・11	三・亙先 02・12	一・性情論 01・37	二・容成氏 20・04	六・競公瘧 09・23
五・姑成 01・50	三・亙先 11・28	五・季庚子 10・31		四・柬大王 08・17	二・昔者 03・17	三・周易 10・05	六・用曰 14・13
六・競公瘧 03・30		五・季庚子 20・18		四・柬大王 09・09	二・昔者 03・20	三・亙先 08・27	八・成王 11・07
六・用曰 15・04		五・弟子問 22・12		四・柬大王 10・01	二・昔者 03・27	五・競建 08・27	八・命 04・01
八・志書 07・01					二・昔者 03・36	五・三德 03・28	八・李頌 01・10
					二・容成氏 05・14	六・競公瘧 05・03	九・邦人 06・09

外

- 九・卜書 09・03
- 卉茅 01・23

舛

舛 古 㑥

- 五・季庚子 10・29
- 五・弟子問 22・10

㑥

- 二・容成氏 28・35

《說文》古文源此。詳見卷七宀部「宿」下。

彖

彖

- 四・曹沫 21・22
- 四・曹沫 50・02

多

多 古

多

- 三・彭祖 01・40
- 三・彭祖 07・08
- 五・季庚子 04・33
- 五・三德 11・21
- 六・競公瘧 07・40
- 六・用曰 01・06
- 六・用曰 19・12
- 七・吳命 09・03
- 一・詩論 02・12
- 一・詩論 02・37
- 一・詩論 03・02
- 一・詩論 06・01
- 一・詩論 08・24
- 一・詩論 09・37
- 一・緇衣 19・32
- 一・緇衣 19・38
- 二・容成氏 48・17
- 三・亙先 08・01
- 三・彭祖 07・05
- 四・多薪 01・09

函

肣 俗

肣

四・多薪 01・15
四・多薪 02・05
四・多薪 02・11
四・曹沫 46・24
四・曹沫 62・02
五・競建 05・04

五・季庚子 11・12
五・弟子問 15・12
五・弟子問 16・14
五・弟子問 16・18
六・競公瘧 10・19
六・季桓子 11・15

六・鄭壽 06・08
八・志書 06・05
卉茅 02・18

《說文》古文如此。

二・容成氏 05・21

《說文》俗體如此。詳見卷七肉部附錄。

甬

甬

甬

一・詩論 04・14
一・詩論 04・37
一・詩論 23・23
一・緇衣 14・16
一・性情論 04・07
一・性情論 20・09

一・性情論 27・14
一・性情論 35・07
一・性情論 35・15
一・性情論 35・23
一・性情論 36・04 綴
一・性情論 36・12

二・容成氏 30・26
三・周易 12・12
三・亙先 07・35
三・亙先 11・11
三・亙先 12・39
三・亙先 13・03

三・亙先 13・26
三・彭祖 06・16
四・內豊 01・08
四・曹沫 37・12
四・曹沫 56・20
六・慎子 04・03

鹵

卣

九·卜書 03·22	七·凡物甲 15·18	七·吳命 05·56	三·周易 01·14	三·周易 30·15	一·緇衣 23·21
七·吳命 07·02			三·周易 20·15	三·周易 37·13	
九·舉治 15·03			三·周易 21·32	三·周易 40·17	
九·舉治 21·10			三·周易 22·39	三·周易 42·18	
九·舉治 25·06			三·周易 25·03		
			三·周易 28·14		

按,《說文》篆形有「鹵」無「卣」,从卣之「⿸厂卣」(簡化自「卣」字繁構「⿱卣皿」)亦从鹵作。前修多以「卣」爲「鹵」之楷書變體,實則形各有自。夫「卣」形或轉注自「匏瓠」之形(陳劍 2020),「鹵」則截取自「栗」上部帶芒果實之形。今《說文》篆形源自「鹵(栗)」,又謂「鹵」「讀若調」,蓋其音源自「卣」(抑或「西」)。《說文》之雜糅,蓋後世「卣」「鹵」「西」類化混同所致。今姑寄「卣」於此。

㮚 㮚 齊

㮚（古） 㮚 齊

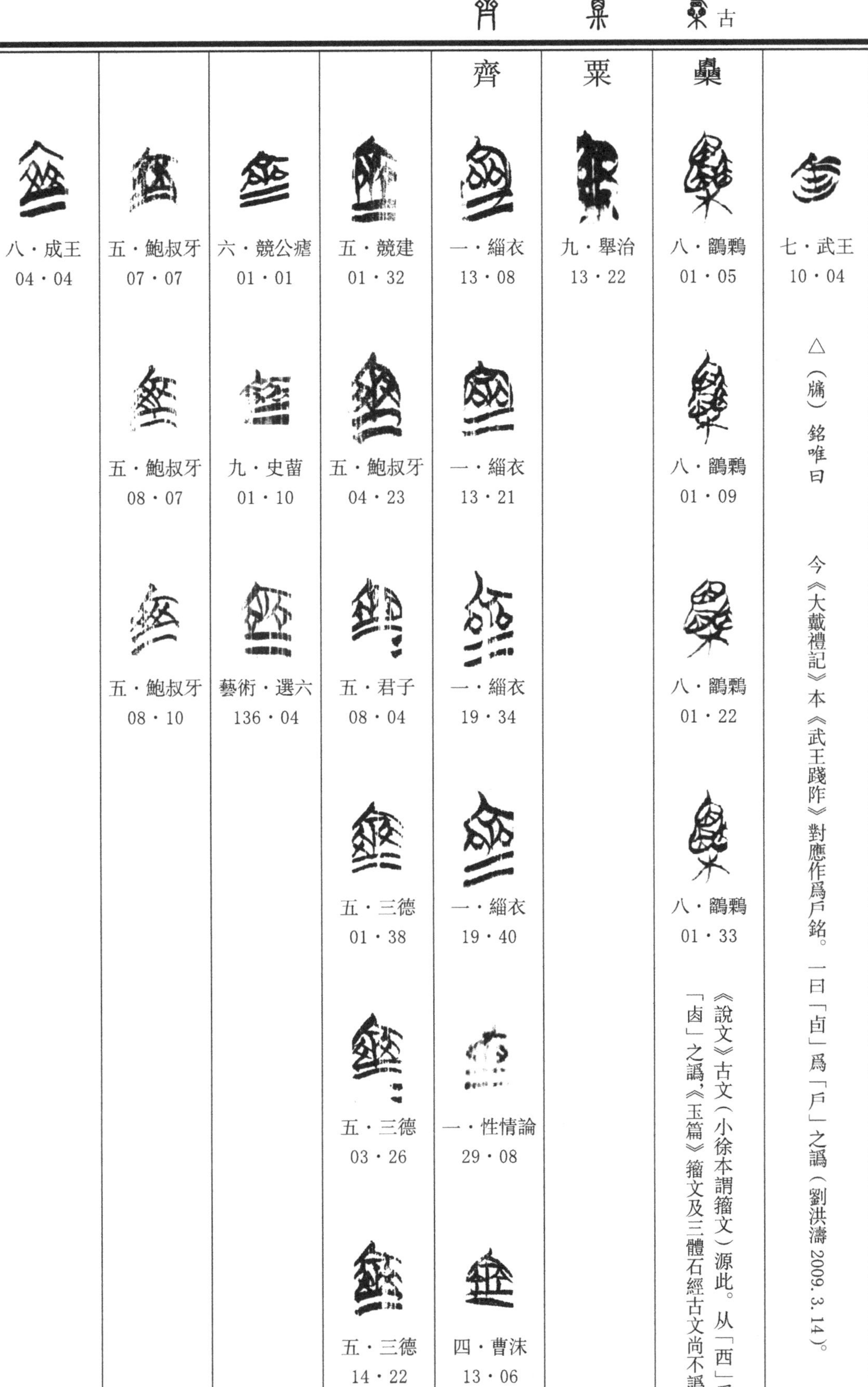

㮚	粟	齊				
七・武王 10・04	八・鶹鷅 01・05	九・舉治 13・22	一・緇衣 13・08	五・競建 01・32	六・競公瘧 01・01	五・鮑叔牙 07・07	八・成王 04・04
	八・鶹鷅 01・09		一・緇衣 13・21	五・鮑叔牙 04・23	九・史蕾 01・10	五・鮑叔牙 08・07	
	八・鶹鷅 01・22		一・緇衣 19・34	五・君子 08・04	藝術・選六 136・04	五・鮑叔牙 08・10	
	八・鶹鷅 01・33		一・緇衣 19・40	五・三德 01・38			
			一・性情論 29・08	五・三德 03・26			
			四・曹沫 13・06	五・三德 14・22			

△（牖）銘唯曰

今《大戴禮記》本《武王踐阼》對應作爲戶銘。一曰「卣」爲「戶」之譌（劉洪濤 2009. 3. 14）。

《說文》古文（小徐本謂籀文）源此。从「西」爲「卤」之譌，《玉篇》籀文及三體石經古文尚不譌。

七・凡物甲 04・06

七・凡物乙 03・23

按，「齊」之省作（孫飛燕 2009.1.1）。

棘

朸

六・莊王 04・14

六・莊王 06・03

八・李頌 01・43

按，从木力聲，「棘」字異體。《詩・斯干》「如矢斯棘」之「棘」，陸德明《釋文》引韓《詩》作「朸」。或與《說文》「朸」同形，卷六木部「朸」下重出。

版

板

二・容成氏 07・30

一・緇衣 04・34

按，从木反聲，「版」字異體。卷六木部附錄重出。

克

克

一・緇衣 11・05

三・周易 04・34

三・周易 05・23

四・曹沫 14・02

四・曹沫 14・06

四・曹沫 14・16

四・曹沫 38・18

四・曹沫 38・25

四・曹沫 60・27

六・用曰 14・14

彔

彔

一・詩論 09・10

一・詩論 11・20

二・容成氏 32・13

八・蘭賦 02・43

八・顏淵 10・31

八・顏淵 12・12

八・顏淵 12・23

彔

五・弟子問 10・15

以親受△（祿）

禾

禾

二・民之 13・31

二・容成氏 07・36

秀

秀

二・容成氏 34・12

五・君子 07・03

八・李頌 02・02

八・有皇 06・14

穜

穜

二・容成氏 21・32

二・容成氏 53・18

六・王子木 02・03

一曰「種」字異體。

穖

蘔

四・曹沫 01・13

四・曹沫 07・15

四・曹沫 64・09

四・曹沫 64・29

八・蘭賦 04・20

《玉篇》《萬象篆隸名義》以爲「秼」字異體。

穆

穆

一・緇衣 17・25

五・鮑叔牙 07・14

四・采風 01・09

稷

稷

一・詩論 24・08

二・子羔 12・06

六・用曰 08・09

二・子羔 13・03

禝

二・子羔 06・04

二・容成氏 28・21

二・容成氏 28・26

四・柬大王 18・13

七・吳命 02・21

八・王居 05・01

按，从示叟聲，「社稷」字。卷一示部附錄重出。

七・吳命 05・48

五・姑成 03・09

按，聲符或即「則」省（蘇建洲 2006.3.30=2006）。郭店簡《唐虞之道》有「社稷」合文，其中「稷」字形近此字（陳偉 2006.2.21=2010:257-259）。

采

采

二・子羔 08・13

穫

穫

五・季庚子 12・09

三・周易 20・27

四・曹沫 20・26

穅

或 康

一・緇衣 03・15

一・緇衣 15・12

四・曹沫 65・23

六・用曰 01・14

六・用曰 04・04

二·民之 08·18

四·曹沫 37·31

五·三德 07·39

五·三德 11·29

六·用曰 11·15

藝術·選六 146·06

按：「康」本从庚下垂點，後垂點演爲四撇點；東周於「庚」旁下加飾點畫，點畫演爲横畫，遂成「米」形，《説文》或體源此，據此視作「穅」字。與「罙」字形體演變平行。

秊

秊

二·容成氏 05·38

二·容成氏 06·01

二·容成氏 18·14

二·容成氏 23·05

二·容成氏 28·43

二·容成氏 30·01

二·容成氏 35·08

三·周易 24·40

四·曹沫 12·11

五·競建 03·28

五·鬼神 02·06

五·鬼神 03·29

六·季桓子 18·02

八·子道餓 01·14

七·君人甲 08·07

七·君人甲 08·12

八·成王 01·18

八·蘭賦 04·02

九·舉治 05·26

九·舉治 13·19

九·舉治 13·24

九·舉治 30·02

一·緇衣 07·28

三·中弓 23·19

七·君人乙 07·23

七·君人乙 08·04

秋 烁

	⿰日禾	〈穆〉	秦	秒		淋	兼
五・弟子問 05・17	六・莊王 01・23	六・用曰 10・04	一・詩論 29・07	五・鮑叔牙 01・09	八・志書 01・10	八・蘭賦 02・07	四・曹沫 04・14
登△不恆至	以供春△之嘗	春△還轉	八・李頌 01・42	十月徒△（梁）成	是楚邦之強△（梁）人		四・曹沫 12・01
		按，「穆」爲「⿰日禾」之譌。	《說文》籀文省形。	五・鮑叔牙 01・16			四・曹沫 48・16
				一之日車△（梁）成			八・李頌 01・49
							八・李頌 02・34
							八・李頌 03・05

秦 𥢀 籀

秒

淋

兼 兼

米	精	糧	糃	⿰米童	毇	舀
米	精	糧			毇	舀
米	精	糧	糃	⿰米童	⿰米呈	舀
六・季桓子 15・33；六・季桓子 15・38						
二・容成氏 21・35	六・慎子 01・24；八・成王 04・15	五・鮑叔牙 03・39（百△鍾）按，从米量省聲。一曰下从康聲，蓋由「量」字變形聲化（康）兼義化（米）所致。	六・用曰 14・10	六・用曰 08・11	二・容成氏 21・34	港中零簡 06・05

臽

臽

九・卜書 02・01

詳見卷五冂部「宂」下。

凶

凶

三・周易 04・09

三・周易 07・16

三・周易 07・35

三・周易 08・19

三・周易 09・16

三・周易 10・31

三・周易 14・11

三・周易 24・20

三・周易 24・32

三・周易 24・38

三・周易 26・18

三・周易 28・12

三・周易 29・02

三・周易 29・08

三・周易 38・15

三・周易 39・19

三・周易 40・20

三・周易 41・16

三・周易 44・23

三・周易 47・35

三・周易 52・15

三・周易 56・15

三・周易 58・18

五・三德 04・06

五・三德 09・05

五・三德 09・11

五・三德 14・27

港中零簡 04・10

兇

兇

七・武王 14・16

九・卜書 08・09

九・卜書 10・01

六・用曰 01・19

六・用曰 11・29

六・用曰 13・35

臬

籀

七·武王 04·19

慾勝義則△

按，衍一筆，且下部或蒙上「慾」字而誤若从「心」。

綠

八·鷗鷞 01·18

《說文》籀文異體。

𣏟

𣏟

一·緇衣 14·06

六·王子木 02·04

六·王子木 02·10

六·王子木 04·12

七·凡物甲 05·18

七·凡物甲 06·15

七·凡物乙 05·20

七·凡物乙 11·28

九·陳公 03·11

九·陳公 20·06

九·陳公 20·08

九·陳公 20·18

耑

耑

三·亙先 09·17

九·舉治 04·12

二·容成氏 47·26

四·曹沫 30·14

五·季庚子 19·02

六·競公瘧 07·36

六·天子甲 11·22

六·天子乙 11·06

七·武王 01·12

七·武王 02·21

七·武王 06·06

七·武王 06·13

七·武王 06·22

七·武王 06·34

七·凡物甲 14·28

七·凡物甲 20·12

七·凡物甲 25·28

七·凡物乙 10·07

七·凡物乙 14·07

七·凡物乙 18·28

瓜 苽

一·詩論 18·03

一·詩論 19·12

三·周易 41·22

按，从艸瓜聲，「瓜」字繁構。卷一艸部「苽」下重出。

㼌

八·命 09·04

一曰「瓜」字繁構。

家

一·緇衣 11·33

豙

二·從政甲 02·15

二·從政乙 01·15

三·周易 22·06

三·中弓 02·11

三·中弓 03·11

四·柬大王 12·20

四·柬大王 18·08

四·柬大王 18·18

四·曹沫 56·24

五·鮑叔牙 04·05

五·季庚子 08·11

五·季庚子 10·27

五·姑成 01·03

五·姑成 01·31

五·姑成 02·09

五·姑成 03·32

五·姑成 05·44

五·姑成 06·17

五·姑成 06·29

五·姑成 07·15

五·姑成 08·10

五·姑成 09·23

五·姑成 10·18

五·姑成 10·31

五·三德 04·35

五·三德 12·20

五·鬼神 02·37

六·用曰 10·31

六·用曰 12·31

七·鄭子甲 01·03

宅

宅古

庑

七・鄭子甲 01・20	七・鄭子甲 07・05	七・鄭子乙 06・29	九・史蒥 11・16	三・周易 08・30	五・三德 08・49	七・鄭子乙 04・24	二・容成氏 02・36
七・鄭子甲 02・17	七・鄭子乙 01・02	七・鄭子乙 07・02		三・周易 52・03	邦△	我將必使子△〔毋以成名立於上〕	二・容成氏 03・04
七・鄭子甲 04・01	七・鄭子乙 01・19	七・凡物甲 16・26		按，从爪家聲，「家」字繁構。卷三爪部附錄重出。		七・凡物乙 11・26	五・競建 10・08
七・鄭子甲 04・24	七・鄭子乙 02・19	七・凡物甲 22・10				邦△〔之危〕安存 亡	六・天子甲 07・22
七・鄭子甲 05・15	七・鄭子乙 04・01	八・子道餓 01・17				上二例甲本對應作「冡」。	六・天子乙 07・05
七・鄭子甲 06・28	七・鄭子乙 05・13	九・史蒥 03・05					七・凡物甲 03・28

七・凡物甲 06・28 七・凡物甲 23・20 七・凡物乙 03・15 七・凡物乙 05・33 七・凡物乙 15・33 九・舉治 17・04	《說文》古文如此。	九・舉治 13・07 五△（度）	厇 二・容成氏 18・27 三・彭祖 01・47 四・曹沬 51・12 五・三德 07・06 五・三德 08・15 五・三德 11・14	五・三德 12・32 六・天子甲 08・07 六・天子乙 07・19 卉茅 01・14	⿸广乇 八・蘭賦 01・19 卉茅 02・04	⿱宀侂 五・三德 06・18 五・三德 06・26 八・蘭賦 02・41

按，楚「度」「宅」字，據形歸「宅」下。

室

室

二·容成氏 38·33

四·昭王 01·04

四·昭王 01·10

四·昭王 02·05

四·昭王 03·27

四·昭王 05·34

四·曹沫 01·19

五·君子 11·26

五·君子 11·33

五·三德 08·13

五·三德 12·22

五·三德 12·26

五·三德 13·20

六·用曰 10·32

六·天子甲 01·22

八·王居 01·06

九·靈王 01·19

九·史蒥 07·03

六·天子乙 01·23

四·曹沫 03·18

昔周△有戒言曰

安大簡本《曹沫之陳》對應作「室」。

向

向

一·緇衣 12·48

三·彭祖 08·20

四·柬大王 01·19

五·競建 07·34

九·舉治 07·09

九·舉治 09·14

二·容成氏 07·34

六·慎子 06·13

按，「向」本作「[glyph]」。其「宀」旁，戰國文字改作「卄」形，或規整成字作二人相向若相背之形，蓋均義化以爲「向背」字。清華簡《三不韋》有「向」作「[glyph]」，及右列《舉治》07·09者，顯爲相向貌；右列《慎子》字，顯爲相背貌。其餘則處兩可之間。

盜

盜

一・緇衣 11・36	三・周易 09・11	三・亙先 03・17	五・季庚子 06・01	五・姑成 05・47	六・用曰 05・10 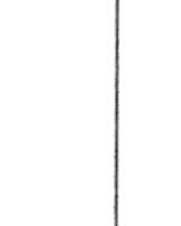
六・用曰 08・33	六・用曰 16・31	七・武王 08・09	七・吳命 06・20	九・邦人 11・01 	

定

定

二・容成氏 16・07	三・中弓 12・02	四・昭王 07・10	五・君子 06・10	六・用曰 19・01	七・武王 14・31

安

安

一・性情論 38・20	二・民之 03・29	二・民之 04・06	二・民之 04・15	二・民之 04・24 	二・容成氏 35・33 
三・周易 05・29	四・柬大王 07・19	四・內豊 07・34	五・季庚子 03・16	五・季庚子 18・17 	七・武王 06・08 
七・鄭子甲 07・15	八・顏淵 13・11	八・顏淵 14・08	八・志書 03・05	九・陳公 01・09 	九・舉治 12・01
港中零簡 05・09	卉茅 02・16				
一・詩論 02・17	一・詩論 03・24	一・詩論 03・28	一・詩論 08・41	一・緇衣 21・23	一・性情論 12・30 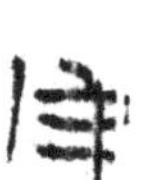

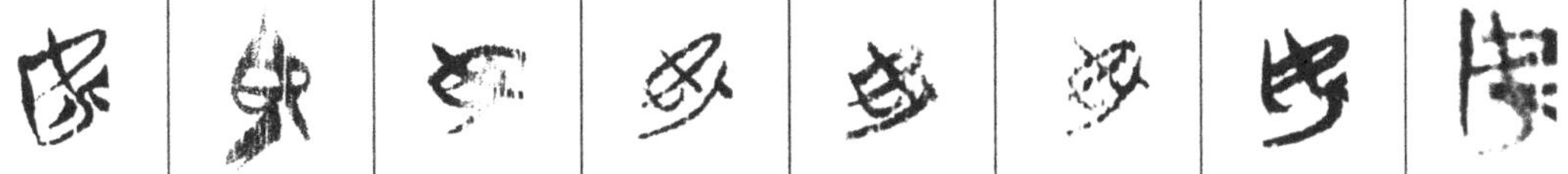

五・姑成 05・23	五・競建 03・04	四・柬大王 07・01	三・亙先 09・12	三・亙先 07・20	三・亙先 01・26	二・容成氏 22・19	一・性情論 23・22
五・君子 02・30	五・競建 04・20	四・柬大王 13・07	三・亙先 09・18	三・亙先 08・14	三・亙先 01・29	二・容成氏 41・42	二・從政甲 11・08
五・弟子問 06・01	五・季庚子 01・20	四・曹沫 05・33	三・亙先 10・14	三・亙先 08・25	三・亙先 01・32	二・容成氏 47・07	二・從政甲 18・22
五・弟子問 16・02	五・季庚子 04・10	四・曹沫 08・04	四・昭王 05・13	三・亙先 08・31	三・亙先 01・35	二・容成氏 50・33	二・容成氏 10・02
五・弟子問 17・06	五・季庚子 12・01	四・曹沫 17・17	四・昭王 09・20	三・亙先 08・37	三・亙先 03・09	二・容成氏 53・28	二・容成氏 10・06
五・弟子問 20・13	五・姑成 04・16	五・競建 02・25	四・昭王 10・26	三・亙先 09・06	三・亙先 03・14	三・中弓 08・31	二・容成氏 10・13

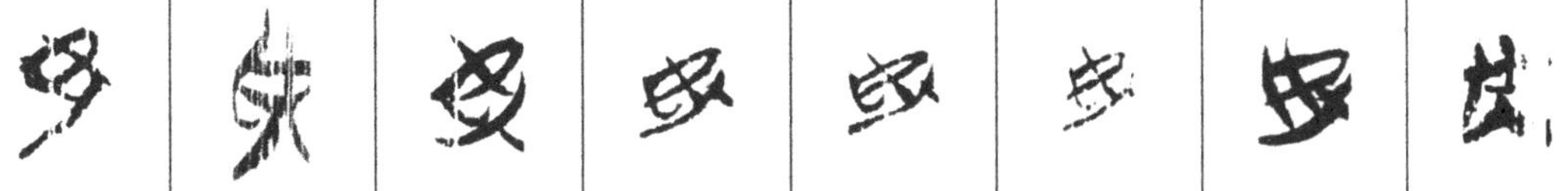

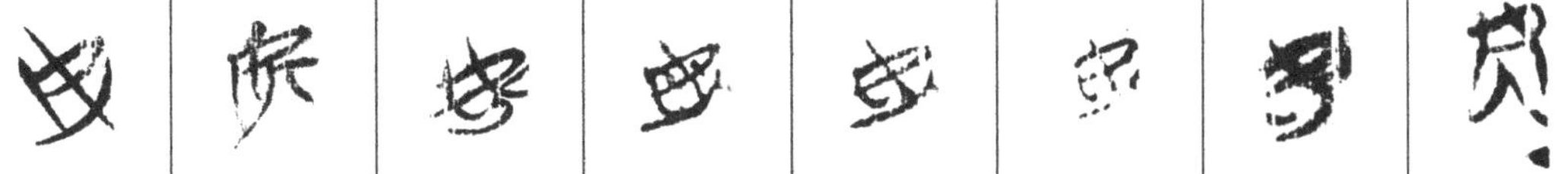

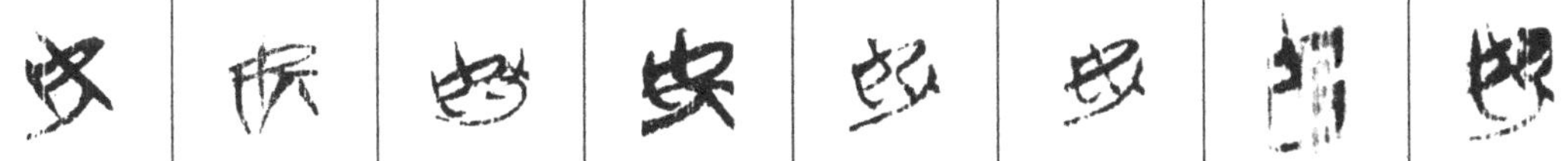

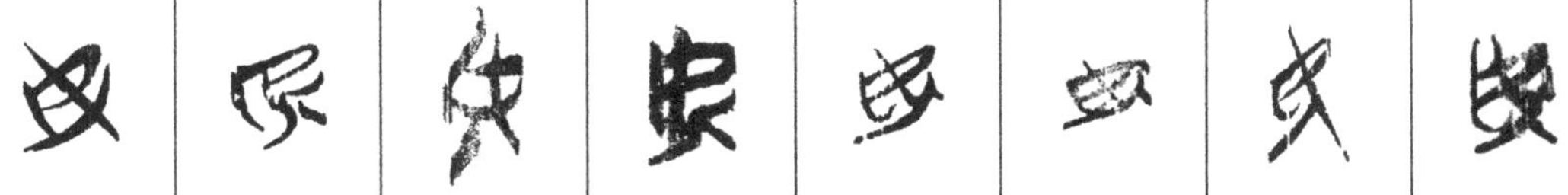

五・弟子問 24・02
五・三德 04・18
五・鬼神 04・17
五・鬼神 04・33
六・競公瘧 03・16
六・競公瘧 03・28

六・競公瘧 03・36
六・競公瘧 04・16
六・競公瘧 06・11
六・競公瘧 13・05
六・競公瘧 13・12
六・季桓子 16・06

六・季桓子 24・08
六・莊王 07・08
六・用曰 03・18
七・鄭子甲 07・31
七・鄭子乙 07・12
七・君人甲 06・13

七・君人甲 08・25
七・君人甲 09・22
七・君人乙 06・10
七・君人乙 08・17
七・君人乙 09・18
七・吳命 01・06

七・吳命 08・17
八・子道餓 01・06
八・子道餓 03・02
八・成王 05・01
八・成王 10・14
八・成王 12・15

八・命 09・14
八・命 10・29
八・蘭賦 02・17
九・靈王 04・08
九・靈王 04・15
九・靈王 05・27

九・陳公 01・12
九・陳公 01・23
九・陳公 03・22
九・陳公 12・32
九・陳公 13・04
九・陳公 14・27

九・陳公 15・14
九・陳公 17・11
九・舉治 08・08
九・舉治 15・05
九・舉治 30・22
九・邦人 02・03

宓 富

〈寶〉	賫	〈簪〉	簪	〈奴〉			
一・緇衣 11・28	三・周易 12・30	二・民之 08・24	一・詩論 28・10	二・容成氏 32・02	七・鄭子乙 07・28	卉茅 02・06	九・邦人 03・15
一・緇衣 22・39		五・季庚子 19・21		△（焉）以行政	大敗晉師△（焉）	藝術・選六 135・08	九・邦人 04・04
		按，从「戈」爲「必」之譌。一曰从甘，「蜜」字異體，未必。此「甘」旁或係楚字繁飾。		按，「奴」爲「安」之譌（郭永秉 2005=2011:106–143）。	甲本對應作「安」。		九・邦人 10・29
					九・邦人 10・01		九・邦人 12・18
					而邦人不稱還△（焉）		九・卜書 01・23
					乙本對應作「安」。		港中零簡 08・08

實　實

容　容　古

〈賈〉	〈瞟〉	亶	實			容	宂
三·彭祖 08·15	五·鬼神 02·01	四·曹沫 03·12	二·容成氏 19·04	一·詩論 09·01	四·相邦 03·10	五·鮑叔牙 01·29	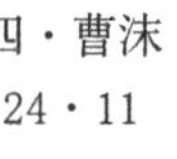四·昭王 08·22
五·君子 09·15	按，以右从「酉」爲从「畐」之譌。	此不貧於美而△於德歟	三·周易 24·09			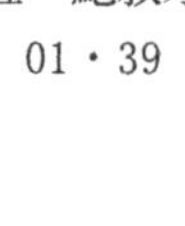五·鮑叔牙 01·39	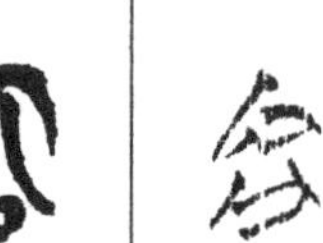四·曹沫 24·11
五·君子 09·32		按，从宀福聲，「富」字異體。	四·采風 03·36			五·鮑叔牙 01·49	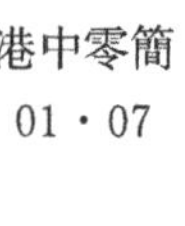四·曹沫 24·14
五·弟子問 06·14			四·相邦 03·01			五·鮑叔牙 02·09	港中零簡 01·07
			五·弟子問 23·17			五·鮑叔牙 02·22	《說文》古文如此。

寶 宧 宰

寶 宧 宰

⿸厂公	⿰今公	寳	珤	賲	宧	⿰宰刂	
一・緇衣 09・33	七・凡物甲 29・25	四・曹沫 56・10	四・昭王 06・02	五・三德 09・02	六・用曰 15・01	三・中弓 01・08	四・柬大王 14・09
從△有常	敎之無所△		四・昭王 07・32	按，从貝保聲，「寶」字異體。卷六貝部附錄重出。		三・中弓 04・06	四・柬大王 14・23
按，从厂公聲，「容」字異體。卷九厂部附錄重出。一曰「厂」爲「宀」之誤書。	七・凡物乙 22・15		《玉篇》引《聲類》以爲「寶」古文。卷一玉部附錄重出。			四・柬大王 10・16	四・柬大王 17・06
	敎之無所△					四・柬大王 11・08	四・柬大王 19・18
	按，从公今聲，「容」字異體。一曰「今」由「宀」變形聲化（孫飛燕 2009.1.1，蔡一峰 2018:75）。					四・柬大王 13・02	四・柬大王 20・04
						四・柬大王 13・10	四・柬大王 21・10

守 寵 宜 宿

守

- 四・柬大王 22・23
- 四・柬大王 23・08
- 四・柬大王 23・24
- 五・弟子問 11・07

按，从刀若刃辛聲，「辛割」字繁構。卷四刀部附錄重出。

守

守

- 一・緇衣 19・36
- 二・子羔 06・09
- 三・彭祖 08・40
- 六・競公瘧 08・14
- 六・競公瘧 08・20
- 六・競公瘧 08・26

寵

寵

- 六・競公瘧 09・19

宜

宜

- 一・性情論 07・04
- 一・性情論 10・06
- 一・性情論 11・19 綴
- 一・性情論 12・14
- 一・性情論 13・16
- 一・性情論 24・12

- 一・性情論 33・02
- 一・性情論 33・06
- 一・性情論 34・18
- 三・亙先 07・12

古

- 二・容成氏 36・34
- 三・中弓 16・01
- 四・采風 03・25
- 四・曹沫 28・08

《說文》古文源此。

- 一・性情論 05・23

勵性者，△（義）也。

郭店簡本《性自命出》對應作「宜」。

宿

佰

- 二・容成氏 28・35
- 三・周易 37・15
- 五・三德 01・39

按，从人、丙，「宿」字初文。《說文》假「（佰）」爲「殃」，以爲古文。卷七夕部「夕」下重出。

寑 𡪢 　　宆 𡧊

𡬱	〈寘〉	寑	㝲	𢁉	⿱宀戠	宆	〈完〉
六・王子木 01・18	九・陳公 02・14	四・曹沫 11・01	九・邦人 01・08	六・天子甲 11・13	二・容成氏 02・07	二・容成氏 05・15	七・凡物甲 15・01
六・王子木 03・12	先君武王與鄖人戰於蒲△（騷）			六・天子乙 10・22	而△其兵	三・周易 40・35	上△（賓）於天
						七・吳命 05・40	
按，从宀蒐聲，「宿」字異體。「蒐」，繁从茻，叜聲。	《左傳》桓公十一年：「敗鄖師於蒲騷。」按，从「日」爲从「叜」之省譌（魏宜輝 2019）。				按，从宀戠聲，「寑」字異體。一曰从戈帚聲，「侵伐」字。		按，从「元」爲从「丏」之譌。一曰「塞」，非是。

客 寄 寒

客 （篆）寄 （篆）寒 （篆）

客

四·柬大王
17·03

五·競建
07·01

五·季庚子
16·06

九·成王甲
02·26

藝術·選六
133·06

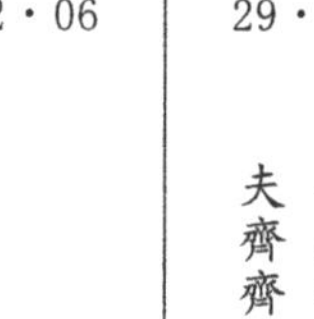

一·性情論
29·02

賓△之禮必有夫齊齊之容

郭店簡本《性自命出》對應作「客」。

⿱宀佫

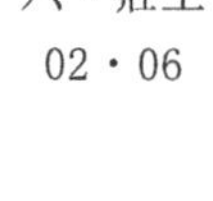
六·莊王
02·06

寄 — 㝴

五·姑成
02·03

五·姑成
10·13

按，从宀可聲，「寄」字異體。

寒

三·周易
45·31

四·昭王
08·33

一·緇衣
06·20

一曰「寒」「汗」同源。「寒」字之「人」旁加横筆者，表寒熱發汗之意；从「茻」者，表寒熱臥蓐發汗之意。説關於郭永秉2023年「第二届古文字與出土文獻青年學者西湖論壇」發言。

〈倉〉

六·用曰
06·24

唇亡齒△

八·李頌
01·22

旱冬之祁△

按，「倉」爲「寒」之譌。

害

蹇

二・容成氏 22・30

按，「寒」字異體（郭永秉 2015:115–137）。卷一艸部附錄重出。

害

六・季桓子 01・09

六・季桓子 06・04

八・顏淵 05・08

一・詩論 08・51

一・性情論 31・07

二・從政甲 08・07

五・競建 05・10

五・姑成 04・09

五・姑成 06・23

七・武王 09・03

九・史蒥 09・01

五・姑成 08・23

三・中弓 20・32

三・中弓 22・11

四・曹沫 10・06

四・曹沫 09・29

四・柬大王 13・27

害

字形出處
一·詩論 07·05
一·詩論 10·28

按，「𡨄」「害」雜糅（馮勝君 2002.1.11=2002；吳振武 2003）。

字形出處
五·競建 01·20

按，「害」「𡨄」雜糅，「𡨄」譌省作「禹」。

按，右五例舊多釋「害」，當釋「害」。「宀」旁或加飾横筆，其收筆回鋒，遂成弧筆，《曹沫》簡10字形源此，與「角」「昷」等字上部横筆平行演化。復與下部筆畫黏連，遂成《柬大王》簡13字形（劉洪濤2013）。右《中弓》二形亦如是。

宋

字形出處
六·競公瘧 04·05
八·子道餓 02·31
一·緇衣 23·28

宗

字形出處
一·詩論 05·21
一·詩論 24·25
二·從政乙 04·21
二·容成氏 41·37
二·容成氏 46·02
三·周易 33·17
三·彭祖 04·17
五·競建 02·12
五·競建 04·27
五·三德 10·28
九·舉治 01·15

宔

字形出處
一·性情論 03·20
一·性情論 08·02
三·周易 51·28
三·彭祖 07·43
四·柬大王 06·07
五·季庚子 14·31

宋 [宀中] 宅 宎 寘

宋	[宀中]	宅	宎	[宀奠]			
三・周易 07・40	二・容成氏 07・04	八・成王 12・04	三・亙先 05・19	卉茅 02・17	三・周易 32・22	九・陳公 13・03	五・姑成 04・48
三・周易 53・20	詳見卷一丨部「中」下。	詳見卷七穴部「宅」下。		按，从宀奠聲，「寘」字異體。與「奠」同源。詳見卷五丌部「奠」下。			五・姑成 05・03
三・周易 53・34							五・姑成 08・13
五・三德 04・14							五・三德 04・29
五・三德 04・45							七・君人甲 04・03
							七・君人乙 03・28

⿱宀付	⿱宀廾	⿱宀廷	⿱宀豆	⿱宀車	⿱宀弟	⿱宀㞷	⿱宀青
二・容成氏 06・10	二・子羔 01・09	五・君子 08・01	藝術・選六 134・06	四・相邦 03・12	五・君子 10・09	七・吳命 05・50	一・性情論 27・10
詳見卷九广部「府」下。	按，从宀卉（艸）聲，或即「宿」字異體。	詳見卷九广部「庭」下。		詳見卷九广部「庫」下。		詳見卷九广部「廣」下。	凡身欲△（靜）而毋滯
							三・亙先 01・06
							質、△（靜）、虛。
							三・亙先 01・11
							△（靜），大靜。

⿱宀臧　寞　⿱宀高　⿱宀录　⿱宀或　⿱宀苗

⿱宀青	⿱宀青	⿱宀苗	⿱宀或	⿱宀录	〈⿱宀高〉	寞	⿱宀臧
三·亙先 01·13 靜，大△（靜）。	四·相邦 01·10 △（靜）以待時	一·性情論 12·02 詳見卷九广部「廟」下。	四·曹沫 16·13 詳見卷六口部「國」下。	六·慎子 05·01 △不贏其志	二·子羔 01·08 △（昏）叟	三·周易 45·39 井收勿△（幕）	一·詩論 19·14 詳見卷一艸部「藏」下。
三·亙先 02·07 虛△（靜）爲一	八·蘭賦 05·37 身體重△（靜）			一曰从莆作。	按，疑从「占」爲从「肙」之省譌。本編卷四「睧」、卷十「怨」下「悁〈悁〉」有同例。疑讀「昏」。	王韓注本對應作「幕」，《釋文》引一本作「网」。按，从宀莫聲，與「宿」字異體同形。	
三·亙先 02·13 △（靜）同而未有明	按，从宀青（青）聲，或即「靜」字異體。						

⿰爿⿱宀貝

六・用曰
13・19

詳見卷一艸部「藏」下。

⿱宀⿱至土

五・弟子問
附・04

（無隸定）

七・凡物甲
27・21

⿱宀⿰毛毛

二・子羔
01・50

八・子道餓
06・05

⿱宀集

八・李頌
01・32

八・李頌
01反・40

按，从宀集聲，或即「集」字繁構。一曰「萃」字，說聞於應金琦未刊稿「The Date of the Merger of -ps and -ts in Old Chinese」。

⿱宀稚

四・昭王
01・41

將蹠閨。△（闈）人止之。

四・昭王
02・34

△（闈）人弗敢止

按，从宀稚聲，或即楚「闈」字變音異體。「稚」，从禾隹聲，與今「稚子」字異代同形。

⿱宀躳

八・命
01・18

詳見卷七穴部「竆」下。

⿱宀⿰彡言

八・顏淵
01・02

詳見卷三言部「諺」下。

船	呂				宮	⿱宀⿰見系	⿱宀秝
船	呂				宮	⿱宀⿰見系	⿱宀秝
三·周易 01·12	一·緇衣 08·05	九·卜書 03·24	藝術·選六 134·03	五·三德 12·25	二·容成氏 38·29	三·亙先 11·05	五·競建 04·14
三·周易 49·11	一·緇衣 14·10	用處△〔□〕		七·君人甲 04·04	四·采風 01·08		
三·周易 54·35	一·緇衣 15·19			七·君人乙 04·01	四·采風 01·16		
五·姑成 01·44	九·靈王 01·15			八·李頌 01反·44	四·采風 01·21		
	九·舉治 01·09			九·卜書 02·03	四·采風 01·33		
				卉茅 03·21	五·三德 08·12		

穴

穴

八・蘭賦 03・16

穴

二・容成氏 10・04

坑

三・周易 56・04

按，从土穴聲，「穴」字繁構。卷十三土部附錄重出。

竈

竈

窖

七・吳命 01・29

灾

九・陳公 01・15

君王焉先居△繼之上以觀師徒

按，从宀、火，「竈」字異體。與《說文》「災」字或體同形。

罙

罙

罙

八・成王 13・16

九・陳公 19・12

五・季庚子 11・01

窺

窺

規

二・容成氏 10・05

（窺）

六·季桓子 15·21

按，从⿱目人（視）圭聲，「窺」字異體。卷八見部附錄重出。

竆

竆

六·季桓子 24·02

竆

八·命 01·18

按，从宀躳聲，「竆」字異體。卷七宀部附錄重出。

⿰身会

七·凡物甲 20·22

七·凡物乙 14·16

按，从身会聲，「竆」字異體。卷八身部附錄重出。

窔

窔

六·天子甲 12·15

窀

窀

八·成王 12·04

按，从宀屯聲，「窀」之異體。卷七宀部附錄重出。

⿱穴土

⿱穴土

七·凡物甲 07·05

七·凡物乙 06·02

按，西周中期豆閉簋（《銘圖》05326）有字作「⿱穴土」，聲符或與此字同。一曰从土交聲。卷十三土部附錄重出。

窩

窩

八·命 04·21

竄	寐		疾			病	
	㝱		𤕫			㾓	
竄	[illegible]	[illegible]	疾			[illegible]	[illegible]
八・命 04・20	五・季庚子 07・31	五・弟子問 22・13	一・性情論 35・18	三・周易 30・34	九・舉治 32・28	六・競公瘧 10・27	四・柬大王 02・11
	五・季庚子 10・32	詳見卷十五。	二・容成氏 34・24	四・內豊 08・14	九・卜書 02・07		四・柬大王 08・15
			二・容成氏 36・37	四・曹沫 44・12	九・卜書 05・05		
			二・容成氏 49・22	五・姑成 06・43			
			三・周易 15・02	六・鄭壽 04・04			
			三・周易 21・19	七・吳命 01・04			

疛 疢 瘧 疥 瘻 疵

疛	㽷	⿸疒唐	⿸疒奎	⿸疒宴	瘠	⿸疒忘	
六・競公瘧 10・26	四・柬大王 18・21	六・競公瘧 01・06	六・競公瘧 01・04	二・容成氏 02・41	四・柬大王 18・22	五・三德 13・07	四・柬大王 02・21
是皆貧苦△（約）病	△疵知於邦					卷十心部附錄重出。	
		六・競公瘧 02・04	六・競公瘧 02・02	二・容成氏 37・07			四・柬大王 05・15
	七・吳命 01・05	六・競公瘧 02反・03					四・柬大王 22・09
按，从疒勺聲，或即「約〔衰病〕」之專字（鄔可晶 2021=2024：500-527）。	非疾△焉加之						
	按，从疒因聲，「疢」字異體。又見清華簡《五紀》：「天施疾病（疢）。」						

同　冠　冖　⿸疒暴　⿸疒敝　⿸疒喿　⿸疒夾

同　冠（篆）　冖（篆）

	同	冕	冪	𤻭	⿸疒敝	⿸疒喿	⿸疒夾
二・從政乙 02・08	一・緇衣 20・19	二・容成氏 52・42	五・三德 12・13	二・容成氏 37・35	四・柬大王 20・24	四・柬大王 05・13	六・競公瘧 01・12
三・亙先 02・14	一・性情論 25・28 綴	四・內豊 08・15	按，从网冥省聲，或即「冖（冪／冪）」字異體（劉信芳 2011:396）。卷七网部附錄重出。一曰「幎」。卷七巾部「幎」下重出。			四・柬大王 08・13	六・競公瘧 09・22
三・亙先 03・13	一・性情論 26・07	六・季桓子 05・27				四・柬大王 20・19	六・競公瘧 13・18
三・亙先 04・24	一・性情論 26・24	九・邦人 03・22					
三・亙先 12・06	二・民之 12・03	九・邦人 09・08					
四・多薪 02・03	二・民之 13・32						

冕

四・多薪 02・15
四・昭王 10・13
四・曹沫 07・18
四・曹沫 21・20
四・曹沫 58・16
六・季桓子 17・20

六・天子甲 07・09
六・天子甲 07・20
六・天子乙 06・21
六・天子乙 07・03
七・凡物甲 24・08
七・凡物乙 03・29

七・凡物乙 17・11
七・凡物乙 17・13
八・李頌 01反・31
八・有皇 02・18
八・有皇 04・06
九・舉治 34・18

九・史蒥 04・03

〈昌〉

七・凡物甲 04・12

乙本對應作「同」。按，「昌」爲「同」之譌。

一・性情論 26・15

△悅而文

郭店簡本《性自命出》對應作「同」。

免

一・緇衣 13・28

按，从人服冖，「冕（免）」之初文。「冖」，商西周「免」字中書作「冃」「冖」等，或即「冃」之初文。「冒」「曼」「冑」「星」等从此表意者，均取〔覆〕義；「鞭」字古文「㝉」亦从此，或示鞭箠之帽。上揭諸形略存其舊。後世與「宀」混同，故中古韻書之謂「宀」音明母仙韻，蓋取「免」音。《儀禮・士喪禮》：「免于房。」鄭《注》：「今文免皆作絻。」蓋用本義。今《說文》但見「免」字後起繁體「冕」（或體作「絻」），故寄「冕」下。卷十五附錄另立「免」字頭，詳見卷十五。

冑	冒	兩			网	网	羅
冑	冒	兩			罔	罔（或）	羅
一·緇衣 11·12	二·容成氏 15·08	一·詩論 13·18	七·鄭子乙 07·22	九·陳公 20·01	八·蘭賦 05·03	六·用曰 11·17	三·周易 56·13
	四·曹沫 60·29	一·詩論 14·01	七·凡物甲 21·06	九·陳公 20·14	按，从口网聲，「网」字繁構。卷二口部附錄重出。	《說文》或體如此。	四·柬大王 01·09
	六·用曰 02·21	二·容成氏 38·17	七·凡物乙 18·34	按，左下垂筆衍譌作「人」形，本編卷四「者」、卷八「舟」及卷十一「魚」均有同例。			
	六·用曰 11·08	三·亙先 11·17	七·吳命 03·10				
		五·鬼神 04·41	九·陳公 04·16				
		七·鄭子甲 07·25	九·陳公 17·13				

罡

䍇

羉

帶

[illegible]

常

[illegible] 或

幎

[illegible]

䍐	罡	䍇	羉	𦅻		裳	䍇
六・天子甲 04・30	五・三德 22・02	五・三德 12・13	四・曹沫 54・15	三・周易 05・42	二・容成氏 51・09	二・容成氏 47・28	五・三德 12・13
六・天子乙 04・15				四・柬大王 02・01	二・容成氏 51・39		
按，从网、隹，「羅」字異體。《義雲章》「羅」即作「[illegible]」。與《說文》「罩」字異體「䍐」同形。	詳見卷十四𠫓部「疏」下。	詳見卷七冖部「冖」下。	按，从网，或即「疏數」字。清華簡《治邦之道》簡12「疏數」之「數」即如此作。		按，从糸帶聲，「帶」字繁構。卷十三糸部附錄重出。	《說文》或體如此。	按，从网冥省聲，或即「幎」字異體（劉信芳2011:396）。一曰「冖（冪／羃）」。詳見卷七冖部「冖」下。

字頭	隸定	出處	按語
飾（篆：飾）	式	二・容成氏 38・34 △爲瑤臺 三・周易 30・19 △用黄牛之革	按，从玉弋聲，「飾」字異體。卷一玉部附錄重出。
席（篆：席）	笞	五・君子 04・04 六・競公瘧 12・17 六・天子甲 09・01 六・天子乙 08・11 七・武王 06・03 七・武王 06・19	
		七・凡物甲 14・27 七・凡物乙 10・06	按，从竹石聲，「席」之異體。卷五竹部附錄重出。
布（篆：布）	布	六・競公瘧 10・40	
希	希	九・史蒥 12・20	
帛	帛	一・詩論 20・02	詳見卷七帛部「帛」下。
帛（篆：帛）	帛	一・性情論 13・06 二・魯邦 02・25 二・魯邦 04・02 六・競公瘧 01・23	
	帛	一・詩論 20・02	按，从巿白聲，「帛」字異體。卷七巿部附錄重出。

白

白

白				㡀		⿱采衣	敝
一·詩論 26·03	五·弟子問 19·03	七·凡物甲 18·17	九·成王甲 04·16	一·詩論 20·01	六·競公瘧 10·38	三·周易 44·41	五·鮑叔牙 04·22
一·緇衣 01·13	七·君人甲 01·07	七·凡物乙 13·03	九·舉治 03·10	一·性情論 13·05	七·吳命 09·30	按，从衣采聲，敝衣之「㡀」字異體。卷八衣部附錄重出。	
一·緇衣 18·12	七·君人甲 02·10	七·吳命 06·27	九·邦人 04·06	二·魯邦 02·24	九·史蒥 01·12		
三·彭祖 06·19	七·君人乙 01·07	八·成王 04·01	九·卜書 05·16	二·魯邦 04·01			
四·采風 04·08	七·君人乙 02·09	九·成王甲 03·06	九·卜書 06·10	六·競公瘧 01·22			
四·曹沫 32·18	七·凡物甲 18·10	九·成王甲 03·19		六·競公瘧 06·19			

㡀

㡀

敝

敝

⿰巿攵

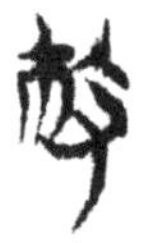

二・容成氏

03・16

按，从攴巿聲，「敝」字異體。卷三攴部附錄重出。

上博簡文字編卷八

申城 沈奇石 撰集

人

人

一・詩論 03・22
一・詩論 06・16
一・詩論 08・49
一・詩論 09・49
一・詩論 15・03
一・詩論 16・10
一・詩論 20・34
一・詩論 23・19
一・詩論 23・24
一・詩論 24・36
一・詩論 24・43
一・詩論 24・51
一・詩論 25・03
一・詩論 27・36
一・詩論 29・05
一・緇衣 03・02
一・緇衣 03・23
一・緇衣 08・09
一・緇衣 10・06
一・緇衣 14・07
一・緇衣 20・01
一・緇衣 21・26
一・緇衣 21・43
一・緇衣 23・07
一・緇衣 23・29
一・緇衣 23・33
一・性情論 01・02
一・性情論 08・08
一・性情論 09・20
一・性情論 14・13
一・性情論 17・14
一・性情論 21・14
一・性情論 29・31
一・性情論 32・09
一・性情論 37・07
一・性情論 37・23
一・性情論 37・37
一・性情論 38・13
一・性情論 38・34
一・性情論 38・46
一・性情論 39・08 綴
一・性情論 39・47

一·性情論殘01·03
二·子羔07·29
二·子羔09·14
二·子羔12·30
二·從政甲02·13
二·從政甲03·17

二·從政甲03·25
二·從政甲04·07
二·從政甲17·01
二·從政甲17·07
二·從政甲17·24
二·從政甲17·28

二·從政甲18·09
二·從政甲18·18
二·從政甲18·32
二·從政甲19·02
二·從政甲19·29
二·從政乙01·03

二·從政乙03·03
二·昔者02·08
二·容成氏04·16
二·容成氏07·09
二·容成氏08·09
二·容成氏11·17

二·容成氏12·08
二·容成氏17·20
二·容成氏30·06
二·容成氏33·06
二·容成氏33·27
二·容成氏48·20

二·容成氏51·12
三·周易04·14
三·周易04·40
三·周易07·04
三·周易10·02
三·周易10·22

三·周易21·01
三·周易21·05
三·周易28·44
三·周易32·16
三·周易35·12
三·周易36·11

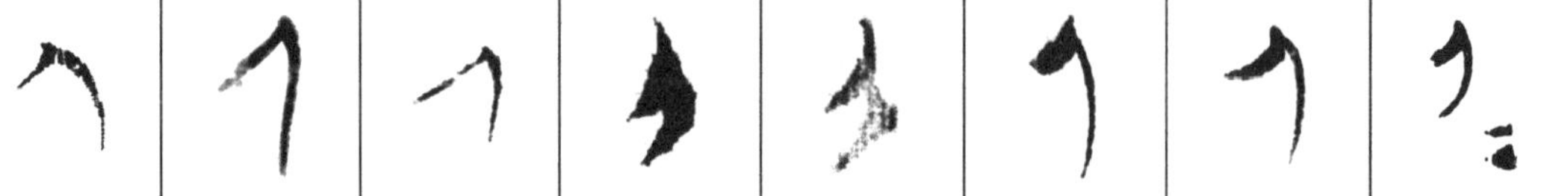

三·周易42·09
三·周易52·10
三·周易54·10
三·中弓03·05
三·中弓10·21
三·中弓12·09

四・內豊 04・30	四・內豊 03・20	四・內豊 02・06	四・柬大王 19・03	四・昭王 02・30	四・采風 04・20	三・彭祖 03・20	三・中弓 16・14
四・內豊 04・34	四・內豊 03・24	四・內豊 02・10	四・柬大王 19・21	四・昭王 02・35	四・多薪 01・08	四・采風 01・11	三・中弓 25・17
四・內豊 10・33	四・內豊 03・34	四・內豊 02・23	四・柬大王 22・27	四・昭王 10・20	四・多薪 01・16	四・采風 02・04	三・亙先 08・13
四・相邦 02・07	四・內豊 04・03	四・內豊 02・35	四・內豊 01・14	四・柬大王 10・21	四・多薪 02・12	四・采風 03・05	三・亙先 08・21
四・相邦 03・14	四・內豊 04・07	四・內豊 02・39	四・內豊 01・18	四・柬大王 14・11	四・昭王 01・42	四・采風 03・07	三・彭祖 02・05
四・曹沫 04・15	四・內豊 04・19	四・內豊 03・11	四・內豊 01・31	四・柬大王 16・11	四・昭王 02・17	四・采風 03・22	三・彭祖 02・33

五·弟子問 02·19	五·君子 09·10	五·季庚子 19·31	五·鮑叔牙 06·17	五·競建 08·34	四·曹沫 39·31	四·曹沫 36·20	四·曹沫 06·33
五·弟子問 09·20	五·君子 09·16	五·季庚子 20·01	五·鮑叔牙 06·23	五·競建 10·19	四·曹沫 51·19	四·曹沫 36·24	四·曹沫 24·20
五·弟子問 13·02	五·君子 09·26	五·季庚子 22·32	五·鮑叔牙 08·05	五·鮑叔牙 01·41	四·曹沫 57·05	四·曹沫 38·30	四·曹沫 26·15
五·弟子問 13·08	五·君子 10·08	五·姑成 09·13	五·季庚子 10·23	五·鮑叔牙 02·14	四·曹沫 62·04	四·曹沫 39·09	四·曹沫 29·06
五·弟子問 17·09	五·君子 10·12	五·君子 04·18	五·季庚子 14·32	五·鮑叔牙 02·46	五·競建 03·30	四·曹沫 39·18	四·曹沫 31·16
五·弟子問 21·12	五·君子 11·03	五·君子 09·04	五·季庚子 18·25	五·鮑叔牙 05·25	五·競建 06·28	四·曹沫 39·24	四·曹沫 33·09

五·三德 06·21
五·三德 06·27
五·三德 06·48
五·三德 10·11
五·三德 12·40
五·三德 13·17

五·三德 17·16
五·三德 17·39
五·三德 19·05
五·鬼神 02·28
五·鬼神 03·12
五·鬼神 03·26

六·競公瘧 09·36
六·競公瘧 10·17
六·季桓子 03·20
六·季桓子 04·07
六·季桓子 04·16
六·季桓子 06·15

六·季桓子 07·10
六·季桓子 07·23
六·季桓子 08·17
六·季桓子 09·09
六·季桓子 09·18
六·季桓子 10·15

六·季桓子 11·04
六·季桓子 17·06
六·季桓子 20·10
六·莊王 02·09
六·鄭壽 06·21
六·用曰 03·16

六·用曰 06·27
六·用曰 06·29
六·用曰 10·14
六·用曰 13·08
六·用曰 15·35
六·用曰 18·01

七·武王 08·08
七·武王 08·18
七·武王 12·17
七·鄭子甲 01·06
七·鄭子甲 03·26
七·鄭子甲 05·05

七·鄭子甲 06·08
七·鄭子甲 07·01
七·鄭子乙 01·05
七·鄭子乙 03·25
七·鄭子乙 05·03
七·鄭子乙 06·09

八・命 11・04	八・顏淵 08・05	七・吳命 06・17	七・凡物乙 03・33	七・凡物甲 12・25	七・君人乙 09・14	七・君人乙 04・14	七・君人甲 04・17
八・命 11・08	八・命 01・20	七・吳命 07・32	七・凡物乙 04・23	七・凡物甲 16・20	七・凡物甲 02・25	七・君人乙 04・16	七・君人甲 06・10
八・王居 03・12	八・命 08・12	七・吳命 08・31	七・凡物乙 05・11	七・凡物甲 18・09	七・凡物甲 04・16	七・君人乙 06・07	七・君人甲 07・04
八・王居 04・06	八・命 08・16	七・吳命 09・39	七・凡物乙 08・28	七・凡物甲 24・24	七・凡物甲 05・10	七・君人乙 06・25	七・君人甲 08・21
八・志書 01・11	八・命 10・02	八・子道餓 01・08	七・凡物乙 11・20	七・凡物甲 24・28	七・凡物甲 06・06	七・君人乙 08・13	七・君人甲 09・07
八・志書 02・11	八・命 10・07	八・子道餓 05・05	七・凡物乙 17・29	七・凡物乙 02・18	七・凡物甲 10・30	七・君人乙 09・03	七・君人甲 09・18

一・性情論 殘02・07綴	九・史蒥 08・09	九・邦人 03・11	九・陳公 11・08	九・陳公 03・14	九・靈王 01・27	八・李頌 03・04	八・志書 04・14
不知己者不怨△	九・卜書 01・13	九・邦人 03・28	九・陳公 11・18	九・陳公 04・13	九・靈王 01・30	九・成王甲 02・13	八・志書 06・14
郭店簡本《性自命出》對應作「人」。	九・卜書 04・12	九・邦人 05・30	九・陳公 11・22	九・陳公 04・26	九・靈王 01・35	九・成王甲 04・13	八・志書 06・21
七・凡物乙 17・33	港中零簡 02・04	九・邦人 10・25	九・舉治 08・04	九・陳公 07・02	九・靈王 02・23	九・成王乙 02・04	八・李頌 02・33
人死復爲△	卉茅 01・16	九・邦人 12・29	九・舉治 14・19	九・陳公 09・16	九・靈王 03・26	九・成王乙 02・16	八・李頌 02・40
甲本對應作「人」。	藝術・選六 146・08	九・史蒥 04・13	九・舉治 28・07	九・陳公 11・02	九・陳公 02・10	九・靈王 01・18	八・李頌 02・42

九・成王甲
01・28

不抶一△

九・靈王
03・01

告執事△

僮

僮

三・周易
01・23

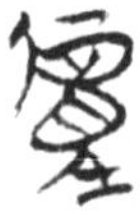

三・周易
22・43

三・周易
53・25

三・周易
53・37

保

保

一・詩論
09・07

一・詩論
10・20

一・詩論
15・09

一・詩論
18・05

三・彭祖
02・42

六・莊王
02・12

六・鄭壽
06・11

六・用曰
08・05

六・用曰
08・31

六・用曰
08・35

七・鄭子乙
02・24

八・有皇
01・10

九・舉治
29・03

六・季桓子
21・08

按，从「尸」爲从「人」之混同。

〈佅〉

七・鄭子甲
02・22

將△其寵光以沒入地

九・邦人
08・22

一懼君之不終世△邦

按，从「汖」爲从「禾（褓）」之譌。

仁

古

忎

一・性情論
33・17

一・性情論
33・21

一・性情論
34・13

一・性情論
34・29

二・子羔
10・01

八・有皇
01・17

港中零簡 03・02

藝術・選六 142・01

《說文》古文如此。

一・性情論 25・27

忎

一・緇衣 06・31

一・緇衣 06・36

一・緇衣 07・32

一・緇衣 22・43

一・性情論 24・24

二・從政甲 03・06

二・從政甲 05・31

二・從政甲 06・20

二・從政甲 11・07

二・從政乙 04・19

二・從政乙 06・07

五・鮑叔牙 06・27

五・季庚子 02・16

五・季庚子 04・14

五・君子 01・16

五・弟子問 11・06

五・弟子問 23・02

五・三德 22・24

五・鬼神 01・26

六・競公瘧 11・22

六・季桓子 03・11

六・季桓子 04・01

六・季桓子 04・13

六・季桓子 06・02

六・季桓子 06・14

六・季桓子 07・09

六・季桓子 08・16

六・季桓子 09・01

六・季桓子 09・03

六・季桓子 09・08

六・季桓子 10・14

六・季桓子 11・03

六・慎子 06・07

七・武王 04・20

七・武王 04・24

七・武王 05・02

七・武王 05・06

七・武王 05・15

七・武王 05・20

八・顏淵 11・10

五・弟子問 02・22

吳人生七△（年）

六・季桓子 05・07

爲詓以事其上，△其如此也。

傑

⿱竆心

一・性情論 39・28

△之方也

按，从心竆聲，「仁」字古文「忎」異體。卷十心部附錄重出。

⿰亻⿱匄木

二・容成氏 35・12

四・曹沫 65・24

〈⿰亻⿱亡木〉

二・容成氏 35・10

二・容成氏 40・31

七・君人甲 08・27

七・君人乙 08・19

按，从「亡」爲从「匄」之省譌（陳哲 2024:38–64）。本編卷十「㥦（忢）」、卷十一「㴽（渴）」均有同例。

五・鮑叔牙 08・26

按，从「人」繁形，詳見卷三卌部「世」下疏解。

伋

〈伎〉

五・競建 09・11

△（隰）朋

按，从「支」爲从「及」之譌。

伊

伊

二・子羔 02・02

二・子羔 11・05

倩

倩

五・君子 07・13

伀

〈层〉

六・競公瘧 11・05

詳見卷九頁部「頌」下。

佖

佖

四・曹沫 34・15

△（匹）夫寡婦之獄訟

五・鮑叔牙 05・35

今豎刁△（匹）夫

五・三德 16・17

不絕憂恤，必喪其△（匹）。

八・王居 06・22

命須後△（蔽）

按，从人必聲，或即「匹夫」字。

僑

僑

五・弟子問 01・11

僤

僤

六・季桓子 15・32

倗

朋

五・三德 17・18

按，从伏人，「貝朋」之「朋」聲，疑「凴」字異體。此類形體進一步黏連譌變，遂成今「朋」字（黃文傑 2000）。《說文》假「𠣝（朋）」爲「鳳」之古文，蓋以流爲源。卷四鳥部「鳳」下重出。

佗 何 備

佗 何 備

⿰亻堋

五・競建 01・04

五・競建 02・03

五・競建 05・29

五・競建 09・12

五・競建 10・21

五・競建 10・26

五・鮑叔牙 09・06

按，从人堋聲，「朋黨」字異體。一曰从土倗聲。卷十三土部「堋」下重出。

佗

八・李頌 02・23

五・季庚子 06・02

寧△肥也

按，蓋書手初寫此字，先書下字「肥」，後改形爲从「人」繁形之「佗」。現存簡文左上尚留「肥」所从肉痕蹟（白海燕 2009:95–98）。

何

五・鮑叔牙 07・27

三・周易 23・11

△（荷）天之衢

按，从「人」繁形，詳見卷三卅部「世」下疏解。

備

一・緇衣 09・29

一・緇衣 21・07

二・民之 06・04

二・民之 07・30

二・民之 11・08

二・民之 12・21

二・民之 13・11

二・民之 13・34

二・從政甲 18・21

二・容成氏 06・38

二・容成氏 15・05

二・容成氏 41・43

傅

二・容成氏 47・36

二・容成氏 47・40

三・中弓 13・01

四・昭王 01・35

四・昭王 02・08

四・相邦 01・04

四・相邦 03・22

四・曹沫 33・24

五・鮑叔牙 07・41

五・季庚子 04・09

五・季庚子 13・06

五・三德 08・26

五・三德 09・12

五・三德 13・30

六・季桓子 07・14

六・季桓子 19・13

六・季桓子 24・11

六・鄭壽 05・22

六・慎子 05・19

七・武王 02・22

七・凡物甲 08・25

七・凡物乙 07・08

八・蘭賦 02・11

九・舉治 21・33

九・舉治 29・12

九・舉治 29・17

九・邦人 09・11

五・季庚子 03・15

〈魚〉

六・季桓子 05・22

△（服）道之君子

六・季桓子 05・36

△（服）𡢁，弗見也。

按，郭永秉（2012=2015:237–239）釋「備」。實「魚」爲「備」之譌。

伩

五・競建 04・29

△鳶

按，从人父聲，「傅」字異體。「伩鳶」，「傅說（鋭）」異名。

倚	依	侍	侒		侳	伍	散
倚	依	侍	侒		侳	俉	散
藝術・選六 140・04	五・君子 01・14	八・子道餓 02・27	五・弟子問 04・37	七・凡物甲 26・02	七・凡物甲 14・24	四・曹沫 24・12	二・昔者 03・42
				七・凡物乙 19・01	七・凡物甲 15・08	車間容△，△間容兵。	二・容成氏 14・02
				按，从人安聲，或即「偃」字異體。	七・凡物乙 10・03	按，从人吾聲，「伍」字繁構。	四・曹沫 03・10
					七・凡物乙 10・13		五・季庚子 13・23
							五・季庚子 19・08

作

殼

- 七・武王 02・26

按，从殳岂聲，「散」字異體。卷三殳部附錄重出。

〈毁〉

- 二・民之 09・11

△矣！宏矣！大矣！

按，从「貝」爲从「岂」之譌。一曰「敗」，讀「美」（何琳儀 2003.1.14= 2003=2004）。唯「敗」「美」韻隔，且該篇「敗」多从重貝作。

岂

- 一・詩論 16・36

詳見卷十五。

偯

- 五・君子 01・19
- 五・君子 05・10
- 八・李頌 01・36

- 五・三德 10・14
- 五・三德 11・27
- 五・鬼神 06・35
- 五・鬼神 07・22

叏

- 一・緇衣 01・30
- 一・緇衣 14・22
- 一・性情論 15・21
- 三・亙先 02・35
- 三・亙先 07・19
- 三・亙先 07・24

- 三・亙先 07・32
- 三・亙先 10・32
- 三・亙先 11・03
- 三・亙先 11・10
- 三・亙先 12・16
- 三・亙先 12・29

- 四・柬大王 17・18
- 四・曹沫 17・07
- 五・季庚子 10・18
- 八・蘭賦 02・18
- 上博零簡 01・26
- 藝術・選六 146・02

二·從政甲 09·03

五·季庚子 12·02

七·凡物甲 26·08

七·凡物甲 26·22

七·凡物乙 19·07

七·凡物乙 19·21

按，从又乍聲，「作」字異體。卷三又部附錄重出。

二·容成氏 29·16

二·容成氏 30·39

二·容成氏 35·11

二·容成氏 36·27

二·容成氏 42·22

二·容成氏 44·03

二·容成氏 45·02

二·容成氏 51·03

八·志書 02·17

按，从「世」爲从「乍」之混同。

侵

⿰帚戈

三·周易 13·05

利用△伐

按，从戈帚（寑）省聲，「侵伐」字。卷十二戈部附錄重出。

儥

儥

五·鬼神 07·10

六·用曰 09·01

代

代

五·季庚子 14·12

便

便

四·曹沫 18·01

四·曹沫 35·20

佻		倀	徐	使	倪	俾	任
佻		倀	徐	傳	倪	俾	任
五・君子 05・08	四・曹沫 36・22	四・柬大王 19・24	五・君子 06・21	一・緇衣 12・49	五・競建 09・35	二・容成氏 03・15	一・性情論 31・26
	八・有皇 03・16	四・曹沫 18・24				四・曹沫 25・15	四・內豊 06・45
	九・舉治 21・37	四・曹沫 25・32				四・曹沫 35・21	
	九・卜書 04・17	四・曹沫 28・16				八・顏淵 10・26	
	藝術・選六 144・01	四・曹沫 28・32					
		四・曹沫 35・23					

僞

僞

八·子道餓 02·19

佝

佝

三·周易 34·03

五·季庚子 11·02

侮

⿱毋心

六·季桓子 25·05

民⿱毋心不可△

按，从心毋聲，「侮」字異體。卷十心部附錄重出。楚「母」「毋」分化未蔵，故此字亦多爲「⿱母心」。詳見卷十心部「悔」下。

傷

⿰昜刂

四·曹沫 45·20

四·曹沫 47·04

四·曹沫 51·13

按，从刀昜聲，「傷」字異體。卷四刀部附錄重出。

四·曹沫 32·08

其將帥盡△

安大簡本《曹沫之陳》：「其將帥既飤。」一曰「⿰昜刂」爲「飤」之譌。

⿰昜戈

二·從政甲 19·28

五·姑成 07·47

五·三德 05·23

六·競公瘧 08·04

按，从戈昜聲，「傷」字異體。卷十二戈部附錄重出。

俑

俑

四·昭王 05·32

八·顔淵 04·03

八·顔淵 04·07

伏

伏

九·卜書 04·21

係

係

- 二・從政乙 01・12
- 三・周易 16・22 
- 三・周易 16・30 
- 三・周易 17・20 
- 三・周易 30・31 
- 五・三德 16・29 

按，从人系聲，或即楚「繼」字。一曰「傒」，非是。

係

- 五・三德 09・21

按，繁从古文「系」聲作。

伐

伐

- 一・詩論 08・53
- 二・容成氏 38・11 
- 二・容成氏 40・26 
- 二・容成氏 50・13 
- 三・周易 13・06 
- 五・姑成 07・05 
- 五・三德 14・16 
- 六・天子甲 05・25 
- 六・天子乙 05・04 

但

但

- 六・用曰 20・07

咎

咎

- 一・詩論 09・02
- 一・性情論 39・46 
- 二・子羔 12・18 
- 二・容成氏 29・19 
- 二・容成氏 29・24 
- 二・容成氏 34・02 
- 三・周易 02・21 
- 三・周易 07・07 
- 三・周易 07・24 
- 三・周易 07・42 
- 三・周易 08・09 
- 三・周易 09・09

倦

三·周易 09·24
三·周易 11·02
三·周易 15·14
三·周易 16·07
三·周易 17·11
三·周易 18·26

三·周易 21·13
三·周易 25·17
三·周易 28·06
三·周易 32·18
三·周易 32·26
三·周易 33·11

三·周易 33·22
三·周易 37·20
三·周易 38·28
三·周易 39·12
三·周易 40·32
三·周易 41·09

三·周易 41·36
三·周易 42·40
三·周易 45·26
三·周易 47·31
三·周易 48·16
三·周易 51·15

三·周易 54·37
三·周易 55·17
三·中弓 20·02
三·彭祖 06·25
四·采風 04·23
六·用曰 07·10

六·用曰 17·03
七·吳命 06·07
八·志書 05·19
九·陳公 03·04
九·卜書 01·15
九·卜書 02·05

九·卜書 06·20
九·卜書 08·31
九·卜書 09·16

佚

二·從政甲 12·04

弔

弔

五·鮑叔牙 09·02

六·用曰 16·09

六·用曰 20·12

藝術·選六 134·09

⿱弔口

一·緇衣 03·01

一·緇衣 16·34

五·競建 01·07

五·競建 01·23

五·競建 05·06

五·競建 06·35

五·競建 09·15

五·鮑叔牙 07·03

八·成王 04·03

九·舉治 27·03

九·卜書 01·02

按，从口弔聲，「弔」字繁構。卷二口部附錄重出。

伓

伓

二·子羔 10·05

三·周易 48·03

五·鮑叔牙 04·19

二·從政乙 03·15

五·競建 03·32

九·陳公 15·06

九·舉治 09·21

三·彭祖 07·01

△者不以

按，从人不聲，或即「背」字異體。一曰「倍」，一曰「伾」。

伾

伾

九·舉治 09·23

仮	⿰亻兄	⿰亻瓜	伽	⿱乂人		⿰亻争	佳
藝術・選六 140・05	四・內豊 04・04	三・周易 33・03	五・鮑叔牙 03・17	二・從政甲 10・05	二・昔者 04・33	六・莊王 05・08	七・凡物甲 04・28
	詳見卷八兄部「兄」下。	三・周易 33・26		二・從政乙 01・05	李學勤（1991= 2000:203-206）以爲「髦」之初文。		按，从人丯聲，或即「丯貌」字異體。一曰从土倂聲。詳見卷十三土部「封」下。
				三・亙先 08・36			
				五・鬼神 05・42			

信

- 二・容成氏 31・06
- 二・容成氏 31・15
- 二・容成氏 31・20
- 二・容成氏 31・25
- 二・容成氏 31・30
- 五・三德 12・24　十室之△（聚）

俤

- 二・民之 01・09　愷△君子

詳見卷五弟部「弟」下。

佀

- 五・鮑叔牙 02・26　考△（事）以使
- 五・鮑叔牙 02・38　忘其考△（事）也
- 五・鮑叔牙 02・49　寡人将考△（事）

按，从人㠯聲，一曰「佁」字異體。

佤

- 一・緇衣 09・32　△（從）容有常

一曰从「人」爲从「彳」之譌（陳斯鵬 2002. 2. 5=2018:163-169）。

倭

- 九・舉治 14・04
- 九・舉治 17・21

倗

- 五・競建 09・30

倠 㕒 偞 僂 傷 㑌 律 偬

倠	㕒	偞	僂	傷	㑌	律	〈偬〉
五・弟子問 19・05	七・君人甲 07・09	二・容成氏 42・19	五・競建 02・18	六・天子甲 12・09	六・季桓子 18・10	八・王居 06・10	八・顏淵 07・03
		湯王天下三十又一△（世）而紂作		六・天子乙 11・24	按，从「尸」爲从「人」之混同。		詳見卷十心部「悤」下。

僭　⿰亻桼　⿰亻悳　偋　僼　僆　⿰亻⿱隹曰　⿰亻褱

僭	⿰亻桼	⿰亻悳	偋	僼	僆	⿰亻⿱隹曰	⿰亻褱
五・君子 06・20	一・性情論 37・09	六・季桓子 21・03	六・季桓子 13・08	一・緇衣 05・16	九・舉治 14・02	五・競建 09・28	六・天子甲 09・17
			按，从「尸」爲从「人」之混同。	詳見卷四骨部「體」下。	九・舉治 33・03		六・天子乙 08・27
					與《說文》「陟」古文「[illegible]」同形。		

⿰亻⿱臼戠　⿰亻賽　⿰亻萑　眞（篆：眞）　印（篆：印）

⿰亻⿱臼戠	⿰亻賽	⿰亻萑	眞		印		
二・從政甲 12・12	二・容成氏 29・12	一・詩論 03・21	六・用曰 03・17	六・用曰 05・37	七・君人甲 03・03	五・三德 15・12	四・柬大王 14・02
雖世不△，必或知之。					七・君人甲 04・01	九・卜書 01・05	七・凡物甲 23・09
					七・君人乙 03・01	九・卜書 02・15	七・凡物乙 15・22
					七・君人乙 03・26		

按，聲符从臼、戠。一曰戠聲，讀「識」。疑係「戠」之譌，上部成字化而作臼，讀「察」。

（卬）	艮		从	從				
	艮		从	從				
六・季桓子 26・06	三・周易 48・01	三・周易 48・12	四・曹沫 29・12	一・性情論 17・03	二・從政甲 19・17	二・容成氏 39・34	三・周易 17・24
	三・周易 48・22	△其趾	四・曹沫 37・07	二・民之 13・24	二・從政乙 01・19	二・容成氏 40・15	三・中弓 04・04
	三・周易 48・35	王韓注本《易》對應作「艮」。	毋△軍如避罪	二・子羔 05・11	二・從政乙 03・22	二・容成氏 40・40	三・中弓 12・12
	三・周易 49・09		安大簡本《曹沫之陳》對應作「[illegible]」「[illegible]」。按，「从」字繁構（陳斯鵬2005.2.20）。一曰「僭」，說聞於白師於藍。一曰「[illegible]」，說聞於陳戥。	二・從政甲 05・07	二・容成氏 14・17	二・容成氏 44・36	四・采風 02・22
	三・周易 49・14			二・從政甲 08・11	二・容成氏 27・34	二・容成氏 44・39	四・昭王 05・14
	三・周易 49・25			二・從政甲 10・02	二・容成氏 27・43	三・周易 05・15	四・柬大王 20・20

四・柬大王 22・11
四・內豊 07・07
四・內豊 10・32
五・競建 01・09
五・競建 08・04
五・季庚子 01・09

五・季庚子 01・31
五・季庚子 23・17
五・姑成 05・52
五・姑成 06・36
五・弟子問 14・01
五・三德 18・12

五・三德 18・16
五・三德 18・21
五・三德 18・26
五・三德 18・31
七・武王 04・14
七・武王 14・11

七・凡物甲 04・03
七・凡物甲 09・02
七・凡物甲 09・06
七・凡物甲 09・23
七・凡物乙 03・20
七・凡物乙 07・14

七・凡物乙 07・18
八・顏淵 06・29
八・李頌 02・27
九・陳公 11・32
藝術・選六 130・06

⿱从止

一・性情論 20・23
一・性情論 25・21
一・性情論 30・03綴
四・內豊 06・33
四・內豊 08・03
九・舉治 22・06

卷二止部附錄重出。

⿴行从

一・緇衣 08・24

不△其所以命

一・緇衣 08・30

而△其所行

并

[illegible]

一·緇衣 17·35

言△行之

右三例今《禮記》本《緇衣》對應作「從」。按，字从彳，从「丩」爲从「人」之譌。

并

二·容成氏 03·40

二·容成氏 26·38

四·昭王 04·06

四·曹沫 04·13

七·凡物甲 17·04

七·凡物甲 17·16

七·凡物甲 27·05

七·凡物乙 12·12

九·邦人 08·05

比

比

三·周易 09·01

三·周易 09·21

三·周易 09·36

三·周易 09·43

三·周易 10·14

三·周易 10·28

三·亙先 10·13

四·采風 04·24

五·季庚子 22·21

八·蘭賦 05·48

北

北

一·性情論 09·21

聖人△其類而會之

一曰「牝」（李零 2007:58）。

五·季庚子 19·04

降耑以△

按，右似从「斤」（王化平 2007.10.30），雖附污漬，尚見端倪。从「斤」爲从「匕」之譌，説聞於趙雲卓。

一·詩論 26·02

一·詩論 27·32

二·容成氏 14·43

二·容成氏 21·07

二·容成氏 27·19

二·容成氏 28·03

丘

丘

二・容成氏 38・22

二・容成氏 39・44

三・周易 35・08

四・采風 04・18

四・曹沫 01・28

五・弟子問 18・14

七・武王 03・08

七・武王 13・13

三・周易 24・29

拂經于△頤

馬王堆帛書《易》本對應作「北」，阜陽漢簡本、王韓注本對應作「丘」。按，其中「北」爲是，讀「背」。

二・容成氏 31・26

△方爲三倍（聚？）

一・詩論 21・29

一・詩論 22・03

二・魯邦 03・16

二・容成氏 13・15

三・周易 55・02

五・季庚子 06・07

五・季庚子 09・03

五・季庚子 13・19

五・季庚子 18・09

五・弟子問 20・05

五・三德 12・01

六・競公瘧 01・15

六・競公瘧 09・26

六・競公瘧 13・24

九・舉治 28・04

⿱从土 古

⿱丘土

四・采風 02・16

五・季庚子 09・06

《說文》古文如此。

〈⿱井土〉

六・季桓子 10・10

△聞之

按，从「井」爲从「丘」之譌。

虛

虛

三・亙先 01・07	三・亙先 01・14	三・亙先 01・16	三・亙先 02・06	三・亙先 10・20

五・三德 08・11	五・三德 10・30	五・三德 11・38	五・三德 20・23

眾

眾

一・性情論 25・19	二・從政甲 08・27	二・從政甲 10・12	二・容成氏 36・09	二・容成氏 42・07	五・季庚子 10・05
五・季庚子 22・27	五・姑成 03・43	五・姑成 04・43	五・姑成 08・16	五・姑成 10・25	五・君子 06・24
五・弟子問 10・09	六・競公瘧 08・40	六・季桓子 15・04	六・季桓子 25・06	六・季桓子 25・15	六・用曰 09・10

徵 㟼 聚

𢕟	㟼	聚		聚			
五・季庚子 15・24	二・魯邦 02・06	一・性情論 23・21	六・天子乙 09・24	二・從政甲 06・17	八・李頌 01反・35	六・天子乙 09・25	六・用曰 15・15
然則民△（懲）不善	詳見卷九广部「庶」下。	六・季桓子 26・05	九・邦人 06・07	四・柬大王 08・16	八・蘭賦 03・08	七・凡物甲 20・27	六・用曰 17・09
按，从辵𡵂聲，「徵」字異體。卷二辵部附錄重出。一曰从各省聲，讀「格」。				四・曹沫 23・02	九・舉治 28・06	七・凡物甲 29・01	六・用曰 17・23
				四・曹沫 54・13		七・凡物乙 14・21	六・用曰 17・34
				五・三德 15・39		八・王居 03・09	六・用曰 18・20
				六・天子甲 10・17		八・李頌 01・13	六・天子甲 10・18

數（古）	⿱山王	㸒	至（重）			貼	量（古）
三·周易 54·17	四·采風 03·03	六·季桓子 17·13	四·曹沫 30·02	四·曹沫 45·12	一·緇衣 22·37	四·曹沫 54·19	二·容成氏 38·02
《說文》古文源此。	《說文》古文聲符源此。詳見卷十五。		五·季庚子 18·08		三·中弓 08·34	八·蘭賦 05·36	五·三德 07·25
			八·成王 01·21		三·亙先 04·05	按，从貝主聲，「重」字異體。卷六貝部附錄重出。	六·天子甲 07·02
			九·舉治 23·09		九·舉治 29·20		六·天子乙 06·14
							《說文》古文如此。

監 監 監

臨 臨 臨

監	監	臨	臨				𢛳
六・競公瘧 01・31	二・子羔 11・20	四・柬大王 01・16	九・史蒥 12・16	六・愼子 06・21	五・弟子問 09・26	藝術・選六 134・07	五・弟子問 09・23
	五・三德 12・09	五・季庚子 04・03	按，从「云」爲从「人」之譌。蓋楚「人」字或作「ク」「ク」等形，清華簡《耆夜》「臨」字作「[illegible]」，其中「人」即如此作。此類「人」形若屈其身部，遂譌成「云」形。		六・鄭壽 03・01		人而下△，猶上臨也。 按，「臨」字截除簡化。
	六・競公瘧 13・21	五・三德 22・21			六・天子乙 10・10		
	六・競公瘧 13・28	六・天子甲 11・01			六・天子乙 10・15		
	九・舉治 09・02	六・天子甲 11・06			六・天子乙 11・12		
		六・天子甲 11・28					

身

合

四・柬大王 14・04

王仰天△而泣

按，「臨」字截除簡化。

身

一・緇衣 19・06
一・性情論 25・08
一・性情論 25・24
一・性情論 27・08
一・性情論 30・01
一・性情論 36・05綴
二・容成氏 22・38
二・容成氏 35・34
三・周易 48・07
三・彭祖 01・27
三・彭祖 06・20
四・昭王 09・31
四・柬大王 06・14
四・柬大王 07・09
四・柬大王 21・19
四・曹沫 09・16
四・曹沫 34・24
四・曹沫 40・06
四・曹沫 65・12
五・競建 05・20
五・競建 05・33
五・競建 09・24
五・鮑叔牙 06・36
五・鮑叔牙 07・35
五・君子 02・27
五・君子 07・09
五・弟子問附・09
五・三德 03・06
五・三德 11・19
五・三德 13・04
五・三德 17・24
五・鬼神 02・38
六・競公瘧 03・10
六・慎子 01・08
六・慎子 03・04
六・用曰 06・33
六・用曰 16・03
六・天子甲 02・11
六・天子甲 02・20
六・天子甲 03・01
六・天子甲 06・14
六・天子甲 07・05

衣 ⿰身会 ⿰身安

（身）

六・天子乙 02・06

六・天子乙 02・15

六・天子乙 02・25

六・天子乙 05・25

六・天子乙 06・17

七・武王 05・26

七・武王 12・09

七・君人甲 08・19

七・君人乙 08・11

七・凡物甲 06・16

七・凡物甲 18・19

七・凡物甲 22・06

七・凡物甲 23・22

七・凡物乙 05・21

七・凡物乙 13・05

七・凡物乙 16・02

八・顏淵 06・22

八・顏淵 10・27

八・成王 03・17

八・成王 04・14

八・成王 11・15

八・蘭賦 05・34

九・舉治 31・17

九・舉治 34・02

九・史蒥 02・07

⿰身安

五・君子 07・11

身毋△（偃）

按，从身安聲，或即「偃」字異體。疑與本編「侒」「⿰丬安」共爲異體，前者詳見卷八人部「侒」下，後者詳見卷十五。

⿰身会

七・凡物甲 20・22

詳見卷七穴部「竆」下。

衣

一・緇衣 01・08

一・緇衣 09・28

一・緇衣 20・31

三・周易 57・07

四・昭王 10・17

五・三德 08・25

卒

五・三德 09・18

一・詩論 10・22 《綠△》

一・詩論 16・05 《綠△》

二・從政甲 07・18 持行視上△食

二・容成氏 21・20 △不襲美

六・季桓子 07・13 △服必中

六・季桓子 19・12 △服好采

六・王子木 02・16 王子曰：「何以麻爲？」答曰：「以爲△。」

八・鶹鷅 01・15 欲△而惡臬今兮

八・鶹鷅 02・06 不織而欲△今兮

按，「卒」「衣」本一形分化，右「卒」均用爲〔衣〕，楚「衣」字異形。本編於偏旁中均寬式隸定作「衣」。楚以「翠」爲〔卒〕。

表

七・吳命 05・54

裏

二・容成氏 22・01

三・彭祖 02・13

裣

裣

四·昭王 07·28

其△（襟）現

按，从衣金聲，或即「襟」字異體。

裹

裹

一·詩論 07·01

一·緇衣 21·16

三·周易 53·21

五·三德 04·37

二·容成氏 07·37

△（懷）以來天下之民

按，从衣省。一曰「罘」。

褒

⿰衤呆

四·昭王 07·21

王召而舍之身△（袍）

按，从衣古文保省聲，或即「袍」字異體。

褺

⿴衣衣

三·亙先 03·33

三·亙先 03·35

按，从重衣，「褺」之初文，今用「襲」若「疊」。唯「褺」與「襲」「疊」聲類有T與L之別，疑「褺」係後起形聲字，時聲類T與L庶已混同。

褊

⿴衣冃

六·用曰 20·23

被

被

四·昭王 06·28

四·昭王 07·13

四·昭王 07·25

四・昭王 06・15

按，从皮省聲作。

衾

衾

五・三德 09・17

[illegible]

五・姑成 06・51

五・姑成 07・22

褻

褻

四・曹沫 11・09

二・容成氏 21・22

四・相邦 03・20

裕

綌

六・用曰 20・18

有韍韍之△

九・陳公 12・20

有所謂△

六・用曰 18・19

播圖△眾

按，从糸谷聲，「裕」字異體（劉剛 2017）。卷十三糸部附錄重出。

袒

袒

五・三德 09・20

衰 古

⿱爫卒 →衰

一·詩論 03·10

一·詩論 08·16

五·鮑叔牙 02·33

《說文》古文源此。

卒

⿱爫卒

一·詩論 25·12

一·緇衣 06·02

二·昔者 04·12

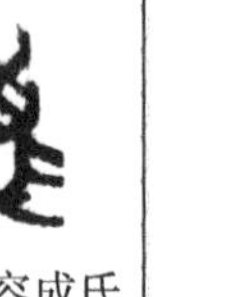

二·容成氏 13·07

三·中弓 23·04

四·昭王 05·22

四·內豊 08·22

四·曹沫 28·14

四·曹沫 29·13

四·曹沫 46·20

四·曹沫 48·06

九·陳公 07·24

九·陳公 07·30

九·陳公 08·10

九·陳公 14·08

九·陳公 14·16

九·卜書 06·14

九·卜書 09·12

按，从爪卒聲，「卒」字繁構，楚「卒」字。與三晉「裼」「褫」共同表意初文同形。卷三爪部附錄重出。

製

⿱折衣

一·性情論 11·11

六·競公瘧 07·34

二·容成氏 21·40

按，从衣折聲，「製」字異體。

表

表

九·卜書 07·28

三末食墨且△（蒙）

按，从衣丰聲，或即「縫」字異體。《魏風·葛屨》：「可以縫裳。」安大簡本「縫」即作「表」。

裑

裑
四・昭王 07・20

王召而舍之
△（身）袍

按，从衣身聲，疑讀「身」，謂己也。一曰从壬聲，唯於形不合。

⿴衣㡀

⿴衣㡀
三・周易 44・41

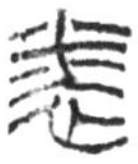

詳見卷七㡀部「㡀」下。

⿰衤咸

⿰衤咸
五・姑成 06・50
五・姑成 07・21

⿴衣廌

⿴衣廌
四・柬大王 04・04
四・柬大王 04・16
四・柬大王 05・04
四・柬大王 05・08

从衣廌聲，或即「褫」字異體（單育辰 2016:312–315）。

⿴衣廌
三・周易 06・03

按，一曰从衣廌聲，「廌」旁係由正面形「」與側面形「」雜糅（鄔可晶 2022=2024:428–478）。包山簡 265「」字，从皿，上部聲符从止廌聲，或即「進」字異體。其「廌」形下部亦作側視狀蹄足，唯有所割裂。此形猶可與郭店簡本《老子》用爲「朘」之「廌」字合觀，說聞於石小力。其辭例「盧廌」疑讀「進薦」。

裘

求 古

求	
一・緇衣 10・28	三・周易 24・07
一・性情論 31・34	三・亙先 03・18
二・容成氏 10・08	三・亙先 03・36
二・容成氏 29・07	三・亙先 13・28
二・容成氏 37・16	五・君子 06・13
三・周易 16・37	五・弟子問 12・02

老

老

五・弟子問
12・10

五・弟子問
22・15

六・季桓子
07・20

六・季桓子
17・03

六・季桓子
27・03

七・武王
08・21

八・命
03・04

《說文》古文如此。

二・從政甲
18・20

二・容成氏
17・09

三・中弓
03・09

三・中弓
07・02

三・中弓
08・11

三・彭祖
01・02

三・彭祖
03・07

三・彭祖
08・23

四・昭王
03・35

四・昭王
08・11

五・鮑叔牙
03・28

五・弟子問
05・22

五・弟子問
20・04

七・凡物甲
05・02

七・凡物乙
04・15

二・昔者
01・07

九・成王甲
05・10

九・成王乙
01・03

九・邦人
04・23

九・成王甲
04・12

八・顏淵 11・03
八・顏淵 12・03

耆

耆

一・緇衣 06・19

耇

耇

五・弟子問 05・21

壽

壽

四・采風 01・36
六・鄭壽 01・06
六・鄭壽 02・12
六・鄭壽 03・16
六・鄭壽 04・01
六・鄭壽 04・13

考

考

一・詩論 08・44
五・弟子問 附・02

四・內豊 08・09
四・內豊 08・45
四・內豊 09・06
六・用曰 12・26
六・用曰 15・06

孝

孝

一・詩論 26・12
二・容成氏 13・24
二・容成氏 31・01
四・內豊 01・05
四・內豊 03・16
四・內豊 03・29

四・內豊 05・20
四・內豊 07・09
四・內豊 07・18
四・內豊 07・21
六・鄭壽 06・02

耇　毛　毳　居

耇

- 四・內豊 07・15
  - 孝而不諫，不成△。
  - 今《大戴禮記》本《曾子事父母》：「從而不諫，非孝也。」
- 五・鮑叔牙 03・16
- 九・舉治 01・02
- 九・舉治 02・08
- 九・舉治 03・16
- 九・邦人 01・03
- 藝術・選六 141・06

毛

- 二・容成氏 24・08

毳

- 二・容成氏 49・05

居

- 一・性情論 16・10
- 一・性情論 23・28
- 一・性情論 28・12
- 一・性情論 29・21
- 一・性情論 30・32
- 二・容成氏 28・13
- 四・采風 05・01
- 四・曹沫 11・07
- 五・季庚子 10・25
- 五・君子 01・29
- 五・三德 08・24
- 五・三德 11・24
- 六・鄭壽 04・15
- 八・命 04・04
- 八・王居 01・02
- 八・王居 01反・02
- 九・陳公 01・14
- 九・陳公 18・03
- 藝術・選六 149・04

（居）
七・吳命 02・02
七・吳命 05・37

屑 屑
七・吳命 05・63

𡱂 脽或
脽
四・昭王 06・05
四・昭王 06・24
四・昭王 06・30
四・昭王 07・24
四・昭王 07・37
四・昭王 08・31

四・昭王 09・01
四・昭王 09・16
四・昭王 10・09
四・昭王 10・30

《說文》或體如此。按，亦即《說文》「脽」字，皆「臀」字異體。

尼 尼
三・中弓 08・27
三・中弓 10・05
三・中弓 28・02
五・君子 10・04
五・君子 11・12

犀 犀
一・詩論 02・19

四・曹沫 22・01

屍 [illegible]
三・周易 07・34
三・周易 08・17

𡰣

𡰣

一·詩論 21·38

一·詩論 22·26

二·民之 08·31

二·民之 11·06

二·容成氏 39·23

三·周易 51·27

𡰣

五·鬼神 03·15

港中零簡 05·03

與《說文》「仁」古文同形。

𡰣

八·成王 04·02

伯△（夷）、叔齊餓而死於溝瀆

尾

尾

三·周易 30·10

屈

屈

六·競公瘧 04·08

九·陳公 03·27

履

古

⿰⿱舟止頁

二·子羔 12·32

二·容成氏 09·05

七·吳命 08·45

《說文》古文異體。

舟

舟

一·詩論 26·04

九·成王甲 03·12

孤持△飲酒

按，左下垂衍譌作「人」形，本編卷四「者」、卷七「兩」及卷十一「魚」均有同例。

方				舟布	朕		俞
方					朕		俞
二・容成氏 20・32	二・民之 02・25	一・性情論 33・04	一・詩論 17・02	六・莊王 03・25 抑四△（艖）以逾乎？	三・彭祖 01・26	〈[illegible]〉 六・慎子 01・18 忠實以返△	一・詩論 10・43
二・容成氏 20・38	二・民之 11・22	一・性情論 33・09	一・緇衣 22・12		三・彭祖 03・11	按，省去「刀」形（何有祖2007.7.5）。本編卷二「逾」字聲符「俞」有同例。	一・詩論 14・07
二・容成氏 21・08	二・從政甲 04・08	一・性情論 33・19	一・性情論 11・09	六・莊王 04・09 四△（艖）以逾	三・彭祖 08・29		一・詩論 18・07
二・容成氏 31・03	二・容成氏 06・42	一・性情論 33・24	一・性情論 20・16	按，从舟布聲，或即「艖」字異體。一曰从亢，然楚「亢」字上从大。	六・用曰 10・36		一・詩論 20・18
二・容成氏 31・12	二・容成氏 07・22	一・性情論 39・30	一・性情論 25・29綴				
二・容成氏 31・17	二・容成氏 20・26	一・性情論 39・41	一・性情論 26・08				

二・容成氏 31・22

二・容成氏 31・27

三・周易 09・12

四・柬大王 13・18

五・弟子問 13・05

五・三德 08・06

五・三德 14・13

五・三德 16・32

六・季桓子 15・09

六・慎子 06・14

六・用曰 02・16

六・用曰 07・02

八・成王 10・27

八・李頌 01・25

八・蘭賦 02・15

八・蘭賦 02・39

八・蘭賦 05・12

九・舉治 21・23

九・舉治 21・34

九・卜書 01・22

五・競建 07・30

六・季桓子 11・16

六・慎子 04・14

持德而△（秉）義

按，衍一筆。

允

𡕥

身

一・緇衣 03・13

一・緇衣 18・29

兌

𠒌

兌

一・緇衣 07・11

一・性情論 01・16

一・性情論 05・13

一・性情論 12・24

一・性情論 21・18綴

兄

一・性情論 06・23

兄

三・彭祖 05・03

五・季庚子 15・29

一・性情論 31・01

〔父〕△之所樂

郭店簡本《性自命出》對應作「兄」。

侃

四・內豊 04・04

四・內豊 04・09

四・內豊 04・26

四・內豊 04・41

四・內豊 05・23

四・內豊 06・05

按，从人兄聲，「兄」字繁構。卷八人部附錄重出。

䝱

四・曹沫 35・26

四・曹沫 42・05

五・三德 11・03

八・志書 05・17

四・多薪 01・01

四・多薪 01・19

六・天子甲 03・08

六・天子乙 02・32

按，从兄㞷聲，「兄」字繁構。

皃

佲

六・季桓子 08・05

□有此△也

按，从人爻聲，「皃（貌）」字異體。

覍

籀

弁

六・季桓子 07・18

按，下所从不詳。

一・詩論 08・43

一・詩論 22・19

四・内豊 07・30

五・三德 05・24

五・三德 10・36

八・有皇 04・31

與《說文》籀文同源。

〈史〉

一・性情論 20・20

其聲△（變），則心從之矣。

一・性情論 20・28

其心△（變），則其聲亦然。

一・性情論 36・07 綴

用身之△（遍？）者，說爲甚。

四・柬大王 06・15

不敢以君王之身△（變）亂鬼神之常故

四・柬大王 21・20

不以其身△（變）𦖢尹之常故

五・競建 01・28

星△（變），子曰爲齊……

按，「史」爲「弁」之混同。

㚟

二・容成氏 52・43

武王於是乎素冠△

按，字本从人，蒙上字類化譌从元作。一曰下从「兮」（謝明文 2022 引黄傑說）。

先

先

一・緇衣 06・39

一・性情論 09・30

一・性情論 11・14

二・民之 02・29

二・子羔 07・03

二・從政乙 01・27

七・吳命 08・22	七・凡物乙 01・34	七・君人甲 09・09	六・季桓子 16・16	四・曹沬 17・12	三・亙先 09・03	三・亙先 01・02	二・容成氏 35・16
七・吳命 08・54	七・凡物乙 07・03	七・君人乙 05・04	六・鄭壽 02・01	四・曹沬 64・01	三・亙先 09・09	三・亙先 03反・02	二・容成氏 42・27
七・吳命 09・46	七・凡物乙 11・05	七・君人乙 06・03	六・王子木 02・26	五・競建 03・07	三・亙先 09・15	三・亙先 08・04	三・中弓 05・17
七・吳命 09・51	七・凡物乙 19・09	七・君人乙 09・05	六・王子木 03・22	五・競建 04・22	三・亙先 10・03	三・亙先 08・22	三・中弓 07・05
七・吳命 09・63	七・吳命 05・61	七・凡物甲 02・03	七・武王 03・02	六・競公瘧 01・28	四・相邦 01・01	三・亙先 08・28	三・中弓 08・19
八・顏淵 02・12	七・吳命 08・02	七・凡物甲 08・20	七・君人甲 06・06	六・競公瘧 01・39	四・曹沬 17・06	三・亙先 08・34	三・中弓 09・10

八・顏淵
13・05

八・顏淵
13・13

八・成王
11・01

八・命
02・06

八・命
06・09

八・命
07・18

九・陳公
01・13

九・陳公
02・04

九・陳公
02・18

九・舉治
09・09

九・舉治
16・08

九・舉治
22・09

九・舉治
24・04

九・邦人
06・03

八・顏淵
06・24

修身以△，則民莫不從矣。

五・競建
02・35

选

三・周易
18・08

△甲三日

按，从辵先聲，蓋動詞「先」。卷二辵部附錄重出。

〈之〉

七・君人甲
05・09

△王之所以爲目歡也

七・凡物甲
16・05

△知四海

七・凡物甲
26・10

賊盜之作，可△知。

右三例乙本對應作「先」。「之」爲「先」之省譌。

見

見

見

五・姑成 01・16	四・曹沫 01・15	四・昭王 08・02	三・周易 36・09	三・周易 01・07	二・昔者 03・15	二・子羔 06・12	一・詩論 16・34
五・弟子問 06・11	四・曹沫 24・29	四・昭王 08・30	三・周易 40・19	三・周易 04・12	二・昔者 03・22	二・子羔 12・22	一・詩論 16・45
五・弟子問 09・03	四・曹沫 30・13	四・昭王 09・03	三・周易 42・07	三・周易 32・14	二・昔者 03・29	二・子羔 12・29	一・詩論 23・11
五・弟子問 09・16	四・曹沫 54・28	四・昭王 10・22	三・周易 51・08	三・周易 32・29	二・容成氏 12・15	二・從政甲 11・02	一・詩論 24・10
五・弟子問 16・11	五・競建 07・05	四・昭王 10・31	三・周易 51・23	三・周易 33・27	二・容成氏 17・27	二・從政甲 16・05	一・性情論 01・35
五・弟子問 16・19	五・鮑叔牙 05・20	四・相邦 04・09	三・周易 54・08	三・周易 35・10	二・容成氏 33・34	二・昔者 02・19	一・性情論 06・12

五・弟子問 21・03

五・弟子問 21・09

五・鬼神 05・30

五・鬼神 06・27

六・競公瘧 12・41

六・莊王 05・20

六・鄭壽 04・11

六・用曰 19・22

六・天子甲 12・08

六・天子甲 12・14

七・武王 07・27

七・君人甲 02・01

七・君人乙 01・29

七・凡物甲 06・19

七・凡物甲 16・14

七・凡物甲 19・16

七・凡物乙 05・24

七・凡物乙 11・14

八・子道餓 05・02

八・成王 14・02

八・命 01・07

九・成王甲 04・04

九・舉治 01・04

九・舉治 11・04

上博零簡 01・14

〈⿱目人〉

一・緇衣 10・46 未△聖

一・緇衣 11・06 如其弗克△

一・緇衣 11・09 我既△

一・緇衣 20・26 必△其轍

一・緇衣 21・02 必△其成

二・民之 07・03 不可得而△也

四・昭王 07・29 其襟△（現）

六・季桓子 01・02 子△季桓子

六・季桓子 05・29 弗△也

視

視

旻

六・季桓子 05・34 弗△也

六・季桓子 05・39 弗△也

六・季桓子 13・13 △於君子

六・季桓子 20・09 如夫△人不厭

六・天子乙 11・23 故△傷（祥？）而爲之鑿

按，以右「旻」爲「見」之混同。楚「見」「旻」總體有別，唯個別書手混同。如《君子甲》《君子乙》〈見〉〈視〉均作「見」。《緇衣》《季桓子》僅見〈見/現〉，均作「旻」。《昭王》「見」「旻」有別，一例譌誤。《天子》乙本書手誤「見」爲「旻」，甲本書手則不誤。

一・緇衣 20・33 必△〔其赦〕

今《禮記》本、郭店簡本《緇衣》對應作「見」，本篇「見」多譌作「旻」。

二・民之 06・29

二・從政甲 07・16

二・容成氏 09・03

二・容成氏 17・10

二・容成氏 44・09

三・周易 25・11

四・昭王 03・08

四・昭王 08・17

五・君子 02・05

五・君子 02・12

五・君子 06・02

五・君子 06・11

五・三德 06・07

五・三德 15・21

六・用曰 01・11

六・用曰 05・30

六・用曰 07・25

六・天子甲 07・11

六・天子甲 07・24

六・天子乙 06・12

六・天子乙 06・23

六・天子乙 07・07

七・武王 02・15

七・武王 07・05

觀

觀　眂古

		觀	眂		〈見〉		
六・季桓子 12・16	八・王居 01・23	三・周易 24・04	一・緇衣 01・42 《說文》古文如此。	按，「見」爲「[illegible]」之混同。	六・競公瘧 13・36 公乃出，△朝。	八・命 10・17	七・凡物甲 23・11
六・季桓子 24・07		三・周易 24・16			七・君人甲 01・23 △日	八・有皇 05・21	七・凡物乙 15・24
		四・曹沫 34・10			七・君人乙 01・23 △日	九・舉治 14・01	八・命 02・24
		六・天子甲 12・02				九・舉治 14・06	八・命 03・23
		六・天子乙 11・17				九・史蕾 05・09	八・命 05・25
		八・命 03・22				九・史蕾 08・16	八・命 09・19

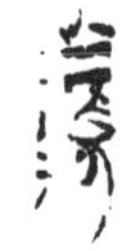

觀

古 雚

二・子羔 11・03

五・鮑叔牙 01・27

五・鮑叔牙 01・47

五・鮑叔牙 02・20

六・競公瘧 09・03

七・君人甲 05・15

七・君人乙 05・10

八・李頌 01反・19

七・武王 02・07

王如欲△之

按，从見（視）雚聲。「見」「雚」共筆。「雚」上部「丫」演變爲「宀」，中「吅」受「見」影響，類化作「目」形。

雚

一・性情論 09・28

一・性情論 15・13

一・性情論 15・22

四・內豊 10・34

《說文》古文源此，謂从「囧」，實古文「目」。《玉篇・目部》：「雚，古觀字。」

㝵

㝵

一・詩論 07・35

詳見卷二彳部「得」下。

親

親

二・容成氏 24・14

四・曹沫 27・15

四・曹沫 33・05

四・曹沫 33・11

四・曹沫 33・29

八・蘭賦 03・07

按，从見（視）辛聲，「親」字異體。

現

睾

一・緇衣 10・08

一・緇衣 13・38

一・緇衣 19・42

按，从目辛聲，「親」字異體。卷四目部附錄重出。

〈皐〉

六・季桓子 01・14綴

蓋賢者是能△仁

六・季桓子 03・10

上不△仁

六・季桓子 04・12

如茲△仁

按，从「自」爲从「目」之譌。

〈臬〉

一・緇衣 11・20

大臣之不△也

按，字本从辛，蒙上字「不」類化譌从不作。

惁

七・吳命 04・08

孤使一介使△於桃逆

慹

二・昔者 03・04

能事其△

按，从心，新若薪聲，「親」字異體。卷十心部附錄重出。

現

一・緇衣 14・13

九・舉治 26・06

覶 寬 覓 覎 覞 䚀

覶	寬	覩	覺	覓	覎	覞	䚀
三・周易 52・14	六・競公瘧 02・32	六・鄭壽 07・09	五・季庚子 04・05	一・緇衣 23・05	五・君子 06・05	二・容成氏 10・05	二・容成氏 06・32
			詳見卷十二亡部「望」下。	按，从見（視）乇聲，或即「顯著」字。	詳見卷四目部「睇」下。	詳見卷七穴部「窺」下。	△（盜）賊 按，从見（視）兆聲，楚多用爲「盜」。

⿰見旨　⿰見朱　⿰見或　⿰見台　⿰見枼　⿰見思　⿰見臧　⿰見尃

⿰見旨	⿰見朱	⿰見或	⿰見台	⿰見枼	⿰見思	⿰見臧	⿰見尃
一・緇衣 21・30	五・季庚子 15・27	五・弟子問 16・17	六・鄭壽 07・08	四・曹沬 31・15	七・武王 05・32	一・性情論 19・04	五・鮑叔牙 04・30
詳見卷一示部「示」下。	詳見卷四目部「眯」下。	多聞則△（惑） 按，从見（視）或聲，楚多用爲「惑」。一曰「惑」字異體。	詳見卷四目部「瞻」下。	△人來告曰 按，从見（視）枼聲，或即「諜」若「睫」字異體。	武王聞之恐△（懼） 詳見卷十心部「懼」下。		詳見卷九頁部「顧」下。

[見盾]

[見盾]
五・競建 10・29

摟朋聚與△（褻）公

按，聲符「[厂舌]」，从𦧇（舌）聲；「舌」本轉注 LAT 與 LEM 兩音（陳斯鵬 2014=2018:1-16），此字傾向於記錄 LEM 音字——如郭店簡本《老子丙》「銛」字从此得聲；包山簡 263「[木厂舌]」指二號墓北室所出骨笄，疑讀「銛」若「鑯」。此疑讀「下不褻於上」之「褻」。

[見戔]

[見戔]
四・采風 04・14

欽

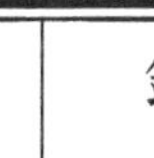

欽		
三・周易 26・01	二・容成氏 37・34	六・天子甲 08・15
三・周易 26・10	三・周易 26・23	六・天子乙 07・27
三・周易 26・15	五・季庚子 19・25	三・周易 41・23
三・周易 27・04	五・君子 06・15	
三・周易 27・11	八・顏淵 09・12	
六・競公瘧 08・31	八・顏淵 09・22	

六・天子甲 08・15：凡天子△哭（溉？氣？）

六・天子乙 07・27：凡天子△哭（溉？氣？）

三・周易 41・23：按，「金」上部聲化从「今」。

欲

欲	
二・魯邦 04・31	七・武王 14・09
二・魯邦 05・14	八・成王 03・02
三・亙先 04・33	八・成王 08・03
三・彭祖 02・51	八・成王 08・11
七・武王 13・31	九・舉治 32・31
七・武王 14・02	藝術・選六 128・02

二·容成氏 12·21
二·容成氏 17·33
二·容成氏 19·20
二·容成氏 30·18
二·容成氏 34·07
四·柬大王 03·12

四·相邦 01·03
四·曹沫 13·04
四·曹沫 53·23
五·鮑叔牙 04·12
五·鮑叔牙 05·15
五·鮑叔牙 05·38

五·鮑叔牙 07·18
五·季庚子 20·27
五·姑成 04·33
五·姑成 04·44
五·姑成 06·20
五·姑成 07·20

五·君子 03·18
五·君子 03·23
五·君子 04·19
五·君子 08·03
五·君子 09·27
五·三德 12·38

五·三德 20·16
七·武王 14·12
七·鄭子乙 01·26
七·君人甲 07·03
七·君人乙 06·24
七·凡物甲 07·26

七·凡物甲 23·06
七·凡物乙 15·19
八·成王 12·06
八·志書 06·08
八·有皇 04·07
八·鶹鷅 01·14

八·鶹鷅 02·05
九·靈王 05·25
九·舉治 06·13
港中零簡 06·10

七·鄭子甲 01·27
不穀日△以告大夫
乙本對應作「欲」。

歌　謌或

歖

欱

〈欱〉

六・競公瘧 02・17

吾△誅諸祝史

按，从「𧮫」爲从「谷」之譌。疑蒙下「祝」字而誤。一曰从𧮫（兑）聲，讀「率」，謂勸也。

慾

三・亙先 03・37

三・亙先 05・04

按，从心欲聲，「欲」字繁構。卷十心部附錄重出。

訶

一・詩論 02・21

其△申而易

一・詩論 16・46

夫葛之見△也

一・性情論 14・28

聞△謠

五・弟子問 20・12

有農植其耨而△焉

五・三德 01・35

晦毋△

五・三德 12・03

登丘毋△

按，从言可聲，「歌」字異體，《說文》或體即从言作。或與《說文》「訶」同形。卷三言部「訶」下重出。

歖

五・弟子問 11・22

按，《說文》謂从喜，小徐本之篆作「歖」更合其誼，此即《說文》「喜」古文。後者詳見卷五喜部「喜」下。至於大徐本之篆作「歖」，蓋其省誤。唯楚字與大徐本篆形更合，故用大徐本之篆。

㰦

三・周易 14・40

朋△（盍）簪

按，从欠去（盍）聲，「欱」字異體。一曰「嗑」字異體。與本編「呿」字異體同形。

〈欱〉

四・曹沫 02・30

△於土鉶

安大簡本《曹沫之陳》對應作「歠」，《墨子・節用》《史記・李斯列傳》作「啜」，《漢書・司馬遷列傳》作「歠」，《韓非子・十過》作「飲」。

㰦 𣢑 軟 㱃

按，「欼」「啜」「歠」記錄一詞，與「飲」屬近義互作。此「欲」之从「谷」爲从「去（盇）」之譌，字即「㰦（𣣈）」，「欲」字異體，如字訓歠（高佑仁2005.11.14），與「啜（歠/欼）」及「飲」均屬近義互作。一曰从「穴」爲从「叕」之譌，釋「啜」。一曰「谷」爲从「㕣（兊）」之譌，讀「啜」。唯「兊」「啜」聲隔。

㰦

三·周易 55·23

渙其血△（去）逖出

按，从欠去聲，「呿」字異體。與本編「欲」字異體同形。

𣢑

四·曹沫 54·03

四·曹沫 55·26

軟

二·子羔 11·29

詳見卷二口部「吞」下。

㱃

二·容成氏 03·22

五·三德 07·23

五·三德 12·42

五·鬼神 06·10

九·卜書 04·15

𨠑

六·用曰 08·14

上博簡文字編卷九

申城 沈奇石 撰集

頁

頁

06競公 02·24綴

公舉△（首）答之

按，楚「頁」爲「百（首）」字異體，詳見卷九百部「百」下。《說文》以「頁」爲「古文䭫首如此」，蓋「頁」可轉注「首」「䭫」，後者用例如卯簋蓋（《銘圖》05389）「拜首頁手」之「頁」用爲「䭫」（李師守奎2019），《書·康誥》：「不率大戛。」郭店簡《成之聞之》引「戛」作「暊」，陳劍疑其从頁（䭫）聲。許氏所言或源此。

顏

庵

五·鬼神 08·05

按，从色产聲，「顏色」字。卷九色部附錄重出。

五·弟子問 17·14綴

△淵

按，下部有羡餘筆畫，疑爲「色」之下部。一曰誤畫墨道（陳劍［儒藏282］2020:849）。

頌

頌

一·性情論 12·20

一·性情論 29·10

二·從政甲 06·02

四·內豊 08·20

六·用曰 07·18

六·用曰 16·26

一·性情論 12·01

［致］△（容）貌，節也。

郭店簡本《性自命出》對應作「頌」。

〈親〉

六·季桓子 07·17

△（容）貌不求異於人

按，从「見」爲从「頁」之譌（陳劍2008.3.22=2013:281-317），左重「公」爲聲。

頯

〈㞍〉

六・競公瘧 11・05

其左右相△自善

按，从「尸」爲从「人」之混同。从人公聲，「容貌」字。據《說文》宜寄「頌」下。與《說文》「伀」或係同形（蔡一峰 2018:74）。卷八人部「伀」重出。

頁

三・周易 38・13

壯于△

陸德明《釋文》引鄭玄本對應作「頯」。按，从百九聲，「頯」字異體。

頸

臺

五・君子 07・01

四・昭王 07・03

碩

碩

三・周易 36・06

四・采風 01・10

願

忨

一・詩論 14・18

三・中弓 26・07

四・柬大王 21・06

五・鮑叔牙 04・20

八・王居 04・07

八・李頌 01反・50

卉茅 01・07

一・詩論 19・15

三・彭祖 04・21

按，从心元聲，「願」字異體。或與《說文》「忨」異構同形。卷十心部「忨」下重出。

顧		順	頡	粨		顯	頌
⿰目寡	寡	⿱川心	頡	粨		顯	頌
 五・鮑叔牙 04・30	 一・詩論 09・15	 七・昊命 03・03	 二・容成氏 01・10	 一・性情論 09・23	 六・用曰 20・28	 三・周易 10・13	 三・周易 27・12
 五・弟子問 08・22	「顧」之初文繁構。詳見卷十五。	 七・昊命 03・14		 一・性情論 34・06	 八・李頌 01反・48		詳見卷九面部「黼」下。
按，从旻（視）寡聲，「顧」字異體。卷八見部附錄重出。		按，从心川聲，「順」字異體。卷十心部附錄重出。		 一・性情論 34・15			
				 一・性情論 34・24			
				 二・容成氏 30・42			
				 五・鬼神 06・17			

頍 ⿱艹頁 頪 頤 頬 頼 百

頍	⿱艹頁	頪	頤		頬	頼	百
一・緇衣 02・29	藝術・選六 149・08	一・緇衣 01・04	三・周易 24・01	三・周易 25・33	三・周易 14・38	一・緇衣 07・33	三・周易 10・30
	詳見卷三異部「戴」下。	一・緇衣 18・04	三・周易 24・05	按，《説文》假「頤（頤）」爲「𦣝」，以爲篆文。卷十二𦣝部下「𦣝」重出。			三・周易 57・33
			三・周易 24・19				三・彭祖 08・27
			三・周易 24・25				四・曹沫 53・21
			三・周易 24・36				五・弟子問 03・07
			三・周易 25・08				五・三德 13・03

脜 嵤 酥 夒

	頁		〈百〉	脜	嵤	酥	夒
六・慎子 05・09	六・競公瘧 02・24 公舉△（首）答之	八・命 06・23 黔△（首）萬民	六・天子甲 07・12 視△正	五・季庚子 01・26	五・鬼神 02反・10 詳見卷三異部「戴」下。	二・容成氏 02・35 長者△尾	三・彭祖 07・21 一命弌△，是謂益愈。
九・舉治 31・14	七・凡物甲 07・24 順天之道，吾奚以爲△（首）？	按，右均用爲「百（首）」，「百」字異體。卷九頁部「頁」下重出。	六・天子乙 06・24 視△正	五・季庚子 23・13		一曰「𩠐」字異體（吳夏郎 2013）。	三・彭祖 07・29 一命三△，是謂自厚。
九・卜書 01・06	七・凡物乙 06・21 順天之道，吾奚以爲△（首）？		按，「百」爲「百」之譌。	六・用曰 17・26			三・彭祖 07・37 三命四△，是謂百姓之主。
九・卜書 02・16				《集韻・尤韻》：「脜，或从頁。」			
按，《說文》分別「百」「首」，實即一字，蓋別出以爲部首。今據形寄「百」下。卷九首部「首」下重出。							

《左傳》昭公七年：「一命而僂，再命而傴，三命而俯。」按，據該字叶侯部上聲韻，一曰从百（首）付聲，「俯」字異體（陳斯鵬2004=2018:170–183）。一曰攸聲（孟蓬生2005.6.21），唯於音不及釋从「付」聲說密合。

面

面

二・容成氏 14・41

二・容成氏 14・44

二・容成氏 24・01

六・天子乙 07・12

七・武王 02・28

七・武王 03・09

七・武王 03・13

七・武王 03・21

七・武王 13・10

七・武王 13・14

港中零簡 05・01

五・季庚子 05・01

△事皆得其權而強之

一曰「面」爲「百」之譌。

䩉

頫

三・周易 27・12

三・周易 49・16

按，从頁父聲，「䩉」字異體。卷九頁部附錄重出。

首

百

三・周易 10・30

詳見卷九百部「百」下。

䭫

頶

五・三德 16・09

縣	須		弱	勥	彣	文	
六・天子甲 06・31	五・三德 01・20	二・容成氏 46・04	一・詩論 19・01	五・鮑叔牙 03・29	一・詩論 01・19	一・詩論 02・03	一・緇衣 01・26
六・天子乙 06・08	八・成王 15・09	四・昭王 05・10	二・容成氏 36・05	按，从力弱聲，「弱」字異體。卷十三力部附錄重出。	一・詩論 03・31	一・詩論 07・16	一・緇衣 17・26
	九・邦人 09・04	六・鄭壽 04・18	五・姑成 10・33		一・詩論 05・30	一・詩論 07・30	二・容成氏 46・06
		八・王居 06・08			一・詩論 06・04	一・詩論 21・43	二・容成氏 46・40
		八・王居 06・20			一・詩論 06・11	一・詩論 22・40	二・容成氏 47・16
					一・詩論 08・23	一・詩論 24・15	二・容成氏 47・20

髮 [illegible]或

鬄 [illegible]或

文				文	吝	頒	〈㞑〉
二·容成氏 47·41	六·天子甲 05·07	六·天子乙 04·36	九·舉治 13·35	卉茅 01·15	六·用曰 16·05	九·靈王 02·13	三·中弓 14·06
二·容成氏 48·37	六·天子甲 05·13	六·天子乙 05·05	九·舉治 14·08		淋△恵武	九·邦人 02·09	㬰（早？騷？）叓（使？變？）不行，綏△（施）有成。
二·容成氏 49·25	六·天子甲 05·20	九·陳公 02·20	九·舉治 15·06		按，从口文聲，或即「文」字繁構。詳見卷二口部「吝」下。	《說文》或體如此。	
二·容成氏 49·35	六·天子甲 05·26	九·舉治 04·08	九·舉治 17·09				按，从「㞑」疑爲从「髟」之譌，安大簡本《曹沫之陳》「髢（施）祿」之「髢」，簡背作「[illegible]」，「髟」旁已譌从尸，尚存髟皃，正面作「[illegible]」，「髟」旁
四·采風 01·13	六·天子乙 04·23	九·舉治 05·27	九·舉治 19·06				
六·競公瘧 04·17	六·天子乙 04·29	九·舉治 11·07	九·舉治 23·21				

髤　后　司

髤

九・卜書 03・15

庶近「𡰥」形。从髟它聲，今「髢」字，《說文》或體源此。

后

一・緇衣 12・41

司

二・昔者 04・02

四・曹沫 25・30

五・季庚子 01・11

六・用曰 11・25

八・子道餓 04・02

八・子道餓 04・13

八・子道餓 05・09

八・子道餓 05・16

八・命 06・15

九・陳公 05・01

九・陳公 05・18

九・邦人 04・13

九・邦人 12・06

九・邦人 12・21

藝術・選六 136・08

藝術・選六 138・04

八・顏淵 02・01

先〔有〕△

三・中弓 07・07

三・中弓 08・21

三・中弓 09・06

四・曹沫 23・05

詞

二・容成氏 23・19

乃立禹以爲△工

八・顔淵 12・02

〔先〕有△

按，右側豎筆借用竹簡邊緣表示。

詞

四・柬大王 12・02

四・柬大王 14・14

九・舉治 04・07

八・顔淵 12・20

詞

一・詩論 17・07

一・緇衣 04・21

二・子羔 12・10

三・亙先 01・34

六・競公瘧 13・07

六・季桓子 09・14

七・凡物甲 17・20

七・凡物甲 22・08

七・凡物甲 30・09

七・凡物乙 22・25

八・顔淵 05・02

九・邦人 11・11

九・邦人 11・24

九・邦人 12・02

九・邦人 12・08

九・史蒥 04・07

港中零簡 05・05

一・性情論 13・15

其△（辭）宜道也

九・史蒥 03・15綴

自△（始）有民以來

九・史蒥 04・10

△（始）得可人而與之

上博楚文字編九

司部 詞 卩部 卲厀𠨍

按，从言，司若𠮛聲，「詞」字異體。一曰楚「辭」字。卷三言部附錄重出。

卲

卲

卲

一·詩論 15·17

一·詩論 22·46

一·緇衣 07·02

一·性情論 17·21

四·昭王 01·01

四·昭王 05·35

六·用曰 19·24

八·有皇 05·17

九·舉治 33·17

九·邦人 02·14

九·邦人 05·28

二·昔者 02·14

△（召）之

按，从尸爲从刀之混同。

一·詩論 16·01

△公

厀

厀

⿰桼⿱卩止

五·鮑叔牙 08·23

𠨍

𠨍

𠨍

五·三德 13·46

⿱𠨍日

二·民之 11·13

卩　⿰壴卩　色

卩

- 一·緇衣 01·31

詳見卷十五。

〈⿰壴卩〉

- 五·弟子問 17·04

善△

- 五·弟子問 18·10

皆可以爲諸侯相△

按，从卩壴（喜）聲，均用爲{矣}。一曰「欸」之譌（張榮輝 2022）。

色

- 一·詩論 14·16
- 一·性情論 36·23
- 五·君子 05·03
- 五·弟子問 10·20
- 五·弟子問 附·05
- 五·鬼神 08·06
- 六·用曰 16·16
- 九·卜書 07·06
- 八·志書 02·18
- 一·詩論 10·42
- 四·柬大王 16·06
- 四·柬大王 17·19
- 五·鮑叔牙 05·30
- 九·史蕾 06·15
- 藝術·選六 146·03.
- 七·凡物甲 27·24

令聲好△

⿰火色　⿸广色　⿰金色　卿　辟

⿱目色	⿰火色	⿸广色	⿰金色	卿			辟
六・季桓子 13・06	九・卜書 02・28	五・鬼神 08・05	二・子羔 12・01	二・容成氏 47・47	三・周易 23・15	三・周易 54・02	一・緇衣 12・37
△不詳，出言不忌。 按，从目色聲，「色」字異體。詳見卷四目部附錄。	卜△（火）龜，其有吝。 按，从色火聲，或即「火」字異體。一曰从色赤省聲，「赭」字異體。	詳見卷九頁部「顔」下。	詳見卷十四金部「金」下。	三・周易 02・05	三・周易 26・02	四・柬大王 07・26	一・緇衣 12・44
				三・周易 12・02	三・周易 28・02	四・曹沫 02・23	六・天子甲 08・30
				三・周易 16・03	三・周易 30・02	五・三德 04・11	六・天子乙 08・09
				三・周易 18・03	三・周易 42・10	六・天子甲 07・18	
				三・周易 20・04	三・周易 53・03	六・天子乙 07・01	

（辟）

六·用曰 11·11

六·天子甲 09·05

六·天子甲 09·08

六·天子甲 09·11

六·天子乙 08·15

六·天子乙 08·18

六·天子乙 08·21

四·曹沫 25·12

四·曹沫 35·18

四·曹沫 37·10

匔

畀

一·緇衣 07·16

詳見卷三収部「弆」下。

旬

旬

二·容成氏 14·20

六·競公瘧 13·30

敬

敬

一·詩論 05·20

一·詩論 06·08

一·詩論 24·28

一·詩論 24·38

一·緇衣 11·24

一·緇衣 15·15

一·緇衣 16·01

二·從政甲 05·34

二·從政甲 07·07

二·從政甲 10·07

二·從政乙 04·18

二·昔者 04·35

三·中弓 06·19

三·中弓 21·10

四·內豊 附·11

五·鮑叔牙 03·20

五·季庚子 03·32

五·季庚子 16·03

五・三德 02・01

五・三德 03・40

五・三德 15・26

五・三德 17・02

六・天子甲 09・16

六・天子乙 08・26

八・李頌 01反・37

九・舉治 14・18

卉茅 02・25

卉茅 02・34

七・武王 07・17

七・武王 14・17

七・武王 14・24

七・武王 14・28

七・武王 15・07

八・成王 02・11

一・性情論 29・20

一・性情論 33・07

一・性情論 33・11

八・顏淵 04・10

九・史蕾 08・05

九・史蕾 09・05

按，左下譌从「肉」，與「膯」近同。

九・史蕾 08・01綴

「何謂△？」夫子曰：「敬也者。」

⿰芍攵

五・季庚子 07・25

⿰苟又

一・詩論 15・04

一・緇衣 12・04

卷三又部附錄重出。

鬼

古

敬

一・性情論 12・29

卷三攴部附錄重出。

〈義〉

一・緇衣 17・30

於緝熙△止

七・武王 04・02

怠勝△則亡

七・武王 04・05

△勝怠則長

按，「義」爲「敬」之譌。

鬼

三・亙先 03・25

三・亙先 03・27

⿱鬼示

四・柬大王 06・05

四・柬大王 06・17

四・柬大王 06・24

四・曹沫 63・17

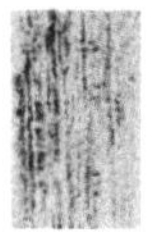

五・三德 08・40

五・三德 20・17

五・鬼神 01・03

五・鬼神 02・14

五・鬼神 02・46

五・鬼神 04・05

六・鄭壽 01・21

六・天子甲 09・13

六・天子乙 08・23

七・鄭子甲 02・33

七・鄭子甲 04・10

七・鄭子乙 04・10

七・凡物甲 05・07

七・凡物甲 06・03

七・凡物乙 04・20

七・凡物乙 05・08

九・陳公 12・12

九・邦人 01・22

畏

畏

二·民之 08·29

二·民之 11·04

二·民之 13·07

《說文》古文如此。

五·競建 07·14

七·君人甲 07·17

七·君人乙 07·07

二·魯邦 02·12

庶民知說之事△鬼也

五·季庚子 18·35

能爲△……

按，从「目」爲从「由」之譌。

⿰示畏

七·凡物甲 08·15

△之神奚食

按，从示畏聲，「鬼」字異體。「畏」下部成字類化爲「它」形。卷一示部附錄重出。

畏

二·容成氏 50·37

二·容成氏 53·32

四·曹沫 48·17

五·三德 04·33

六·用曰 15·18

六·季桓子 15·15

君子△之以其所畏

六·季桓子 15·20

君子畏之以其所△

按，从「目」爲从「由」之譌。下部成字類化爲「它」形。

五·鬼神 05·38

按，「鬼」下趁隙加筆。一曰「⿱鬼示」「畏」雜糅。

禺

禺

五·三德 04·05

厶

厶	厶
一·緇衣 21·13	六·競公瘧 04·25
四·昭王 04·13	六·競公瘧 04·39
四·柬大王 19·01	八·命 05·06
四·內豊 06·16	八·命 05·08
四·內豊 06·19	九·舉治 10·09
四·曹沫 12·08	九·舉治 33·21

山

山	山	山	山
一·詩論 08·11	二·容成氏 38·13	二·容成氏 31·41	六·競公瘧 08·22
二·魯邦 02·27	二·容成氏 40·11	三·周易 17·33	
二·魯邦 04·04	四·柬大王 03·09	三·中弓 19·01	
二·魯邦 04·11	四·柬大王 08·02	四·曹沫 02·01	
二·容成氏 18·37	四·柬大王 08·19	五·三德 11·15	
二·容成氏 23·06	九·陳公 12·05	五·鬼神 02反·07	

密

二·容成氏 46·03

△須氏

詳見卷五亼部附錄。

嵍

五·鬼神 03·19

耑	府			庭	庫		廣
耑	府			庭	庫		廣
耑	⿱宀付		⿱宀⿱付貝	⿱宀廷	厙	⿱宀車	⿱宀㞷
六・季桓子 14・07	二・容成氏 06・10	七・凡物甲 23・13	四・相邦 03・11	五・君子 08・01	五・姑成 09・49	四・相邦 03・12	七・吳命 05・50
	五・三德 15・20	七・凡物乙 15・26	按，从貝㝐聲，「府」字異體。卷七貝部附錄重出。	卷七宀部附錄重出。	卷九厂部附錄重出。	卷七宀部附錄重出。	按，从宀㞷聲，「廣」字異體。卷七宀部附錄重出。
	八・李頌 01反・43	按，下衍一橫。					
	按，从宀付聲，「府」字異體。卷七宀部附錄重出。						

廛 廛

㢆
六・用曰 17・17
卷九厂部附錄重出。

四・采風 03・33
五・季庚子 03・29
按，从「石」爲从「厂」之混同。

㫗
八・王居 04・02
按，从石〈厂〉昊聲，「廛」字異體。

𡐦
一・緇衣 18・33
按，从土昊聲，「廛」字異體。卷十三土部附錄重出。

廉 廉

𡒄
三・周易 12・01
三・周易 12・09
三・周易 12・20
三・周易 12・26
三・周易 13・13
按，从土廉聲，「堂廉」字。卷十三土部附錄重出。

庶 庶

庶
一・緇衣 20・17
二・昔者 01・21
四・柬大王 02・07
四・內豊 08・25
八・蘭賦 02・13
九・舉治 21・20

𠪚
二・魯邦 02・06
二・魯邦 06・12
四・相邦 03・13
按，从㐺石聲，「眾庶」字。卷八㐺部附錄重出。

廟 庿古

庿
六・鄭壽 01・11
卷九厂部附錄重出。

畱

一·性情論 12·02

三·周易 42·05

三·周易 54·06

卉茅 02·19

卷七宀部附錄重出。

一·詩論 05·14

一·詩論 05·22

一·詩論 24·26

六·天子甲 03·14

六·天子乙 03·05

按，从「甘」爲从「田」之混同。

按，从厂若宀，苗聲，《說文》古文異體。商西周〔廟〕用「朝」若「勺」聲字記錄，當音 TAU。東周或改用「苗 MAU」若「爻 MAU」聲，屬不規則音變，其因待考。

厎 𢉐或

砥

四·曹沫 39·02

四·曹沫 39·07

《說文》或體如此。

厲 𠩾

厲

六·用曰 13·37

厭 𢌿

𡫵

藝術·選六 132·04

按，从石猒聲，「厭」字異體。

产 𠆤

〈𠣈〉

一·緇衣 16·27

則民言不△（詭）行

一·緇衣 16·30

行不△（詭）言

上二例今《禮記》本《緇衣》對應作「危」，郭店簡本作「恑」。按，从「今」爲从「人」之譌，

一曰「人」旁加飾，唯「人」旁未見如此加飾者。从人在石上，「产（危）」字異體。一曰从石今聲，「产（瞻）」字異體。卷九石部附錄重出。

⿸厂同

⿸厂同 五・君子 07・08

肩毋廢、毋△。

按，从厂同聲，或即「垌（冋）」字異體。一曰从「冋」爲从「同」之譌。清華簡《鄭文公問太伯》甲本「同穴」，乙本「同」作「冋」。《左傳》地名「螢澤」，今本《竹書紀年》對應作「洞澤」，此「洞」亦爲「洞」之譌。

⿸厂公

⿸厂公 一・緇衣 09・33

詳見卷七宀部「容」下。

⿸厂辰

⿸厂辰 四・鳴烏 01・18

厙

厙 五・姑成 09・49

詳見卷九广部「府」下。

⿸厂畐

⿸厂畐 六・鄭壽 01・11

詳見卷九广部「廟」下。

⿸厂異

⿸厂異 三・亙先 01・05

三・亙先 01・08

三・亙先 01・10

⿸厂⿱里⿱八土

⿸厂⿱里⿱八土 六・用曰 17・17

詳見卷九广部「廛」下。

危

⿸厂坐 七・凡物甲 02・20

水火之和，奚得而不△（詭？）

七・凡物甲 26・01

邦家之△安存亡

七・凡物乙 02・13

水火之和，奚得而不△（詭？）

石 𠃜

石

一・性情論	03・26
二・魯邦	04・12
二・魯邦	04・24
三・周易	14・16
藝術・選六	149・05

按，从厂厃聲，「危」字異體。「厃」，「跪坐」字。

礳

碄

一・緇衣	18・18

按，从石林聲，「礳（磨）」字異體。

礪

礪

三・周易	05・11
三・周易	18・27
三・周易	25・34
三・周易	30・11
三・周易	30・35
三・周易	33・09
三・周易	38・26
三・周易	41・06
三・周易	49・04
三・周易	50・15
三・周易	53・40
三・周易	57・34

按，从石萬聲，「礪」字異體。一曰「厲」。

礪

三・周易	22・17
四・曹沫	39・03
四・曹沫	39・08

按，从石、土，萬聲，「礪」字異體。卷十三土部附錄重出。

砧 砧

砧

一・緇衣	18・15	白珪之△（玷）
一・緇衣	18・22	此言之△（玷）

《說文》「刮」下引作「白圭之刮」。

按，从石占聲，或即「刮」字異體。

⿰石丩　⿱亼石　⿰石朿　⿱丆猒　長

⿱斤几 古

⿰石丩	⿱亼石	⿰石朿	⿱丆猒	長			
八·李頌 01·51	一·緇衣 16·27	六·用曰 08·16	藝術·選六 132·04	一·詩論 26·16	一·性情論 06·06	三·彭祖 01·17	五·姑成 09·05
亙直兼成，△（厚）其不還兮。 一曰「厚」。	詳見卷九厂部「⿸厂石」下。	△（積）盈天之下 一曰从厚省朿聲，「積」字異體（陳劍 2017）。	詳見卷九厂部「厭」下。	一·緇衣 03·34	二·容成氏 02·33	三·彭祖 06·13	五·姑成 09·26
				一·緇衣 06·41	二·容成氏 08·28	三·彭祖 08·04	五·姑成 10·07
				一·緇衣 09·25	二·容成氏 16·35	四·內豊 10·22	五·君子 09·29
				一·緇衣 13·01	三·周易 08·10	五·姑成 04·46	五·弟子問 19·01
				一·性情論 05·02	三·亙先 09·20	五·姑成 08·28	五·三德 18·29

勿

勿

勿

五・三德 21・04

五・鬼神 02・05

五・鬼神 03・28

六・用曰 18・28

七・武王 04・09

七・武王 08・31

七・凡物甲 04・31

七・凡物乙 04・12

八・子道餓 01・15

八・成王 01・03

八・蘭賦 04・11

九・邦人 02・31

九・邦人 10・05

《說文》古文如此。

五・鮑叔牙 03・37

按，衍一筆。

三・周易 21・20

三・亙先 07・16

三・亙先 08・03

五・三德 11・31

五・三德 11・35

五・三德 14・11

五・三德 14・15

五・三德 14・19

五・三德 14・23

五・三德 19・02

五・三德 19・06

七・凡物甲 22・19

九・舉治 09・25

九・舉治 23・02

按，「勿」本作「□」「□」等，蓋象刀刃漸血之形。右揭諸形承襲其舊。

一・詩論 03・18

一・性情論 05・08

一・性情論 06・16

一・性情論 06・24

一・性情論 29・32

一・性情論 31・16

一・性情論 33・12

二・容成氏 46・17

二・容成氏 46・26

五・季庚子 15・14

五・季庚子 15・19

五・季庚子 19・32

五・季庚子 20・02

五・季庚子 20・28

五・季庚子 20・32

五・君子 02・11

五・鬼神 06・13

六・季桓子 12・10

六・用曰 05・18

六・用曰 05・24

六・天子甲 04・23

六・天子甲 05・01

七・凡物甲 03反・02

七・凡物甲 23・02

八・李頌 01反・39

八・李頌 02・14

八・蘭賦 01・18

八・蘭賦 05・23

按，右「勿」類化从三撇筆作，與《說文》之謂「有三游」者相合。其中《凡物甲》兩形處於中間形態。

一・性情論殘 03・03

羣△（物）之道也

三・周易 01・03

三・周易 08・32

三・周易 24・41

三・周易 30・12

三・周易 32・10

三・周易 38・07

三・周易 40・04

三・周易 42・36

三・周易 45・38

三・周易 57・01

四・曹沫 38・15

四・曹沫 38・22

六・季桓子 03・25

六・季桓子 12・02

昜

昜 昜

- 一・緇衣 19・13
- 一・性情論 01・11
- 一・性情論 01・39
- 一・性情論 03・03
- 一・性情論 03・21
- 二・民之 03・21
- 五・君子 02・02
- 五・君子 02・20
- 六・競公瘧 09・05
- 六・季桓子 07・03
- 六・季桓子 24・10
- 六・慎子 03・01
- 六・天子乙 04・08
- 六・天子乙 04・17
- 七・凡物甲 01・02
- 七・凡物甲 25・05
- 七・凡物乙 01・02
- 七・凡物乙 15・05
- 七・凡物乙 15・15
- 七・凡物乙 18・05
- 八・命 03・14
- 八・志書 07・14
- 八・李頌 02・37
- 藝術・選六 143・09
- 二・容成氏 29・33
- 五・三德 03・12
- 五・三德 03・21
- 五・三德 09・08
- 五・鬼神 07・08
- 五・鬼神 08・04
- 六・用曰 04・17
- 六・用曰 04・20
- 六・鄭壽 03・02
- 六・天子甲 05・11
- 六・天子乙 04・27
- 八・命 07・14

七・凡物甲 02・05

七・凡物乙 01・36

陰△〔陽〕〔之處〕

甲本對應作「昜」。

八・顏淵 05・05

而

而

而

一・詩論 02・18
一・詩論 02・23
一・詩論 02・28
一・詩論 03・05
一・詩論 04・10
一・詩論 10・31

一・詩論 19・16
一・詩論 20・25
一・詩論 20・31
一・詩論 22・08
一・詩論 23・06
一・詩論 23・13

一・詩論 25・16
一・詩論 26・19
一・詩論 28・03
一・詩論 28・11
一・詩論 29・02
一・詩論 29・11

二・子羔 01・26
二・子羔 05・04
二・子羔 06・07
二・子羔 08・02
二・子羔 08・19
二・子羔 08・24

二・子羔 09・17
二・子羔 09・21
二・子羔 09・37
二・子羔 10・02
二・子羔 10・06
二・子羔 10・08

五・弟子問 21・05	五・弟子問 09・07	五・弟子問 02・13	四・柬大王 14・16	四・柬大王 05・01	三・彭祖 01・23	三・中弓 08・33	二・子羔 11・06
五・弟子問 21・13	五・弟子問 09・13	五・弟子問 04・06	四・柬大王 17・08	四・柬大王 09・05	三・彭祖 01・28	三・中弓 10・14	二・子羔 11・22
六・競公瘧 03・38	五・弟子問 09・21	五・弟子問 05・05	四・柬大王 17・20	四・柬大王 11・02	四・柬大王 01・21	三・中弓 10・17	二・子羔 11・28
六・競公瘧 04・34	五・弟子問 15・14	五・弟子問 06・06	四・柬大王 20・10	四・柬大王 12・04	四・柬大王 02・10	三・中弓 13・05	二・子羔 12・25
六・競公瘧 06・03	五・弟子問 20・11	五・弟子問 06・16	五・弟子問 01・01	四・柬大王 12・13	四・柬大王 03・21	三・中弓 16・07	二・魯邦 03・07
六・競公瘧 09・06	五・弟子問 20・18	五・弟子問 06・22	五・弟子問 01・12	四・柬大王 14・05	四・柬大王 04・13	三・中弓 26・11	三・周易 17・21

六·慎子 04·13
六·用曰 08·12
六·用曰 10·07
六·用曰 10·26
六·用曰 10·33
六·用曰 11·21

六·用曰 11·30
六·用曰 14·35
六·用曰 15·11
六·用曰 15·25
六·用曰 17·16
六·用曰 19·13

六·用曰 19·33
六·用曰 19·42
六·用曰 20·10
六·用曰 20·19
七·凡物甲 13·29
七·凡物甲 27·03

七·吳命 01·09
七·吳命 02·13
八·子道餓 05·08
八·成王 04·06
港中零簡 03·03
上博零簡 01·17

二·子羔 14·01
舜，人子也，△三天子事之。
五·弟子問附·16
□者其言𡈼而不可

一·緇衣 01·18
一·緇衣 02·23
一·緇衣 02·30
一·緇衣 08·29
一·緇衣 10·12
一·緇衣 11·27

一·緇衣 15·09
一·緇衣 17·19
一·緇衣 17·47
一·緇衣 18·05
一·緇衣 19·35
一·緇衣 19·41

一·緇衣 19·47
一·緇衣 22·19
一·緇衣 22·36
一·緇衣 23·02
一·緇衣 23·34

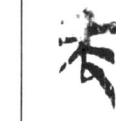

五・君子 03・26	五・鮑叔牙 07・28	五・競建 10・32	三・亙先 13・29	三・周易 20・26	二・從政甲 19・14	二・從政甲 14・05	二・從政甲 01・19
五・君子 04・14	五・君子 01・20	五・鮑叔牙 01・07	四・內豊 06・44	三・周易 22・07	二・從政甲 19・19	二・從政甲 14・14	二・從政甲 02・18
五・君子 07・02	五・君子 01・40	五・鮑叔牙 06・06	五・競建 02・23	三・亙先 02・15	二・從政乙 01・10	二・從政甲 15・21	二・從政甲 04・16
五・君子 09・21	五・君子 02・07	五・鮑叔牙 06・21	五・競建 06・08	三・亙先 04・38	二・從政乙 04・07	二・從政甲 17・18	二・從政甲 08・01
五・君子 09・33	五・君子 02・16	五・鮑叔牙 07・12	五・競建 08・06	三・亙先 05・15	二・從政乙 04・16	二・從政甲 18・12	二・從政甲 11・18
五・三德 01・22	五・君子 02・24	五・鮑叔牙 07・20	五・競建 09・20	三・亙先 11・33	二・從政乙 06・08	二・從政甲 18・29	二・從政甲 11・28

六·天子乙 04·25	六·天子甲 05·04	六·用曰 12·20	六·用曰 04·33	五·鬼神 06·43	五·三德 19·13	五·三德 13·49	五·三德 02·31
六·天子乙 11·25	六·天子甲 12·10	六·用曰 13·05	六·用曰 05·03	五·鬼神 08·09	五·鬼神 02反·08	五·三德 14·05	五·三德 02·39
七·鄭子甲 01·13	六·天子甲 12·16	六·用曰 15·05	六·用曰 07·04	五·鬼神 08·18	五·鬼神 03·16	五·三德 14·10	五·三德 03·13
七·鄭子甲 04·32	六·天子甲 12·22	六·用曰 16·27	六·用曰 08·21	六·鄭壽 02·09	五·鬼神 03·30	五·三德 15·31	五·三德 03·20
七·鄭子甲 05·28	六·天子甲 12·27	六·用曰 17·10	六·用曰 09·11	六·慎子 03·07	五·鬼神 03·43	五·三德 15·36	五·三德 05·46
七·鄭子乙 01·12	六·天子乙 04·20	六·用曰 19·04	六·用曰 10·20	六·慎子 04·08	五·鬼神 04·18	五·三德 17·48	五·三德 11·20

七・凡物乙 02・03	七・凡物甲 22・07	七・凡物甲 15・09	七・凡物甲 10・26	七・凡物甲 02・10	七・君人乙 04・31	七・君人甲 05・22	七・鄭子乙 05・26
七・凡物乙 02・11	七・凡物甲 24・13	七・凡物甲 15・17	七・凡物甲 12・08	七・凡物甲 02・18	七・君人乙 05・17	七・君人甲 07・24	七・君人甲 01・11
七・凡物乙 02・23	七・凡物甲 28・24	七・凡物甲 15・29	七・凡物甲 12・13	七・凡物甲 02・30	七・君人乙 07・14	七・君人乙 01・11	七・君人甲 01・28
七・凡物乙 02・31	七・凡物乙 01・07	七・凡物甲 17・07	七・凡物甲 12・19	七・凡物甲 03・07	七・凡物甲 01・07	七・君人乙 01・28	七・君人甲 02・14
七・凡物乙 02・35	七・凡物乙 01・15	七・凡物甲 17・19	七・凡物甲 13・02	七・凡物甲 03・11	七・凡物甲 01・15	七・君人乙 02・13	七・君人甲 04・21
七・凡物乙 04・13	七・凡物乙 01・24	七・凡物甲 20・25	七・凡物甲 14・16	七・凡物甲 04・32	七・凡物甲 01・24	七・君人乙 04・19	七・君人甲 05・03

七·凡物乙 08·24
七·凡物乙 09·03
七·凡物乙 09·09
七·凡物乙 09·15
七·凡物乙 09·32
七·凡物乙 10·14

七·凡物乙 12·03
七·凡物乙 12·08
七·凡物乙 14·13
七·凡物乙 14·19
七·凡物乙 15·23
七·凡物乙 15·27

七·凡物乙 16·07
七·凡物乙 17·02
七·凡物乙 17·10
七·凡物乙 17·14
七·凡物乙 17·18
七·凡物乙 17·22

七·凡物乙 21·05
七·吳命 05·23
八·子道餓 01·04
八·子道餓 03·08
八·子道餓 06·01
八·成王 01·19

八·成王 03·18
八·成王 05·06
八·成王 07·08
八·成王 07·13
八·成王 07·18
八·成王 08·07

八·成王 10·02
八·成王 15·08
八·成王 15·23
八·李頌 01·35
八·李頌 01反·38
八·蘭賦 02·08

八·蘭賦 02·25
八·蘭賦 02·34
八·蘭賦 05·28
八·蘭賦 05·38
八·蘭賦 05·47
八·有皇 02·07

八·有皇 04·05
八·鶹鷅 01·16
八·鶹鷅 02·04
九·成王甲 01·23
九·成王甲 02·09
九·成王甲 04·08

九・成王甲 05・15
九・成王乙 01・25
九・成王乙 02・12
九・成王乙 03・08
九・靈王 04・16
九・靈王 05・23

九・陳公 02・02
九・陳公 07・15
九・陳公 07・31
九・陳公 08・11
九・陳公 15・08
九・陳公 17・15

九・舉治 01・18
九・舉治 04・13
九・舉治 05・18
九・舉治 07・16
九・舉治 08・09
九・舉治 32・22

九・舉治 32・32
九・舉治 33・08
九・舉治 35・04
九・邦人 03・06
九・邦人 03・09
九・邦人 03・26

九・邦人 07・09
九・邦人 08・04
九・邦人 08・30
九・邦人 10・23
九・邦人 12・27
港中零簡 09・03

七・凡物乙 17・06
察知△神
甲本對應作「而」。

二・容成氏 01・34
二・容成氏 01・41
二・容成氏 02・02
二・容成氏 02・06
二・容成氏 02・10
二・容成氏 03・19

二・容成氏 03・23
二・容成氏 03・30
二・容成氏 05・39
二・容成氏 06・02
二・容成氏 06・19
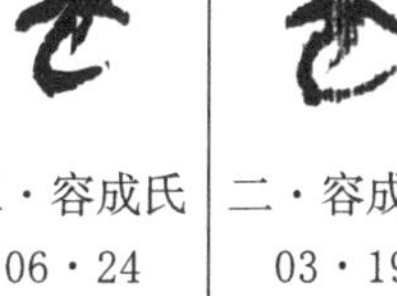
二・容成氏 06・24

二·容成氏 06·30

二·容成氏 06·36

二·容成氏 07·12

二·容成氏 09·19

二·容成氏 09·30

二·容成氏 10·11

二·容成氏 11·03

二·容成氏 12·20

二·容成氏 13·06

二·容成氏 14·01

二·容成氏 14·35

二·容成氏 16·43

二·容成氏 17·32

二·容成氏 19·02

二·容成氏 19·14

二·容成氏 19·33

二·容成氏 29·36

二·容成氏 30·02

二·容成氏 30·24

二·容成氏 32·11

二·容成氏 34·06

二·容成氏 34·27

二·容成氏 35·09

二·容成氏 35·30

二·容成氏 39·17

二·容成氏 39·24

二·容成氏 39·29

二·容成氏 39·35

二·容成氏 40·16

二·容成氏 40·41

二·容成氏 42·08

二·容成氏 42·20

二·容成氏 43·04

二·容成氏 43·08

二·容成氏 43·15

二·容成氏 44·33

二·容成氏 44·40

二·容成氏 46·32

二·容成氏 47·05

二·容成氏 48·05

二·容成氏 48·10

二·容成氏 48·42

二·容成氏 50·07

二·容成氏 50·14

二·容成氏 52·20

二·容成氏 53·43

四·相邦 04·18

四·曹沫 02·12

五·季庚子 03·12	二·民之 10·03	二·民之 01·20	四·曹沫 54·27	四·曹沫 27·03	四·曹沫 13·27	四·曹沫 08·11	四·曹沫 03·01
五·季庚子 03·28	二·從政甲 03·04	二·民之 06·17	四·曹沫 62·14	四·曹沫 27·09	四·曹沫 14·04	四·曹沫 09·05	四·曹沫 03·11
五·季庚子 04·08	三·亙先 12·36	二·民之 06·23	四·曹沫 64·14	四·曹沫 37·27	四·曹沫 17·13	四·曹沫 09·14	四·曹沫 05·25
五·季庚子 05·07	四·昭王 07·12	二·民之 06·28	五·鮑叔牙 01·14	四·曹沫 45·26	四·曹沫 21·03	四·曹沫 10·24	四·曹沫 06·15
五·季庚子 12·03	四·昭王 07·17	二·民之 07·02	五·鮑叔牙 05·37	四·曹沫 54·12	四·曹沫 21·09	四·曹沫 12·05	四·曹沫 07·12
五·季庚子 13·01	四·內豊 附·09	二·民之 07·05		四·曹沫 54·16	四·曹沫 23·06	四·曹沫 12·12	四·曹沫 07·29

八·命 10·08	八·顏淵 13·10	八·顏淵 09·06	七·凡物甲 29·04	七·凡物甲 23·14	七·武王 07·06	六·季桓子 26·08	五·季庚子 15·32
八·王居 05·03	八·顏淵 14·04	八·顏淵 11·04	七·凡物甲 29·11	七·凡物甲 24·03	七·武王 10·11	七·武王 01·26	五·季庚子 17·06
八·志書 03·07	八·命 04·03	八·顏淵 11·14	八·顏淵 01·33	七·凡物甲 24·07	七·武王 10·17	七·武王 02·29	五·季庚子 18·29
八·志書 05·08	八·命 05·15	八·顏淵 12·04	八·顏淵 07·30	七·凡物甲 24·09	七·武王 11·16	七·武王 03·14	五·季庚子 19·20
八·志書 06·24	八·命 05·24	八·顏淵 12·09	八·顏淵 08·01	七·凡物甲 24·17	七·凡物甲 20·19	七·武王 03·18	五·季庚子 21·15
九·舉治 14·20	八·命 09·15	八·顏淵 13·03	八·顏淵 08·07	七·凡物甲 27·07	七·凡物甲 23·10	七·武王 03·22	五·季庚子 23·11

九・舉治 14・26
九・舉治 21・13
九・舉治 21・18
九・舉治 21・22
九・舉治 30・03
九・史蒥 09・03

九・史蒥 12・18
九・卜書 01・20
九・卜書 02・19
九・卜書 08・23

一・性情論 01・12
一・性情論 01・17
一・性情論 01・22
一・性情論 08・20
一・性情論 09・24
一・性情論 09・32

一・性情論 10・07
一・性情論 10・14
一・性情論 11・10
一・性情論 16・03
一・性情論 17・02
一・性情論 20・03

一・性情論 22・08
一・性情論 22・17
一・性情論 23・01
一・性情論 23・10
一・性情論 23・19
一・性情論 23・29

一・性情論 24・05
一・性情論 24・17
一・性情論 24・29
一・性情論 25・30綴
一・性情論 26・09
一・性情論 26・17

一・性情論 26・26
一・性情論 27・11
一・性情論 27・18
一・性情論 27・24
一・性情論 27・30
一・性情論 28・03

一・性情論 28・09
一・性情論 28・17
一・性情論 30・11
一・性情論 39・33
六・季桓子 03・12
六・季桓子 08・07

六・季桓子 09・04

六・季桓子 09・19

六・季桓子 10・04

六・季桓子 16・10

六・季桓子 21・05

六・季桓子 24・13

六・季桓子 27・11

七・武王 13・15

七・武王 15・06

七・武王 15・15

九・史蒥 04・14

九・史蒥 08・12

九・史蒥 08・20

四・內豊 06・40

四・內豊 07・10

五・姑成 03・12

五・姑成 03・20

五・姑成 03・40

五・姑成 04・06

五・姑成 04・20

五・姑成 04・50

五・姑成 05・10

五・姑成 05・38

五・姑成 09・53

六・天子甲 05・09

文陰△武陽

按，上一豎筆，李松儒（2015:414）以爲衍畫，説是；當爲誤畫墨道。

〈天〉

一・詩論 09・31

《黄鳥》則困△欲反其故也

三・亙先 04・26

同出△異性

七・凡物甲 13・07

無耳△聞聲

七・凡物甲 17・12

得一△思之

按，「天」爲「而」之譌。

〈不〉	豕	豢	豜	𢑡	豚		豹
	豕	豢		𢑡	豚		豹
〈不〉	豕	豢	豜	𢑡	豚		⿰鼠勺
六·用曰 19·23	三·周易 23·05	二·容成氏 28·40	三·周易 44·39	五·弟子問 16·13	三·周易 30·01	三·周易 30·32	四·鳴烏 02·17
有昧其不見，△昭其甚明。	三·周易 33·28				三·周易 30·08	九三：係△（遯）。	若△若虎
按，「不」爲「而」之譌，或蒙上文「不」而誤。	三·周易 40·22				三·周易 30·43	王韓注本《易》對應作「遯」。	按，爲印文「辰」所覆。从鼠勺（杓）聲，楚「豹」字。今犬部、豸部字，楚多从「鼠」作。或與《説文》「⿰鼠勺」同形。卷十鼠部「⿰鼠勺」下重出。
					三·周易 31·08		
					三·周易 31·13		

𤉡 𤉡 兕

一・性情論 27・26

李零（2007:63）摹作「𤉡」。

易 易 易

三・周易 55・24

三・彭祖 02・49

九・卜書 06・16

象 象 象

五・鬼神 06・37

六・天子甲 02・07

六・天子甲 02・15

六・天子甲 02・25

六・天子乙 02・02

六・天子乙 02・10

六・天子乙 02・20

豫 豫 豫

三・周易 24・12

四・曹沫 43・08

四・曹沫 50・27

六・用曰 01・35

四・曹沫 19・07

四・曹沫 19・11

四・曹沫 22・21

四・曹沫 23・30

〈⿰谷象〉

一・詩論 04・11

賤民而△之

三・中弓 10・23

人其△（捨）之諸

八・成王 08・04

……□皆欲△（捨）其親而親之

按，从兔、㐃雙聲。「㐃」，从八予聲，疑「捨」字異體。其中「八」或繁作「穴」；「予」或書作「呂」，或省去一重。易譌成「谷」形。

上博簡文字編卷十

申城 沈奇石 撰集

馬

馬 三·周易 22·28；三·周易 32·09；三·周易 54·18；九·陳公 05·02；七·吳命 01·21；八·命 06·16；九·邦人 04·14；九·邦人 12·07；九·邦人 12·22；藝術·選六 136·09

九·陳公 05·19 左右司△……

駟

駟 九·靈王 02·29

驅

驅 三·周易 10·17

馳

駝 五·競建 09·33

按，从馬它聲，「馳」字異體。與《說文》「駝」異代同形。詳見卷三攴部「攺」下疏解。

⿰車它 一·詩論 21·24 其猶△歟

《玉篇》：「⿰車它，車疾馳。」按，从車它聲，「馳」字異體。卷十四車部附錄重出。

馹

⿰馬坴

四・柬大王 16・20

鷹

鷹

四・曹沫 14・13

四・曹沫 41・12

六・天子甲 08・23

六・天子乙 08・02

二・容成氏 48・18

四・曹沫 42・07

五・季庚子 16・12

七・凡物甲 26・03

七・凡物乙 19・02

一・緇衣 05・27

故心以體△，君以〔民〕亡。

郭店簡本《緇衣》對應作「灋」，今《禮記》本對應作「全」。此釋「鷹」，讀「存」。一曰《説文》「灋」古文之譌。

薦

薦

二・子羔 12・26

灋

灋

二・昔者 03・43

五・三德 19・04

五·季庚子
15·18

二·從政乙
02·11

七·吳命
09·53

按，从廌省作。

六·慎子
01·25

五·鬼神
01·32

六·用曰
14·23

六·天子甲
04·10

六·天子乙
03·30

按，从去（盍）下口形省作一橫，譌作「立」形。

三·亙先
05·12

八·志書
07·02

九·陳公
11·33

按，从去（盍）省作，譌作「大」若「夫」形。

三·亙先
11·20

三·亙先
13·14

五·競建
03·10

五·競建
04·25

按，「廌」受「去（盍）」類化，譌作「矢」形。

麗　麑　鹿

古

⿺走廌		〈全〉	鹿	⿱鹿彔	⿰鼠兒	〈鹿〉	
 六・季桓子 25・13	六・季桓子 25・17	 一・緇衣 14・28	二・容成氏 45・43	 一・詩論 23・01	 五・三德 18・06	 二・容成氏 41・38	 六・天子甲 10・26
	眾之所植，莫之能廢也；眾之〔所〕△（廢），莫之能竪也。	唯作五虐之刑曰△ 《說文》古文譌形。	豐、鎬、郙、謝、邘、△、魏、崇、密須氏	《△鳴》 按，从鹿录聲，「鹿」字繁構。	狻△ 按，从鼠兒聲，楚「狻麑」字。卷十鼠部附錄重出。	於是乎債宗、△（離）族、散羣焉備。	男女不語△（離？儷？）
						 五・鬼神 06・31 毀折△（離）散	 六・天子乙 10・04 男女不語△（離？儷？）
						 九・史蕾 09・02 害△（離）而不敬	

兔　逸

篆

⿰示兀

八・成王 15・20

民皆有乖△（離）之心

八・有皇 04・03

△（離）居而同欲今兮

按，以右「鹿」均爲「麗」之省形，用爲「離」。

⿰示兀

七・君人甲 03・05

七・君人乙 03・03

與《說文》篆文同源。

兔

一・詩論 23・20

一・詩論 25・05

九・陳公 01・32

⿰爿兔

一・性情論 28・15

五・三德 04・17

五・三德 11・17

八・蘭賦 05・27

按，从爿、兔。「爿」，一曰「⿰爿列（肆）」省。「兔」，「逸」省，一曰「兔」或可轉注「逸」。今「逸」

字或由此省變（陳劍 2008A）。

⿱兔心

六・天子甲 10・21

六・天子乙 09・28

按，楚「逸豫」字。卷十心部附錄重出。

⿱兔⿰兔兔　狗　龙　狀

⿱兔⿰兔兔			肙	狗		龙	猶
一・性情論 26・38	一・詩論 08・33	一曰「有兔爰爰」字（張富海 2010=2021:177–180）。	二・容成氏 36・35 按，「兔」之譌變，係「⿱兔⿰兔兔」之省作（劉洪濤 2016）。卷四肉部附錄重出。	三・彭祖 01・01	三・彭祖 03・06	三・周易 01・19	二・容成氏 17・05
二・容成氏 38・20				三・彭祖 08・22		三・周易 01・24	二・容成氏 39・04
 六・鄭壽 03・06				四・采風 06・01		三・周易 01・29	二・容成氏 49・33
							五・鬼神 05・16
							 六・天子甲 07・10
							 六・天子乙 06・22

轞	戾		犮	犻		頧	
五・鮑叔牙 04・15 □民△樂	二・從政甲 10・16	三・亙先 11・06	五・三德 18・24	九・卜書 02・26	按，从百若頁，爿聲，「狀」字異體。	八・成王 13・11	九・舉治 15・04
六・用曰 14・15 克△戎事	四・內豊 10・39		六・天子甲 11・19				
按，从車鼠聲，楚「獵」字。卷十四車部附錄重出。	六・用曰 02・09		六・天子乙 11・03				
	六・用曰 03・35						

獲

隻

八・志書 02・02

九・靈王 04・26

按，从隹、又，「獲」之初文。與《說文》「隻」同形。

三・周易 17・01

三・周易 37・24

三・周易 48・05

四・昭王 07・01

四・曹沫 61・02

四・曹沫 62・13

六・競公瘧 07・16

六・競公瘧 12・34

按，「隹」旁之左加飾，或形同「丹」。

獻

獻

二・容成氏 05・26

七・吳命 09・56

八・志書 04・05

按，从犬鬳聲，「鬳」中「鬲」上部譌作「目」，下部譌作「㚔」。《說文》「欁」古文「栓」所从「伞」形體源此。進一步譌變作「羊」。

狂

𢗰 古

𢗰

九・陳公 06・06

九・陳公 06・11

九・陳公 12・31

九・陳公 14・31

九・陳公 14・35

三・中弓附・21

六・競公瘧 09・29

《說文》古文如此。

狻

⿰鼠寽

五・三德 18・05

△麑

按，从鼠寽聲，楚「狻麑」字。卷十鼠部附錄重出。

猶

猷

一・詩論 04・04
一・詩論 19・07 
一・詩論 21・23 
一・緇衣 24・09 
三・周易 14・32 
三・周易 25・14 
三・中弓 18・16 
三・中弓 19・10 
三・亙先 09・28 
三・亙先 09・33 
五・弟子問 03・08 
五・弟子問 09・24 
五・鬼神 06・02 
六・用曰 11・02 
六・用曰 13・25 
七・武王 08・13 
七・吳命 05・17 
八・志書 02・05 
八・蘭賦 02・26 
九・成王甲 03・08 
九・邦人 08・12 
六・季桓子 22・20 

⿱猷心

一・性情論 26・29

按，从心猷聲，「猷」字異體。卷十心部附錄重出。

狐

⿰鼠瓜

三・周易 37・26

田獲三△

按，从鼠瓜聲，「狐」字異體。卷十鼠部附錄重出。

⿰犭亡

⿰犭亡

一・性情論 38・26

不有夫奮△（猛）之情則侮

按，从犬亡聲，或即「猛」字異體。與殷商甲骨文之獸名「⿰犭亡」同形。

狣	⿰犭與	獿	獄	鼠	⿰鼠勺	鼠
			𤣛	鼠	⿰鼠勺	
五·競建 08·32	二·容成氏 03·12	三·周易 44·18	二·從政甲 08·16	五·鬼神 06·20	四·鳴烏 02·17	九·史蒥 10·14	四·柬大王 05·14
		渴至，亦毋△井	二·容成氏 29·40	五·鬼神 06·40	若△若虎		
		按，从惟聲，據王韓注本《易》對應讀「繘」。一曰左上爲楚「達」字聲符，讀「達」（陳劍 2005=2013:146-167）。	二·容成氏 30·09		詳見卷九豸部「豹」下。		
			四·曹沫 34·20				
			六·競公瘧 04·28				
			九·史蒥 07·09				

按，从鼠、一，東周「一」字。「鼠」，一曰下部爲「⿱日丰」之譌（石小力2022引陳斯鵬）。一曰「豸」，唯「豸」之聲類屬L系，與「一」不屬。中山王方壺有字作「」，其「一」旁外偏旁或即用爲「逸」之「兔」，而「逸」屬L系。若可信，則「鼠」字無乃{一LIT}之專字乎。

七・凡物甲 17・11	七・凡物甲 20・23	七・凡物甲 22・26	七・凡物甲 29・09	七・凡物乙 14・22	七・凡物乙 18・32
七・凡物甲 17・23	七・凡物甲 21・04	七・凡物甲 23・08	七・凡物乙 12・07	七・凡物乙 15・02	七・凡物乙 21・03
七・凡物甲 18・28	七・凡物甲 21・16	七・凡物甲 23・26	七・凡物乙 13・13	七・凡物乙 15・12	
七・凡物甲 19・03	七・凡物甲 21・23	七・凡物甲 25・27	七・凡物乙 14・06	七・凡物乙 15・21	
七・凡物甲 20・11	七・凡物甲 21・28	七・凡物甲 28・22	七・凡物乙 14・11	七・凡物乙 16・06	
七・凡物甲 20・16	七・凡物甲 22・16	七・凡物甲 29・02	七・凡物乙 14・17	七・凡物乙 18・27	

按，「一」旁下迻至「鼠」旁下。一曰「一」旁係飾畫。清華簡《治政之道》「鼠」字即作「」「」，其中「鼠」形下部即加飾横畫。若此，則獨體「鼠」形徑可用爲「一」（子彈庫帛書既見用例），而該「鼠」形係由其他偏旁類化成字，參右所揭。

能 鱅 鰀 鼰 鼵 鼫 鼪

能	鱅	鰀	鼰	鼵	鼫	鼪	鼾
一・詩論 03・38	三・周易 45・24	九・陳公 03・25	五・三德 18・06	五・三德 18・05	三・周易 37・26	六・王子木 01・17	八・王居 02・08
一・詩論 12・08			詳見卷十鹿部「麑」下。	詳見卷十犬部「狻」下。	田獲三△	六・王子木 03・11	按，从鼠、十，或即「鼾」字異體。
一・詩論 13・07					詳見卷十犬部「狐」下。		
一・緇衣 04・19							
二・子羔 01・37							
二・子羔 10・09							

七・凡物甲 18・27	六・用曰 20・04	六・鄭壽 03・14	五・弟子問 14・05	五・季庚子 11・11	四・內豊 04・12	四・內豊 01・23	二・從政甲 13・03
七・凡物甲 22・14	七・君人甲 07・15	六・鄭壽 03・19	五・弟子問 17・07	五・季庚子 18・33	四・內豊 04・24	四・內豊 01・36	二・昔者 03・01
七・凡物甲 22・24	七・君人甲 07・20	六・用曰 05・06	五・三德 15・30	五・季庚子 22・11	四・內豊 04・39	四・內豊 02・15	三・亙先 11・34
七・凡物甲 26・25	七・君人乙 07・05	六・用曰 06・16	五・三德 15・35	五・君子 01・27	四・曹沫 04・12	四・內豊 02・28	三・彭祖 08・39
七・凡物乙 13・08	七・君人乙 07・10	六・用曰 08・24	五・鬼神 04・15	五・君子 03・22	四・曹沫 36・17	四・內豊 03・04	四・柬大王 12・01
七・凡物乙 13・12	七・凡物甲 18・23	六・用曰 17・21	五・鬼神 04・31	五・弟子問 11・15	四・曹沫 36・25	四・內豊 03・39	四・柬大王 14・13

七・凡物乙 15・10
七・凡物乙 19・24
七・吳命 05・19
八・顏淵 09・02
八・成王 10・05
八・命 02・01

八・命 05・21
八・王居 04・03
八・志書 04・08
八・志書 06・19
八・蘭賦 05・31
八・有皇 01・21

八・有皇 01・33
八・有皇 02・08
九・靈王 03・05
九・靈王 03・14
九・靈王 05・21
九・舉治 07・12

九・舉治 08・06
九・舉治 13・14
九・舉治 28・10
九・舉治 32・04
卉茅 02・07
卉茅 03・01

藝術・選六 141・04

二・容成氏 09・27
二・容成氏 10・29
二・容成氏 11・08
二・容成氏 29・14
二・容成氏 39・25
二・容成氏 44・24

二・容成氏 44・29
四・曹沫 28・05

一・緇衣 04・24
一・緇衣 18・01
一・緇衣 21・38
一・緇衣 21・45
一・性情論 02・26
一・性情論 02・32

能

一·性情論 32·12

五·競建 08·03

六·季桓子 01·13

六·季桓子 04·04

六·季桓子 25·12

九·史蕾 03·07

九·史蕾 05·03

九·史蕾 10·07

五·姑成 03·47

五·姑成 04·03

五·姑成 04·24

九·舉治 24·11

毋忘其所不△

按，「能」中一「爪」形改作「矢」形，遂與「能」首「㠯」形構成「矣」，或係不嚴格之變形音化。清華簡《攝命》「能」中作近「大」之形。

熊

五·君子 09·22

貴而△（揖）讓

郭店簡《成之聞之》對應作「龍」。按，該字與楚帛書、新蔡簡中用爲楚先祖名「熊」之字形合，清華簡《晉文公入於晉》「熊」字聲符同此。是即「熊」之初文，與「能」字形音有別，而與同時期「羸」字形同——兩者蓋屬同形，畢竟聲韻懸隔。至於「能」「熊」關係，因未見春秋之前確切用爲〈熊〉之字，無論一字分化、同意換讀、省形，均尚屬臆測。

火

四·曹沫 63·14

七·凡物甲 02·13

七·凡物乙 02·06

焌

六·王子木 03·16

六·王子木 04·07

按，从火、日，允〈夋〉聲，「焌」字異體。一曰「爨」。

然

然

四·采風 05·06

五·季庚子 15·12

七·凡物甲 27·13

八·志書 04·15

藝術·選六 148·02

炭

炭

二·容成氏 44·11

寘盂△其下

按，从火产聲，「炭」字異體。

燭

燭

二·容成氏 02·20

樊

焚

三·周易 53·32

三·亙先 04·37

五·三德 10·39

五·鬼神 02·26

五·鬼神 08·17

六·用曰 09·12

九·邦人 10·10

《說文》「樊」即「焚」，段《注》徑改篆爲「焚」。

爨

爨

二·魯邦 04·26

烖

古

𤆎

三·周易 21·07

三·周易 56·19

《說文》古文如此。

材

五·三德 02·37

五·三德 09·06

五·三德 14·30

港中零簡 04·11

按，从示才聲，「災」字異體。卷一示部附錄重出。

煙

古文：[古文字形]

𡫆
二·子羔 11·09
二·子羔 11·31
《說文》古文如此。一曰从畏，「褱/懷」字異體。

𢿌
八·蘭賦 05·45

五·三德 08·42　鬼神△（禋）祀

光

古文：[古文字形]

光
三·周易 02·04
八·成王 15·02
八·李頌 02·07
九·舉治 17·22
《說文》古文如此。

九·舉治 02·04

〈炎〉
七·鄭子甲 02·25　將保其𢡺（寵）△以沒入地
七·鄭子甲 05·01　而滅△於下
七·鄭子乙 02·27　將保其𢡺（寵）△以沒入地

按，下从「火」爲从「人」之譌。一曰「炎」，「𢡺炎」讀「恭嚴」。

威

威
五·季庚子 22·14
五·三德 10·27
五·三德 11·32
六·天子甲 11·16
六·天子乙 10·25
七·武王 14·26

䞭 䶢 爥 裟 熨 氣 烎

䞭	䶢	爥	裟	熨	氣	烎	
四・柬大王 16・10	二・民之 10・12	五・競建 04・11	一・緇衣 04・28	三・亙先 02・23	一・性情論 01・30	五・姑成 09・08	七・鄭子甲 04・33
詳見卷七日部附錄。	詳見卷一气部「气」下。	五・競建 04・31 按，从火量聲，或即「爨」字異體（李豪 2020.12.29）。	詳見卷十五。	詳見卷一气部「气」下。	詳見卷一气部「气」下。		

鐇

鐇 膰

八・有皇 06・13

八・有皇 06・25

按，从肉番聲，「鐇」字異體。卷四肉部附錄重出。

赤

赤 赤

九・卜書 06・12

按，上「大」受下「火」類化作「亦」形。

大

大 大

一・詩論 02・32

一・詩論 03・25

一・詩論 21・04

一・詩論 25・09

二・民之 09・15

二・子羔 01・48

二・子羔 07・15

二・魯邦 01・03

二・魯邦 01・19

二・昔者 01・08

二・昔者 01・17

二・昔者 01・24

二・昔者 01・34

二・昔者 01・43

二・昔者 02・16

二・昔者 04・13

二・昔者 04・32

二・容成氏 16・31

二・容成氏 30・13

二・容成氏 39・01

二・容成氏 41・31

二・容成氏 51・28

三・周易 02・10

三・周易 04・13

三・周易 04・18

三・周易 08・22

三・周易 12・14

三・周易 14・34

三・周易 18・06

三・周易 22・01

三・周易 22・12

三・周易 25・28

三・周易 25・38

三・周易 35・11

三・周易 35・42

三・周易 36・10

三·周易 41·08
三·周易 42·08
三·周易 42·14
三·周易 54·09
三·周易 54·13
三·周易 55·11

三·周易 58·11
三·周易 58·21
三·亙先 01·12
三·亙先 01·15
三·亙先 08·33
三·亙先 11·02

三·彭祖 02·44
四·鳴烏 04·26
四·昭王 06·11
四·昭王 06·17
四·昭王 08·03
四·昭王 09·12

四·柬大王 01·02
四·柬大王 01·12
四·柬大王 04·01
四·柬大王 10·15
四·柬大王 11·07
四·柬大王 13·09

四·柬大王 14·08
四·柬大王 14·22
四·柬大王 16·14
四·柬大王 17·05
四·柬大王 18·05
四·柬大王 18·19

四·柬大王 19·17
四·柬大王 20·03
四·柬大王 21·09
四·柬大王 22·22
四·柬大王 23·07
四·柬大王 23·23

四·內豊 10·14
四·曹沫 01·06
四·曹沫 02·15
四·曹沫 08·02
四·曹沫 08·13
四·曹沫 14·27

四·曹沫 16·12
四·曹沫 25·20
四·曹沫 46·16
五·季庚子 02·06
五·季庚子 18·26
五·季庚子 19·17

九·史蒥 12·05	九·舉治 30·14	八·顔淵 10·29	七·鄭子乙 07·24	七·武王 11·26	六·天子甲 04·09	五·三德 07·09	五·季庚子 20·08
九·卜書 03·03	九·舉治 33·18	八·成王 12·02	七·凡物甲 10·25	七·武王 12·04	六·天子甲 04·13	五·三德 10·15	五·季庚子 21·18
九·卜書 03·07	九·邦人 09·01	八·有皇 03·01	七·凡物乙 08·23	七·武王 12·36	六·天子乙 03·29	五·三德 13·37	五·姑成 04·15
九·卜書 08·05	九·邦人 09·15	九·舉治 01·05	七·凡物乙 22·16	七·武王 13·07	六·天子乙 03·33	五·三德 13·40	五·姑成 08·22
九·卜書 08·30	九·邦人 09·32	九·舉治 10·18	七·吳命 08·58	七·武王 13·18	七·武王 09·06	六·競公瘧 01·36	五·三德 03·17
九·卜書 09·15	九·史蒥 06·18	九·舉治 23·30	八·子道餓 06·03	七·鄭子甲 07·27	七·武王 11·05	六·季桓子 13·16	五·三德 05·20

〈六〉 (cont.)

藝術・選六 135・03

藝術・選六 143・02

三・亙先 01・09

質，△質；靜，大靜；虛，大虛。

四・柬大王 13・01

△（太）宰

上博零簡 01・29

《△雅》

一・緇衣 04・29

一・緇衣 10・05

一・緇衣 11・16

一・緇衣 12・16

一・緇衣 12・18

一・緇衣 12・33

一・緇衣 18・02

一・緇衣 18・09

一・緇衣 18・35

一・緇衣 19・02

〈六〉

七・凡物甲 29・26

△之以知天下，小之以治邦。

按，「六」爲「大」之譌。《說文》籒文作「亣（亣）」，別立爲部首，形與此同。

夾

二・容成氏 25・06

三・周易 27・13

六・競公瘧 08・33

九・靈王 01・28

犬

九・成王乙 02・09

按，音與「太」合，構形難解。一曰「太」，一曰「鈦」之初文（董珊 2007.6.20=2010=2014:143-173）。

亦

一・詩論 09・23

一・詩論 12・07

一・詩論 13・09

一・詩論 13・20

一・詩論 24・53

二・子羔 07・01

九·卜書 07·20	七·吳命 06·24	六·用曰 19·14	六·用曰 04·34	五·君子 11·29	四·曹沫 65·16	三·中弓 02·13	二·子羔 07·13
九·卜書 08·08	八·命 02·13	六·用曰 20·02	六·用曰 05·04	五·君子 11·36	四·曹沫 65·18	四·柬大王 23·03	二·子羔 09·28
九·卜書 09·13	八·蘭賦 05·15	七·武王 06·28	六·用曰 09·21	五·君子 14·01	五·鮑叔牙 08·27	四·相邦 04·25	二·從政甲 04·09
港中零簡 09·11	九·陳公 08·17	七·武王 11·09	六·用曰 11·31	六·競公瘧 08·06	五·鮑叔牙 08·33	四·曹沫 06·08	二·容成氏 45·21
上博零簡 01·04	九·邦人 07·17	七·凡物甲 21·26	六·用曰 17·19	六·用曰 02·29	五·季庚子 12·13	四·曹沫 07·31	二·容成氏 52·30
	九·卜書 07·03	七·吳命 02·07	六·用曰 19·05	六·用曰 03·25	五·季庚子 14·33	四·曹沫 09·19	三·周易 44·16

吳 古

夭

亦	亦		〈火〉	吳			夭
三·周易 56·18	一·性情論 18·04	六·季桓子 12·07	一·緇衣 06·23	二·子羔 01·03	七·吳命 03·21	《說文》古文如此。	五·競建 07·06
是謂△災眚	一·性情論 20·32	九·史留 09·07	小民△唯日怨	二·容成氏 05·28	七·吳命 03反·01		天不見△
王韓注本、帛書本《易》皆作「是謂災眚」。一曰「大」之譌。按，或即「灾」字，與下「災」重，疑爲衍文。唯古文字「灾」未見用爲〈災〉者。	二·民之 03·27	一曰「夜」，「亦」「夕」共筆譌變（高佑仁 2005.4.3）。然「夜」或作「[illegible]」，下从「夕」，上猶作「亦」者。	一·緇衣 10·38	二·容成氏 32·18	七·吳命 06·26		按，「夭」之譌形，《說苑·君道》即作「天不見妖」（陳劍 2006.4.1=2013:196-200）。一曰「害」。
	二·民之 04·04		△不我力	四·昭王 09·29	七·吳命 08·30		
	二·民之 04·13		按，「火」爲「亦」之譌。	五·弟子問 02·18	七·吳命 09·35		
	二·民之 04·22			六·競公瘧 08·13	藝術·選六 145·05		

喬

喬

喬

- 二·容成氏 01·06
- 二·容成氏 29·13
- 二·容成氏 38·43
- 二·容成氏 47·38
- 二·容成氏 48·02
- 二·容成氏 48·30
- 四·曹沫 08·12
- 五·季庚子 04·28
- 五·弟子問 06·18
- 五·鬼神 06·07
- 九·陳公 12·04
- 三·彭祖 02·39
- 六·競公瘧 10·04

㚔

㚔

幸

- 四·昭王 03·18
- 五·姑成 03·03
- 五·姑成 03·16

交

交

交

- 一·詩論 20·33
- 一·詩論 23·10
- 一·性情論 25·12
- 一·性情論 25·17
- 一·性情論 26·10
- 一·性情論 26·18
- 一·性情論 26·27
- 一·性情論 30·15
- 三·周易 16·17
- 三·周易 33·07
- 四·鳴烏 02·05
- 四·鳴烏 03·17
- 四·曹沫 17·01
- 五·三德 09·19
- 一·性情論 26·01

同方而△

郭店簡本《性自命出》對應作「交」。

絞

絞

八・顏淵 11・13

八・顏淵 12・08

睪

睪

一・性情論 13・23

五・姑成 10・06

八・成王 13・15

八・志書 05・14

九・邦人 07・08綴

九・史蕾 02・18

港中零簡 06・08

七・君人甲 08・18

七・君人乙 08・10

執

執

一・緇衣 10・35

一・性情論 28・21

二・容成氏 02・19

二・容成氏 24・15

二・容成氏 37・32

三・周易 08・06

三・周易 26・26

三・彭祖 01・10

四・柬大王 15・18

五・季庚子 03・03

六・競公瘧 10・35

六・慎子 05・15

六・用曰 10・35

七・鄭子甲 05・11

七・鄭子乙 05・09

九・靈王 02・31

九・靈王 03・24

九・陳公 06・13

九・陳公 09・14

九・陳公 10・34

九・陳公 11・06

⿰虘丮

九・靈王 01・25

△事人

九・靈王 02・21

△事人

按，从虘、丮。「虘」，一曰「㚔」之誤推類化，同篇有「執事人」字尚从「㚔」作；一曰「㚔」之變形義化，示「攌（理持）」意。安大簡本《碩鼠》「獵」字（簡80）即从辵虘（其中「虍」形稍譌，可參本編卷五所收《孔子見季桓子》之「虎」字）聲作。清華簡《殷高宗問於三壽》「措勤不居，虘祇不易」之「虘」字，从廾虘聲，或即「攌（理持）」之專字，在此用其本義，與「措」近義並舉。

亢

亢

八・李頌 01反・03

暴

⿱昦廾

二・從政甲 15・02

二・從政甲 15・18

按，从昦（暴）爻聲。所从「暴」，上部圈形係「日」之變形，中部係「廾」之變形，下部贅加「廾」形。

五・鬼神 01・18

五・鬼神 03・44

六・競公瘧 12・44

⿱⿰肉戈昦

二・從政甲 18・02

〔後人〕則△毀之

按，从肉、戈，昦聲，「暴虐」字，或由「暴」「𧰼」雜糅（郭永秉2011=2015:31-59）。一曰从大从兕，讀「折」（尉侯凱2017=2018.5.9）。

昦

昦

五・三德 11・05

臭

臭

一・緇衣 21・10

六・季桓子 14・05

夫

夫

一・詩論 03・39

一・詩論 07・29

一・詩論 16・42

一・性情論 28・25

一・性情論 28・33

一・性情論 29・07

一・性情論 29・17

一・性情論 29・25

一・性情論 37・14

一・性情論 37・30

一・性情論 38・07

一・性情論 38・24

二・子羔 04・03

二・子羔 08・05

二・魯邦 03・34

二・魯邦 03・47

二・魯邦 04・10

二・魯邦 04・43

二・從政甲 01・28

二・容成氏 19・26

二・容成氏 42・03

三・周易 01・09

三・周易 09・15

三・周易 16・27

三・周易 16・32

三・周易 28・46

三・周易 33・06

三・周易 50・36

三・中弓 02・04

三・中弓 03・12

三・中弓 04・07

三・中弓 06・16

三・中弓 08・10

三・中弓 08・18

三・中弓 08・29

三・中弓 10・06

七·凡物甲 14·01	六·季桓子 11·08	六·競公瘧 09·33	五·弟子問 10·07	五·君子 03·16	五·季庚子 07·01	四·柬大王 12·09	三·中弓 16·18
七·凡物甲 14·09	六·季桓子 19·05	六·競公瘧 10·28	五·弟子問 12·07	五·君子 03·38	五·季庚子 07·09	四·曹沫 19·27	三·中弓 23·16
七·凡物甲 28·02	六·季桓子 20·08	六·競公瘧 10·34	五·弟子問 14·15	五·君子 04·11	五·季庚子 11·05	四·曹沫 34·16	三·中弓 23·33
七·凡物乙 09·17	六·莊王 06·02	六·競公瘧 12·02	五·弟子問 17·05	五·君子 11·22	五·季庚子 14·05	四·曹沫 65·21	三·中弓 附·09
七·凡物乙 09·25	六·鄭壽 06·03	六·季桓子 02·12	五·鬼神 01·02	五·君子 13·06	五·君子 01·05	五·鮑叔牙 05·36	三·彭祖 04·09
七·凡物乙 13·15	七·武王 03·01	六·季桓子 10·07	六·競公瘧 04·21	五·弟子問 04·25	五·君子 01·31	五·季庚子 06·14	四·柬大王 06·22

八・成王 14・09
八・成王 14・34
八・王居 05・19
八・蘭賦 05・14
八・有皇 01・30
八・有皇 06・06

八・有皇 06・21
八・有皇 06・32
八・有皇 06・34
九・舉治 08・14
九・舉治 08・33
九・舉治 10・12

九・舉治 16・07
九・邦人 05・29
九・史蒥 05・18
九・史蒥 06・08
九・史蒥 08・02
九・史蒥 12・11

九・卜書 04・18
九・卜書 06・01
藝術・選六 143・04 

六・季桓子 03・05
六・季桓子 03・22
六・季桓子 06・13

立

立

二・從政甲 02・23
△〔是則□之以□〕
六・競公瘧 10・45 
唯是△……

一・詩論 24・40
一・詩論 27・40
一・緇衣 02・12
一・緇衣 07・26
一・緇衣 13・48
二・從政甲 13・04

二・容成氏 07・13
二・容成氏 07・32
二・容成氏 09・31
二・容成氏 13・08
二・容成氏 23・15
二・容成氏 28・19

七・凡物乙 03・08	七・武王 02・30	六・天子甲 02・19	六・莊王 05・13	五・姑成 07・44	四・曹沫 24・24	三・中弓 23・25	二・容成氏 29・18
七・凡物乙 03・10	七・武王 03・23	六・天子甲 06・29	六・慎子 01・07	五・姑成 09・02	四・曹沫 30・01	三・中弓 24・05	二・容成氏 30・29
八・命 08・13	七・武王 10・08	六・天子乙 02・05	六・慎子 01・12	五・姑成 10・20	五・季庚子 08・23	三・中弓 24・14	二・容成氏 37・19
八・命 10・03	七・鄭子甲 04・29	六・天子乙 02・14	六・用曰 18・26	五・三德 10・04	五・姑成 04・41	四・柬大王 01・22	二・容成氏 38・38
八・命 11・05	七・凡物甲 03・21	六・天子乙 02・24	六・用曰 19・41	六・季桓子 15・11	五・姑成 06・07	四・內豊 01・04	二・容成氏 40・02
八・蘭賦 05・44	七・凡物甲 03・23	六・天子乙 06・06	六・天子甲 02・10	六・季桓子 21・06	五・姑成 07・29	四・內豊 08・23	二・容成氏 49・41

立	竢	⿰立巳	⿱㞢立	⿰立𡿪	⿱尚立	竝	暜
	⿰立巳或					竝	暜或
	⿰立巳	⿰立巳	⿱㞢立	⿰立𡿪	⿱尚立	竝	〈普〉
九·靈王 01·04	二·容成氏 24·17	七·吳命 09·18	二·容成氏 07·29	藝術·選六 141·09	一·性情論 11·06	二·昔者 01·40	三·周易 44·27
九·舉治 08·15	六·愼子 03·13		一曰「待/時/峙」（陳劍 2015）。	按，从立𡿪聲，或即「列」字異體。	詳見卷十三土部「堂」下。	三·周易 45·17	井△不食
九·邦人 07·10	八·李頌 01·33					藝術·選六 145·08	《說文》或體如此。按，「普」爲「暜（替）」之混同。
九·史蕾 10·09	《說文》或體如此。						
卉茅 02·11							
藝術·選六 128·07							

囟

思

囟

四·昭王 10·18
四·曹沫 24·21
六·鄭壽 01·26
七·鄭子甲 02·09
七·鄭子甲 04·22
七·鄭子乙 02·12
七·鄭子乙 04·22
七·鄭子乙 05·11
七·君人甲 07·25
七·君人乙 07·15
八·有皇 01·14
九·成王甲 01·09

思

一·詩論 02·26
一·詩論 10·24
一·詩論 11·10
一·詩論 16·08
一·性情論 16·02
一·性情論 19·27
一·性情論 19·30
一·性情論 20·02
一·性情論 20·07
一·性情論 20·14
一·性情論 30·27
一·性情論 35·12
二·昔者 04·28
二·容成氏 03·26
二·容成氏 20·21
二·容成氏 44·20
二·容成氏 49·19
三·周易 55·06
三·中弓 03·08
三·亙先 05·17
四·采風 01·06
四·采風 05·02
四·曹沫 30·04
四·曹沫 31·11
四·曹沫 36·29
四·曹沫 38·06
四·曹沫 52·04
四·曹沫 54·23
四·曹沫 54·31
四·曹沫 55·08
四·曹沫 55·14
四·曹沫 55·18
五·姑成 01·42
五·姑成 01·53
五·姑成 05·32
五·姑成 05·51

心 慮

	心	慮	慮	〈愧〉			
一・緇衣 13・29	一・詩論 04・15	一・性情論 27・21	一・緇衣 17・04	九・擧治 07・17	七・吳命 09・44	七・凡物甲 07・14	五・三德 01・13
一・性情論 01・06	一・詩論 04・38	三・彭祖 06・15	一・性情論 39・19	尚退而△之	八・志書 04・22	七・凡物甲 15・10	五・三德 14・08
一・性情論 04・08	一・詩論 22・33	五・姑成 07・33	一・性情論 39・21	按，从「由」爲从「囟」之譌。	八・李頌 01反・55	七・凡物甲 17・13	六・競公瘧 08・12
一・性情論 14・15	一・緇衣 05・11	八・有皇 03・11	七・武王 07・31		九・成王甲 04・11	七・凡物乙 06・11	六・用曰 01・01
一・性情論 16・05	一・緇衣 05・24	按，从心膚（臚）聲，「慮」字異體。			卉茅 01・19	七・凡物乙 10・15	六・用曰 15・37
一・性情論 17・10	一・緇衣 13・16					七・凡物乙 12・09	七・鄭子甲 05・13

八・成王 15・22	七・凡物甲 28・18	六・用曰 13・21	六・莊王 08・09	三・彭祖 06・10	一・性情論 37・17	一・性情論 21・11	一・性情論 18・21
八・李頌 02・19	七・凡物乙 19・14	六・用曰 13・26	六・莊王 09・09	三・彭祖 06・18	一・性情論 38・10	一・性情論 23・05	一・性情論 18・27
八・有皇 02・21	七・凡物乙 19・17	七・凡物甲 26・15	六・用曰 01・21	四・鳴烏 03・06	三・周易 45・10	一・性情論 27・15	一・性情論 19・11
八・有皇 04・25	七・凡物乙 19・22	七・凡物甲 26・18	六・用曰 06・02	四・鳴烏 04・16	三・周易 48・30	一・性情論 28・28	一・性情論 20・10
九・成王甲 04・15	七・凡物乙 20・16	七・凡物甲 26・23	六・用曰 07・40	四・曹沫 18・18	三・周易 49・06	一・性情論 32・01	一・性情論 20・22
	七・吳命 06・21	七・凡物甲 26・27	六・用曰 09・27	五・季庚子 18・32	三・彭祖 01・11	一・性情論 35・08	一・性情論 20・27

情

情

一・性情論殘03・09

△〔術〕爲主

郭店簡本《性自命出》對應作「心」。

七・凡物乙19・26

心如能勝△

甲本對應作「心」。

情

七・鄭子乙03・26

七・凡物甲15・28

七・凡物乙17・01

八・李頌02・41

八・李頌02・45

八・李頌02・52

一・緇衣02・04

情

一・詩論01・18

一・詩論10・27

一・詩論16・14

一・詩論18・15

一・詩論22・07

一・性情論02・11

一・性情論02・18

一・性情論02・24

一・性情論10・13

一・性情論11・01

一・性情論12・11

一・性情論14・05

一・性情論17・24

一・性情論18・09

一・性情論21・15

一・性情論21・23

一・性情論22・12

一・性情論34・01

一・性情論35・24

一・性情論38・28

六・競公瘧04・33

卉茅02・21

一・性情論22・01

不以〔其〕△

一・性情論殘02・11

苟有其△

上二例郭店簡本《性自命出》對應作「青」，讀「情」。

志

悳

志							悳
 一·詩論 01·14	 一·緇衣 19·23	 二·民之 07·34	 三·周易 27·01	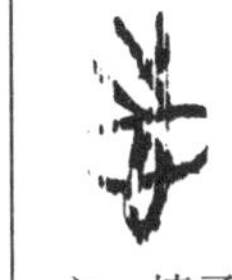 六·慎子 01·13	 七·武王 13·29	 八·成王 15·30	一·詩論 02·10
 一·詩論 08·29	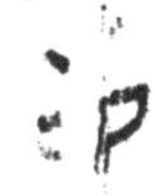 一·性情論 01·09	 二·民之 10·13	 四·曹沫 55·10	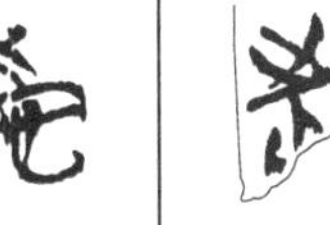 六·慎子 02·20	七·武王 14·04	 八·王居 03·15	 一·詩論 02·35
 一·詩論 19·02	 一·性情論 28·22	 二·民之 13·22	 四·曹沫 59·02	 六·慎子 05·05	 七·武王 14·07	 八·蘭賦 03·10	 一·詩論 05·16
 一·詩論 20·14	 一·性情論 37·34	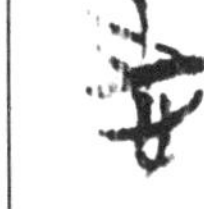 二·從政甲 09·16	 四·曹沫 61·08	 六·用曰 18·11	 七·武王 14·14	 九·舉治 32·29	 一·詩論 05·32
 一·詩論 26·13	 二·民之 03·26	 二·從政乙 06·04	 五·姑成 05·35	七·武王 06·31	 七·吳命 03·08	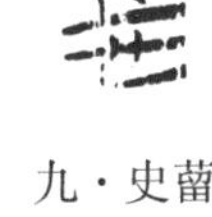 九·史蒥 12·08	 一·詩論 06·06
 一·緇衣 06·45	 二·民之 03·30	 二·容成氏 02·05	 五·鬼神 08·10	 七·武王 10·23	 七·吳命 05·25	 藝術·選六 148·04	 一·詩論 06·20

一・詩論 07・04
一・詩論 09・16
一・詩論 24・18
一・緇衣 03・19
一・緇衣 07・17
一・緇衣 13・07

一・緇衣 21・17
二・子羔 02・05
二・子羔 06・15
二・子羔 06・30
二・子羔 08・08
二・魯邦 01・27

二・魯邦 02・18
二・魯邦 03・38
二・從政甲 05・11
二・從政甲 05・19
二・容成氏 01・38
二・容成氏 32・21

二・容成氏 39・15
二・容成氏 50・03
三・中弓 11・11
三・中弓 13・12
三・中弓 17・05
三・彭祖 04・12

四・曹沫 03・14
四・曹沫 21・13
五・季庚子 02・01
五・季庚子 02・19
五・季庚子 04・01
五・季庚子 04・17

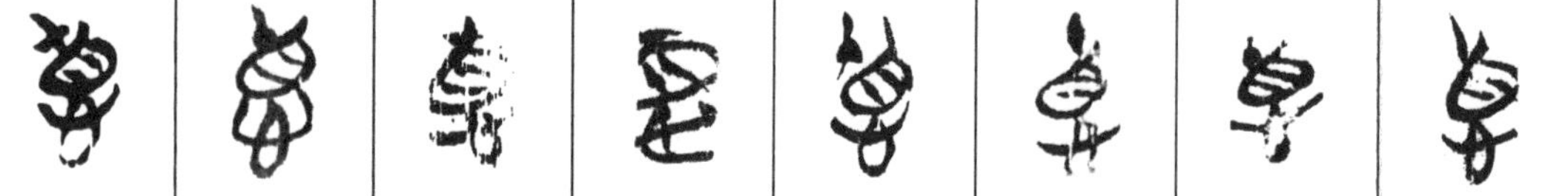

五・季庚子 06・20
五・季庚子 07・28
五・三德 01・17
五・三德 22・12
六・競公瘧 09・02
六・季桓子 24・16

六・慎子 03・11
六・慎子 04・12
六・用曰 02・20
六・用曰 03・05
六・用曰 04・01
六・用曰 08・36

六・用曰 09・06
六・用曰 13・23
六・天子甲 05・21
六・天子甲 05・24
六・天子甲 09・21
六・天子甲 12・26

愼

悳	悳	悳	悳	〈㥀〉		⿰木悳	愼
六・天子乙 08・31	港中零簡 01・02	一・性情論 10・26	三・周易 05・09	五・鮑叔牙 05・31	按，从「目」爲从「直」之省譌，本編卷十三「壦」有同例。	五・姑成 07・28	六・用曰 07・28
八・顏淵 10・17	上博零簡 01・05	一・性情論 16・28	三・周易 28・25	食、色、△（德）		按，从心植聲，「悳」字異體。一曰「植」。詳見卷六木部「植」下。	
八・成王 09・05		一・性情論 23・15	三・周易 28・41	八・子道餓 02・07			
八・蘭賦 03・22		一・性情論 26・20		偃也修其△（德）行			
九・舉治 25・09		一・性情論 27・17		九・舉治 28・12			
九・舉治 32・12				非能合△（德）於世者也			

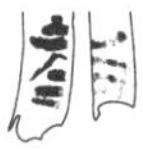

慙	慙		訢			訢	
一・詩論 28・09	四・曹沫 48・04	按，从心所聲，楚「慎」字。「所」，或即「椹質」字，楚人或已不明構形，故右揭「所」旁左部譌作「幺」「十」諸形。	一・緇衣 09・08	三・中弓 25・07	九・陳公 16・20	一・緇衣 16・35	五・季庚子 19・13
	四・曹沫 60・21綴		二・容成氏 01・15	六・季桓子 21・09	如御援，必△……	一・緇衣 17・16	五・弟子問 11・16
	五・三德 12・30		二・容成氏 39・11	九・陳公 17・19		一・性情論 16・20	六・慎子 01・01
	五・三德 20・21		三・中弓 20・29			二・從政甲 04・14	六・慎子 03反・01
	五・三德 22・10		三・中弓 23・14			二・從政甲 04・18	六・用曰 07・30
	七・吳命 01・10		三・中弓 23・31			三・彭祖 02・40	六・用曰 12・28

念 念　　　　忠 忠

悆	念			忠		訔	
二・從政甲 15・08	五・鬼神 07・05	八・顏淵 13・07	六・天子甲 13・13	一・詩論 26・01	按，从言，所若所省聲，「慎」字異體。卷三言部附錄重出。	一・性情論 39・27	九・史蒥 02・20
				一・緇衣 11・23		一・性情論 39・49	
				二・從政乙 04・17			
				三・中弓 21・08			
				三・中弓 22・05			
				六・慎子 01・14			

戁

戁

戁		忻	[illegible]		宓	慧	
二・從政甲 18・34	五・弟子問 04・18	一・性情論 20・05	一・性情論 37・32 不有夫恆△（謹）之志則慢 郭店簡本《性自命出》對應作「忌」。按，疑讀「謹」，郭店簡本讀「敕」。《廣雅・釋言》：「敕、愼，謹也。」	按，疑讀「因」。	七・凡物甲 12・22	一・性情論 38・36 有其爲人之△（快）如也 郭店簡本《性自命出》對應作「快」。一曰「慧」「快」雜糅（張新俊 2005:20 引吳振武說）。	一・性情論 06・17 △（快）於其者謂之悅 郭店簡本《性自命出》對應作「快」。按，「慧」之省形。一曰「快」之譌形。
三・中弓 12・10	六・季桓子 26・09	二・容成氏 25・17	五・弟子問 12・17 言行相△（因？），然後君子。				
三・中弓 20・13	六・鄭壽 03・26	五・三德 01・28					
三・中弓 21・13		七・凡物甲 19・13					
三・彭祖 02・48		八・命 07・03					
四・內豊 附・03							

忻

忻

慧

慧

悊	恭	⿱龍心	⿱龔心	慈	⿱絲心	恩	慭
五・三德 11・26	九・陳公 12・16	七・鄭子乙 02・26	七・鄭子甲 02・24	一・緇衣 13・31	四・內豊 04・13	五・姑成 09・39	九・靈王 01・08
			按，从心，龍若龏聲，「恭」字異體。	三・中弓 07・03	四・內豊 05・25	公△（隱）	
				三・中弓 08・12	八・顏淵 03・04	按，舊讀「忍」，唯於聲不協。疑讀「隱」。一曰「恩（慍）」。	
					八・顏淵 11・05		
					八・顏淵 12・05		

慶

三・周易 51・35

一・緇衣 08・11

九・舉治 03・02

按，「虫」若「蚰」爲繁飾，本編卷十「恐」「惷」均有同例。

寒

三・周易 45・11

惟

五・鬼神 07・06

六・用曰 06・04

懷

六・用曰 06・03

惠

五・季庚子 22・25

按，从宀、心，鬼聲，「懷」字異體。

懼

五・三德 04・39

六・鄭壽 01・20

六・鄭壽 03・25

九・靈王 04・11

憮 恧

憮（篆） 恧（篆） 愳 古

九・陳公 10・11

愳

二・從政乙 03・13

五・姑成 08・25

《說文》古文如此。

[illegible]

七・武王 05・32

武王聞之恐△

按，从見（視）、愳共筆，「戄」字異體。卷八見部附錄重出。

憮

六・用曰 02・26

恧

一・詩論 17・21

一・詩論 27・11

一・緇衣 13・33

一・性情論 34・05

一・性情論 34・10

二・容成氏 01・43

四・內豊 01・06

一・詩論 17・27

二・容成氏 35・29

四・曹沫 12・02

四・曹沫 17・23

八・志書 07・18

九・舉治 35・08

一・詩論 11・02

一・詩論 15・15

按，「虫」爲繁飾，本編卷十「慶」「憙」均有同例。

惛 懋 慁

（篆）古　（篆）　（篆）或　（篆）

惷		⿱既心	〈⿰亻忘〉	怟	⿱丐心	慁	
二・魯邦 02・21	一・詩論 15・05	六・用曰 11・03	八・顔淵 07・03	五・三德 04・42	一・性情論 38・30	三・中弓 07・13	三・周易 51・36
二・魯邦 03・49	按，「虫」爲繁飾，本编卷十「慶」「恖」均有同例。	《説文》古文如此。	前以博△ 按，从「亡」爲从「匄」之省譌（陳哲 2024:38-64）。本编卷八「傑（傑）」、卷十一「潹（渴）」均有同例。从人、心，匄聲，「恖」字異體。卷八人部附錄重出。		二・容成氏 53・19		三・周易 53・15
三・中弓 23・02					三・中弓 15・03		
六・競公瘧 03・15					三・彭祖 07・06 《説文》或體如此。		

三・中弓 02・01

……△（與）聞之

慆

慆

一・性情論 19・16

按，聲符「舀」中繁从「米」作。

懽

懽

三・中弓 22・08

二・從政乙 01・35

二・容成氏 06・23

四・相邦 03・06

四・相邦 03・15

四・曹沫 60・06

四・曹沫 61・06

急

急

五・弟子問 05・28

七・鄭子甲 02・02

七・鄭子乙 02・05

㥛

㥛

一・性情論 37・31

三・亙先 12・35

愉

愈

三・周易 05・28

三・周易 15・12

三・周易 16・12

三・彭祖 07・25

四・曹沫 02・14

六・用曰 04・23

七・凡物甲 05・21

七・凡物乙 11・31

忘 惰 悇 愚

	忘	隓	悇	愚			
三・彭祖 01・13	一・詩論 06・26	三・中弓 18・03	一・性情論 37・19	三・中弓 26・01	六・競公瘧 04・36	四・柬大王 02・14	六・競公瘧 11・12
		汝毋自△也			敷情而不△		
四・內豊 附・05	三・周易 20・02				按，「俞」旁省作。清華簡《四告》「俞」作「[illegible]」（簡16）、「[illegible]」（簡20），字形可參。		
 四・相邦 01・21	 三・周易 20・20						
 四・曹沫 54・24	 三・周易 21・17						
 五・鮑叔牙 02・35	 三・周易 21・27						
 五・三德 09・25	 三・周易 39・15						

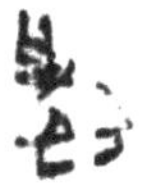

六·競公瘧 06·01

六·莊王 06·01

六·用曰 02·34

六·用曰 09·04

七·凡物甲 26·04

七·凡物乙 19·03

九·舉治 24·07

惕

惕 惕

七·武王 08·28

憧

憧 憧

三·中弓 04·12

恴

四·昭王 09·27

△君吳王身至於郢

按，聲符係「瞳」之初文，一曰由「目」形減體分化，一曰目框之形中加撇筆指事。或謂作「白」形。清華簡《五紀》中作疊瞳之形，用爲「東壁」之「東」，清華簡《大夫食禮》中用爲「童」字聲符（張新俊2023.12.22）。从心瞳聲，「憧」字異體，此用爲「愚憧」之「憧」，字亦作「童」若「惷」。

悖

悖 悖

一·性情論 15·08

三·周易 48·32

忨

忨 忨

一·詩論 14·18

詳見卷九頁部「頑」下。

惑			惛			忌	忿
惑			惛	憝	闅	忌	忿
一・緇衣 03・28	三・中弓 07・11	一・緇衣 04・11	二・容成氏 20・24	六・競公瘧 06・16	二・從政乙 03・09	六・用曰 15・19	七・武王 09・21
五・鬼神 06・16	六・季桓子 27・10	一・緇衣 22・18			按，从心䎽聲，「惛」字異體。		
	一曰从國聲作。	三・中弓 10・29					

黎

怨

悡	悥				〈寃〉	寃	〈悆〉
一・詩論 17・23	一・性情論 殘02・06綴	二・從政甲 05・17	四・曹沫 17・08	一・詩論 18・09	一・詩論 03・06	五・鮑叔牙 05・04	
《揚之水》其愛婦△	不知己者不△人	除十△	不可以先作△	以喻其△者也	多言難而△懟者也	百姓皆㤈△	
按，从心利聲，「黎」字異體。一曰从秎（粱）作。						按，从「占」之繁構爲「肙」之省譌。本編卷四「䏍」、卷七「寃」有同例。	
	上博零簡 01・18	二・從政乙 02・17		一・詩論 19・09			
	見有道而△刺者也	不□法嬴惡則民不△		猶有△言			
	一・詩論 27・38	八・命 05・09		按，除「心」外之構件，一曰「肙」譌，一曰从宀，从「肙」之省譌。			
	《北風》不絕人之△	不以私惠私△入于王門					

按，以右諸字从心肙（或其變體）聲，楚「怨」字。「肙」，一曰「肙」字繁構，則諸字即「悁」字異體。唯上古「怨」（WAN）與「肙」（WEN）主元音有隔，「肙」字形體源流，詳見卷十兔部「䨲」下疏解。

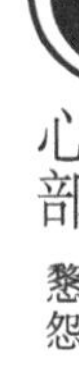

怒

⿱女心

- 五・競建 06・26　二三子不讁△寡人
- 五・君子 05・01　……△
- 六・天子甲 06・20　一喜一△
- 六・天子乙 05・31　一喜一△
- 九・舉治 35・03　△而不寡

按，从心女聲，「怒」字異體，與《說文》「恕」古文「⿱女心」同形。

慍

⿱昷心

- 二・從政乙 04・14
- 二・昔者 03・25
- 六・競公瘧 05・01

惡

惡

- 一・緇衣 01・40
- 一・緇衣 04・03
- 一・緇衣 22・09
- 一・緇衣 23・03

憎

憎

- 五・三德 02・28
- 五・三德 19・18

悔

悔

- 六・用曰 12・08

⿱母心

- 一・詩論 26・20
- 一・緇衣 12・15
- 三・周易 14・26
- 三・周易 14・29
- 三・周易 19・05
- 三・周易 26・35
- 三・周易 27・08
- 三・周易 28・18
- 三・周易 32・07
- 三・周易 33・14
- 三・周易 38・40
- 三・周易 43・16

悶 悲

⿱毋心

三·周易 43·18
三·周易 49·20 
三·周易 54·21 
三·周易 54·29 
三·中弓 05·07 
三·中弓 09·18 

四·曹沫 13·26
四·曹沫 61·15 
五·三德 13·19 
五·三德 20·12 
六·用曰 17·29 

一·緇衣 12·31
一·性情論 39·39 
二·從政乙 04·06 
三·彭祖 06·03 
四·鳴烏 03·11 
四·鳴烏 04·21 

五·君子 01·25
七·武王 06·18 
七·吳命 09·16 
九·舉治 06·26 
九·舉治 32·17 

按，从「毋」爲从「母」之混同。「⿱毋心」或爲「侮」字異體，詳見卷八人部「侮」下。

悶

一·詩論 26·05

悲

一·性情論 01·28
一·性情論 18·05 
一·性情論 19·23 
一·性情論 19·33 
二·民之 11·14 
二·昔者 04·26 

一·性情論 18·02

凡〔至樂〕必△

郭店簡本《性自命出》對應作「悲」。

惻

惻

二・從政甲 15・06

二・從政甲 15・33

二・容成氏 06・33

二・容成氏 42・01

三・彭祖 07・10

五・姑成 10・10

五・鬼神 02・32

六・用曰 03・29

六・用曰 09・29

七・鄭子甲 04・16

七・鄭子乙 04・16

七・凡物甲 25・11

七・凡物甲 26・05

七・凡物乙 18・11

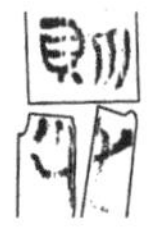
七・凡物乙 19・04

八・蘭賦 03・02

八・蘭賦 05・25

九・史蒥 09・10

忧

忧

六・用曰 04・08

八・志書 06・02

恙

恙

三・亙先 07・11

五・三德 03・25

五・三德 11・34

七・鄭子甲 04・14

七・鄭子乙 04・14

藝術・選六 138・08

怲

悥

二・從政甲 08・28

七・鄭子甲 01・34

七・鄭子甲 03・13

七・鄭子乙 02・03

七・鄭子乙 03・12

慽

感

一・詩論 04・28

㥑

㥑

一・詩論 16・07

一・性情論 19・29

一・性情論 31・21

二・從政甲 16・20

二・從政乙 03・07

三・周易 41・26

三・彭祖 07・09

四・昭王 10・06

四・内豊 06・20

四・内豊 06・29

五・競建 05・17

五・競建 09・08

五・君子 05・05

五・三德 04・38

五・三德 07・19

五・三德 14・03

五・三德 16・12

七・吳命 06・23

患

患

九・成王甲 04・25

九・成王乙 01・14

三・亙先 13・31

庸有求而不△

一曰「㥑」，讀「慮」。

懾

慑

六・用曰 04・05

憚

憛

四・曹沫 34・06

恐 𢖶古

愓 𢡹

忎		〈悉〉	愓			𢡃	𢠽
三・中弓 26・02	八・命 01・26	四・曹沫 05・31	二・從政甲 17・19	二・從政甲 18・10	七・武王 10・12	五・鮑叔牙 06・15	五・三德 05・26
三・彭祖 08・37	《説文》古文如此。	不然，△亡焉。	三・彭祖 06・08		七・武王 10・18	《集韻・錫韻》：「愓，亦作𢡃。」	五・三德 15・37
六・競公瘧 07・24		按，从「壬」爲从「工」之譌。	四・曹沫 46・27				
六・季桓子 22・05			四・曹沫 46・32				
六・季桓子 22・21			九・卜書 08・24				
七・武王 05・31							

惎

⿱丌心

- 藝術・選六 130・03
- 六・季桓子 13・12　出言不△（忌）
- 八・志書 03・17　抑△（忌）韋（回／違）讒媢 

⿱⿱日丌心

- 六・鄭壽 03・10　少師無△（忌）

按，从心，丌若曌（期）聲，或即「忌」字異體。

恥

恥

- 二・從政乙 03・16
- 五・季庚子 03・20 
- 五・三德 11・01 
- 五・三德 13・41 
- 六・天子甲 07・21 
- 六・天子甲 08・06 
- 六・天子乙 07・04 
- 六・天子乙 07・18 
- 八・王居 02・09 
- 一・詩論 08・20 
- 一・詩論 09・38 

怍

怍

- 六・用曰 07・20

忍	悱	态	⿱巛心	⿰忄方	⿱厷心	⿱此心	⿱化心
忍	忌	态	⿱巛心	⿰忄方	⿱厷心	⿱此心	⿱化心
三·亙先 01·21	二·子羔 01·49	五·鮑叔牙 06·11	七·吳命 03·03	一·詩論 09·41	四·曹沫 56·26	五·君子 04·15	三·中弓 07·12
六·競公瘧 07·07		五·鮑叔牙 08·30	詳見卷九頁部「順」下。	八·志書 04·20	邦家以△（弘）		詳見卷二辵部「過」下。
					安大簡本《曹沫之陳》對應作「忧」。按，从心厷聲，或即「忧」字異體。		

卷 㤎 㥕 蕊 㤑 㤇 㤕 㤐

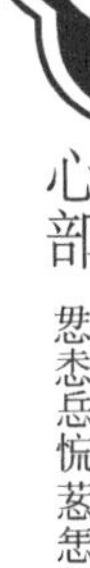

㤐	㤕	㤇	㤑	蕊	㥕	㤎	卷
六・季桓子 25・05	三・彭祖 06・01	一・性情論 27・20	三・亙先 10・07	一・性情論 01・26	一・詩論 08・40	藝術・選六 136・02	一・詩論 04・29
民泜不可△（侮） 詳見卷八人部「侮」下。「㤐」字或爲「㤐」字譌形，詳見卷十心部「悔」下。	△△之謀不可行，怵惕之心不可長 《說苑・說叢》：「忽忽之謀，不可爲也；惕惕之心，不可長也。」按，上部疑爲「未」之殘蹟，重文讀「忽忽」。			詳見卷一艸部附錄。		藝術・選六 136・05	一・詩論 29・01
							一・性情論 31・22
							一・性情論 35・20
							三・中弓 17・08
							四・相邦 01・09

按，从心关聲，或即「倦」字異體。《集韻·線韻》：「倦，或作惓。」一曰「患」。

㤓

一·詩論 26·08

按，「否」「心」共筆（周鳳五 2002=2016:287-307；黃德寬、徐在國 2002=2007）。

㤸

七·凡物甲 23·19

七·凡物乙 15·32

悅

一·性情論 29·30

一·性情論 36·09綴

一·性情論 26·25

一·性情論 26·16

同△而交

郭店簡本《性自命出》對應作「悅」。

𢘓

四·柬大王 02·13

四·曹沫 33·21

㤂

三·中弓 13·04

⿱矣心 ⿱宀⿱㠯心 悆 惆 ⿱⿹勹㠯心

⿱矣心	⿱宀⿱㠯心	悆	惆	⿱⿹勹㠯心		⿱⿹勹口心	
 一・緇衣 02・36	 三・周易 12・06	 三・中弓 13・06	 六・鄭壽 02・18	 五・三德 02・05	 三・中弓 26・03	 四・曹沫 33・01	 二・從政甲 09・11
詳見卷十四子部「疑」下。						 四・曹沫 41・07	 五・季庚子 18・01
						 四・曹沫 52・02	六・莊王 02・17
							 六・鄭壽 02・13

⿱兔心　悠　⿱沝心　⿱者心　⿱矣心

⿱㠯心（續）	⿰亻⿱㠯心	⿰言⿱㠯心	⿱矣心	⿱者心	⿱沝心	悠	⿱兔心
七・武王 03・34 △（怠）勝敬則亡 七・武王 04・07 敬勝△（怠）則長 按，「㠯」旁下部譌若「日」形，整體筆畫與「气」形混同。	七・武王 14・19 七・武王 14・22	七・凡物甲 03・24 七・凡物甲 25・17 七・凡物乙 03・11 七・凡物乙 18・17 一曰从言⿱㠯心聲，「辭」字異體。	一・詩論 14・14 詳見卷十四子部「疑」下。	一・緇衣 12・34 詳見卷六口部「圖」下。	六・用曰 16・04 按，「沉」字本會祭品（諸如「酉」「玉」「牛」等）沉諸沝（水）間之意。楚字用例或轉注其反義（泛）。此改从心作，或即「忱」字異體。一曰「⿱冘心」省聲，於形不切；一曰「心」聲，於聲有隔。	七・凡物甲 26・06 七・凡物乙 19・05	六・天子甲 10・21 詳見卷十兔部「逸」下。

⿰忄貞　愄　愋　⿱宀⿱正心　⿱某心　⿱⿰車巳心

⿰忄貞	愄		愋	⿰糸⿱爰心	⿱宀⿱正心	⿱某心	⿱⿰車巳心
五・弟子問 21・14	二・從政甲 08・19	七・吳命 05・11	二・從政甲 05・22	三・中弓 13・03	六・用曰 08・04	二・容成氏 03・20	二・從政甲 16・04
詳見卷三卜部「貞」下。				詳見卷十三素部「⿰素爰」下。	……樹惠蓄，△保之極。	教而△（誨）之	
	八・王居 01・25		二・從政甲 05・37		一曰从「灋」古文「⿱亼正」。	二・容成氏 37・14	
	八・志書 02・21					湯乃△（謀）戒求賢	
						按，从心某聲，「謀」若「誨」字異體。	

[illegible]	[illegible]	痣	𢘽	𢞈	𡫸	𢘦	懕	𢡺
二・民之 04・25	二・昔者 04・25	五・三德 13・07	一・性情論 28・02	一・性情論 04・24 一・性情論 05・15	三・中弓 20・27	六・用曰 01・16	六・用曰 02・03
	卷二口部「哀」下重出。	詳見卷七疒部「病」下。	〔□〕欲△而有禮 郭店簡本《性自命出》對應作：「進欲遜而毋巧。」按，从心差聲。一曰疑从「脊」聲，讀「節」。				

愍　器　慗　罷　旂　𤢺　駜　慾

字頭	出處	按語
愍	藝術・選六 142・06	
器	一・性情論 39・15	
器	四・內豊 06・43	
器	四・曹沬 05・13	
慗	九・成王甲 05・17	
罷	八・命 09・13	
旂	二・子羔 12・34	履以△（祈）禱 按，从心旂聲，或即「祈」字異體。
𤢺	七・鄭子甲 04・15	
𤢺	七・鄭子乙 04・15	
駜	五・鮑叔牙 03・04	
慾	三・亙先 03・37	詳見卷八欠部「欲」下。

⿱新心	慹		⿱啻心	藘	蕙	⿱⿱𠂊心心	⿸虍⿱壴心
 七・吳命 04・08	 二・昔者 03・04	詳見卷八見部「親」下。	 三・周易 04・05	 五・三德 13・01	一・性情論 04・27	一・性情論 30・13	五・三德 02・24
			窒△（愓）	一曰「怒」（楊澤生 2010）。詳見卷一艸部附錄。	 一・性情論 05・20	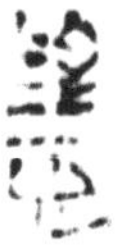 一・性情論 32・14	
			按，从心啻聲，或即「愓」字異體。		四・柬大王 16・17	一・性情論 39・13	
					六・競公瘧 06・09	 二・從政乙 01・38	
						 四・曹沫 34・14	
						 五・三德 02・23	

⿱翟心 ⿱翟心 ⿱爾心 懠 ⿰忄達 ⿱猷心 ⿱脜心

⿱虘心	⿱脜心	⿱猷心	⿰忄達	懠	⿱爾心	⿱翟心	⿱翟心
五・三德 15・08	三・周易 28・29	一・性情論 26・29	三・周易 04・04	一・性情論 15・17	四・曹沫 02・10	三・周易 24・26	五・鮑叔牙 06・34
△（且）事不成	三・中弓 26・06	詳見卷十犬部「猷」下。				三・周易 24・35	詳見卷四羽部附錄。
一曰「慮」，从「虘」爲从「⿸虍田」之譌，如字讀。	按，从心脜聲，或即「羞恥」字。					三・周易 25・20	

悹

一・性情論 33・16

詳見卷三亯部「筥」下。

㥥

一・性情論 39・28

詳見卷八人部「仁」下。

懟

九・邦人 01・21

一曰从萬聲作（張舒 2015）。

上博簡文字編卷十一

申城 沈奇石 撰集

水

水

一·詩論 17·19

一·詩論 29·17

二·魯邦 04·45

二·魯邦 05·07

二·容成氏 23·10

二·容成氏 53·23

五·三德 16·22

七·凡物甲 02·12

七·凡物甲 10·12

七·凡物甲 12·10

七·凡物甲 24·29

七·凡物乙 補·09摹

七·凡物乙 02·05

七·凡物乙 08·10

七·凡物乙 17·34

九·舉治 30·15

河

河

一·詩論 29·16

二·容成氏 13·18

二·容成氏 24·26

二·容成氏 27·03

二·容成氏 27·22

三·中弓 02·07

六·王子木 03·04

九·舉治 30·39

涑

涑

九·舉治 13·26

五年無△（涑）釦者　一曰从夊作。

江	沱	涂		溺	涇	渭	滂
江	沱	涂	涻	溺	涇	渭	⿱炏水
二·容成氏 26·15	二·容成氏 45·15	九·陳公 04·03	二·容成氏 25·08	七·武王 08·06	藝術·選六 136·01	二·容成氏 27·18	二·容成氏 23·11
七·吳命 05·39	四·曹沫 06·29			七·武王 08·10	藝術·選六 139·08	按，「肉」衍一筆。	
九·舉治 30·35	五·三德 12·28			七·武王 08·16			
	徐鉉等曰：「池沼之池，通用江沱字。今別作池。」按，从水它聲，「池」字異體，與《說文》「沱」異代同形，並非通用。詳見卷三攴部「⿰也攴」下疏解。						

洛

洛

- 二・容成氏 26・37
- 六・天子甲 06・11 
- 六・天子乙 05・22 
- 八・王居 07・13 

沾

沾

- 九・卜書 03・02
- 九・卜書 03・06 

漳

漳

- 九・陳公 04・04

漸

漸

- 三・周易 50・23
- 三・周易 50・33 
- 九・成王甲 02・11 
- 九・成王乙 02・14 

〈⿱⿰莫斤水〉

- 三・周易 50・01

△：女歸吉，利貞。

- 三・周易 50・10

鴻△于干

按，从「莫」爲从「車」之譌。

深

深

- 一・詩論 02・27
- 一・性情論 19・14 
- 四・柬大王 08・03 
- 四・柬大王 08・20 
- 五・鮑叔牙 06・13 
- 五・三德 11・12 
- 五・鬼神 08・07 
- 六・用曰 20・09 
- 八・李頌 01・56

淮	泗	寑

		沓	淮	泗	⿱死水	寑	⿰氵帚
九・舉治 29・18	四・采風 04・27	九・卜書 04・07	二・容成氏 25・15	二・容成氏 37・20	二・容成氏 26・36	八・李頌 01反・12	一・性情論 18・29
	《王音△浴（谷）》 一曰「沐」。	尟屯（純）△		△（伊）尹	禹乃通△（伊）、洛。 按，从水，四若死聲，或即「伊水」字。		按，从水寑省聲。
九・舉治 33・02		九・卜書 04・19		二・容成氏 37・25			
		丈夫△以伏匿 按，或即「深」「審」雜糅。		△（伊）尹			

⿰氵虒	渚	洨	沽		瀘	泥	洍
〈⿰氵虒〉	渚	洨	沽		瀘	⿰土匚	洍
六・用曰 06・13	四・鳴鳥 02・11	三・周易 11・07	二・魯邦 05・09	八・蘭賦 02・10	八・王居 03・14	三・周易 02・36	三・周易 24・30
絕源流△（澌）			二・容成氏 26・17		邦人其△（沮）志解體	需于△	
按，从水虒省聲，戰國「虒」多省作「虎」。			五・鮑叔牙 05・22		按，从水盧聲，或即「沮」字異體。	按，从土匚聲，「泥」字異體。卷十三土部附錄重出。	
			五・弟子問 16・09				
			六・用曰 06・18				
			六・用曰 19・17				

海

⿰氵母

- 三・中弓 18・13
- 七・凡物甲 15・23
- 七・凡物甲 16・08
- 七・凡物乙 11・08

⿰氵毋

- 二・容成氏 05・12
- 二・容成氏 05・17
- 二・容成氏 09・23
- 二・容成氏 19・39
- 二・容成氏 20・02
- 二・容成氏 25・21
- 二・容成氏 26・01
- 二・容成氏 26・21
- 二・容成氏 41・21
- 七・吳命 05・52
- 八・命 07・06
- 二・民之 07・11
- 二・民之 12・19

按，从「毋」爲从「母」之混同。

潮

洀

- 五・三德 16・26

奪民時以水事，是謂△（淖／溺）。

《呂覽・上農》對應作「籥」。按，聲符「舟」承「𠦝TAU」字音，與「籥LEUK」聲韻有別。一曰讀「淖」，則《呂覽》異文蓋後世T-與L-之相混所致。而鄔可晶（2020=2024:245）據其異文及其他材料，視該聲符爲「盜」之割取，抑或其省體。唯「盜」中形體未見作「舟」者。此字據TAU音而讀「淖」即可。其他「舟」聲字之用爲〔躍〕者，疑讀「超／趠／趙」。清華簡《四告》「以湓征不服」之「湓」疑讀「討」若「調」，恐不必與「盜征」趨同。清華簡《晉文公入於晉》「洀舊溝」之「洀」，疑與上博簡《容成氏》「闓室沼流」之「沼」同記疏浚、開導義之詞。

滔

滔

- 五・三德 07・29

波

波

- 二・容成氏 24・19

浮	測	洌	清			淵	
浮	測	洌	清			𣶒 或	囦 古
浮	測	{列/水}	淸			𣶒	囦
五・鮑叔牙 03・27	七・凡物甲 20・02	三・周易 45・30	一・詩論 05・13	七・凡物甲 12・14	二・容成氏 23・13	卉茅 01・18	三・彭祖 04・08
			一・詩論 21・48	七・凡物乙 09・04	水潦不△（靜／靖）	《說文》或體異體。	五・君子 01・02
			二・容成氏 01・40				五・君子 01・18
			三・亙先 04・09				五・君子 02・32
			六・競公瘧 06・05				五・君子 03・35
							五・君子 04・01

五・弟子問 20・01

七・凡物甲 15・07

七・凡物乙 10・12

八・顏淵 01・03

八・顏淵 01・23

八・顏淵 03・09

八・顏淵 05・19

八・顏淵 06・14

八・顏淵 09・32

《説文》古文如此。

涵

一・性情論 27・23

⿱宀水

七・武王 08・12

溺於△

澤

澤

二・容成氏 13・23

二・容成氏 24・23

四・曹沫 02・03

二・容成氏 03・08

淏

三・彭祖 06・21

淫

淫

一・緇衣 04・07

淺

[氵丵]

一・性情論 13・22
笑，喜之△澤也。

六・用曰 20・14
有但之深，而有弔之△。

按，从水丵聲，楚「淺」字。

沙

[土𡰱]

三・周易 02・26
需于△

按，从土𡰱聲，「沙」字異體。卷十三土部附錄重出。

沼

[氵弨]

二・容成氏 24・11
闉室△流

按，从水弨聲，「沼」字異體，疑與清華簡《晉文公入於晉》「洲舊溝」之「洲」同記疏浚、開導義之詞。詳見卷十一水部「潮」下疏解。一曰讀「江漢朝宗于大海」之「朝」，李善謂：「小水入大水曰朝。」

「弨」，从「尸」爲从「弓」之譌。一曰聲符係从彳（攸）、口，係「攸」字繁構，此讀「導」。

瀆

[氵坴]

八・成王 04・10

八・王居 07・03

九・舉治 23・04

九・舉治 30・30

九・舉治 31・11

九・卜書 04・01

澗

[門水月]

三・周易 50・12

五・三德 12・14

灘

灘（俗）

灘

一・詩論 10・09

一・詩論 11・22

二・容成氏 27・35

二・容成氏 28・01

《說文》俗體如此。

決

決

二・容成氏 24・24

溢

溢

澉

九・靈王 04・03

九・邦人 02・25

津

津

津

九・邦人 02・28

潛

潛

濿

二・容成氏 51・19

涉於孟△

按，从水厲聲，楚「津」字。

潛

九・舉治 21・14

淦

淦

淦

六・用曰 04・13

六・用曰 04・16

砅

或 濿

濿

四・鳴烏 03・23

四・昭王 05・21

四・昭王 05・28

八・王居 01・04

九・陳公 13・34

五・競建 06・20

《說文》或體如此。

淒

淒

淒

二・容成氏 31・36

△（濟）於廣川

四・曹沫 43・11

行阪△（濟）障

淒

三・周易 58・16

未△（濟）

按，从水妻聲，或即「濟」字異體。

沈 沈

湆

五・鬼神 07・03

渴 渴

㴱

九・陳公 17・09

二・容成氏 25・02

〈⿰氵⿱亡木〉

三・中弓 19・06

三・中弓 20・24

按，从「亡」爲从「匃」之省譌（陳哲 2024:38-64）。本編卷八「傑（傑）」、卷十「愒（忢）」均有同例。

漮 漮

漮

九・史蒥 03・11

按，从水康聲，或即「湯」字異體。

汙 汙

汙

五・三德 12・27

九・卜書 03・04

湯 湯

湯

一・詩論 17・17

二・容成氏 36・22

二・容成氏 37・12

二・容成氏 39・05

二・容成氏 40・13

二・容成氏 40・38

（湯，續）

二・容成氏 41・09

二・容成氏 42・12

五・鬼神 01・25

六・競公瘧 06・04

九・舉治 14・03

九・舉治 17・05

湑

浞

四・昭王 01・07

昭王爲室於死△（沮）之滸

按，从水疋聲，或即「沮」字異體。

澡

澡

八・成王 05・08

汲

汲

五・競建 02・02

五・競建 05・28

⿱彶水

六・競公瘧 02・41

按，从水彶聲，「汲」字異體。一曰从彳汲聲。詳見卷二彳部「彶」下。

〈沒〉

三・周易 45・14

可以△

按，从「叟」爲从「及」之譌。

汗

汗

八・蘭賦 01・01

……△（旱），雨露不降矣。

八・蘭賦 02・02

△（旱）其不雨

八・蘭賦 04・23

風△（旱）之不周

按，从水干聲，或即「旱」字異體。

泣		滅	泯	汌	沕	泱	泊
泣		滅	泯				
泣	深	烕	泯	汌	沕	泱	泊
四・柬大王 14・06	八・有皇 04・38	七・凡物甲 20・05	六・用曰 19・29	九・舉治 30・26	四・鳴烏 01・02	二・子羔 07・16	二・容成氏 35・31 四・柬大王 01・04 四・曹沫 54・21 六・用曰 07・27
		《川篇》（《改併四聲篇海》引）《字彙補》以爲「滅」字古文。		詳見卷十一川部「川」下。	詳見卷六木部「梁」下。		按，段《注》以《說文》「洦」爲古「泊」字，或可寄「洦」下。

瘵　湶　湯　浩　沷　浴　浧　汷

字	出處	編號	辭例	按語
〈汷〉	三·周易	53·23	旅既次，懷其△（資）。	王韓注本《易》對應作「資」，馬王堆帛書本作「茨」。按，所在辭例爲韻腳字，與「次」相叶，故从水次省聲，與《說文》「汷」同形（侯乃峰 2015=2022:203-208）。
浧	三·亙先	04·21		詳見卷五皿部「盈」下。
浴	一·詩論	26·06		詳見卷十一谷部「谿」下。
沷	五·季庚子	04·30		
浩	九·靈王	02·07		
湯	二·容成氏	25·38	禹乃通蔞與△（易）	按，从水易聲，或即「易水」字。
湶	三·周易	45·32		詳見卷十一部泉部「泉」下。
瘵	二·容成氏	03·09		

滿	溪	涤		〈滄〉	⿰𠦝余		⿸厂彖
五・季庚子 04・31	二・容成氏 31・34	七・君人甲 09・14	詳見卷十一谷部「谿」下。	四・柬大王 01・24 王△（汗）至帶	四・柬大王 01・05 簡大王泊△（旱）	四・柬大王 12・12 夫雖毋△（旱）	三・周易 58・04 按，「厂」，何琳儀、程燕（2004.5.16=2005），何琳儀、程燕、房振三（2006=2017）以爲「廾」之殘蹟，若是，則與三體石經「逸」之作「□」相合。
				二・從政甲 19・13 饑△（寒）而毋會 按，从「倉」爲从「寒」之譌。	四・柬大王 11・15 此所謂之△（旱）母	四・柬大王 18・20 邦家大△（旱） 按，从水倝聲，或即「乾旱」字。	
					四・柬大王 12・08 而罰之以△（旱）		

流　澳　⿰氵惡　⿱㬎水　⿰氵⿱癶巠　溏

流 篆

	⿰氵⿱亠虫	⿰氵⿱亠畫	澳	⿱亞水	⿱㬎水	〈泾〉	溏
七·凡物甲 03·01	二·容成氏 24·12	一·性情論 19·19	二·容成氏 21·06	二·容成氏 24·10	三·亙先 02·11	五·弟子問 08·09	四·昭王 01·09
七·凡物甲 03反·03	六·季桓子 24·05	一·性情論 28·11				詳見卷二口部「啜」下。	九·陳公 04·06
七·凡物甲 10·15	六·用曰 06·12	一·性情論 38·12					
七·凡物乙 01·03	七·凡物甲 01·03	二·從政甲 19·26					
七·凡物乙 01·09	七·凡物甲 01·09	八·有皇 04·11					
七·凡物乙 02·19	七·凡物甲 02·26	與《說文》篆文同源。					

川　く　𣻼

篆　古　篆

	川	畎	甽			涉	
三・周易 04・19	一・緇衣 07・21	六・慎子 05・18	二・子羔 08・15	四・柬大王 09・06	三・周易 22・11	一・詩論 29・06	七・凡物乙 02・25
三・周易 12・15	二・魯邦 02・28	《說文》篆文如此。	《說文》古文如此。	四・柬大王 11・03	三・周易 25・27	二・容成氏 51・16	七・凡物乙 08・13
三・周易 18・07	二・魯邦 04・05			五・季庚子 07・19	三・周易 25・37	三・周易 02・09	九・舉治 23・11
三・周易 22・13	二・魯邦 04・44			七・鄭子甲 06・09	三・周易 54・12	三・周易 04・17	
三・周易 25・29	二・容成氏 31・39			七・鄭子乙 06・10	三・周易 58・10	三・周易 12・13	
三・周易 25・39	三・周易 02・11			《說文》篆文如此。	三・周易 58・20	三・周易 18・05	

巟　⿱日巛

		乇	巟	汌			
九·史蒥 09·13 史蒥△（曰）	五·弟子問 08·14 子貢△（曰）	二·民之 10·07 孔子△（曰）	三·亙先 05·16	九·舉治 30·26	七·凡物乙 06·13	五·三德 10·22	三·周易 54·14
九·史蒥 12·13 夫子△（曰）	七·凡物甲 15·26 聞之△（曰）	四·相邦 04·30 子貢△（曰）	四·曹沫 61·13	九·舉治 31·04		五·三德 12·10	三·周易 58·12
	九·史蒥 01·06 史蒥△（曰）	四·相邦 04·39 孔子△（曰）	五·三德 07·10	九·舉治 31·31		五·三德 17·30	三·周易 58·22
			五·三德 22·14	按，从水川聲，「川」字繁構。卷十一水部附錄重出。		五·三德 18·33	三·中弓 19·04
			卉茅 02·32			六·競公瘧 07·18	五·君子 15·14
						七·凡物甲 07·16	五·三德 01·42

侃 侃
州 州（古）
泉 泉
菓

按語	侃	州	州	州	泉	淥	菓
按，由「水」減體象水小流之形，白師於藍（2017:814）以爲「𡿯」之初文。蓋與《説文》「く」「巜」「汩」均密切相關（參見侯乃峰 2015=2020:77–83；陳斯鵬 2015=2018:123–131）。楚字用爲｛曰｝。	一・緇衣 16・39	二・容成氏 25・07	二・容成氏 26・28	七・君人乙 04・27	二・容成氏 33・02	三・周易 45・32	二・民之 02・10
		二・容成氏 25・09	二・容成氏 27・08	九・陳公 03・18		《字彙補・水部》：「淥與泉同。」按，从水泉聲，「泉」字繁構。卷十一水部附錄重出。	按，从泉丱聲，或即「原」字異體。「泉」上多一横，或係「原」省。
		二・容成氏 25・26	二・容成氏 27・27	九・陳公 17・03			
		二・容成氏 25・28	二・容成氏 41・15	《説文》古文如此。			
		二・容成氏 26・06	六・天子乙 01・07				
		二・容成氏 26・26	七・君人甲 04・29				

灥

原 篆

原

- 六・用曰 06・11

與《說文》篆文同源。

羕

羕

羕

- 三・周易 09・05
- 三・周易 47・07 
- 三・周易 48・18 
- 四・柬大王 23・18 
- 二・容成氏 13・25 
- 二・容成氏 16・21 
- 二・容成氏 33・10 
- 二・容成氏 37・36
- 三・彭祖 01・16 
- 一・性情論 06・01 

△（養）性者

- 一・性情論 16・01

△（詠）思而動心

谷

谷

谷

- 一・詩論 03・23
- 一・詩論 07・33 
- 一・詩論 09・32 
- 一・詩論 16・38 
- 一・緇衣 04・01 
- 一・性情論 26・36 
- 一・性情論 27・03
- 一・性情論 27・16 
- 一・性情論 28・01 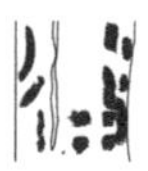
- 一・性情論 28・07 
- 一・性情論 28・14 
- 一・性情論 31・25 
- 一・性情論 31・29
- 四・曹沫 46・21
- 四・曹沫 64・23
- 六・季桓子 15・26 
- 七・武王 02・06 
- 七・武王 04・12 
- 七・武王 04・15 
- 七・武王 09・28
- 八・顏淵 14・06
- 八・王居 06・14 
- 九・史蒥 08・19

谿

睿

濬 古

〈㕣〉	浴		溪	[氵系]		濬
一・性情論 27・09 凡身△（欲）靜而毋滯	一・詩論 26・06	五・弟子問 02・17	二・容成氏 31・34	七・君人甲 09・14	按，从水，[爫系]若省聲，「谿」字異體。卷十一水部附錄重出。	一・性情論 19・13
一・性情論 27・22 慮△（欲）淵而毋肆	二・容成氏 27・40	九・舉治 30・28	四・柬大王 03・11	七・君人乙 09・10		《說文》古文如此。
一・性情論 27・28 退△（欲）肅而毋□（輕）	二・容成氏 28・06	九・卜書 03・08	四・柬大王 08・04			
一・緇衣 05・21 君好則民△（欲）之	二・容成氏 31・35	按，从水谷聲，楚「山谷」字，與《說文》「浴」同形。卷十一水部附錄重出。	四・柬大王 08・21			
按，「㕣」爲「谷」之譌。	三・周易 44・37					
	四・采風 04・28					

冰

冬 古

冰	[illegible]		雨			靁	[illegible]
八・成王 05・07	一・緇衣 06・18	八・李頌 01・19	一・詩論 08・06	七・凡物甲 14・02	二・魯邦 05・15	七・凡物甲 11・25	二・容成氏 13・22
	一・性情論 02・19	按，从日宂聲。「宂」，古文終。《說文》古文源此。	一・緇衣 06・11	七・凡物乙 09・18	三・周易 34・06		
	二・子羔 12・21		二・魯邦 04・23	八・蘭賦 01・02	三・周易 38・22		
	二・容成氏 22・26		二・魯邦 04・32	八・蘭賦 02・05			
	四・昭王 07・11		二・魯邦 05・06				
	六・鄭壽 05・03		四・柬大王 16・15				

雨

靁

霻	霝			露	霜	霚	雩
霻	霝			露	霜	霚 籀	雩
霬	霝			䨖	霜	雺	雩
四・采風 03・10	一・緇衣 14・17	三・周易 24・14	九・靈王 01・12	一・詩論 21・18	九・陳公 19・14	三・周易 38・24	五・鮑叔牙 08・19
九・陳公 03・09		七・君人甲 09・11		八・蘭賦 01・03		《說文》籀文如此。	
按，从雨毳聲，「霻（雪）」字異體。		七・君人乙 09・07		九・陳公 19・15			
		七・吳命 08・09		按，从雨各聲，「露」字異體，與《說文》「䨖」同形。			
		七・吳命 08・29					
		九・靈王 01・01					

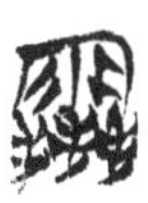

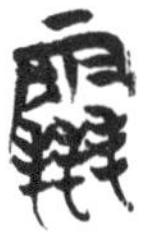

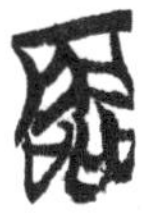

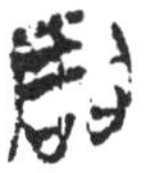

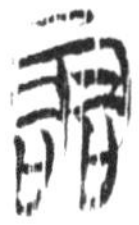

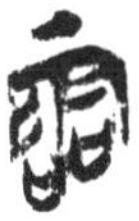

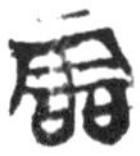

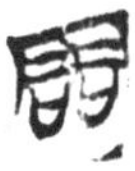

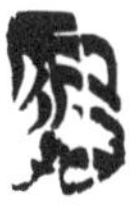

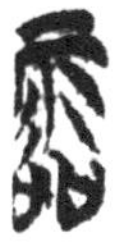

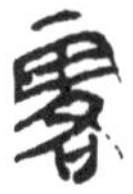

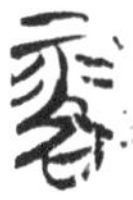

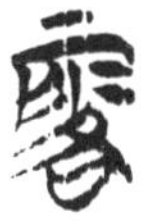

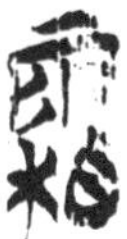

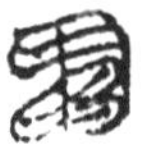

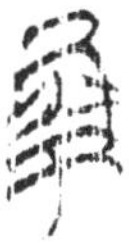

	魚	霒	雲	䨢		需	
		古	古				
	魚	侌	云	䨢		需	
五・姑成 08・29	二・魯邦 04・49	二・容成氏 29・32	三・亙先 04・17	二・容成氏 41・19	二・容成氏 02・30	三・周易 57・05	一・緇衣 20・16
五・姑成 09・27	二・魯邦 05・10	六・天子甲 05・08	七・君人甲 09・15			三・周易 57・31	
五・姑成 10・08	二・容成氏 05・24	六・天子乙 04・24	七・君人乙 09・11				
	二・容成氏 13・20	七・凡物甲 02・04	藝術・選六 139・02				
	三・周易 40・30	七・凡物乙 01・35	《說文》古文源此。				
	三・周易 41・14	《說文》古文源此。					

鰥 鰥

五・姑成 09・06

九・邦人 08・27

藝術・選六 146・09

按，左下垂筆衍譌作「人」形，本編卷四「者」、卷七「兩」及卷八「舟」均有同例。

四・曹沫 52・22

乃逸其△（虜）

按，安大簡本《曹沫之陣》對應作「擄」，亦讀「虜」。可與《左傳》成公十六年「乃逸楚囚」對讀。這類「魚」形蓋由右揭帶有「人」形飾筆者譌變而來（沈奇石 2023）。

鰥

六・用曰 16・01

鮮 鮮 鮮

四・多薪 01・05

鰿 鰿

二・容成氏 24・03

九・舉治 31・19

鯩 鯩

九・舉治 31・18

燕 燕 鴳

一・詩論 10・25

《△△》

一・詩論 16・12

《△△》

二・子羔 11・19

有△銜卵而措諸其前

按，从鳥妟聲，「燕」字異體。卷四鳥部附錄重出。

龍 龍	䶬	飛 飛	非 非	非	非	非	非
四·柬大王 15·12	一·緇衣 13·46	三·周易 56·11	一·緇衣 14·15	三·周易 35·24	三·亙先 06·25	四·曹沫 02·02	六·用曰 02·25
七·君人甲 05·19	按，衍一橫。	六·用曰 05·15	一·性情論 24·08	三·周易 55·03	三·亙先 06·31	四·曹沫 63·21	六·用曰 06·28
七·君人乙 05·14		八·鶹鷅 01·35	一·性情論 24·15	三·亙先 03·30	三·亙先 06·37	五·鬼神 06·19	六·用曰 08·08
		九·陳公 19·07	二·魯邦 03·19	三·亙先 06·07	三·亙先 07·06	六·競公瘧 09·10	六·用曰 12·25
			三·周易 10·01	三·亙先 06·13	三·亙先 12·22	六·季桓子 08·15	六·用曰 13·14
			三·周易 20·08	三·亙先 06·19	四·曹沫 01·31	六·用曰 02·13	七·吳命 01·03

七・吳命 08・51

八・成王 11・16

八・命 05・14

八・李頌 02・25

九・舉治 07・05

九・舉治 10・02

九・舉治 28・09

上博簡文字編卷十二

申城 沈奇石 撰集

孔

孔

- 二·民之 01·04
- 五·三德 03·44

- 上博零簡 01·27

△□《大雅》

一曰「孔子」合文。

乳

孚

- 三·周易 02·01
- 三·周易 02·14
- 三·周易 02·24
- 三·周易 02·34
- 三·周易 02·42

不

不

- 一·緇衣 14·37
- 一·緇衣 17·40
- 一·性情論殘 02·01
- 三·周易 04·15
- 三·周易 04·22
- 三·周易 04·33
- 三·周易 07·14
- 三·周易 09·10
- 三·周易 10·09
- 三·周易 10·23
- 三·周易 11·20
- 三·周易 12·23
- 三·周易 12·29
- 三·周易 13·08
- 三·周易 14·17
- 三·周易 15·04
- 三·周易 18·36
- 三·周易 28·22
- 三·周易 31·15
- 三·周易 35·05
- 三·周易 35·44
- 三·周易 39·02
- 三·周易 40·33
- 三·周易 42·24

三·周易 44·04
三·周易 44·28
三·周易 45·06
三·周易 48·04
三·周易 48·11
三·周易 48·25

三·周易 48·31
三·周易 50·18
三·周易 50·38
三·周易 52·13
三·周易 57·18
三·彭祖 03·02

三·彭祖 06·04
三·彭祖 06·11
三·彭祖 07·03
三·彭祖 08·03
三·彭祖 08·31
四·柬大王 06·08

四·柬大王 08·11
四·柬大王 09·24
四·柬大王 11·27
四·柬大王 14·12
四·柬大王 21·16
五·鬼神 04·07

五·鬼神 05·21
六·王子木 04·06
六·用曰 04·11
六·用曰 04·35
六·用曰 06·17
六·用曰 09·17

六·用曰 10·27
六·用曰 15·12
六·用曰 17·14
六·用曰 17·20
六·用曰 19·06
六·天子乙 09·11

六·天子乙 09·16
六·天子乙 09·21
六·天子乙 10·07
六·天子乙 10·12
六·天子乙 10·23
六·天子乙 11·14

六·天子乙 11·19
七·吳命 03·16
七·吳命 04·21
七·吳命 09·15
七·吳命 09·41
七·吳命 09·43

三・中弓 09・17	二・魯邦 04・08	一・詩論 29・03	一・詩論 25・06	一・詩論 17・12	一・詩論 11・28	一・詩論 01・06	七・吳命 09・57
三・中弓 10・09	二・魯邦 04・22	二・子羔 07・08	一・詩論 25・21	一・詩論 17・14	一・詩論 12・06	一・詩論 04・33	八・李頌 01・53
三・中弓 10・19	二・魯邦 05・05	二・子羔 07・14	一・詩論 27・34	一・詩論 20・04	一・詩論 13・03	一・詩論 06・17	八・李頌 01反・05
三・中弓 12・03	二・魯邦 06・03	二・子羔 09・22	一・詩論 27・41	一・詩論 20・35	一・詩論 13・05	一・詩論 06・25	八・蘭賦 02・09
三・中弓 14・03	三・中弓 09・07	二・魯邦 01・10	一・詩論 28・04	一・詩論 21・12	一・詩論 13・08	一・詩論 08・27	八・蘭賦 04・15
三・中弓 17・03	三・中弓 09・09	二・魯邦 02・14	一・詩論 28・12	一・詩論 23・17	一・詩論 13・19	一・詩論 08・36	八・蘭賦 05・02

三・中弓 17・07
三・中弓 19・14
三・中弓 22・14
三・中弓 23・11
三・中弓 23・13綴
三・中弓 23・28

三・中弓 23・30
三・中弓 24・12
三・中弓 25・06
三・中弓 25・18
三・中弓 附・19
三・彭祖 05・15

五・弟子問 02・14
五・弟子問 05・18
五・弟子問 05・23
五・弟子問 06・07
五・弟子問 06・17
五・弟子問 08・21

五・弟子問 13・03
五・弟子問 13・15
五・弟子問 15・15
五・弟子問 18・15
五・弟子問 22・06
五・弟子問 23・11

五・弟子問 附・17
六・競公瘧 01・09
六・競公瘧 02・07
六・競公瘧 04・35
七・吳命 03・29
藝術・選六 130・07

一・詩論 12・17

《樛木》福斯君子，△〔亦時乎？〕

二・容成氏 01・30
二・容成氏 04・07
二・容成氏 04・09
二・容成氏 04・11
二・容成氏 06・22
二・容成氏 12・02

二・容成氏 18・28
二・容成氏 22・27
二・容成氏 43・05
二・容成氏 43・09
三・彭祖 01・12
三・彭祖 01・45

四·相邦 04·12	五·君子 03·27	六·競公瘧 13·19	六·用曰 13·01	 八·李頌 01反·26	 三·周易 01·10	 五·競建 08·17	五·鮑叔牙 07·30
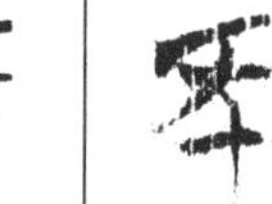 四·相邦 04·24	六·競公瘧 05·05	六·競公瘧 13·26	六·用曰 19·15		 三·周易 05·22	五·競建 08·36	五·鮑叔牙 08·28
五·君子 01·41	六·競公瘧 07·12	 六·王子木 03·15	六·用曰 19·21		 三·周易 20·24	五·鮑叔牙 03·30	五·鮑叔牙 08·34
五·君子 02·08	六·競公瘧 07·15	六·用曰 02·01	六·用曰 19·31		三·周易 20·28	 五·鮑叔牙 04·02	五·鬼神 05·29
五·君子 02·17	六·競公瘧 12·04	六·用曰 10·21	七·吳命 05·18		 三·周易 22·05	五·鮑叔牙 05·18	六·莊王 07·11
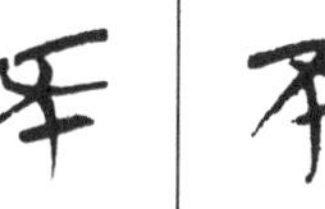 五·君子 02·25	六·競公瘧 12·33	六·用曰 11·32	七·吳命 05·32		三·周易 25·25	 五·鮑叔牙 06·26	六·莊王 08·04

二·從政甲 12·03	二·從政甲 04·17	九·舉治 26·14	九·成王甲 04·10	八·成王 05·02	六·天子乙 10·02	六·天子甲 03·16	六·莊王 09·02
二·從政甲 12·07	二·從政甲 06·05	九·舉治 33·20	九·舉治 01·19	八·成王 12·09	六·天子乙 10·17	六·天子甲 03·20	六·王子木 04·15
二·從政甲 12·11	二·從政甲 06·12	九·舉治 34·09	九·舉治 08·05	八·成王 13·08	六·天子乙 10·20	六·天子甲 11·17	六·王子木 04·21
二·從政甲 13·14	二·從政甲 06·19	卉茅 02·12	九·舉治 24·10	八·蘭賦 01·04	六·天子乙 11·01	六·天子甲 13·02	六·慎子 03·08
二·從政甲 14·06	二·從政甲 09·22		九·舉治 26·07	八·蘭賦 02·27	六·天子乙 11·04	六·天子乙 03·07	六·慎子 05·02
二·從政甲 14·12	二·從政甲 11·24		九·舉治 26·10	九·成王甲 01·25	七·君人甲 08·05	六·天子乙 09·26	六·用曰 03·26

一・性情論 22・04	一・性情論 03・06	七・凡物甲 27・09	七・鄭子乙 04・13	六・天子甲 08・01	三・亙先 10・24	三・亙先 03・16	二・從政甲 14・15
一・性情論 24・06	一・性情論 03・13	八・成王 04・11	七・君人甲 05・23	六・天子甲 10・04	三・亙先 11・07	三・亙先 05・11	二・從政乙 01・11
一・性情論 24・18	一・性情論 03・33	八・成王 13・04	七・君人甲 07・14	六・天子甲 10・09	三・亙先 11・15	三・亙先 05・18	二・從政乙 03・24
一・性情論 24・30	一・性情論 18・22	九・成王甲 04・02	七・君人乙 05・02	六・天子甲 11・14	三・亙先 11・19	三・亙先 07・23	二・從政乙 06・09
一・性情論 26・06	一・性情論 21・26	九・舉治 35・05	七・君人乙 07・04	六・天子甲 11・20	三・亙先 12・11	三・亙先 07・37	三・亙先 01・19
一・性情論 26・23	一・性情論 21・28	九・邦人 04・27	七・凡物甲 26・16	七・鄭子乙 01・23	五・季庚子 01・15	三・亙先 08・16	三・亙先 03・02

一・性情論 32・11
一・性情論 32・19
一・性情論 34・28
一・性情論 36・33綴
一・性情論 37・12
一・性情論 37・28

一・性情論 38・05
一・性情論 38・22
一・性情論 38・41
一・性情論 39・05
一・性情論 39・36
一・性情論 39・48

一・性情論 殘02・05綴
二・從政甲 05・36
二・從政甲 07・06
二・從政甲 08・02
二・從政甲 08・22
二・從政甲 09・18

二・從政甲 11・19
二・從政甲 11・29
二・從政甲 11・34
二・從政甲 15・09
二・從政甲 15・11
二・從政甲 15・19

二・從政甲 16・06
二・從政甲 19・24
二・從政乙 01・23
二・從政乙 02・01
二・從政乙 02・09
二・從政乙 02・16

二・從政乙 06・01
二・從政乙 06・05
二・昔者 03・14
二・昔者 03・21
二・昔者 03・28
二・昔者 03・33

二・昔者 03・38
二・昔者 04・09
二・昔者 04・20
二・昔者 04・22
二・容成氏 03・11
二・容成氏 04・05

二・容成氏 06・27
二・容成氏 08・36
二・容成氏 12・09
二・容成氏 16・18
二・容成氏 16・22
二・容成氏 17・11

四·昭王 02·13	三·亙先 12·32	二·容成氏 45·25	二·容成氏 39·18	二·容成氏 35·13	二·容成氏 23·08	二·容成氏 21·21	二·容成氏 17·14
四·昭王 03·17	三·亙先 13·30	二·容成氏 47·39	二·容成氏 39·30	二·容成氏 36·06	二·容成氏 23·12	二·容成氏 21·25	二·容成氏 17·21
四·昭王 04·04	四·采風 02·09	二·容成氏 49·21	二·容成氏 42·24	二·容成氏 36·11	二·容成氏 24·05	二·容成氏 21·29	二·容成氏 18·02
四·昭王 04·19	四·采風 02·21	二·容成氏 52·13	二·容成氏 43·18	二·容成氏 36·20	二·容成氏 29·08	二·容成氏 21·33	二·容成氏 18·15
四·昭王 04·24	四·采風 03·24	三·周易 01·30	二·容成氏 44·28	二·容成氏 38·01	二·容成氏 33·28	二·容成氏 21·37	二·容成氏 18·18
四·昭王 05·03	四·昭王 02·09	三·周易 20·12	二·容成氏 44·35	二·容成氏 38·06	二·容成氏 34·25	二·容成氏 22·33	二·容成氏 18·21

五・季庚子 08・16	五・競建 07・25	五・競建 03・25	四・內豊 08・16	四・內豊 06・41	四・內豊 03・38	四・內豊 02・27	四・昭王 06・35
五・季庚子 08・19	五・競建 07・29	五・競建 06・04	四・內豊 08・19	四・內豊 07・01	四・內豊 04・11	四・內豊 03・03	四・內豊 01・22
五・季庚子 08・22	五・競建 08・13	五・競建 06・19	四・內豊 08・21	四・內豊 07・11	四・內豊 04・16	四・內豊 03・08	四・內豊 01・28
五・季庚子 09・22	五・競建 08・23	五・競建 06・24	四・內豊 08・24	四・內豊 07・13	四・內豊 04・23	四・內豊 03・15	四・內豊 01・35
五・季庚子 10・13	五・競建 09・04	五・競建 07・04	四・內豊 10・11	四・內豊 07・16	四・內豊 04・38	四・內豊 03・28	四・內豊 02・14
五・季庚子 14・18	五・季庚子 03・14	五・競建 07・08	四・內豊 10・15	四・內豊 07・23	四・內豊 06・35	四・內豊 03・31	四・內豊 02・20

五・鬼神 03・41	五・三德 17・44	五・三德 14・34	五・三德 11・33	五・三德 03・07	五・姑成 10・22	五・姑成 04・11	五・季庚子 15・25
五・鬼神 04・30	五・三德 18・11	五・三德 14・42	五・三德 12・41	五・三德 03・24	五・君子 01・24	五・姑成 04・23	五・季庚子 18・20
五・鬼神 05・05	五・三德 20・03	五・三德 15・06	五・三德 12・43	五・三德 05・01	五・君子 02・36	五・姑成 05・05	五・姑成 01・41
五・鬼神 05・25	五・三德 22・09	五・三德 15・10	五・三德 12・47	五・三德 05・06	五・君子 03・21	五・姑成 05・50	五・姑成 03・15
五・鬼神 05・33	五・鬼神 01・10	五・三德 15・29	五・三德 13・23	五・三德 05・10	五・三德 02・32	五・姑成 07・37	五・姑成 03・27
五・鬼神 08・14	五・鬼神 02・39	五・三德 16・10	五・三德 13・35	五・三德 07・46	五・三德 02・40	五・姑成 08・18	五・姑成 03・35

六・季桓子 03・09
六・季桓子 05・17
六・季桓子 07・19
六・季桓子 07・24
六・季桓子 09・07
六・季桓子 09・16

六・季桓子 13・07
六・季桓子 13・11
六・季桓子 14・01綴
六・季桓子 14・10
六・季桓子 15・28
六・季桓子 15・31

六・季桓子 17・15
六・季桓子 18・07
六・季桓子 18・09
六・季桓子 20・01
六・季桓子 20・11
六・季桓子 20・15

六・季桓子 22・13
六・季桓子 24・01
六・季桓子 25・03
六・季桓子 26・12
六・季桓子 26・15
六・季桓子 27・09

六・莊王 06・12
六・鄭壽 02・14
六・鄭壽 03・13
六・鄭壽 03・18
六・鄭壽 04・05
六・王子木 03・20

六・王子木 04・03
六・王子木 04・10
六・慎子 06・17
六・用曰 09・22
六・用曰 12・21
六・天子甲 02・12

六・天子甲 02・21
六・天子甲 03・02
六・天子甲 03・29
六・天子甲 04・04
六・天子甲 08・04
六・天子甲 09・28

六・天子甲 10・14
六・天子甲 10・19
六・天子甲 10・24
六・天子甲 10・29
六・天子甲 11・03
六・天子甲 11・08

七·凡物甲 16·02	七·君人乙 08·08	七·君人乙 02·14	七·君人甲 03·13	七·武王 14·30	六·天子乙 07·16	六·天子乙 02·16	六·天子甲 11·11
七·凡物甲 20·21	七·凡物甲 01·16	七·君人乙 03·11	七·君人甲 04·22	七·武王 15·13	六·天子乙 09·02	六·天子乙 02·26	六·天子甲 11·30
七·凡物甲 21·20	七·凡物甲 02·19	七·君人乙 04·20	七·君人甲 05·07	七·鄭子甲 01·24	六·天子乙 09·06	六·天子乙 03·11	六·天子甲 12·04
七·凡物甲 22·20	七·凡物甲 06·18	七·君人乙 05·18	七·君人甲 07·19	七·鄭子甲 04·13	七·武王 05·14	六·天子乙 03·20	六·天子甲 13·05
七·凡物甲 22·23	七·凡物甲 10·27	七·君人乙 07·09	七·君人甲 08·16	七·君人甲 01·12	七·武王 12·26	六·天子乙 03·24	六·天子甲 13·19
七·凡物甲 25·06	七·凡物甲 14·25	七·君人乙 07·21	七·君人乙 01·12	七·君人甲 02·15	七·武王 14·27	六·天子乙 07·13	六·天子乙 02·07

七・凡物甲 29・18
七・凡物乙 01・16
七・凡物乙 02・12
七・凡物乙 05・23
七・凡物乙 08・25
七・凡物乙 10・04

七・凡物乙 11・02
七・凡物乙 14・15
七・凡物乙 15・06
七・凡物乙 15・09
七・凡物乙 18・06
七・凡物乙 19・15

七・凡物乙 22・07
八・子道餓 05・11
八・顏淵 03・02
八・顏淵 06・28
八・顏淵 07・25
八・顏淵 09・04

八・顏淵 12・13
八・顏淵 12・24
八・命 01・27
八・命 04・07
八・命 05・04
八・命 05・20

八・命 07・02
八・命 10・11
八・王居 04・15
八・志書 02・01
八・志書 04・07
八・志書 05・10

八・志書 06・18
八・志書 07・07
八・李頌 01反・30
八・蘭賦 02・04
八・蘭賦 03・15
八・蘭賦 04・10

八・有皇 04・23
八・有皇 04・30
八・鶹鷅 02・02
九・成王甲 05・16
九・成王乙 02・01
九・靈王 01・07

九・靈王 03・04
九・靈王 03・13
九・靈王 05・03
九・陳公 01・37
九・陳公 02・16
九・陳公 03・06

九·陳公 03·20

九·陳公 04·08

九·陳公 04·19

九·陳公 06·04

九·陳公 07·06

九·陳公 07·20

九·陳公 10·25

九·陳公 11·26

九·陳公 14·17

九·舉治 13·10

九·舉治 13·20

九·舉治 19·01

九·舉治 23·10

九·舉治 23·14

九·舉治 35·07

九·邦人 01·04

九·邦人 03·12

九·邦人 04·01

九·邦人 05·05

九·邦人 08·19

九·邦人 10·26

九·邦人 11·22

九·邦人 11·25

九·邦人 12·14

九·邦人 12·23

九·邦人 12·30

九·史蒥 05·11

九·史蒥 09·04

九·史蒥 10·16

九·史蒥 11·01

九·史蒥 11·22

九·史蒥 12·07

九·史蒥 12·21

九·卜書 02·21

九·卜書 03·01

九·卜書 07·21

九·卜書 10·03

港中零簡 06·09

上博零簡 02·02

卉茅 02·45

卉茅 03·08

藝術·選六 138·07

藝術·選六 148·03

九·成王乙 03·10

△扶〔一人〕

九·舉治 34·21

終行△……

九·史蕾 10·20

……一或不免有禍，△

四·曹沫 02·06

四·曹沫 03·07

四·曹沫 05·19

四·曹沫 05·22

四·曹沫 05·29

四·曹沫 06·09

四·曹沫 06·12

四·曹沫 06·19

四·曹沫 07·17

四·曹沫 07·23

四·曹沫 09·22

四·曹沫 10·28

四·曹沫 11·02

四·曹沫 11·04

四·曹沫 11·08

四·曹沫 11·12

四·曹沫 17·03

四·曹沫 18·31

四·曹沫 19·03

四·曹沫 19·08

四·曹沫 19·12

四·曹沫 19·17

四·曹沫 19·21

四·曹沫 20·04

四·曹沫 23·15

四·曹沫 23·23

四·曹沫 33·10

四·曹沫 33·13

四·曹沫 33·15

四·曹沫 33·18

四·曹沫 33·20

四·曹沫 33·23

四·曹沫 34·29

四·曹沫 35·01

四·曹沫 37·25

四·曹沫 38·04

四·曹沫 38·09

四·曹沫 39·01

四·曹沫 39·12

四·曹沫 42·06

四·曹沫 44·01

四·曹沫 44·06

四·曹沫 44·11

四·曹沫 45·08

四·曹沫 45·14

四·曹沫 46·18

四·曹沫 48·01

四·曹沫 48·03

四·曹沫 48·05

四·曹沫 48·08

四·曹沫 48·10

四·曹沫 48·13

四·曹沫 48·15

四·曹沫 51·23

四·曹沫 56·21

四·曹沫 64·13

二·民之 06·20

二·民之 06·31

二·民之 08·16

二·民之 10·14

七·武王 01·08

七·武王 01·23

七·武王 03·06

七·武王 05·01

七·武王 05·19

七·武王 06·29

七·武王 07·03

七·武王 08·19

七·武王 11·11

七·武王 11·19

八·顏淵 09·28

一·緇衣 04·10

一·緇衣 04·27

一·緇衣 09·30

一·緇衣 16·17

一·緇衣 18·23

一・緇衣 01・20

一・緇衣 02・05

一・緇衣 02・35

一・緇衣 02・39

一・緇衣 03・06

一・緇衣 04・18

一・緇衣 04・20

一・緇衣 08・23

一・緇衣 09・05

一・緇衣 09・07

一・緇衣 10・07

一・緇衣 10・32

一・緇衣 10・39

一・緇衣 11・19

一・緇衣 11・25

一・緇衣 11・35

一・緇衣 12・03

一・緇衣 12・12

一・緇衣 12・20

一・緇衣 14・08

一・緇衣 14・33

一・緇衣 15・04

一・緇衣 16・09

一・緇衣 16・26

一・緇衣 16・29

一・緇衣 16・38

一・緇衣 17・55

一・緇衣 19・20

一・緇衣 19・25

一・緇衣 21・15

一・緇衣 21・20

一・緇衣 22・17

一・緇衣 22・22

一・緇衣 22・44

一・緇衣 23・04

一・緇衣 23・10

一・緇衣 24・06

港中零簡 01・08

一・緇衣 12・01

至

至

〈而〉

三・周易 50・42

婦孕△〔育〕

馬王堆帛書本、王韓注本《易》皆對應作「不」。按，「而」爲「不」之譌。

至

一・詩論 18・18
二・民之 03・28
二・民之 04・14
三・周易 02・37
三・周易 02・39
三・周易 37・37

三・周易 37・39
三・周易 44・15
三・中弓 06・18
三・中弓 16・04
三・中弓 23・01
五・鮑叔牙 08・09

一・詩論 02・30
一・詩論 05・18
一・性情論 18・07
一・性情論 25・26
一・性情論 35・26
二・民之 02・12

二・民之 02・14
二・民之 03・15
二・民之 03・19
二・民之 03・24
二・民之 04・01
二・民之 04・05

二・民之 04・10
二・民之 04・19
二・民之 04・23
二・民之 05・07
二・民之 05・12
二・從政甲 19・10

二・從政乙 03・30
二・從政乙 05・08
二・昔者 02・01
二・容成氏 16・19
二・容成氏 19・37
二・容成氏 50・26

二・容成氏 51・20
二・容成氏 53・13
四・昭王 02・39
四・昭王 05・31
四・昭王 07・08
四・昭王 09・32

四·柬大王 01·25
四·柬大王 04·19
四·內豊 07·04
四·曹沫 64·04
五·競建 06·29
五·鮑叔牙 07·09

五·鮑叔牙 07·17
五·鮑叔牙 07·25
五·鮑叔牙 08·22
五·姑成 06·53
五·姑成 10·15
五·弟子問 05·20

五·弟子問 20·03
五·三德 03·09
五·三德 20·05
五·鬼神 04·16
五·鬼神 04·32
六·競公瘧 11·20

六·競公瘧 12·37
六·季桓子 23·05
六·莊王 07·07
六·慎子 06·09
七·凡物甲 04·07
七·凡物甲 09·04

七·凡物甲 09·19
七·凡物甲 14·04
七·凡物甲 14·12
七·凡物甲 15·27
七·凡物甲 16·09
七·凡物甲 25·18

七·凡物乙 03·24
七·凡物乙 07·16
七·凡物乙 07·31
七·凡物乙 09·20
七·凡物乙 09·28
七·凡物乙 11·09

七·凡物乙 18·18
七·吳命 08·21
八·子道餓 02·30
八·子道餓 05·12
八·顔淵 10·13
八·顔淵 10·21

八·顔淵 10·24
八·成王 01·06
八·成王 07·10
八·成王 16·02
八·王居 01·12
八·王居 02·18

臺 古

- 八・志書 06・09
- 九・靈王 04・01
- 九・陳公 04・23
- 九・舉治 05・23
- 九・邦人 01・06
- 九・邦人 05・24

- 一・緇衣 07・07
- 六・季桓子 02・17

《說文》古文源此。

臺

- 二・子羔 11・15
- 二・容成氏 38・37
- 二・容成氏 44・08
- 二・容成氏 47・02

按，从室之聲，「臺」字異體。

西 古

西

- 二・容成氏 20・31
- 二・容成氏 31・16
- 三・周易 17・32
- 三・周易 35・03
- 三・周易 37・03
- 三・周易 57・20

- 五・弟子問 18・12
- 六・競公瘧 10・11
- 七・武王 03・12
- 八・成王 01・07
- 九・邦人 11・06

《說文》古文如此。

- 四・曹沫 01・24

鹽

鹵

- 二・容成氏 03・03

瘻者煮△

瀘

- 五・鮑叔牙 05・05

△（奄）然將亡

戶　門

戶　⿸戶木古　門

滷

二・從政甲 08・24

△（嚴）則失眾

按，「瀘」之省作。

⿱亼鹵

五・季庚子 10・02

△（嚴）則失眾

按，从亼盧省聲，猶「盧」之省作「⿱卤皿」。

⿱⿰章夅鹵

四・曹沫 53・20

萬民△（黔）首

八・命 06・22

△（黔）首萬民

按，从鹵⿰章夅聲，「鹽」字異體，說聞於白師於藍。

戰國齊陶有人名「[illegible]」（陶彙3・992）疑亦屬此。

戶

三・周易 05・02

⿸戶木

三・周易 52・06

《說文》古文如此。

門

一・詩論 04・06

二・容成氏 02・28

二・容成氏 40・01

二・容成氏 40・30

四・采風 01・30

四・采風 02・08

五・姑成 09・43

五・姑成 10・02

七・鄭子甲 05・27

七・鄭子乙 05・25

七・君人甲 04・20

七・君人乙 04・18

八・子道餓 01・07

八・子道餓 05・04

八・命 05・13

九・靈王 01・33

〈非〉	閠	⿵門戈	閨	閞	開	閟	⿵門⿰夕月
			閨	闢	開	閟	閒
				古			古
一・性情論 26・32 △內之治 三・周易 16・16 出△交有功 按，「非」爲「門」之譌，兩側豎筆借用竹簡邊緣表示（李桂森、劉洪濤 2020）。	二・容成氏 38・41 玉△ 按，从玉門聲，「玉門」字，與今「閏」字俗體同形。卷一玉部附錄重出。	九・陳公 16・06 九・陳公 16・09 按，从戈門聲，「攻守門」字。卷十二戈部附錄重出。	三・周易 52・04 四・昭王 01・40 四・昭王 03・01 四・柬大王 09・11	九・卜書 01・11 《說文》古文如此。按，《說文》「閞」附「闢」下，段《注》據《玉篇》《匡謬正俗》補「古文闢」三字，可從。	九・陳公 16・11	六・用曰 03・06 九・舉治 24・18	二・容成氏 06・15 六・莊王 03・06 六・莊王 03・15 六・用曰 09・08 七・吳命 06・06 九・舉治 24・19

《說文》古文如此。

閼		列	閘			耳
二・容成氏 09・18	四・曹沫 24・13	四・曹沫 65・17	一・詩論 10・01	六・用曰 03・09	六・競公瘧 08・35	五・君子 02・19
二・容成氏 51・25	四・曹沫 26・03	八・子道餓 02・34	一・詩論 10・39	八・王居 01・11		五・鬼神 05・20
四・鳴烏 03・09	五・三德 04・41	按，「閼」之省作。	一・詩論 11・04	八・王居 02・17		八・志書 05・07
四・鳴烏 04・19	八・李頌 01・45		二・容成氏 18・30			八・蘭賦 05・40
四・曹沫 14・30	九・陳公 04・28		二・容成氏 36・30			八・有皇 04・26
四・曹沫 24・10	按，楚「閒」字。		五・三德 22・20			

關 闗

耳 耳

聖

聖

一・性情論 36・24
二・民之 06・16
七・君人甲 06・24
七・君人乙 06・21
七・凡物甲 10・01
七・凡物甲 13・06

一・詩論 03・33
一・性情論 03・29
二・容成氏 12・01
二・容成氏 16・11
二・容成氏 17・13
二・容成氏 18・11

二・容成氏 23・02
二・容成氏 29・37
二・容成氏 30・25
二・容成氏 31・08
二・容成氏 33・05
二・容成氏 36・12

二・容成氏 45・26
四・柬大王 10・20
四・柬大王 19・20
四・曹沫 10・25
四・曹沫 11・05
四・曹沫 34・25

四・曹沫 35・29
五・鮑叔牙 01・50
五・鮑叔牙 02・23
五・姑成 08・19
五・君子 02・14
五・君子 02・21

五・君子 06・18
五・弟子問 04・08
五・弟子問 19・12
五・三德 13・16
五・三德 15・01
五・鬼神 01・28

五・鬼神 02・27
五・鬼神 03・11
六・競公瘧 04・27
六・競公瘧 05・02
六・競公瘧 07・13
六・競公瘧 09・35

七・凡物甲 27・22
八・李頌 02・32
八・李頌 03・03

一·性情論 09·19
一·性情論 15·02
一·性情論 15·06
一·性情論 17·01
一·性情論 20·19 綴
一·性情論 20·31

一·性情論 36·27
二·民之 06·18
二·民之 07·22
二·民之 08·26
二·民之 10·09
二·民之 11·16

二·民之 12·06
二·民之 12·29
二·民之 13·18
二·昔者 01·20
二·昔者 01·41
二·昔者 04·19

四·內豊 10·21
四·內豊 10·28
七·武王 12·16
七·君人甲 03·14
七·君人甲 03·18
七·君人乙 03·12

七·君人乙 03·16
七·凡物甲 10·04
七·凡物甲 13·09
七·凡物甲 16·10
七·凡物甲 16·19
七·凡物甲 19·12

七·凡物乙 08·02
七·凡物乙 11·10
七·凡物乙 11·19
七·凡物乙 13·27
八·命 05·26
九·陳公 09·02

九·陳公 10·20

一·性情論 14·01

〔凡〕△（聲），其出於情也信。

一·性情論 21·07

嘯，由△（聲）也。

上二字郭店簡本《性自命出》對應作「聖」。

聽

𦗔

二·民之 05·29

無△（聲）之樂

按，从「戶」爲从「耳」之譌。

五·弟子問 05·13

△余言

按，蓋書手本作「取」，後塗改爲「聖」，在此用爲「聽」（李天虹 2006.2.26；蘇建洲 2012）。

按，楚「聖」「聽」「聲」分化未蕆，茲據形寄「聖」下。

⿰耳口

一·緇衣 11·13

一·性情論 14·20

⿱耳人

六·季桓子 04·06

六·季桓子 04·15

六·季桓子 06·07

按，「壬」省作「人」，或即「聖人」字。

⿱耳口

一·緇衣 11·01

按，「耶」繁加「口」飾，齊「聖」字或如此作，如郭店簡《唐虞之道》之「聖」作「[illegible]」，莒叔之仲子平鐘（《銘圖》15505 等）之「聖」作「[illegible]」等（馮勝君 2007:300-301）。卷二口部附錄重出。

聰

二·容成氏 12·03

聣

二·容成氏 17·15

卉茅 02·08

按，从耳若从耳、心，夋聲，「聰」字異體。楚「夋」字已與「兇」同形，據《說文》訓「夋」「斂足也」，其早期字形與「兇」形之別，容在其足部之張斂不同，有類「允」與「夋（踆）」——後二形在楚字中亦已混同。

聞

䎽 古

䎽

一・緇衣 19・33

六・季桓子 07・04

六・天子甲 08・05

七・凡物甲 15・24

八・命 04・23

《說文》古文如此。

六・天子乙 07・17

八・王居 03・07

按，从「田」爲从「日」之混同。

一・性情論 14・18

二・從政甲 01・01

二・從政甲 03・13

二・從政甲 09・13

二・從政甲 11・13

二・從政甲 13・06

二・從政甲 18・23

二・從政甲 19・05

二・從政乙 03・19

二・從政乙 04・02

二・從政乙 05・11

二・容成氏 13・37

二・容成氏 39・06

二・容成氏 46・08

二・容成氏 46・36

二・容成氏 47・06

二・容成氏 48・33

二・容成氏 50・22

二・容成氏 53・09

三・周易 38・42

四・柬大王 08・07

四・柬大王 10・14

四・柬大王 21・07

四・柬大王 22・20

四・曹沫 05・10

四・曹沫 08・30

四・曹沫 10・16

四・曹沫 12・13

四・曹沫 13・08

四・曹沫 13・22

四・曹沫 14・22

四・曹沫 18・29

四・曹沫 23・34

四・曹沫 28・12

四・曹沫 35・10

四・曹沫 36・06

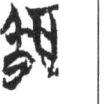

七・凡物甲 22・11	六・季桓子 18・05	五・鬼神 08・02	五・弟子問 09・12	五・季庚子 01・04	四・曹沫 59・09	四・曹沫 46・03	四・曹沫 40・29
八・成王 03・11	六・季桓子 20・13	六・季桓子 01・07	五・弟子問 15・13	五・君子 03・13	四・曹沫 59・14	四・曹沫 47・06	四・曹沫 42・20
八・成王 06・09	六・王子木 05・07	六・季桓子 02・10	五・弟子問 16・07	五・君子 04・07	四・曹沫 62・16	四・曹沫 50・13	四・曹沫 42・33
八・成王 07・25	七・凡物甲 13・08	六・季桓子 03・15	五・弟子問 16・15	五・君子 11・06	四・曹沫 64・24	四・曹沫 53・08	四・曹沫 43・21
八・成王 10・25	七・凡物甲 20・13	六・季桓子 10・11	五・弟子問 22・16	五・弟子問 06・21	四・曹沫 64・33	四・曹沫 53・35	四・曹沫 44・28
八・蘭賦 02・36	七・凡物甲 21・01	六・季桓子 16・12	五・鬼神 05・22	五・弟子問 07・04	四・曹沫 65・20	四・曹沫 55・33	四・曹沫 45・23

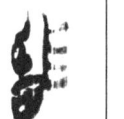

九·舉治 01·13

九·舉治 02·03

九·舉治 15·10

九·舉治 21·01

九·舉治 23·26

卉茅 01·04

五·弟子問 11·01

……△（聞）也

九·史蕾 12·01

△（聞）子之言大懼

二·昔者 04·17

二·昔者 04·21

按，「昏」受「耳」類化，上部衍一撇。

五·弟子問 22·02

七·凡物甲 02·21

七·凡物甲 08·26

七·凡物甲 11·08

七·凡物甲 14·19

七·凡物甲 26·12

七·凡物乙 02·14

七·凡物乙 07·09

七·凡物乙 09·35

七·凡物乙 14·08

七·凡物乙 18·29

七·凡物乙 19·11

八·成王 02·15

九·邦人 04·10

藝術·選六 137·04

藝術·選六 147·06

按，从「田」爲从「日」之混同。

二·從政甲 05·04

二·從政甲 08·08

二·從政甲 16·12

二·從政乙 02·18

按，从「貝」之省形爲从「日」之混同。

䎽

二·民之 01·02

二·民之 01·17

二·民之 03·11

二·民之 05·14

二·民之 05·18

二·民之 06·24

聾 聾 聶 聶 聑

䎽

二·民之 10·04

七·武王 01·02

七·武王 05·29

七·武王 11·03

七·武王 12·02

七·武王 13·17

八·顏淵 01·04

八·顏淵 01·09

八·顏淵 01·25

八·顏淵 05·29

八·顏淵 05·33

八·顏淵 06·16

八·顏淵 10·09

八·顏淵 10·12

九·成王乙 03·18

五·姑成 02·04

五·姑成 05·27

六·用曰 17·27

按，西周「聞」字从耳䎽聲。右「聞」所从「宀」「尔」，蓋由早期「䎽」上部筆畫省變而來（黃錫全1998=2009:406-411）。

聾

二·容成氏 02·18

二·容成氏 37·04

聶

六·用曰 12·17

七·吳命 06·11

聑

八·命 05·22

按，从耳串聲，或即「穿聯」字。

⿰耳身	𦣝	巸	手		拇	拜	
	篆		古			古	
⿰耳身	頤	巸	手		拇	拜	
八·命 07·11	三·周易 24·01	七·吳命 08·59	七·君人甲 09·08	二·容成氏 15·11	三·周易 26·12	一·性情論 12·31	三·彭祖 08·25
			七·君人乙 09·04		三·周易 27·06	五·競建 09·18	六·莊王 08·13
					三·周易 37·44	九·邦人 09·19	
四海之內莫弗△ 一曰从䏌、又，讀「聞」。	《說文》篆文如此。詳見卷九頁部附錄。		《說文》古文如此。				《說文》古文源此。與《說文》「𠬞」字或體同形。

失　承　操

	逹		承	操	操	拜	
三・周易 16・25	一・緇衣 10・20	六・天子甲 08・22	三・周易 08・29	七・凡物甲 19・20	七・凡物甲 19・17	八・有皇 01・36	六・季桓子 15・07
三・周易 16・33	二・魯邦 01・23	六・天子乙 08・01	三・周易 28・27	七・凡物乙 14・03			
三・亙先 13・05	二・從政甲 04・03	七・吳命 09・59	三・中弓 22・09				
三・彭祖 01・46	二・從政甲 08・26	卉茅 01・26	四・內豊 04・25				
三・彭祖 05・20	二・容成氏 52・22		四・內豊 04・40				
四・曹沫 07・05	三・周易 10・18		四・內豊 06・04				

四·曹沫 08·15

四·曹沫 09·06

四·曹沫 10·09

四·曹沫 31·01

四·曹沫 52·20

五·季庚子 10·04

五·季庚子 20·31

五·三德 02·07

五·三德 05·13

五·三德 08·29

五·三德 12·34

七·凡物甲 03·06

七·凡物甲 19·24

七·凡物甲 22·21

七·凡物甲 23·04

七·凡物乙 02·30

七·凡物乙 15·07

七·凡物乙 15·17

八·顏淵 08·08

八·蘭賦 01·09

八·蘭賦 02·28

九·舉治 05·09

九·舉治 28·01

九·邦人 09·26

九·史蕾 07·14

藝術·選六 141·03

按，从辵奉聲，用爲「失」若「逸」，楚「失」字。「奉」，譌若从㫃、羊，一曰失，一曰逸。卷二辵部附錄重出。

⿰彳奉

六·季桓子 03·19

卷二彳部附錄重出。

〈⿺辶羊〉

七·武王 09·24

惡△？△道於嗜慾。

七·武王 10·13

位難得而易△

七·武王 11·20

亦有不盈於十言而百世不△之道

七·凡物甲 27·10

不△其所然

按，从「羊」爲从「奉」之省譌。

拔	扐	捲	扞	抗	拡	捸	
拔	扐	捲	扞	杭或			
果	扐	⿰扌龹	⿰干戈	杭	拡	捸	
一・性情論 14・12	一・緇衣 01・17	卉茅 02・13	三・中弓 20・11	一・性情論 28・26	三・周易 51・13	七・凡物甲 19・21 七・凡物甲 29・16 七・凡物甲 29・20 七・凡物乙 14・04 七・凡物乙 22・05 七・凡物乙 22・09	按，从手录聲，或即「握」若「搤」字異體。
然後其入△（撥）人之心也厚 按，兩手拔木，「拔」之初文。卷十五重出。	則民咸△而刑不屯 郭店簡本《緇衣》對應作「放」。一曰「敕」字異體（張富海 2018=2021:163-172）。	一曰「拳」。	詳見卷三攴部「⿰旱攴」下。	詳見卷六木部附錄。			

攂

女

攂

八・成王 13・02

是謂△（宣）之不果，毀之不可。

按，从手畾聲，或即「寽（捋）」字異體。甲骨文「寽」一作「[illegible]」，即从畾聲作。一曰讀「讄」，疑讀「宣揚」之「宣」，與「毀」對舉，與同篇簡 12「毀（舉）之不果」相應。

女

一・詩論 04・19
一・詩論 04・42
一・詩論 05・08
一・詩論 21・14
一・詩論 22・34
一・詩論 27・01
一・緇衣 01・05
一・緇衣 01・10
一・緇衣 10・31
一・緇衣 11・02
一・緇衣 15・30
一・緇衣 15・34
一・緇衣 15・38
一・性情論 14・23
一・性情論 15・09
一・性情論 15・18
一・性情論 16・07
一・性情論 19・20
一・性情論 37・10
一・性情論 37・26
一・性情論 38・37
二・民之 01・19
二・子羔 08・29
二・子羔 10・21
二・子羔 12・13
二・子羔 13・13
二・魯邦 02・19
二・魯邦 03・28
二・魯邦 03・33
二・魯邦 03・46
二・魯邦 04・20
二・魯邦 05・03
二・魯邦 06・11
二・昔者 02・20
二・容成氏 16・09
二・容成氏 17・03
二・容成氏 38・18
二・容成氏 39・02
二・容成氏 39・27
二・容成氏 49・31
三・周易 01・06
三・周易 11・08

五・季庚子 13・15	四・曹沫 56・05	四・曹沫 24・05	四・相邦 04・40	三・彭祖 05・23	三・中弓 11・12	三・周易 57・19	三・周易 11・10
五・季庚子 16・04	四・曹沫 57・17	四・曹沫 27・14	四・曹沫 13・11	三・彭祖 06・24	三・中弓 16・16	三・中弓 03・07	三・周易 26・06
五・姑成 04・35	四・曹沫 64・15	四・曹沫 33・30	四・曹沫 13・16	四・柬大王 04・03	三・中弓 21・15	三・中弓 05・08	三・周易 38・23
五・姑成 06・40	五・鮑叔牙 03・15	四・曹沫 35・13	四・曹沫 17・27	四・柬大王 05・07	三・中弓 附・14	三・中弓 06・02	三・周易 40・02
五・姑成 09・46	五・鮑叔牙 07・01	四・曹沫 36・09	四・曹沫 20・18	四・柬大王 13・12	三・彭祖 02・26	三・中弓 08・24	三・周易 40・07
五・君子 01・37	五・季庚子 11・27	四・曹沫 38・27	四・曹沫 22・22	四・相邦 04・37	三・彭祖 02・32	三・中弓 10・01	三・周易 50・02

五・弟子問 08・03	五・弟子問 19・19	六・競公瘧 02・34	六・季桓子 16・03	六・鄭壽 03・17	七・鄭子乙 02・32	七・凡物甲 25・08	七・凡物乙 18・08
五・弟子問 08・08	五・弟子問 19・21	六・競公瘧 07・17	六・季桓子 20・07	六・鄭壽 06・15	七・凡物甲 07・11	七・凡物甲 26・24	七・凡物乙 19・23
五・弟子問 10・01	五・三德 01・27	六・季桓子 04・10	六・季桓子 22・26	六・天子甲 10・23	七・凡物甲 09・15	七・凡物乙 06・08	七・吳命 04・26
五・弟子問 11・14	五・三德 03・33	六・季桓子 05・09	六・莊王 03・10	六・天子乙 10・01	七・凡物甲 17・03	七・凡物乙 07・27	八・顏淵 01・27
五・弟子問 15・06	五・三德 04・01	六・季桓子 06・12	六・莊王 06・20	七・武王 02・05	七・凡物甲 22・22	七・凡物乙 15・08	八・顏淵 05・15
五・弟子問 19・09	五・鬼神 03・32	六・季桓子 11・17	六・鄭壽 02・22	七・鄭子甲 02・30	七・凡物甲 23・05	七・凡物乙 15・18	八・顏淵 06・18

八·顏淵 09·14

八·命 03·18

八·志書 07·22

八·蘭賦 04·12

八·有皇 04·35

九·成王乙 02·25

九·靈王 04·27

九·陳公 04·21

九·陳公 08·07

九·陳公 16·05

九·陳公 16·07

九·陳公 16·10

九·陳公 16·13

九·陳公 16·16

九·陳公 17·07

九·邦人 02·12

九·史蒥 01·18

九·卜書 02·14

九·卜書 05·15

九·卜書 05·17

九·卜書 09·04

九·卜書 09·21

港中零簡 07·02

藝術·選六 133·03

一·性情論 19·02

緋緋△（如）也

二·子羔 11·01

〔禹之母，有莘氏之〕△也。

三·中弓 26·16

孔子曰：雍，△（汝）毋自惰也。

九·卜書 06·25

△（如）……

一·性情論 39·01

有其爲人之〔淵〕△（如）也

郭店簡本《性自命出》對應作「女」。

七·凡物乙 16·10

△（如）……

甲本對應作「女」。

〈母〉

四·曹沫 37·09

母（毋）從軍△（如）避罪

安大簡本《曹沫之陳》對應作「而」。按，「母」爲「女」之譌，讀「如」，訓「而」，說聞於白師於藍。

妻 婦 母

古

	〈毋〉	妻	婦		母		
五・季庚子 19・11	六・競公瘧 07・04	五・姑成 09・34	一・詩論 17・22	六・競公瘧 10・29	二・子羔 10・16	二・魯邦 03・48	三・彭祖 08・13
棄惡△（如）歸　按，「母」爲「女」之譌。	△（如）敷情認罪乎　按，「毋」爲「女」之譌。	《說文》古文源此。	一・詩論 17・28	九・卜書 04・11	二・子羔 12・08	二・魯邦 04・06	四・采風 02・05
			一・詩論 29・15		二・子羔 13・05	三・周易 14・37	四・采風 06・04
			三・周易 28・43		二・魯邦 01・21	三・周易 18・33	四・昭王 03・13
			三・周易 50・40		二・魯邦 02・20	三・周易 44・17	四・昭王 04・10
			四・曹沫 34・18		二・魯邦 03・13	三・中弓 18・01	四・昭王 08・01

四·昭王 09·02	四·內豊 附·04	四·曹沫 22·07	四·曹沫 34·05	四·曹沫 58·04	五·季庚子 19·27	五·三德 04·08	五·三德 10·05
四·柬大王 11·16	四·曹沫 17·11	四·曹沫 25·06	四·曹沫 35·17	四·曹沫 60·28	五·季庚子 21·07	五·三德 04·15	五·三德 10·09
四·柬大王 12·11	四·曹沫 17·22	四·曹沫 25·14	四·曹沫 35·22	四·曹沫 63·13	五·季庚子 22·16	五·三德 04·46	五·三德 10·13
四·柬大王 13·24	四·曹沫 20·25	四·曹沫 27·05	四·曹沫 37·06	五·季庚子 07·30	五·三德 01·31	五·三德 05·03	五·三德 10·17
四·柬大王 15·16	四·曹沫 20·29	四·曹沫 29·16	四·曹沫 52·01	五·季庚子 11·17	五·三德 01·34	五·三德 09·10	五·三德 10·20
四·內豊 06·27	四·曹沫 21·23	四·曹沫 31·06	四·曹沫 52·03	五·季庚子 19·24	五·三德 02·21	五·三德 09·16	五·三德 10·23

五・三德 10・26
五・三德 10・29 
五・三德 10・32 
五・三德 10・35 
五・三德 10・38 
五・三德 10・42 

五・三德 11・04
五・三德 11・07 
五・三德 11・10 
五・三德 11・13 
五・三德 11・16 
五・三德 11・25 

五・三德 11・28
五・三德 11・39 
五・三德 12・02 
五・三德 12・33 
五・三德 15・28 
五・三德 15・34 

五・三德 19・19
六・用曰 02・33 
六・用曰 14・03 
七・凡物甲 23・17 
七・凡物乙 15・30 
八・王居 04・10 

九・陳公 07・32
九・陳公 08・12 
九・陳公 08・16 
九・舉治 06・23 
九・舉治 14・23 
九・舉治 24・06 

九・卜書 06・09
九・卜書 06・11 
九・卜書 06・13 

四・曹沫 27・01
△（毋）誅而賞

按，楚「母」「毋」分化未藏，茲據形寄「母」下。

姑

威

姊

（母）

二・民之 01・15

二・民之 01・26

二・民之 02・02

二・民之 03・05

二・民之 12・27

八・顏淵 14・05

按，「母」「毋」雜糅。

姑

四・內豊 附・06

五・姑成 01・01

五・姑成 01・29

五・姑成 02・07

五・姑成 03・30

五・姑成 05・42

五・姑成 06・27

五・姑成 07・13

五・姑成 09・21

五・姑成 10・16

七・吳命 08・56

威

一・緇衣 16・03

一・緇衣 23・24

魊

六・用曰 16・25

悽其有△容

按，从戈鬼聲，「威」字異體。卷十二戈部附錄重出。

姊

四・內豊 附・07

七・凡物甲 15・12

七・凡物乙 10・17

七・吳命 08・57

妹

妹

妹

- 四·內豊 附·08

奴

奴

奴

- 四·采風 01·05
- 四·采風 04·15
- 四·多薪 01·12
- 四·多薪 02·02
- 四·多薪 02·08
- 
  四·多薪 02·14
- 四·多薪 01·18

好

好

好

- 五·季庚子 10·10
- 五·季庚子 10·15
- 五·季庚子 19·34
- 港中零簡 09·02
- 一·性情論 03·01
- 一·性情論 36·22
- 一·詩論 12·01
- 一·詩論 14·15
- 一·詩論 24·45
- 一·性情論 12·18
- 二·子羔 04·10
- 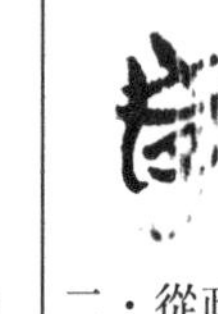 
  二·從政甲 08·36
- 三·周易 30·42
- 四·鳴烏 01·14
- 四·鳴烏 01·22
- 四·鳴烏 03·04
- 四·鳴烏 04·06
- 
  四·鳴烏 04·14
- 五·三德 18·13
- 五·三德 18·18
- 五·三德 18·23
- 五·三德 18·28
- 六·用曰 04·06
- 
  七·凡物甲 27·23

孞

七·吳命 01·16

八·李頌 02·11

藝術·選六 142·05

一·緇衣 01·03

一·緇衣 01·06

一·緇衣 01·38

一·緇衣 02·13

一·緇衣 05·18

一·緇衣 06·30

一·緇衣 08·35

一·緇衣 09·03

一·緇衣 21·28

一·緇衣 21·39

一·緇衣 21·46

一·緇衣 22·28

一·緇衣 22·42

六·季桓子 14·19

六·季桓子 19·14

六·季桓子 26·02

《玉篇·子部》：「孞，古文好字。」

如

如

四·內豊 08·02

〈咹〉

四·曹沫 60·24

△將弗克

安大簡本《曹沫之陳》對應作「若」。按，从「安」爲从「女」之譌。

嬰

⿱贔妟

港中零簡 07·04

按，从贔妟聲，「嬰」字異體。「贔」，「賏」字繁構。

妝

妝

一·緇衣 12·40

婁

古

婁

四・采風 02・15

《說文》古文源此。

二・容成氏 02・37

二・容成氏 37・09

三・彭祖 02・47

六・競公瘧 10・18

七・君人甲 04・09

七・君人乙 04・06

八・鶹鷅 01・04

八・鶹鷅 01・08

八・鶹鷅 01・21

八・鶹鷅 01・32

娙

娙

四・采風 02・12

按，繁从重爪。

媿

或

愧

五・季庚子 09・19

七・鄭子甲 04・09

《說文》或體如此。

一・性情論 23・03

一・性情論 23・06

五・季庚子 21・02

按，从「目」爲从「由」之混同。

〈思〉

七・鄭子乙 04・09

弗△（畏）鬼神之不祥

八・命 05・07

不以私△（惪）私怨入于王門

按，从「囟」爲从「由」之譌。

妭　嬍

妭

二・容成氏 38・21

⿰女⿱山儿

六・競公瘧 01・25

六・天子甲 03・21

六・天子甲 03・23

六・天子甲 04・02

六・天子甲 04・05

六・天子乙 03・12

六・天子乙 03・14

六・天子乙 03・22

六・天子乙 03・25

九・舉治 29・10

五・三德 08・31

九・邦人 04・03

二・容成氏 21・23

六・競公瘧 09・12

按，从女⿱山儿聲，「嬍」字異體，楚「美」字。《集韻》：「嬍，善也。通作美。」傳抄古文「美」或作「嬍」。錢大昕《十駕齋養新錄》卷二以爲古「美」字。一曰「媄」。

〈⿰糸女〉

四・鳴烏 01・20　愷△是好

四・鳴烏 03・02　愷△是好

四・鳴烏 04・12　愷△是好

按，从「糸」爲从「⿱山儿」之譌。

毋

毋

五・君子 02・28	五・鮑叔牙 03・05	四・內豊 08・12	三・彭祖 08・16	二・昔者 01・13	二・從政甲 15・03	一・性情論 28・18	一・緇衣 12・28
五・君子 05・04	五・鮑叔牙 07・42	四・內豊 09・10	三・彭祖 08・19	二・昔者 01・28	二・從政甲 15・05	一・性情論 30・12	一・緇衣 12・35
五・君子 05・06	五・季庚子 17・09	四・相邦 01・20	四・多薪 02・17	二・昔者 01・45	二・從政甲 15・07	一・性情論 30・16	一・緇衣 12・42
五・君子 05・09	五・姑成 05・15	四・曹沫 05・07	四・內豊 06・14	二・容成氏 13・27	二・從政甲 19・15	一・性情論 30・26	一・性情論 27・12
五・君子 05・11	五・姑成 07・42	四・曹沫 37・03	四・內豊 06・22	二・容成氏 20・23	二・從政甲 19・20	一・性情論 31・06	一・性情論 27・19
五・君子 05・13	五・姑成 09・37	四・曹沫 62・11	四・內豊 07・33	三・彭祖 02・38	二・從政乙 02・03	二・從政甲 15・01	一・性情論 28・10

五·君子 06·03
五·君子 06·08
五·君子 06·14
五·君子 06·16
五·君子 07·05
五·君子 07·07

五·君子 07·10
五·君子 07·12
五·君子 07·15
五·君子 07·17
五·君子 07·20
五·君子 07·22

五·弟子問 03·01
五·弟子問 03·05
五·弟子問 07·06
五·弟子問 08·19
六·季桓子 13·18
七·武王 06·15

七·武王 08·25
七·武王 09·07
七·武王 10·20
七·武王 10·28
七·鄭子甲 04·25
七·鄭子甲 05·24

七·鄭子乙 05·22
七·吳命 07·07
八·有皇 05·11
八·有皇 05·22
九·靈王 01·36
九·邦人 07·16

藝術·選六 139·01
藝術·選六 147·01

一·性情論 27·25
慮欲淵而△肆，退欲肅而毋輕。
一·性情論 27·31
慮欲淵而毋肆，退欲肅而△輕。
一·性情論 30·28
△獨言、獨處

右三例郭店簡本《性自命出》對應作「毋」。

四·相邦 02·04

……□才𨑳△𨑳之人

按，楚「母」「毋」分化未𦵏，茲據形寄「毋」下。

民

古

〈女〉

九·舉治 19·25

習△智

按，「女」爲「毋」之譌。

民

一·緇衣 01·15
一·緇衣 01·43
一·緇衣 02·03
一·緇衣 04·06
一·緇衣 04·09
一·緇衣 05·07

一·緇衣 05·14
一·緇衣 05·20
一·緇衣 06·13
一·緇衣 06·22
一·緇衣 06·42
一·緇衣 07·06

一·緇衣 08·13
一·緇衣 09·10
一·緇衣 09·19
一·緇衣 09·26
一·緇衣 10·21
一·緇衣 12·06

一·緇衣 13·02
一·緇衣 13·13
一·緇衣 13·26
一·緇衣 13·36
一·緇衣 13·44
一·緇衣 13·51

一·緇衣 14·14
一·緇衣 16·24
一·緇衣 17·15
一·緇衣 17·54
四·曹沫 02·07
四·曹沫 28·07

五・弟子問 01・20

港中零簡 01・01

港中零簡 09・01

一・詩論 04・09

一・詩論 04・25

一・詩論 16・30

一・詩論 20・08

一・詩論 24・29

一・性情論 23・02

一・性情論 23・11

一・性情論 23・20

二・民之 01・12

二・民之 01・23

二・民之 01・30

二・民之 03・02

二・民之 12・25

二・子羔 03・06

二・魯邦 04・19

二・魯邦 05・02

二・魯邦 06・13

二・容成氏 03・14

二・容成氏 06・25

二・容成氏 06・37

二・容成氏 07・43

二・容成氏 08・10

二・容成氏 19・18

二・容成氏 20・22

二・容成氏 22・12

二・容成氏 28・12

二・容成氏 29・02

二・容成氏 29・10

二・容成氏 36・32

二・容成氏 37・39

二・容成氏 43・14

二・容成氏 44・21

二・容成氏 48・32

二・容成氏 48・44

二・容成氏 49・20

二・容成氏 52・25

三・中弓 08・30

三・中弓 10・34

三・中弓 11・09

三・中弓 15・02

三・中弓 19・12

三・中弓 22・07

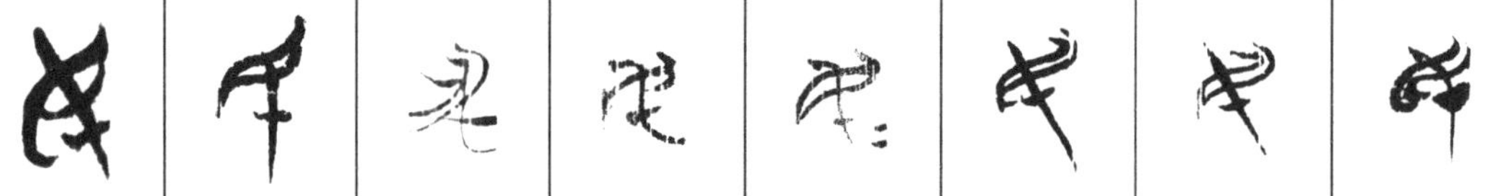

六・用曰 11・26	六・慎子 06・04	六・季桓子 12・18	五・季庚子 18・19	五・季庚子 04・04	四・曹沫 56・08	四・曹沫 22・04	四・內豊 10・05
六・用曰 13・32	六・用曰 01・02	六・季桓子 14・15	五・季庚子 19・05	五・季庚子 09・21	四・曹沫 61・18	四・曹沫 35・04	四・曹沫 05・28
六・用曰 14・27	六・用曰 04・21	六・季桓子 23・06	五・季庚子 20・05	五・季庚子 11・10	四・曹沫 63・08	四・曹沫 35・32	四・曹沫 06・18
六・用曰 14・40	六・用曰 05・21	六・季桓子 27・12	五・季庚子 23・12	五・季庚子 13・04	四・曹沫 63・25	四・曹沫 37・01	四・曹沫 12・04
六・用曰 18・23	六・用曰 09・05	六・鄭壽 07・06	五・弟子問 02・09	五・季庚子 15・23	五・鮑叔牙 04・14	四・曹沫 49・02	四・曹沫 20・27
六・用曰 19・09	六・用曰 11・13	六・慎子 04・16	六・競公瘧 05・10	五・季庚子 18・15	五・季庚了 02・24	四・曹沫 52・05	四・曹沫 20・31

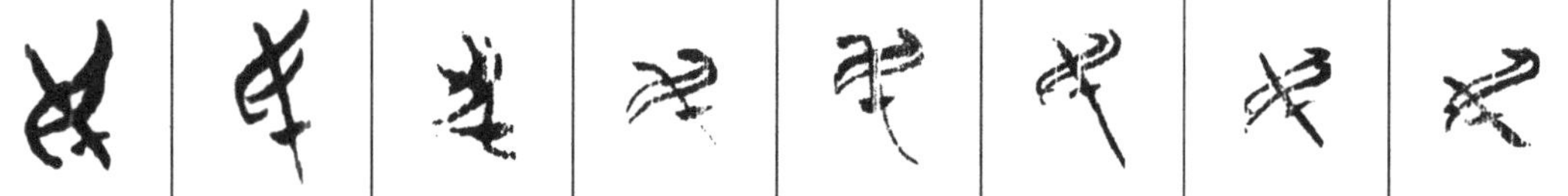

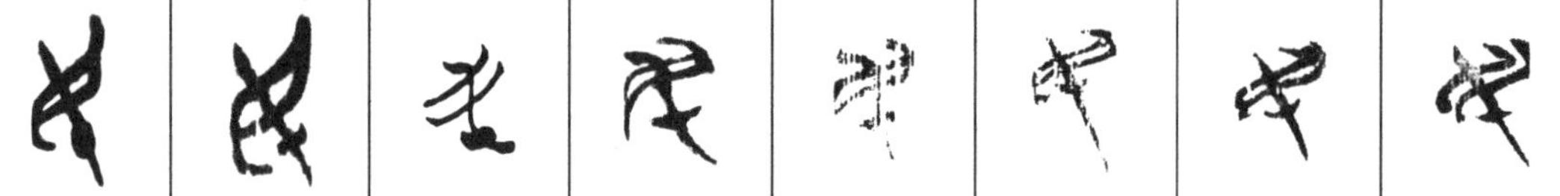

五·季庚子 03·13	二·子羔 07·26	九·舉治 34·06	九·舉治 13·13	八·成王 15·16	七·君人乙 07·02	七·武王 06·24	六·用曰 20·01
五·季庚子 21·04	二·魯邦 02·07	九·史蒥 10·02	九·舉治 13·31	八·命 04·19	七·君人乙 07·12	七·武王 15·12	六·用曰 20·25
五·三德 01·07	四·內豊 附·14	港中零簡 06·06	九·舉治 29·11	八·命 06·25	七·凡物甲 02·24	七·君人甲 06·18	六·天子甲 08·08
五·三德 05·32	四·相邦 02·17	上博零簡 02·05	九·舉治 31·22	八·李頌 02·08	七·凡物甲 29·06	七·君人甲 07·12	六·天子甲 09·18
五·三德 06·03	五·季庚子 01·35	卉茅 02·22	九·舉治 31·26	九·舉治 07·22	七·凡物乙 02·17	七·君人甲 07·22	六·天子乙 07·20
五·三德 06·09	五·季庚子 03·04	藝術·選六 139·06	九·舉治 32·20	九·舉治 08·16	七·吳命 05·22	七·君人乙 06·15	六·天子乙 08·28

五・三德 06・47

五・三德 15・41

五・三德 16・02

五・三德 16・19

五・三德 16・36

五・三德 20・13

五・三德 22・22

五・三德 22・25

《說文》古文源此。

一・性情論 22・18

二・從政甲 01・23

二・從政甲 02・19

二・從政甲 06・18

二・從政甲 08・21

二・從政甲 08・34

二・從政甲 09・02

二・從政乙 02・05

二・從政乙 02・15

五・季庚子 01・17

六・季桓子 11・12

六・季桓子 12・06

六・季桓子 13・04

六・季桓子 13・22

六・季桓子 15・40

六・季桓子 17・25

六・季桓子 18・03

六・季桓子 19・11

八・顏淵 06・26

八・顏淵 07・05

八・顏淵 07・15

八・顏淵 07・24

八・顏淵 09・10

按，上部「鹿」首形，楚集團類化部件，其來源夥多，疑源自「麋」「[glyph]之初文」（構件源自清華簡《五紀》「[glyph]」）省形。郭店簡《忠信之道》有「民」即作「[glyph]」。本編卷十五「廈」字亦从此。

六・季桓子 25・01

△䛘不可侮

弗

[illegible]

弗

- 一・性情論 03・31
- 一・性情論 32・05
- 一・性情論 38・39
- 一・性情論 39・03
- 二・子羔 01・27
- 三・周易 56・07
- 三・中弓 06・11
- 三・中弓 09・23
- 三・彭祖 08・38
- 四・昭王 02・36
- 四・曹沫 08・27
- 四・曹沫 09・31
- 四・曹沫 10・08
- 四・曹沫 45・18
- 四・曹沫 45・22
- 四・曹沫 60・26
- 四・曹沫 63・09
- 五・競建 03・21
- 五・鮑叔牙 04・29
- 五・鮑叔牙 05・10
- 五・鮑叔牙 05・23
- 五・鮑叔牙 06・31
- 五・君子 01・26
- 五・弟子問 01・13
- 五・弟子問 09・08
- 五・弟子問 10・02
- 五・弟子問 17・01
- 五・三德 06・37
- 五・三德 07・13
- 五・三德 07・33
- 五・三德 07・42
- 五・三德 08・23
- 五・三德 08・38
- 五・三德 14・32
- 五・三德 22・27
- 五・鬼神 04・19
- 五・鬼神 04・23
- 五・鬼神 04・37
- 五・鬼神 06・09
- 五・鬼神 06・11
- 六・季桓子 05・28
- 六・季桓子 05・33
- 六・季桓子 05・38
- 六・季桓子 09・10
- 六・季桓子 12・22
- 六・季桓子 22・22
- 六・鄭壽 06・27
- 六・用曰 05・05

弋

弋

六・用曰 07・05	八・成王 07・06	九・史蒥 11・04	一・緇衣 11・04	二・從政甲 14・17	九・靈王 05・20	一・緇衣 02・06	四・曹沫 14・09
六・用曰 12・06	八・成王 07・11	卉茅 02・24	一・緇衣 11・11	七・武王 10・22	九・邦人 02・06	一・緇衣 03・07	四・曹沫 64・26
六・用曰 20・03	八・成王 07・16		一・緇衣 16・13	七・武王 12・29	藝術・選六 146・05	二・從政甲 01・06	五・鮑叔牙 01・45
七・吳命 03・13	八・命 07・10		一・緇衣 16・21	七・武王 14・32		二・容成氏 50・08	五・鮑叔牙 02・18
八・子道餓 03・09	九・舉治 32・33		一・緇衣 23・13	七・鄭子甲 04・08		二・容成氏 50・15	六・用曰 04・27
八・成王 01・09	九・舉治 33・09		二・從政甲 02・21	七・鄭子乙 04・08		三・中弓 18・07	七・武王 07・08

也

秦

也

九・舉治 08・12

五・姑成 10・36

鑾書△（弑）厲公

按，「才」「弋」雜糅，蓋誤作「才」而改書。

一・緇衣 02・25

一・緇衣 02・32

一・緇衣 08・22

一・緇衣 09・09

一・緇衣 09・13

一・緇衣 11・21

一・緇衣 12・09

一・緇衣 14・39

一・緇衣 18・30

一・緇衣 20・07

一・緇衣 22・05

一・緇衣 22・10

一・緇衣 23・06

五・鮑叔牙 02・39

五・鮑叔牙 06・12

五・鮑叔牙 08・03

《說文》秦刻石字如此。

五・競建 01・19

五・競建 02・09

五・競建 02・29

五・競建 04・09

五・競建 09・02

五・競建 09・09

五・競建 10・20

一・性情論 04・05

一・性情論 04・14

一・性情論 05・14

一・性情論 07・05

一・性情論 07・11

一・性情論 07・13

藝術・選六 128・01	九・舉治 23・24	八・成王 11・06	六・季桓子 13・05	四・采風 04・04	三・亙先 11・37	三・亙先 03・06	一・性情論 07・20
藝術・選六 135・05	八・志書 07・11	八・成王 15・10	七・吳命 08・11	四・采風 04・09	三・亙先 12・07	三・亙先 07・40	一・性情論 07・22
	九・舉治 10・07	八・命 03・25	七・吳命 08・19	四・曹沫 02・25	三・亙先 12・17	三・亙先 10・27	一・性情論 08・06
	九・舉治 28・02	九・舉治 03・15	七・吳命 08・53	四・曹沫 12・09	三・亙先 12・30	三・亙先 11・26	一・性情論 08・13
	九・舉治 28・08	九・舉治 08・22	八・成王 03・13	四・曹沫 18・25	四・采風 03・26	三・亙先 11・29	一・性情論 08・29
	九・舉治 28・16	九・舉治 10・01	八・成王 06・04	六・季桓子 11・07	四・采風 03・28	三・亙先 11・32	一・性情論 09・05

八・成王 09・08
其世△

一・緇衣 06・37
一・緇衣 11・37
一・緇衣 12・05
一・緇衣 18・34
一・性情論 01・32
一・性情論 03・04

一・性情論 03・09
一・性情論 03・16
一・性情論 03・24
一・性情論 03・30
二・從政甲 01・18
二・從政甲 02・08

二・從政甲 03・18
二・從政甲 09・12
二・從政甲 13・13
二・從政甲 17・21
二・從政甲 18・15
二・從政甲 18・36

二・從政甲 19・04
二・從政乙 04・01
二・從政乙 04・13
二・從政乙 05・09
四・相邦 04・35
五・競建 08・19

五・鮑叔牙 01・35
五・弟子問 01・21
五・弟子問 04・03
五・弟子問 04・24
五・弟子問 04・33
五・弟子問 05・07

五・弟子問 08・29
五・弟子問 09・17
五・弟子問 09・27
五・弟子問 10・04
五・弟子問 11・02
五・弟子問 12・01

五・弟子問 12・09
五・弟子問 19・10
五・弟子問 19・20
五・弟子問 24・04
港中零簡 07・05

五・弟子問附・10

未可謂仁△

三・彭祖07・14

六・競公瘧03・03

五・季庚子02・08

五・季庚子03・21

五・季庚子06・04

五・季庚子06・21

五・季庚子07・03

五・季庚子07・17

五・季庚子08・01

五・季庚子08・07

五・季庚子10・28

五・季庚子11・22

五・季庚子11・33

五・季庚子14・02

五・季庚子16・09

五・季庚子18・06

五・季庚子18・10

五・季庚子23・24

五・鬼神01・19

五・鬼神03・13

五・鬼神03・27

五・鬼神04・25

五・鬼神04・39

六・競公瘧02・15

六・競公瘧02・35

六・競公瘧05・21

六・競公瘧09・09

六・競公瘧09・16

六・季桓子05・11

六・季桓子05・30

六・季桓子05・35

六・季桓子05・40

六・季桓子08・01

六・季桓子08・06

六・季桓子08・18

六・季桓子14・18

六・季桓子16・02

六・季桓子17・26

一・性情論 11・29綴	一・性情論 06・33	一・性情論 05・09	九・史蕾 02・10	八・有皇 06・37	八・蘭賦 04・21	七・吳命 05・30	六・季桓子 25・14
一・性情論 12・07	一・性情論 09・11	一・性情論 05・19	九・史蕾 05・05	九・舉治 13・34	八・蘭賦 05・08	七・吳命 09・34	六・季桓子 26・01
一・性情論 13・13	一・性情論 09・18	一・性情論 05・24	九・史蕾 05・16	九・舉治 21・28	八・蘭賦 05・19	八・子道餓 01・32	六・天子甲 03・15
一・性情論 13・18	一・性情論 10・30	一・性情論 05・29	九・史蕾 06・01	九・史蕾 01・08	八・有皇 06・01	八・子道餓 02・02	六・天子甲 08・11
一・性情論 13・24	一・性情論 11・05	一・性情論 06・05	九・史蕾 08・06	九・史蕾 01・16	八・有皇 06・09	八・子道餓 02・04	六・天子甲 13・23
一・性情論 14・06	一・性情論 11・21綴	一・性情論 06・10		九・史蕾 01・20	八・有皇 06・28	八・成王 15・05	六・天子乙 07・23

一・性情論 14・16
一・性情論 14・24
一・性情論 15・10
一・性情論 15・19
一・性情論 16・08
一・性情論 16・12
一・性情論 16・19
一・性情論 16・24
一・性情論 17・05
一・性情論 17・16
一・性情論 18・10
一・性情論 18・17綴
一・性情論 18・28
一・性情論 19・12
一・性情論 19・21
一・性情論 20・17
一・性情論 21・08
一・性情論 21・12
一・性情論 22・14
一・性情論 22・23
一・性情論 23・08
一・性情論 23・17
一・性情論 23・26
一・性情論 24・02
一・性情論 24・14
一・性情論 24・26
一・性情論 25・02
一・性情論 25・10
一・性情論 26・05
一・性情論 26・22
一・性情論 26・31
一・性情論 26・39
一・性情論 27・06
一・性情論 31・13
一・性情論 31・19
一・性情論 32・04
一・性情論 32・15
一・性情論 32・18
一・性情論 33・05
一・性情論 33・10
一・性情論 33・15
一・性情論 33・20
一・性情論 33・25
一・性情論 35・05
一・性情論 36・32綴
一・性情論 37・11
一・性情論 37・27
一・性情論 38・38

一・詩論 02・02	五・君子 09・07	五・君子 02・04	四・內豊 10・08	二・容成氏 33・11	二・容成氏 17・31	二・容成氏 03・38	一・性情論 39・02
一・詩論 02・11	五・君子 09・13	五・君子 02・13	五・姑成 03・14	二・容成氏 34・05	二・容成氏 25・32	二・容成氏 10・31	一・性情論 39・12
一・詩論 02・36	五・君子 09・19	五・君子 02・22	五・姑成 04・05	二・容成氏 49・30	二・容成氏 26・10	二・容成氏 11・10	一・性情論 39・31
一・詩論 03・01	五・君子 14・10	五・君子 03・08	五・姑成 06・35	二・容成氏 49・34	二・容成氏 26・32	二・容成氏 12・19	一・性情論 39・42
一・詩論 03・09	上博零簡 01・09	五・君子 03・33	五・姑成 07・04	二・容成氏 52・28	二・容成氏 27・12	二・容成氏 16・15	一・性情論 殘03・06
一・詩論 03・19	上博零簡 01・21	五・君子 04・10	五・君子 01・30	四・內豊 06・09	二・容成氏 27・31	二・容成氏 17・06	二・容成氏 01・28

二·子羔 01·12	一·詩論 22·36	一·詩論 20·19	一·詩論 17·16	一·詩論 11·21	一·詩論 09·18	一·詩論 07·28	一·詩論 04·16
二·子羔 01·29	一·詩論 24·06	一·詩論 20·38	一·詩論 18·11	一·詩論 11·31	一·詩論 09·26	一·詩論 07·39	一·詩論 04·30
二·子羔 01·35	一·詩論 24·12	一·詩論 21·02	一·詩論 18·19	一·詩論 16·03	一·詩論 09·36	一·詩論 08·17	一·詩論 04·39
二·子羔 02·13	一·詩論 24·19	一·詩論 21·08	一·詩論 19·06	一·詩論 16·11	一·詩論 09·51	一·詩論 08·31	一·詩論 05·17
二·子羔 03·07	一·詩論 26·22	一·詩論 21·16	一·詩論 19·20	一·詩論 16·18	一·詩論 10·38	一·詩論 08·52	一·詩論 07·09
二·子羔 04·07	一·緇衣 15·01	一·詩論 21·21	一·詩論 20·07	一·詩論 16·47	一·詩論 11·03	一·詩論 09·05	一·詩論 07·21

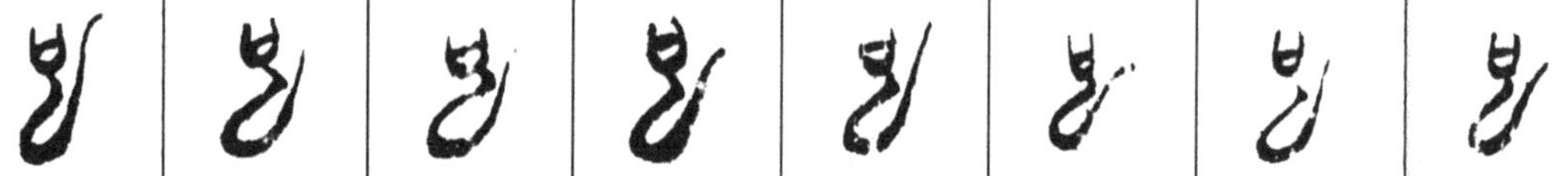

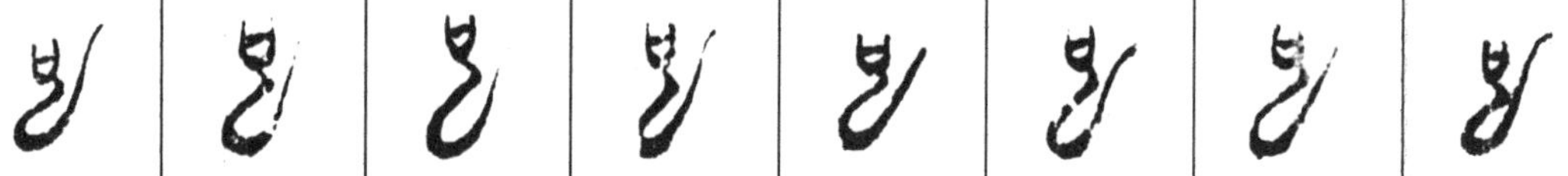

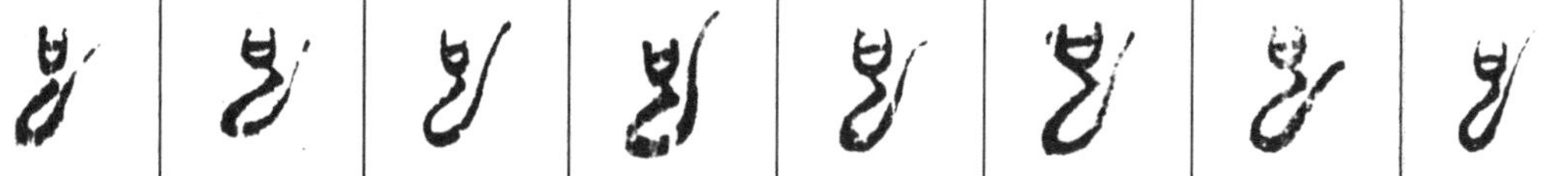

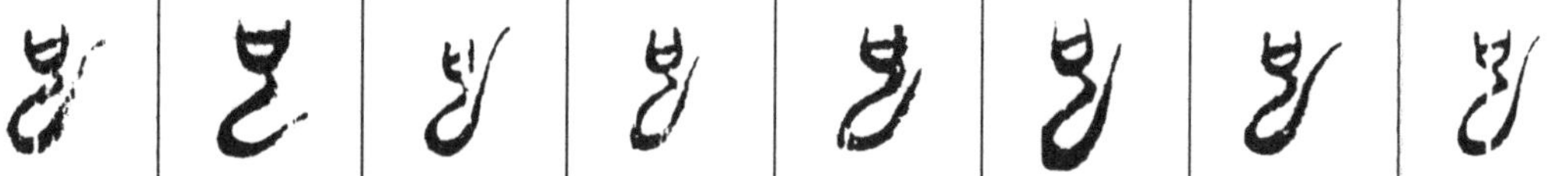

二·民之 06·25	六·競公瘧 12·30	三·中弓 23·15	三·中弓 09·26	三·中弓 04·11	二·子羔 12·14	二·子羔 09·32	二·子羔 05·10
二·民之 07·04	七·吳命 03·09	三·中弓 23·22	三·中弓 10·12	三·中弓 06·10	二·子羔 13·06	二·子羔 09·40	二·子羔 06·27
二·民之 08·08		三·中弓 23·27	三·中弓 18·04	三·中弓 06·13	二·子羔 13·12	二·子羔 10·13	二·子羔 07·31
二·民之 09·03		三·中弓 23·32	三·中弓 21·14	三·中弓 08·05	二·魯邦 02·13	二·子羔 11·02	二·子羔 09·12
二·民之 09·10		三·中弓 附·08	三·中弓 23·05	三·中弓 09·11	三·中弓 02·12	二·子羔 11·11	二·子羔 09·16
四·昭王 08·34		三·中弓 附·22	三·中弓 23·10	三·中弓 09·16	三·中弓 04·03	二·子羔 12·04	二·子羔 09·25

四·昭王 09·09
六·天子乙 03·06
七·君人甲 03·23
七·君人甲 04·28
七·君人甲 05·16
七·君人甲 06·05

七·君人甲 07·16
七·君人甲 07·21
七·君人甲 08·09
七·君人乙 03·21
七·君人乙 04·26
七·君人乙 05·11

七·君人乙 06·02
七·君人乙 07·06
七·君人乙 07·11
七·君人乙 08·01
八·顏淵 01·15
八·顏淵 02·11

八·顏淵 05·07
八·顏淵 05·14
八·顏淵 05·26
八·顏淵 06·06
八·顏淵 09·27
八·顏淵 10·06

八·顏淵 11·11
八·顏淵 12·22
八·顏淵 13·08
九·邦人 02·08
九·邦人 08·03
九·邦人 10·06

九·邦人 12·17

六·天子甲 03·09
六·天子乙 02·33

五·弟子問 02·10
其天民△乎

五·弟子問 22·09
賜不吾知△

按，右加羨符，與「只」同形。唯此篇从「只」之「枳」作「[illegible]」，判然有別。

氏

氏

氏

一・性情論 13・04 其詈文△

一・性情論 19・03 緣緣如△

一・性情論 21・04 譟，由樂△。

一・性情論 21・19 凡人情爲可說△

一・性情論 26・14 以故者△

二・從政乙 04・22 禮之倫也。（中略）仁之宗△。

五・君子 09・31 斯人欲其長貴△

六・用曰 12・35 則行△……

按，原蹟僅見「口」形，惟不辭。姑從原整理者釋「也」。

一・詩論 04・23

一・詩論 05・01

一・詩論 05・11

一・詩論 22・32

一・詩論 27・20

一・詩論 27・29

三・彭祖 07・22

三・彭祖 07・30

三・彭祖 07・38

三・彭祖 07・48

三・彭祖 08・01

三・彭祖 08・09

四・采風 03・11

四・曹沫 64・12

五・季庚子 03・17

五・季庚子 11・03

五・季庚子 18・22

五・鬼神 07・14

六・莊王 07・17

六・莊王 08・08

六・慎子 06・10

七・凡物甲 24・19

七・凡物乙 17・24

九・邦人 07・26

九·史蒥 05·08

九·史蒥 09·08

藝術·選六 131·02

藝術·選六 131·06

五·鬼神 05·15

△狀若齜

一曰「氏」爲「氒」之譌。

氒

氒

氒

三·周易 11·05

六·用曰 06·32

六·用曰 11·10

五·姑成 07·06

按，古文字用爲「厥」。

〈氏〉

一·詩論 16·26

△（厥）初之詩

一·緇衣 19·05

集大命于△（厥）身

八·蘭賦 02·29

而猶不失△（厥）芳

按，「氏」爲「氒」之譌。

氏

氏

氏

二·容成氏 53反·03

八·李頌 02·30

八·李頌 03·01

戎

戎

戎

二·容成氏 01·16

二·容成氏 39·40

六·用曰 14·16

戰 賊

		⿰嘼戈		戰	賊		
四・曹沫 45・31	四・曹沫 40・09	四・曹沫 18・17	九・陳公 04・01	四・曹沫 13・07	三・彭祖 07・13	五・弟子問 20・07 有△（農）植其耨而歌焉	三・周易 38・06
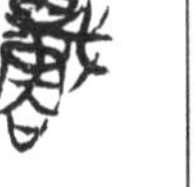 四・曹沫 46・07	四・曹沫 43・23	 四・曹沫 19・24	九・陳公 04・14	 七・鄭子甲 07・23			
四・曹沫 49・11	四・曹沫 44・14	四・曹沫 28・29	九・邦人 02・23	  七・鄭子乙 07・20			
四・曹沫 50・17	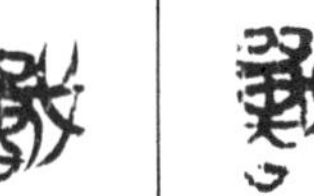 四・曹沫 44・23	 四・曹沫 31・10	九・邦人 02・26	 九・陳公 03・01			
四・曹沫 50・25	 四・曹沫 44・31	四・曹沫 32・29	九・邦人 02・29	 九・陳公 03・15			
四・曹沫 51・09	 四・曹沫 45・25	四・曹沫 38・11		 九・陳公 03・33			

戲 𢧢 戲

四·曹沫 51·21
四·曹沫 51·32
四·曹沫 53·02
四·曹沫 53·12
四·曹沫 53·29

四·曹沫 54·04

四·曹沫 55·27
六·天子甲 10·01
六·天子乙 09·08
九·陳公 02·01
九·陳公 02·11

九·邦人 03·05

一·性情論 21·09

郭店簡本《性自命出》對應作「𡨄」。按，疑从「亡」爲从「匄」之省譌，充當「戲」字聲符，屬變形音化。

或 𢦏 或

一·詩論 20·28
二·魯邦 04·33
二·魯邦 04·37
二·魯邦 05·20
二·從政甲 02·20
二·從政甲 12·14

三·彭祖 04·05
六·競公瘧 03·13
六·用曰 04·19
七·吳命 01·24
七·吳命 02·14
七·吳命 05·06

八·成王 15·24
九·靈王 03·12
九·靈王 04·04
九·靈王 05·05
九·靈王 05·24
九·舉治 08·23

九·舉治 08·26
九·舉治 29·04
九·舉治 32·16
藝術·選六 130·04
藝術·選六 147·05

一·緇衣 02·40
一·緇衣 05·35
一·緇衣 07·20
二·民之 13·16
二·魯邦 05·16

二·容成氏 40·14

五・三德 14・46	四・曹沫 53・34	四・曹沫 43・20	四・曹沫 23・33	三・亙先 13・04	三・亙先 03・11	三・周易 28・26	二・容成氏 40・39
五・鬼神 03・40	四・曹沫 55・32	四・曹沫 44・27	四・曹沫 35・09	四・昭王 08・25	三・亙先 05・23	三・亙先 01・22	二・容成氏 45・12
五・鬼神 04・36	四・曹沫 59・08	四・曹沫 46・02	四・曹沫 36・05	四・昭王 08・42	三・亙先 06・06	三・亙先 01・25	二・容成氏 52・29
六・競公瘧 03・06	四・曹沫 64・16	四・曹沫 50・12	四・曹沫 37・28	四・昭王 10・15	三・亙先 06・08	三・亙先 02・17	三・周易 05・14
六・競公瘧 13・09	五・競建 10・09	四・曹沫 53・07	四・曹沫 37・30	四・曹沫 14・14	三・亙先 06・11	三・亙先 02・20	三・周易 05・39
六・莊王 07・06	五・鮑叔牙 05・17	四・曹沫 53・24	四・曹沫 42・19	四・曹沫 14・17	三・亙先 12・40	三・亙先 03・07	三・周易 07・32

六・王子木 04・20

六・用曰 04・15

七・凡物甲 05・01

七・凡物甲 25・12

七・凡物甲 25・16

七・凡物甲 25・20

八・顔淵 07・28

九・陳公 04・10

九・陳公 13・05

九・陳公 20・13

九・舉治 09・16

九・史蒥 10・06

九・史蒥 10・15

港中零簡 08・07

二・子羔 05・01

△以文而遠

八・志書 04・06

九・邦人 08・02

九・邦人 09・28

按，「口」形譌作二橫，譌若「弍」形。

一・性情論 04・17

一・性情論 04・20

一・性情論 04・23

一・性情論 04・26

一・性情論 04・29

一・性情論 05・01

一・性情論 11・22綴

一・性情論 33・27

七・凡物乙 04・14

七・凡物乙 18・12

七・凡物乙 18・16

七・凡物乙 18・20

八・志書 02・04

△與之也

一·性情論 11·02

郭店簡本《性自命出》對應作「或」。

戕

戕

九·陳公 12·02

戮

[歹翏]

七·君人甲 09·04

七·君人乙 08·23

《字彙·歹部》：「[歹翏]，同戮。」卷四歺部附錄重出。

戋

戋

四·采風 05·09

武

武

一·詩論 24·16

一·性情論 15·15

一·性情論 17·18

二·子羔 12·31

二·子羔 12·39

二·從政乙 06·02

二·容成氏 49·38

二·容成氏 49·42

二·容成氏 50·39

二·容成氏 51·30

二·容成氏 52·36

二·容成氏 53·34

四·曹沫 63·20

六·競公瘧 04·12

六·競公瘧 09·32

六·用曰 07·39

六·用曰 14·11

六·用曰 16·07

六·天子甲 05·10

六·天子甲 05·17

六·天子甲 05·23

六·天子甲 05·28

六·天子乙 04·26

六·天子乙 04·33

(武)

六・天子乙 05・02

六・天子乙 05・07

七・武王 02・16

七・武王 03・10

七・武王 05・27

七・武王 11・01

七・武王 11・32

七・武王 12・31

七・武王 13・11

九・陳公 02・06

戠

戠

八・命 04・17

〈䣢〉

八・鶹鷅 02・03

不△（織）而欲衣今兮

按，从「西」爲从「檝」之初文之省譌。包山簡「戠」或作「[illegible]」，从西者蓋由此省。

戔

戔

一・詩論 04・08

二・子羔 09・20

二・容成氏 05・06

二・容成氏 06・17

二・容成氏 41・40

四・內豊 10・26

四・曹沫 21・19

五・弟子問 06・05

五・三德 04・21

五・三德 05・19

五・鬼神 06・32

六・用曰 06・36

六・用曰 14・21

六・天子甲 06・09

六・天子乙 05・20

七・武王 09・10

七・君人甲 01・13

七・君人甲 01・18

七・君人甲 02・16

七・君人乙 01・13

七・君人乙 01・18

七・君人乙 02・15

八・顏淵 09・03

八・蘭賦 03・01

⿰干戈　⿰工戈　⿰乂戈

字頭	出處	簡號	辭例
	 一・性情論	23・09	
⿰干戈	 三・中弓	20・11	詳見卷三攴部「敦」下。
⿰工戈	二・容成氏	02・22	詳見卷三攴部「攻」下。
⿰乂戈	 三・周易	22・36	曰閑車△（衛）
	 四・鳴鳥	04・10	以自爲△（衛）
	 六・用曰	06・35	厥身是△（衛）
	 九・陳公	17・06	周其徒△（衛）
	 六・季桓子	17・09	□婺△（暴）
⿱戔日	 四・昭王	09・41	楚邦之良臣所△（暴）骨

按，楚「保衛」字，轉注「保」「衛」。右諸例或如字用爲「衛」，或假「保」爲「暴」。

⿰巾戈 ⿰共戈 ⿰医戈 ⿰舌戈 ⿰豆戈 ⿰㠯戈 ⿰各戈 ⿵門戈

⿰巾戈

四・曹沫 02反・04

詳見卷三攴部「敶」下。

⿰共戈

四・曹沫 32・22

⿰医戈

二・魯邦 03・25

詳見卷三殳部「殹」下。

⿰舌戈

二・從政甲 17・32

詳見卷三攴部「敌」下。

⿰豆戈

二・容成氏 50・32

詳見卷三言部「誅」下。

⿰㠯戈

五・弟子問 10・25

士△（治）以力則沮

按，从戈⿹勹㠯聲，疑「攻治」字。又見於郭店簡《語叢三》，作「□」，同篇異體作「□」，辭例爲：「德至區諸？□者至無間。」从戈㠯聲，裘錫圭（荊門市博物館 1998:213）以爲「⿰㠯戈」字異體，讀「治」。

〈⿰各戈〉

一・緇衣 10・37

今《禮記》本《緇衣》對應作「仇」，郭店簡本對應作「𢦒」，安大簡《仲尼曰》引作「⿸厂臥〈⿸厂殹〉」。

按，从戈咎省聲，或即「仇讎」字異體（李零 2007:43；黄德寬、徐在國 2002=2007）。

⿵門戈

九・陳公 16・06

詳見卷十二門部「門」下。

𢧐 𢦔 𢻄 𢧵 𢨋 𢧱 𢨀 𢧸

𢧐

三・周易 13・05

詳見卷八人部「侵」下。

𢦔

六・天子甲 06・07

△（仇）讎

六・天子乙 05・18

△（仇）讎

九・陳公 04・25

△（仇）人

𢻄

一・緇衣 22・29

君子好△（仇）

按，从戈若攴，來聲，或即楚「仇讎」之「仇」字。「來」，一曰源自商西周「□」字。核心形體各端附短筆，以示其極。字形理據疑與「巫（方／荒）」「亟（極）」「叕（端）」相近。从攴者，卷三攴部附錄重出。

𢧵

五・三德 20・04

按，一曰从「囟」爲从「甶」之譌。唯該字與「食」「誨」「祐」共韻，釋从思聲，更爲合宜。

𢨋

二・從政甲 19・28

詳見卷八人部「傷」下。

𢧱

四・曹沫 51・11

詳見卷十四斤部「斯」下。

𢨀

六・用曰 16・25

詳見卷十二女部「威」下。

𢧸

五・鮑叔牙 08・06

按，从戈發聲，或即「伐」字異體。

⿰𤇾戈　⿸匚⿰医戈　⿰害戈　⿰壽戈　⿰員戈

⿰𤇾戈	⿰数戈	⿸匚⿰医戈	⿰害戈	⿰言戈	⿰壽戈		⿰員戈
四・曹沫 43・14	五・弟子問 01・03	二・容成氏 16・16	五・鮑叔牙 08・36	六・天子甲 06・08	七・吳命 06・04	按，从戈，𠅩若𣌭聲，或即楚「仇讎」之「讎」字。	七・武王 15・05
	卷三支部附錄重出。	詳見卷四刀部附錄「𠜷」下。	詳見卷四刀部「割」下。	仇△（讎）	在波△（濤）之間		詳見卷三攴部「敗」下。
				六・天子乙 05・19 仇△（讎）			

戳　戉　戚　我

古

戳	戉	戚	我				
七・君人甲 07・11	七・吳命 05・09	九・陳公 11・25	一・緇衣 10・29	一・緇衣 21・29	二・民之 13・08	四・多薪 01・06	五・競建 07・21
七・君人乙 07・01		行△（蹙）不成卒	一・緇衣 10・33	一・緇衣 21・31	二・魯邦 04・36	四・曹沫 39・04	五・姑成 03・25
			一・緇衣 10・36	一・緇衣 24・02	二・魯邦 05・19	四・曹沫 39・14	五・姑成 03・39
			一・緇衣 10・40	一・緇衣 24・07	三・周易 24・17	四・曹沫 39・21	五・姑成 03・42
			一・緇衣 11・07	二・民之 08・30	三・周易 45・09	四・曹沫 39・27	五・姑成 03・45
			一・緇衣 11・10	二・民之 11・05	四・采風 01・07	四・曹沫 40・04	五・弟子問 04・22

五·弟子問 11·08
五·鬼神 05·43
五·鬼神 06·04
六·鄭壽 05·09
六·鄭壽 06·16
七·鄭子乙 04·19

七·吳命 01·12
七·吳命 05·38
七·吳命 09·62
八·子道餓 05·03
八·命 02·17
八·命 04·15

八·命 05·19
八·志書 03·15
八·志書 04·23
八·志書 06·17
八·志書 07·17
九·舉治 05·05

九·舉治 05·13
九·舉治 06·07
九·舉治 07·26
藝術·選六 130·09

《說文》古文如此。

七·吳命 03·34

降禍於△二邑

二·魯邦 01·12
四·柬大王 13·03
九·卜書 07·29

義

義

義

一·詩論 22·30
一·緇衣 03·05
一·緇衣 16·04
一·緇衣 20·05
一·緇衣 23·25
一·性情論 02·22

一·性情論 02·30
二·從政甲 01·27
二·從政甲 02·03
二·從政甲 02·22
二·容成氏 09·10
四·曹沫 36·08

五・季庚子 07・10
五・姑成 04・12 
五・姑成 07・41 
五・君子 01・42 
五・君子 02・09 
五・君子 02・18 

五・君子 02・26
五・鬼神 01・27 
六・慎子 04・15 
六・天子甲 03・06 
六・天子甲 03・24 
六・天子甲 04・12 

六・天子甲 06・28
六・天子乙 02・30 
六・天子乙 03・15 
六・天子乙 03・32 
六・天子乙 06・05 
七・武王 04・10 

七・武王 04・17

六・天子甲 08・10
六・天子乙 07・22 

琴

[illegible]

一・性情論 15・03

[illegible]

一・詩論 14・10

按，从亓金聲，楚「琴」字，《說文》古文「[illegible]」亦从金聲作。「亓」或繁作「[illegible]」，楚「瑟」字。

瑟

[illegible]

一・性情論 15・04

二・容成氏 02・24

直

古 小徐

亡

亓亓

一・詩論 14・11

按，「亓亓」字繁構。「亓亓」，楚「瑟」字，一曰「丽」（郭永秉 2012=2015:14-30）。

直

六・天子乙 04・37

六・天子乙 05・03

六・天子乙 05・10

植

一・緇衣 02・16

《說文》古文源此。大徐本譌作「㯰」，今用小徐本。詳見卷六木部「植」下。

𣝚

五・姑成 07・28

詳見卷六木部「植」下。

亡

一・詩論 01・12

一・詩論 01・16

一・詩論 01・20

一・詩論 08・07

一・詩論 22・09

一・緇衣 05・30

一・緇衣 21・09

一・緇衣 23・35

一・性情論 01・07

二・民之 02・18

二・民之 05・22

二・民之 05・26

二・民之 05・28

二・民之 05・32

二・民之 06・03

二・民之 07・17

二・民之 07・21

二・民之 07・25

二・民之 07・29

二・民之 08・25

二・民之 10・08

二・民之 11・07

二・民之 11・15

二・民之 11・23

三・周易 12・22	三・周易 09・08	三・周易 05・03	二・容成氏 46・13	二・從政甲 15・26	二・從政甲 05・39	二・民之 13・10	二・民之 11・31
三・周易 13・07	三・周易 09・23	三・周易 05・18	二・容成氏 46・22	二・昔者 04・16	二・從政甲 06・08	二・民之 13・17	二・民之 12・05
三・周易 15・13	三・周易 10・08	三・周易 07・06	二・容成氏 48・22	二・昔者 04・18	二・從政甲 06・15	二・民之 13・25	二・民之 12・12
三・周易 16・06	三・周易 10・29	三・周易 07・23	二・容成氏 53・07	二・容成氏 03・39	二・從政甲 07・02	二・民之 13・33	二・民之 12・20
三・周易 18・25	三・周易 11・01	三・周易 07・41	三・周易 01・13	二・容成氏 16・27	二・從政甲 07・10	二・子羔 01・45	二・民之 12・28
三・周易 19・04	三・周易 11・19	三・周易 08・08	三・周易 02・20	二・容成氏 30・07	二・從政甲 08・30	二・魯邦 06・10	二・民之 13・03

三·周易 20·01

三·周易 20·19

三·周易 21·12

三·周易 21·16

三·周易 21·26

三·周易 21·31

三·周易 25·02

三·周易 25·16

三·周易 26·34

三·周易 27·07

三·周易 28·05

三·周易 28·13

三·周易 28·19

三·周易 28·35

三·周易 31·14

三·周易 32·17

三·周易 32·25

三·周易 33·10

三·周易 33·15

三·周易 37·05

三·周易 37·19

三·周易 38·27

三·周易 38·32

三·周易 38·41

三·周易 39·11

三·周易 40·31

三·周易 40·39

三·周易 41·07

三·周易 41·13

三·周易 41·35

三·周易 42·39

三·周易 44·07

三·周易 44·09

三·周易 44·32

三·周易 45·25

三·周易 47·12

三·周易 47·30

三·周易 48·15

三·周易 49·21

三·周易 51·14

三·周易 52·09

三·周易 54·22

三·周易 54·30

三·周易 54·36

三·周易 55·16

四·采風 03·23

四·昭王 03·34

四·內豊 06·18

七・凡物甲 21・30	七・君人乙 07・08	六・天子甲 04・11	六・用曰 04・31	六・季桓子 05・16	四・曹沫 57・08	四・曹沫 12・06	四・曹沫 02・04
七・凡物甲 29・23	七・凡物甲 06・27	六・天子甲 06・10	六・用曰 06・22	六・季桓子 08・08	五・弟子問 13・13	四・曹沫 13・28	四・曹沫 05・32
七・凡物乙 05・32	七・凡物甲 13・05	六・天子乙 03・27	六・用曰 10・15	六・季桓子 24・14	六・競公瘧 02・11	四・曹沫 14・05	四・曹沫 06・05
七・凡物乙 22・12	七・凡物甲 21・19	六・天子乙 03・31	六・用曰 17・02	六・莊王 01・05	六・競公瘧 03・20	四・曹沫 14・19	四・曹沫 06・21
八・成王 14・23	七・凡物甲 21・22	六・天子乙 05・21	六・用曰 18・02	六・鄭壽 02・03	六・競公瘧 08・03	四・曹沫 24・30	四・曹沫 09・11
八・命 01・19	七・凡物甲 21・27	七・君人甲 07・18	六・天子甲 04・07	六・鄭壽 03・09	六・競公瘧 08・07	四・曹沫 34・31	四・曹沫 10・03

八·命 06·04

八·命 08·01

八·命 09·12

八·命 09·27

八·命 10·05

八·命 10·22

八·志書 03·10

九·靈王 04·29

九·舉治 13·25

九·邦人 02·01

九·邦人 02·17

九·史蒥 01·17

九·卜書 08·29

九·卜書 09·14

港中零簡 02·08

四·曹沫 08·19

△（無）以異於臣之言

安大簡本《曹沫之陳》對應作「無」。

三·中弓 16·11

三·中弓 19·13

四·內豊 附·02

五·競建 06·02

五·競建 09·26

五·競建 10·06

五·季庚子 10·08

五·姑成 01·21

五·姑成 04·02

五·姑成 07·01

五·姑成 09·40

五·姑成 10·29

八·有皇 02·12

九·舉治 08·28

四·采風 03·09

蠶△

一曰「曲」（王挺斌 2022:26–29）。唯內曲筆筆畫斷裂，與「曲」形有別。

乍

〈乍〉

一・詩論 06・13
△（無）競維人

四・內豊 06・15
△（無）私樂，亡（無）私憂。

按，「乍」爲「亡」之譌。《說文》「乍」「一曰亡」，即其謂。

器

六・季桓子 25・02
民△（泯）不可侮

[illegible]

七・武王 01・22
意幾△（亡）不可得而睹乎

七・武王 04・04
怠勝義則△（亡）

按，从喪省，亡聲，「喪亡」字（陳琦 2022）。

[illegible]

五・鮑叔牙 01・34

五・鮑叔牙 02・06

五・鮑叔牙 02・34

五・鮑叔牙 05・08

按，从死芒聲，「死亡」字。卷四死部附錄重出。

乍

一・性情論 01・14

二・子羔 09・11

二・子羔 13・11

三・亙先 01・23

三・亙先 02・02

五・姑成 06・21

六・用曰 05・23

六・用曰 11・14

六・用曰 18・10

七・君人甲 07・23

藝術・選六 131・05

按，古文字多用爲「作」。

七・君人乙 07・13

甲本對應作「乍」。

⿱亡頁		⿱亡土	〈⿱亡介〉	⿱亡人	〈朢〉		望
 六・競公瘧 02・32	按，《說文》分別「朢」「望」，實即一字。本編所收均从亡聲作，故寄「望」下。	 九・舉治 01・07	 一・緇衣 02・22 按，从「介」爲从「人」之譌。施謝捷（2014）以爲从州亡聲，「巟」字異體。唯下部兩外撇筆之狀未見於「州」字，且同篇對應今本「從」之字即作如此。清華簡《三不韋》簡 41「㭍」字形可參。	 七・君人甲 08・06  七・君人乙 07・22	 五・三德 01・37 弦△齋宿 按，从「匃」爲从「亡」之繁譌。本編卷五「良」有同例。	 七・吳命 02・11	 一・詩論 22・10  六・用曰 20・05

匱 匹 匿 區

⿰見⿱亡王	⿰見望		區	匿		匹	匱
六・鄭壽 07・09	五・季庚子 04・05	按，从旲（視）、亡、𡈼若望聲，「望」字繁構。卷八見部附錄重出。	九・史蒥 07・04	一・緇衣 17・42	二・容成氏 33・18	一・緇衣 21・41	四・內豊 07・24 孝子不△
七・武王 11・07				六・競公瘧 06・18		一・緇衣 21・48	《詩・既醉》：「孝子不匱。」按，从反匸貴省聲，「匱」字異體。反「匸」，「匸」之異構；一曰从直弓形；一曰从斗省，形參「播」字古文。「貴」，上部聲符係集團類化作「來」形者（參清華簡《鄭文公問太伯》
七・武王 11・28				六・天子甲 10・06			
七・武王 12・06				六・天子乙 09・13			
七・武王 13・01				九・卜書 04・22			

《大夫食禮記》所見「饋」字聲符——或即「委」之省形）之省譌；一曰「負」，「不△」疑讀「不備」，類言「不匱」。唯楚字未見確定「負」形。

曲

乚古

凵

五・季庚子 23・03

五・弟子問 13・04

九・邦人 03・02

《說文》古文如此。

瓮

⿱⿰酉共皿

六・王子木 03・19

六・王子木 04・02

按，从酉、皿，共聲，「瓮」字異體，今作「甕」。卷五皿部附錄、卷十四酉部附錄重出。

㼝

⿱⿰金食皿

七・武王 08・01

詳見卷五皿部「盌」下。

弓

弓

三・中弓 01・10

三・中弓 05・10

三・中弓 06・06

三・中弓 08・07

三・中弓 09・13

三・中弓 10・27

三・中弓 16反・02

三・中弓 17・10

三・中弓 20・04

三・中弓 25・10

三・中弓 27・02

三・中弓 01・06

季桓子使仲△爲宰

彊

弝

二・容成氏 36・04

△弱不辭讓

三・亙先 10・33

△者果天下之大作

五・季庚子 05・08

……面〈百？〉事皆得其權而△之

弦　弫

彊（續）

- 五・季庚子 08・20　君子不可以不△，不△則不立。
- 五・季庚子 09・16　君子△則遺 
- 五・姑成 01・14　行政迅△ 
- 五・姑成 04・40　吾△位治衆 
- 五・姑成 06・14　△于公家 
- 五・姑成 09・42　△門大夫 
- 五・姑成 10・01　△門大夫 
- 六・慎子 01・10　堅△以立志 
- 六・用曰 14・06　△君處政 
- 六・天子甲 13・11　△行、忠謀、信言 
- 八・志書 01・09　是楚邦之△梁人 

弓𠮛

- 六・慎子 02・17　△以賽志
- 六・慎子 05・08　家不贏其志，故曰△。 

按，此字轉注「剛」「彊」。本編所收均用爲「彊」，故寄「彊」下。楚簡他處或用爲「剛」，如清華簡《五紀》有以爲「剛柔」字者。《說文》「剛」字古文「[古文]」形體源此，唯混同从人作。

弫

- 四・曹沫 17・20
- 四・曹沫 18・05 
- 五・三德 17・09 
- 六・用曰 13・42　一曰从「弓」爲从「人」之譌。 

弦

- 五・三德 01・36

系

籀

系

六・用曰 12・14

一・詩論 27・15
二・民之 06・15
四・采風 02・19
四・曹沫 13・10
四・曹沫 13・15
四・曹沫 38・26

四・曹沫 56・04
四・曹沫 57・16
五・鮑叔牙 06・41
五・季庚子 13・14
七・凡物甲 01・05
七・凡物甲 01・13

七・凡物甲 01・22
七・凡物甲 01・30
七・凡物甲 02・02
七・凡物甲 02・08
七・凡物甲 02・16
七・凡物甲 02・28

七・凡物甲 03・05
七・凡物甲 03・30
七・凡物甲 04・02
七・凡物甲 04・09
七・凡物甲 04・11
七・凡物甲 05・11

七・凡物甲 05・25
七・凡物甲 06・08
七・凡物甲 06・21
七・凡物甲 07・02
七・凡物甲 07・08
七・凡物甲 07・21

七・凡物甲 08・06
七・凡物甲 08・13
七・凡物甲 08・18
七・凡物甲 08・24
七・凡物甲 11・02
七・凡物甲 12・06

七・凡物甲 12・11
七・凡物甲 12・17
七・凡物甲 13・27
七・凡物甲 18・05
七・凡物甲 18・13
七・凡物乙 01・05

繇	孫						
三・周易 25・32	二・從政乙 04・09	按，古文字多用爲「奚」。《說文》籀文繇从二系。	七・凡物乙 07・01 〔鬼之神〕△（奚）飤 甲本對應作「奚」。	七・凡物乙 07・07	七・凡物乙 04・24	七・凡物乙 02・21	七・凡物乙 01・13
五・姑成 09・19	四・曹沫 25・25			七・凡物乙 08・30	七・凡物乙 05・02	七・凡物乙 02・29	七・凡物乙 01・22
五・姑成 09・51	四・曹沫 26・07			七・凡物乙 09・01	七・凡物乙 05・13	七・凡物乙 03・17	七・凡物乙 01・30
	港中零簡 05・08			七・凡物乙 09・07	七・凡物乙 05・26	七・凡物乙 03・19	七・凡物乙 01・33
				七・凡物乙 09・13	七・凡物乙 06・05	七・凡物乙 03・26	七・凡物乙 02・01
					七・凡物乙 06・18	七・凡物乙 03・28	七・凡物乙 02・09

四・曹沫 20・07

四・曹沫 42・08

五・季庚子 13・18

五・弟子問 10・06

五・弟子問 17・10

六・季桓子 06・01

六・用曰 07・03

上博零簡 01・10

系 經 緯 紀

上博簡文字編卷十三

申城 沈奇石 撰集

系

藝術・選六 149・01

經

二・容成氏 27・16

三・周易 24・27

三・周易 25・21

三・彭祖 02・07

四・內豊 10・07

五・姑成 07・30

六・用曰 01・29

〈緀〉

三・彭祖 02・09

若經與△

按，「韋」形下部成字重組成「妟」形。

紀

四・曹沫 16・10

四・曹沫 26・13

九・舉治 20・03

絽

二・子羔 07・02

二・容成氏 31・10

三・彭祖 05・06

三・彭祖 05・14

六・用曰 06・40

六・用曰 19・03

八・李頌 01・16

紿

紿

絧				緫	繬	繼	𢇍
一・性情論 16・26	四・柬大王 19・12	五・姑成 04・42	六・天子乙 05・01	二・從政甲 16・18	三・亙先 08・09	六・用曰 06・10	五・三德 16・11
二・子羔 01・38	四・曹沫 36・18	五・君子 11・24	八・顔淵 10・28	二・從政乙 01・16		△源流澌	不△憂恤
二・容成氏 19・32	四・曹沫 36・26	五・君子 11・31	八・命 06・17	二・從政乙 03・25		六・用曰 14・33	《説文》古文如此。
二・容成氏 36・07	五・姑成 01・51	五・君子 15・10	九・舉治 29・08	二・從政乙 03・28		繁其有△（算）圖，而難其有悳民。	
二・容成氏 43・03	五・姑成 03・48	五・君子 16・02				按，从糸䜌聲，「絕」字繁構。與《説文》「繼」同形。	
二・容成氏 43・16	五・姑成 04・04	六・天子甲 05・22					

絕

絕　𢇍古

續

古

𢇛

出處	辭例
一・詩論 27・35	《北風》不△人之怨
一・詩論 29・09	《涉溱》其△
一・緇衣 22・33	輕△貧賤，而重絕富貴。
一・緇衣 22・38	輕絕貧賤，而重△富貴。
二・容成氏 53・17	△種侮姓
三・彭祖 08・11	是謂△綱
四・柬大王 14・20	而百姓以△侯
六・季桓子 15・34	△以爲己兼
九・陳公 02・17	師不△
九・陳公 03・07	師不△
九・陳公 03・21	師不△
九・陳公 04・09	師不△
九・陳公 04・20	師不△
九・卜書 07・22	周邦有吝，亦不△。
七・吳命 01・11	而殄△我二邑之好

按，楚「㡭」「𢇛」無別，會刀絕斷絲意，均「絕斷」字。《說文》謂「反㡭爲繼」，非是。

賡

二・從政甲 16・03

按，《說文》轉注爲「續」古文。詳見卷六貝部附錄。

䋼

綎 或

綎			縱	級	總	約	
二·容成氏 28·24 乃立后稷以爲△（程）	七·武王 15·22 百姓之爲△（程）	《說文》或體如此。按，一曰楚「程法」字（劉洪濤2022=2024）；唯該字另有用法，與「級（急）」相對，即用其《說文》義〔緩〕。	五·鮑叔牙 04·08	五·競建 01·03	九·舉治 09·28	八·蘭賦 04·05	五·弟子問 06·08
九·陳公 10·07 以△（程）師徒			五·鮑叔牙 04·28	五·鮑叔牙 09·05		九·成王甲 03·09	六·競公瘧 08·32
			八·志書 01·24	八·子道餓 01·20		港中零簡 09·10	六·競公瘧 10·25
			八·志書 05·09				八·成王 10·20

縱　級　總　約

終 冬古	縛		結	繯		纏	
升	縛		結	繯		纏	
一・詩論 23・15	六・競公瘧 08・36	七・凡物甲 21・12	一・詩論 22・35	二・容成氏 44・15	四・曹沫 51・02	四・曹沫 18・11	二・容成氏 50・27
一・緇衣 17・07			一・緇衣 13・41	按，从糸儇聲，「繯」字異體。			二・容成氏 53・14
二・容成氏 06・04			一・性情論 39・26				按，「勺」形下部繁化成「甘」形。本編卷三「訋」中「勺」形有同例。
三・周易 02・30			二・容成氏 01・07				
三・周易 04・08							
三・周易 04・29							

綺

綺

三・周易 05・12

三・周易 05・43

三・周易 09・29

三・周易 14・18

三・周易 18・28

三・周易 39・03

三・周易 42・25

三・周易 50・19

三・周易 57・09

三・彭祖 02・41

三・彭祖 03・05

五・弟子問 11・19

五・弟子問 16・03

六・用曰 20・27

七・凡物甲 03・22

七・凡物甲 18・18

七・凡物甲 25・14

七・凡物乙 03・09

七・凡物乙 13・04

七・凡物乙 18・14

九・舉治 34・19

九・邦人 08・20

港中零簡 02・11

《說文》古文如此。

一・性情論 19・07

慼然以△

郭店簡本《性自命出》對應作「宑」。

⿰糸𡨦

三・中弓 24・09

从糸𡨦聲，「終」字異體。「𡨦」，楚「冬」字。

〈禾〉

七・凡物甲 20・20

一言而△不窮

七・凡物乙 14・14

一言而△不窮

按，「禾」爲「宑」之譌。

綺

五・弟子問 18・16

一曰从力作。

繡	縷	綠	緇	紳			
繡	縷	綠	紂	紳	⿰糹⿱由田		⿰糹畕
一・性情論 27・29	 三・周易 38・36	 一・詩論 10・21	 一・緇衣 01・07	 一・詩論 02・22	 四・曹沫 21・01	 六・莊王 08・10	 四・曹沫 36・13
	 三・周易 41・04	 一・詩論 16・04	《玉篇・糸部》：「紂，同緇。」	 九・陳公 17・12	六・莊王 05・06	 六・王子木 01・13	 六・莊王 04・16
					 六・莊王 05・16	 九・靈王 01・05	 六・莊王 08・01
					 六・莊王 05・23	 九・靈王 01・17	
					 六・莊王 06・08	 九・靈王 02・04	
					 六・莊王 07・15		

綸 綸

二·從政乙 04·12

六·用曰 06·39

三·彭祖 02·34

按，从「侖」爲「侖」之混同。

⿱暴糸 ⿰糸襮

三·彭祖 02·11

按，从糸襮聲，「⿱暴糸」字異體。

緥 ⿰糸贇

七·吳命 02·03

按，从糸贇聲，「緥」字異體。

緟 ⿰糸童

六·用曰 02·19

八·李頌 02·06

港中零簡 09·04

縷 縷

三·周易 45·01

纍 ⿰糸壘

六·慎子 05·03

按，从糸壘聲，「纍」字異體。

紉 紉

九·陳公 17·16

焉陳兩和而△之

縈		縢	緐		絆	纆	緪
縈		縢	緐	或	絆	纆	緪
縈	⿱炏糸	絣	緐	⿰糸弁	⿰糸⿱半田	纆	絚
五・三德 14・14	四・內豊 08・30	二・容成氏 51・23	二・容成氏 19・03	一・緇衣 10・24	三・周易 05・41	五・鮑叔牙 03・33	三・周易 28・23
五・三德 15・03	六・競公瘧 09・28	五・鬼神 07・09		六・用曰 19・11	或賜△（鞶）帶	五・鮑叔牙 03・36	三・周易 28・39
六・用曰 01・38		按，从糸朕省聲，「縢」字異體。		《說文》或體源此。	按，从糸畔聲，或即「鞶」字異體。	《玉篇・糸部》：「纆，同纆。」	

緍	綮	繫	⿰叀系	紋	絖		⿱卯糸
一·緇衣 15·35	三·周易 57·08	三·周易 40·10	七·凡物甲 15·20	五·鮑叔牙 07·43	七·吳命 02·04	三·彭祖 08·12	一·性情論 38·15
	繻有衣△（袽）					是謂絕△（綱）	

緍：王韓注本《易》……（按：此條無）

綮：王韓注本《易》對應作「袽」，《說文》引作「綮」。

絖（彭祖）：按，所从「亢」與「布」形近，蓋字在陽部韻腳，必从亢聲作。清華簡《越公其事》「邊人爲不道，或航（抗）禦寡人之辭」之「航」作「[illegible]」，所从「亢」形可參。

紽	綖	𦀌	絖	綏	緮	䊿	綾
五·季庚子 03·07	七·鄭子甲 05·20	七·鄭子甲 05·23	五·季庚子 15·10	六·用曰 16·28	五·弟子問 15·08	六·用曰 20·18	九·舉治 08·11
	詳見卷十四𠫓部「疏」下。	七·鄭子乙 05·21	八·蘭賦 04·07		吾告汝其△者乎 按，从糸复聲。「复」，一曰「复」之混同，此字即「組」字異體。	詳見卷八衣部「裕」下。按，與《說文》从谷聲之「綌」無涉。後者楚字多从丯聲作。	

⿰糸耑

五・鮑叔牙 03・34

縸

六・用曰 14・05

六・用曰 20・21

⿰言系

八・王居 05・06

⿱訢糸

七・武王 07・21

⿰言⿱斤系

八・有皇 05・10

按，从系訢聲，「縝」字異體。「訢」，楚「慎」字，或作「訢」「訔」。

⿰糸飤

五・競建 10・05

驅逐田△（弋）

按，从系飤聲，或即「弋」字異體。

緪

六・用曰 04・32

社之無△

按，或與清華簡《五紀》之「⿰糸⿱亙帝」爲一字。一曰後者之从「帝」爲从「亙」之譌，楚「統」字（陳劍 2022A），一曰「綜」。

⿰糸帶　績　⿰糸雁　⿰糸普　繲　⿰糸邅　⿰糸登

⿰糸帶	績	⿰糸雁	⿰糸普	繲	綼	⿰糸邅	⿰糸登
三・周易	九・舉治	六・競公瘧	六・用曰	三・周易	四・曹沫	六・用曰	四・昭王
05・42	20・07	08・37	15・24	37・01	16・09	16・22	02・20
詳見卷七巾部「帶」下。		縛△（⿱玨束）諸市　按，从糸雁聲，或即「⿱玨束」字異體。		詳見卷十角部「解」下。	安大簡本《曹沫之陳》對應作「解」。		

緯	繩	繼	𦃃				綽
緯	繩	繼	𦃃				綽
四・曹沫 33・14	九・陳公 20・12	五・三德 14・31	二・容成氏 47・25；二・容成氏 52・41；二・容成氏 53・36；三・彭祖 06・17；七・鄭子甲 05・21；七・鄭子乙 05・19	八・李頌 01反・42	藝術・選六 140・06	一・緇衣 15・39	八・蘭賦 03・11
不親則不△	陣後若△	天災△△，弗滅不隕。				按，从収、素（索），會「兩手搓繩」之意，「宵爾索綯」「索胡繩之纚纚」之「索」（施謝捷 2000；郭永秉、鄔可晶 2013=郭永秉 2015:60-8）。	《説文》或體如此。
安大簡本《曹沫之陳》對應作「𠝏」。按，从「𦎧」爲从「𦎧」之譌，均讀「敦」。	按，一曰从黽。唯未見確定楚「黽」字，且秦及後世「黽」聲字，楚字多用「興」聲字表示。	按，从糸蟲聲。楚「蟲」表音蓋可記録兩類讀音，詳見卷十三虫部「虫」下疏解。此處據韻宜屬牙喉音微文部，讀「混」，方與下文「隕」共韻。					

緩

緩或

緩
二・容成氏 01・13
二・容成氏 06・35
八・蘭賦 02・19
九・陳公 11・16

《説文》或體如此。

緩
三・中弓 13・03
三・中弓 17・04

卷十心部附錄「愋」下重出。

絲

絲

茲
一・緇衣 15・31

王言如△

轡

轡

轡
一・性情論 29・26

虫

虫

虫
六・用曰 05・14

征△（蟲）飛鳥

虫
八・蘭賦 03・05

螻蟻△（蟲）蛇

按，《説文》分別「虫」「蚰」「蟲」。視其字形，蓋一字之繁簡分化。至於其音義，可攏爲兩類。

甲類「直弓」切，其上古音來源係牙音冬部，對應﹝征蟲﹞義；乙類「許偉」「古渾」二切，其上古音來源係牙喉音微文部，對應﹝虯／虺﹞義。目前繁簡三形悉見於楚字／偏旁，庶可記錄兩類音義而無別。右列「虫」字記錄甲類音義。一曰《蘭賦》字用爲乙類音義，阜陽漢簡木《蒼頡篇》有「虯蛇」之謂。而傳世「蟲」字記錄甲類，「虫」「蚰」二字記錄乙類。

蜀

蜀

蜀
一・詩論 16・17
三・周易 38・19
三・周易 40・25
三・中弓 附・15
三・亙先 03・03
八・李頌 01・40
九・靈王 04・28

螻 蛾 蚩 蜼 蚤 蚘

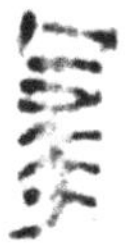

		螻	蛾	蚩	蜼	蚤	蚘
一・性情論 23・27	五・君子 09・02	八・蘭賦 03・03	八・蘭賦 03・04	五・鬼神 07・20	四・采風 02・32	六・競公瘧 10・09	五・鬼神 07・21
一・性情論 30・29	五・君子 09・08		螻△（蟻）蟲蛇		一曰「锥」。		
一・性情論 30・31	五・君子 09・14		按，从虫我聲，或即「蟻」字異體。				
	八・有皇 06・18						
	九・成王甲 04・01						

⿱亘虫

⿱亘虫

二・容成氏 03・05

蠶

蠶

四・采風 03・08

⿱可䖵

⿱可䖵

二・容成氏 19・13

二・容成氏 33・17

六・競公瘧 06・17

⿱君䖵

⿱君䖵

五・鮑叔牙 08・32

⿱叉䖵

⿱叉䖵

二・容成氏 05・25

詳見卷十三黽部「鼈」下。

⿱侃䖵

⿱侃䖵

三・周易 50・28

⿱黽䖵

⿱黽䖵

一・詩論 28・16

詳見卷十三黽部「蠅」下。

蟲

蟲

八・志書 04・01

△材以爲獻

按，楚「蟲」蓋可記錄兩類音義，詳見卷十三虫部「虫」下疏解。此字若屬牙音冬部，可讀「融」；若屬牙喉音微文部，可讀「掄」。

蠱	風		颰	飄	它		蛇
蛊	風		颰	飄	它		蛇（或）
三・周易 18・01	一・詩論 03・15	八・李頌 02・28	七・凡物甲 14・14	七・凡物甲 14・15	二・民之 12・09	九・靈王 03・07	八・蘭賦 03・06
三・周易 18・21	一・詩論 04・22	八・蘭賦 04・22	七・凡物乙 09・30	七・凡物乙 09・31	二・民之 13・13	九・邦人 07・30	《說文》或體如此。
三・周易 18・35	一・詩論 26・07	八・有皇 02・15			二・容成氏 20・42	九・卜書 01・21	
三・周易 18・44	一・詩論 27・33	藝術・選六 141・07			三・周易 09・32	九・卜書 07・05	
	五・弟子問 04・02				五・姑成 05・17		
	八・命 02・09				七・吳命 08・52		

⿱它肙

⿱它肙

五・競建 07・10

按，从它肙聲，或即「䖤」字異體。「肙」，楚「辟」字；本編「肙」字即其異體，詳見卷十四辛部「辟」下。

龜

黽 龜

三・周易 24・15

四・柬大王 01・07

四・柬大王 02・02

四・柬大王 02・23

四・曹沫 52・09

六・天子甲 11・24

六・天子乙 11・08

九・卜書 02・29

〈昆〉

一・緇衣 24・03

我△既厭

按，「昆」爲「龜」之譌。

鼈

鼈 蚤

二・容成氏 05・25

魚△獻

按，从䖵釆聲，「鼈」字異體。卷十三䖵部附錄重出。

蠅

蠅 螶

一・詩論 28・16

《青△》

按，从䖵興聲，「蠅」字異體。卷十三䖵部附錄重出。

卵

卵 卵

二・子羔 11・21

四・鳴鳥 03・10

四・鳴鳥 04・20

二

二 二

一・詩論 06・34

二・從政甲 05・23

三・周易 04・32

三・周易 07・18

三・周易 09・35

三・周易 12・18

三·周易 14·13
三·周易 16·21
三·周易 18·31
三·周易 20·23
三·周易 22·21
三·周易 24·22

三·周易 26·14
三·周易 28·17
三·周易 30·18
三·周易 32·20
三·周易 35·20
三·周易 37·22

三·周易 40·27
三·周易 44·35
三·周易 47·22
三·周易 48·21
三·周易 50·21
三·周易 53·17

三·周易 54·24
三·周易 58·03
三·彭祖 02·18
四·多薪 01·07
四·曹沫 23·09
四·曹沫 25·03

五·競建 06·21
五·競建 09·05
五·競建 10·18
五·鮑叔牙 02·40
五·弟子問 14·16
六·競公瘧 02·39

六·競公瘧 03·31
六·競公瘧 12·01
六·季桓子 02·05
六·季桓子 12·12
六·天子甲 02·04
六·天子甲 06·16

六·天子甲 09·07
六·天子乙 01·37
六·天子乙 05·27
六·天子乙 08·17
七·君人甲 04·26
七·君人乙 04·24

七·吴命 01·01
七·吴命 01·13
八·成王 01·17
九·舉治 16·11
九·舉治 31·24
九·舉治 32·06

恆

亙古　𢛳　弍古

九・邦人 08・07

九・邦人 09・18

三・周易 02・23

九△：需于沙，小有言，終吉。

五・競建 01・14

△大夫

一曰「士」，上部殘蹟爲筆畫（何有祖 2006.2.18）。

弍

三・彭祖 08・24

八・成王 11・02

八・李頌 01反・06

九・史蒥 02・09

《說文》古文譌从弋。

𢛳

六・用曰 14・26

一・性情論 22・19

未教而民△（極）

郭店簡本《性自命出》對應作「亟」。按，字形參見左「亙」下疏解。趙雲卓謂，讀爲《廣雅》訓敬之「亟」，或作「極」，《墨子・天志下》：「然而莫知以相極戒也。」是說若可信，即《說文》「一曰謹重皃」之「極」，亦與《說文》「茍」字音義同。此俞樾《諸子平議》已揭。

亙

一・詩論 13・11

一・緇衣 23・36

三・周易 02・19

三・周易 15・03

三・周易 28・01

三・周易 28・10

凡 竺

凡	竺	亟					
一・性情論 01・01	二・容成氏 09・09	六・用曰 08・07 定保之△（極） 按，「亙」「亟」雜糅（張峰 2016:317）。	《說文》古文如此。	六・季桓子 15・02 君子△以眾福 按，飾筆「卜」形下部曲折，與書作「亟」（包山簡 201）之「亟」有關（張峰 2016:307）。	六・用曰 16・20	三・亙先 09・35	三・周易 29・06
一・性情論 03・17	藝術・選六 149・07				八・李頌 01・47	三・彭祖 01・53	三・亙先 01・01
一・性情論 04・15					九・舉治 21・35	四・曹沫 48・09	三・亙先 02・27
一・性情論 05・04					九・舉治 29・19	五・季庚子 22・17	三・亙先 02・36
一・性情論 06・11					九・舉治 32・05	五・弟子問 05・19	三・亙先 03・08
一・性情論 17・06					九・史蒥 04・01	五・三德 17・10	三・亙先 03反・01

⿱凡口

一・性情論 17・25

一・性情論 19・28

一・性情論 20・06

一・性情論 21・13

一・性情論 27・07

一・性情論 30・14

一・性情論 30・22

一・性情論 31・20

一・性情論 31・31

一・性情論 35・06

一・性情論 39・07

二・容成氏 03・13

三・亙先 07・41

四・曹沫 21・14

四・曹沫 24・18

四・曹沫 25・28

五・季庚子 20・26

五・季庚子 20・30

五・君子 05・02

五・君子 06・06

五・三德 06・17

五・三德 07・21

五・三德 13・31

六・用曰 06・25

六・用曰 20・24

六・天子甲 01・23

六・天子甲 08・12

六・天子乙 01・01

六・天子乙 01・24

六・天子乙 07・24

九・卜書 05・06

一・性情論 29・29

△悅人勿隱〔也〕

一・性情論 殘03・07

△道，心〔術〕爲主。上二例郭店簡本《性自命出》對應作「凡」。

二・從政甲 09・05

七・凡物甲 14・10

七・凡物乙 09・26

七・凡物甲 01・01

七・凡物甲 03反・01

七・凡物乙 01・01

按，从口凡聲，「凡」字異體。卷二口部附錄重出。

𢦏

𢦏

四・柬大王 13・26

君王毋敢△（載）害蓋

按，从二𢦏聲，或即「再」字異體（蘇建洲 2019.12.25）。一曰「哉」。疑讀「載」。

土

土

土

二・子羔 02・18

二・子羔 03・03

二・從政甲 02・16

五・弟子問 08・05

藝術・選六 131・03

一・緇衣 08・02

二・容成氏 28・41

二・容成氏 53・21

四・曹沫 02・28

四・曹沫 02・32

五・三德 05・28

五・三德 06・43

五・三德 16・05

七・君人甲 04・19

七・君人乙 04・17

七・凡物甲 12・05

藝術・選六 140・07

地

𡐦

二・從政甲 02・17

二・容成氏 08・08

二・容成氏 09・06

二・容成氏 09・16

二・容成氏 16・39

二・容成氏 19・23

二・容成氏 30・21

二・容成氏 36・15

二・容成氏 49・16

三・亙先 01・42

三・亙先 04・08

三・亙先 04・23

三・亙先 04・36

三・彭祖 02・03

四・柬大王 03・01

四・曹沫 17・02

四・曹沫 17・10

四・曹沫 63・12

坪　堣

坪	堣						
二·容成氏 18·39	六·競公瘧 07·41	五·三德 15·22	九·史蒥 10·11	七·凡物甲 17·27	六·用曰 10·24	五·三德 05·29	五·競建 07·07
四·昭王 05·20		俯視△□		七·凡物甲 29·14	七·鄭子甲 02·29	五·三德 06·44	五·競建 07·18
五·鮑叔牙 08·20				七·凡物乙 補·01摹	七·鄭子乙 02·31	五·三德 17·07	五·鮑叔牙 08·11
五·季庚子 23·10				七·凡物乙 03·07	七·凡物甲 03·20	五·三德 17·33	五·鮑叔牙 08·21
六·王子木 01·03				七·凡物乙 22·03	七·凡物甲 11·13	五·三德 18·37	五·弟子問 04·30
七·凡物甲 12·09				七·吳命 08·47	七·凡物甲 11·22	六·用曰 09·25	五·三德 01·04

均

七・凡物乙補・08摹

九・舉治 01・01

藝術・選六 140・02

四・昭王 05・27

一・詩論 02・09

一・詩論 04・05

二・子羔 01・41

六・鄭壽 01・02

均

六・慎子 04・06

九・舉治 21・19

𡊄

四・曹沫 35・28

賞△聽中

按，从土旬聲，「均」字異體。

畇

二・容成氏 30・15

天下大和△

按，从「田」爲从「日」之混同。一曰義化。

壤

睘

二・容成氏 10・12

二・容成氏 10・18

二・容成氏 10・40

二・容成氏 17・40

二・容成氏 29・01

二・容成氏 32・15

奎 𡘫	基 𡍇	圪 𡉫	壁 𡓱	堂 𡋠

		坴	坖	圪	壁	堂	坣
二・容成氏 34・15	六・競公瘧 12・26	五・競建 01・02	五・三德 05・44	四・曹沫 46・29	八・命 05・23	五・君子 08・07	一・性情論 11・06
二・容成氏 34・33		按，从土六聲，「奎」字異體。一曰从「六」爲从「大」之譌，从大圭省聲，也即「奎」字。清華簡《五紀》星宿名「奎」或从圭省聲作。唯此處辭例不詳，待考。	七・鄭子甲 05・33			一曰从立作。	二・容成氏 03・35
五・君子 09・23			七・鄭子乙 06・01				二・容成氏 16・12
六・慎子 04・01							二・容成氏 36・01
							四・曹沫 50・09
							五・競建 10・22

坐

堲

（堂）

五・季庚子 23・01

五・姑成 07・38

六・季桓子 17・16

七・武王 02・25

按，从立尚聲，「堂」字異體。卷十立部附錄重出。

坐

二・容成氏 14・36　斬芥而△之

六・莊王 08・12　陳公△（跪）拜

六・天子甲 06・23　天子△似矩

（坐）

六・天子乙 05・34　天子△似矩

七・武王 09・19　恶△（危）？△（危）於忿戾。

按，从卩、土，「坐」「跪」共同表意初文。今「坐」形源此，故寄「坐」下。

㘴

六・王子木 05・01　△於疇中

九・史蒥 03・02　必△（危）其邦家

⿺辶坐

四・柬大王 18・15　社稷以△（危）歟？

五・君子 01・34　△，吾語汝。

八・命 08・09　△友五人，立友七人。

（⿺辶坐）

八・命 09・25　△友無一人，立友無一人。

八・命 11・01　△友三人，立友三人。

按，从止若辵，坐聲，蓋動詞「坐」若「跪」。卷二止部附錄、辵部附錄重出。

⿺止坐

四・曹沫 63・11　弗踤（躐？）△（危）地

五・季庚子 20・33　凡失勿△（誘）

按，从止，上部聲符爲「户」「坐（跪）」雜糅，蓋動詞「坐」若「跪」異體。卷二止部附錄重出。

⿰彳坐

九・陳公 13・21　金鐸以△，木鐸以起。

按，从辵、⿺止坐共筆，⿺止坐亦聲，蓋動詞「坐」若「跪」異體。卷二辵部附錄重出。

封

籀

垟

二·容成氏 18·43

與《說文》籀文同源。

佳

七·凡物甲 04·28

九有出牧，孰爲之△乎？

七·凡物乙 04·09

九有出牧，孰爲之△乎？

按，从土佳聲，「封」字異體。一曰从人扗聲，卷八人部附錄重出。

墨

墨

六·用曰 03·14

九·卜書 07·02

九·卜書 07·26

九·舉治 03·11

型

型

一·緇衣 01·25

一·緇衣 08·06

一·緇衣 13·24

一·緇衣 14·11

一·緇衣 14·20

一·緇衣 14·26

一·緇衣 15·08

一·緇衣 15·20

一·緇衣 15·23

二·魯邦 01·25

二·魯邦 02·16

二·容成氏 04·10

三·中弓 17·01

五·鮑叔牙 03·31

五·鮑叔牙 07·16

六·天子甲 04·15

六·天子甲 09·23

六·天子乙 03·35

七·凡物甲 01·04

七·凡物甲 03反·04

塘

𩫖 古

𩫖	坓						
四·內豊 附·23	二·魯邦 02·30	二·從政甲 08·37	七·凡物乙 02·26	七·凡物甲 01·10	二·容成氏 06·28	一·緇衣 01·19	五·三德 11·09
然後奉之以中△（庸） 一曰「𩫖」之譌。	二·魯邦 03·36	好△〔則不祥〕 上博簡《季康子問於孔子》相近辭例對應作「型」。		七·凡物甲 02·27	五·季庚子 10·11	二·從政甲 03·10	五·三德 20·06
四·曹沫 18·08	四·曹沫 21·05			七·凡物甲 03·02	五·季庚子 20·14	四·曹沫 01·08	
城△（墉／郭） 必修	四·曹沫 54·22			七·凡物乙 01·04	五·季庚子 22·04	四·曹沫 02·33	
《說文》古文源此。卷五𩫖部「𩫖」下重出。	六·用曰 01·20			七·凡物乙 01·10	五·姑成 04·13	四·曹沫 10·23	
	《正字通·土部》：「坓，古文型。」			七·凡物乙 02·20	六·天子乙 08·33		

坏		毀	塞	坿	埤	增	坎
坏		毀古	塞	坿	埤	增	坎
坏		毀	塞	坿	埤	增	壂
六・慎子 03・03	六・天子甲 12・01	二・從政甲 18・03	二・民之 07・08	三・周易 51・20	五・三德 14・48	五・三德 19・03	九・陳公 18・07
							陣於△
	六・天子乙 11・16	四・昭王 05・33	二・民之 11・19	三・周易 52・01	七・凡物甲 09・03		
	八・成王 13・06	四・曹沫 10・21	二・民之 12・16		七・凡物乙 07・15		按，从土蘚聲，「坎」字異體。
	八・王居 03・01	五・季庚子 22・26					
		五・鬼神 06・29					
	按，从攴作，《說文》古文異體。卷三攴部附錄重出。	六・鄭壽 02・23					

堋 墓 壟

堋	𡎚	𡎚	𡎚	𡎚	倗	𡋻	壟	
三・周易 14・39	三・中弓 25・04；六・天子乙 10・05	二・容成氏 49・37；三・中弓 19・03；六・天子甲 10・27	一・緇衣 23・19	五・競建 01・04	四・昭王 05・07	一・性情論 17・09	一・性情論 17・13
				按，从土倗聲，或即「凴」字異體。「凴」字之从土，猶「坐／跪」之从土。一曰从人堋聲。詳見卷八人部「倗」下。	按，从死莫聲，「墓」字異體。卷四死部附錄重出。		古樂壟心，益樂△〔指。〕　郭店簡本《性自命出》對應作「龍」。

圭 塗 圠 式 垰

圭 珪古 塗

圭	珪		⿱余土	圠	式	垰	
二・魯邦 03・50	二・魯邦 02・22	一・緇衣 18・13	三・周易 33・30	三・周易 02・36	一・緇衣 08・04	五・姑成 01・37	五・姑成 06・05
				詳見卷十一水部「泥」下。		三△（郤）	三△（郤）
	五・鮑叔牙 03・11					五・姑成 02・02	五・姑成 06・25
	六・競公瘧 01・34					△（郤）錡	三△（郤）
	《說文》古文如此。					五・姑成 02・16	五・姑成 08・09
						三△（郤）	三△（郤）

⿰土丯　⿱丯土　⿰土尤　垞

⿰土丯

五・姑成 10・12

賊三△（郤），△（郤）錡、郤至、苦成家父立死。

五・姑成 10・14

賊三郤，郤錡、△（郤）至、苦成家父立死。

五・姑成 10・27

三△（郤）

按，从土丯聲，以右均用爲姓氏「郤」。夫國號姓氏人名，楚字或繁从土，如「陳」「舜」「禹」等，一曰與五行有關，故此字或即姓氏「郤」之專字。郤，「晉大夫叔虎邑也」（《說文》），其子孫因「胙之土而命之氏」（《左傳》隱公八年），地在今沁水，毗鄰翼城。翼城者，故霸／格國所治也。疑郤之名，源自故霸／格國。楚「格」多用从丯聲之字爲之，參見本編卷十四𨸏部「⿰阝丯」下，且「霸」或从丯聲作「⿱雨⿰丯月」（郭店簡《成之聞之》），故東周地名「⿰土丯（郤）」無乃承自西周國名「霸／格」。

⿱丯土

六・鄭壽 07・04

⿰土尤

九・舉治 05・12

△（墜）我周祚

按，从土尤聲，或即「墜」字異體。

垞

六・天子甲 01・12

邦君建之以△（都）

垞

六・天子乙 01・13

邦君建之以△（都）

按，从土宅聲，或即「都」字異體。一曰「宅」字繁構。

坹　⿱巳王　⿱叀土　⿰阝圭　⿰阝坐　⿱日丕　⿱我土　⿱攸土

坹	⿱巳王	⿱叀土	⿰阝圭	⿰阝坐	⿱日丕	⿱我土	⿱攸土
三・周易 56・04	五・鬼神 07・04	九・陳公 01・31	一・緇衣 19・16	五・三德 10・25	一・緇衣 18・33	一・緇衣 01・24	八・蘭賦 02・12
詳見卷七穴部「穴」下。	八・成王 13・13		詳見卷十四𨸏部附錄。一曰「垟」字異體。	詳見卷十四𨸏部「阬」下。	詳見卷九广部「廛」下。	九・舉治 06・19	

⿱宀圭	⿱穴圣	埬	埮	⿰土官	⿺辶⿱亘土	⿱竺土	⿱⿰户攵土
九・陳公 07・25	七・凡物甲 07・05	六・莊王 03・18	四・昭王 03・33	五・姑成 01・48	五・三德 05・31	三・周易 22・02	四・曹沫 44・09
九・陳公 14・13	按，一曰从穴、圣。詳見卷七穴部附錄。		僕將△（揜／掩）亡老	躬舉士處△（館）	土地乃△（坼）	按，从土竺聲，或即「築」字異體。	△節
			按，从土炎聲，或即「揜／掩」字異體。	按，从土官聲，或即「館」字異體。	五・三德 06・46		安大簡本《曹沫之陳》對應作「啟」。
					土地乃△（坼）		
					按，从土迈聲，或即「坼」字異體。		

堊 ⿰土⿱宀缶 ⿱丠土 隆

隆

七・吳命
03・31

詳見卷十四𠂤部「降」下。

⿱丠土

六・競公瘧
09・27

梁丘△（據）

⿰土⿱宀缶

二・容成氏
29・20

詳見卷五缶部「匋」下。

堊

一・緇衣
07・25

二・子羔
10・12

二・容成氏
17・28

二・容成氏
17・37

二・容成氏
18・10

二・容成氏
18・34

二・容成氏
20・08

二・容成氏
21・13

二・容成氏
22・04

二・容成氏
22・22

二・容成氏
23・16

二・容成氏
23・21

二・容成氏
24・13

二・容成氏
25・13

二・容成氏
25・33

二・容成氏
26・11

二・容成氏
26・33

二・容成氏
27・13

二・容成氏
27・32

二・容成氏
33・23

二・容成氏
34・29

四・曹沫
65・22

五・君子
14・09

五・君子
15・03

五・君子
15・09

五・鬼神
01・24

九・舉治
22・10

九・舉治
23・28

九・舉治
29・13

九・舉治
30・09

墋 墜 㙷 墫 壐

墋	墜	㙷		墫	壐		
三・周易 02・26	四・昭王 03・05	一・性情論 29・33	六・競公瘧 04・32	四・昭王 04・15	七・凡物甲 05・26	九・史蒥 03・10	九・舉治 30・19
詳見卷十一水部「沙」下。	詳見卷十四𠂤部「陳」下。				七・凡物乙 05・03	按，楚「禹」字。	九・舉治 30・33
							九・舉治 31・20
							 九・舉治 32・08
							 九・舉治 32・25
							 九・舉治 33・13

⿱臧土 ⿰土悳 ⿱萬土 ⿱廉土 ⿱𡆧土 ⿱奠土

⿱臧土	〈⿰土⿱目心〉	⿱萬土			⿱廉土	⿱𡆧土	⿱奠土
五・季庚子 20・15	九・陳公 03・35	一・緇衣 01・28	四・曹沫 05・03	八・命 06・24	三・周易 12・01	九・陳公 01・16	一・性情論 01・24
五・季庚子 22・02	屈𠷎與巴令尹戰於△	一・緇衣 08・12	四・曹沫 12・03		詳見卷九广部「廉」下。	君王焉先居灾△巒之上以觀師徒	詳見卷五丌部「奠」下。
六・競公瘧 09・39	按，从「目」爲从「直」之省譌，本編卷十「悳」有同例。	二・民之 14・04	四・曹沫 61・17			按，从土𡆧聲，或即「巒」字異體。	
按，从土臧聲，或即「埋葬」字。卷三臣部「臧」下重出。		二・子羔 01・42	四・曹沫 63・07				
		二・容成氏 51・11	五・鮑叔牙 06・02				
		三・中弓 03・04	五・君子 11・32				

⿱愧土 ⿱豫土 ⿱與土 ⿱障土 ⿰土膚 ⿱緩土 ⿱歏土 ⿰阝⿱盧土

⿱愧土	⿱豫土	⿱與土	⿱障土	⿰土膚	⿱緩土	〈⿱⿰言卩土〉	⿰阝⿱盧土
五・鬼神 08・16	五・姑成 01・26	九・成王甲 03・16	四・曹沫 43・12	二・容成氏 01・21	八・顏淵 02・10	四・相邦 04・26	四・昭王 03・29
	五・姑成 01・40		詳見卷十四𠂤部「障」下。			不亦△（愆）乎	詳見卷十四𠂤部「階」下。
	五・姑成 05・49					按，从「言」爲从「啇」之混同。一曰改从言聲，說聞於劉新全。	
	五・姑成 09・16						

土部 ⿱愧土⿱豫土⿱與土⿱障土⿰土膚⿱緩土⿱歏土⿰阝⿱盧土

礓

堯 古

堇

里

里	堇				圥	圥圥	礓
一・性情論 10・11	三・周易 22・31	九・舉治 24・12	五・鬼神 01・22	二・容成氏 10・14	二・容成氏 06・06	二・子羔 02・03	三・周易 22・17
二・容成氏 07・02	五・三德 07・05	九・舉治 25・04	七・武王 01・14	二・容成氏 12・04	二・容成氏 06・16	二・子羔 05・06	詳見卷九石部「礪」下。
二・容成氏 07・25	七・武王 07・14	九・舉治 30・11	九・舉治 17・23	二・容成氏 13・01	二・容成氏 08・06	二・子羔 06・11	
四・柬大王 13・21	七・武王 10・21	九・舉治 30・16	九・舉治 21・29	二・容成氏 13・36	二・容成氏 08・38	二・子羔 06・23	
五・競建 04・01	藝術・選六 138・06		九・舉治 22・15	二・容成氏 14・05	二・容成氏 08・41	四・曹沫 02・21	
六・天子甲 01・17			九・舉治 23・16	二・容成氏 14・39	二・容成氏 09・35	《說文》古文如此。	

六·天子乙 01·18

七·凡物甲 09·21

七·凡物甲 15·15

七·凡物甲 16·12

七·凡物甲 16·16

七·凡物乙 07·33

七·凡物乙 11·12

七·凡物乙 11·16

九·卜書 01·19

𨛦

六·競公瘧 10·06

出矯於△

《晏子春秋·內篇·諫上》："矯奪于鄗。"按，从邑里聲，「里」字繁構。一曰「鄗」字異體。或與《說文》地名「𨛦」同形。卷六邑部「𨛦」下重出。

釐

釐

[illegible]

一·性情論 17·17

野

埜 古

埜

二·容成氏 28·34

二·容成氏 28·37

二·容成氏 41·08

二·容成氏 52·11

四·采風 01·26

四·采風 04·19

四·柬大王 16·05

六·用曰 11·40 綴

《說文》古文繁加「予」聲。《玉篇·土部》："埜，古文野。"

田

田

田

一·詩論 25·10

二·子羔 02·20

二·容成氏 18·24

五·鮑叔牙 03·35

六·天子甲 05·19

六·天子乙 04·35

七·君人甲 03·01

七·君人乙 02·26

九·邦人 11·08 綴

畮

或

⿱田母		〈要〉	畝	⿰田巂	⿱艹⿱田夗	⿱田夗	
二・子羔 08・16	二・容成氏 14・21 二・容成氏 52・09	六・慎子 05・20	五・鮑叔牙 03・32	三・周易 17・26	九・舉治 28・03	一・詩論 21・28 一・詩論 22・02	
		遵畎服△（畝） 按，从「女」爲「母」之譌。	《說文》或體源此。	《集韻・齊韻》：「畦，或作⿰田巂。」	△（宛）丘之衆人也 按，从田艼（鬱）聲，「畹」字異體。	《△（宛）丘》 《△（宛）丘》	按，从田艼省聲，「畹」字異體。楚人或誤析「⿱艹⿱田夗」爲从艸⿱田夗聲，遂截取「⿱田夗」形爲「畹」。

畦

畹

畔 畔	畜 畜			𤰞		豢	畺 畺
畔	畜	畚		𤰞		〈备〉	畺
二・容成氏 45・36	四・曹沫 21・15	二・民之 14・03	五・姑成 03・24	二・容成氏 26・25	七・吳命 04・19	三・周易 09・02	一・詩論 09・12
	按，「畜」本从「幺」聲作，左列均如是。上列之字聲符係「幺」之繁形，相關獨體見於包山簡97之作「[glyph]」、新蔡甲三314之作「[glyph]」，與秦「玄」字形合，秦字及《說文》「畜」从「玄」作，蓋源此。秦「茲」字从「玄」，蓋同例。	三・周易 20・29	五・姑成 04・34	四・昭王 01・23	按，从「甘」爲从「田」之混同。	詳見卷二辵部「邍」下。	
		三・周易 30・36	八・子道餓 03・16				
		四・內豊 03・05	九・靈王 02・12				
		四・內豊 03・40	九・邦人 12・16				
		四・內豊 05・15	藝術・選六 145・01				

疆（或）

疆

- 四·柬大王 16·23
- 四·曹沫 17·09

《說文》或體源此。

黃

黃

- 一·詩論 09·27
- 三·周易 30·21
- 三·周易 37·28
- 三·周易 47·17
- 七·武王 01·10
- 九·舉治 17·19

- 七·凡物甲 06·02
- 七·凡物乙 05·07

男

- 九·舉治 18·05
- 九·舉治 19·16
- 九·卜書 05·18

男

- 二·容成氏 16·08
- 五·三德 03·32
- 六·天子甲 10·22
- 六·天子乙 09·29

力

力

- 一·緇衣 10·41
- 一·性情論 36·13
- 二·容成氏 06·26
- 二·容成氏 35·35
- 二·容成氏 38·04
- 五·弟子問 10·27

- 五·三德 01·09
- 五·鬼神 04·14
- 五·鬼神 04·28
- 六·用曰 02·30
- 七·凡物甲 30·15
- 七·吳命 08·14

- 八·有皇 05·04
- 九·舉治 31·29
- 九·舉治 32·24

功 功 功

一・緇衣 05・04

勯 勯 㪉

二・容成氏 50・35

吾△天威之

卷三支部附錄重出。

㪉

二・容成氏 53・30

吾△天威之

八・志書 03・12

爾無以△匡正我

卷三又部附錄重出。

按，从支若又，膚（臚）聲，「勯」字異體。

務 務 敄

五・季庚子 01・18

五・季庚子 02・07

按，从力矛聲，「務」字異體。

勥 勥 強

四・相邦 01・06

六・競公瘧 12・14

八・李頌 02・15

二・從政乙 05・02

按，所从「人」爲「弓」之混同。

七・武王 15・01

弗△則枉

今《大戴禮記》本《武王踐阼》對應作「彊」。按，據殘存「力」形可知當爲「強」字殘蹟（復旦讀書會［武王］20081230=2010:255-263）。

勝

古：⿰乘力

⿰乘力

- 三・周易 30・27
- 四・曹沫 33・03
- 四・曹沫 33・07
- 四・曹沫 41・03
- 四・曹沫 46・19
- 四・曹沫 49・16

- 四・曹沫 52・13

- 二・從政乙 03・12
- 七・武王 04・01
- 七・武王 04・06
- 七・武王 04・11
- 七・武王 04・16
- 七・武王 13・30

- 七・武王 14・03
- 七・武王 14・08
- 七・武王 14・13
- 七・武王 14・18
- 七・武王 14・23
- 七・凡物甲 26・17

- 七・凡物甲 26・26
- 七・凡物乙 19・16
- 七・凡物乙 19・25

按，从力乘聲，「勝」字異體。

動

古：⿺辶童

⿺辶童

- 二・魯邦 03・29
- 五・君子 02・23
- 五・君子 02・29

按，从辵童聲，《說文》古文異體。

敼

- 一・性情論 04・18
- 一・性情論 05・05
- 一・性情論 16・04
- 一・性情論 18・26
- 一・性情論 19・10

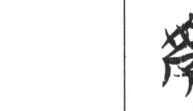

按，从攴童聲，「動」字異體。卷三攴部附錄重出。

券

券

- 六・季桓子 20・16

問禮不△（倦）

一曰从「力」爲从「人」繁形之譌。

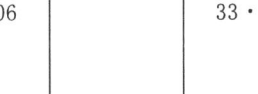

加

（篆文）

加

二·容成氏 44·14

四·昭王 09·22

五·鬼神 04·04

七·吳命 01·07

九·成王甲 02·16

九·成王乙 02·23

九·邦人 01·12

九·邦人 09·07

勇

（篆文）或

⿰甬戈

四·曹沫 55·12

九·邦人 03·14

藝術·選六 144·05

《說文》或體如此。

埇

四·曹沫 61·09

按，从士甬聲，「勇士」字（陳戲 2023）。卷一士部附錄重出。

飭

（篆文）

飭

二·容成氏 28·16

乃△食

一曰「食」「力」雙聲（張富海 2018=2021:163–172）。

⿰力可

⿰力可

三·彭祖 08·17

毋△（過）賢

一曰从「力」爲从「人」繁形之譌。

⿱毋力

⿱毋力

三·彭祖 08·32

朕孳不△（敏）

按，从力毋（母）聲，或即「敏」字異體。

⿱臤力

⿱臤力

七·吳命 09·02

字頭	字形	出處
⿱臤力		七・凡物甲 27・16
⿰臣力		六・慎子 01・09
勈		五・競建 09・01
勥		五・鮑叔牙 03・29

詳見卷九彡部「弱」下。

上博簡文字編卷十四

申城 沈奇石 撰集

金

金

金

一・性情論 03・25

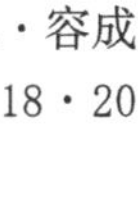

二・容成氏 18・20

二・容成氏 45・04

二・容成氏 45・10

三・周易 01・08

三・周易 40・12

九・舉治 23・08

鉋

二・子羔 12・01

生乃呼曰：「△！」是契也。

按，从色金聲，「金色」字（裘錫圭 2007＝2012（2）：496-503）。卷九色部附錄重出。一曰「欽」。

鎬

鎬

鎬

八・成王 02・03

鏨

鏨

〈晢〉

二・容成氏 38・26

△爲丹宮

六・天子甲 12・13

故見傷而爲之△，見竅而爲之枘。

六・天子乙 11・28

故見傷而爲之△

按，从「晢」爲从「凿」之譌，蓋部件成字類化所致。从斤凿聲，「鏨」字異體。清華簡《治政之道》「斵」作「𣂪」，亦譌从示作（程燕、滕勝霖 2021）。卷十四斤部附錄重出。

錢

錢

錢

五・鮑叔牙 03・07

鈎	鐲	鉦	鐸		鐘		鑾
鈎	鐲	鉦	鐸		鐘		鑾
鈎	⿰金兜	鉦	⿰金臭	〈⿰金畀〉	鐘		鑾
二・子羔 02・12	九・陳公 13・12 鉦△以左 按，从金，聲符从人毘省聲作「兜」字異體（紫竹道人，youren2013. 1. 5BF43, 2013. 1. 6；陳劍2024）。	九・陳公 13・11	九・陳公 13・23	六・莊王 01・06 無△（射） 六・莊王 01・19 無△（射） 按，从「畀」爲从「臭」之譌。	一・詩論 14・20 四・曹沫 01・07 四・曹沫 02・13 四・曹沫 10・22 七・君人甲 03・16 七・君人乙 03・14	九・史蒥 06・19	五・姑成 06・18 五・姑成 07・49

（鑾）	鉻	鈍	釖	𨦫	幵	与	尻
	鉻	鈍			幵	与	尻
	鉻	鈍	釖	𨦫	幵	与	尻
五・姑成 10・34	二・容成氏 18・22	九・陳公 13・15	二・容成氏 18・19	七・武王 08・01	二・容成氏 14・31	九・史蒥 04・15	一・性情論 28・13
按，从「䜌」省作。			詳見卷四刃部「刃」下。	詳見卷五皿部「盈」下。	八・李頌 01反・01	詳見卷三舁部「與」下。	二・容成氏 06・07
					九・卜書 04・10		二・容成氏 23・09
					九・卜書 04・13		二・容成氏 25・12
							二・容成氏 25・31
							二・容成氏 26・09

二·容成氏 26·31 
二·容成氏 27·11 
二·容成氏 27·30 
三·周易 25·22 
三·周易 26·19 
四·昭王 05·18

四·曹沫 14·26 
四·曹沫 24·22 
五·季庚子 08·09 
五·姑成 01·47 
六·季桓子 14·06 
七·凡物甲 27·18

七·凡物乙 11·21 
八·顏淵 11·09 
八·顏淵 13·06 
八·顏淵 13·14 
九·舉治 24·01

藝術·選六 143·06

三·周易 16·41 
三·周易 54·28 
三·周易 55·15 
六·鄭壽 05·27 
六·慎子 03·06 
六·天子甲 10·07

六·天子乙 09·14
八·蘭賦 02·40 
八·蘭賦 05·43 
八·有皇 04·04 
九·卜書 02·02 
九·卜書 02·33

九·卜書 03·23

按，从尸（踐之人形）蹲几，截自「處」字，楚「處」字。

〈⿸尸示〉

七·凡物甲 02·07

陰陽之△（處）

七·凡物甲 16·21

是故聖人△（處）於其所

上二例乙本對應作「凥」。按，「⿸尸示」爲「凥」之譌。

且 且 且

六・天子甲 10・13

六・天子乙 09・20

俎 俎 俎

五・弟子問 10・29

士治以力則△（沮）

按，楚「俎」字本作「[glyph]」（清華簡《皇門》），此字蓋義化从「肉」。望山簡「一皇俎」之「俎」即作「[glyph]」。本編卷一「䋻」所从「俎」亦从肉作。

斤 斤 斤

五・季庚子 07・13

八・顏淵 14・03

藝術・選六 149・03

斧 斧 釜

六・莊王 09・05

△鑕

八・命 02・04

△鑕

八・命 03・11

△鑕

七・吳命 05・08

△鉞

按，从金父聲，「斧」字異體。或與《說文》「鬴」字或體「釜」同形。卷三鬲部附錄重出。

所 所 所

一・詩論 20・23

一・詩論 24・47

一・詩論 27・10

一・緇衣 04・17

一・緇衣 04・23

一・緇衣 08・26

一・緇衣 08・32

一・緇衣 10・01

一・緇衣 10・10

一・緇衣 10・15

一・緇衣 17・06

一・緇衣 17・12

一・性情論 03・10

一・性情論 03・12

一・性情論 10・23

一・性情論 31・03

二・民之 03・23

二・民之 04・09

四·曹沫 62·07	四·曹沫 52·30	四·曹沫 18·03	四·柬大王 08·23	三·亙先 03·20	三·中弓 16·12	二·容成氏 48·15	二·民之 04·18
四·曹沫 63·22	四·曹沫 57·01	四·曹沫 18·21	四·柬大王 11·12	三·亙先 04·32	三·中弓 20·23	三·周易 37·06	二·從政甲 10·04
五·鮑叔牙 01·43	四·曹沫 57·07	四·曹沫 22·09	四·內豊 06·23	三·亙先 05·03	三·中弓 23·06	三·周易 53·13	二·從政甲 10·17
五·鮑叔牙 02·04	四·曹沫 58·01	四·曹沫 23·25	四·內豊 06·28	三·亙先 12·24	三·中弓 23·23	三·周易 55·05	二·從政甲 14·02
五·鮑叔牙 02·16	四·曹沫 58·14	四·曹沫 28·27	四·相邦 01·22	三·彭祖 03·04	三·中弓 24·06	三·中弓 10·15	二·從政甲 14·11
五·鮑叔牙 02·31	四·曹沫 59·13	四·曹沫 34·32	四·曹沫 17·18	四·昭王 09·40	三·中弓 25·01	三·中弓 10·18	二·容成氏 33·03

五・鮑叔牙 04・11
五・季庚子 23・21
五・姑成 09・11
五・君子 09・05
五・君子 09・11
五・君子 09・17

五・弟子問 13・14
五・弟子問 13・18
五・三德 06・11
五・三德 08・19
五・三德 12・04
五・三德 13・44

五・三德 19・11
五・三德 19・17
五・三德 20・15
五・鬼神 01・06
五・鬼神 01・09
五・鬼神 05・01

五・鬼神 05・04
六・競公瘧 02・31
六・季桓子 15・19
六・季桓子 15・25
六・季桓子 16・14
六・季桓子 17・18

六・季桓子 25・08
六・鄭壽 02・04
六・鄭壽 06・06
六・用曰 15・17
六・用曰 15・23
六・天子甲 13・04

六・天子甲 13・18
七・武王 07・07
七・凡物甲 16・24
七・凡物甲 22・03
七・凡物甲 27・12
七・凡物甲 29・24

七・凡物乙 11・24
七・凡物乙 22・13
七・凡物乙 22・14
七・吳命 06・18
八・子道餓 01・24
八・顏淵 02・02

八・顏淵 02・07
八・顏淵 05・03
八・顏淵 11・07
八・顏淵 11・17
八・命 08・20
八・命 08・24

斯 𣂔

斯

八・志書 04・11	九・陳公 12・18	九・舉治 19・04	藝術・選六 135・09	八・命 05・16	一・性情論 12・03	一・詩論 12・14	四・多薪 01・04
八・李頌 01・31	九・陳公 12・22	九・舉治 24・09		非而△以復	△以文	一・詩論 27・04	五・君子 04・17
八・李頌 02・10	九・陳公 12・26	九・史蕾 07・12			一・性情論 13・07	一・性情論 14・25	五・君子 09・25
九・陳公 07・14	九・舉治 07・03	九・史蕾 08・18			△以爲信與徵也	一・性情論 15・11	五・弟子問 11・20
九・陳公 12・10	九・舉治 07・08	九・史蕾 12・09				一・性情論 15・20	五・鬼神 06・14
九・陳公 12・14	九・舉治 09・27	藝術・選六 133・09				一・性情論 殘01・02	八・李頌 01・39

按，从「勿」爲从「戶」之省譌。一曰「戶」旁豎筆係借邊而省（李桂森、劉洪濤2020），唯上揭與本簡同篇之「所」均省豎筆，蓋書手習慣。

上二例郭店簡本《性自命出》對應作「所」。

八・蘭賦 03・20

九・陳公 04・33

斷

古

[illegible]

四・曹沫 51・11

按，从戈异聲，「斯」字異體。卷十二戈部附錄重出。

异

一・性情論 39・14

按，或即「斯」之省作。一曰本有獨立來源。詳見卷十五。

剸

四・昭王 02・22

四・曹沫 62・10

五・三德 10・24

六・慎子 03・17

六・天子甲 09・22

六・天子乙 08・32

八・成王 07・20

八・李頌 01・09

《說文》古文源此。按，《說文》「剸」字或體作「剸」，亦源此。

四・采風 03・34

九・陳公 12・28

新

新

八・成王 08・08

二・從政甲 08・31

二・容成氏 13・31

四・多薪 01・10

四・多薪 02・06

四・曹沫 16・14

四・曹沫 35・05

斷

新

五·季庚子 10·09

五·弟子問 08·16

五·弟子問 10·13

按，从斤辛聲，「新」字異體。

〈晢〉

二·容成氏 38·26

詳見卷十四金部「鏨」下。

五·君子 03·12

五·三德 04·23

五·三德 06·01

五·三德 17·20

五·三德 17·43

六·競公瘧 03·12

六·競公瘧 08·10

六·鄭壽 02·24

七·凡物甲 24·23

七·凡物乙 17·28

八·顏淵 07·08

八·顏淵 12·21

八·成王 08·06

八·成王 10·13

八·成王 10·18

九·舉治 14·21

斗

⿰斗主

三·周易 51·24

六·天子甲 06·06

六·天子乙 05·17

按，从斗主聲，「斗」字繁構。

斛

斛

三·周易 42·33

⿱小斗　䂸　車

車

⿱⿰車戈⿰車戈 籀

⿱小斗

- 一・緇衣 15・11

詳見卷五皀部「爵」下。

䂸

- 二・容成氏 39・20

車

- 一・詩論 21・05
- 一・緇衣 20・24
- 二・容成氏 14・10
- 二・容成氏 21・30
- 二・容成氏 51・06
- 二・容成氏 51・35
- 三・周易 22・22
- 三・周易 22・35
- 三・周易 32・30
- 四・昭王 06・10
- 四・昭王 06・27
- 四・昭王 10・14
- 四・曹沫 24・09
- 四・曹沫 31・02
- 四・曹沫 55・01
- 四・曹沫 58・07
- 四・曹沫 58・09
- 五・鮑叔牙 01・15
- 五・三德 21・08
- 六・莊王 03・19
- 九・靈王 03・11
- 九・陳公 13・01
- 九・陳公 19・16
- 九・邦人 05・18
- 藝術・選六 148・06

⿰車戈

- 四・曹沫 32・09

△輦皆載

安大簡本《曹沫之陳》對應作「⿰車戈」。按，《說文》籀文之省作。段《注》：「从戈者，車所建之兵。莫先於戈也。」

軒

軒

二・容成氏 01・12

四・柬大王 18・10

七・吳命 05・02

輕

⿱羽巠

一・緇衣 15・10

故上不可以褻刑而△爵

一・緇衣 22・32

△絕貧賤

按，从羽巠聲，「輕重」字。卷四羽部附錄重出。

⿰車曼

⿰車曼

七・吳命 05・03

軓

⿰車巳

二・從政甲 16・02

二・從政乙 01・02

二・從政乙 03・18

二・容成氏 51・29

五・弟子問 10・10

六・競公瘧 04・11

六・用曰 02・23

七・君人甲 01・01

七・君人甲 02・05

七・君人甲 02・18

七・君人乙 01・01

七・君人乙 02・04

七・君人乙 02・17

按，段《注》以「⿰車巳」爲「軓」字古文，可從。《攷工記・大馭》「軓前十尺」之「軓」或作「⿰車巳」。《集韻・范韻》：「軓，或作⿰車巳。」

軾

⿰車弋

五・弟子問 20・17

子據乎△

按，從車弋聲，「軾」字異體。

軫

軫

四・曹沫 63・19

△（腆）武，非所以教民。

安大簡本《曹沫之陳》對應作「神」。按，疑讀「腆」，謂加厚。「腆武」謂加重武裝。猶「腆賦」。鄭康成謂「賦」「出車徒給繇役也」。《左傳》成公二年「不腆敝賦」謂不加重本國武裝，乃謙言已。

載

載

載

一·詩論 20·24

三·周易 33·31

三·亙先 09·24

四·曹沫 32·25

六·慎子 01·22

財

六·莊王 03·16

△之傳車以上乎

九·舉治 05·04

△我天下

按，从車才聲，「載」字異體。

軍

軍

軍

二·容成氏 51·27

四·柬大王 17·17

四·柬大王 18·03

四·相邦 03·23

四·曹沫 22·28

四·曹沫 25·05

四·曹沫 25·08

四·曹沫 26·12

四·曹沫 28·18

四·曹沫 36·28

四·曹沫 37·08

四·曹沫 39·30

四·曹沫 40·03

四·曹沫 40·32

四·曹沫 42·23

四·曹沫 43·03

四·曹沫 46·15

四·曹沫 50·31

四·曹沫 60·04

四·曹沫 60·11

七·鄭子甲 07·17

七·鄭子乙 07·14

七·凡物甲 10·08

七·凡物乙 08·06

九·靈王 01·32

九·陳公 04·34

九·陳公 05·06

九·陳公 05·12

九·陳公 09·13

九·陳公 15·07

軌	輪	䡅	轍	輂	䡐
軌	輪	䡅	轍		

	䡪	輪	䡅	轚	輂		䡐
九·陳公 15·11	四·曹沫 02·29	三·周易 58·06	九·邦人 11·07	一·緇衣 20·28	七·武王 10·19	九·靈王 02·28	一·詩論 21·24
	按，从車留聲，「軌」字異體（石小力 2019=2021）。			苟有車，必見其△。按，从車毄聲，「轍」字異體。		虎乘一△〔=〕駟 按，字下衍「=」。所謂「乘一輂駟」，結構與「乘車馬」「牽車牛」等同例。後者孫濤（2022）以爲「同義同素異序詞語」。	其猶△歟 詳見卷十馬部「馳」下。

輊　輂　䡴　韓　𨏔　𨍏　𨐏　𨏒

輊	輂	䡴	韓	𨏔	𨍏	〈𨐏〉	𨏒
九・史蒥 07・05	六・季桓子 17・08	二・容成氏 14・14	六・用曰 08・37	九・陳公 11・28	四・柬大王 18・11	六・季桓子 01・06	四・曹沫 46・28
驅△（騁）田獵		詳見卷五桀部「乘」下。	六・用曰 17・22	九・陳公 11・30		六・季桓子 03・01	
按，从車呈聲，或即「騁」字異體。						六・季桓子 04・20	
						六・季桓子 22・12	
						按，从𨐏省聲。	

[糸車糸]

一・性情論 19・01

△△如也

郭店簡本《性自命出》對應作「[糸車糸]」。按，或即古「連」字。

[車鼠]

五・鮑叔牙 04・15

詳見卷十犬部「[犭鼠]」下。

官

官

二・容成氏 02・11

二・容成氏 03・29

二・容成氏 43・07

三・周易 16・10

四・相邦 03・02

四・曹沫 25・21

五・弟子問 10・23

五・三德 06・19

五・三德 06・29

五・三德 06・36

八・李頌 01・03

𠂤

陶

九・陳公 19・03

陣於△崗

九・邦人 03・03

曲△

按，从𠂤、土，勹（覆）聲，疑「阜」字繁構。《爾雅・釋丘》：「再成爲丘。」《釋文》：「丘形上有兩丘相重累者，名陶丘。」引李巡曰：「再成，其形再重也。」疑此「陶」即「匋」之譌。

陵

陵

二・容成氏 06・13

二・容成氏 18・38

二・容成氏 23・07

四・柬大王 07・22

四・柬大王 19・07

四・柬大王 20・06

四・柬大王 20・25

五・弟子問 01・09

五・弟子問 01・16

五・弟子問 02・04

六・鄭壽 02・27

按，「夌」旁聲化若「來」。

陵 陸 阪 險 隰 降

夌	陸	阪	險	隰	降		隆
 八・成王 13・17 以罣深△……	三・周易 50・35	三・周易 50・25	二・從政甲 19・09	一・詩論 26・14	一・性情論 02・07	五・季庚子 19・01	二・容成氏 40・19
按，从來、土，「陵」之省作。一曰「夌」。卷五夊部「夌」下重出。一曰下从止，即「埊」。		 四・曹沫 43・10	 六・用曰 01・07		六・用曰 09・18		 五・三德 02・36
			六・用曰 07・22		六・用曰 11・28		 五・三德 03・03
							 七・凡物甲 03・26
							 七・凡物乙 03・13
							 八・蘭賦 01・05

隕 𡐦

按，从自、止，夅聲，蓋動詞「降」。卷二止部附錄重出。

隆

二·容成氏 39·38

△自戎遂

二·容成氏 48·36

乃△文王

按，本篇「陞」「隉」均可省作「隆」形。詳見卷十四附錄。此處文例與簡40「陞自鳴條之遂」近同，其「陞」字不省，無由與「隉」譌混（王輝 2016）。故此「隆」應即「陞」之省作。唯兩處文例對應傳世文本作「登」（《呂覽·簡選》）或「升」（《書·湯誓》序）。一曰底本作「隆」，傳世本轉寫者釋「隉」，本篇書手釋「陞」，遂兩歧。

陞

七·吳命 03·31

按，从自、土，夅聲，「降」字繁構。卷十三土部附錄重出。

隕

五·三德 14·35

按，从自、止，員聲，蓋動詞「隕」。卷二止部附錄重出。

𡐦

三·周易 26·28

五·三德 13·24

九·邦人 02·21

陵

三·周易 16·01

三·周易 16·36

三·周易 48·28

陸

三·周易 16·45

阬 阬 障 障 隱 隱 陳 陳

堎

八・志書 03・22

按，「陵」之省作。

阬

九・陳公 19・04

⿰阝⿱亢土

五・三德 10・25

按，从𠂤、土，亢聲，「阬」字繁構。卷十三土部附錄重出。

⿰阝⿱章土

四・曹沫 43・12

按，从𠂤、土，章聲，「障」字繁構。卷十三土部附錄重出。

⿰阝⿱器心

一・詩論 01・13

一・詩論 01・17

一・詩論 01・21

⿰阝⿱罒女

一・詩論 20・13

按，从𠂤，器若叟聲，「隱」字異體。

陳

七・凡物甲 24・21

七・凡物乙 17・26

九・陳公 08・05

九・陳公 08・20

九・陳公 09・09

九・陳公 10・17

九・陳公
12・29

九・陳公
14・29

九・陳公
14・33

塦

四・昭王
03・05

卜令尹△告

七・吳命
08・46

踐履△地

七・吳命
08・49

以△邦非它也

七・吳命
09・37

吳盡△

按，从𠂤、土，「陳」字繁構。東周文字嬀陳自謂「敶」，田陳自稱「塦」。以右後三例國名均係嬀陳，而用「塦」者，蓋楚人所記，且陳已亡，故混用無別。卷十三土部附錄重出。

⿰阝⿱膚土

四・昭王
03・29

按，从𠂤、土，膚聲，「階」字繁構。卷十三土部附錄重出。

⿰阝朮

九・陳公
16・12

如開△

九・陳公
16・15

如攻△

按，从𠂤朮聲，或即「隧」若「術」字異體。

⿰阝⿱止土

九・舉治
01・10

胡公見太公望於呂△（隧）

按，繁加止。卷二止部附錄重出。

⿰阝禾

二・容成氏
07・35

⿰阝圭

一・緇衣
19・16

行有△（格）

一・緇衣
19・46

△（格）而行之

按，从𠂤、土，丯聲，或即「格」若「逆」字異體。卷十三土部附錄重出。

階

階：六・用曰 06・01

二・子羔 11・23

隍

隍：三・周易 33・16

三・周易 48・26

按，从阜、止，㞷聲，或即「陞」若「登」字異體。卷二止部附錄重出。

隆：二・容成氏 31・42

高山△（陞／登）

二・容成氏 39・13

於是乎慎戒△（徵）賢

五・三德 11・41

△（登）丘毋歌

按，本篇「隆」「隍」均可省作「陞」形。詳見卷十四自部「降」下。

四

四：一・詩論 14・04

一・詩論 22・17

三・周易 01・17

三・周易 02・41

三・周易 05・01

三・周易 05・21

三・周易 07・37

三・周易 10・04

三・周易 12・21

三・周易 14・31

三・周易 16・44

三・周易 21・09

三・周易 22・42

三・周易 25・06

三・周易 26・31

三・周易 28・33

三・周易 30・41

三・周易 33・01

古

四・柬大王 15・25	二・容成氏 19・38	二・從政甲 04・01	一・性情論 08・04	八・成王 01・01	八・命 07・05	三・周易 51・17	三・周易 35・35
四・柬大王 16・22	二・容成氏 20・01	二・從政甲 05・29	二・民之 02・24	九・舉治 16・09	藝術・選六 133・04	三・周易 53・42	三・周易 37・41
四・相邦 03・17	二・容成氏 36・16	二・容成氏 05・11	二・民之 07・10	九・舉治 20・04		三・周易 54・39	三・周易 38・30
四・曹沫 62・03	二・容成氏 41・20	二・容成氏 05・16	二・民之 11・21	九・舉治 21・40		三・周易 57・04	三・周易 41・11
五・三德 08・02	三・彭祖 07・36	二・容成氏 07・33	二・民之 12・18	九・舉治 23・18		三・周易 58・24	三・周易 45・22
五・三德 16・31	三・彭祖 08・07	二・容成氏 09・22	二・民之 13・15	九・舉治 32・15		三・中弓 18・12	三・周易 49・08

六・莊王 03・24
六・莊王 03・11
六・莊王 03・02
六・莊王 02・02
六・季桓子 15・08
五・三德 22・13

七・凡物乙 11・07
七・凡物甲 16・07
七・凡物甲 15・22
七・武王 06・05
六・用曰 14・20
六・莊王 04・08

藝術・選六 143・08
八・蘭賦 02・38

《說文》古文如此。

〈女〉

七・凡物甲 21・10

三生△，△成結。

按，「女」爲「四」之譌。

亞

亞 三 籀

三

六・天子乙 08・08
六・天子甲 08・29
一・緇衣 07・19

《說文》籀文如此。

亞

一・性情論 03・02
一・緇衣 01・11
一・緇衣 01・09
一・詩論 28・02
一・詩論 24・49
一・詩論 08・37

五・季庚子 19・10
五・鮑叔牙 07・26
五・鮑叔牙 07・10
四・內豊 09・13
二・昔者 03・44
二・從政乙 02・13

五・君子 09・12
五・君子 09・06
五・姑成 05・12
五・姑成 01・17
五・季庚子 22・29
五・季庚子 19・30

六・競公瘧 07・21

六・競公瘧 09・34

六・天子乙 10・14

七・武王 09・02

七・武王 09・18

七・武王 09・23

七・武王 09・29

八・成王 02・09

八・王居 03・02

八・志書 03・23

八・鶹鷅 01・17

一・性情論 34・23

一・性情論 34・27

一・性情論 39・11

一・性情論 39・37

五・季庚子 15・13

〔先人之所〕△（惡）勿使

六・用曰 11・01

六・用曰 17・28

六・天子甲 11・05

一・緇衣 09・04

一・緇衣 18・08

一・性情論 21・27

一・性情論 24・03

一・性情論 24・20

五・三德 01・26

五・三德 08・20

五・三德 13・08

五・三德 13・15

五・君子 09・18

獨知，人所亞（惡）也；獨貴，人所亞（惡）也；獨富，人所△也。

五

五

三·周易 57·13	三·周易 39·05	三·周易 25·19	三·周易 11·04	二·容成氏 34·14	二·容成氏 17·39	二·民之 05·11	一·緇衣 14·23
三·彭祖 05·05	三·周易 41·18	三·周易 27·03	三·周易 12·28	二·容成氏 51·36	二·容成氏 26·16	二·從政甲 05·10	一·性情論 34·16
三·彭祖 05·13	三·周易 45·28	三·周易 28·38	三·周易 14·43	三·周易 01·22	二·容成氏 27·41	二·從政甲 05·18	二·民之 02·13
四·柬大王 15·07	三·周易 49·13	三·周易 31·06	三·周易 17·13	三·周易 05·33	二·容成氏 28·07	二·從政甲 05·32	二·民之 03·14
四·內豊 08·34	三·周易 51·31	三·周易 33·13	三·周易 21·15	三·周易 08·01	二·容成氏 28·42	二·容成氏 14·13	二·民之 03·18
四·曹沫 01·29	三·周易 55·08	三·周易 35·41	三·周易 23·03	三·周易 10·12	二·容成氏 33·26	二·容成氏 16·04	二·民之 05·06

四・曹沫 26・01
四・曹沫 26・14
五・君子 10・11
五・三德 06・35
五・鬼神 03・04
六・競公瘧 13・32

六・季桓子 14・03
六・莊王 03・04
六・莊王 03・13
六・用曰 04・09
六・天子甲 01・30
六・天子甲 11・26

六・天子乙 01・31
六・天子乙 11・10
七・君人甲 03・02
七・君人乙 02・27
七・凡物甲 03・27
七・凡物甲 04・04

七・凡物甲 04・13
七・凡物乙 03・14
七・凡物乙 03・21
七・凡物乙 03・30
七・吳命 09・26
八・命 08・11

九・陳公 11・17
九・陳公 13・09
九・舉治 13・23
九・舉治 17・03
九・舉治 20・08
九・舉治 30・01

九・舉治 35・01
九・邦人 05・19

三・周易 19・01
六△：敦復，无悔。
九・舉治 13・02 
□△□一□五度
九・舉治 13・06 
□五□一□△度

九・舉治 13・08
△□殳不舉

六

六

二·容成氏 30·41
二·容成氏 30·43
二·容成氏 35·07
三·周易 01·01
三·周易 01·16
三·周易 01·21
三·周易 02·40
三·周易 04·21
三·周易 05·05
三·周易 07·09
三·周易 07·29
三·周易 07·36
三·周易 07·43
三·周易 08·21
三·周易 09·18
三·周易 09·34
三·周易 09·41
三·周易 10·03
三·周易 10·27
三·周易 11·03
三·周易 12·08
三·周易 12·17
三·周易 12·27
三·周易 13·11
三·周易 14·08
三·周易 14·12
三·周易 14·22
三·周易 14·42
三·周易 15·07
三·周易 16·20
三·周易 16·28
三·周易 17·19
三·周易 18·17
三·周易 19·07
三·周易 20·22
三·周易 22·41
三·周易 23·02
三·周易 24·21
三·周易 24·33
三·周易 25·05
三·周易 25·18
三·周易 26·09
三·周易 26·13
三·周易 27·10
三·周易 28·08
三·周易 28·37
三·周易 29·04
三·周易 30·07

三·周易 30·17
三·周易 32·27
三·周易 33·12
三·周易 35·14
三·周易 35·19
三·周易 35·34

三·周易 36·02
三·周易 37·18
三·周易 37·32
三·周易 39·14
三·周易 40·09
三·周易 42·21

三·周易 43·06
三·周易 44·25
三·周易 45·21
三·周易 45·35
三·周易 47·21
三·周易 48·20

三·周易 49·07
三·周易 49·12
三·周易 50·08
三·周易 50·20
三·周易 51·30
三·周易 51·39

三·周易 53·08
三·周易 53·16
三·周易 54·16
三·周易 54·31
三·周易 54·38
三·周易 56·06

三·周易 57·03
三·周易 57·30
三·周易 58·13
七·吳命 09·27
八·成王 10·08
八·成王 10·17

八·成王 15·12

七·凡物甲 26·19
△亂乃作
七·凡物乙 19·18
△亂乃作
一曰「六」爲「大」之譌。

七

七

- 一・詩論 27・24
- 一・性情論 34・07
- 二・從政甲 08・14
- 二・從政甲 09・07
- 二・容成氏 05・45
- 二・容成氏 17・19
- 二・容成氏 47・33
- 四・曹沫 01・25
- 五・競建 03・34
- 五・弟子問 02・21
- 六・天子甲 01・26
- 六・天子乙 01・27
- 七・武王 12・34
- 八・命 08・15
- 九・舉治 05・25

九

九

- 二・容成氏 05・37
- 二・容成氏 12・07
- 二・容成氏 24・25
- 二・容成氏 41・14
- 二・容成氏 44・05
- 二・容成氏 45・34
- 二・容成氏 47・31
- 三・周易 01・27
- 三・周易 02・13
- 三・周易 02・22
- 三・周易 02・32
- 三・周易 04・31
- 三・周易 05・20
- 三・周易 05・32
- 三・周易 05・38
- 三・周易 07・17
- 三・周易 10・11
- 三・周易 11・13
- 三・周易 14・30
- 三・周易 16・09
- 三・周易 16・43
- 三・周易 17・12
- 三・周易 18・30
- 三・周易 18・39
- 三・周易 20・18
- 三・周易 21・08
- 三・周易 21・14
- 三・周易 21・25
- 三・周易 22・15
- 三・周易 22・20

三·周易 22·25
三·周易 23·10
三·周易 24·11
三·周易 25·31
三·周易 26·21
三·周易 26·30
三·周易 27·02
三·周易 28·16
三·周易 28·20
三·周易 28·32
三·周易 30·29
三·周易 30·40
三·周易 31·05
三·周易 31·11
三·周易 32·06
三·周易 32·19
三·周易 33·24
三·周易 35·28
三·周易 35·40
三·周易 37·21
三·周易 37·40
三·周易 38·09
三·周易 38·29
三·周易 39·04
三·周易 40·26
三·周易 40·36
三·周易 41·10
三·周易 41·17
三·周易 41·30
二·周易 44·34
三·周易 45·02
三·周易 45·27
三·周易 47·14
三·周易 47·32
三·周易 48·33
三·周易 49·23
三·周易 50·30
三·周易 51·01
三·周易 51·16
三·周易 53·29
三·周易 53·41
三·周易 54·23
三·周易 55·07
三·周易 55·19
三·周易 57·12
三·周易 58·02
三·周易 58·23
五·鮑叔牙 01·01

六・用曰 05・34

七・凡物甲 04・21

七・凡物乙 04・02

九・舉治 31・02

港中零簡 02・12

二・容成氏 47・09

△邦

禽

禽

三・周易 08・04

三・周易 10・20

三・周易 28・36

三・周易 44・33

九・卜書 04・02

九・陳公 01・29

萬

萬

二・容成氏 10・32

二・容成氏 43・12

四・鳴鳥 04・18

五・鬼神 02・25

七・武王 15・09

七・君人甲 09・03

七・君人乙 08・22

七・凡物甲 29・05

藝術・選六 134・02

藝術・選六 139・05

禼

古

禼

二・子羔 10・14

二・子羔 12・03

《說文》古文源此。

獸

獸

四・曹沫 18・20

四・曹沫 57・14

甲

丙

丁

獸

二・從政甲 01・31

二・容成氏 02・27

二・容成氏 05・22

二・容成氏 16・29

四・昭王 08・16

五・季庚子 19・22

五・季庚子 22・13

五・三德 20・22

五・鬼神 06・18

五・鬼神 06・39

八・成王 10・11

八・李頌 02・13

九・陳公 01・30

九・舉治 17・14

四・曹沫 13・12

五・競建 10・24

七・凡物甲 13・17

七・凡物甲 13・26

七・凡物乙 09・12

〈戰〉

七・武王 04・26

七・武王 05・08

七・武王 05・22

按，「犬」旁加飾，與「犮」同形。

甲

三・周易 18・09

三・周易 18・13

[丙/口]

卉茅 01・02

按，从口丙聲，「丙」字繁構。卷二口部附錄重出。

丁

七・鄭子甲 05・26

七・鄭子乙 05・24

戊

戊

- 二・容成氏 51・13
- 七・君人甲 01・02
- 七・君人甲 08・10
- 七・君人乙 01・02
- 七・君人乙 08・02

成

成

- 六・莊王 01・04
- 六・用曰 16・11
- 九・成王甲 01・04
- 二・容成氏 50・02
- 二・容成氏 52・18
- 四・昭王 01・12
- 四・曹沫 40・17
- 四・曹沫 43・05
- 四・曹沫 46・30
- 六・用曰 18・16
- 八・成王 01・11
- 八・成王 05・10
- 八・成王 06・05
- 八・成王 07・21
- 八・成王 10・21
- 八・成王 14・06
- 九・舉治 21・16
- 一・緇衣 21・04
- 六・競公瘧 04・03
- 三・周易 05・19
- 三・周易 15・10
- 五・姑成 01・02
- 五・姑成 01・30
- 五・姑成 02・08
- 五・姑成 03・31
- 五・姑成 05・43
- 五・姑成 06・28
- 五・姑成 09・22
- 五・姑成 10・17
- 五・三德 08・22
- 五・三德 15・11

七・凡物甲 28・07	七・鄭子甲 05・32	六・王子木 01・19	四・曹沫 13・30	二・容成氏 44・06	一・緇衣 14・38	六・用曰 03・04	五・三德 17・47
七・凡物乙 01・08	七・鄭子乙 05・30	六・王子木 02・17	四・曹沫 15・14	四・內豊 07・14	一・緇衣 17・50		五・鬼神 05・14
七・凡物乙 01・19	七・凡物甲 01・08	六・王子木 05・08	四・曹沫 18・07	四・內豊 07・17	一・緇衣 18・36		六・莊王 01反・04
七・凡物乙 02・27	七・凡物甲 01・11	六・王子木 05・12	四・曹沫 56・12	四・內豊 08・43	二・子羔 06・32		六・用曰 01・10
七・凡物乙 20・05	七・凡物甲 01・19	七・武王 15・17	六・莊王 01・17	四・曹沫 01・10	二・子羔 08・10		八・李頌 01・50
七・吳命 03・23	七・凡物甲 03・03	七・鄭子甲 04・27	六・王子木 01・10	四・曹沫 13・14	二・子羔 09・29		九・陳公 11・27

九・成王甲 01・01
九・靈王 02・05
九・靈王 04・09
九・靈王 05・28
九・陳公 17・10
九・舉治 23・07

五・季庚子 23・05
六・季桓子 24・15
六・天子甲 11・29
六・天子乙 11・13
藝術・選六 144・07

五・鮑叔牙 01・10
五・鮑叔牙 01・17
五・鮑叔牙 04・26
五・季庚子 03・33
五・季庚子 07・26
七・凡物甲 03・12

七・凡物乙 01・11
七・凡物乙 02・36
八・有皇 01・29

一・詩論 05・04
一・詩論 06・32
一・詩論 07・06
一・詩論 07・18
二・容成氏 53反・02
三・中弓 02・10

三・中弓 09・02
三・中弓 12・06
三・中弓 23・08

八・顏淵 10・18

四・采風 03・12
五・姑成 07・14
五・弟子問 10・18
七・凡物甲 21・11

成

二・從政甲 07・11

二・從政甲 15・16

二・民之 08・14

一曰「城」。

己

己

己

一・性情論 25・06

五・競建 02・22

五・競建 02・31

⿱己口

一・緇衣 07・09

一・性情論 殘 02・03 綴

四・內豊 08・04

五・姑成 05・37

五・姑成 09・01

六・季桓子 15・37

六・季桓子 21・04

六・用曰 13・02

六・用曰 13・06

港中零簡 08・04

按，从口己聲，「己」字繁構。卷二口部附錄重出。

㠱

㠱

异

二・從政甲 18・28

二・從政乙 01・31

五・君子 14・03

五・君子 13・04

按，下从「丌」左撇有誤衍墨蹟。一曰从火，非是。

庚

庚

五・季庚子 01・02

五・季庚子 02・09

五・季庚子 11・14

五・季庚子 14・26

六・慎子 02・19

港中零簡 05・10

△（康）〔子曰〕

皋

皋

二・容成氏 48・28

三・中弓 07・14

三・中弓 08・01

三・中弓 10・32

四・昭王 07・05

四・昭王 08・20

四・昭王 09・08

四・曹沫 21・08

四・曹沫 27・06

四・曹沫 37・11

五・季庚子 20・09

五・季庚子 20・16

五・季庚子 21・19

五・季庚子 22・03

五・季庚子 22・07

六・競公瘧 07・08

六・用曰 15・30

九・成王乙 01・08

八・志書 02・03

八・志書 03・03

八・志書 04・13

八・志書 06・12

八・志書 07・10

〈⿱百夲〉

五・競建 02・08

羣臣之△也

按，从「百」爲从「自」之譌。

辭

苜

七・吳命 04・29

辭　辯　孷　子

辭 籀　辯　子

葪		〈脺〉	訇	詃	〈孷〉	子	
七・凡物甲 09・16	故由時人視角，右列諸字亦可謂从艸，月聲若月、丯雙聲。卷一艸部「薛」下重出。	五・三德 14・28	一・詩論 23・05	四・柬大王 19・02	三・中弓 13・11	一・詩論 27・31	一・緇衣 06・27
七・凡物乙 07・28		是夆凶△（孽）	《說文》籀文異體。按，籀文从台、辛。「辛」即「辛」之混同，一曰在此轉注爲「辝」之聲符（裘錫圭 2009=2012（1）:523–526）。若此，則「辝」爲雙聲，與「訇」互爲異體。《說文》「枲」字籀文从辝聲作「䇝」，楚字即作从訇聲之「絽」，見本編卷七朩部「枲」下。此字詳見卷十五。	五・三德 03・31	雖有△（悖）德	一・詩論 27・39	一・緇衣 07・23
按，諸字「艸」旁係由「辥」中「中」形（譌變自早期「止」形）類推繁化。本編「誚」「寳」所从尚作「肖」，清華簡《殷高宗問於三壽》即作「（肖）」。時人或誤以「中」爲「艸」，改从艸作。		按，从「辛」爲从「辛」之誤識。蓋時人不知「辥」本从辛，均改从辛作。詳見卷二彳部附錄「徲」下疏解。从月、辛雙聲，「辥」字異體。		按，从言支聲，「辯」字異體。	按，从「孝」爲从「孛」之譌，讀「悖」（王輝 2015）。从辡省孛聲，或即「辨別」字異體。	一・緇衣 01・32	一・緇衣 08・16
						一・緇衣 02・17	一・緇衣 09・23
						一・緇衣 03・20	一・緇衣 10・03
						一・緇衣 05・05	一・緇衣 11・14

二・從政甲 19・23	二・魯邦 01・09	二・子羔 08・26	二・民之 09・04	二・民之 01・11	一・緇衣 21・19	一・緇衣 19・07	一・緇衣 12・50
二・昔者 01・02	二・魯邦 03・03	二・子羔 09・01	二・子羔 01・11	二・民之 03・07	一・緇衣 21・34	一・緇衣 19・10	一・緇衣 14・29
二・昔者 01・09	二・魯邦 03・21	二・子羔 09・15	二・子羔 01・13	二・民之 04・30	一・緇衣 22・27	一・緇衣 19・31	一・緇衣 15・26
二・昔者 01・18	二・魯邦 03・27	二・子羔 09・31	二・子羔 05反・01	二・民之 05・08	一・緇衣 22・30	一・緇衣 20・03	一・緇衣 16・05
二・昔者 01・25	二・從政甲 11・23	二・子羔 13・15	二・子羔 06・20	二・民之 06・08	一・緇衣 23・26	一・緇衣 20・20	一・緇衣 17・32
二・昔者 01・35	二・從政甲 11・33	二・子羔 14・04	二・子羔 07・30	二・民之 07・18	二・民之 01・05	一・緇衣 21・11	一・緇衣 18・32

四·鳴烏 01·12	三·中弓 附·10	三·中弓 01·03	三·周易 16·35	三·周易 08·11	二·容成氏 17·18	二·容成氏 07·18	二·昔者 01·44
四·鳴烏 02·21	三·彭祖 04·10	三·中弓 03·01	三·周易 18·23	三·周易 08·15	二·容成氏 17·24	二·容成氏 09·34	二·昔者 02·17
四·鳴烏 04·04	三·彭祖 05·02	三·中弓 20·22	三·周易 29·01	三·周易 08·24	二·容成氏 33·25	二·容成氏 12·06	二·昔者 03·06
四·昭王 01·33	四·采風 01·04	三·中弓 25·15	三·周易 31·01	三·周易 12·04	二·容成氏 33·31	二·容成氏 12·12	二·昔者 03·08
四·昭王 10·08	四·采風 04·12	三·中弓 26·05	三·周易 38·17	三·周易 12·11	二·容成氏 46·24	二·容成氏 13·35	二·昔者 04·14
四·柬大王 07·24	四·鳴烏 01·06	三·中弓 26·10	三·周易 50·14	三·周易 16·24	二·容成氏 46·31	二·容成氏 14·38	二·容成氏 01·33

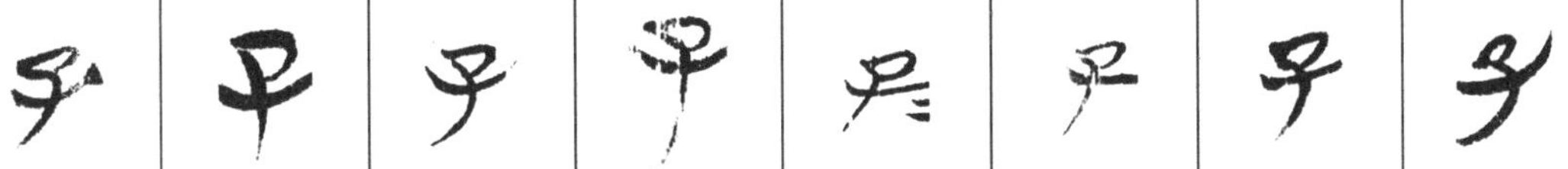

五·季庚子 02·10	五·競建 09·06	四·曹沫 23·11	四·曹沫 04·06	四·內豊 09·04	四·內豊 06·11	四·內豊 03·13	四·柬大王 15·10
五·季庚子 11·15	五·競建 09·31	四·曹沫 23·17	四·曹沫 07·02	四·內豊 09·07	四·內豊 07·20	四·內豊 03·21	四·柬大王 19·25
五·季庚子 11·29	五·鮑叔牙 02·42	四·曹沫 25·27	四·曹沫 09·01	四·內豊 10·02	四·內豊 07·22	四·內豊 03·26	四·柬大王 22·18
五·季庚子 13·09	五·季庚子 01·03	四·曹沫 26·09	四·曹沫 09·25	四·相邦 04·05	四·內豊 08·07	四·內豊 03·41	四·柬大王 22·24
五·季庚子 14·27	五·季庚子 01·23	五·競建 01·29	四·曹沫 17·26	四·相邦 04·28	四·內豊 08·10	四·內豊 05·16	四·內豊 01·02
五·季庚子 15·30	五·季庚子 02·04	五·競建 06·23	四·曹沫 22·03	四·相邦 04·32	四·內豊 08·41	四·內豊 05·18	四·內豊 03·06

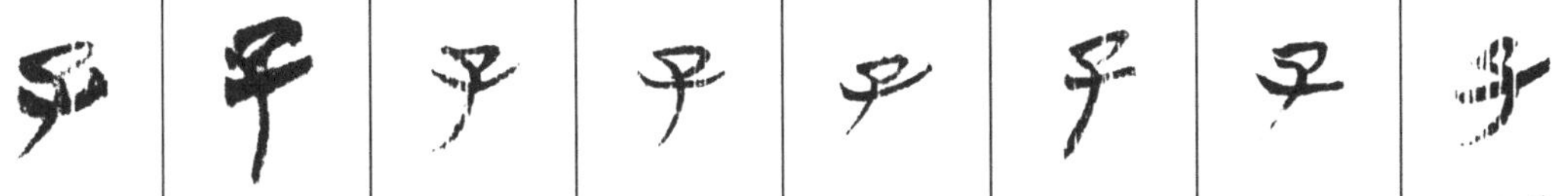

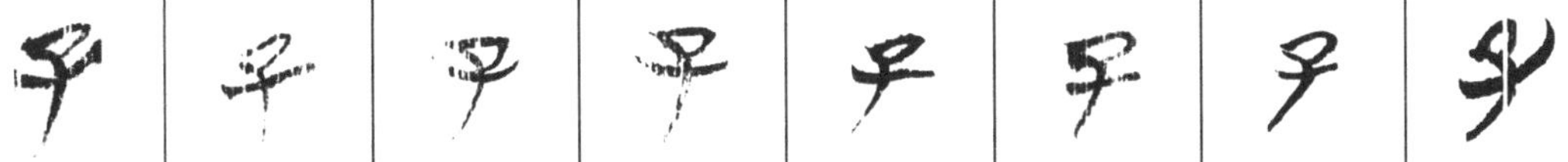

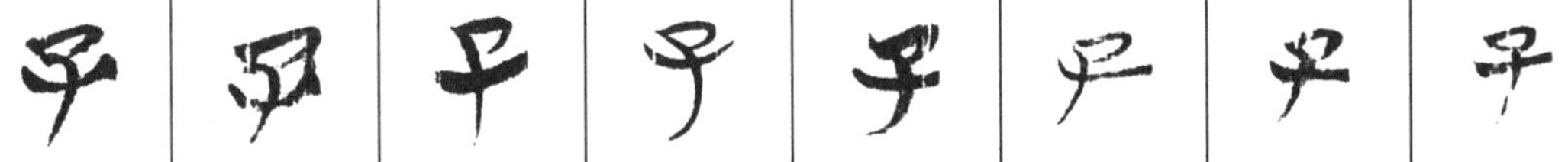

五・弟子問 19・13	五・弟子問 14・03	五・弟子問 11・11	五・弟子問 05・08	五・弟子問 01・23	五・君子 11・15	五・君子 03・17	五・季庚子 18・03
五・弟子問 19・17	五・弟子問 14・10	五・弟子問 11・25	五・弟子問 05・11	五・弟子問 02・01	五・君子 11・19	五・君子 03・39	五・姑成 07・10
五・弟子問 20・14	五・弟子問 14・18	五・弟子問 12・21	五・弟子問 06・02	五・弟子問 02・06	五・君子 11・23	五・君子 04・12	五・君子 01・06
五・弟子問 22・01	五・弟子問 16・04	五・弟子問 12・22	五・弟子問 08・12	五・弟子問 04・17	五・君子 12・03	五・君子 11・02	五・君子 01・10
五・弟子問 23・05	五・弟子問 17・11	五・弟子問 13・09	五・弟子問 08・30	五・弟子問 04・26	五・君子 15・06	五・君子 11・04	五・君子 01・32
五・三德 09・22	五・弟子問 19・07	五・弟子問 13・12	五・弟子問 09・18	五・弟子問 04・35	五・君子 16・01	五・君子 11・08	五・君子 03・04

六・王子木 05・18	六・莊王 05・18	六・莊王 02・24	六・季桓子 22・08	六・季桓子 04・11	六・競公瘧 13・06	六・競公瘧 03・29	五・三德 22・08
六・慎子 01・02	六・王子木 01・07	六・莊王 04・05	六・季桓子 22・10	六・季桓子 06・06	六・競公瘧 13・13	六・競公瘧 03・37	五・鬼神 01・39
六・慎子 03反・02	六・王子木 02・06	六・莊王 04・18	六・季桓子 22・16	六・季桓子 06・10	六・季桓子 01・01	六・競公瘧 04・13	五・鬼神 03・05
六・天子甲 01・02	六・王子木 04・09	六・莊王 04・22	六・季桓子 23・02	六・季桓子 07・02	六・季桓子 02・03	六・競公瘧 04・18	六・競公瘧 02・40
六・天子甲 01・25	六・王子木 04・14	六・莊王 05・02	六・季桓子 24・04	六・季桓子 10・08	六・季桓子 02・13	六・競公瘧 04・22	六・競公瘧 03・05
六・天子甲 02・27	六・王子木 05・06	六・莊王 05・11	六・莊王 01・11	六・季桓子 19・06	六・季桓子 03・06	六・競公瘧 12・24	六・競公瘧 03・07

八·成王 07·02	八·顏淵 01·11	七·吳命 08·27	七·鄭子乙 06·28	七·鄭子乙 01·01	七·鄭子甲 03·36	六·天子乙 05·33	六·天子甲 06·22
八·成王 11·18	八·顏淵 05·10	八·子道餓 01·01	七·鄭子乙 07·01	七·鄭子乙 01·18	七·鄭子甲 04·23	六·天子乙 07·26	六·天子甲 08·14
八·命 01·03	八·顏淵 05·22	八·子道餓 01·12	七·君人甲 04·15	七·鄭子乙 02·18	七·鄭子甲 05·08	六·天子乙 08·07	六·天子甲 08·28
八·命 01·06	八·顏淵 06·02	八·子道餓 01·28	七·君人乙 04·12	七·鄭子乙 04·23	七·鄭子甲 05·14	七·鄭子甲 01·02	六·天子乙 01·03
八·命 01·11	八·顏淵 10·02	八·子道餓 02·16	七·吳命 04·30	七·鄭子乙 05·06	七·鄭子甲 06·27	七·鄭子甲 01·19	六·天子乙 01·26
八·命 07·12	八·成王 06·11	八·子道餓 02·21	七·吳命 08·07	七·鄭子乙 05·12	七·鄭子甲 07·04	七·鄭子甲 02·16	六·天子乙 02·22

九・史蒥 11・19	九・史蒥 02・13	九・邦人 05・02	九・舉治 05・08	九・成王乙 03・16	九・成王甲 02・28	八・鶹鷅 01・01	八・王居 05・12
九・史蒥 12・02	九・史蒥 05・06	九・邦人 06・01	九・舉治 07・24	九・成王乙 04・01	九・成王甲 03・14	八・鶹鷅 01・27	八・李頌 01反・18
九・史蒥 12・12	九・史蒥 06・09	九・邦人 06・06	九・舉治 10・04	九・靈王 02・09	九・成王甲 04・22	九・成王甲 01・10	八・有皇 01・11
九・卜書 03・17	九・史蒥 08・03	九・邦人 07・22	九・舉治 10・13	九・陳公 03・10	九・成王甲 05・18	九・成王甲 01・13	八・有皇 03・13
港中零簡 08・06	九・史蒥 09・06	九・史蒥 01・15	九・舉治 22・04	九・舉治 03・03	九・成王乙 01・10	九・成王甲 01・15	八・有皇 04・36
藝術・選六 144・04	九・史蒥 11・06	九・史蒥 02・05	九・邦人 01・01	九・舉治 04・01	九・成王乙 02・05	九・成王甲 02・17	八・有皇 05・03

孕　挽

一・緇衣 01・01

△曰

一曰「孔子」合文殘蹟。

四・鳴鳥 02・15

愷悌君△

按，爲印文「自」所覆。

六・競公瘧 03・45

若其告高△〔、國子之言。〕

六・競公瘧 12・22

善哉吾△

一曰「甬」（林文華 2007.8.2）。

九・成王甲 01・29

△玉授師

孕

三・周易 50・41

仐

五・姑成 03・19

五・姑成 04・19

五・君子 06・01

六・用曰 12・12

六・用曰 12・27

六・用曰 18・22

六・天子甲 02・13

六・天子甲 02・22

六・天子甲 03・03

六・天子乙 02・08

六・天子乙 02・17

六・天子乙 02・27

孪

二・容成氏 14・29

四・内豊 10・37

四・曹沫 23・12

五・鮑叔牙 02・43

六・莊王 08・23

六・鄭壽 06・18

六・用曰 02・31

㝅

	㝅	敎	
九・成王乙 01・06	六・季桓子 14・04	二・容成氏 28・39	七・鄭子乙 01・24
	六・用曰 03・24	四・柬大王 08・12	八・王居 04・16
	九・成王甲 03・22	四・柬大王 09・25	八・志書 07・08
		六・莊王 07・12	港中零簡 10・03
		六・莊王 08・05	
		七・鄭子甲 01・25	

按，从子㱿聲，「㝅」字異體。卷三攴部附錄重出。

季

季	
五・季庚子 01・01	三・中弓 01・01
五・弟子問 02・05	三・中弓 01・15
六・季桓子 01・03	三・中弓 02・05
九・卜書 01・25	

孟

孟
二・容成氏 51・18
五・季庚子 06・10

孳

孳
三・彭祖 02・27
三・彭祖 03・12
三・彭祖 08・30

孤

季

疑

⿱小子

孤

七・吳命 02・01

七・吳命 04・03

七・吳命 08・10

△也何勞力之有焉

七・吳命 08・18

△也敢致先王之福

按，右列从「匕」爲从「瓜」之譌。上列進一步譌成「斤」形。「匕」「斤」之譌，本編卷八「从」有同例。

季

一・詩論 23・14

詳見卷三攴部「教」下。

疑

⿱矣心

一・緇衣 02・36

一・緇衣 03・24

一・緇衣 22・23

⿱矣心

一・詩論 14・14

二・從政乙 03・06

三・亙先 10・06

六・慎子 06・20

八・蘭賦 05・49

按，从心矣聲，「疑」字異體。卷十心部附錄重出。

矣

六・季桓子 02・18

按，「疑」之初文，齊魯字多用爲「矣」。詳見卷十五。

⿱小子

⿱小子

四・內豊 10・19

詳見卷二少部「少」下。

孯	孯	孯	孯	⿱幽子		⿰子爰	⿱𠫓日	疏
							𢽤 籀	𣳶
孯	孯	孯	⿱幽子		⿰子爰	⿱𠫓日	⿰糹疋	
二・從政甲 03・22	八・命 04・09	八・命 07・16	 五・鬼神 02・24  八・顏淵 11・06  八・顏淵 12・06  八・蘭賦 01・21  九・靈王 03・03  藝術・選六 144・02	按，从子幽聲，或即「幼」字異體。	八・有皇 05・08	六・競公瘧 10・13	七・鄭子甲 05・20 七・鄭子乙 05・18	
按，聲符中毬形寫作一磔筆，進而譌作「勿」形。		詳見卷六貝部「賢」下。			族△必慎毋忓含兮 按，从子爰聲，字亦見於新蔡簡甲三294。「爰」，先誤書作「㕜」，後改筆而成。	《說文》籀文如此。	《玉篇・糸部》：「⿰糹疋，亦疏字。」	

巳	辱
巳（小篆）	辱（小篆）

罡	辱		〈𡰥〉	〈厝〉	巳		
五・三德 22・02	二・從政甲 06・11	八・命 02・23	八・成王 04・12	六・莊王 09・04	二・從政乙 03・29	一・詩論 04・24	二・容成氏 23・23
八・成王 11・13	四・昭王 03・14		不△其身	不以△斧鑕	四・柬大王 22・15	一・詩論 05・02	二・容成氏 28・28
八・李頌 01・11	六・鄭壽 05・28		按，从「反」蒙下「又」旁類化而爲从「辰」之譌。	按，「厝」爲「辱」之譌。	八・王居 03・10	一・詩論 05・12	二・容成氏 29・27
按，从糸若网，疋聲，「疏數」字。清華簡《治邦之道》有「疏數」一詞，即用其字。一曰「罝」字異體（蘇建洲 2015）。卷七网部、卷十三糸部附錄重出。	七・吳命 07・22				八・志書 06・06	一・詩論 07・34	二・容成氏 37・28
	七・吳命 09・09				藝術・選六 137・01	一・詩論 27・21	三・周易 17・08
	八・命 02・03					二・容成氏 18・04	三・周易 22・19

㠯

三·周易 41·15
三·彭祖 02·21 
四·曹沫 04·10 
四·曹沫 20·05 
五·季庚子 14·03 
五·季庚子 18·07 

五·三德 02·38
五·三德 02·41 
六·競公瘧 01·10 
六·競公瘧 02·08 
六·競公瘧 10·20 
藝術·選六 137·01 

一·性情論 08·21
一·性情論 31·14 

九·成王甲 05·05

一·緇衣 11·30

而富貴△（㠯）過〔也〕

該形見於齊魯燕文字（馮勝君2007:128–129）。

一·詩論 05·25
一·詩論 05·33 
一·詩論 09·25 
一·詩論 09·48
一·詩論 10·41 
一·詩論 11·18 

一·詩論 13·16
一·詩論 14·09 
一·詩論 14·19 
一·詩論 15·16 
一·詩論 16·15 
一·詩論 16·22 

一·詩論 18·06
一·詩論 20·17 
一·詩論 20·40 
一·詩論 21·10 
一·詩論 22·20 
一·詩論 23·03

一・詩論 23・08
一・詩論 24・14
一・詩論 24・21
一・緇衣 01・41
一・緇衣 04・04
一・緇衣 05・08

一・緇衣 05・13
一・緇衣 05・25
一・緇衣 05・29
一・緇衣 07・01
一・緇衣 07・10
一・緇衣 07・31

一・緇衣 08・27
一・緇衣 10・19
一・緇衣 10・23
一・緇衣 12・29
一・緇衣 12・36
一・緇衣 12・43

一・緇衣 13・06
一・緇衣 13・10
一・緇衣 13・19
一・緇衣 13・23
一・緇衣 13・32
一・緇衣 13・40

一・緇衣 13・47
一・緇衣 14・19
一・緇衣 15・06
一・緇衣 17・49
一・緇衣 19・18
一・緇衣 22・14

一・緇衣 23・23
一・性情論 07・16
一・性情論 10・21
一・性情論 10・24
一・性情論 12・04
一・性情論 12・28

一・性情論 13・08
一・性情論 19・06
一・性情論 19・22
一・性情論 19・26
一・性情論 21・21
一・性情論 21・29

一・性情論 26・02
一・性情論 26・11
一・性情論 26・19
一・性情論 26・28
一・性情論 32・13
二・民之 02・11

二·民之 02·15
二·民之 02·19
二·民之 05·01
二·民之 06·09
二·民之 14·02
二·子羔 01·18

二·子羔 04·09
二·子羔 05·02
二·子羔 12·33
二·魯邦 03·39
二·魯邦 04·13
二·魯邦 04·17

二·魯邦 04·46
二·魯邦 04·50
二·從政甲 01·25
二·從政甲 01·33
二·從政甲 02·02
二·從政甲 02·06

二·從政甲 03·09
二·從政甲 03·20
二·從政甲 06·01
二·從政甲 06·09
二·從政甲 06·16
二·從政甲 07·03

二·從政甲 10·18
二·從政甲 16·01
二·從政甲 16·09
二·從政甲 17·13
二·從政甲 18·06
二·從政甲 19·25

二·從政乙 05·04
二·從政乙 05·14
二·昔者 02·05
二·昔者 03·34
二·昔者 03·39
二·容成氏 07·15

二·容成氏 07·38
二·容成氏 08·19
二·容成氏 08·27
二·容成氏 08·35
二·容成氏 09·02
二·容成氏 10·07

二·容成氏 10·15
二·容成氏 10·37
二·容成氏 11·18
二·容成氏 12·10
二·容成氏 12·22
二·容成氏 13·28

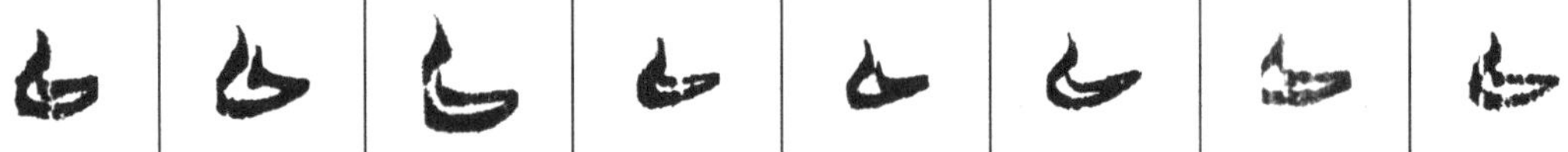

二·容成氏 14·15
二·容成氏 16·06
二·容成氏 17·22
二·容成氏 17·34
二·容成氏 17·41
二·容成氏 19·09
二·容成氏 19·28
二·容成氏 20·16
二·容成氏 20·29
二·容成氏 20·35
二·容成氏 20·41
二·容成氏 21·05
二·容成氏 21·11
二·容成氏 21·18
二·容成氏 22·10
二·容成氏 22·29
二·容成氏 22·35
二·容成氏 23·17
二·容成氏 24·18
二·容成氏 27·36
二·容成氏 28·02
二·容成氏 28·22
二·容成氏 29·21
二·容成氏 30·31
二·容成氏 31·31
二·容成氏 32·03
二·容成氏 32·14
二·容成氏 33·20
二·容成氏 33·29
二·容成氏 34·08
二·容成氏 34·16
二·容成氏 35·36
二·容成氏 36·28
二·容成氏 37·22
二·容成氏 38·10
二·容成氏 40·25
二·容成氏 41·18
二·容成氏 42·05
二·容成氏 45·22
二·容成氏 47·29
二·容成氏 47·46
二·容成氏 52·01
二·容成氏 52·33
二·容成氏 52·44
二·容成氏 53·38
三·周易 07·12
三·周易 12·31
三·周易 41·19

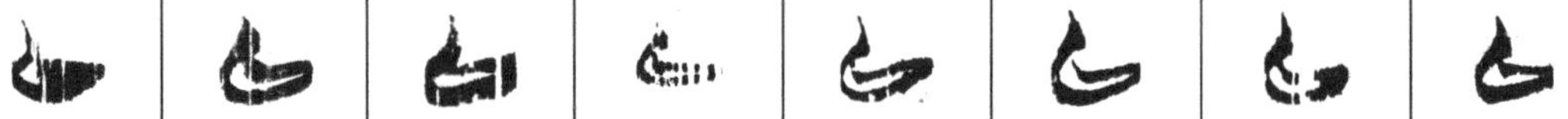

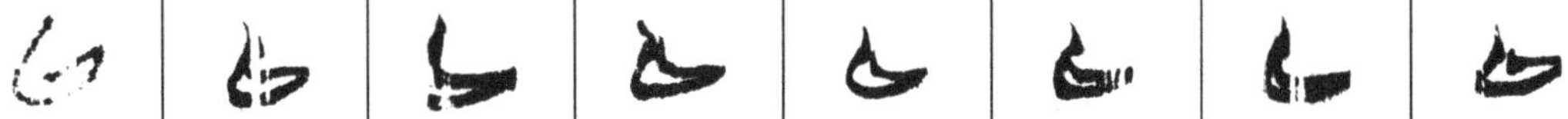

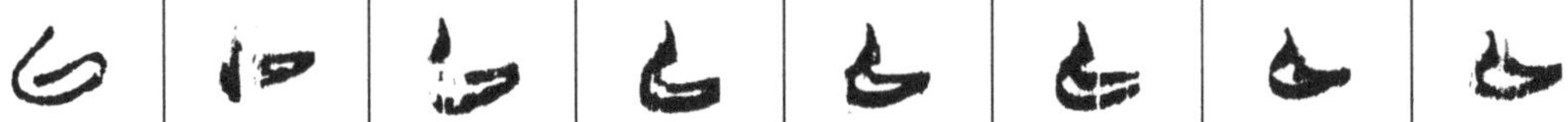

四·內豊 08·42	四·柬大王 18·09	四·柬大王 08·06	四·昭王 05·23	四·采風 01·31	三·亙先 05·10	三·中弓 21·17	三·周易 45·13
四·內豊 09·11	四·柬大王 18·14	四·柬大王 09·15	四·昭王 08·35	四·鳴烏 01·15	三·亙先 07·36	三·中弓 22·04	三·中弓 01·11
四·內豊 附·21	四·柬大王 19·15	四·柬大王 10·13	四·昭王 10·05	四·鳴烏 04·07	三·亙先 09·27	三·中弓 23·07	三·中弓 05·01
四·相邦 01·11	四·柬大王 20·23	四·柬大王 12·07	四·柬大王 06·10	四·昭王 01·20	三·亙先 09·32	三·中弓 23·24	三·中弓 15·11
四·相邦 03·09	四·柬大王 21·17	四·柬大王 12·17	四·柬大王 07·05	四·昭王 02·11	三·亙先 10·23	三·中弓 24·03	三·中弓 20·14
四·相邦 03·21	四·柬大王 22·14	四·柬大王 14·19	四·柬大王 07·17	四·昭王 04·01	三·彭祖 07·04	三·中弓 24·11	三·中弓 21·07

四·曹沫 05·21
四·曹沫 06·11
四·曹沫 06·22
四·曹沫 07·25
四·曹沫 08·08
四·曹沫 08·14
四·曹沫 08·20
四·曹沫 09·02
四·曹沫 09·10
四·曹沫 09·26
四·曹沫 10·02
四·曹沫 14·15
四·曹沫 14·18
四·曹沫 15·04
四·曹沫 15·10
四·曹沫 16·02
四·曹沫 17·05
四·曹沫 17·19
四·曹沫 17·28
四·曹沫 18·04
四·曹沫 18·19
四·曹沫 18·22
四·曹沫 19·05
四·曹沫 19·14
四·曹沫 19·23
四·曹沫 22·10
四·曹沫 23·26
四·曹沫 26·16
四·曹沫 28·28
四·曹沫 34·09
四·曹沫 37·32
四·曹沫 38·17
四·曹沫 38·24
四·曹沫 41·05
四·曹沫 46·23
四·曹沫 49·10
四·曹沫 51·14
四·曹沫 56·25
四·曹沫 56·31
四·曹沫 57·03
四·曹沫 58·02
四·曹沫 58·08
四·曹沫 58·12
四·曹沫 58·15
四·曹沫 60·22
四·曹沫 60·30
四·曹沫 61·05
四·曹沫 62·08

五・姑成 06・39	五・姑成 03・28	五・季庚子 20・13	五・季庚子 13・10	五・季庚子 05・19	五・鮑叔牙 02・32	五・競建 09・32	四・曹沫 63・04
五・姑成 06・52	五・姑成 03・44	五・季庚子 20・20	五・季庚子 14・19	五・季庚子 06・16	五・鮑叔牙 03・19	五・競建 10・10	四・曹沫 63・23
五・姑成 07・23	五・姑成 04・08	五・季庚子 23・04	五・季庚子 15・04	五・季庚子 07・05	五・鮑叔牙 04・03	五・鮑叔牙 01・30	四・曹沫 65・06
五・姑成 08・17	五・姑成 04・22	五・姑成 01・15	五・季庚子 19・03	五・季庚子 07・12	五・季庚子 02・18	五・鮑叔牙 01・44	四・曹沫 65・09
五・姑成 09・17	五・姑成 04・45	五・姑成 01・33	五・季庚子 19・15	五・季庚子 08・08	五・季庚子 04・02	五・鮑叔牙 02・05	五・競建 04・13
五・姑成 10・05	五・姑成 06・08	五・姑成 02・12	五・季庚子 20・06	五・季庚子 08・18	五・季庚子 04・16	五・鮑叔牙 02・17	五・競建 04・33

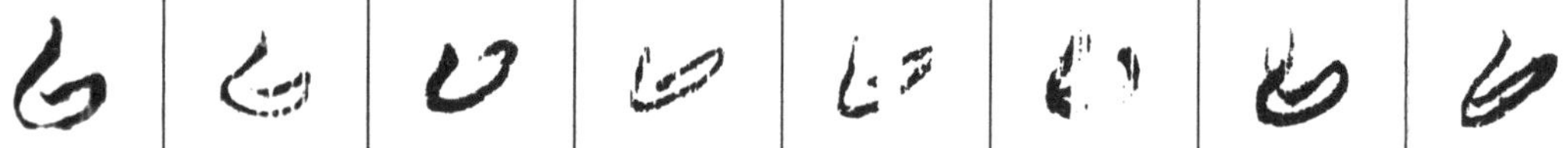

六・季桓子 15・17	六・季桓子 08・09	五・鬼神 03・33	五・三德 20・11	五・三德 16・04	五・弟子問 22・14	五・弟子問 10・17	五・君子 01・13
六・季桓子 15・23	六・季桓子 12・08	六・競公瘧 10・10	五・三德 22・05	五・三德 16・21	五・三德 07・18	五・弟子問 10・21	五・君子 03・31
六・季桓子 15・35	六・季桓子 12・15	六・競公瘧 10・14	五・三德 22・23	五・三德 16・38	五・三德 07・38	五・弟子問 10・26	五・君子 13・02
六・季桓子 27・08	六・季桓子 14・22	六・競公瘧 12・36	五・鬼神 01・13	五・三德 17・29	五・三德 07・44	五・弟子問 10・30	五・君子 14・02
六・莊王 01・07	六・季桓子 15・03	六・季桓子 05・03	五・鬼神 01・35	五・三德 17・35	五・三德 09・13	五・弟子問 13・06	五・弟子問 10・08
六・莊王 01・20	六・季桓子 15・12	六・季桓子 07・07	五・鬼神 02反・02	五・三德 17・41	五・三德 12・05	五・弟子問 18・05	五・弟子問 10・12

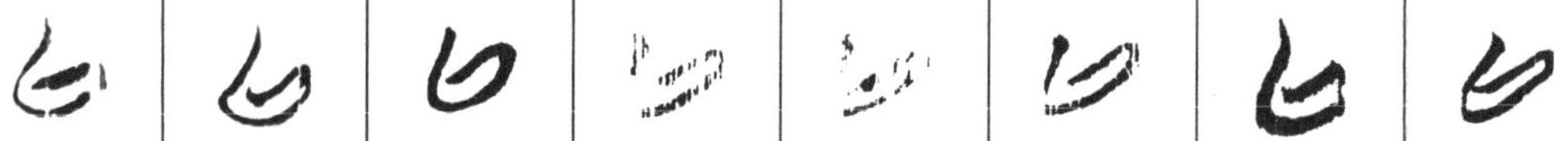

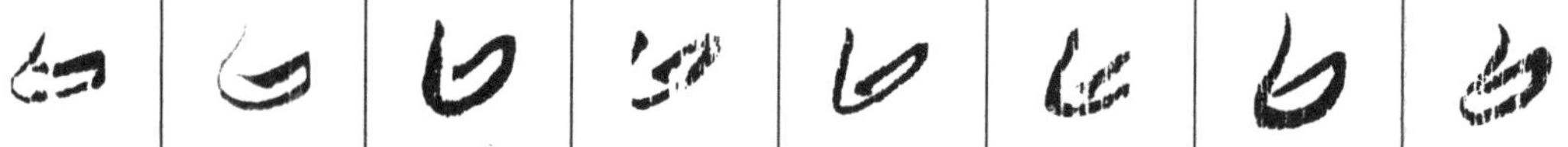

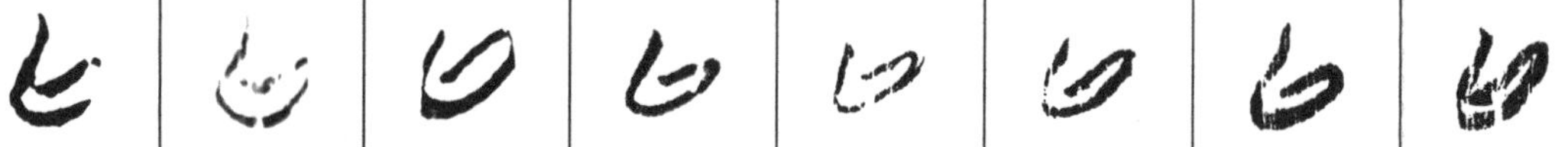

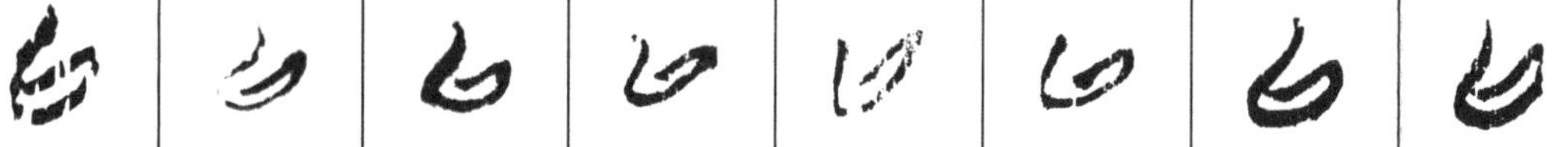

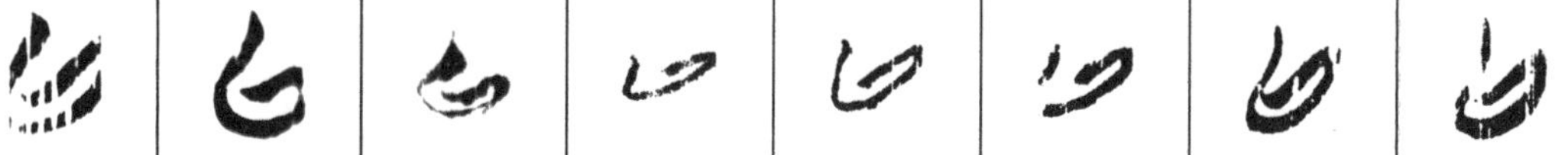

六・天子乙 01・12	六・天子甲 06・30	六・天子甲 01・16	六・慎子 06・19	六・慎子 02・03	六・王子木 05・22	六・莊王 09・03	六・莊王 01・26
六・天子乙 01・17	六・天子甲 06・33	六・天子甲 01・21	六・用曰 01・08	六・慎子 02・11	六・慎子 01・06	六・鄭壽 01・23	六・莊王 03・20
六・天子乙 01・22	六・天子甲 08・03	六・天子甲 04・29	六・用曰 02・32	六・慎子 02・18	六・慎子 01・11	六・鄭壽 04・17	六・莊王 03・26
六・天子乙 04・14	六・天子甲 09・20	六・天子甲 06・04	六・用曰 16・10	六・慎子 03・02	六・慎子 01・16	六・王子木 02・02	六・莊王 04・10
六・天子乙 05・15	六・天子甲 09・25	六・天子甲 06・24	六・天子甲 01・05	六・慎子 03・12	六・慎子 01・21	六・王子木 02・09	六・莊王 07・13
六・天子乙 06・01	六・天子乙 01・06	六・天子甲 06・27	六・天子甲 01・11	六・慎子 06・11	六・慎子 01・26	六・王子木 02・14	六・莊王 08・07

七・君人乙 05・07	七・鄭子乙 07・15	七・鄭子乙 03・01	七・鄭子甲 07・11	七・鄭子甲 03・02	七・武王 05・21	七・武王 02・13	六・天子乙 06・04
七・君人乙 06・26	七・君人甲 04・06	七・鄭子乙 03・07	七・鄭子甲 07・18	七・鄭子甲 03・08	七・武王 13・05	七・武王 04・21	六・天子乙 06・07
七・凡物甲 07・22	七・君人甲 05・12	七・鄭子乙 05・05	七・鄭子乙 01・27	七・鄭子甲 04・26	七・鄭子甲 01・28	七・武王 04・25	六・天子乙 06・10
七・凡物甲 13・14	七・君人甲 07・05	七・鄭子乙 05・20	七・鄭子乙 01・30	七・鄭子甲 05・07	七・鄭子甲 01・31	七・武王 05・03	六・天子乙 07・15
七・凡物甲 13・20	七・君人甲 07・10	七・鄭子乙 06・27	七・鄭子乙 02・04	七・鄭子甲 05・22	七・鄭子甲 02・01	七・武王 05・07	六・天子乙 08・30
七・凡物甲 17・24	七・君人乙 04・03	七・鄭子乙 07・08	七・鄭子乙 02・28	七・鄭子甲 06・26	七・鄭子甲 02・26	七・武王 05・16	六・天子乙 08・35

八・志書 03・21	八・命 05・17	八・命 02・02	八・成王 08・12	八・顏淵 06・23	七・吳命 09・01	七・凡物乙 22・24	七・凡物甲 18・14
八・志書 04・03	八・命 08・21	八・命 02・15	八・成王 10・06	八・顏淵 07・01	七・吳命 09・23	七・吳命 03・19	七・凡物甲 22・04
八・志書 04・12	八・命 10・14	八・命 03・06	八・成王 12・11	八・顏淵 07・12	八・子道餓 02・09	七・吳命 05・12	七・凡物甲 30・02
八・志書 04・16	八・王居 04・13	八・命 03・19	八・成王 13・14	八・顏淵 07・21	八・顏淵 02・03	七・吳命 05・20	七・凡物甲 30・08
八・志書 05・02	八・志書 01・17	八・命 04・12	八・成王 14・16	八・顏淵 11・08	八・顏淵 02・08	七・吳命 05・49	七・凡物乙 06・19
八・李頌 02・38	八・志書 03・11	八・命 05・05	八・成王 14・21	八・顏淵 11・18	八・顏淵 05・04	七・吳命 08・48	七・凡物乙 22・18

九・卜書 04・14	九・史蒥 02・03	九・邦人 05・12	九・舉治 23・17	九・陳公 14・05	九・陳公 13・13	九・靈王 03・20	八・有皇 05・23
九・卜書 04・20	九・史蒥 05・07	九・邦人 08・09	九・舉治 30・29	九・舉治 03・05	九・陳公 13・17	九・靈王 03・32	九・成王甲 02・19
九・卜書 06・15	九・史蒥 07・13	九・邦人 10・09	九・舉治 31・23	九・舉治 08・24	九・陳公 13・20	九・陳公 01・19	九・成王甲 03・03
港中零簡 05・06	九・史蒥 10・03	九・邦人 11・05	九・舉治 32・18	九・舉治 08・27	九・陳公 13・24	九・陳公 10・06	九・成王乙 01・09
港中零簡 08・02	九・史蒥 11・03	九・邦人 12・10	九・邦人 01・05	九・舉治 21・11	九・陳公 13・27	九・陳公 12・01	九・靈王 03・06
港中零簡 09・06	九・史蒥 11・17	九・邦人 13・04	九・邦人 04・30	九・舉治 21・15	九・陳公 13・31	九・陳公 12・06	九・靈王 03・17

（續前）

- 卉茅 01·13
- 卉茅 02·36
- 藝術·選六 129·05
- 一·詩論 24·01　則△（以）絺綌之故也
- 七·武王 12·01　其道可得△（以）聞乎
- 九·舉治 12·03　安共△（以）

午

午

- 二·容成氏 51·14

未

未

- 一·詩論 17·03
- 一·詩論 19·17
- 一·緇衣 10·45
- 一·性情論 22·06
- 二·容成氏 52·16
- 三·周易 58·15
- 三·亙先 01·39
- 三·亙先 01·43
- 三·亙先 02·16
- 三·亙先 02·19
- 三·彭祖 03·13
- 四·昭王 10·03
- 四·柬大王 07·12
- 四·柬大王 09·12
- 四·曹沫 43·04
- 四·曹沫 43·07
- 五·弟子問 09·14
- 五·弟子問 21·02
- 五·弟子問 21·08
- 五·弟子問 附·06
- 五·三德 22·03
- 六·競公瘧 12·09
- 六·季桓子 06·17
- 六·用曰 01·33

六・用曰 11・19

七・鄭子甲 06・05

七・鄭子乙 06・06

七・凡物甲 03・13

七・凡物甲 19・07

七・凡物乙 02・37

八・子道餓 01・22

八・王居 01・20

八・王居 02・25

九・成王甲 04・24

九・成王乙 01・13

九・靈王 02・11

九・舉治 23・23

九・邦人 05・25

九・邦人 11・20

九・史蒥 10・05

上博零簡 02・06

一・性情論 22・15

△教而民極

一・性情論 22・24

△賞〔而民勸〕

一・性情論殘 02・13

雖△之爲

右三例郭店簡本《性自命出》對應作「未」。

七・凡物乙 13・19

咀之有△（味）

八・顏淵 13・01

△行而信

「未」之譌形（陳劍 2012）。

申

籀

申

二・容成氏 53・39

九・陳公 18・05

九・陳公 19・01

九・陳公 19・08

九・陳公 20・02

九・陳公 20・09

酉

古 酉

九・陳公 20・15

《說文》籀文源此。

酉

二・容成氏 45・14

二・容成氏 45・19

二・容成氏 53・24

四・采風 02・25

五・弟子問 08・07

六・季桓子 26・17

九・史蔮 06・17

按，古文字用爲「酒」。

酌

酌

三・周易 57・23

酖

䤈

六・莊王 01・09

六・莊王 02・14

六・莊王 02・22

六・莊王 04・03

醬

古

[爿酉]

一・詩論 04・17

一・詩論 04・40

一・詩論 17・08

二・魯邦 04・25

二・魯邦 04・28

二・魯邦 05・08

二・魯邦 05・11

三・彭祖 01・39

四・柬大王 04・05

四・柬大王 10・24

四・柬大王 11・18

四・柬大王 17・01

四・柬大王 17・16

四・柬大王 19・26

四・柬大王 22・02

四・柬大王 22・10

四・曹沫 39・29

四・曹沫 40・02

四・曹沬 40・13
四・曹沬 51・30
六・競公瘧 02・42
六・競公瘧 11・19
六・季桓子 07・06
六・王子木 02・22

七・鄭子乙 06・11
七・吳命 01・22
藝術・選六 132・08

二・民之 08・09
二・容成氏 50・31
二・容成氏 53・26
四・采風 02・02
四・昭王 01・13
四・昭王 01・28

四・昭王 01・38
四・昭王 02・21
四・昭王 02・31
四・昭王 03・32
四・昭王 04・29
四・昭王 06・08

四・昭王 06・25
四・柬大王 09・03
四・柬大王 19・04
四・曹沬 01・04
四・曹沬 23・31
四・曹沬 25・04

四・曹沬 25・07
四・曹沬 31・09
四・曹沬 32・14
四・曹沬 32・30
四・曹沬 51・08
四・曹沬 60・25

五・競建 05・11
五・競建 05・13
五・鮑叔牙 02・47
五・鮑叔牙 05・07
五・三德 02・18
五・三德 02・27

五・三德 14・17
五・三德 14・21
六・莊王 06・17
六・莊王 07・05
七・武王 02・12
七・武王 08・30

七・武王 09・05
七・武王 09・12
七・武王 12・22
七・鄭子甲 02・21
七・鄭子甲 03・06
七・鄭子甲 03・14

七・鄭子甲 04・20
七・鄭子甲 06・10
七・鄭子甲 06・14
七・鄭子甲 07・02
七・鄭子乙 02・23
七・鄭子乙 03・05

七・鄭子乙 03・13
七・鄭子乙 04・20
七・鄭子乙 06・15
七・凡物甲 09・18
七・凡物甲 10・02
七・凡物甲 10・09

七・凡物甲 10・16
七・凡物乙 07・30
七・凡物乙 08・07
七・凡物乙 08・14
八・子道餓 03・01
八・子道餓 05・01綴

八・有皇 01・03
八・有皇 04・16
八・有皇 04・37
九・靈王 05・17
九・陳公 04・29
九・陳公 05・05

九・陳公 05・11
九・陳公 11・35
九・陳公 15・10
九・舉治 03・12
九・舉治 11・05
九・邦人 04・17

九・邦人 05・08
九・卜書 01・16
九・卜書 06・22
港中零簡 10・02

《說文》古文如此。

五・姑成 08・21

酪

⿱酪皿

六・王子木 03・13

六・王子木 04・05

按，从皿、酉，各聲，「酪」字繁構。卷五皿部附錄重出。

酓

小徐篆

酓

三・周易 50・26

五・弟子問 08・06

九・陳公 03・08

九・邦人 10・28

按，小徐本《說文》有此字，今大徐本佚。茲附小徐本（祁寯藻本）篆形。

⿸厃酉

〈⿸厃畐〉

一・緇衣 09・22

民具爾△（瞻）

按，从「畐」爲从「酉」之混同。

⿰酉盐

⿰酉盐

六・王子木 03・19

詳見卷十二瓦部「瓮」下。

酋

酋

二・容成氏 01・39

⿱酋廾

⿱弇酉

六・天子甲 10・12

六・天子乙 09・19

⿱弇旨

七・鄭子甲 05・19

七・鄭子乙 05・17

卷五旨部附錄重出。

按，从酉若旨，弇聲，「⿱酋廾」字異體。

上博簡文字編卷十五

申城 沈奇石 撰集

【甲・說文所逸表意字】

卪

一・緇衣 01・31

按，甲骨文中本作「」，一曰象跪坐之人爲某物所覆形，蓋表示覆蓋之「孚」之初文（鄔可晶 2022=2024:428-478）。卷九卪部附錄重出。

又

七・凡物甲 17・22

按，「肘」之初文。詳見卷四肉部「肘」下。

由

一・緇衣 15・25

三・周易 22・29

三・周易 32・11

五・三德 17・36

六・用曰 06・15

岦

一・詩論 16・36

一・詩論 21・46

一・詩論 22・50

一・性情論 12・09

一・性情論 22・11

四・內豊 09・14

六・季桓子 14・21

六・季桓子 19・01

四・采風 02・03

九・舉治 27・05

按，楚「美」字。或繁構作「敚」。卷八人部「敚」下重出。

亙　串　免　矣　豈

亙	〈⿱帝止〉	串	免	矣		豈	〈系〉
三・周易 14・41	九・卜書 02・09	八・成王 15・27	一・緇衣 13・28	一・緇衣 23・16	六・季桓子 02・18	四・采風 03・03	三・中弓 10・36
五・鬼神 08・03	有疾乃△（漸）	九・舉治 06・09	九・史蒥 10・17		六・季桓子 08・13	四・采風 03・31	宥過赦罪，則民何△（懲）？
	按，「⿱帝止」爲「亙」之譌（石小力 2020=2023）。		按，「冕」之初文。卷七冃部「冕」下重出。		六・季桓子 15・30	卷八壬部「徵」下重出。	按，「系」爲「豈」之譌。
					按，「疑」之初文。卷十四子部「疑」下重出。		

舁

一・性情論 39・14

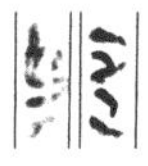

一・性情論 39・18

一・性情論 39・22

一曰「呲」若「篩／簛」之初文。一曰「斯」之省作。卷十四斤部「斯」重出。

函

六・鄭壽 07・02

一曰「殟」之初文。

臬

一・性情論 14・12

按，「拔」之初文。詳見卷十二手部「拔」下。

舄

一・詩論 09・15

一・緇衣 12・25

一・緇衣 17・45

二・從政甲 03・03

二・容成氏 36・10

四・曹沫 06・32

四・曹沫 59・04

五・競建 06・27

五・競建 08・33

五・鮑叔牙 02・45

五・君子 06・25

五・弟子問 16・06

五・弟子問 16・10

五・三德 14・01

六・用曰 05・32

六・天子甲 07・03

六・天子甲 07・14

六・天子甲 07・27

六・天子乙 06・15

六・天子乙 06・26

六・天子乙 07・10

七・凡物甲 01・23

七・凡物甲 18・24

七・凡物乙 01・23

七・凡物乙 13・09

七・吳命 07・25

七・吳命 07・29

七・吳命 08・35

九・成王甲 03・10

九・舉治 08・03

⿸广⿱口夲　⿱口夲

九・舉治 09・01

九・舉治 35・06

卉茅 02・20

四・曹沫 34・17

匹夫△（寡）婦之獄訟

四・曹沫 51・18

過不在子在△（寡）人

上二例安大簡本《曹沫之陳》對應作「⿱頁分」。

按，从頁、八，「顧」字初文繁構，楚多用爲「顧」「寡」。本作「[illegible]」，象人目回顧之形，後與「頁」趨同，遂加「八」飾，以爲分別。《説文》已不識，誤釋「寡」中「⿱頁分」形爲「頒」。卷九頁部「顧」下重出。

⿱口夲

二・容成氏 44・42

按，「梏」之初文。詳見卷六木部「梏」下。

⿸广⿱口夲

二・容成氏 51・10

按，「柙」之初文。詳見卷六木部「柙」下。

【乙・部首說文所逸形聲字】

字頭	字形	出處	辭例
⿱吅又	[字形]	二・從政甲 04・02	
	[字形]	四・曹沫 06・01	
	[字形]	六・莊王 02・03	
	[字形]	藝術・選六 131・07	
	[字形]	藝術・選六 133・07	
⿳吅又吅	[字形]	一・性情論 39・17	
	[字形]	三・周易 13・02	
	[字形]	三・周易 57・15	
	[字形]	三・周易 57・21	

一曰从口⿱吅又聲。卷二口部附錄重出。

按，許書部首無「吅」（字作二厶形，隸定如此，與讀若讙之「吅」不同字），傳抄古文以爲「鄰」，甲骨文亦見該形（屯南1111），一曰「鄰」之初文。右「⿱吅又」及其繁構「⿳吅又吅」从「吅」表意，耑設「吅部」於此。

字頭	字形	出處	辭例
⿰爿未	[字形]	五・弟子問 22・13	夙興夜△（寐）

按，从爿（牀）未聲，「寐」字異體。卷七㝱部「寐」下重出。

字頭	字形	出處	辭例
⿰爿安	[字形]	八・子道餓 02・03	△（偃）也修其德行
	[字形]	八・子道餓 02・18	於△（偃）僞，於子損。

按，从爿（牀）安聲，或即「偃」字異體。「爿」，古「牀」字。疑與「侒」「躽」共爲異體，前者詳見卷八人部「侒」下，後者詳見卷八身部附錄。一曰从疒省作，从疒者見於包山、新蔡簡及楚璽文字。

按，許書部首無「爿」，畢竟未有分析从爿表意者（或改从疒），唯有十一字分析从其得聲。右「⿰爿未」「⿰爿安」从「爿」表意，耑設「爿部」於此。

⿱炏五

[字形] 八・有皇 05・12

族㥹㥹必慎毋△（慎／悟）今兮

⿱炏衣

[字形] 一・緇衣 04・28

[字形] 一・緇衣 06・03

[字形] 六・用曰 10・13

[字形] 九・舉治 34・05

[字形] 四・曹沫 34・08

[字形] 五・弟子問 10・16

[字形] 七・吳命 08・13

[字形] 八・王居 05・23

[字形] 九・舉治 32・19

[字形] 二・從政乙 01・24

[字形] 二・容成氏 35・37

[字形] 三・彭祖 02・43

[字形] 七・吳命 04・12

[字形] 八・蘭賦 05・41

按，从炏，聲符類化作「衣」，本作「[字形]」，一曰象繚衣形。从炏[字形]聲，一曰「燎」之初文（陳劍 2021）。卷十火部附錄重出。

按，楚「炏」形至少有兩源。一者「⿱炏又」之省形，一者或即「⿱炏衣」之省形（一曰「炏」本爲獨立偏旁，另見於「燮」「燓」等字）。許書部首無「炏」，有「⿱炏又」字繁構「𤇾」與「⿱炏衣」所記錄字詞〔勞〕之專字「勞」，而均非部首。右「⿱炏五」「⿱炏衣」从「炏」表意，耑設「炏部」於此。

【丙・部首不明字】

妥

三・中弓 14・05

按，从爪、女。段《注》補篆於女部附錄，唯亦可歸爪部附錄。一曰表意字，與「威」字表意可相參。

替

一・緇衣 22・07

故君子之友也有△

今《禮記》本《緇衣》對應作「向」，郭店簡本作「鄉」。一曰「香」（黃德寬、徐在國 2002=2007），以爲从「木」爲从「禾」之譌（趙平安 2002=2009：354-356）。一曰金文「苣」字異體，

《說文》新附「薌」字異體（禤健聰 2013）。按，疑「向」字譌形，蓋蒙上先誤作「友」，復經改筆，遂雜糅二形。

⿱臾句

五・季庚子 18・31

是故賢人大於邦而有△（劬？）心

按，从臾、句。一曰从句聲，讀「劬」。

⿳叕肉犬

五・季庚子 21・05

□威則民△之

按，从叕、肉、犬。「叕」，楚集團類化部件，來源夥多，因釋讀不明，姑且據形隸定如是。

⿳从火犬

五・競建 10・33

畨而△之

訇

【丁·說文所逸雙聲符字】

						訇
七·凡物甲 10·21	四·曹沫 55·23	三·中弓 08·04	二·容成氏 27·28	二·容成氏 22·37	二·從政乙 01·32	一·詩論 23·05
七·凡物乙 07·25	五·季庚子 01·25	三·中弓 26·12	二·容成氏 29·15	二·容成氏 25·10	二·容成氏 08·04	一·性情論 02·09
七·凡物乙 08·19	五·弟子問 11·17	四·鳴烏 03·12	二·容成氏 32·09	二·容成氏 25·29	二·容成氏 14·28	一·性情論 02·15
八·命 06·11	六·季桓子 03·17	四·鳴烏 04·22	二·容成氏 36·38	二·容成氏 26·07	二·容成氏 20·11	一·性情論 08·27
九·舉治 25·05	七·凡物甲 09·13	四·昭王 02·03	二·容成氏 37·10	二·容成氏 26·29	二·容成氏 21·16	一·性情論 16·18
卉茅 02·33	七·凡物甲 09·25	四·相邦 01·23	三·周易 55·04	二·容成氏 27·09	二·容成氏 22·31	一·性情論 38·03

⿰台彐

七・武王 07・20
口生△（怠／殆）
今《大戴禮記》本《武王踐阼》對應作「㖾」。按，「⿰台彐」或譌省成「ㄐ」形。後人蓋由此誤讀爲「㖾」。

一・性情論 26・35
門內之△（治）

一・性情論 27・02
〔門外〕之△（治）

二・容成氏 31・02
△（始）方爲三侰（聚？）

五・三德 08・47
上帝乃△（怡）
按，从台、彐（司）雙聲，抑或㠯（以）、司雙聲。卷十四辛部「辤」下重出。

⿹弋亥

五・競建 10・14
△牙
按，从戠省、亥雙聲。「戠」，舊或釋「弋」，於形不合，與本編卷三「⿰言弋」所从「戠」之省形同。「△牙」與下文「偈（易）牙」同指一人；而△與「易」聲韻畢竟有隔，蓋近義而互作。疑讀「饎」，指饎人。易牙又名「雍巫」（見《左傳》僖公十七年），「雍」之言「饔」，以「此人爲雍（饔）官」（《正義》），掌烹調之事；而「饎人」之謂主炊者，無乃亦可指稱易牙。

⿱兹才

二・從政甲 08・06

四・曹沫 55・16

四・曹沫 61・04

五・鬼神 06・34

卉茅 02・42

卉茅 03・12
按，玆、才雙聲。

⿱罒各

三・周易 42・03

五・三德 15・17
按，从叕省、各雙聲。西周晚期不㪤簋（《銘圖》05387）地名字「⿱罒各」中「叕」旁不省作。一曰「咢」字異體。卷二吅部「咢」下重出。

廈

七・凡物甲 14・29

一・性情論 10・09

一・性情論 11・28 綴

一・性情論 12・05

二・子羔 05・03

七・凡物乙 10・08

九・成王甲 01・11

九・成王甲 01・16

九・成王甲 02・18

九・成王甲 02・29

九・成王甲 03・15

一・性情論 13・03

郭店簡本《性自命出》對應作「廈」。

〈廈〉

五・季庚子 09・10

臧△（文）仲

一・詩論 28・05

……□惡而不△（文）

四・曹沫 11・10

裾不褻△（文）

六・用曰 18・03

人無△（文）

按，从「且」爲从「目」之混同。

按，从「㬅」之初文、旻雙聲。「旻」，古「旻」之省作，李學勤（2001=2005:229-230）以爲「旻」，則「廈」或即《說文》「閔」字異體。《說文》「閔」古文作「[illegible]」，从心廈省聲，其聲符或源此。

⿸虍魚

一・緇衣 04・05

按，虍、魚雙聲。

⿰尋由

一・詩論 16・24

按，尋、由雙聲。

⿰烏臭

四・采風 04・03

□其△也

按，烏、臭雙聲，說聞於郭理遠未刊稿《「烏」字略說》。詳見卷四烏部「烏」下。

⿸虍⿰角毌

六・用曰 06・21

△（脣）亡而齒寒

按，从⿸虍角、毌共筆雙聲。⿸虍角，从角虒省聲，或即「觚」字異體（劉剛 2023）。毌，或即「振」之初文（王精松 2022）。

⿰睿爰

三・周易 54・25

三・周易 54・33

三・周易 54・40

三・周易 54・45

三・周易 55・09

三・周易 55・13

三・周易 55・20

按，睿、爰雙聲。

附编

上博簡文字編合文

申城 沈奇石 撰集

0001 ⿱一人=

一人

四·曹沫 26·18
七·君人甲 04·18
九·邦人 07·25

0002 夫=

大夫

一·緇衣 12·47
四·昭王 01·19
四·昭王 05·24
四·柬大王 23·16
四·曹沫 25·13
四·曹沫 25·16

四·曹沫 39·23
四·曹沫 39·26
五·競建 01·15
五·姑成 10·03
六·競公瘧 03·32
六·天子甲 01·13

六·天子甲 02·08
六·天子甲 02·14
六·天子甲 07·19
六·天子甲 08·21
六·天子甲 09·06
六·天子乙 01·14

六·天子乙 01·33
六·天子乙 02·03
六·天子乙 02·09
六·天子乙 07·02
六·天子乙 07·33
六·天子乙 08·16

七·鄭子甲 01·12
七·鄭子甲 01·30
七·鄭子甲 06·16
七·鄭子乙 01·11
七·鄭子乙 01·29
七·鄭子乙 06·17

七·吳命 04·14
七·吳命 07·21
七·吳命 09·07
八·命 02·07
八·命 06·10
八·命 07·19

八・王居 02・12

八・王居 04・08

八・志書 01・21

五・姑成 09・44

弝=門=△（強門大夫，強門大夫）

按，此「=」兼爲重、合文符號。

〈大=〉

一・緇衣 14・02

吾△恭且斂

按，「大」爲「夫」之譌。一曰「=」係省代符號，「大=」讀「大夫」。

0003 卅=

三十

二・容成氏 05・43

二・容成氏 42・16

0004 卋=

七十

七・君人甲 08・13

七・君人乙 08・05

0005 卆=

九十

九・舉治 31・09

0006 亾=

亡亾

三・周易 32・08

悔△（亡，喪）馬毋逐。

王韓注本《易》：「悔亡，喪馬毋逐。」按，「亡亾」合文，讀「亡，喪」。

0007 孔=

孔子

一・詩論 01・09

一・詩論 03・35

一・詩論 07・24

一・詩論 16・19

一・詩論 21・26

一・詩論 27・22

0008

百=

一日							
三·中弓 24·02	八·顏淵 01·06	五·季庚子 02·20	三·中弓 26·13	三·中弓 01·13	二·魯邦 01·08	二·子羔 02·10	二·民之 01·27
三·中弓 24·10	八·顏淵 01·19	五·季庚子 06·05	三·中弓 附·02	三·中弓 06·14	二·魯邦 01·15	二·子羔 03·08	二·民之 03·16
	八·顏淵 01·28	五·季庚子 11·34	四·相邦 02·19	三·中弓 11·14	二·魯邦 02·04	二·子羔 07·17	二·民之 05·23
	八·顏淵 06·10	五·季庚子 13·16	四·相邦 04·02	三·中弓 12·14	二·魯邦 05·26	二·子羔 08·38	二·民之 08·03
	八·顏淵 06·19	五·季庚子 15·06	四·相邦 04·38	三·中弓 15·04		二·子羔 09·05	二·民之 10·06
	八·顏淵 10·15	港中零簡 05·04	五·季庚子 01·06	三·中弓 20·17		二·子羔 09·34	二·子羔 01·22

0009 卡＝

上下

一・詩論 04・31

四・曹沫 16・05

四・曹沫 34・11

三・中弓 22・01

0010 尖＝

小人

三・周易 08・31

三・周易 31・03

三・中弓 16・02

五・季庚子 07・21

藝術・選六 148・01

0011 尖＝

少人

五・季庚子 07・29

九・靈王 03・02

九・陳公 11・34

0012 寺＝

寺之

九・陳公 14・32

焉命陳公狂△（治之）

港中零簡 08・01

△（恃之）以爲己勢

0013 時＝

時之

九・陳公 02・03

戰而△（持之）

0014 先＝

先人

二・從政甲 17・29

五・季庚子 12・10

五・季庚子 12・16

五・季庚子 14・09

五・季庚子 14・21

五・季庚子 15・16

編號	字頭	釋文	出處	辭例
			七・吳命 01・17	
0015	伓=	不伓	一・緇衣 13・45	信以結之，則民△（不倍）。
0016	志=	志之	九・靈王 02・24	虎三徒出，執事人△（止之）。
		之志	五・季庚子 07・08	以誌君子△
0017	⿸𠂇右=	左右	八・命 04・06	
0018	⿱古之=	古之	三・中弓 21・03	
0019	昊=	昊天	一・詩論 06・30	
0020	旹=	之日	二・容成氏 51・15	戊午△

0027	0026	0025	0024	0023	0022	0021	
骨=	昷=	𢘑=	㞢=	季=	忠=	明=	
骨肉	昷日	𢘑心	㞢之	季子	中心	日月	之旹
七・凡物甲 06・12	四・曹沫 31・08	四・曹沫 45・28	四・昭王 01・43	五・弟子問 01・10	六・季桓子 03・02	三・中弓 19・07	五・三德 18・35
七・凡物乙 04・28	△（明日）將戰	既戰而有△（怠心）	九・陳公 13・32	五・弟子問 01・17		六・天子甲 05・30	順天△（之時）
七・凡物乙 05・17	八・王居 05・09	一曰「㠯心」合文。	九・邦人 08・31			六・天子乙 05・09	
	其△（明日）		一曰「止之」合文。				

0031 ⿱君子=　0030 倀=　0029 帝=　0028 ⿰王寺=

七・凡物甲 05・15

△之既靡

乙本對應作「骨=」。按，上部稍譌。

0028 ⿰王寺=

寺玉

七・君人甲 03・24

△（持玉）之君

七・君人乙 03・22

△（持玉）之君

按，右旁疑爲「寺」之譌。

0029 帝=

上帝

四・柬大王 06・23

0030 倀=

倀人

九・卜書 03・19

小子吉，△（丈人）乃哭。

按，或即「長人」合文。一曰「=」係省代符號，「倀=」讀「長子」若「丈夫」，與「小子」相對（一上示三王，youren2013.1.5AF12，2013.1.6）。

0031 ⿱君子=

君子

一・詩論 12・16

一・緇衣 03・03

一・性情論 12・08

一・性情論 28・20

二・從政甲 04・13

二・從政甲 05・35

二・從政甲 13・09

二・從政甲 16・15

二・從政甲 17・15

二・從政乙 05・01

二・從政乙 05・10

三・中弓 16・10

三・中弓 20・08

五・季庚子 01・29

五・季庚子 02・22

五・季庚子 03・18

五・季庚子 03・24

五・季庚子 04・24

五・季庚子 06・18

五・季庚子 07・07

五・季庚子 07・14

五・季庚子 07・18

五・季庚子 07・24

五・季庚子 08・15

0032 孫＝

- 五·季庚子 09·15
- 五·季庚子 18·12
- 五·季庚子 23·16
- 六·季桓子 05·25
- 六·季桓子 13·15
- 六·季桓子 15·01

- 六·季桓子 15·14
- 六·慎子 06·12

- 一·緇衣 16·12
- 一·緇衣 16·20
- 一·緇衣 17·44
- 一·緇衣 21·37
- 一·緇衣 22·02
- 六·季桓子 21·02

子孫

- 四·柬大王 10·23　彼聖人之△
- 七·吳命 06·13　攝周△
- 九·卜書 07·32　我周之△

孫子

- 五·三德 03·11　期而不期，天乃降災；已而不已，天乃降殆。其身不沒，至於△。

按，字處之部上聲韻腳，故釋「孫子」合文。

- 二·民之 12·11　無聲之樂，施及△；無體之禮，塞于四海；無服之喪，爲民父母。

按，字處之部上聲韻腳，故釋「孫子」合文。楚「孫」之「系」旁庶省作「幺」形，此存其古，形亦見於葛陵簡。

0033 酓＝

酓酉

- 九·成王甲 03·04　合邦以△（飲酒）
- 九·成王甲 03·13　孤持舟△（飲酒）

0034 歙＝

歙酉

- 四·昭王 01·21　王戒邦大夫以△（飲酒）
- 四·昭王 05·25　卒以大夫以△（飲酒）於坪滿
- 四·曹沫 11·03　不△（飲酒）

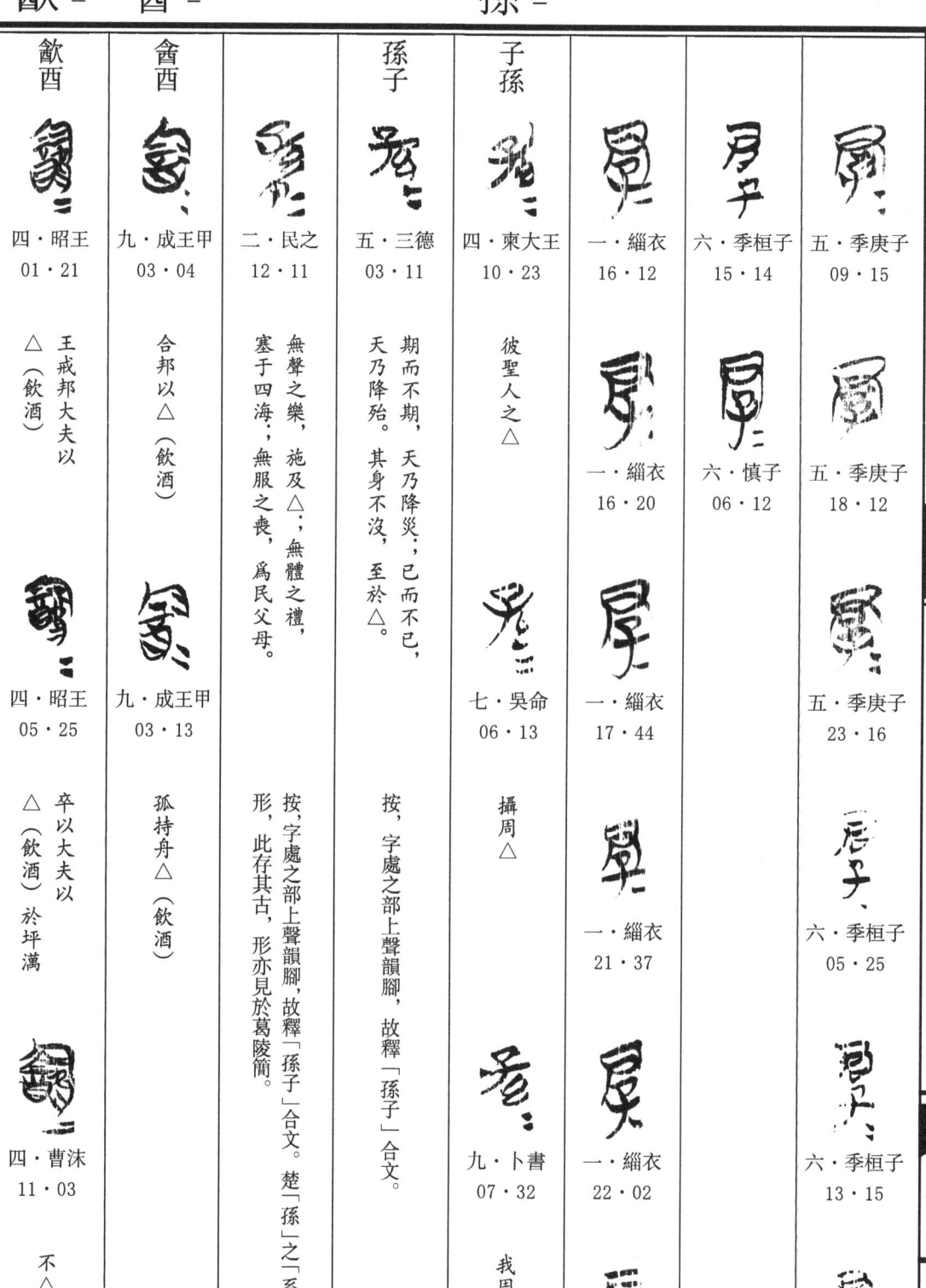

0035 旬=

〈馗=〉

九·卜書 01·29

兆△（俯首）納趾

按，从「九」爲从「勹」之譌。

0036 𢡺=

𢡺心

一·緇衣 13·53

則民有△（遜心）

一曰「夅心」合文。

0037 𢇻=

之所

二·從政甲 09·10

四·曹沫 64·27

五·季庚子 09·04

五·季庚子 12·11

五·季庚子 12·17

五·季庚子 15·17

五·季庚子 21·13

六·用曰 15·28

七·君人甲 05·11

七·君人乙 05·06

七·凡物甲 28·11

七·凡物甲 28·15

七·凡物甲 28·19

七·凡物乙 20·09

七·凡物乙 20·13

七·凡物乙 20·17

九·舉治 09·13

九·舉治 09·20

0038 𢘅=

𢘅矣

一·詩論 08·25

《小旻》多△（疑矣）

一曰「𢘅」重文。

0039 𢈈=

𢈈色

九·史蕾 08·11

瞻人之△（顏色）而爲之僞

0040 頓=

頓頁

九·邦人 09·20

二拜△（頓首）

0041

茲臣

一·緇衣 17·29

於△（緝熙）敬止

0042

箸者

五·季庚子 06·15

夫△（書者），以書君子之德也。

一曰「箸箸」重文。

0043

金鋘

九·陳公 13·19

△（金鐸）以坐

0044

爲心 爲

一·性情論 39·09

凡人△（僞爲）可惡也

郭店簡本《性自命出》對應作「爲心爲」。按，據郭店簡本兩字分書，當視作合文。一曰「爲心」重文。

0045

褫衣

四·昭王 06·16

被△（衤彡衣）

四·昭王 06·29

披△（衤彡衣）

四·昭王 07·14

披△（衤彡衣）

一曰「虒衣」合文。按，从衣虒聲，或即「衤彡」字異體。「衤彡」謂單衣也。

0046

會門 門

二·昔者 02·04

太子毋弟致命於△，以告寺人。

一曰「會門」合文，清華簡有「會門」之謂。一曰「會門」重文，讀「闈，闈」（張富海 2004=2021:59-63）。

0001 一

一 九·卜書 01

0002 二

二 九·卜書 02

0003 七

十 九·卜書 07

0004 八

八 九·卜書 08

申城 沈奇石 撰集

上博簡文字編未識字

申城 沈奇石 撰集

0001

一・性情論 18・30

哭之動心也浸（慘／憯）△

郭店簡本《性自命出》對應作「㴵」。拍馬山簡有謂「戠殺」，同此。按，一曰从旦聲，讀「怛」。

0002

一・性情論 36・28

△陶之氣也

郭店簡本《性自命出》對應作「賊（脖）」。按，李零（2007:63）以爲从耳、从曰，於形似不盡密合。疑右部从「嚣」作。

0003

二・從政甲 04・10

方（謗？）亦△是

按，从土，聲符不明。

0004

二・從政甲 17・31

小人先人則△𢽹之

按，从壬，上部構件不明。一曰「弁」「呈」「肃」「夌」等。一曰即 0004 上部構件異體。

0005

五・三德 17・13

敬天之敔，興地之矩，恆道必△。

按，或即 0003 異體，下从土。清華簡《楚居》「[illegible]敖」之「[illegible]」，或亦此字，傳世文獻作「堵／杜」若「壯／莊」；且 0004 韻叶魚部。故音近魚部。

0006

二・昔者 01・22

庶△＝進

按，从酉，聲符不明。一曰「哂（酒）言」合文（李家浩 2021）。

0007

二・容成氏 37・08

喑、聾、跛、瞑、瘻、△、僂

一曰从采聲，讀「禿」（郭永秉 2016.4.8=2021:144-151）。一曰「矛」，安大簡本《詩・柏舟》「髧彼兩髦」之「髦」作「[illegible]」「[illegible]」，其聲符即此字（徐在國 2018）；或讀「疛」，與下字連讀（周波 2019=2020.6.23）。

0015 0014 0013 0012 0011 0010 0009 0008

0008

二・容成氏
40・05

立於中△

一曰「茉」，讀「衢」（陳劍［儒藏 282］2020:597-598）。

0009

二・容成氏
46・01

豐、鎬、邴、謝、邘、鹿、△、崇、密須氏。

按，疑「婁（魏）」字省形，或即國名「魏」字。《左傳》昭公九年：「我自夏以后稷，魏、駘、芮、岐、畢，吾西土也。」杜預《集解》：「在夏世以後稷功，受此五國爲西土之長。」或即此「魏」。

0010

三・中弓
25・21

使人不盡其△□……

按，从辵，聲符不明。

0011

三・中弓
附・01

……△

一曰从今、亜。

0012

三・彭祖
05・16

五紀不△，雖富必失。

一曰「彑」，《汗簡》「彑」或作「彑」，讀「彝」（陳斯鵬 2007:88）。按，形近 0029 右下偏旁。

0013

四・采風
01・24

《疋△月》

0014

四・采風
02・13

△商

按，从辵，聲符不明。

0015

四・采風
03・27

《△也遺玦》

九・邦人
03・25

蓋冠爲王△

五・鮑叔牙 04・13

△民獵樂

按，从刀若刃，聲符或與「㲋」字聲符同，「獲」字異體。一曰「刈」若「列」。

0016

四・內豊 08・17

冠不△

按，段凱（2022）指出該字與安大簡本《詩·摽有梅》之「[illegible]」下部聲符有關。後者對應今本「摽」。一曰「[illegible]」下部偏旁即「拋」字聲符「尥」。「尥」，从力允聲。疑此字即「允」，讀「髦」。鄭玄注「拂髦」：「髦用髮爲之，象幼時鬌（綏）。」《禮記》：「親沒不髦。」「喪冠不綏。」此言父母有疾，冠不綏髮。

0017

五・鮑叔牙 05・03

百姓皆△悳（怨）

五・姑成 01・10

爲士△

按，从宀，聲符不明，一曰邑，一曰夗。

0018

五・季庚子 19・07

民之△美棄惡如歸

按，从辵，聲符不明。

0019

五・季庚子 23・23

此君子從事者之所啻△

0020

五・姑成 09・52

△而舍之兵

0021

五・弟子問 01・04

吳人生七年而擊斬△乎其膺

按，从人，聲符不明。一曰「甬」，於形略殊。疑清華簡《五紀》所謂「冘」者。

0022

五・弟子問
10・22

色以△官

一曰从尸豆聲，讀「屬」。

0023

五・鬼神
06・23

茻後△側

一曰从弗飤聲（禤健聰 2006.2.26）。

0024

六・季桓子
05・37

服△，弗見也。

一曰从鳥尾〈⿱尸步〉聲，「屝」字異體（郭永秉 2011=2015:227-236）。

0025

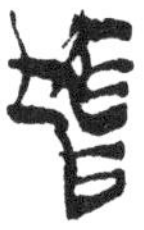

六・季桓子
07・25

不△也

六・季桓子
17・07

言不當其所，皆同其△。

按，从土，聲符不明。

0026

六・季桓子
08・02

△有此貌也

一曰从攴亲聲，一曰「竊」（陳偉 2007.7.9）。

0027

六・季桓子
08・12

而無以合諸△矣

一曰「此」（陳劍 2008.3.22=2013:281-317）。一曰从勿〈人〉爻聲，讀「貌」（賈連翔 2018）。按，若後說可取，疑此字从勿爻聲，或即「駁」字異體。

0028

六・季桓子
26・14

不奉△

0029

六・用曰
04・28

陰則或陰，陽則或陽。民日偷樂，蕩相弋△。

按，从日、力。下「虫」旁疑爲飾筆。此字理應與「陽」叶韻，故音近陽部。

0030

七・武王 02・10

盍△乎

七・武王 02・18

武王△三日

一曰「齋」「祈」。按，左「示」下有圈形，其形近「凿」中偏旁。右下構件形近「几」（陳偉武 2010=2014: 129–137），可示「祈」音；一曰形近 0012。

0031

七・武王 03・16

△折而南，東面而立。

按，从木，聲符不明，一曰「曲」「巨」「叵」「磬」「医」「矩」等。疑「匚」之譌形，讀「尼」，訓止，一句讀。

0032

七・武王 06・27

民之反△

今《大戴禮記》本《武王踐阼》對應作「側」。

0033

七・武王 07・09

△機曰

按，从土，聲符不明，一曰「朋」，讀「憑」（劉剛 2019）。

0034

七・武王 08・29

△將長

七・武王 09・04

△將大

七・武王 09・11

△將衍

按，从示，聲符即左 0035，一曰「化」（復旦讀書會 2008.12.30），讀「禍」。

0035

八・顏淵 01・32

遂有△（過）而［先］有司

八・顏淵 02・06

遂有△（過），所以爲寬也。

按，从示，聲符不明，一曰「化」（蘇建洲於復古讀書會［顏淵］（2011.7.17）下評論）。

0036

七・君人甲 07・26

作而使△之

七・君人乙 07・16

作而使△之

0037

七・凡物甲 08・09

百姓之和乎，奚事之△？

一曰「毄」。按，唯此處與「和」叶韻，是釋構成歌錫合韻，則主元音不諧。

0038

七・凡物甲 11・05

奚故小△彰，致（屬／燭）

一曰「隹」（劉洪濤 2011=2019:252-256）。

0039

七・凡物甲 14・06

夫雨之至，孰△□之？

七・凡物乙 09・22

夫雨之至，孰△□之？

按，从雨，聲符不明，一曰「垂」（宋華強 2009.1.3）。

0040

七・凡物甲 14・07

夫雨之至，孰□△之？

七・凡物乙 09・23

夫雨之至，孰□△之？

按，从水，聲符不明，一曰「鳶」（何有祖 2009.1.1），一曰「族」（何家興 2010.9.16 引徐在國說）。

0041

七・凡物甲 23・15

俯而△之

七・凡物乙 15・28

俯而△之

一曰「伏」。

0042

七・凡物甲 30・12

之△古之

力乃下上

按，此係習字，雜糅「力」「子」兩形特徵，難究本爲何字。

0043

八・命 02・10

先大夫之風

△遺命

按，从言，聲符不明，一曰「爻」（復吉讀書會［命］2011.7.17），一曰「才」（單育辰 2011.7.22），一曰「于」，上博簡《成王既邦》有「于」即作「 」，疑讀「華」。

0044

八・有皇 02・01

△悔今兮

一曰「自」（復吉讀書會［有皇］2011.7.17），一曰「宎」（網友「你再不同意我就要打人了」於復吉讀書會［有皇］2011.7.17下評論）。

0045

八·有皇 01·07

△余教保子今兮

八·有皇 01·25

能與余相△今兮

按，此字用例多與傳世「助」字相應，一曰「菹」，讀「助」；一曰「鹵」，讀「勴」（劉洪濤 2018=2019:152-173）。

0046

九·成王甲 03·18

子文舉肶△伯嬴

按，从貝，聲符不明，一曰有誤畫墨道，除去後由三筆構成，疑爲「止」之譌。一曰「㠯」之省譌，釋讀「貽」（曹雨楊 2023）。

0047

九·邦人 09·17

蔡大祝△二拜頓首曰

按，从糸，聲符不明，疑「朋」，表示{凡}。

0048

九·史蒥 09·16

何謂△？何謂敬？

一曰「雷」。按，作偏旁見於燕印「□」（《璽彙》0086，又見同書 0061、0120）字，一般釋从「雷」（馮勝君 1997:63-64）。

0049

九·卜書 07·07

△公

九·卜書 08·10

△公

一曰「囦（淵）」（程少軒 2013. 1. 16=2013），一曰「（井）」（陳琦 2024:28-57）。

上博簡文字編殘泐字

申城 沈奇石 撰集

0001 □氏

一・詩論 24・02

△（絺）綌

按，从中（艸）氏聲，左下殘泐。

0002 豈□

一・緇衣 07・34

△（豈）〔必盡仁〕

今《禮記》本《緇衣》對應作「豈」，郭店簡本對應作「敳」。按，殘从豈聲。

0003 豈□

二・容成氏 24・09

△（闓）室約流

按，从豈聲，右部殘泐。

0004 口□

二・子羔 08・01

△而和

按，从口，上部殘泐，劉曉晗以爲从「萬」聲，「譪」字異體。

0005 □膚

二・從政乙 02・10

不△法 羸惡則 民不怨

按，从膚（臚）聲，左部殘泐，疑从「人」。

0006 月□

二・容成氏 15・13

手足△……

按，从肉，聲符殘泐，一曰「胼胝」字（陳劍 2015；陳劍［儒藏 282］2020:571）。

0007 童□

三・周易 26・36

△＝（憧憧）〔往來〕

王韓注本《易》對應作「憧」，帛書本作「童」。按，殘从童聲。

0008 ⿺辶□

四・相邦 02・03

……□才△毋⿺辶□之人

按，从辵，聲符殘泐，一曰「首」（張榮輝 2022:45）。

0009 ⿺辶□

四・相邦 02・05

……□才⿺辶□毋△之人

按，从辵，聲符殘泐，一曰「首」（張榮輝 2022:45）。

0010 ⿺辶□

六・慎子 02・06

恭以爲體△，莫偏焉。

按，从辵，聲符殘泐。

0011 ⿺辶□

上博零簡 01・32

孔⿰耳□《大雅》之△□

按，从辵，聲符殘泐。

0012 ⿺辶□

上博零簡 02・01

△不曰生民未之有

按，从辵，聲符殘泐。

0013 ⿱□止

五・弟子問 04・01

△風也，亂節而哀聲。

按，从止，其餘殘泐。一曰「迪」，讀「陳」（張榮輝 2022:77-83）。

0014 ⿱□土

五・弟子問附・15

□者其言△而不可

按，从土，聲符不明，一曰「虞」。

0015 ⿱艹□

六・季桓子 14・24

好假美以爲△〔□〕

按，从艸，其餘殘泐。

編號	字頭	出處	辭例	按語
0016	杋□	六・季桓子 18・13	其行△忌哀□□	按，从木，聲符殘泐，一曰「反」。
0017	忌	六・季桓子 18・14	其行杋□△哀□□	按，从心，聲符殘泐，一曰「収」。
0018	哀	六・季桓子 18・15	其行杋□忌△□□	按，从衣，聲符殘泐。一曰「哀」。
0019	虐	七・吳命 08・32	吳人△……	按，从虍，其餘殘泐。
0020	宗	八・顏淵 14・01	△則斤（謹？）	按，从示，聲符殘泐。一曰「示」。
0021	□殳	九・舉治 13・09	五△不舉	按，从殳，其餘殘泐。一曰「穀」，讀「穀」。
0022	囨	九・舉治 04・15	日耑而世△	按，从困聲，下部殘泐，一曰「心」。
0023	飠□	九・舉治 13・27	五年無湅△者	按，从食，聲符殘泐。

0024 糸□

卉茅 03・06

敢陳△告

按，从糸，聲符殘泐，一曰「屯」。

0025 見□

上博零簡 01・28

孔△《大雅》之
辶□□

按，从旻（視），聲符殘泐。

0026

一・詩論 01・22

文無隱△

一曰「言」，一曰「意」。

0027

一・詩論 20・45

吾以《杕杜》得
爵△

0028

一・詩論 28・01

△惡而不之

0029

一・性情論 21・05

△，由聲也。

郭店簡本《性自命出》對應作「諓」。

0030

一・性情論 23・33

有內△者也

郭店簡本《性自命出》對應作「巤」。

0031

一・性情論 27・32

退欲肅而毋△

郭店簡本《性自命出》對應作「翌」。

編號	篇名	簡號	文例	按語
0032	一・性情論	36・29	□（鬱？・怫？）△之氣也	郭店簡本《性自命出》對應作「稻」。按，疑「匋」字，均讀「陶」。
0033	二・子羔	03・10	△……	
0034	二・從政甲	03・27	一人譽△	
0035	二・從政乙	03・32	治已至，則△	
0036	二・容成氏	35・22	□△氏	按，上古帝王名，或即安大簡《仲尼曰》「[illegible]諿諿」之「[illegible]」。
0037	二・容成氏	43・24	△□氏	
0038	三・周易	43・13	于䣛△	王韓注本《易》對應作「卼」，馬王堆帛書本作「掾」。一曰「帶」（袁瑩 2008.11.22）。
0039	三・中弓	12・01	……△定不及其成	

0040	0041	0042	0043	0044	0045	0046	0047
三・中弓 21・18	三・中弓 22・12	三・中弓 25・22	三・彭祖 03・01	四・采風 01・01	四・采風 02・01	四・采風 03・01	四・采風 04・01
汝誰以△……	害△者不……	使人不盡其□△……	……△，不知所終。	△	△	△	《△其騠也》

0048

四・內豊 附・01

……△無難

0049

四・相邦 02・01

……△才⿺辶囗毋⿺辶囗之人

0050

四・曹沫 17・16

疆地毋先而必取△焉

0051

五・競建 01・01

……□坴

0052

五・競建 05・01

△言曰

0053

五・季庚子 05・20

百姓遊（遜？）之以△

0054

五・季庚子 18・13綴

民能（態？）多△

0055

五・季庚子 21・01

……△戚，△戚則民𤼷之。

一曰「不」字殘蹟。

0056

五・姑成

02・01

……△

0057

五・君子

02・38

△〔□問〕之曰

一曰誤畫墨道（陳劍［儒藏282］2020:818）。

0058

五・君子

09・24

△

0059

五・君子

09・34

富而△……

郭店簡《成之聞之》對應作「富而貧=（分貧）」。按，疑爲「分」若「貧」字殘蹟。

0060

五・弟子問

05・01

△者，可畧而告也。

0061

五・弟子問

07・01

△曰

一曰「子」，據文意似非。

0062

五・弟子問

16・01

……△焉終

0063

五・弟子問

18・01

……△者

編號	出處	釋文	備注
0064	五・弟子問 18・17	東西南北，不綺△……	
0065	五・弟子問 21・19	今之世△……	一曰「不」。
0066	五・弟子問 23・01	△仁之有	
0067	五・弟子問 24・01	△焉□也	整理者釋「女」。
0068	五・弟子問 24・03	□焉△也	整理者釋「能」。
0069	五・弟子問 附・11	△者其言⿱□土而 不可	
0070	五・三德 09・01	邦家△保	一曰「亙」（張榮輝 2022:100–107）。
0071	五・三德 12・37	△……	

編號	出處	簡號	辭例	備註
0072	五・三德	15・23	俯視地△	一曰「利」。
0073	五・三德	19・28	晝△	
0074	五・三德	20・24	慎守虛△	一曰「訏」（范常喜 2007.4.28=2007:43–54）。
0075	五・鬼神	07・01	△夆	
0076	五・鬼神	08・01	〔而〕△聞崇揚	
0077	六・競公瘧	05・23	正△	
0078	六・季桓子	10・16	唯（雖？）仁人△□……	
0079	六・季桓子	10・17	唯（雖？）仁人□△……	

0080

六・季桓子 13・01

其行⿰木□⿱□心哀□△

一曰「彔」，一曰「兼」。

0081

六・季桓子 15・41

此民△……

0082

六・季桓子 17・01

□□△皆求異於人

0083

六・季桓子 17・22

△婁暴

0084

六・季桓子 18・16

其行⿰木□⿱□心哀△□

0085

六・季桓子 19・16

△□□皆求異於人

0086

六・季桓子 19・17

□△□皆求異於人

0087

六・慎子 03・18

靜斷△……

0088

六・用曰
02・36

君△……

0089

六・用曰
05・40

△不吕（紀？期？）於天

0090

六・用曰
08・39

韓難△……

0091

六・用曰
14・41

△

0092

七・武王
07・01

△諫不遠

今《大戴禮記》本《武王踐阼》對應作「所」。

0093

七・凡物甲
18・22

△能寡言乎

乙本對應「能」上無字，按，疑爲錯字，後刮去未盡。

0094

七・凡物甲
20・18

△

0095

七・吳命
05・64

俾周先王夷△……

0096
八·顏淵
01·01
……△

0097 
八·顏淵
09·01
或迪而教△能＝

0098 
八·成王
01·26
乃訪△……

一曰「於」。

0099 
八·成王
03·01
……△欲明知之

0100 
八·成王
04·16
稓△……

0101
八·成王
08·01
……△皆欲捨其親而親之

0102 
八·成王
10·01
……△而賢者

一曰「甫」（張榮輝 2022:150-152）。

0103 
八·王居
04·01
……△展能進後人

0111	0110	0109	0108	0107	0106	0105	0104
九・舉治 13・03	九・舉治 13・01	九・舉治 02・01	八・有皇 04・18	八・有皇 01・18	八・蘭賦 04・01	八・蘭賦 02・01	八・志書 05・22
□五△一□五度	△五□一□五度	……△令聞光烈之族	將莫△……	使遊於仁△……	……△	……△	而縱不爲吾稱擇吾父兄甥舅之有△善

0112

九・舉治
13・05

□五□一△五度

0113

九・舉治
24・22

歲建△……

0114

九・舉治
32・21

△而盡力

0115

九・邦人
01・23

⿰酉⿱業心鬼△□□……

0116

九・邦人
01・24

⿰酉⿱業心鬼□△□……

0117

九・邦人
01・25

⿰酉⿱業心鬼□□△……

0118

九・邦人
03・01

戰於長〔□□〕△曲阜

0119

九・邦人
07・01

△之言過矣

一曰「君」，一曰「公」。

0127 0126 0125 0124 0123 0122 0121 0120

0120
九・邦人 11・15
君王△臣之請命
一曰「嘉」。

0121
九・史菑 01・02
……其△之

0122
九・史菑 02・22
△不可以弗戒
一曰「夫」，一曰「古」。

0123
九・史菑 05・19
且夫△……

0124
港中零簡 10・01
……△將敎……

0125
上博零簡 01・13
由事渠△

0126
上博零簡 01・33
孔[illegible]《大雅》之[illegible]△

0127
上博零簡 01・23
周△然後作

上博簡文字編卦畫符

申城 沈奇石 撰集

0001 需

䷄

三·周易02

0002 訟

䷅

三·周易04

0003 師

䷆

三·周易07

0004 比

䷇

三·周易09

0005 謙

䷎

三·周易12

0006 豫

䷏

三·周易14

0007 隨

䷐

三·周易16

0008	0009	0010	0011	0012	0013	0014	0015
蠱	无妄	大畜	頤	咸	恆	遯	睽
三·周易 18	三·周易 20	三·周易 22	三·周易 24	三·周易 26	三·周易 28	三·周易 30	三·周易 32

編號	字頭	出處	簡號
0016	蹇	三·周易	35
0017	解	三·周易	37
0018	姤	三·周易	40
0019	萃	三·周易	42
0020	井	三·周易	44
0021	革	三·周易	47
0022	艮	三·周易	48
0023	漸	三·周易	50

0024
旅
䷷
[illegible]
三·周易
53

0025
渙
䷺
[illegible]
三·周易
54

附錄

附錄一　綴合字信息表

出處	隸定	綴合圖樣	綴合說明
一・詩論 14・08［卷五］	矣		上下割裂，綴合如是。
一・詩論 18・01［卷六］	因		上部由同篇簡 19 末端殘蹟綴入（李學勤 2002=2005:247-251）。
一・性情論 11・19［卷七］	宜		左右割裂，綴合如是。
一・性情論 11・20［卷二］	逌		左右割裂，綴合如是。
一・性情論 11・21［卷十二］	也		左右割裂，綴合如是。
一・性情論 11・22［卷十二］	或		左右割裂，綴合如是。

出處	隸定	綴合圖樣	綴合說明
一・性情論 11・23［卷五］	舍		左右割裂，綴合如是。
一・性情論 11・24［卷三］	爲		左右割裂，綴合如是。
一・性情論 11・25［卷六］	之		左右割裂，綴合如是。
一・性情論 11・26［卷五］	節		左右割裂，綴合如是。
一・性情論 11・27［卷四］	鼎		左右割裂，綴合如是。
一・性情論 11・28［卷十五］	度		左右割裂，綴合如是。
一・性情論 11・29［卷十二］	也		左右割裂，綴合如是。

出處	隸定	綴合圖樣	綴合說明
一・性情論 18・16［卷二］	厇		左右割裂，綴合如是。
一・性情論 18・17［卷十二］	也		左右割裂，綴合如是。
一・性情論 18・18［卷二］	是		左右割裂，綴合如是。
一・性情論 20・19［卷十二］	聖		左右割裂，綴合如是。
一・性情論 20・33［卷四］	肰		左右割裂，綴合如是。
一・性情論 21・18［卷八］	兌		原書放大圖版字形遭上下割裂，綴合如是。
一・性情論 25・28［卷七］	同		左右割裂，綴合如是。

出處	隸定	綴合圖樣	綴合說明
一・性情論25・29［卷八］	方		左右割裂，綴合如是。
一・性情論25・30［卷九］	而	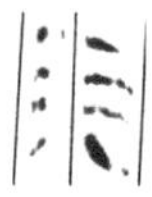	左右割裂，綴合如是。
一・性情論28・34［卷六］	柬		左右割裂，綴合如是。
一・性情論30・03［卷八］	坐		左右割裂，綴合如是。
一・性情論30・04［卷六］	之	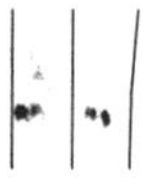	左右割裂，綴合如是。
一・性情論30・05［卷三］	言		左右割裂，綴合如是。
一・性情論30・06［卷三］	及		左右割裂，綴合如是。

出處	隸定	綴合圖樣	綴合說明
一・性情論 30・07［卷四］	鼎		左右割裂，綴合如是。
一・性情論 36・02［卷三］	爲		左右錯位，綴合如是。
一・性情論 36・03［卷五］	甚		左右錯位，綴合如是。
一・性情論 36・04［卷七］	甬		左右錯位，綴合如是。
一・性情論 36・05［卷八］	身		左右錯位，綴合如是。
一・性情論 36・06［卷六］	之		左右錯位，綴合如是。
一・性情論 36・07［卷八］	史		左右錯位，綴合如是。

出處	隸定	綴合圖樣	綴合說明
一・性情論36・08［卷四］	者	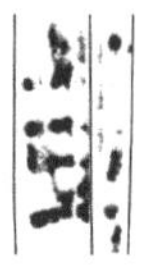	左右錯位，綴合如是。
一・性情論36・09［卷十］	悅		左右錯位，綴合如是。
一・性情論36・10［卷三］	爲		左右錯位，綴合如是。
一・性情論36・11［卷五］	甚		左右錯位，綴合如是。
一・性情論36・32［卷十二］	也		左右割裂，綴合如是。
一・性情論36・33［卷十二］	不		左右割裂，綴合如是。
一・性情論39・08［卷八］	人	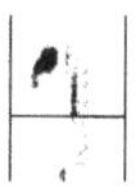	原書放大圖版字形遭上下割裂，綴合如是。

出處	隸定	綴合圖樣	綴合說明
一・性情論殘02・02［卷四］	智		右側由本篇殘簡5對應位置綴入。
一・性情論殘02・03［卷十四］	㠯		右側由本篇殘簡5對應位置綴入。
一・性情論殘02・04［卷四］	者	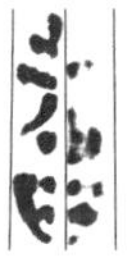	右側由本篇殘簡5對應位置綴入。
一・性情論殘02・05［卷十二］	不		右側由本篇殘簡5對應位置綴入。
一・性情論殘02・06［卷十］	悳		右側由本篇殘簡5對應位置綴入。
一・性情論殘02・07［卷八］	人		右側由本篇殘簡5對應位置綴入。
一・性情論殘02・08［卷三］	句		右側由本篇殘簡5對應位置綴入。

出處	隸定	綴合圖樣	綴合說明
一・性情論殘 02・09［卷三］	又		右側由本篇殘簡 5 對應位置綴入。
一・性情論殘 02・10［卷五］	亓		右側由本篇殘簡 5 對應位置綴入。
一・性情論殘 03・01［卷四］	者		上部由同篇簡 7 末端殘蹟綴入（李零 2007:56）。
二・民之 12・26［卷三］	父		原書放大圖版字形遭上下割裂，綴合如是。
二・子羔 02・01［卷二］	毀		上部由同篇簡 6 末殘蹟綴入（陳劍 2003.1.8=2013:24-31）。
二・昔者 04・30［卷六］	邦		原書放大圖版字形遭上下割裂，綴合如是。
二・容成氏 01・31［卷四］	受		原書放大圖版字形遭上下割裂，綴合如是。

出處	隸定	綴合圖樣	綴合說明
二・容成氏 10・24［卷六］	之		原書放大圖版字形遭上下割裂，綴合如是。
二・容成氏 48・41［卷七］	時		原書放大圖版字形遭上下割裂，綴合如是。
三・中弓 23・13［卷十二］	不		原書放大圖版字形遭上下割裂，綴合如是。
三・彭祖 04・22［卷五］	良		下部由《景公瘧》簡 5 首端殘蹟綴入（程鵬萬 2010. 1. 17=2015）。
四・曹沫 08・18［卷五］	亓		下部由同篇簡 65 第 18 字上部殘蹟綴入（白於藍 2006=2017：120–138）。
四・曹沫 29・18［卷二］	寿		下部由同篇簡 24 第 16 字下部殘蹟綴入（陳斯鵬 2005. 2. 20）。
四・曹沫 60・21［卷十］	憇		上部由同篇簡 53 末殘蹟綴入（李銳 2005. 2. 22=2005. 2. 25）。

出處	隸定	綴合圖樣	綴合說明
五・季庚子 09・01［卷三］	異		上部由同篇簡 15 末殘蹟綴入（陳劍 2006. 2. 19=2013:168–182）。
五・季庚子 18・13［殘泐字］	□		上部由同篇簡 11 第 12 字下部殘蹟綴入（李鋭 2006. 2. 26=2005. 3. 6）。
五・君子 16・04［卷三］	箸		下部由同篇簡 14 首殘蹟綴入（陳劍 2006. 2. 19=2013:168–182）。
五・弟子問 17・14［卷九］	庵		下部由同篇簡 20 首端殘蹟綴入（陳劍 2006. 2. 19=2013:168–182）。
六・季桓子 01・14［卷八］	皋		下部由同篇簡 4 首段殘蹟綴入（福田哲之 2007. 8. 6）。
六・季桓子 14・01［卷十二］	不	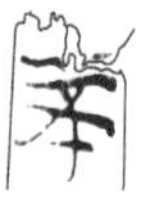	上部由同篇簡 26 末端殘蹟綴入（李鋭 2007. 7. 11=2007. 7. 12）。
六・用曰 11・40［卷十三］	埜		上下割裂，綴合如是。

出處	隸定	綴合圖樣	綴合說明
六・天子乙 08・19［卷一］	士		原書放大圖版字形遭上下割裂，綴合如是。
七・凡物甲 13・24［卷五］	矢		下部由同篇簡 12 第 21 字上部殘蹟綴入（李銳 2008.12.31=2009.1.2）。
七・凡物乙 18・07［卷四］	死		原書放大圖版字形遭上下割裂，綴合如是。
八・子道餓 05・01［卷十四］	晒		上部由同篇簡 4 末端殘蹟綴入（復吉讀書會［子道餓］2011.7.17）。
八・顏淵 02・04［卷四］	敬		字上部由同篇簡 12 第 20 字下殘蹟綴入（復吉讀書會［顏淵］2011.7.17）。
九・舉治 20・10［卷四］	皆		下部由同篇簡 27 首端殘蹟綴入（鄔可晶 2013.1.11=2013=2020:145–160）。
九・邦人 07・08［卷十］	睪		原書放大圖版字形遭上下割裂，綴合如是。

出處	隸定	綴合圖樣	綴合說明
九・邦人 11・08［卷十三］	田		原書放大圖版字形遭上下割裂，綴合如是。
九・史留 03・15［卷九］	詔		下部由同篇簡 10 首端殘蹟綴入（季旭昇 2015=2022:227-235）。
九・史留 08・01［卷九］	敬		上部由同篇簡 9 末端殘蹟綴入（鳲鳩，youren2013.16F38，2013.1.8）。

附錄二　釋文

【說明】

一　本釋文是在原整理者釋文的基礎上，廣採諸家研究成果，修訂而成。所從釋讀意見詳見本書《徵引及參考文獻要目》。每篇釋文下設三個子目:（甲）【篇題】主要交代若干篇題改名的緣由，或提供目前學界更好的篇題方案;（乙）【編聯】交代本釋文所採用的編聯方案;（丙）【釋文】。

二　本釋文篇序原則上據原整理者公佈的順序編排，以“冊序號+篇序號”冠篇題前。如第一冊第一篇《孔子詩論》命名爲“1.1 孔子詩論”。分篇則據【編聯】調整。非屬同篇者，一般分篇處理。如《平王問鄭壽》簡 7 不屬該篇，另立“7.4.2 平王問鄭壽附”，原篇整體編次爲“7.4.1 平王問鄭壽”。

三　本釋文簡序據【編聯】調整。簡文書有篇題者，統一置於篇尾。屬於該篇但目前無法排入現有文本的零簡，列爲【附簡】，附諸篇末。

四　本釋文簡號均用原整理者編號，唯標數改成阿拉伯數字，並外加“【 】”。若涉及個別簡的篇際調整，附稱原篇名簡稱（參見附錄一:《書名篇名簡稱表》)，如《季康子問於孔子》簡稱【季庚子】等。若是若干篇歸併爲一篇者，則每簡後均附稱原篇名的簡稱，如《景建納之》與《鮑叔牙與隰朋之諫》歸併，前者簡稱【競建】，後者簡稱【鮑叔牙】。若原編爲一個簡號當分爲若干段者，分別以A、B、C……表示。

五　【編聯】中以“+”表示斷片拼合，經拼合後的相對完整簡外加“( )”表示;“—”表示兩簡原爲鄰簡;“；”區分不同的編聯組;“,”前後的兩（組）簡屬同一編聯組，然其編次未定。

六　【釋文】中以“( )”注出通假字、異體字的本字、正字（或通行字）；以“〈 〉”注出譌字或省形的正字；以“{}”注明衍文；以“〖 〗”注明轉注；以“〔 〕”注出可補出的文字。以“□”表示未識字、殘泐字；以“……”表示簡文殘缺。

1.1　孔子詩論

【篇題】

據原整理者意見。虞萬里（2009）更名爲《孔門詩傳》。

【編聯】

10—（14+12）—（13+15）—11—16—24—20—27，（19+18）;（26+23)，（17+25)，（28+29）;8—9—21—（22A+22B）—6，7—2—3，4—5—1。

【釋文】

《閘（關）疋（雎）》之改（改），《梂（樛）木》之峕（時），《灘（漢）生（廣）》之智，《鵲樔（巢）》之逯（歸），《甘棠》之保（報），《綠卒（衣）》之思，《鴖=(鴖鴖-燕燕)》之情（情），𡩜（蓋）曰：童（動）而皆臤（賢）於丌（其）初者也。《閘（關）疋（雎）》㠯（以）色俞（喻）於豊（禮），……【10】兩矣，丌（其）四章𠟭（則）俞（喻）矣。㠯（以）𤦪（琴）𤦡（瑟）之敓（悅），𢘓（擬）好色之忨（願），㠯（以）鐘鼓（鼓）之樂，【14】〔□□□之〕好，反內（納）於豊（禮），不亦能攺（改）虗（乎）？《梂（樛）木》𥜽（福）斯（斯）才（在）𡥈=（君子），不〔亦時乎?《漢廣》不求〕【12】〔不〕可㝵（得），不𢼄（攻）不可能，不亦智（知）死（亙-極）𧆞（乎）？《鵲樔（巢）》出㠯（以）百兩，不亦又（有）𨒅（蕩）虗（乎）？《甘〔棠》□〕【13】及丌（其）人，敬（敬）𢙼（愛）丌（其）𣐕（樹），丌（其）保（報）厚矣。《甘棠》之𢘋（愛），㠯（以）卲（召）公……【15】……𤯓（青-情）𢘋（愛）也。《閘（關）疋（雎）》之攺（改），𠟭（則）丌（其）思𧷤（賹-益）

矣。《梂（樛）木》之旹（時），鼎（則）㠯（以）亓（其）彔（祿）也。《灘（漢）坣（廣）》之智，鼎（則）智（知）不可旻（得）也。《鵲槕（巢）》之逷（歸），鼎（則）遻（蕩）者【11】……卲（召）公也。《綠卒（衣）》之慐（憂），思古（故）人也。《鸔=（鸔鸔-燕燕）》之情（情），㠯（以）亓（其）蜀（獨）也。

孔=（孔子）曰：虛（吾）㠯（以）《蘴（葛）䡺（覃）》旻（得）氏〈氒-厥〉初之𦘔（詩），民眚（性）古（固）肰（然）。見亓（其）𡍧（美），必谷（欲）反（返）亓（其）本。夫萬〈蘴-葛〉之見訶（歌）也，鼎（則）【16】㠯（以）𦵔（絺）萫（綌）之古（故）也；句（后）稷之見貴也，鼎（則）㠯（以）文武之悳（德）也。虛（吾）㠯（以）《甘棠》旻（得）宗宙（廟）之敬，民眚（性）古（固）肰（然）。甚貴亓（其）人，必敬亓（其）立（位）；敓（悅）亓（其）人，必好亓（其）所爲。亞（惡）亓（其）人者亦肰（然）。〔吾以〕【24】〔《木瓜》得〕㡀（幣）帛（帛）之不可迲（去）也，民眚（性）古（固）肰（然）。亓（其）㥯（隱）志必又（有）㠯（以）俞（喻）也。亓（其）言又（有）所載而句（後）內（納），或𣥺（前）之而句（後）交，人不可鼾也。虛（吾）㠯（以）《折（杕？）杜》旻（得）雀（爵）□……【20】……女（如）此可（何）？𣂔（斯）雀（爵）之矣。遻（蕩）亓（其）所炁（愛），必曰：虛（吾）奚（奚）舍之？賓贈氏（是）巳（已）。”

孔=（孔子）曰：《七（蟋）衒（逶-蟀）》智（知）難，《中（螽）氏（斯）》君子，《北風》不𢇍（絕）人之㥲（怨），《子立（衿）》不……【27】

……弱（溺）志，既曰“天也”，猷（猶）又（有）悹〈㥲/㥲-怨〉言。《木𦬁（瓜）》又（有）臧（藏）忨（願）而未旻（得）達也。【19】因《木𦬁（瓜）》之保（報），㠯（以）俞（喻）亓（其）悹〈㥲/㥲-怨〉者也。《折（杕？）杜》鼎（則）情（情）憙（憙-喜）亓（其）至也。……【18】

……忠，《北（邶）·白（柏）舟》悶，《浴（谷）風》悀（背），《翏（蓼）莪》又（有）孝志，《隉（隰）又（有）長（萇）楚》旻（得）而𢘓（悔）之也。【26】《𩞁（鹿）鳴》㠯（以）樂𣘈（始）而會㠯（以）道交，見善而孝（傚），峕（終）虖（乎）不猒（厭）人。《兔蘆（罝）》亓（其）甬（用）人鼎（則）虛（吾）取【23】……

《東方未明》又（有）利（黎）訇（詞），《𤀛（將）中（仲）》之言不可不韋（畏）也，《湯（揚）之水》亓（其）炁（愛）婦烈（黎），《菜（采）萬〈蘴-葛〉》之炁（愛）婦〔□，《君子〕【17】腸=（腸腸-陽陽）》少（小）人。《又（有）兔》不𢍁（奉-逢）旹（時），《大田》之平（卒）章智（知）言而又（有）豊（禮），《少（小）明》不……【25】

……□亞（惡）而不虔〈虔（文）〉，《牆（牆）又（有）薺（茨）》慙（慎）䆷（宓-密）而不智（知）言，《青（青）蠅（蠅）》智（知）【28】卷（患）而不智（知）人，《涉秦（溱）》亓（其）𢇍（絕），《柎而》士，《角𣛰〈榼-枕〉》婦，《河水》智……【29】

《十月》善諀（譬）言，《雨亡（無）政（正）》《即（節）南山》，皆言上之衰也，王公恥之。《少（小）旻（旻）》多㤅=（㤅矣/矣矣-疑矣），言不申（中）志者也。《少（小）䘗（宛）》亓（其）言不亞（惡），少又（有）𢘻（佞）安（焉），《少（小）弁》《考（巧）言》鼎（則）言讒（讒）人之害也，《伐木》……【8】實咎於其（己）也。《而〈天〉保》亓（其）旻（得）彔（祿）蔑畺（疆）矣，巽（全）募（顧）悳（德）古（故）也。《訡（祈）父》之責亦又（有）㠯（以）也。《黃鳴（鳥）》鼎（則）困天〈而〉谷（欲）反（返）亓（其）古（故）也，多恥者亓（其）怲（謗？病？）之虖（乎）？《𨪏=（𨪏𨪏-菁菁）者莪》鼎（則）㠯（以）人𥁓（益）也。《棠=（棠棠-裳裳）者芋（華）》鼎（則）……【9】貴也。《𨟻（藏-將）大車》之嚻也，鼎（則）㠯（以）爲不可女（如）可（何）也。《審（湛）零（露）》之貹（賹-益）也，亓（其）猷（猶）軘（馳）與（歟）？

孔=（孔子）曰:《岛（畹-宛）丘》虗（吾）善之,《於（猗）差{=}（嗟）》虗（吾）憙（憙-喜）之,《尸（尸）鳲（鳩）》虗（吾）訐（信）之,《文王》虗（吾）㞷（美）之,《瀆（清）〔廟》吾敬之,《烈文》吾悅〕【21】〔之,《昊天有成命》吾□〕之。《岛（畹-宛）丘》曰:“訇（洵）又（有）情（情）而亡（無）望”,虗（吾）善之。《於差（嗟）》曰:“四矢弁（反）,㠯（以）御（禦）亂（亂）”,虗（吾）憙（憙-喜）之。《尸（尸）鳲（鳩）》曰:“丌（其）義一氏（只），心女（如）結也”,虗（吾）訐（信）之。《文王》【22A】〔曰:“文〕王才（在）上，於卲（昭）于天”,虗（吾）㞷（美）之。【22B】〔《清廟》:“肅雍顯相，濟濟〕多士，秉彣（文）之悳（德）”,虗（吾）敬之。《剌（烈）彣（文）》曰:“乍〈亡（無）〉競佳（維）人”“不（丕）㬎（顯）佳（維）悳（德）”“於虐（乎）𡕝（前）王不忘”,虗（吾）敓（悅）之。“昊=（昊天）又（有）成命，二句（后）受之”，貴敼（且）㬎（顯）矣。訟（頌）【6】……

……〔“帝謂文王，予〕褱（懷）尔（爾）𥂴（明）悳（德）”,𡩜（蓋）成（誠）胃（謂）之也。“又（有）命自天，命此文王”，成（誠）命之也,訐（信）矣。孔〔=〕（孔子）曰:此命也夫! 文王唯（雖）谷（欲）巳（已）,㝵（得）虐（乎）？此命也。……【7】……寺也，文王受命矣。《訟（頌）》，坪（平）悳（德）也，多言遂（後-后）。丌（其）樂安而屖（遲/夷），丌（其）訶（歌）紳（申）而𦳝（易），丌（其）思深而遠，至矣!《大顕（夏-雅）》，盛悳（德）也，多言……【2】……〔《小雅》，□□〕也，多言難而怨（怨）退（懟）者也，衰矣! 少（小）矣!《邦風》丌（其）內（納）勿（物）也尃（溥/博）,雚（觀）人谷（俗）安（焉），大僉（僉-斂）材安（焉）。丌（其）言彣（文），丌（其）聖（聲）善。孔=（孔子）曰:隼（誰）能夫……【3】

〔孔子〕曰:《訔（詩）》丌（其）猷（猶）坪（平）門與（歟）？戔（賤）民而豫之，丌（其）甬（用）心也牆（將）可（何）女（如）？曰:《邦風》氏（是）巳（已）。民之又（有）慼卷（患）也，卡=（上下）之不和者，丌（其）甬（用）心也牆（將）可（何）女（如）？〔曰:《小雅》是已。〕……【4】……〔何如?”曰:《大雅》〕氏（是）巳（已）。又（有）成工（功）者可（何）女（如）？曰:《訟（頌）》氏（是）巳（已）。《瀆（清）宙（廟）》，王悳（德）也。至矣! 敬宗宙（廟）之豊（禮）,㠯（以）爲丌（其）杳（本）;“秉彣（文）之悳（德）”,㠯（以）爲丌（其）䢜（業）;“肅售（雝-雍）〔顯相〕……【5】……行此者丌（其）又（有）不王虐（乎）？

孔=（孔子）曰:訔（詩）亡（無）隱（隱）志，樂亡（無）隱（隱）情（情），彣（文）亡（無）隱（隱）□……【1】

1.2　緇衣（含【港中零簡1】）

【篇題】

原題“紂衣”，今“紂”改用通行字“緇”。

【編聯】

港中零簡1綴入簡9，其餘據原整理者編聯意見。

【釋文】

子曰:𡥆（好）頖（美）女（如）𡥆（好）《紂（緇）衣》，亞=（亞亞-惡惡）女（如）亞（惡）《衖（巷）白（伯）》，則民咸扐（敕）而型（刑）不刺（屯）。《㞢（詩）》員（云）:“𡰥（儀）型文王，𦳯（萬）邦复（作）卪（孚）。”

子曰:又（有）國者章（彰）𡥆（好）章（彰）惡,㠯（以）眂（示）民【1】厚，則民情不弋（忒）。《㞢（詩）》員（云）:“静（靖）龏（龏-恭）尔（爾）立（位）,𡥆（好）是正植（直）。”

子曰：爲上可夵〈宊-望〉而智（知）也，爲下可楨（述）而崀〈旹（志）〉也，則君不惖（疑）丌（其）臣=（臣，臣）不或（惑）於君。《峕（詩）》員（云）：“【2】弔（淑）人羣=（君子），丌（其）義（儀）不弋（忒）。”《尹菁（誥）》員（云）：“隹（唯）尹身（允）及康（湯）咸又（有）一悳（德）。”

子曰：上人惖（疑）則百眚（姓）惑，下難智（知）則君長〔勞。故君民者，彰好以示民〕【3】谷（欲），斳（謹）惡𠱾（以）䘖（御）民淫，鼎（則）民不惑。臣事君，言丌（其）所不能，不訇（辭）丌（其）所能，則君不裻（勞）。《大題（夏-雅）》員（云）：“上帝板=（板板），〔下民卒癉。”《小雅》云：“匪其止共，〕【4】隹（唯）王之功（邛）。”

子曰：民𠱾（以）君爲心，君𠱾（以）民爲僼（體）。君孳（好）則民㕣〈谷（欲）〉之。古（故）心𠱾（以）僼（體）廌（薦-存），君𠱾（以）〔民〕亡。《峕（詩）》員（云）：“隼（誰）秉或（國）〔成，不自爲〕【5】正，𤸱（卒-瘁）裻（勞）百眚（姓）。”《君酉（牙）》員（云）：“日㬥（暑）雨，少（小）民隹（唯）日𠈙（怨）；晉宮（冬）耆（祁）寒，少（小）民火〈亦〉隹（唯）日𠈙（怨）。”

子曰：上孳（好）𢝫（仁），則下之爲𢝫（仁）也靜（爭）先。古（故）長民者章（彰）志【6】𠱾（以）卲（昭）百眚（姓），則民𡍮（致）行㠯（己）𠱾（以）兌（悅）上。《峕（詩）》員（云）：“又（有）𢍰（弆/䚌-覺）悳（德）行，亖（四）或（國）川（順）之。”

子曰：墨（禹）立厽（三）季（年），百眚（姓）𠱾（以）𢝫（仁）頪（道），剴（豈）【7】〔必盡仁？《大雅》曰：“成王之孚，〕下土之式（式）。”《呂型（刑）》員（云）：“一人又（有）慶，蠆（萬）民𧷢（賴）之。”

子曰：下之事上也，不衜（從）丌（其）所𠱾（以）命，而衜（從）丌（其）所行。上孳（好）【8】〔此物也，下必有甚焉者矣。故〕上之孳（好）亞（惡），不可不斳（慎）也，民之蘽（表）也。《峕（詩）》員（云）：“虞=（虩虩-赫赫）帀（師）尹，民具尔（爾）𧡔〈䀡（瞻）〉。”

子曰：長民者衣備（服）不攺（改），㢓（從）𡩜（容）又（有）祟（常），則【9】民悳（德）一。《峕（詩）》員（云）：“丌（其）㝐（容）不攺（改），出言【港中零簡1】〔有丨，黎民〕所訁。”

子曰：大人不𡥈（親）丌（其）所䁃〈臤（賢）〉，而訐（信）丌（其）所賤。𡥈（教）此𠱾（以）遊（失），民此𠱾（以）絣（緐-繁）。《峕（詩）》員（云）：“皮（彼）求我則，女（如）不我𡋯（得）。執我𢦔〈𢦏〉=（仇仇），火〈亦〉不我力。”《君𨑗〈迪-陳〉》員（云）：“未𥃩〈見〉【10】𦔻（聖），女（如）丌（其）弗克𥃩〈見〉；我既𥃩〈見〉，我弗𦘔（胄-由）耶（聖）。”

子曰：大臣之不𡥈〈𡥈-親〉也，則忠敬不足，而䢃〈賷-富〉貴巳（已）𨓚（過）〔也〕；邦家之不盜（寧）也，則〔大臣不以而褻臣託也。此以大臣〕【11】不可不敬（敬）也，民之蘁（蕝）也。古（故）君不與少（小）㥂（謀）大，則大臣不𠈙（怨）。《𥙊（祭）公之寡（顧）命》員（云）：“毋𠱾（以）少（小）㥂（謀）敗（敗）大恴（圖），毋𠱾（以）辟（嬖）御𦗮（疾）妝（莊）后，毋𠱾（以）辟（嬖）士𦗮（疾）夫=（大夫）、向（卿）、㥁（使-士）。”

子曰：【12】長民者𡥈（教）之𠱾（以）悳（德），齊之𠱾（以）豊（禮），則民又（有）㤅心。𡥈（教）之𠱾（以）正（政），齊之𠱾（以）型（刑），則民又（有）免心。古（故）慈𠱾（以）怸（愛）之，則民又（有）𡥈（親）；訐（信）𠱾（以）結之，則民伓=（不伓-不倍）；龏（恭）𠱾（以）立（蒞）之，則民又（有）㤅=（㤅心/㤅心-遜心）。《峕（詩）》員（云）：“【13】𧆨（吾）大〈夫〉=（大夫）龏〈龔-恭〉𧆨（且）僉（僉-儉），林（靡）人不歛（斂）。”《呂型（刑）》員（云）：“䛊（苗）民非甬（用）霝（靈/命），折（制）𠱾（以）型（刑），隹（唯）𠂤（作）五虐（虐）之型（刑）曰金〈金-法〉。”

子曰：正（政）之不行，季（教）之不成也，則〔刑罰不足恥，而爵不足勸〕【14】也。古（故）上不可㠯（以）埶（褻）型（刑）而翌（輕）𡍦（爵）。《康弃（誥）》員（云）："敬明乃罰。"《呂型（刑）》員（云）："𢻃（料-播）型（刑）之由（迪）。"

子曰：王言女（如）𢆶（絲），丌（其）出女（如）緍；王言女𥿀（索），丌（其）〔出如綍。故大人不倡流言。《詩》云："慎爾出話，〕【15】敬尔（爾）威義（儀）。"

子曰：可言不可行，𡥈=（君子）弗言。可行不可言，𡥈=（君子）弗行，則民言不𠫤〈佹（詭）〉行=（行，行）不𠫤〈佹（詭）〉言。《旹（詩）》員（云）："㕛（淑）誓（慎）尔（爾）止，不侃（愆）〔于儀。"

子曰：君子導人以言，而極以行。〕【16】古（故）言則慮丌（其）所𡨦（終），行則旨（稽）丌（其）所蔽（敝），則民誓（慎）於言而𢿢（謹）於行。《旹（詩）》員（云）："穆=（穆穆）文王，於𪉩=（𢆶𦣞-緝熙）義〈敬〉止。"

子曰：言𢕄（從）行之，則行不可匿。古（故）𡥈=（君子）𡨸（寡）言，而行㠯（以）成丌（其）訐（信），𠟭（則）民不【17】能大丌（其）頾（美）而少（小）丌（其）亞（惡）。《大虽（夏-雅）》員（云）："白珪之砧（玷），尚可𥗉（磨）；此言之砧（玷），不可爲。"《少（小）虽（夏-雅）》員（云）："身（允）也君子，𡑒（㞡-展）也大成。"《君奭》員（云）："〔昔在上帝蓋（憲？）申觀文王德，其〕【18】集大命于氏〈𠂤-厥〉身。"

子曰：君子言又（有）勿（物），行又（有）𨹧（格），此㠯（以）生不可敓（奪）志，死不可敓（奪）名。古（故）君子多𦖞（聞），齊而守之；多旹（識），齊而𣌭（親）之；𤯍（青-精）智（知），𨹧（格）而行之。【19】〔《詩》云："淑〕人君子，丌（其）義（儀）一也。"《君迧（陳）》員（云）："出內（入）自尔（爾）币（師）雩（虞），庶言同。"

子曰：句（苟）又（有）車，𢎨（必）㫚〈見〉丌（其）𩍐（轍）；句（苟）又（有）衣，𢎨（必）㫚〈見〉〔其敝；人苟有言，必聞其聲；苟有行，〕【20】𢎨（必）㫚〈見〉丌（其）成。《旹（詩）》員（云）："備（服）之亡（無）臭（斁）。"

子曰：厶（私）惠不𧝒（懷）悳（德），君子不自𤱶（留）安（焉）。《旹（詩）》員（云）："人之𡥈（好）我，䭫（示）我周行。"

子曰：隹（唯）𡥈=（君子）能𡥈（好）丌（其）匹，少（小）人𢼊（豈）能𡥈（好）丌（其）匹？【21】古（故）𡥈=（君子）之𦪫（友）也又（有）𣅀，丌（其）惡也又（有）方。此㠯（以）𨒪（邇）者不惑，而遠者不𠤖（疑）。《旹（詩）》員（云）："君子𡥈（好）㪿（仇）。"

子曰：翌（輕）𢇍（絕）貧賤，而至（重）𢇍（絕）𡨥〈賨-富〉貴，則𡥈（好）㤅（仁）不【22】𣪠（堅），而惡=（惡惡）不𧡸（著）也。人隹（雖）曰不利，𡥼（吾）弗訐（信）之矣（矣）。《旹（詩）》員（云）："𦜫（朋）𦪫（友）卣（攸）図=（図図-攝，攝）㠯（以）威義（儀）。"

子曰：宋人又（有）言曰："人而亡（無）死（亙-恆），〔不可爲卜筮也。"其古〕【23】〔之遺言歟？龜筮猶弗知，而況於人乎？《詩》〕員（云）："我𪚦〈龜〉既猒（厭），不我告猷。"【24】

1.3　性情論

【篇題】

據原整理者意見。

【編聯】

1—2—3—殘 4—4—5—6—7—殘 3—8—9—10—11—12—13—14—15—16—17—18—19—20—21—22—23—24—(殘 2+殘 5)—殘 1—25—26—27—28—29—30—31—32—33—

34—35—36—37—38—39—40。

【釋文】

凡人唯（雖）又（有）生，心亡（無）正（定）志。峕（待）勿（物）而句（後）乍（作），寺（待）兑（悦）而句（後）行，寺（待）習而句（後）奠（奠）。憙（憙-喜）惹（怒）哀悲之氣（氣），眚（性）也。及亓（其）見於外，鼎〈鼎-則〉勿（物）取之【1】〔也。性〕自命出，命自天降。道刣（始）於情=（情情-情，情）生於眚（性）。刣（始）者近（近）情（情），冬（終）者近（近）義。智（知）情（情）者能出之，智（知）義者能内（入）之。〔好〕【2】〔惡，性也；所〕好〔所〕亞（惡），勿（物）也。善不善，眚（性）也；所善所不善，埶（勢）也。

凡眚（性）爲宔（主），勿（物）取之也。金石之又（有）聖（聲）也，弗鉤（扣）不鳴。【3】……

〔凡物無不〕□□□□□□□□□□□□□□□□□□□□□【殘4】〔海之〕内，亓（其）眚（性）一也。亓（其）甬（用）心各異，季（教）史（使）肰（然）也。凡眚（性）或𢽤（動）之，或逆之，或𡨥（節?）之，或𢡱（厲）之，或出〔之，或養〕【4】〔之，〕或長之。

凡𢽤（動）眚（性）者，勿（物）也。逆眚（性）者，兑（悦）也。𡨥（節?）眚（性）者，古（故）也。𢡱（厲）眚（性）者，宜（義）也。出眚（性）者，埶（勢）也。【5】羕（養）眚（性）者，習也；長眚（性）者，道（道）也。

凡見者之胃（謂）勿（物），慧（快）於其（己）者之胃（謂）兑（悦），勿（物）之埶（勢）者之胃（謂）埶（勢），有爲也【6】之胃（謂）古（故）。宜（義）也者，羣善之蕝（蕝）也。習也者，又（有）㠯（以）習亓（其）眚（性）也。道（道）也【7】者，羣勿（物）之道（道）也。

凡道（道），心〔術〕【殘3】爲宔（主）。道（道）四述（術）也，唯人道（道）爲可道（道）也。亓（其）三述（術）者，道（道）之而巳（已）。呰（詩）、箸（書）、豊（禮）藥（樂），亓（其）刣（始）出也，皆（皆）生於【8】〔人。〕呰（詩），又（有）爲=（爲爲）之也。箸（書），又（有）爲言之也。豊（禮）樂，又（有）爲舉（舉）之也。聖人比亓（其）頪（類）而侖（論）會之，雚（觀）亓（其）先逡（後）而【9】逆訓（順）之，體（體）亓（其）宜（義）而節度（文）之，里（理）亓（其）情（情）而出内（入）之，肰（然）句（後）遉（復）㠯（以）季=（季季-教。教），所㠯（以）生悳（德）于串（中）者也。豊（禮）【10】〔作於〕情（情），或興之也，堂（當）事因方而𢼸（制）之，亓（其）先逡（後）之舍（敘/序）鼎〈鼎-則〉宜道（道）也。或舍（敘/序）爲之節鼎〈鼎-則〉度（文）也。【11】〔致〕頌（容）䫉（貌），所㠯（以）度（文），節也。羣〔=〕（君子）㣼（美）亓（其）情（情），貴亓（其）宜（義），善亓（其）節，好亓（其）頌（容），樂亓（其）道（道），兑（悦）亓（其）季（教），是㠯（以）敬（敬）安（焉）。拜，【12】〔所以□□□，〕亓（其）𧪞度（文）也。㡀（幣）帛，所㠯（以）爲訐（信）與豐〈登（徵）〉也，亓（其）詞（辭）宜道（道）也。芺（笑），憙（憙-喜）之滐（淺）睪（澤）也；樂，憙（憙-喜）之【13】〔深澤也。

凡〕聖（聲），亓（其）出於情（情）也訐（信），肰（然）句（後）亓（其）内（入）杲（拔-撥）人之心也敂（厚）。聒（聞）芺（笑）聖（聲），鼎〈鼎-則〉羴（侃）女（如）也𣥻（斯）憙（憙-喜）。昏（聞）訶（歌）𧞔〈要（謠）〉，【14】〔則陶如也斯〕奮（奮）。聖（聽）琴（琴）瑟（瑟）之聖（聲），鼎〈鼎-則〉悸女（如）也𣥻（斯）難（嘆）。雚（觀）《賚（賚）》《武》，鼎〈鼎-則〉懠（齊）女（如）也𣥻（斯）复（作）。雚（觀）〔《韶》《夏》，則勉〕【15】〔如也斯斂。〕羕（詠）思而𢽤（動）心，莫（喟）女（如）也。亓（其）居節（次）也舊（久），亓（其）反善遉（復）刣（始）也新（慎），亓（其）出内（入）也訓（順），絧（紿-嗣）亓（其）悳（德）〔也。鄭衛〕【16】〔之樂，則非其〕聖（聲）而從（縱）之也。凡古樂龍心,恭（益）樂龍〔指，皆教其〕人者也。《蚉（鳌-賚）》《武》樂取（趣），《卲（韶）》《頣（夏）》樂情（情）。

凡【17】〔至樂〕必悲，哭亦（亦）悲，皆至亓（其）情（情）也。哀、樂，亓（其）眚（性）相忎（近）也，是古（故）亓（其）心不遠。哭之𢽴（動）心也浸（慘/憯）[illegible]，亓（其）【18】〔烈，〕䜌=（䜌䜌）女（如）也，𧶘（慼）肰（然）㠯（以）𢆶（終）。樂之𢽴（動）心也濬深𣥺（脖-怫）慆（陶），亓（其）柬（剌-烈）𣳠（流）女（如）也㠯（以）悲，攸（悠）肰（然）㠯（以）思。

凡㥑（憂）思亓（其）句（後）悲，〔凡〕【19】樂思而句（後）忻。凡思之甬（用），心爲甚。難（嘆），思之方也。亓（其）聖（聲）史〈弁（變）〉，鼎〈𠟭-則〉心㘸（從）之矣。亓（其）心史〈弁（變）〉，鼎〈𠟭-則〉亓（其）聖（聲）亦（亦）肰（然）。【20】〔凡吟，由哀也；〕枲（譟），㫃（由）樂也；□（啾-嘯），㫃（由）聖（聲）也；戲，㫃（由）心也。

凡人情（情）爲可兌（說）也。句（苟）㠯（以）亓（其）情（情），唯（雖）怂（過）不亞（惡）；不㠯（以）【21】〔其〕情（情），唯（雖）難（戁）不貴。

未言而訐（信），又（有）㦽（美）情（情）者也。未孥（教）而民恆（恆-極），眚（性）善者也。未賞〔而民勸，含福者也。〕【22】〔未刑〕而民愄（畏），又（有）心愄（畏）者也。戔（賤）而民貴之，又（有）悳（德）者也。貧而民聚（聚）安（焉），又（有）道（道）者也。蜀（獨）居而樂，又（有）內□【23】者也。亞（惡）之而不可非者，𨒥（達）於宜（義）者也。非之而不可亞（惡）者，𦞦（篤）於𢇁（仁）者也。行之而不怂（過），智（知）道（道）者【24】〔也。〕不智（知）㠯（己）者不𢙺（怨）人，句（苟）又（有）亓（其）情（情），唯（雖）未之【殘2+殘5】爲，𣂔（斯）人訐（信）之矣。……【殘1】〔聞道反上，上交者也。聞道反下，下交〕者也。昏（聞）道（道）反己，攸（修）身者也。上交忎（近）事君，下交㝵（得）眾忎（近）㘸（從）正（政），攸（修）身忎（近）至𢘝（仁）。同方而【25】交，㠯（以）道（道）者也；不同方而交，㠯（以）古（故）者也。同悅而交，㠯（以）悳（德）者也；不同悅而交，㠯（以）𢘓（由）者也。非〈門〉內之𤔲（治），谷（欲）亓（其）𪓐（宛）也；【26】〔門外〕之𤔲（治），谷（欲）亓（其）折也。

凡身谷（欲）𢔋（𢔋-靜）而毋𡋣（滯），甬（用）心谷（欲）悳（直）而毋㞢（譽），慮（慮）谷（欲）泅（淵）而毋兕（肆），退（退）谷（欲）𧟥（肅）而毋□（輕），【27】〔□〕谷（欲）𢘻而又（有）豊（禮），言谷（欲）植（直）而毋𣳠（流），居凥（處）谷（欲）𡭊（逸）𥝢（易）而毋曼（慢）。𡥈=（君子）執志必又（有）夫杭=（杭杭-亢亢）之心，出言必又（有）夫柬=（柬柬-簡簡）【28】〔之信，〕賓客之豊（禮）必又（有）夫齊=（齊齊）之頌（容），祭（祭）礼〈祀〉之豊（禮）必又（有）夫𦢊=（𦢊𦢊-濟濟）之敬，居𤇯（喪）必又（有）夫䜌=（䜌䜌-累累）之哀。

凡悅人勿𦥑（隱）【29】〔也，〕身必㘸（從）之；言及鼎〈𠟭-則〉明𠫑（舉）之而毋𢡺（僞）。

凡交毋剌（烈），必史（使）又（有）末。

凡於道（道）洛（路），毋思，毋蜀（獨）言、蜀（獨）居（處），鼎〈𠟭-則〉習（襲）。【30】〔父〕兄之所樂，句（苟）毋〔大〕害，尐（小）枉（枉），內（納）之可也。巳（已）鼎〈𠟭-則〉勿𢓜（復）言也。凡㥑（憂）𢍏（患）之事谷（欲）任，樂事谷（欲）𨒥（後）。

凡孥（教）者，求亓（其）【31】〔心爲難，縱其所爲，近得之矣，不如以樂之速也。唯能其事，不能其心，不貴。求其〕心又（有）爲（僞）也，弗㝵（得）之矣。人之不能㠯（以）𢡺（僞）也，可智（知）也。不怂（過）恒（十/悳）〔舉，其心必在焉，察其見者，情安失哉？〕【32】𢘓（恕），宜（義）之方也。宜（義），敬之方也。敬，勿（物）之即（節）也。𥫗（篤），𢘝（仁）之方也。𢘝（仁），眚（性）之方也。眚（性）或生之。〔忠，信之方也。信，情之方〕【33】〔也，〕情（情）出於眚（性）。悉（愛）粄（類）七，唯眚（性）悉（愛）爲𧗠（近）忎（仁）。智粄（類）五，唯宜（義）道（道）爲𧗠（近）𠁩（忠）。亞（惡）粄（類）三，唯亞（惡）不忎（仁）爲〔近義。所〕【34】〔爲道者四，唯人〕道（道）爲可道（道）也。

凡甬（用）心之趮（趮）者，思爲甚。甬（用）智之疾者，𢜳（患）爲甚。甬（用）情（情）之至【35】〔者，哀〕樂爲甚。甬（用）身之史〈弁（遍？）〉者，悅爲甚。甬（用）力之聿（盡）者，利爲甚。目之好色，耳之樂聖（聲），[illegible]（鬱？怫？）[illegible]（陶？）之𣪠（氣）也，〔人〕不【36】〔難〕爲之死。又（有）亓（其）爲人之𠊳=（𠊳𠊳-節節）女（如）也，不又（有）夫柬=（柬柬-簡簡）之心鼎〈𠟭-則〉悸（采）。又（有）亓（其）爲人之柬=（柬柬-簡簡）女（如）也，不又（有）夫恆（恆）𢡟（謹）之志鼎〈𠟭-則〉曼（慢）。人之【37】〔巧〕言利𧦝（詞）者，不又（有）夫詘=（詘詘）之心鼎〈𠟭-則〉潧（流）。人之㱿（穆）肰（然）可與和安者，不又（有）夫奮（奮）犺（猛）之情（情）鼎〈𠟭-則〉𢙊（侮）。又（有）亓（其）爲人之慧（快）女（如）也，弗敎（養）不可。又（有）亓（其）爲人之【38】〔淵〕女（如）也，弗校（輔）不足。

凡人𢡺=（𢡺爲-僞爲）可亞（惡）也。𢡺（僞）㝵（斯）𤅧（隱）矣，𤅧（隱）㝵（斯）慮矣，慮㝵（斯）莫与（與）之結。𢘋（慎），𡯂（仁）之方也，肰（然）而亓（其）怂（過）不亞（惡）。迷（速），𢟪（敏）之方也，又（有）怂（過）鼎〈𠟭-則〉咎。人不𢘋（慎），【39】〔斯〕又（有）怂（過）訐（信）矣。【40】

2.1　民之父母

【篇題】

據原整理者意見。宜名之《子夏問於孔子》。

【編聯】

據原整理者意見。

【釋文】

〔子〕𠱃〈𧾷-夏〉𦖞（問）於孔子：“《詩》曰：‘幾（愷）俤（悌）君子，民之父母。’敔（敢）𦖞（問）可（何）女（如）而可胃（謂）民之父母？”孔=（孔子）倉（答）曰：“民【1】〔之〕父母虎（乎），必達於豊（禮）𥾣〈樂〉之𡖊（原），㠯（以）至五至，㠯（以）行三亡（無），㠯（以）皇（橫）于天下，四方又（有）𣪘（敗），必先智（知）之。亓（其）【2】〔可〕胃（謂）民之父母矣。”

子𠱃〈𧾷-夏〉曰：“敔（敢）𦖞（問）可（何）胃（謂）五至？”孔=（孔子）曰：“五至虎（乎），勿（物）之所至者，志亦（亦）至安（焉）；志之【3】〔所〕至者，豊（禮）亦（亦）至安（焉）；豊（禮）之所至者，𥾣〈樂〉亦（亦）至安（焉）；𥾣〈樂〉之所至者，𢗷亦（亦）至安（焉）——𢗷（哀）𥾣〈樂〉相生。君子【4】㠯（以）正。此之胃（謂）五至。”

子𠱃〈𧾷-夏〉曰：“五至既𦖞（聞）之矣，敔（敢）𦖞（問）可（何）胃（謂）三亡（無）？”孔=（孔子）曰：“三亡（無）虎（乎），亡（無）聖（聲）之𥾣〈樂〉，亡（無）𦜗（體）【5】之豊（禮），亡（無）備（服）之𠸶（桑-喪）。君子㠯（以）此皇（橫）于天下。系（奚-傾）耳而聖（聽）之，不可㝵（得）而𦖞（聞）也；明目而𥃩（視）之，不可【6】㝵（得）而𥃩〈見〉也，而㝵（得）既塞於四𣳚（海）矣。此之胃（謂）三亡（無）。”

子𠱃〈𧾷-夏〉曰：“亡（無）聖（聲）之𥾣〈樂〉，亡（無）𦜗（體）之豊（禮），亡（無）備（服）之𠸶（桑-喪），可（何）志（詩）【7】是𨑖（迡）？”孔=（孔子）曰：“善才（哉），商也！𤖁（將）可𡥈（教）時（詩）矣。‘成王不敔（敢）康，迺（夙）夜𦘦（基）命又（宥）𡪞〈𡪞（宓-密）〉’，亡（無）聖（聲）之𥾣〈樂〉；‘𥧼（威）我（儀）𡱒=（𡱒𡱒-遲遲），【8】

〔不可選也'，無體之禮；'凡民有喪，匍匐救之'，無服〕之𦣞（喪）也。"

子昬〈虽-夏〉曰："亓（其-異）才（哉），語（語）也！殹〈殹-美〉矣！厷（宏）矣！大矣！聿（盡）【9】〔於此而已乎？"孔子曰："何爲其然，猶有五起焉。"

子夏曰："〕可旻（得）而𦖞（聞）㝬（歟）？"孔=（孔子）乚（㫚-曰）："亡（無）聖（聲）之綅〈樂〉，燹（氣）志不𢜫（違）；【10】〔無〕膿（體）之豊（禮），㬃（威）我（儀）尸=（尸尸-遲遲）；亡（無）備（服）之𠷎（桑-喪），內虖（恕）呰（洵）悲。亡（無）聖（聲）之綅〈樂〉，塞于四方；亡（無）膿（體）之豊（禮），日逑月相（將）；亡（無）膿〈備-服〉之【11】〔喪，〕屯（純）㥁（㥁-德）同（通）明。亡（無）聖（聲）之綅〈樂〉，它（施）㚔（及）孫=（孫子）；亡（無）膿（體）之豊（禮），塞于四海（海）；亡（無）備（服）之𠷎（桑-喪），爲民父母。亡（無）聖（聲）之綅〈樂〉，燹（氣）【12】〔志〕既旻（得）；亡（無）膿（體）之豊（禮），㬃（威）我（儀）異=（異異-翼翼）；亡（無）備（服）〔之〕𦣞（喪），它（施）㚔（及）四或（國）。亡（無）聖（聲）之綅〈樂〉，燹（氣）志既從；亡（無）膿（體）之豊（禮），上下禾（和）同；亡（無）備（服）【13】〔之〕𦣞（喪），㠯（以）畜（畜）𦳳（萬）邦。"【14】

2.2　子羔（含【港中零簡3】）

【篇題】

據原整理者意見。

【編聯】

9—（11A+10+11B）—（港中零簡3+12）—13—1—（6+2）—3—（4+5）—8—（7+14）

5反[篇題]。

【釋文】

子羔昏（問）於孔=（孔子）曰："厽（三）王者之乍（作）也，虐（瞖-皆）人子也而丌（其）父戔（賤）而不足㝵（稱）也與（歟）？䢃（抑）亦成（誠）天子也與（歟）？"孔=（孔子）曰："善，而昏（問）之也。舊（久）矣，丌（其）莫〔□□□□。禹之母，有莘氏〕【9】〔之〕女也。觀於伊而旻（得）之。䆁（娠）厽（三）【11A】𤯍（年）而畫於伓（背）而生=（生，生）而能言，是墨（禹）也。禼（契）之母，又（有）𨚵（廼-仍/娀）是（氏）之女【10】也。遊於央𡎺（臺）之上，又（有）鷃（燕）監（銜）卵而階（措）者（諸）丌（其）𦥯（前）。取而軟（吞）之，䆁（娠）【11B】三𤯍（年）而畫於雁（膺），生乃虐（呼）曰：'【港中零簡3】鋯（金）！'是禼（契）也。句（后）稷之母，又（有）詌（詞-邰）是（氏）之女也。遊於玄咎之內，宮（冬）見芙，攼（搴）而薦之，乃見人武。䫔（履）㠯（以）悊（祈）禱（禱），曰：'帝之武，尚弁〈史（使）〉【12】……'是句（后）稷{之母}也。厽（三）王者之乍（作）也女（如）是。"

子羔曰："肰（然）𠟭（則）厽（三）王者𥫗（孰）爲……【13】……"〔孔子〕曰："又（有）吳（虞）是（氏）之樂正古〈㝵（智）〉宑（𡿺-叟/瞍）之子也。"

子羔曰："可（何）古（故）㠯（以）旻（得）爲帝？"孔=（孔子）曰："昔者〔禪〕而弗殜（世）也，善與善相尋也，古（故）能絧（紿-治）天下，坪（平）𦳳（萬）邦。史（使）亡（無）又（有）少（小）大㠩（悱-肥）䆓（墝/磽），弁〈史（使）〉虐（瞖-皆）【1】旻（得）丌（其）社禝（稷）百眚（姓）而弄（奉）守之。㚟（堯）見垒（舜）之㥁（德）臤（賢），古（故）讓（讓）之。"

子羔曰："㚟（堯）之旻（得）垒（舜）也，垒（舜）之㥁（德）𠟭（則）成（誠）善【6】㝬（歟）？伊（抑）㚟（堯）之㥁（德）則甚昷（明）㝬（歟）？"孔=（孔子）曰："鈞（均）也。垒（舜）嗇（穡）於童土之田，則【2】……"

〔子羔曰："……〕之童土之莉（黎）民也？"孔=（孔子）曰："□……【3】……虐（吾）昏（聞）夫壑（舜）丌（其）幼也，每（敏）㠯（以）好寺（詩），丌（其）言……【4】……或㠯（以）虔（文）而遠。枤（堯）之取壑（舜）也，從者（諸）卉（草）茅之𠀧（中）。與之言豊（禮），敓（率？）尃（溥/博）……【5】……㠯而和。古（故）夫壑（舜）之悳（德），丌（其）成（誠）臤（賢）矣，采（抽？擢？）者（諸）畎（畎）畮（畮-畝）之𠀧（中）而弁〈史（使）〉君天下而叓（稱）。"

子羔曰："女（如）壑（舜）才（在）含（今）之殜（世），鼎（則）可（何）若？"孔=（孔子）曰："【8】亦絽（紀）先王之遊（由）道，不弄（奉-逢）盟（明）王，鼎（則）亦不大泆（仕）。"

孔=（孔子）曰："壑（舜）丌（其）可胃（謂）受命之民矣。壑（舜），人子也，【7】而厽（三）天子事之。"【14】

子羔【5反】

2.3 魯邦大旱

【篇題】

據原整理者意見。

【編聯】

據原整理者意見。

【釋文】

魯邦大旱，哀公胃（謂）孔=（孔子）："子不爲我圖（圖）之？"孔=（孔子）倉（答）曰："邦大旱，母（毋）乃遊（失）者（諸）型（刑）與悳（德）虐（乎）？唯……【1】……之可（何）才（哉）？"孔=（孔子）曰："庶（庶）民智（知）敓（說）之事槐（鬼）也，不智（知）型（刑）與悳（德）。女（如）母（毋）悉（愛）珪璧㡀（幣）帛於山川，政（正）坓（刑）與【2】〔德〕……"

……出，遇子贛，曰："賜，而昏（聞）衖（巷）逄（路）之言，母（毋）乃胃（謂）丘之倉（答）非與（歟）？"子贛曰："否。殹（抑）虐（吾）子女（如）遼（重）命，丌（其）與女（汝）。夫政（正）坓（刑）與悳（德）㠯（以）事上天，此是才（哉）。女（如）夫母（毋）悉（愛）圭璧【3】㡀（幣）帛於山川，母（毋）乃不可。"

"夫山，石㠯（以）爲膚，木㠯（以）爲民〈毛〉，女（如）天不雨，石酒（將）爨（焦），木酒（將）死，丌（其）欲雨，或甚於我，或必寺（待）虐（吾）名虐（乎）？夫川，水㠯（以）爲膚〈國〉，魚㠯（以）【4】爲民，女（如）天不雨，水酒（將）沽（涸），魚酒（將）死，丌（其）欲雨，或甚於我，或必寺（待）虐（吾）名虐（乎）？"

孔=（孔子）曰："於（烏）虐（乎）……【5】公剴（豈）不飯枛（粱）飤（食）肉才（哉）？殹（抑）亡（無）女（如）庶（庶）民可（何）？"【6】

2.4+2.5 從政

【篇題】

原題"從政（甲篇、乙篇）"，今歸併爲一篇，更名"從政"。據文例，宜名之《聞之曰》，類《用曰》者。因簡號仍用原整理者分篇編號，故簡號前附上"甲""乙"以示分別。

【編聯】

甲1—甲2，甲3—甲4；甲17—甲18—（甲12+乙5）—甲11—甲14；甲15—甲5—（甲

6+甲 7）……乙 1—乙 2；乙 6—甲 8—甲 9；甲 16—乙 3；甲 10；甲 13—乙 4；甲 19。

【釋文】

䎽（聞）之曰：昔三弋（代）之明王之又（有）天下者，莫之舍（予）也，而自取之，民皆㠯（以）爲義。夫是則獸（守）之㠯（以）訐（信），叁（教）【甲 1】之㠯（以）義，行之㠯（以）豊（禮）也。亓（其）𤔲（亂）王，舍（予）人邦豪（家）土埅（地），而民或弗義。夫〔是則□之以□，〕……【甲 2】

〔□之以〕豊（禮）則寡（顧）而爲急（仁），䛐（教）之㠯（以）型（刑）則逐。

䎽（聞）之曰：善=人=（善人，善人）也。是㠯（以）旻（得）掔（賢）士一=人=（一人，一人）譽□……【甲 3】四哭（鄰）。遊（失）掔（賢）士一人，方（謗？）亦𦣻是=（是。是）古（故）孝=（君子）訢（慎）言而不訢（慎）事。……【甲 4】

〔君子先〕人則啟道（導）之，遂（後）人則弄（奉）相之。是㠯（以）曰：孝=（君子）難旻（得）而惖（易）史（使）也，亓（其）史（使）人，器之。少（小）人先=（先人）則𡐦戩（敔-禦）之，〔後人〕【甲 17】則𣥝（暴）毀（毀）之。是㠯（以）曰：少（小）人惖（易）旻（得）而難史（使）也，亓（其）史（使）人，必求備（服）安（焉）。

䎽（聞）之曰：行才（在）异（己）而名才（在）人，名𢤪（難）静（爭）也。【甲 18】章〈䐜（敦）〉行不倦（倦），時（持）善不猒（厭），唯（雖）殜（世）不𠍯（察？），必或智（知）之。是古（故）【甲 12】孝=（君子）弜（強）行㠯（以）時（待）名之至也。孝=（君子）䎽（聞）善言㠯（以）改（改）亓（其）【乙 5】言；見善行，内（納）亓（其）急（身）安（焉），可胃（謂）學矣。

䎽（聞）之曰：可言而不可行，君子不言；可行而不可言，君子不行。【甲 11】又（有）所又（有）舍（餘）而不敌（敢）𦘔（盡）之，又（有）所不足而不敌（敢）弗〔勉。〕【甲 14】

毋𣥝（暴）、毋禠（虐）、毋惻（賊）、毋念（念-貪）。不攸（攸-修）不武〈戒〉，胃（謂）之必成，則𣥝（暴）；不叁（教）而𣪠（殺），則禠（虐）；命亡（無）時（時），事必又（有）羿（期），則惻（賊）；爲利梪（枉）【甲 15】事，則貪（貪）。

䎽（聞）之曰：從正（政）章〈䐜（敦）〉五悳（德）、匿（固）三折（制）、敘（除）十怨（怨）。五悳（德）：一曰慢（緩/寬），二曰共（恭），三曰惠，四曰急（仁），五曰敬。孝=（君子）不慢（緩/寬）則亡（無）【甲 5】㠯（以）頌（容）百眚（姓），不共（恭）則亡（無）㠯（以）敘（除）辱，不惠則亡（無）㠯（以）聚民，不急（仁）【甲 6】則亡（無）㠯（以）行正（政），不敬則事亡（無）成。三折（制）：時（持）行見（視）上卒（衣）飤（食）【甲 7】……〔九〕曰軋（犯）人之柔（務），十曰口惠而〔實〕不係（繼）。興邦豪（家），紿（紿-治）正（政）叁（教），從命則正不袋（勞），穿戒先遘則自异（己）台，㬎（顯）訪懽（勸）訐（信）則𢡺（僞）【乙 1】不章（彰），毋占（覘）民贍（險-斂）則同，不⿰肅灋（法）㼌亞（惡）則民不怨（怨）。

䎽（聞）之曰：……【乙 2】

〔□而〕不武則志不遂，急（仁）而不智則……【乙 6】而不智則弄（奉-逢）𡿧（災）害。

䎽（聞）之曰：從正（政）又（有）七幾：獄則興，愄（威）則民不道，濫（鹽-嚴）則遊（失）眾，𢝊（猛）則亡（無）新（親），罰則民逃，好型（刑）【甲 8】〔則不祥，好〕〔殺〕則民复（作）𤔲（亂）。𠔀（凡）此七者，正（政）𧗿=（之所）怠（殆）也。

䎽（聞）之曰：志𣪠（氣）不旨（耆），亓（其）事不……【甲 9】

㠯（以）軛（犯?）賡懇（犯?），見不訓（順）行㠯（以）出之。

䎽（聞）之曰：𡥈=（君子）藥（樂）則綌（紿-治）正（政），𢝊（憂）則【甲16】〔□，怒則□，懼則□，恥則〕逌（復）。少（小）人藥（樂）則𢡃（疑），𢝊（憂）則䰯（惛），妄（怒）則𠡵（勝），愳（懼）則伓（背），恥則軛（犯）。

䎽（聞）之曰：從正（政）不綌（紿-治）則𤔔（亂）。綌（紿-治）巳（已）至，則□【乙3】

〔聞之〕曰：從正（政）所𢧵（務）三：敬、謠（懋）、訐=（訐訐-信。信）則旻（得）眾，謠（懋）則遠=戾=（遠戾。遠戾）所㠯（以）【甲10】

肰（然）句（後）能立道。

䎽（聞）之曰：𡥈=（君子）之相譈（就）也，不必才（在）近𨓚（㞷）。藥（樂）……【甲13】……也。䎽（聞）之曰：訡〈歆（哲）〉悪（敏）而共（恭）孫（遜），豊（禮）之綸（倫）也。𢜹（慍-溫）良而忠敬，𢘅（仁）之宗也。……【乙4】

之人可也。

䎽（聞）之曰：行隃（險）至（致）命，飴（饑）滄〈滭（寒）〉而毋𠭯（會），從事而毋説（鬩），君子不㠯（以）澮（流）言䧅（傷）人。【甲19】

2.6 昔者君老（含【季庚子16】）

【篇題】

暫據原整理者意見。一曰併入《内禮》。

【編聯】

1—2—季庚子16—4。

【釋文】

君子曰：昔者君老，大（太）子𣶃（朝）君=（君，君）之毋（母）俤（弟）是相。大（太）子昃（側）聖（聽），庶𢖨進。大（太）子𦮼（前）之毋=俤=（毋俤毋俤-母弟，母弟）𢌿（遜）退（退）。𦮼（前）之大（太）子，再三，肰（然）句（後）竝（並）聖（聽）之。大（太）子毋（母）俤（弟）【1】至（致）命於閨=（閨門），㠯（以）告𡰥=人=（𡰥人𡰥人-寺人，寺人）内（入）告于君=（君，君）曰："卲（召）之。"大（太）子内（入）見，女（如）祭（祭）祀之事……【2】……之必敬，女（如）賓客之事也。君曰："廌（薦）豊（禮）【季庚子16】……尔（爾）司，各共（恭）尔（爾）事，𤼩（發-廢）命不夜（赦）。"君𡥈（卒）。大子乃亡（無）䎽（聞）亡（無）聖（聽），不䎽（問）不命（令），唯恣（哀）悲是思，唯邦之大𢧵（務）是敬。【4】

2.7 容成氏

【篇題】

據原整理者意見。

【編聯】

1—（43+35B）；31—（32+4）—5—6—7—9—10—11—13—14—8；12—23—（15+24）—25—26—27—28—29—30—16—17—18—19—20—21—22；33—34—35A—38—39—

40—41—36—37—2—3—42—44—45—46—47—48—49—50—51—52—53。

53反［篇題］

【釋文】

……〔尊〕膚（盧）是（氏）、茖（赫）疋（胥）是（氏）、喬結是（氏）、倉頡是（氏）、軒緩（轅）是（氏）、訢（神）戎（農）是（氏）、杭丨是（氏）、墉遲是（氏）之又（有）天下也，皆不受（授）亓（其）子而受（授）臤（賢）。亓（其）悳（德）酋瀆（清）而上（尚）悉（愛），【1】亓（其）政絧（紿-治）而不賞，官而不籗（爵）。𣞤（無）萬（勵）於民而絧（紿-治）䜌（亂）不𢍏（患）。古（故）曰臤（賢）。

及□【43】□是（氏）之又（有）天下，厚悉（愛）而泊（薄）𣍝（僉-斂）安（焉），身力㠯（以）袋（勞）百眚（姓），【35B】

孝。刣（始）方爲三佶（聚?），救聖（聽）之緄（紀）。東方爲三佶（聚?），西方爲三佶（聚?），南方爲三佶（聚?），北方爲三佶（聚?）。㠯（以）躗（躛-越/厲）於溪（溪）浴（谷），淒（濟）於坐（廣）川，高山陞（陞/登），蓁（榛）林【31】内（入），奴〈安（焉）〉㠯（以）行正（政）。

於是於（乎）刣（始）籗（爵）而行录（祿），㠯（以）𡦹（壤-讓）於又=吳=迵=（又吳迵又吳迵-有虞迵。有虞迵）曰："悳（德）遫（速）蓑（衰）【32】矣！"於是虐（乎）不賞不罰，不型不敘（殺）。邦𣞤（無）飤人，道逄（路）𣞤（無）殤（殤）【4】死者。上下貴戔（賤），各旻（得）亓（其）殜（世）。四游（海）之外穹（賓），四游（海）之内貞。肣（禽）獸（獸）翺（朝），魚𧍢（鼈）獻。又（有）吳（虞）迵坐（匡）天下之正（政）十又九季（年）而王天下，卅=（三十）又七【5】季（年）而度（歿）宎（終）。

昔先（堯）凥（處）於丹府（府）與藋陵之閒（間），先（堯）戔（散）貤（施）而旹=（旹旹-持時）賽（則），不懽（勸）而民力，不型（刑）敘（殺）而𣞤（無）䟫（盜）惻（賊），甚緩（寬）而民備（服）。於是虐（乎）方【6】百里之中（中）衙（達-率），天下之人遵（就），奉（奉）而立之，㠯（以）爲天子。

於是虐（乎）方园（圓）千里，{於是於（乎）}尘（侍）板正立（位），四向𨸏（委）禾，褱（懷）㠯（以）逨（來）天下之民。【7】是㠯（以）見（視）臤（賢）：頗（履）墬（地）戴（戴）天，竺（篤）義與訐（信），會才（在）天墬（地）之閒（間），而㯻（包）才（在）四游（海）之内，畢（畢）能亓（其）事，而立爲天子。

先（堯）乃爲之季（教），曰："自【9】内（納）安（焉），余穴規（窺）安（焉），㠯（以）求臤（賢）者而𡦹（壤-讓）安（焉）。"先（堯）㠯（以）天下𡦹（壤-讓）於臤（賢）者，天下之臤（賢）者莫之能受也。萬邦之君皆㠯（以）亓（其）邦𡦹（壤-讓）於臤（賢）【10】〔者，〕……臤（賢）者，而臤（賢）者莫之能受也。於是虐（乎）天下之人㠯（以）【11】先（堯）爲善興臤（賢），而䘚（卒）立之。

昔叁（舜）静〈耕〉於鬲（歷）丘，窑（陶）於河賓（濱），魚（漁）於靁（雷）澤，孝羕（養）父毌（母），㠯（以）善亓（其）新（親），乃及邦子。先（堯）䎽（聞）之【13】而敚（美）亓（其）行。

先（堯）於是虐（乎）爲車十又五𠦪（乘），㠯（以）三從叁（舜）於旬（畎）畮（晦-畝）之中（中）。叁（舜）於是虐（乎）刣（始）孚（挽-免）蓻（笠）开（建）槈（耨），菨（斬）𠦪（芥）而坐之。{子}先（堯）南面，叁（舜）北面。叁（舜）【14】於是虐（乎）刣（始）語先（堯）天墬（地）人民之道。與之言正（政），𢽳（率?）柬（簡）㠯（以）行；與之言樂，𢽳（率?）和㠯（以）長；與之言豊（禮），𢽳（率?）攷（溥/博）㠯（以）不逆。先（堯）乃敓（悅）。先（堯）【8】

〔舜乃老，視不明，〕聖（聽）不聦（聰）。先（堯）又（有）子九人，不㠯（以）亓（其）子爲逡（後）。見坌（舜）之臤（賢）也，而欲㠯（以）爲逡（後）。【12】〔舜乃五讓以天下之賢者，不得已，然後敢受之。〕

坌（舜）聖（聽）正（政）三季（年），山陵不凥（處），水㳙（澇-潦）不湝（清-靜/靖），乃立墨（禹）㠯（以）爲司工。墨（禹）既巳（已）【23】受命，乃茻（草）備（服）蓋（蓑-箁）著（箬）、冒芺（蒲）蓻（笠），手足胼……【15】面皯（乾）鮨（皵），脛（脛）不生之毛，剴（闓）湥（遻-窒）滔（沼-洲）湗（流）。

墨（禹）親（親）執枌（畚）耜（𦕅-耜），㠯（以）波（陂）明（孟）者（諸）之澤，決九河【24】之深（遏），於是虖（乎）夾州、滄（涂-徐）州司（始）可凥（處）。墨（禹）迵（通）淮與忻（沂），東攱（注）之𣴎（海），於是虐（乎）競州、簹（莒）州司（始）可凥（處）也。墨（禹）乃迵（通）蔞與湯（易），東攱（注）之【25】𣴎（海），於是虖（乎）菰（藕-耦）州司（始）可凥（處）也。墨（禹）乃迵（通）三江、五沽（湖），東攱（注）之𣴎（海），於是虐（乎）䎼（荊）州、鄒（揚）州司（始）可凥（處）也。墨（禹）乃迵（通）泵（伊）、洛，并（併）里〈旦（瀍）〉、干（澗），東【26】攱（注）之河，於是於（乎）敔（豫）州司（始）可凥（處）也。墨（禹）乃迵（通）經（涇）與渭，北攱（注）之河，於是虖（乎）㪅（沮?）州司（始）可凥（處）也。墨（禹）乃從灘（漢）㠯（以）南爲名浴（谷）五百，從【27】灘（漢）㠯（以）北爲名浴（谷）五百。

天下之民居奠，乃飭（飭）飤（食），乃立句（后）稷（稷）㠯（以）爲緹（程）。句（后）稷（稷）既巳（已）受命，乃飤（食）於埜（野），侢（宿）於埜（野），復敦（穀）豢土，五季（年）乃【28】㲄（壤-穰）。

民又（有）余（餘）飤（食），𣞤（無）求不旻（得）。民乃僙（僮），喬（驕）能（態）司（始）复（作），乃立咎（皋）埱（陶）㠯（以）爲李（理）。咎（皋）埱（陶）既巳（已）受命，乃支（辨）侌（陰）昜之醫〈燹-氣〉，而聖（聽）亓（其）詷〈諮-訟〉獄。三【29】季（年）而天下之人亡（無）訟獄者，天下大和酌（均-均）。

坌（舜）乃欲會天埅（地）之燹（氣）而聖（聽）甬（用）之，乃立數（离）㠯（以）爲樂正。數（离）既受命，复（作）爲六頪（律）六【30】郘〈部（吕）〉，支（辨）爲五音，㠯（以）定男女之聖（聲）。堂（當）是時也，㾐（癘）役（疫）不至，祅（妖）兼（祥）不行，祧（禍）才（災）迲（去）亡，肣（禽）戰（獸）肥大，茻（草）木晉長。昔者天埅（地）之差（佐）坌（舜）而【16】右（佑）善，女（如）是脂（狀）也。

坌（舜）乃老，見（視）不明，聖（聽）不聦（聰）。坌（舜）又（有）子七人，不㠯（以）亓（其）子爲逡（後）。見墨（禹）之臤（賢）也，而欲㠯（以）爲逡（後）。墨（禹）乃五㲄（壤-讓）㠯（以）天下之臤（賢）【17】者，不旻（得）巳（已），肰（然）句（後）敢（敢）受之。

墨（禹）聖（聽）正（政）三季（年），不折（製）革，不釰（刃）金，不鉻（畧/䂮）矢。田𣞤（無）𠜾（蔡），厇（宅）不工（空），閘（關）市𣞤（無）賦。墨（禹）乃因山陵坪（平）𨻰（隰）之可坓（封）邑【18】者而緐（繁）實之，乃因近㠯（以）智（知）遠，迲（去）䖵（苛）而行柬（簡），因民之欲，會天埅（地）之利，夫是㠯（以）逐〈遂-朁/褻〖邇〗〉者敓（悅）綌（給-怡），而遠者自至。四𣴎（海）之內埾（及），【19】四𣴎（海）之外皆青（青-請）社（功）。

墨（禹）肰（然）句（後）司（始）爲之虐（號）羿（旗），㠯（以）支（辨）亓（其）左右，思（使）民毋憝（惑）。東方之羿（旗）㠯（以）日，西方之羿（旗）㠯（以）月，南方之羿（旗）㠯（以）它（蛇），【20】审（中）正之羿（旗）㠯（以）澳（能），北方之羿（旗）㠯（以）鳥。

墨（禹）肰（然）句（後）司（始）行㠯（以）䜭（僉-斂）：卒（衣）不褻媺（媺-美），

飤（食）不童（重）昚（味），朝（朝）不車逆，穜（舂）不程（毇）米，盌（羹）不折骨，裚（製）【21】表𩊚（皮）尃（傅）。

墨（禹）乃聿（建）鼓（鼓）於廷，㠯（以）爲民之又（有）詓〈謡-訟〉告者訏（訊）安（焉）。毄（擊）鼓（鼓），墨（禹）必㴲（速）出，宮（冬）不敔（敢）㠯（以）蒦（寒）訇（辭），顕（夏）不敔（敢）㠯（以）昬（暑）訇（辭）。身言【22】

……〔下不〕𤔔（亂）泉。所曰聖人，亓（其）生賜（易）羕（養）也，亓（其）死賜（易）牀（葬），迲（去）蝨（苛）匿（慝），是㠯（以）爲名。

墨（禹）又（有）子五人，不㠯（以）亓（其）子爲逡（後），見【33】𠇷（皋）咎（陶）之臤（賢）也，而欲㠯（以）爲逡（後）。𠇷（皋）秀（陶）乃五𢀈（壤-讓）㠯（以）天下之臤（賢）者，述（遂）㝵（稱）疾不出而死。墨（禹）於是虖（乎）𢀈（壤-讓）葬（益），啟於是虖（乎）攻葬（益）自取。【34】

……啟王天下十又六季〈世〉而傑〈傑（桀）〉复（作）。傑〈傑（桀）〉不述亓（其）先王之道，自爲〔改爲〕……【35A】不量亓（其）力之不足，记（起）帀（師）㠯（以）伐昏（岷）山是（氏），取亓（其）兩女瑁（琰）、𤕘（琬）妝（娭?）。北迲（去）亓（其）邦，晢〈鑿〉爲𠂤（丹）宮。篁（築）爲璿室，弍（飾）爲条（瑤）臺（臺），立爲玉閨（門）。亓（其）喬（驕）【38】大（泰）女（如）是脜（狀）。

湯聒（聞）之，於是虖（乎）新（慎）戒陞（徵）臤（賢），悳（德）惠而不暇，絉三丨𡰥而能之。女（如）是而不可，肰（然）句（後）從而攻之，陞（降）自戎述（遂），内（入）自北【39】門，立於中（中）[illegible]。桀（桀）乃逃，之鬲（歷）山是（氏）。湯或（又）從而攻之，陞（降）自鳴攸（條）之述（遂），㠯（以）伐高神之門。傑〈傑（桀）〉乃逃，之南蘽（巢）是（氏）。湯或（又）從而攻之。【40】述（遂）逃迲（去），之桑（桑-蒼）虗（梧）之埜（野）。

湯於是虖（乎）諻（徵）九州之帀（師），㠯（以）霝（敷?）四海（海）之内。於是虖（乎）天下之兵大记（起），於是虖（乎）羿（憒）宗、鹿〈麗（離）〉族、戔（散）羣安（焉）備。【41】堂（當）是旹（時），弝（強）弱不絧（紿-辭）諹（讓），眾寡（寡）不聖（聽）訟（容），天埅（地）四旹（時）之事不攸（修）。湯乃尃（溥）爲正（征）笈（籍），㠯（以）正（征）閞（關）市。民乃宜肙（怨），虐（虐）疾訇（始）生。於是【36】虖（乎）又（有）諳（喑）、聾、皮（跛）、冥（瞑）、瘻（瘻）、[illegible]、婁（僂）訇（始）记（起）。湯乃惎（謀）戒求臤（賢），乃立泗（伊）尹㠯（以）爲差（佐）。

泗（伊）尹既巳（已）受命，乃執兵欽（禁）瘵（暴），羕旻（得）于民。述（遂）迷（弭）天【37】下，而一亓（其）志，而寑（寢）亓（其）兵，而官亓（其）才（材）。於是虖（乎）唫（喑）聾執燭，楣（矇）戉（工）鼓（鼓）瑟（瑟），坓（跛）𡐦（躃）獸（守）門，敉（侏）需（儒）爲矢，長者𤕯（稽?）庑（度?），婁（僂）者攷（事）𥷑（數），瘻（瘻）【2】者煮盧（鹽）{庑（乇）}，亶（禿）者斂（漁）澤，瘵（疣）弃（棄）不𤟤（舉）。凡民俾（罷）敝（弊）者，孝（教）而惎（誨）之，歙（飲）而飤（食）之，思（使）役百官而月青（青-請）之。

古（故）堂（當）是旹（時）也，亡（無）并【3】……惻（賊）逃（盜），夫是㠯（以）旻（得）眾而王天下。

湯王天下卅=（三十）又一傑（世）而受（紂）复（作）。受（紂）不述亓（其）先王之道，自爲𢀸（改）爲。於【42】是虖（乎）复（作）爲九成之臺（臺），眞（寘）盂炭（炭）亓（其）下，加繯（圜）木於亓（其）上，思（使）民道之。能述（遂）者述（遂），不能述（遂）者内（墜）而死。不從命者，從而桎𡩛（梏）之。於是【44】虖（乎）复（作）爲金桎三千。既爲金桎，或（又）爲酉（酒）沱（池）。訞（厚）樂於酉（酒），尃（博/簙）亦（弈）

㠯（以）爲槿（欣），不聖（聽）亓（其）邦之正（政）。

於是虖（乎）九邦畔（叛）之，豐、橋（鎬）、郙、䈊（謝）、于（邘）、鹿、【45】𡺋（魏?）、宗（崇）、畬（密）須是（氏）。文王䎽（聞）之，曰："唯（雖）君亡（無）道，臣敔（敢）勿事虖（乎）？唯（雖）父亡（無）道，子敔（敢）勿事虖（乎）？管（孰）天子而可反？"受（紂）䎽（聞）之，乃出文王於【46】𡓫（夏）臺（臺）之下而䎽（問）安（焉），曰："九邦者，亓（其）可逡（陵）虖（乎）？"文王曰："可。"文王於是虖（乎）㯱（素）耑（端）𧛫裳，㠯（以）行九邦。七邦逡（陵）備（服），豐、喬（鎬）不備（服）。文王乃记（起）帀（師）㠯（以）卿（嚮）【47】豐、喬（鎬）。三鼓（鼓）而進之，三鼓（鼓）而退之，曰："虗（吾）所智（知）多廌（薦-存），一人爲亡（無）道，百眚（姓）亓（其）可（何）辠（罪）？"豐、喬（鎬）之民䎽（聞）之，乃隆（降）文=王=（文王。文王）時故時而孚（教）民【48】時，高下肥毳（墝）之利，聿（盡）智（知）之。智（知）天之道，智（知）墬（地）之利，思（使）民不疾。昔者文王之差（佐）受（紂）也，女（如）是牁（狀）也。

文王堋（崩），武王即立（位）。武王【49】曰："成悳（德）者，虗（吾）敓（說?）而弋（代）之。亓（其）即（次），虗（吾）伐而弋（代）之。含（今）受（紂）爲𣠮（無）道，䎽（昏）者（屠?）百眚（姓），至（桎）約者（諸）戻（矦-侯），天𨡗（將）戓（誅）安（焉）。虗（吾）敿（勶）天畏（威）之。"

武王於【50】是虖（乎）复（作）爲革車千聳（乘），緧（帶）䖒（甲）𡍮（萬）人，戊午旹=（之日），涉於孟瀘（津），至於共、緣（縢）之閟（間），三軍大軳（犯）。

武王乃出革車五百聳（乘），緧（帶）䖒（甲）三千，【51】㠯（以）少（小）會者（諸）戻（矦-侯）之帀（師）於畓（牧）之埜（野）。受（紂）不智（知）亓（其）未又（有）成正（政），而旻（得）遙（失）行於民之唇也，或（又）亦记（起）帀（師）㠯（以）逆之。

武王於是虖（乎）㯱（素）冕（冠）弁（弁），㠯（以）吿（造?）【52】吝于天，曰："受（紂）爲亡（無）道，䎽（昏）者（屠?）百眚（姓），至（桎）約者（諸）戻（矦-侯），𢇍（絕）穜（種）悉（侮）眚（姓），土玉水酉（酒），天𨡗（將）戓（誅）安（焉）。虗（吾）敿（勶）天畏（威）之。"

武王㯱（素）䖒（甲）㠯（以）申（陳）於𣪊（殷）蒿（郊），而𣪊（殷）【53】……

訟（容）成氐（氏）【53反】

3.1　周易（含【港中零簡2】）

【篇題】

據原整理者意見。

【編聯】

竹書每卦分簡書寫，各爲起訖，且無其他如簡背劃痕等信息提示，其卦序原貌難以窺知。本釋文暫循今王韓注本《易》排序，每卦之間隔行不銜。

【釋文】

六晶（三）：勿用取女，見金夫，不又（有）躳（躬），亡（无）卣（攸）利。

六四：困尨（蒙），吝。

六五：僮（童）尨（蒙），吉。

上九：毃（擊）尨（蒙），不利爲寇（寇），利御（禦）寇（寇）。【1】

☵☰孠（乳-需）：▮又（有）孚，光卿（亨）。貞吉。利涉大川。

初九：孚（乳-需）于蒿（郊），利用恆（亙-恆），亡（无）咎。
九二：孚（乳-需）于堰（沙），少（小）又（有）言，冬（終）吉。
九晶（三）：孚（乳-需）于𡉏（泥），至（致）寇（寇）至。
六四：孚（乳-需）于血，出【2】〔自穴。
六五：需于酒食，貞〕吉。▇【3】

䷅訟：▇又（有）孚，懥（窒）悤（惕？），𠁩（中）吉，冬（終）凶。利{用}見大人。不利涉大川。

初六：不出御（所？）事，少（小）又（有）言，冬（終）吉。
九二：不克訟，遈（歸）肰（逋），丌（其）邑人晶（三）【4】四戶，亡（无）𥛯（眚）。
六晶（三）：飤（食）舊悳（德），貞礪（厲），冬（終）吉。或從王事，亡（无）成。
九四：不克訟，遉（復）即命，愈（渝）安，貞吉。
九五：訟，元吉。
上九：或賜𦃟（鞶）𦅻（帶），冬（終）【5】朝（朝）晶（三）褫（褫）之。▇【6】

䷆帀（師）：▇貞丈人吉，亡（无）咎。

初六：帀（師）出㠯（以）聿（律），不（否）𤶍（臧）凶。
九二：才（在）帀（師）𠁩（中），吉亡（无）咎。王晶（三）賜命。
六晶（三）：帀（師）或𦦙（輿）殜（尸），凶。
六四：帀（師）左宋（次），亡（无）咎。
六【7】五：畋（田）又（有）𩛥（禽），利執言，亡（无）咎。長子銜（達-帥）帀（師），弟子𦦙（輿）殜（尸），貞凶。
上六：大君子又（有）命，啟邦丞（承）冡（家），尖=（小人）勿用。【8】

䷇比：▇备〈𠑹（邍-原）〉筮（筮），元羕（永）貞，吉亡（无）咎。不寍（寧）方逨（來），逡（後）夫凶。

初六：又（有）孚比之，亡（无）咎。又（有）孚泖〈浧-盈〉缶，冬（終）逨（來）又（有）它，吉。
六二：比之自內，吉。
六晶（三）：比之【9】非人。
六四：外攴（比）之，亡（无）不利。
九五：顯比，王晶（三）驅，遊（失）歬（前）𩛥（禽），邑人不戒，吉。
上六：比亡（无）百（首），凶。▇【10】

〔九四：非其彭，〕亡（无）咎。
六五：氒（厥）孚洨（交）女（如），愇（威）女（如），吉。
上九：自天右（祐）之，吉亡（无）不利。▇【11】

䷎壓（謙）▇：卿（亨）。君子又（有）冬（終）。

初六：壓〔=〕（壓壓-謙謙）君子，甬（用）涉大川，吉。
六二：鳴壓（謙），〔貞吉。
九三：勞謙，君子有終，吉。
九〕四：亡（无）不利，貨（撝）壓（謙）。

六五：不賔（富）㠯（以）【12】丌（其）Ⅱ（鄰），利用戠（侵）伐，亡（无）不利。

上六：鳴壓（謙），可用行帀（師），征邦。■【13】

䷏余（豫）■：利建厌（矦-侯）行帀（師）。

初六：鳴余（豫），凶。

六二：𥔲（介）于石，不冬（終）日，貞吉。

六晶（三）：可（歌）余（豫），𢘓（悔），迟（遲）又（有）𢘓（悔）。

九四：猷（由）余（豫），大又（有）㝵（得），母（毋）頚（疑），堋（朋）㪿（盍）亙（簪）。

六五：【14】貞疾，死（亙-恆）不死。

上六：冥余（豫），成又（有）愈（渝），亡（无）咎。■【15】

䷐陵（隓-隨）■：元卿（亨），利貞，亡（无）咎。

初九：官又（有）愈（渝），貞吉，出非〈門〉交又（有）工（功）。

六二：係少（小）子，遊（失）丈夫。

六晶（三）：係丈夫，遊（失）少（小）子，陵（隓-隨）求又（有）㝵（得），利尻（處）貞。

九四：陆（隓-隨）又（有）【16】隻（蒦-獲），貞工（凶）。又（有）孚才（在）道，巳（已）明，可（何）咎。

九五：孚于嘉，吉。

上六：係而敂（拘）之，從乃𡾏（維）之，王用亯（享）于西山。■【17】

䷑蛊（蠱）■：元卿（亨），利涉大川。选（先）甲晶（三）日，逡（後）甲晶（三）日。

初六：榦（幹）父之蛊（蠱），又（有）子攷（考），亡（无）咎，礪（厲），冬（終）吉。

九二：榦（幹）母之蛊（蠱），不可貞。

九晶（三）：榦（幹）父之蛊（蠱），少（小）又（有）【18】〔悔，无大咎。〕

〔六〕五：𦎫（敦）逡（復），亡（无）𢘓（悔）。

上六：迷【19】〔復，凶，有災眚。用行師，終有大敗，以其國君凶，至于十年不克征。〕

䷘亡（无）忘（妄）：元卿（亨），利貞。亓（其）非逡（復）又（有）𥙿（眚），不利又（有）卣（攸）逃（往）。

初九：亡（无）忘（妄），吉。

六二：不𦓤〈耕〉而穫，不畜（畜）之〔餘，則利有攸往。

六三：无妄之災，或繫之牛，行〕【20】人之㝵（得），邑人之𡿧（災）。

九四：可貞，亡（无）咎。

九五：亡（无）忘（妄）又（有）疾，勿藥（樂）又（有）菜（喜）。

上九：亡（无）忘（妄）行，又（有）𥙿（眚），亡（无）卣（攸）利。■【21】

䷙大筀（畜）■：利貞，不豪（家）而飤（食），吉，利涉大川。

初九：又（有）磼（礪-厲），利巳（已）。

九二：車敓（脫）复（輹）。

九晶（三）：良馬由（逐），利堇（艱）貞，曰班車戔（衛），利又（有）卣（攸）逓（往）。

六四：僮（童）牛之梏（牿），元【22】吉。

六五：芬（豶）豕之䄏（牙），吉。

上九：何（荷）天之茉（衢），卿（亨）。[【23】

䷚頤[■：貞吉。觀頤，自求口實。

初九：豫（舍）尔（爾）霝（靈）龜，觀我敚〈歂（短）〉頤（䶢），凶。

六二：曰遉（顛）頤，䢃（拂）經于北洍（頤），征凶。

六晶（三）：䢃（拂）頤，貞凶。十季（年）勿【24】用，亡（无）卣（攸）利。

六四：遉（顛）頤，吉。虎旯（視）䶢=（䶢䶢-眈眈），亓（其）猷（欲）攸=（攸攸-逐逐），亡（无）咎。

六五：䢃（拂）經，凥（處）貞吉，不可涉大川。

上九：繇（由）頤，礪（厲）吉，利涉大川。■【25】

䷞欽（咸）[：卿（亨），利貞。取女，吉。

初六：欽（咸）亓（其）拇。

六二：欽（咸）亓（其）腨（腓），凶，凥（處）吉。

九晶（三）：欽（咸）亓（其）腨（腓），執亓（其）陖（隨），吝。

九四：貞吉，亡（无）恳（悔）。䡴=（䡴䡴-憧憧）【26】〔往來，朋從爾〕志。

九五：欽（咸）亓（其）拇（脢），亡（无）恳（悔）。

上六：欽（咸）頌（輔）夾（頰）舌（舌）。[■【27】

䷟死（亙-恆）[■：卿（亨），利貞，亡（无）咎。

初六：叡（濬）死（亙-恆），貞凶，亡（无）卣（攸）利。

九二：恳（悔）亡。

九晶（三）：不經（恆）亓（其）悳（德），或丞（承）亓（其）䀠（羞），貞吝。

九四：畋（田）亡（无）含（禽）。

六五：經（恆）亓（其）悳（德），貞，婦人吉，夫【28】子凶。

上六：叡（濬）死（亙-恆），貞凶。[■【29】

䷠隊（豚-遯）[■：卿（亨），少（小）利貞。

初六：隊（豚-遯）亓（其）尾，礪（厲），勿用又（有）卣（攸）逓（往）。

六二：弍（飾）用黃牛之革，莫之勳（勝）敓（敚-奪）。

九晶（三）：係隊（豚-遯），又（有）疾，礪（厲）。畜（畜）臣妾，吉。

九四：好隊（豚-遯），君【30】子吉，尖=（小人）否。

九五：嘉隊（豚-遯），吉。

上九：肥隊（豚-遯），亡（无）不利[■【31】。

䷥楑（睽）[■：少（小）事吉。

初九：恳（悔）亾=（亡亾-亡，喪）馬勿由（逐），自逭（復）。見啞（惡）人，亡（无）咎。

九二：遇宔（主）于衖（巷），亡（无）咎。

六晶（三）：見車遏（曳），亓（其）【32】牛放（犁），亓（其）人天叡（且）刜

（剫），亡（无）初又（有）冬（終）。

九【港中零簡 2】四：楑（睽）伓（孤），遇元夫，交孚，礪（厲），亡（无）咎。

六五：悬（悔）亡，陞（登）宗噬（噬）肤（膚），遊（往）可（何）咎？

上九：楑（睽）伓（孤），見豕賁（負）坴（塗），載【33】〔鬼一車，先張之弧，後說之弧，匪〕寇（寇）昏（婚）佝（媾），遊（往）遇雨，剔（則）吉。〔▌【34】

☵☶訐（蹇）〔▌：利西南，不利東北，利見大人。

初六：遊（往）訐（蹇）銮（來）譽。

六二：王臣訐=（訐訐-蹇蹇），非今（躬）之古（故）。

九晶（三）：遊（往）訐（蹇）銮（來）反。

六四：遊（往）訐（蹇）銮（來）連。

九五：大訐（蹇）不（朋）楚（來）。【35】

上六：遊（往）訐（蹇）銮（來）碩，吉，利見大人。〔▌【36】

☳☵繲（解）〔▌：利西南，亡（无）所遊（往），丌（其）銮（來）逿（復）吉，又（有）卣（攸）遊（往），個（夙）吉。

初六：亡（无）咎。

九二：畋（田）隻（蒦-獲）晶（三）鼫（狐），旻（得）黃矢，貞吉。

六晶（三）：賁（負）叡（且）韲（乘），至（致）寇（寇）至。

九四：繲（解）亓（其）拇【37】〔，朋至斯孚。〕

〔九二：〕啻（惕?）啓（號），莫（暮）譽（夜）又（有）戎，勿卹（恤）。

九晶（三）：藏（藏-壯）于頄（頯），又（有）凶。君子夬=（夬夬），蜀（獨）行遇雨女（如）雺（濡），又（有）礪（厲），亡（无）咎。

九四：誫（臀）亡（无）肤（膚），丌（其）行緀（趑）疋（趄），凸（喪）羊悬（悔）亡，聕（聞）【38】言不冬（終）。

九五：莧芡（陸）夬=（夬夬），中（中）行亡（无）咎。

上六：忘（无）啓（號），冬（終）又（有）凶。〔▌【39】

☰☴敂（姤）〔▌：女藏（藏-壯），勿用取女。

初六：繫于金柅（柅），貞吉，又（有）卣（攸）遊（往），見凶，羸（羸）豕孚是（蹢）蜀（躅）。

九二：橐（包）又（有）魚，亡（无）咎，不利寶（賓）。

九晶（三）：誫（臀）亡（无）【40】肤（膚），丌（其）行緀（趑）疋（趄），礪（厲），亡（无）大咎。

九四：橐（包）亡（无）魚，巳（起）凶。

九五：吕（以）芑（杞）橐（包）苽（瓜），欽（含）章，又（有）惪自天。

上九：敂（姤）丌（其）角，吝，亡（无）咎。〔▌【41】

☱☷啐（萃）〔▌：王畧（格）于宙（廟），利見大人，卿（亨），利貞。用大牲，利又（有）卣（攸）遊（往）。

初六：又（有）孚不冬（終），乃亂（亂）卤（迺）啐（萃），若啓（號）一斛（握）于芙（笑），勿卹（恤），遊（往）亡（无）咎。【42】

〔六三：引吉，无咎，孚乃〕利用祭（祭）祀。

上六：困于蓉（葛）藟（藟），于剌（䠐）□（卼），曰迖（逐）悬（悔）又（有）悬（悔），征吉。[█【43】

䷯恭（井）[█：改（改）邑不改（改）恭（井），亡（无）丛（喪）亡（无）㝵（得）。造（往）楚（來）恭=（井井），气（汔）至，亦母（毋）䍃（繘？達？）恭（井），羸（羸）亓（其）缾（瓶），凶。

初六：恭（井）普〈朁-替〉不飤（食），舊恭（井）亡（无）含（禽）。

九二：恭（井）浴（谷）㢡（躲-射）豣（鮒），隹（唯）䍸（敝）【44】縷（漏）。

九晶（三）：恭（井）朻〈渫〉不飤（食），爲我心寒（惻）。可㠯（以）沒〈汲〉，王明竝（並）受亓（其）冡（福）。

六四：恭（井）䶗（摅），亡（无）咎。

九五：恭（井）㓝（洌）寒湶（泉），飤（食）。

上六：恭（井）朻（收）勿寞（幕），又（有）孚元【45】吉。[█【46】

䷰革[█：改（已）日卤（迺）孚。元羕（永）貞，利貞，㬥（悔）亡。

初九：巩（鞏）用黃牛之革。

六二：改（已）日乃革之，征吉，亡（无）咎。

九晶（三）：征凶，革言晶（三）𣪘（就），又（有）孚。【47】

䷳艮[█：亓（其）伓（背），不隻（蒦-獲）亓（其）身，行亓（其）廷（庭），不〔見其人，无咎。

初六：〕艮亓（其）止（趾），亡（无）咎，利羕（永）貞。

六二：艮亓（其）足，不隍（拯）亓（其）陵（隓-隨），亓（其）心不悸（快）。

九晶（三）：艮亓（其）瞳（覞-限），【48】剫（列）亓（其）衞〈胤（夤）〉，礪（厲）同（薰）心。

六四：艮亓（其）船（躬）。

六五：艮亓（其）頌（輔），言又（有）舒（序），悬（悔）亡。

上九：摹（敦）艮，吉。[【49】

䷴鄿〈漸〉[█：女逯（歸）吉，利貞。

初六：鳴（鴻）鄿〈漸〉于䦵（干），少（小）子礪（厲），又（有）言，不㝐（終）。

六二：鳴（鴻）漸于壁（阪），酓（飲）飤（食）䜌=（䜌䜌-衎衎），吉。

九晶（三）：鳴（鴻）漸于陸（陸），夫征不復（復），婦孕而〈不〉【50】〔育。〕

九晶（三）：豐亓（其）芾（沛），日𠁩（中）見芆（昧），折亓（其）右拡（肱），亡（无）咎。

九四：豐亓（其）坿（蔀），日𠁩（中）見枓（斗），遇亓（其）巳（夷）宝（主），吉。

六五：莝（來）章，又（有）慶懇（譽），吉。

上六：豐亓（其）芾〈屋〉，【51】坿（蔀）亓（其）冡（家），閨（闚）亓（其）床（戶），𩏩（闃）亓（其）亡（无）人，晶（三）戢（歲）不𥈠（覿），凶。[█【52】

䷷遊（旅）[■：少（小）卿（亨），遊（旅）貞吉。

初六：遊（旅）贏〔=〕（瑣瑣），此亓（其）所取愳。

六二：遊（旅）既宋（次），褱（懷）亓（其）次〈汷（資）〉，旻（得）僮儥（僕）之貞。

九晶（三）：遊（旅）焚亓（其）宋（次），乢（喪）亓（其）僮儥（僕）貞=（貞，貞）礪（厲）。

九四：遊（旅）【53】〔于處，得其資斧，我心不快。〕

䷺爨（渙）[■：卿（亨）。王叚（假）于寚（廟），利見大人，利涉大川。

初六：敳（拯）馬藏（藏-壯），吉，𢙀（悔）亡。

九二：𩰫（渙）走亓（其）凥〈机〉，𢙀（悔）亡。

六晶（三）：𩰫（渙）亓（其）躳（躬），亡（无）咎。

六四：𩰫（渙）亓（其）羣，元吉。𩰫（渙）【54】亓（其）丘，非台（夷）所思。

九五：𩰫（渙）亓（其）大啓（號），𩰫（渙）亓（其）凥（處），亡（无）咎。

上九：𩰫（渙）亓（其）血欿（去）易（逖）出。[■【55】

〔六五：密雲不雨，自我西郊。公射，〕取皮（彼）才（在）坹（穴）。

上六：弗遇𨑓（過）之，飛鳥羅之，凶，是胃（謂）亦𤆍（災）禮（眚）。[■【56】

〔九三：高宗伐鬼方，三年克之，小人〕勿用。

六四：需（繻）又（有）衣䋈（袽），冬（終）日戒。

九五：東䣓（鄰）敎（殺）牛，不女（如）西䣓（鄰）之酌祭（祭），是受𥛱（福），吉。

上六：需（濡）亓（其）百（首），礪（厲）。[■【57】

〔初六：濡其尾，〕利。

九二：𢍏（曳）亓（其）輪，貞吉，利涉大川。

六晶（三）：未淒（濟），征凶，利涉大川。

九四：貞吉，〔悔亡。震用伐鬼方，三年有賞于大國。〕【58】

3.2 仲弓

【篇題】

原題“中弓”，今“中”改用破讀後的通行字“仲”。

【編聯】

（1+4）—（26+18）—2—（5+28+7）—8—（14+9）—10—（19+17）—（11+13）；22；（27+15+20B）—（6+23B）—（23A+24）—25—12—21；20A；（16+3）；附

16 反[篇題]。

【釋文】

季逗（桓）子史（使）中（仲）弓爲剳（宰）。中（仲）弓㠯（以）告孔=（孔子）曰：“季是（氏）……【1】……史（使）售（雝-雍）也從於剳（宰）夫之逡（後）。售（雝-雍）也憧【4】愚，忑（恐）怠（貽）虐（吾）子愳（羞），忨（願）因虐（吾）子而台（辭）。”孔=（孔子）曰：“售（雝-雍），女（汝）【26】母（毋）自隓（惰）也。昔三弋（代）之明王，又（有）四海（海）之内，猷（猶）逨（徠）【18】……愳（與）昏（聞）之。夫季是（氏），東之成豪（家）也，亦【2】〔可〕吕（以）行壴（喜-矣）。爲之，余悬（誨）女（汝）。”

中（仲）弓曰：“敔（敢）昏（問）爲正（政）可（何）先？”【5】中（仲）尼（尼）【28】曰：“老=（老老）慈幼，先又（有）司，畧（舉）臤（賢）才，惑（宥）怂（過）愳（赦）辠（罪），【7】{辠（罪）}正（政）之舒（始）也。”

中（仲）弓曰：“若夫老=（老老）慈砌（幼），既昏（聞）命壴（喜-矣）。夫先又（有）司，爲之女（如）可（何）？”中（仲）尼（尼）曰：“夫民安舊而至（重）𨘢〈䙴（遷）〉，【8】𣇃（早？騷？）叓（史-使？/弁-變？）不行，妥（綏）层〈髟（施）〉【14】又（有）成，是古（故）又（有）司不可不先也。”

中（仲）弓曰：“售（雝-雍）也不悬（敏），唯（雖）又（有）臤（賢）才，弗智（知）畧（舉）也。敔（敢）昏（問）畧（舉）才【9】女（如）之可（何）？”中（仲）尼（尼）：“夫臤（賢）才不可穿（弇/掩）也。畧（舉）而所智（知）。而所不智（知），人丌（其）豫（捨）之者（諸）？”

中（仲）弓曰：“惑（宥）怂（過）畧（赦）辠（罪），鼎（則）民可（何）㡀〈岂（懲）〉？”【10】

“山又（有）堋（崩），川又（有）浨〈滐（竭）〉，明=（日月）星曟（辰）猷（猶）差，民亡（無）不又（有）怂（過）。臤（賢）者{=}【19】型（刑）正（政）不綴（緩），悳（德）季（教）不卷（倦）。”

中（仲）弓曰：“若此三【17】者，既昏（聞）命壴（喜-矣）。敔（敢）昏（問）道民興悳（德）女（如）可（何）？”孔=（孔子）曰：“迪（陳）之【11】備（服）之，綴（緩）㥧（施）而逘（遜）放（赦）之。唯（雖）又（有）孳〈孛（悖）〉悳（德），丌（其）【13】……

……卡=（上下）相逰（報）吕（以）忠，鼎（則）民懽（歡）丞（承）學（斆-教），害□者不……【22】

中（仲）弓曰：“敔（敢）【27】昏（問）民柔（務）。”孔=（孔子）曰：“善才（哉），昏（問）虐（乎）！足吕（以）季（教）壴（喜-矣）。君【15】子所浨〈滐（竭）〉丌（其）青（青-情）、㶳（盡）丌（其）訢（慎）者三，害（蓋）近數（禮）矣。【20B】售（雝-雍），女（汝）智（知）者（諸）？”中（仲）弓畣（答）曰：“售（雝-雍）也弗昏（聞）也。”孔=（孔子）曰：“夫祭（祭），至（致）敬之【6】杳（本）也，所吕（以）立生也，不可不訢（慎）也；夫䘮（喪），【23B】至（致）炁（愛）之桒（卒）也，所吕（以）成死也，不可不訢（慎）也；夫行，巽（全）季（年）學【23A】之，百=（一日）吕（以）善立，所學皆縚（終）；百=（一日）吕（以）不善立，【24】所學皆堋（崩）。可不訢（慎）虐（乎）？”

中（仲）弓曰：“含（今）之君子，史（使）人不聿（盡）丌（其）[illegible]□……【25】……□定不及丌（其）成。謞=（謞謞）猒（厭）人，戁（難）爲從正（政）。”

孔=（孔子）【12】曰：“售（雝-雍），古=（古之）事君者，吕（以）忠與敬，唯（雖）丌（其）戁（難）也，女（汝）隼（誰）吕（以）□……【21】

……丌（其）咎。”

中（仲）弓曰：“含（今）之孚=（君子），孚（愎）怂（過）戓（捍）䜣（析-諫），戁（難）吕（以）内（入）柬（諫）。”孔=（孔子）曰：“含（今）之君〔子〕……【20A】

……宜。尖=（小人）之至者，季（教）而史（使）之。孚=（君子）亡（無）所猒（厭）人。含（今）女（汝）相夫【16】子，又（有）臣萬（萬）人道女（汝），思（使）老丌（其）豪（家），夫【3】……

……[illegible]。孔=（孔子）曰："售〈售-雍〉，正（政）者，正也。夫子唯又（有）與（舉），女（汝）蜀（獨）正之，幾（豈）不又（有）恎（忹-匡？）也？"

中（仲）【附】〔弓〕……

中（仲）弓【16反】

3.3 極先

【篇題】

原題"亙先"，今"亙"改用破讀後的通行字"極"。

【編聯】

1—2—3—4—8—9—5—6—7—10—11—12—13

3反［篇題］。

【釋文】

死（亙-極）先䍙（無）又（有），㶣（樸）、寈（寈-靜）、虛。㶣（樸），大㶣（樸）；寈（寈-靜），大寈（寈-靜）；虛，大虛。

自猒（厭）不自忍（牣），或（域）乍（作）。又（有）或（域）安（焉）又=燹=（又燹又燹-有氣，有氣）安（焉）又=又=（又又又又-有有，有有）安（焉）又=訠=（又訠又訠-有始，有始）安（焉）又（有）進（往）者。

未又（有）天堅（地），未【1】又（有）乍（作）行出生。虛寈（寈-靜）爲弌（一），若㝋=（㝋㝋-寂寂）夢=（夢夢），寈（寈-靜）同而未或（有）䀉（明），未或（有）茲（滋）生。

燹（氣）是（寔）自生，死（亙-極）莫生燹=（燹燹-氣，氣）是（寔）自生自复（作）。死（亙-極），燹（氣）之【2】生（性），不蜀（獨）又（有）與也。或（域），死（亙-恆）安（焉），生或（域）者同安（焉）。

昏=（昏昏）不寍（寧），求亓（其）所生：異生異，鬼（歸？）生鬼（歸？），韋（違）生非=（非，非）生韋（違），袞（襲）生袞（襲）。求慾（欲）自逡=（逡逡-復，復）【3】生之生行。

至（重-濁）燹（氣）生堅（地），凊（清）燹（氣）生天。燹（氣）訐（信）神才（哉）！云=（云云）相生，訐（伸）浧（盈）天堅（地）。同出天〈而〉異生（性），因生亓（其）所欲。

㶆=（㶆㶆）天堅（地），焚=（焚焚-紛紛）而【4】多采勿（物）。先者又（有）善，又（有）絧（紿-治）䍙（無）䜌（亂）；又（有）人安（焉）又（有）不善，䜌（亂）出於人。

先又（有）中（中），安（焉）又（有）外。先又（有）少（小），安（焉）又（有）大。先又（有）柔（柔），安（焉）【8】又（有）剛。先又（有）囩（圓），安（焉）又（有）枋（方）。先又（有）晦（晦），安（焉）又（有）䀉（明）。先又（有）耑（短），安（焉）又（有）長。天道既載，隹（唯）一目（以）猷（猶）一，隹（唯）逡（復）目（以）猷（猶）逡（復）。

死（亙-極）燹（氣）之生（性），因【9】逡（復）亓（其）所慾（欲）。䀉=（䀉䀉-明明）天行，隹（唯）逡（復）目（以）不瀌（廢）。智（知）既（既？）而巟（荒）思不宎（申）。

又（有）出於或（域），生（性）出於又（有），音（意）出於生（性），言出於音（意）。名出於【5】言，事出於名。或（域）非或（域），䍙（無）胃（謂）或（域）；又（有）非又

(有),亡(無)胃(謂)又(有)。生(性)非生(性),亡(無)胃(謂)生(性)。音(意)非音(意),亡(無)胃(謂)音(意)。言非言,亡(無)胃(謂)言。名非【6】名,亡(無)胃(謂)名。事非事,亡(無)胃(謂)事。

恙(詳)宜、利丂(巧)、采勿(物),出於复=(复复-作。作)安(焉)又(有)事,不复(作)亡(無)事。盬(舉)天之事,自复(作)爲事,甬(庸)目(以)不可賡也。

凡【7】言名,先者又(有)忝(擬)。恾(妄?)言之,遂(後)者孝(效)比安(焉)。盬(舉)天下之名虚詎(屬),習目(以)不可改(改)也。

盬(舉)天下之复(作),弜(強)者果天下【10】之大复(作),亓(其)寡厇不自若复(作),甬(庸)又(有)果與不果?兩者不灋(廢)。盬(舉)天下之爲也,亡(無)夜(掖)也,亡(無)與也,而能自爲也。【11】盬(舉)天下之生同也,亓(其)事亡(無)不復(復)。〔舉〕天下之复(作)也,亡(無)許(所)亟(極),亡(無)非亓(其)所。盬(舉)天下之复(作)也,亡(無)不旻(得)亓(其)恆(極)而果述(遂)。甬(庸)或(有)【12】旻(得)之,甬(庸)或(有)遙(失)之?盬(舉)天下之名,亡(無)又(有)灋(廢)者。與(舉)天下之䏍(明)王、䏍(明)君、䏍(明)士,甬(庸)又(有)求而不患?【13】

死(亙-極)先【3反】

3.4 彭祖

【篇題】

據原整理者意見。

【編聯】

1;3;2;5;6;7—8。

【釋文】

狗(耇)老昏(問)于彭祖曰:"句(苟)是執心不忘,受命羕(永)長。臣可(何)埶(藝)可(何)行,而罷〈䙴(遷)〉於朕身,而謐(比)于帝棠(常)?"彭祖曰:"休才(哉)!乃洒(將)多昏(問)因古(故),乃不遙(失)厇(度)。皮(彼)天之道,唯死(亙-恆)【1】

……□,不智(知)所冬(終)。"

狗(耇)老曰:"眊=(眊眊)舍(余)朕孳未粼(則)于天,敨(敢)昏(問)爲人。"彭祖曰:"……【3】

言:天、墜(地)與人,若經與緐〈緯〉,若繯(表)與裏。"

昏(問):"三达(去)丌(其)二,幾(豈)若巳(已)?"彭祖曰:"于(吁)!女(汝)孳=(孳孳)尃(布)昏(問),舍(余)告女(汝)人綸,曰:戒之毋喬(驕),誫(慎)冬(終)保袋(勞)。大箸(圖)之婁(數),戁(難)易訦〈歆(愆)〉欲(俗)。舍(余)告〔汝:〕【2】

〔彭祖曰:"〕……父子兄弟。五絽(紀)必(畢)周,唯(雖)貧必攸〈攸(修)〉;五絽(紀)不工,唯(雖)稟〈稟(富)〉必遙(失)。舍(余)告女(汝):貨(禍)……【5】

〔彭祖曰:"〕……杰=(杰杰-忽忽)之思(謀)不可行,述(怵)惕(易)之心不可長。

遠慮（慮）甬（用）索（素），心白（泊）身澳（澤-釋）。余告女（汝）：咎【6】

伓者不㠯（以），多柔（務）者多惪（憂），惻者自賊也。”

彭祖曰：“一命戈（一）夏（俯），氏（是）胃（謂）森（益）愈。一命三夏（俯），氏（是）胃（謂）自厚。三命四夏（俯），氏（是）胃（謂）百眚（姓）之宔（主）。一命戈（一）腮，氏（是）胃（謂）敀（遭）㚖（殃）。戈（一）命〔三腮，〕【7】氏（是）胃（謂）不長。三命四腮，氏（是）胃（謂）䌖（絕）紌（綱）。母（毋）故（怙）賈〈貴-富〉，毋泀（遏）䟕（賢），毋向査。”

狗（耇）老弍（二）拜旨（稽）百（首），曰：“朕孳不叟（敏），既晏（得）昏（聞）道，忈（恐）弗能守。”【8】

4.1　采風曲目

【篇題】

據原整理者意見。

【編聯】1；2；3；4；5；6

【釋文】

□》，又（有）訿；《子奴（如）思我》。宮穆：《碩人》，又（有）文又（有）訿。宮祁（巷-洪）：《槳（桑）之末》。宮訐：《疋𡉚月》，《埜（野）又（有）蕠（葛）》，《出門㠯（以）東》。宮：《祝君耆（壽）【1】

□。《牺（將）㒵（美）人母（毋）讹（過）虐（吾）門》，《不要之媑》。𨖷商：《婁坴（丘）》，又（有）訿；《系（奚）言不從》，《豊（禮）又（有）酉（酒）》。趨商：《高（喬）木》。訐商：《蜼【2】

□。訐峕（徵）：《牧人》，《葛人》，《蠶亡》，《𩃬氏》，《成（城）上生之葦》，《道之遠尔（爾）》，《良人亡（無）不宜也》，《𣎆也遳（遺）夬（玦）》。峕（徵）和：《㚘（𡨥-輾）刺（轉）之賓》【3】

□亓（其）𩥕也》，《鴼（鷺）羽之白也》。趨羽：《子之䞟奴》。訐羽：《北埜（野）人》，《鳥虎》，《咎（皋）比》，《王音深浴（谷）》，羽讃〈訬〉：《嘉賓逍（慆/陶）憙（憙-喜）》【4】

居》，《思之》，《丝（茲）訐（信）然》，《邷讃〈訬〉戈（豺）虎》【5】

《狗（苟）虐（吾）君母（毋）死》。【6】

4.2　逸詩·交交鳴烏

【篇題】

原題“逸詩·交交鳴鷔”，今“鷔”改用通行字“烏”。

【編聯】

據原整理者意見。

【釋文】

〔交交鳴烏，集于〕审（中）沙（梁）。䜌（愷）俤（悌）君子，若玉若英。君子相好，㠯（以）自爲倀（長）。䜌（愷）紋〈㪚（美）〉是好，〔唯心【1】是□。間關謀治，〕皆（偕）芋（華）皆（偕）英。

交=（交交）鳴鶩（烏），集于审（中）渚。䜌（愷）俤（悌）君子，若豹（豹）若虎。君子【2】〔相好，自以爲□。〕䜌（愷）紋〈㪚（美）〉是好，隹（唯）心是萬（與）。閑（間）卵（關）悬（謀）紿（治），皆（偕）走（上）皆（偕）下。

交=（交交）鳴鶩（烏），集于审（中）潇。䜌（愷）【3】〔悌君子，若□〕若貝。君子相好，㠯（以）自爲戠（衛）。䜌（愷）紋〈㪚（美）〉是好，隹（唯）心是萬（勵）。閑（間）卵（關）悬（謀）紿（治），皆（偕）尐（小）皆（偕）大。【4】

4.3 逸詩·多薪

【篇題】

據原整理者意見。

【編聯】

據原整理者意見。

【釋文】

〔□□□□，□□□□。〕䏊（兄）及弟斯（斯），鮮我二人。

多=新=（多新多新-多薪多薪），莫奴（如）䕒（萑-萑）葦。多=人=（多人多人），莫奴（如）䏊（兄）【1】〔弟。

多薪多薪，莫如□□。多人多人，〕莫奴（如）同生。

多=新=（多新多新-多薪多薪），莫奴（如）松杍（梓）。多=人=（多人多人），莫奴（如）同父毋（母）。【2】

4.4.1 昭王毀室

【篇題】

本篇與4.4.2《昭王與龔之脽》連抄，整理者統稱爲《昭王毀室 昭王與龔之脽》。今各自獨立成篇，各用其題，唯簡號沿用原統一編號。

【編聯】

據原整理者意見。

【釋文】

卲（昭）王爲室於死涎（沮）之滸（滸）。室既成，酒（將）袼（落）之。王戒邦夫=（大夫）㠯（以）歓=（歓酉-飲酒）。既䎽（刑）条（隋）之，王內（入），酒（將）袼（落）。又（有）一君子，麂（喪）備（服）曼廷，酒（將）迈（蹠）閨。寍（閽）人峀=（峀之-止之），曰："【1】君王紿（始）內（入）室，君之備（服）不可㠯（以）進。"不峀（止），曰："少（小）人之告縕，酒（將）剸（斷）於含（今）日。尔（爾）必峀（止）少=人=（小人，小人）酒（將）訋（召）寢〈寇-寇〉。"寍（閽）人弗敔（敢）峀（止）。

至【2】閨，让（卜）命（令）尹墜（陳）眚爲見（視）日，告："儯（僕）之母（毋）辱君王。不幸儯（僕）之父之骨才（在）於此室之隮（階）下。儯（僕）酒（將）埮（揜/掩）亡老，【3】㠯（以）儯（僕）之不旻（得）并（併）儯（僕）之父母之骨，厶（私）自塼（敷）。"让（卜）命（令）君〈尹〉不爲之告。"君不爲儯（僕）告，儯（僕）酒（將）訋（召）

寇（寇）。”𨑖（卜）命（令）尹爲之告。

〔王〕【4】曰：“虗（吾）不智（知）亓（其）尔（爾）墓（墓），尔（爾）古（姑）須既袼（落）。”安（焉）從事。王遈〈遷-徙〉凥（處）於坪瀵，卒（卒）㠯（以）夫=（大夫）歙=（歙酉-飲酒）於坪瀵，因命至（致）俑（庸）毀（毀）室。【5A】

4.4.2 昭王與龏之脽

【編聯】

據原整理者意見。

【釋文】

卲（昭）王迈（蹠）【5B】逃珤，龏（龔）之脽馭（御）王。牆（將）取車，大尹遇之，被褊=（褊衣/膚衣-袗衣）。大尹内（入）告王：“僕（僕）遇脽牆（將）取車，被褊=（褊衣/膚衣-袗衣）。脽介趣君王，不【6】隻（蒦-獲）要（腰）㙗（頸）之皋（罪）君王，至於定（正）𡨄（冬）而被褊=（褊衣/膚衣-袗衣）。”王訋（召）而余（舍）之䄅（身）裸（褎-袍）。龏之脽被之，亓（其）袷（襟）見〈見（現）〉。

𤼲（返）逃珤，王命龏之脽【7】母（毋）見。大尹昏（問）之，自訟於王：“老臣爲君王獸（守）見（視）之臣，皋（罪）亓（其）公（容）於死。或昏（昧？）死言：僕（僕）見脽之寒也，㠯（以）告君王。今君王或（又）命【8】脽母（毋）見，此鼎（則）僕（僕）之皋（罪）也。”王曰：“大尹之言脽，可（何）訙〈訛（過）〉又（有）安（焉）？天加禍於楚邦，㤅（憧）君吳王身至於郢，楚邦之良臣所暓（暴）【9】骨，虗（吾）未又（有）㠯（以）憂（憂）亓（其）子。脽既與虗（吾）同車，或（又）余（舍）【10A】衣，囟（思-使）邦人膚（朁-皆）見之。”三日，安（焉）命龏之脽見。【10B】

4.5 簡大王泊旱

【篇題】

原題“柬大王泊旱”，今“柬”改用傳世文獻記載該名用字“簡”。

【編聯】

1—2；8—3—4—5—7—19—20—21—6—22—23—18—17；9—10；11—12—14—13—15—16。

【釋文】

柬（簡）大王泊𩂣（旱），命龜尹羅貞於大頣（夏），王自臨卜。王向日而立，王滄〈溓（汗）〉至【1】𦁥（帶）。龜尹智（知）王之庶（炙）於日而疠（病），𠔁恙愈迲。𧶠尹智（知）王之疠（病），𠻃（乘）龜尹遬（速）卜【2】

高山深溪（溪）。王㠯（以）䎽（問）𧶠尹高：“不𣪊（穀）㾓，甚疠（病），聚（驟）夢高山深溪（溪）。虗（吾）所㝵（得）【8】陸（地）於膚（莒）中（中）者，無（無）又（有）名山名溪（溪）欲祭（祭）於楚邦者唇（乎）？尚（當）祕（蔽）而卜之於【3】大頣（夏）。女（如）褱（解），牆（將）祭（祭）之。”𧶠尹許諾，祕（蔽）而卜之，褱（解）。

𧶠尹至（致）命於君王：“既祕（蔽）【4】而卜之，褱（解）。”王曰：“女（如）褱（解），遬（速）祭（祭）之。虗（吾）㾓，鼠（一）疠（病）。”𧶠尹倉（答）曰：“楚邦又（有）祟（常）古（故），【5】安（焉）敌（敢）殺（殺）祭（祭）？㠯（以）君王之身殺（殺）祭（祭），未尚（嘗）又（有）。”

王內(入)㠯(以)告安君與陵尹子高:“卿(饗)爲【7】厶(私)誛(便),人牆(將)芺(笑)。”君、陵尹、贅尹皆紿(紿-殆)丌(其)言,㠯(以)告大(太)剶(宰):“君聖人,叡(且)良倀(長)子,牆(將)正【19】於君。”大(太)剶(宰)胃(謂)陵尹:“君內(入)而語僕(僕)之言於君=王=(君王:‘君王)之瘵從含(今)日㠯(以)瘉。’”陵尹與【20】贅尹:“又(有)古(故)虖(乎)?忨(願)聒(聞)之。”大(太)剶(宰)言:“君王元君,不㠯(以)丌(其)身史〈弁(變)〉贅尹之祟(常)古(故)。贅尹【21】爲楚邦之鬼(鬼)神宔,不敔(敢)㠯(以)君王之身史〈弁(變)〉亂(亂)鬼(鬼)神之祟(常)古(故)。夫帝=(上帝)鬼(鬼)神高明【6】甚,牆(將)必智(知)之。君王之疠(病)牆(將)從含(今)日㠯(以)巳(已)。”

命(令)尹子林聒(問)於大(太)剶(宰)子步:“爲人【22】臣者,亦又(有)㪂〈爭-諍〉虖(乎)?”大(太)剶(宰)倉(答)曰:“君王元君=(君。君)善,夫=(大夫)可(何)兼(用)㪂〈爭-諍〉?”命(令)尹胃(謂)大(太)剶(宰):“唯。【23】必三軍又(有)大事,邦冡(家)㠯(以)軒(杌)輗(陧),社禝(稷)㠯(以)逊(跪-危)與(歟)?邦冡(家)大榦(旱),痼(疢)瘠(疵)智(知)於邦。【18】牆(將)爲客告。”大(太)剶(宰)迈而胃(謂)之:“君皆楚邦之牆(將)軍,复(作)色而言於廷。王事可(何)【17】

王若(諾),牆(將)鼓(鼓)而涉之。王夢厽(三)。閨未啟,王㠯(以)告㮶(相)㒸(佐)與中(中)余(舍):“含(今)夕不敦(穀)【9】夢若此,可(何)?”㮶(相)㒸(佐)、中(中)余(舍)倉(答):“君王尚(當)㠯(以)聒(問)大(太)剶(宰)晉疾(矦-侯)。皮(彼)聖人之孫=(子孫),牆(將)必【10】

鼓(鼓)而涉之,此可(何)?”大(太)剶(宰)進倉(答):“此所胃(謂)之榦(旱)母。帝牆(將)命之攸(修)者(諸)疾(矦-侯)之君之不【11】能詞(詞-治)者,而罰(罰)之㠯(以)榦(旱)。夫唯(雖)母(毋)榦(旱),而百眚(姓)迻(移)㠯(以)迲(去)邦冡(家)。此爲君者之罰(罰)。”【12】

王卬(仰)而〈天〉合(臨)而泣,胃(謂)大(太)剶(宰):“一人不能詞(詞-治)正(政),而百眚(姓)㠯(以)𢇍(絕)疾(矦-侯)。”大(太)剶(宰)遜,迮(返)進【14】〔王□〕大(太)剶(宰):“我可(何)爲,戢(歲)安(焉)簹(熟)?”大(太)剶(宰)倉(答):“女(如)君王攸(修)郢高(郊)方若肰(然)里,君王母(毋)敔(敢)戋(再-載)害【13】羿(蓋),㮶(相)㒸(佐)、中(中)余(舍)與五連少(小)子及龍(寵)臣皆逗(屬),母(毋)敔(敢)執枼(藻)籲(笠)。”王許諾,攸(修)四蒿(郊)。【15】

厽(三)日,王又(有)埜(野)色,逗(屬)者又(有)賜(暍)人。三日大雨,邦蕙(賴)之。雙(癹-發)駐(駟)迈(蹠)四=疆=(四疆,四疆)皆簹(熟)。【16】

4.6 内禮(含【昔者3】)

【篇題】

原題“内豊”,今“豊”改用通行字“禮”。

【編聯】

1—2—3—4—5—6—(7A+7B)—8—昔者3—9;10。

1反[篇題]

【釋文】

君子之立孝,悉(愛)是甬(用),豊(禮)是貴。古(故)爲人君者,言人之君之不能弁〈史(使)〉亓(其)臣者，不與言人之臣之不能事【1】亓(其)君者。古(故)爲人臣者，言人之臣之不能事亓(其)君者，不與言人之君之不能弁〈史(使)〉亓(其)臣者。古(故)爲人父者，言人之【2】父之不能畜(畜)子者，不與言人之子之不孝者。古(故)爲人子者，言人之子之不孝者，不與言人之父之不能畜(畜)子者。【3】古(故)爲人侃(兄)者，言人之侃(兄)之不能慈(慈)俤(弟)者，不與言人之俤(弟)之不能承(承)侃(兄)者。古(故)爲人俤(弟)者，言人之俤(弟)之不能承(承)侃(兄)【4】〔者，不與言人之兄不能慈弟者。故〕曰：與君言=(言，言)弁〈史(使)〉臣。與臣言=(言，言)事君。與父言=(言，言)畜(畜)子。與子言=(言，言)孝父。與侃(兄)言=(言，言)慈(慈)俤(弟)。【5】與俤(弟)言=(言，言)承(承)侃(兄)。反此，亂(亂)也。

君子事父毋(母)，乍〈亡(無)〉厶(私)樂(樂-樂)，亡(無)厶(私)憂(憂)。父毋(母)所樂=(樂樂)之，父母所憂=(憂憂-憂憂)之。善則㞷(從)之，不善則𡳿=之=(𡳿之𡳿之-止之。止之)而不可，隱(隱)而任。【6】不可，唯(雖)至於死，從之。孝而不諫，不成孝。【7A】〔諫而不從，亦〕不成孝。

君子〔曰：〕孝子不匱，若才(在)腹(腹)中(中)攷(巧)弁(變)，古(故)父毋(母)安【7B】之，如㞷(從)吕(己)记(起)。

君子曰：考(孝)子，父毋(母)又(有)疾，冒(冠)不力，行不頌(容)，不卒(卒-萃)立，不庶語。旹(時)昧社(攻)禜(禜)，行祝於五祀，剴(豈)必又(有)益(益)？君子吕(以)成亓(其)考(孝)，【8】能事亓(其)親(親)。

君子曰：子眚(省)，割(蓋)憙(憙-喜)於內，不見於外；憙(憙-喜)於外，不見於內。慍(慍)於外，不見於內=(內。內)言不吕(以)出，外言不吕(以)內(入)。譽〈興〉散(美)灋(廢)亞(惡)，【昔者君老3】是胃(謂)君=子=(君子。

君子)曰：考子事父毋(母)，吕(以)飤(食)亞(惡)党(美)下之。【9】

君子曰：俤(悌)，民之經也。才(在)尐(小)不靜(爭)，才(在)大不亂(亂)。古(故)爲少(少)必聖(聽)長之命，爲戔(賤)必聖(聽)貴之命。從人觀(觀-勸)，肰(然)則孚(挽-免)於戾。【10】

內豊(禮)【1反】

4.7.1　相邦之道

【篇題】

暫據原整理者意見。

【編聯】

2；4。

【釋文】

……□才迡毋迡之人，可胃(謂)雙(相)邦矣。公曰："敔(敢)昏(問)民事。"孔=(孔子)……【2】

……才(哉)。"

孔=(孔子)退，告子贛曰："虐(吾)見於君，不昏(問)又(有)邦之道，而昏(問)雙(相)邦之道，不亦堥〈愸(愆)〉虖(乎)？"子贛乙(曰-曰)："虐(吾)子之會(答)也可(何)女(如)？"孔=(孔子)乙(曰-曰)："女(如)訊(訊)。"【4】

4.7.2 相邦之道附

【篇題】

簡 1、3 與簡 2、4 不屬，今析爲兩篇。簡 1 與簡 3 謂之“相邦之道附”。

【編聯】

1；3。

【釋文】

……先亓（其）欲，備（服）丌（其）弜（強），牧亓（其）倦（患？）。𡨦（䝭-靜）㠯（以）寺（待）時=（時。時）出[古此]〈古=（故，故）出〉事=（事，事）出政=（政。政）毋忘所𡥧（始），事【1】

……，〔以〕實官蒼（倉）。百攻（工）懽（勸）於事，㠯（以）實貣（府）审（庫）。𤉶（庶）人懽（勸）於四枳（肢）之𧝓（藝），㠯（以）備軍㫋（旅）。……【3】

4.8 曹沫之陣

【篇題】

原題“曹沫之陳”，今“陳”改用通行字“陣”。

【編聯】

1—2—（3+37B）—（41+4）—5—6—（7A+8B）—9—10—（11+12）—13—14—17—18—19—20—21—22—25—（37A+23B）—（24A+30）—（26+62）—（58+49）—33—34—35—36—28—（48+46B）—38—39—40—42—43—44—45—（46A+27）—（63A+47）—（23A+51B）—（29+24B）—50—（51A+31）—（32A+32B）—52—（53A+60B）—（61+53B）—54—55—56—（57+15）—（16+59）—（60A+63B）—64—（65A+7B）—（8A+65B）

2 反[篇題]。

【釋文】

魯𦨳（莊）公𤅶（將）爲大鐘，型既成矣。𢼸（曹）𦽵（沫）內（入）見，曰：“昔周室之邦魯，東西七百，南北五百，非【1】山非澤，亡（無）又（有）不民。今邦𤍽（彌）少（小）而鐘愈大，君亓（其）𢘓（圖）之。昔䢅（堯）之卿（饗）𡉚（舜）也，飯於土𨋬（熘），欲〈𣢟-歠〉於土型（鉶），【2】而攺（撫）又（有）天下，此不貧於𢼸（美）而𡩜（富）於悳（德）與（歟）？昔周室【3】又（有）戒言曰：牪尔（爾）正𦥑（功），不牪而或𦥛（興）。或康㠯（以）【37B】〔兇，保〕競必𠜳（勝），可㠯（以）又（有）怠（治）邦。周等（志）是廌（薦-存）。”

𦨳（莊）公曰：“【41】今天下之君子既可智（知）巳（已），𥫔（孰）能并（併）兼人【4】才（哉）？”𢼸（曹）𦽵（沫）曰：“君亓（其）毋員（昏）。臣䎽（聞）之曰：𨜸（鄰）邦之君明，𠟭（則）不可㠯（以）不攸（修）政而善於民。不肰（然），忎〈忑-恐〉亡安（焉）。【5】𨜸（鄰）邦之君亡（無）道，𠟭（則）亦不可㠯（以）不攸（修）政而善於民。不肰（然），亡（無）㠯（以）取之。”

𦨳（莊）公曰：“昔沱（施）胉（伯）語𡨦（寡）人曰：【6】‘君子𠭁（得）之遊（失）之，天命。’今異於而言。”𢼸（曹）𦽵（沫）曰：“【7A】亡（無）㠯（以）異於臣之言，君弗𦘦（盡）。臣䎽（聞）之曰：君【8B】子㠯（以）𦣞（賢）𢎥（稱）而遊（失）之，天命；㠯（以）亡（無）道𢎥（稱）而𠬛（沒）身𡨦（就）𣎆（世），亦天命。不肰（然），君子㠯（以）𦣞（賢）𢎥（稱），害（曷）又（有）弗【9】𠭁（得）？㠯（以）亡道𢎥（稱），害（曷）又（有）弗遊（失）？”

臧（莊）公曰：“曼（晚）才（哉）虗（吾）聒（聞）此言！”乃命毀（毀）鐘型而聖（聽）邦政。不晝【10】寢，不歓=（歓酉-飲酒），不聖（聽）樂，居不褻廈〈廈（文）〉，飤（食）不貳（膩-貳）盨（羹），【11】兼悉（愛）萬（萬）民，而亡又（有）厶（私）也。

還季（年）而聒（問）於散（曹）【12】數（沫）曰：“虗（吾）欲與齊戰，聒（問）戦（陣）系（奚）女（如）？獸（守）鄵（邊）成（城）系（奚）女（如）？”菽（曹）薉（沫）倉（答）曰：“臣聒（聞）之：又（有）固悬（謀）而亡（無）固成（城），【13】又（有）克正（政）而亡（無）克戦（陣）。三弋（代）之戦（陣）皆鷹（薦-存）。或㠯（以）克，或㠯（以）亡。叡（且）臣聒（聞）之：少（小）邦尻（處）大邦之閑（間），啻（敵）邦【14】交堅（地），不可㠯（以）先笈（作）悁（怨）。疆堅（地）母（毋）先而必取□安（焉），所㠯（以）弡（距）鄵（邊）。母（毋）悉（愛）貨資子女，㠯（以）事亓（其）【17】便逹（嬖），所㠯（以）弡（距）內。成（城）章（墉/郭）必攸（修），纏（繕）虖（甲）利兵，必又（有）戳（戰）心㠯（以）獸（守），所㠯（以）爲倀（長）也。叡（且）臣之聒（聞）之：不和【18】於邦，不可㠯（以）出豫（舍）。不和於豫（舍），不可㠯（以）出戦（陣）。不和於戦（陣），不可㠯（以）戳（戰）。是古（故）夫戦（陣）者，三叠（教）之【19】末。君必不巳（已），鼎（則）繇（由）亓（其）臬（本）虖（乎）？”

臧（莊）公曰：“爲和於邦女（如）之可（何）？”散（曹）數（沫）倉（答）曰：“母（毋）穫民旹（時），母（毋）敓（奪）民利。【20】綢（紳-陳）攻（功）而飤（食），坓（型-刑）罰又（有）辠（罪），而賞篧（爵）又（有）悳（德）。凡畜羣臣，貴戔（賤）同崇（等），〔髢（施）〕彔（祿）母（毋）倍（倍）。《詩》於又（有）之曰：‘幾（愷）【21】屖（悌）君子，民之父母。’此所㠯（以）爲和於邦。”

臧（莊）公曰：“爲和於豫（舍）女（如）可（何）？”菽（曹）薉（沫）曰：“三軍出，君自銜（逹-率），【22】必又（有）二牆（將）軍。母（每）牆（將）軍必又（有）暨（數）辟（嬖）夫=（大夫）。母（每）俾（嬖）夫=（大夫）必又（有）暨（數）大官之帀（師）、公孫公子。凡又（有）司銜（逹-率）倀【25】民者，毋図（攝）篧（爵），母（毋）焂（從）軍母〈女（如）〉辟（避）辠（罪），甬（同）都叠（教）於邦，【37A】則亓（其）會（合）之不難，所㠯（以）爲和於豫（舍）。”

牆（莊）公或（又）聒（問）：“【23B】爲和於戦（陣）女（如）可（何）？”倉（答）曰：“車閑（間）容（容）伍=（伍伍-伍，伍）閑（間）容（容）兵。貴【24A】立（位）至（重）飤（食），思（使）爲歬（前）行。三行之遙（後），句（苟）見耑（短）兵。攸（什）【30】五（伍）之閑（間），必又（有）公孫公子。是胃（謂）軍紀。五人㠯（以）敔（伍），天=（一人）【26】又（有）多，四人皆賞，所㠯（以）爲剸（摶）。毋上（尚）隻（蒦-獲）而上（尚）聒（聞）命，【62】所㠯（以）爲母（毋）退。銜（逹-率）車㠯（以）車，銜（逹-率）徒㠯（以）徒，所㠯（以）同死【58】於民。”

臧（莊）公曰：“此三者足㠯（以）戳（戰）虖（乎）？”倉（答）曰：“戒剩（勝）【49】忈（怠），果剩（勝）矣（疑）。覜（親）銜（逹-率）剩（勝）弁〈史（使）〉人，不覜（親）鼎（則）不繵〈繵（敦）〉。不和鼎（則）不咠（輯），不羛（義）鼎（則）不備（服）。”

臧（莊）公曰：“爲覜（親）女（如）【33】可（何）？”倉（答）曰：“君母（毋）憚（憚）自裳（勞），㠯（以）觀卡=（上下）之青（青-情）悘（僞）。佖（匹）夫奡（寡）婦之獄詷〈詻-訟〉，君必身聖（聽）之。又（有）智（知）不足亡（無）所【34】不中（中），鼎（則）民新（親）之。”

臧（莊）公或（又）聒（問）：“爲和女（如）可（何）？”倉（答）曰：“母（毋）辟（嬖）於便俾（嬖），母（毋）倀（黨）於父睉（兄）。賞均（均）聖（聽）中（中），鼎（則）民【35】和之。”

臧（莊）公或（又）聒（問）：“爲義女（如）可（何）？”倉（答）曰：“綢（紳-陳）攻

（功）走（尚）臤（賢）。能絧（紿-治）百人，弁〈史（使）〉倀（長）百人；能絧（紿-治）三軍，思（使）銜（逵-帥）。受（授）【36】又（有）智（知），舍（捨）又（有）能，劓（則）民宜（義）之。戱（且）臣翻（聞）之：巫（卒）又（有）倀（長），三軍又（有）銜（逵-帥），邦又（有）君，此三者所目（以）戰（戰）。是古（故）倀（長）【28】不可不慙（慎）。不巫（卒）則不死（亙-恆），不和則不葺（輯），不兼（嚴）畏【48】〔則〕不勳（勝）。巫（卒）谷（欲）少目（以）多。少則惕（易）轋（察），圪成則惕（易）【46B】會（合）。古（故）銜（帥）不可思（使）牪=（牪，牪）則不行。戰（戰）又（有）㬎（顯）道，勿兵目（以）克。"

臧（莊）公曰："勿兵目（以）克系（奚）女（如）？"會（答）曰："人之兵【38】不砥礪（礪），我兵必砥礪（礪）。人之虖（甲）不緊（堅），我虖（甲）必緊（堅）。人史（使）士，我史（使）夫=（大夫）。人史（使）夫=（大夫），我史（使）酒（將）軍。人【39】史（使）酒（將）軍，我君身進。此戰（戰）之㬎（顯）道。"

酒（莊）公曰："既成耈（教）矣，出帀（師）又（有）幾（忌？機？）虐（乎）？"會（答）曰："又（有）。臣翻（聞）之：三軍出，【40】亓（其）逕（將）逹（卑），父跮（兄）不廌（薦），繇（由）邦駐（御）之。此出帀（師）之幾（忌？機？）。"

臧（莊）公或（又）聛（問）曰："三軍截（斬）果又（有）幾（忌？機？）虐（乎）？"會（答）曰："又（有）。臣翻（聞）【42】之：三軍未成戦（陣），未豫（舍），行堅（阪）淒（濟）墮（障）。此戮（斬）果之幾（忌？機？）。"

臧（莊）公或（又）聛（問）曰："戰（戰）又（有）幾（忌？機？）虐（乎）？"會（答）曰："又（有）。亓（其）叴（去）之【43】不遫（速），亓（其）遼（就）之不尃（迫），亓（其）坣節不疾，此戰（戰）之幾（忌？機？）。是古（故）矣（疑）戦（陣）敗（敗），矣（疑）戰（戰）死。"

臧（莊）公或（又）聛（問）曰："既戰（戰）又（有）幾（忌？機？）虐（乎）？"【44】會（答）曰："又（有）。亓（其）賞譀（匱？）戱（且）不𠁩（中），亓（其）詎（誅）至（重）戱（且）不誁（督-察）。死者弗收，剔（傷）者弗聛（問），既戰（戰）而又（有）怨=（怨心/㤎心-怠心）。此既戰（戰）之幾（忌？機？）。"

臧（莊）【45】公或（又）聛（問）曰："逡（復）敗（敗）戰（戰）又（有）道虐（乎）？"會（答）曰："又（有）。三軍大敗（敗），【46A】母（毋）詎（誅）而賞，母（毋）皋（罪）百眚（姓）而改（改）亓（其）逕（將）。君女（如）親（親）銜（逵-率），【27】乃自怂（過）目（以）敓（悅）於蔓（萬）民，弗琗（躡？）疘（跪-危）陛（地），母（毋）火飤（食）。【63A】〔死〕者收之，剔（傷）者聛（問）之，善於死者爲生者。君【47】必聚羣又（有）司而告之：'二厽（三）子孚（挽-勉）之，怂（過）不才（在）子才（在）【23A】孴（寡）人。虐（吾）戰（戰）啻（適）不訓（順）於天命。'反帀（師）酒（將）逡（復）戰（戰）。【51B】必訋（詔）邦之貴人及邦之可（奇）士，㚇（從）巫（卒）弁〈史（使）〉兵，母（毋）逡（復）寿（前）【29】祟（常）。凡貴人，囟（思-使）尻（處）寿（前）立（位）一行，遂（後）則見亡，進【24B】劓（則）彔（祿）籗（爵）又（有）祟（賞），幾莫之堂（當）。"

臧（莊）公或（又）聛（問）曰："逡（復）盤（盤-便？）戰（戰）又（有）道虐（乎）？"會（答）曰："又（有）。既戰（戰）逡（復）豫（舍），虐（號）命於軍𠁩（中），【50】曰：纏（繕）虖（甲）利兵，明日酒（將）戰（戰）。則（測）戕（斯-死）厇（度）剔（傷），目（以）盤（盤-便？）遼（修）行。【51A】〔凡〕逹（失）車虖（甲），命之母（毋）行。昷=（昷日-明日）酒（將）戰（戰），思（使）爲寿（前）行。諜（諜）人【31】逨（來）告曰：亓（其）逕（將）銜（逵-帥）聿（盡）剔（傷），戦（車）連（輦）皆栽（載），曰酒（將）棗（早）行。乃【32A】〔命〕白徒：棗（早）飤（食）戕兵，各載尔（爾）贇（藏-裝），既戰（戰）酒（將）斆（抗）。爲之【32B】母（毋）怨（怠），母（毋）思（使）民矣（疑）。返（襲）尔（爾）龜簪

(簸)，皆曰勳(勝)之。改(改)雧尔(爾)鼓(鼓)，乃逵(逸)亓(其)魚(膚)。明日復(復)戦(陣)，必逃(過)亓(其)所。此復(復)【52】盤(盤-便?)戰(戰)之道。"

臧(莊)公或(又)聞(問)曰:"復(復)甘戰(戰)又(有)道虐(乎)?"會(答)曰:"又(有)。必【53A】慙(慎)㠯(以)戒，咹〈如〉䣜(將)弗克。母(毋)冒㠯(以)追(貪)，必逃(過)歬(前)攻(功)。【60B】賞隻(蒦-獲)詣孳(葸)，㠯(以)懽(勸)亓(其)志。涌(勇)者憙(憙-喜)之，巟(荒)者㥪(悔)之。墓(萬)民【61】黯(黔)百(首)皆欲或(有)之。此復(復)甘戰(戰)之道。"

臧(莊)公或(又)聞(問)【53B】曰:"復(復)故(苦)戰(戰)又(有)道虐(乎)?"會(答)曰:"又(有)。收而聚之，睘(摟)而厚之。貼(重)賞泊(薄)坓(刑)，思(使)忘亓(其)死而見亓(其)生。思(使)良【54】車良士徃(往)取之餌，思(使)亓(其)志记(起)。戟(勇)者思(使)憙(憙-喜)，孳(葸)者思(使)㤅(悔)，肰(然)句(後)改(改)詒(殆)。此復(復)故(苦)戰(戰)之道。"

臧(莊)公或(又)聞(問)曰:"【55】善攻者奚(奚)女(如)?"會(答)曰:"民又(有)寶(寶):曰成(城)、曰固、曰蒦(阻)。三者書(盡)甬(用)不皆，邦冢(家)㠯(以)忞(弘)。善攻者必㠯(以)亓(其)【56】所又(有)㠯(以)攻人之所亡(無)又(有)。"

臧(莊)公曰:"善獸(守)者奚(奚)女(如)?"會(答)曰:"【57】亓(其)飤(食)足㠯(以)飤(食)之，亓(其)兵足㠯(以)利之，亓(其)成(城)固【15】足㠯(以)戟(捍)之。卡=(上下)和㪺(且)咠(輯)，繲紀於大=或=(大或大或-大國，大國)新(親)之。天下【16】亓(其-起)志者寡(寡)矣。"

臧(莊)公或(又)聞(問)曰:"虐(吾)又(有)所聞(聞)之:一【59】出言，三軍皆懽(勸);一出言，三軍皆迱(往)。又(有)之虐(乎)?"會(答)曰:"又(有)。明【60A】飤〔於〕鬼(鬼)神。軫(腆)武，非所㠯(以)孝(教)民，唯君亓(其)智(知)之。此【63B】先王之至道。"

臧(莊)公曰:"蔑(沫)，虐(吾)言氏(是)不而女(如)，或(有)者，少(小)道與(歟)?虐(吾)一谷(欲)聞(聞)三弋(代)旂=(之所)。"散(曹)蔑(沫)會(答)曰:"臣聞(聞)之:昔之明王之记(起)【64】於天下者，各㠯(以)亓(其)殜(世)，㠯(以)及〈叟(沒)〉亓(其)身。今與古亦刿(間)【65A】不同矣。臣是古(故)不敌(敢)㠯(以)古會(答)。肰(然)而古亦【7B】又(有)大道安(焉)，必共(恭)畬(僉-儉)㠯(以)旻(得)之，而喬(驕)大㠯(以)逵(失)之。君亓(其)【8A】亦隹(唯)聞(聞)夫墨(禹)、康(湯)、傑(桀)、受(紂)矣。"【65B】

散(曹)蔑(沫)之戦(陣)【2反】

5.1+5.2 鮑叔牙與隰朋之諫(含【競建】)

【篇題】

原題5.1"競建內之"和5.2"鮑叔牙與隰朋之諫"，今歸併爲一篇，用簡背篇題(改爲通行字)"鮑叔牙與隰朋之諫"。所謂"競(景)建內(納)之"或與藏者有關。

【編聯】

競建1;競建5—競建6—競建2—競建7—競建4—競建3—競建8—競建9—競建10—鮑叔牙4—鮑叔牙5—鮑叔牙6—鮑叔牙7—鮑叔牙3—鮑叔牙1—鮑叔牙2—鮑叔牙8

競建1反[入藏信息]

鮑叔牙9[篇題]。

【釋文】

……□空，級（隰）倗（朋）與鞄（鮑）弔（叔）畧（牙）從。日既，公昏（問）二夫=（大夫）："日之飤（食）也，害（曷）爲？"鞄（鮑）弔（叔）畧（牙）倉（答）曰："星弁（變），子曰爲齊【競建1】

□言曰："多。"鞄（鮑）弔（叔）畧（牙）倉（答）曰："害牆（將）逨（來）。牆（將）又（有）兵，又（有）息（憂）於公身。"

公曰："肰（然）則可（何）敓（說）㝅（歟）？"汲（隰）倗（朋）倉（答）曰："公身【競建5】爲亡（無）道，不遂（踐）於善而敓（說）之，可虖（乎）才（哉）？"

公曰："甚才（哉），虗（吾）不溝（勵）！二厽（三）子不諦（讁）忞（怒）寡（寡）人，至於史（使）日飤（食）。"鞄（鮑）弔（叔）畧（牙）【競建6】㝅（與）汲（隰）倗（朋）曰："羣臣之辠〈皋-罪〉也。昔高宗祭（祭），又（有）鸜（雉）雊（雊）於僕（彝）寿（前）。卲（召）祖己而昏（問）安（焉），曰：'是可（何）也？'祖己倉（答）曰：'昔先君【競建2】客（格）王，天不見夭（妖），墬（地）不生肓（孼），剔（則）訢（祈）者（諸）槐（鬼）神，曰："天墬（地）盟（明）弃（棄）我矣！"近臣不訐（諫），遠者不方（謗），剔（則）攸（修）者（諸）向（鄉）【競建7】里。含（今）此祭（祭）之旻（得）稟〈稟-福〉者也，責（青-請）熩（羹）之㠯（以）釋胥。既祭（祭）之逡（後），安（焉）攸（修）先王之灋（法）。'高宗命仪（傅）鳶（鳶）熩（羹）之㠯（以）【競建4】祭（祭）。既祭（祭），安（焉）命行先王之灋（法）。發（發）古簾（慮），行古佐（籍）。發（廢）佐（籍）者死，弗行者死。不出三季（年），翟（狄）人之伓（服）者七百【競建3】邦。此能從善而迲（去）祒（禍）者。"

公曰："虗（吾）不智（知）亓（其）爲不善也。含（今）内之不旻（得）百生（姓），外之爲者（諸）医（矦-侯）㫻（笑）。寡（寡）人之不【競建8】勳（肖）也，幾（豈）不二子之息（憂）也才（哉）？"攸〈伋（隰）〉倗（朋）㝅（與）鞄（鮑）弔（叔）畧（牙）皆拜，记（起）而言曰："公身爲亡（無）道，僫（擁）芋（華）侢（孟）子㠯（以）駝（馳）於倪【競建9】市，迿（驅）逩（逐）畋（田）紭（弋），亡（無）羿（期）庑（度）。或（又）㠯（以）豎（豎）逕（刁）㝅（與）㶯（饎）畧（牙）爲相。二人也倗（朋）箟（黨）羣戰（獸），䕶（摟）倗（朋）取（聚）㝅（與）贈（褻）公，畬而𥟖【競建10】之，不㠯（以）邦冡（家）爲事。從（縱）公之所欲，𠭯民䌮（獵）樂，篤（篤）遝伓忨，皮（疲）敝齊邦，日成（盛）于從（縱），弗䁂（顧）寿（前）逡（後）。百【鮑叔牙4】眚（姓）皆𠫤悁〈悁-怨〉，瀹（奄）肰（然）牆（將）薨（亡），公弗詰蜀（誅）。臣唯（雖）欲訐（諫），或不旻（得）見，公沽（固）弗詧（詧-察）。人之生厽（三）：飤（飤-食）、色、㥁〈悳（德）〉。含（今）豎（豎）逕（刁）佖（匹）夫而欲【鮑叔牙5】智（知）蔓（萬）竃（乘）之邦而貴（劇？）尹（朘？），亓（其）爲志（災）也深矣。惕（易）畧（牙），人之與者而飤（飤-食）人，亓（其）爲不息（仁）厚矣。公弗煮（圖），必䜮（害）公身。"

公曰："肰（然）剔（則）奚（奚）【鮑叔牙6】女（如）？"鞄（鮑）弔（叔）畧（牙）倉（答）曰："齊邦至亞（惡）死，而走（上）穋（留）亓（其）型（刑）；至欲飤（飤-食），而上厚亓（其）畬（斂）；至亞（惡）何（苛），而上不峕（時）史（使）。"

公乃身命祭（祭）：又（有）嗣（嗣-司）祭（祭）備（服）毋紋（黼），【鮑叔牙7】器必蜀（獨）愳（介），毋内（納）錢（殘）器，犧（犧）生（牲）珪璧，必全女（如）耆（故），伽（加）之㠯（以）敬。乃命又（有）嗣（嗣-司）箸（著）籛（籍）浮（符？），老㚣（弱）不型（刑），畮（畝）纆緖（短），田纆長，百糧篁（鍾）。命【鮑叔牙3】九月敘（除）逄（路），十月而徒秎（梁）成，一之日而車秎（梁）成。乃命百又（有）嗣（嗣-司）曰："又（有）虽

（夏）是（氏）觀亓（其）容㠯（以）史（使），返（及）亓（其）薨（亡）也，皆爲亓（其）容。毀（殷）人之所㠯（以）弋（代）之，觀亓（其）容，聖（聽）亓（其）【鮑叔牙1】言，遲亓（其）所㠯（以）薨（亡），爲亓（其）容，爲亓（其）言。周人之所㠯（以）弋（代）之，觀亓（其）容，聖（聽）〔其〕言，迿（考）佾（事）者〈以〉史（使），遲亓（其）所㠯（以）衰薨（亡），忘亓（其）迿（考）佾（事）也。二厽（三）子孚（挽-勉）之。寡（寡）人牆（將）迿（考）佾（事）。"【鮑叔牙2】

是戢（歲）也，晉人敱（伐）齊。既至齊墬（地），晉邦又（有）𤔲（亂），帀（師）乃逯（歸）。雩（雨?）坪（平）墬（地）至厀（膝），邊（復）。日傢〈傫（暖）〉亦不爲𢦏（災），公蠡（惃/惛）亦不爲戬（害）。【鮑叔牙8】

競（景）𦘔（建）內（納）之【競建1反】

鞄（鮑）弔（叔）𦣻（牙）與級（隰）倗（朋）之諫【鮑叔牙9】

5.3 季康子問於孔子（含【內豊附】【港中零簡5、6、8】）

【篇題】

原題"季庚子問於孔子"，今"庚"改用傳世文獻記載該名用字"康"。

【編聯】

1—2—3—4—港中零簡6；（港中零簡5+6）—7；17—5—（港中零簡8+11B）—18A；22B—（11A+18B）；12—15B，內豊附；8—21—（22A+13）—14—（15A+9）—10—19—20—23。

【釋文】

季庚（康）子䎽（問）於孔=（孔子）曰："肥從又（有）司之遂（後），罷（一）不智（知）民𠫷（務）之安（焉）才（在），唯子之訂（貽）䀠（羞）。青（青-請）昏（問）𡥈=（君子）之從事者，於民之【1】……"〔孔子曰："仁之以〕悳（德），此君子之大𠫷（務）也。"

庚（康）子曰："青（青-請）昏（問）可（何）胃（謂）𢘅（仁）之㠯（以）悳（德）？"孔=（孔子）曰："𡥈=（君子）才（在）民【2】之上，執民之𠁩（中），紽（施）𠄔（教）於百眚（姓），而民不備（服）安（焉），氏（是）𡥈=（君子）之恥也。是古（故）𡥈=（君子）玉亓（其）言而𡒄（廛-展）亓（其）行，敬成亓（其）【3】悳（德）㠯（以）臨民=（民，民）𦣻（望）亓（其）道而備（服）安（焉）。此之胃（謂）𢘅（仁）之㠯（以）悳（德）。𣪊（且）筦（管）中（仲）又（有）言曰：𡥈=（君子）龏（恭）𠟭（則）述（遂），喬（驕）𠟭（則）汥（侮）。㳬（備）言多難，【4】𢷎言𠟭（則）𢕟（㥕）。𦨶（饕）民唯（雖）𦋹（懌），不欲……【港中零簡6】

……面之𡰥。"孔=（孔子）訽（辭）㠯（以）豊（禮）孫（遜/愻）安（焉）。

庚（康）〔子曰："……〕【港中零簡5】……寍（寧）佗肥也。"孔=（孔子）曰："丘昏（聞）之，孟者昃（側）曰：夫箸=（箸者/箸箸-書者），㠯（以）箸（書）𡥈=（君子）之悳（德）也。【6】夫時（詩）也者，㠯（以）等（等-志）𡥈=（君子）志=（之志）。夫義（儀）者㠯（以）斤（謹）𡥈=（君子）之行也。𡥈=（君子）涉之，尖=（小人）雚（觀）之。𡥈=（君子）𢼊（敬）成亓（其）悳（德），𡭔=（少人-小人）母（毋?）𥨊（寐）【7】

……者，因古冊豊（禮）而章（彰）之毋逆，百事皆青（青-請）行之【17】

……面〈百?〉事皆旻（得）亓（其）雚（權）而弜（強）之，剔（則）邦又（有）榦童（棟），百眚（姓）迸（遜?）之㠯（以）□【5】

……寺=（寺之-恃之）㠯（以）爲㠯（己）埶（勢），子或（又）安（焉）昏（問）【港中零簡8】矣！”

庚（康）子曰：“母（毋）乃肥之昏（問）也是（寔）左虗（乎）？古（故）女（如）虗（吾）子之疋（疏）肥也。”孔=（孔子）【11B】怠（辭）曰：“子之言也巳（已）至（重）。丘也昏（聞）：孝〔=〕（君子）……【18A】

……威（蔑?）邀（速），母（毋）死（亙-亟?）才（在）逡=（逡逡-後。後）殜（世）比闠（亂），邦相褱（壞）攺（毁）。眾必亞（惡）善，臤（賢）人【22B】罙（深）佝。氏（是）古（故）夫攺（把?秉?）邦甚難，民能（態?）多【11A】□，肥民剔（則）安，膯（瘠?）民不敨（樹）。氏（是）古（故）臤（賢）人大於邦而又（有）畍（劬?）心，能爲𢁉（鬼）【18B】

安=（安安-焉，焉）复（作）而雚（乘）之，剔（則）邦又（有）穫。先=（先人）斎=（之所）善亦善之，先=（先人）斎=（之所）史（使）【12】〔亦使之。先人之所□勿□，先人之所〕亞（惡）勿史（使），先=（先人）斎=（之所）灋（廢）勿记（起），肰（然）剔（則）民遑（懲）不善。敉（救）父兄子俤（弟）而受（稱）賕【15B】

……□亡（無）戁（難）。母（毋）忘姑姊妹而遠敬之，剔（則）民又（有）豊（禮），肰（然）句（後）弄（奉）之㠯（以）申（中）章（庸）。【內豊附】

……也。萦（葛）㬥含（今）語肥也㠯（以）凥（處）邦豪（家）之述（術），曰：孝=（君子）不可㠯（以）不=弜=（不弜不弜-不強，不強）剔（則）不立。【8】……□=愧=（□威，□威）剔（則）民𢦏之。母（毋）訐（信）玄曾，因邦斎=（之所）臤（賢）而畢（興）之。大辠（罪）敉（殺）【21】之，㙅（臧）辠（罪）型（刑）之，少（小）辠（罪）罰之。句（苟）能匿（固）戰（守）【22A】而行之，民必備（服）矣。古（故）子㠯（以）此言爲豖（奚）女（如）？”孔=（孔子）曰：“綫（由）丘雚（觀）之，剔（則）敚（美）【13】言也巳（已）。叡（且）夫㬥含（今）之先=（先人），䒷（世）三代之遱（傳）弁〈史〉。幾（豈）敌（敢）不㠯（以）亓（其）先=（先人）之遱（傳）等（志）告?”庚（康）子曰：“肰（然）。亓（其）宔（主）人亦曰：古之爲【14】邦者必㠯（以）此。”

孔=（孔子）曰：“言剔（則）絒（美）矣，然【15A】異於丘斎=（之所）昏（聞）。㐀（丘）昏（聞）之，牀（臧）庱〈庱（文）〉中（仲）又（有）言曰：孝=（君子）弜（強）剔（則）遗（遺），愧（威）剔（則）民不【9】道，龠（鹽-嚴）剔（則）逵（失）眾，盄〈㿋（猛）〉剔（則）亡（無）新（親），好型（刑）剔（則）不羊（祥），好敉（殺）剔（則）复（作）闠（亂）。是古（故）臤（賢）人之居邦豪（家）也，夗（夙）畢（興）夜寐（寐），【10】降耑㠯（以）比，民之𢽾敚（美）弃（棄）亞（惡）母〈女（如）〉遏（歸）。訢（慎）少（小）㠯（以）會（合）大，疋（疏）言而簪〈簪（宓-密）〉戰（守）之。母（毋）欽（禁）遠，母（毋）詣（稽）逐〈遂-督/褻〖邇〗〉。亞（惡）人勿饑（陷），好【19】人勿貴。救民㠯（以）辟（辟）：大辠（罪）剔（則）夜（赦）之㠯（以）型（刑），㙅（臧）辠（罪）剔（則）夜（赦）之㠯（以）罰，少（小）剔（則）訿（訾）之。凡欲勿萛（當），凡逵（失）勿㡳（跪-詭），各【20】堂（當）亓（其）㔾（曲）㠯（以）成之，肰（然）剔（則）邦坪（平）而民頫（擾）矣。此孝=（君子）從事者之所啻𦔻也。【23】

5.4 苦成家父

【篇題】

原題“姑成家父”，今“姑”改用傳世文獻記載該名用字“苦”。

【編聯】

1—6—7—（8+2）—3—4—5—9—10。

【釋文】

姑（苦）成豕（家）父事剌（厲）公，爲士卩。行正（政）迺（迅）弜（強），㠯（以）見亞（惡）於剌=公=（剌公剌公-厲公。厲公）亡（無）道，虐（虐）于百=豫=（百豫百豫-百豫，百豫）反之。姑（苦）成豕（家）父㠯（以）亓（其）族参（三）䢵（郤）正（征）百豫（豫），不思（使）反。䠶（躬）與（舉）士凥（處）埻（館），旦夕絧（紿-治）之，思（使）又（有）君【1】臣之節。参（三）䢵（郤）中（中）立（位），㠯（以）正上下之訛（過），弜（強）于公豕（家）。

䜌箸（書）欲乍（作）韃（難）害参（三）䢵（郤），胃（謂）姑（苦）成豕（家）父曰：“爲此殜（世）也，從事可（何）㠯（以）女（如）是亓（其）疾與（歟）才（哉）？於言又（有）之：裓衾㠯（以）至於含（今）才（哉）！【6】亡（無）道，正也。伐氒（厥）遁辿，虗（吾）子煮（圖）之。”姑（苦）成豕（家）父曰：“虗（吾）敔（敢）欲裓衾㠯（以）事殜（世）才（哉）？虗（吾）櫘（植-直）立經（徑）行，遠慮（慮）煮（圖）逡（後），唯（雖）不堂（當）殜（世），句（苟）義毋舊（久），立死可（何）䰜（傷）才（哉）？”

䜌箸（書）【7】乃退（退），言於剌（厲）公曰：“参（三）䢵（郤）豕（家）厚取宔（主）君之眾，㠯（以）不聖（聽）命，牆（將）大害。”公愳（懼），乃命長魚翯（矯）……【8】……□。

䢵（郤）竒（寄-錡）䎽（聞）之，告姑（苦）成豕（家）父曰：“㠯（以）虗（吾）族参（三）䢵（郤）與【2】……於君，幸鼎（則）晉邦之社稷（稷）可旻（得）而事也，不幸鼎（則）取夋（挽-免）而出。者（諸）厌（矦-侯）畜（畜）我，隼（誰）不㠯（以）厚？”姑（苦）成豕（家）父曰：“不可。君貴我而受（授）我眾，㠯（以）我爲能絧（紿-治）。今【3】虗（吾）亡（無）能絧（紿-治）也，而因㠯（以）害君，不義，型（刑）莫大安（焉）。唯（雖）旻（得）夋（挽-免）而出，㠯（以）不能事君，天下爲君者，隼（誰）欲畜（畜）女（汝）者才（哉）？初，虗（吾）弜（強）立（位）絧（紿-治）眾，欲㠯（以）長聿（建）宔（主）君而迮（禦）【4】韃（難）。含（今）宔（主）君不遁（褻？）於虗（吾），古（故）而反亞（惡）之。虗（吾）毋又（有）它，正公事，唯（雖）死安（焉）逃之？虗（吾）䎽（聞）：爲臣者必思（使）君旻（得）志於㠯（己），而又（有）逡（後）責（青-請）。”姑（苦）成豕（家）父乃盜（寧）百豫（豫），不思（使）從【5】㠯（己）立（位/蒞）於廷。

長魚翯（矯）貰自公所，敂（拘）人於百豫（豫）㠯（以）內（入），緐（囚）之。姑（苦）成豕（家）父尃（捕）長魚翯（矯），梏（梏）者（諸）廷，與亓（其）妻，與亓（其）毋（母）。公恩（隱），亡（無）告=（告告-鞫，告）弜=門=夫=（弜門大夫弜門大夫-強門大夫，強門大夫）曰：“女（汝）出內庫（庫）之緐（囚），❜而余（舍）之兵。”【9】

弜（強）門夫=（大夫）衒（逄-率）㠯（以）睪（釋）長魚翯（矯），惻（賊）参（三）䢵=（䢵䢵-郤，郤）竒（寄-錡）、䢵（郤）至、姑（苦）成豕（家）父立死，不用亓（其）眾。参（三）䢵（郤）既亡，公豕（家）乃弱，䜌箸（書）弋（弑）剌（厲）公。【10】

5.5　君子爲禮（含【弟子問 3】【上博零簡 1,2】）

【篇題】

原題“君子爲豊”，今“豊”改用通行字“禮”。

【編聯】

1—2—3—（9A+4）—（9B+9D）；11—（15+13+16+14）—12，10；（5+6）—（弟子問 3+7+8）。

本篇簡 9C以及上博零簡 1 和上博零簡 2 附此。

【釋文】

䇾（顏）囦（淵）時（侍）於夫=子=（夫子。夫子）曰：“韋（回），君子爲豊（禮），㠯（以）依於悬（仁）。”䇾（顏）囦（淵）复（作）而會（答）曰：“韋（回）不思（忞-敏），弗能少居（詁）也。”

夫子曰：“迷（坐），虗（吾）語女（汝）。言之而不義，【1】口勿言也；見（視）之而不義，目勿見（視）也；聖（聽）之而不義，耳勿聖（聽）也；運（動）而不義，身毋運（動）安（焉）。”

䇾（顏）囦（淵）退，譻（數）日不出。□【2】〔□問〕之曰：“虗（吾）子可（何）亓（其）膇（瘠？）也？”曰：“肰（然）。虗（吾）新（親）聒（聞）言於夫子。欲行之不能，欲迲（去）之而不可，虗（吾）是㠯（以）膇（瘠？）也。”

䇾（顏）囦（淵）時（侍）於夫=子=（夫子。夫子）曰：“【3】韋（回），蜀（獨）智（知），人所亞（惡）也；蜀（獨）貴，人所亞（惡）也；蜀（獨）貭〈貣-富〉，人所亞（惡）【9A】〔也。”

顏〕囦（淵）记（起），迲（去）笞（席），曰：“敔（敢）聒（問）可（何）胃（謂）也？”夫子：“智而㠯（比）訁（諮），斨（斯）人欲亓（其）【4】〔□智〕也；貴而龍（熊-揖）㙱（壤-讓），【9B】斨（斯）人欲亓（其）長貴也；貭〈貣-富〉而□【9D】

行子人子羽聒（問）於子贛曰：“中（仲）尼（尼）與虗（吾）子產筥（孰）臤（賢）？”子贛曰：“夫子絧（紿-治）十室之邑亦樂，絧（紿-治）蓳（萬）室之邦亦樂。肰（然）鼎（則）〔賢〕【11】〔於子產〕壴（喜-矣）。”

“與墨（禹）筥（孰）臤（賢）？”子贛曰：“墨（禹）絧（紿-治）天下之川，【15】乃㠯（以）爲异（己）名。夫【13】子絧（紿-治）時（詩）箸（書），【16】亦㠯（以）〔爲〕异（己）名。肰（然）鼎（則）臤（賢）於墨（禹）也。”

“與叜（舜）【14】筥（孰）臤（賢）？”子贛曰：“叜（舜）君天下，……【12】

昔者中（仲）尼（尼）緻徒三人，窮徒五人，芫薋之徒……【10】

忞（怒）。凡色毋憂（憂）、毋{之}佻，毋复（作）、毋謠（慆）。毋【5】亽（俛-俛）見（視），毋昃（側）覞（睇）。凡目毋遊，定見（視）是求。毋欽（噤/唫）毋去（呿），聖（聲）之偖（疾）俆（徐）。爯（稱）丌（其）眾㝥（寡）。【6】毋又（有）柔季（教），毋又（有）百（首）猷（瘷），植（直）【弟子問 3】𦣻（頸）而秀。敂（肩）毋𡕒（發-廢）、毋厄（傾），身毋躳（偃）、毋倩（倩-綪）。行毋𧾷〈𧾷-蹶〉、毋敍（搖），足毋攴（偏）、毋高。亓（其）才（在）【7】廷（庭）鼎（則）欲齊=（齊齊-濟濟），亓（其）才（在）堂鼎（則）【8】

【附簡】

□【9C】

者。《少（小）顕（夏-雅）》，亦悳（德）之少（小）者也。䌛（由）事槩□，見又（有）道而㥯（怨）郝（刺）者也。周㝬肰（然）句（後）夂（作），孔䀌《大顕（夏-雅）》之迴□

【上博零簡 1】

迡不曰生民未之又（有）【上博零簡 2】

5.6.1　弟子問（含【港中零簡 7】）

【篇題】

暫據原整理者意見。

【編聯】

（2+1）;（7+8）; 22 ; 10—（17+20）—4 ; 11—24 ; 5 ; 6—9 ;（12+15）; 14 ; 16 ; 18 ; 附; 23。

按，本篇除簡首知爲原簡號（2+1），簡尾知爲原簡號 23，其餘簡序庶不可復原。今暫據文意與形式依次類聚爲三大類。第一大類謂之“弟子問”：簡（2+1）、簡（7+8）與簡 22 三組有涉孔子與子贛的對話；簡 10—（17+20）—4 一組的前段有涉孔子與子路的對話，其後段有涉孔子過曹與子遊對話；簡 24—11 一組的後段有涉孔子與子我的對話；簡 5 一組爲某弟子與孔子對話。第二大類謂之“孔子言”：簡 6—9 與簡（12+15）兩組僅記錄孔子之言。第三大類爲待定組：簡 14、簡 16、簡 18、【附】簡以及簡 23 這五個零組目前不詳是對話中言，還是僅記錄孔子之言者。

【釋文】

子曰：“脡（延）陵季子亓（其）天民也虐（乎）！生而不因亓（其）浴（俗）。吳人生七㥁（年）【2】而𣪊（擊）㪿（斬）[illegible]虐（乎）亓（其）雁（膺）。脡（延）陵季=（季子）僑（矯）而弗受。脡（延）陵季=（季子）亓（其）天民也虐（乎）！”

子贛【1】

……□曰：“虗（吾）聒（聞）父毋（母）之喪，【7】飤（食）肉女（如）飯土，畬（飲）酉（酒）女（如）涇〈溼-啜〉，訐（信）虐（乎）？”子贛乚（㫚-曰）：“莫新（親）虐（乎）父毋（母）。死不𧶠（顧），生可（何）言虐（乎）！亓（其）訐（信）也。”

子【8】

……子聒（聞）之，曰：“賜不虗（吾）智（知）也。夙（夙）興夜牀（寐）㠯（以）求聒（聞）【22】

……女（汝）弗智（知）也虐（乎）？䌛（由），夫㠯（以）眾軋（犯）𨿅（難），㠯（以）新（親）受（授）录（祿）;袋（勞）㠯（以）成事，色㠯（以）[illegible]官。士𩑛（治）㠯（以）力𠟭（則）俎（沮），㠯（以）【10】……弗王，善𨛭（䣜-矣）！夫安（焉）能王人？䌛（由）！”

子𨒅（過）𣌭（曹），𢈪（顏）【17】困（淵）馭（御）。至老丘，又（有）戎（農）植亓（其）㮑（耨）而訶（歌）安（焉）。子虡（據）虐（乎）軾（軾）而……【20】……𡧍風也，𤔔（亂）節而㤅（哀）聖（聲）。曹之喪，亓（其）必此虐（乎）！韋（回）！”

子𢤩（嘆）曰：“烏（於）！莫我智（知）也夫！”子遊曰：“又（有）墬（地）之胃（謂）也虐（乎）？”子曰：“侒（偃），【4】

……聛（聞）也，此之胃（謂）息（仁）。”

剢（宰）我昏（問）君子=（子。子）曰：“余（予），女（汝）能訢（慎）訂（始）與夂（終），斯（斯）善歆（歆-矣）。爲君子虐（乎）？【11】□（女-汝？）安（焉）□（能？）也？【24】

……□者，可逹（畧）而告也。”子曰：“少（小）子坴（來），聖（聽）余言。豈〈登〉季（年）不死（亙-恆）至，耇老不遻（復）壯。臤（賢）者急【5】

……安（焉）。”

子曰：“貧戔（賤）而不約者，虐（吾）見之壴（喜-矣）；賈〈貫-富〉貴而不喬（驕）者，虐（吾）聛（聞）而【6】〔未之見也。……之〕士，虐（吾）見之壴（喜-矣）；事而弗受者，虐（吾）聛（聞）而未之見也。”

子曰：“人而下峹（臨），猷（猶）上臨也。……【9】

……〔有夫行〕也，求爲之言。又（有）夫言也，求爲之行。言行相悳（因？），肰（然）句（後）君子。”

子【12】曰：“韋（回），坴（來）！虐（吾）告女（汝）丌（其）組者虐（乎）！隹（雖）多聛（聞）而不晋（友）臤（賢），丌（其）【15】

……從，虐（吾）子皆能又（有）時（待）虐（乎）？君子道翻（朝-昭），肰（然）鼎（則）夫二厽（三）子者，【14】

……□安（焉）夂（終）。”

子曰：“募（寡）聛（聞）鼎（則）沽（固），募（寡）見鼎（則）緖（肆）。多聛（聞）鼎（則）賊（惑），多見鼎（則）【16】

……□者，皆可𠂤（以）爲者（諸）医（矦-侯）㮊（相）郚（鄙-矣）。東西南北，不綺□……【18】

……曰：“考（巧）言寍（令）色，未可胃（謂）身（仁）也。□者丌（其）言呈而不可【附】

□息（仁）之又（有）？”

子曰：“剌（藾）虐（乎）丌（其）下，不折丌（其）枳（枝）。飤（食）丌（其）實，〔不毀其器。〕……【23】

5.6.2 弟子問附

【篇題】

《弟子問》簡13、19、21與《弟子問》整體不屬，今析爲兩篇。簡13、19、21謂之“弟子問附”。

【編聯】

13；19；21。

【釋文】

遼（就）人，不凸（曲）方（防）目（以）迲（去）人。”

子曰：“君子亡（無）所不足，亖（無）所又（有）余（餘）。割（蓋）……【13】

長。巨（蘧）白（伯）玉侍（侍）虐（乎）子，膻=（膻膻-雍雍）女（如）也丌（其）聖（聽）。子逄（路）迬（往）虐（乎）子，噩=（噩噩-愕愕）女（如）也女（如）戓（誅）。【19】

虐（吾）未見芋（華）而訐（信）者，未見善事人而湏（貞）者。含（今）之殜（世）□……【21】

5.7 三德

【篇題】

據原整理者意見。

【編聯】

1—4—5；2B—3—2A；22—6—17—15—16—港中零簡4；7—8—9；10—11—12A；（12B+20）；13—14—19；21—18。

【釋文】

天共（供）旹（時），埅（地）共（供）材，民共（供）力。䁅（明）王亖（無）思，是胃（謂）晶（三）悳（德）。芔（草）木須旹（時）而句（後）畜（奮），天亞（惡）女（如）忻。槾（更）旦母（毋）哭，曬（晦）母（毋）訶（歌），弦望〈望〉齊（齋）佰（宿），是胃（謂）川（順）天之黨（常）。【1】女（如）反之，必禺（遇）凶央（殃）。

母（毋）詢（詬）政卿於神宋（次），母（毋）亯（享）逸（逸）安（焉）救（求）利。戔（殘）亓（其）新（親），是胃（謂）違（罪）。君亖（無）宔（主）臣，是胃（謂）畏。邦豪（家）亓（其）褱（壞）。悥（憂）懼之閟（間），炡（疏）達之宋（次），母（毋）胃（謂）之【4】不敔（敢），母（毋）胃（謂）之不肰（然）。

古（故）黨（常）不利（履），邦遂（失）𠃬（幹/憲）黨（常）。少（小）邦劓（賊）戔（殘），大邦兆（禍）㦸（傷）。弁（變）黨（常）㬎（易）豊（禮），土埅（地）乃坓（坼），民乃䦾（夭）死。善=才=（善才善才-善哉善哉），晶（三）善才（哉），唯𧰼（福）之丕（基）。悠（過）而攺（改）【5】

……，皇天湘（將）𦥯（興）之。母（毋）爲悬（僞）䆗（詐），上帝湘（將）憎之。訢（期）而不訢（期），天乃隆（降）材（災）；巳（已）而不巳（已），【2B】天乃隆（降）祫（殆）。亓（其）身不旻（沒），至于孫=（孫子）。

昜（陽）而幽，是胃（謂）大葳（慼）。幽而昜（陽），是胃（謂）不恙（祥）。齊=（齊齊）節=（節節），外內又（有）詃（辨），男女又（有）節，是胃（謂）天豊（禮）。敬=之=（敬之敬之），天命孔明。【3】敬者旻（得）之，怠（怠）者遂（失）之，是胃（謂）天黨（常）。天神之……【2A】

……之罡（置?），未可目（以）遂（遯）。君子不慙（慎）亓（其）悳（德），四㐬之內，是帝之閘（關）。臨民目（以）悬（仁），民莫弗【22】新（親）。𦥯=（𦥯𦥯-繩繩）民事，行迬（往）貝（視）逨（來/逨）。民之所憙（憙-喜），上帝是有（祐）。凡宨（託）官於人，是胃（謂）邦固；宨（託）人於官，是胃（謂）邦蘠（露）。聿（建）五官弗散（措），是胃（謂）反逆。土埅（地）乃坓（坼），民人乃【6】荅（落）。

敬天之敀（敔），𦦧（興）埅（地）之𢁉（矩），死（亙-恆）道必𡉢。天才（哉），人才（哉），朋（憑）可新（親）才（哉）！叟（沒）亓（其）身才（哉）！智（知）天足㠯（以）川（順）旹（時），智（知）埅（地）足㠯（以）由材，智（知）人足㠯（以）會新（親）。不攸（修）亓（其）成，而【17】聖（聽）亓（其）縈（榮）。百事不述（遂），慮（且）事不成。卬（仰）天事君，𡱂（嚴）㖼（恪）必訐（信）。府（俯）見（視）埅（地）□，敄（秋-務）蓐（農）敬戒。母（毋）不能而爲之，母（毋）能而𢝊（易）之。聚（驟）敓（奪）民旹（時），天鉛（饑）必䢚（來）。【15】敓（奪）民旹（時）㠯（以）土攻（功），是胃（謂）頴（稽）。不𢇍（絕）𢙼（憂）䘏（恤），必𢖻（喪）亓（其）佖（匹）。敓（奪）民旹（時）㠯（以）水事，是胃（謂）洲（淖-淖/溺）。𢖻（喪）台（以）係（繼）樂，四方䢚（來）囂（虐）。敓（奪）民旹（時）㠯（以）兵事，是【16】〔謂□。……□〕解（懈）于旹（時）。上帝憙（憙-喜）之，乃𣞤（無）凶材（災）。【港中零簡4】

𢖻（喪）。憙（憙-喜）樂𣞤（無）堇（限）尾（度），是胃（謂）大㠩（荒）。皇天弗京（諒），必𣪠（復）之㠯（以）𢙼（憂）𢖻（喪）。凡飤（食）㱃（飲）𣞤（無）量詯，是胃（謂）滔（饕）皇。上帝弗京（諒），必𣪠（復）之㠯（以）康（歎）。上帝弗京（諒），㠯（以）祀不亯（享）。【7】

邦四𦗦（益），是胃（謂）方芋（革），唯（雖）温（盈）必虛。宮室𨒥（過）尾（度），皇天之所亞（惡），唯（雖）成弗居。衣備（服）𨒥（過）折（制），遊（失）於娧（媺-美），是胃（謂）違章，上帝弗京（諒）。𩲡（鬼）神禋（禋）祀，上帝乃訡（怡）。邦豙（家）【8】□賲（保），乃𣞤（無）凶材（災）。

高昜（陽）曰：母（毋）凶備（服）㠯（以）亯（享）祀，母（毋）衾（錦）衣交袒傒子，是胃（謂）忘神。……【9】

皇句（后）曰：立！母（毋）爲角言，母（毋）爲人昌（倡）。母（毋）𠬝（作）大事，母（毋）𠟭（殘）禀（常）。母（毋）雝（壅）川，母（毋）𠟭（斷）陸（阬-岡）。母（毋）威（滅）宗，母（毋）虛牀。母（毋）收（糾）敔（故），母（毋）弁（變）事〖禀（常）〗。母（毋）焚（煩）古（姑）謱（嫂），母（毋）【10】恥父𠑹（兄）。母（毋）夏（奡-傲）貧，母（毋）芺（笑）型（刑）。母（毋）椯（揣）深〖淵〗，母（毋）尾（度）山。母（毋）𢘶（逸）亓（其）身，而多（侈）亓（其）言。居母（毋）惁，𠬝（作）母（毋）康，善勿威（滅）。不恙（祥）勿爲，內（入）虛（墟）母（毋）樂，陞（登）【11】丘母（毋）訶（歌），所㠯（以）爲天豊（禮）。監（臨）川之都（瀦），𡨦（密）𨶝（澗）之邑〈𠊊（澳）〉，百𩊚（乘）之豙（家），十室之𠈣（聚）。宮室汙沱（池），各𢡎（慎）亓（其）尾（度），母（毋）遊（失）亓（其）道。□【12A】

……欲敄（殺）人，不㱃（飲）不飤（食）。秉之不固，【12B】㪿之不戥。至（致）型（刑）台（以）忞（哀），𡒊（增）迲（去）㠯（以）𢘐（悔）。民之所欲，𩲡（鬼）神是有（祐）。𢡎（慎）戰（守）虛□【20】

𢘓（怒）爲百（首）。身𠭯（且）有㾓（病），亞（惡）盉（羹）與飤（食）。邦𠭯（且）𠬛（喪），亞（惡）聖人之𢘐（誨）。室𠭯（且）弃（棄），不隓（墮/綏）祭（祭）祀，唯𢘓（怒）是備。凡若是者，不有大禍（禍）必大恥。天之所敗（敗），𠁽（緣）亓（其）𧶠（咎），而【13】𩓕（顧）亓（其）𢙼（憂）。𦦧（興）而记（起）之，思（使）𨖲（顛）而勿救。方縈（榮）勿伐，𤄧（將）𦦧（孕）勿敄（殺），𤄧（將）齊（濟）勿杭（抗），是弄（奉-夆）凶胖〈胯（孽）〉。天材（災）䌛=（䌛䌛-混混），弗𣏂（滅）不隕（隕）。爲善𠘨

（福）乃逨（來/速），爲不善禍（禍）乃或（又）之。埤（卑）【14】牆（牆）勿增，瀌（廢）人勿畢（興）。皇天之所弃（棄），而句（后）帝之所憎。母（毋）曰冥=（冥冥），上天又（有）下政（正）。晝□【19】

……京，竿之長。枸株復（覆）車，善澄（游）者【21】死於枛（梁）下，鬋（狻）鯢（麑）飤（食）虎。天犇（無）不從：好昌天從之，好貸（喪）天從之，好犮天從之，好長天從之。川（順）天旹=（之旹-之時），记（起）埅（地）之〔□。〕【18】

5.8.1　鬼神之明

【篇題】

本篇與5.8.2《融師有成》連抄，整理者統稱爲《鬼神之明　融師有成氏》。今各自獨立成篇，各用其題，唯簡號沿用原統一編號。

【編聯】

1—2A—2反—2B—3—4—5A。

【釋文】

今夫槑（鬼）神又（有）所明，又（有）所不明。

〔□鬼神有所明，〕則㠯（以）亓（其）賞善罰𣎼（暴）也。昔者尭（堯）、叁（舜）、墨（禹）、湯，𢍆（仁）義聖智，天下瀌（法）之。此㠯（以）貴爲天子，【1】賱〈賗-富〉又（有）天下，長季（年）又（有）舉（譽），逡（後）殜（世）遂（述）之。則槑（鬼）神之賞，此明矣。返（及）桀（桀）、受（紂）、學（幽）、萬（厲），焚聖人，敎（殺）訐（諫）者，惻（賊）百眚（姓），䜌（亂）邦豙（家）。【2A】此㠯（以）桀（桀）折於鬲（歷）山，而受（紂）首（得/止）於只（岐）袿（社），【2反】身不叟（沒），爲天下芙（笑）。則槑（鬼）【2B】〔神之罰，此〕明矣。

返（及）五（伍）子疋（胥）者，天下之聖人也，鴟尸（夷）而死。邃丕公者，天下之䜌（亂）人也，長季（年）而叟（沒）。女（如）㠯（以）此詰之，則善者或不賞，而𣎼（暴）【3】〔者或不罰，〕古（故）虗（吾）因加槑（鬼）神不明，則必又（有）古（故）。亓（其）力能至，安（焉）而弗爲虐（乎）？虗（吾）弗智（知）也。啻（抑）亓（其）力古（固）不能至安（焉）虐（乎）？虗（吾）或（又）弗智（知）也。此兩者枳（枝-歧）。虗（吾）古（故）【4】〔曰：鬼神有〕所明，又（有）所不明。此之胃（謂）虐（乎）？【5A】

5.8.2　融師有成

【篇題】

原題《融師有成氏》。單育辰（2006.4.30=2008）認爲“氏”當下讀，“融師有成”謂“融”之師名曰“有成”。據改爲“融師有成”。

【編聯】

5B—6—8—7。

【釋文】

𩰫（融）帀（師）又（有）成，氏（是）脜（狀）若生（鮏）。又（有）耳不䎽（聞），又（有）口不鳴。又（有）目不見，又（有）足不趣（趣/趨）。名則可畏，𡩜（實）則可柔（侮）。我（俄）曰戲（且）茖（格？）虐（乎），【5B】〔猶〕行猷（猶）時（待）；我（俄）曰戲（且）喬（蹻？）虐（乎），弗歙（飲）弗飤（食）。勿（物）斯（斯）可惑，頪（類）獸

（獸）非鼠。丵逡（後）[illegible]昃（側），蔑帀（師）見㥓（傷）。毀（毀）折鹿〈麗（離）〉戔（散），隹（唯）䇂（災）復（作）章（彰）。

象皮（彼）戰（獸）鼠，又（有）足而【6】……〔而〕□聒（聞）亞（崇）昜（揚）；庿（顏）色深晦（晦），而志行㬎（顯）明。不及壞焚，而正固……【8】□晕。湝（沉）望（抑）念惟，𤼷（癹-發）昜（揚）絼（縢-騰）儥（踰）。

昔鱻（融）之氏（是）帀（師），訮（晉）辂（尋）頣（夏）邦。蚩蚘（尤）復（作）兵，……【7】

6.1 景公瘧（含【彭祖 4】）

【篇題】

原題"競公瘧"，今"競"改用傳世文獻記載該名用字"景"，"瘧"改用通行字"瘧"。

【編聯】

1—2；3—4—（彭祖 4+5），6—7；11—10，8，9；（12—13）

2 反[篇題]。

【釋文】

齊競（景）公瘧（疥）叡（且）瘧（瘧），夓（逾）戢（歲）不巳（已）。割（艾?）疾（款）與梁（梁）丘虡（據）言於公曰："虐（吾）㡀（幣）帛甚娧（媺-美）於虐（吾）先君之量矣，虐（吾）珪玶（璧）大於虐（吾）先君之〔量矣。〕……【1】公瘧（疥）叡（且）瘧（瘧），夓（逾）戢（歲）不巳（已），是虐（吾）亡（無）良祝史也。虐（吾）欲〈欲〉豉（誅）者（諸）祝史。"公𦥑（舉）頁（首）倉（答）之："尚肰（然）。是虐（吾）所朢（望）於女（汝）也。盍豉（誅）之?"二子袋（揖?），牆（將）……【2】

是言也。"高子、或（國）子倉（答）曰："身爲新（親?），或（又）可（何）㤅（愛）安（焉）？是訐（信）虐（吾）亡（無）良祝史。公盍戓（誅）之?"

安（晏）子夕，二夫=（大夫）退。公内（納）安（晏）子而告之，若丌（其）告高子〔、國子之言。〕……〔：" 〕……〔屈〕【3】木爲成於宋。王命屈木昏（問）軋（范）武子之行安（焉）。文子倉（答）曰：'夫子史（使）丌（其）厶（私）史聖（聽）獄於晉邦，塼（敷）情（情）而不愈（偷）。史（使）丌（其）厶（私）祝史進……【4】既只（跂）於天，或椎（集-潛）於囦（淵）。夫子之悳（德）豐〈登-登〉矣，可（何）丌（其）宗（崇）！'古（故）君之愿（愿）良【彭祖 4】𥁕（溫）聖，外内不𤼷（癹-廢），可因於民者，丌（其）祝史之爲丌（其）君祝斂（說）也，正□【5】

忘矣，而湯（揚?）漬（清）者與（舉）旻（得）蔥（萬）福〈畐-福〉安（焉）。今君之貪（貪）惛（昏）𧍙（苛）匿（慝），㡀（敝）韋（違）……〔其祝史之爲其〕【6】君祝斂（說），毋〈女（如）〉尃（敷）青（青-情）忍（認）辠（罪）虐（乎），鼎（則）言不聖（聽）、青（青-請）不隻（蒦-獲）；女（如）川（順）言穿（弇/掩）亞（惡）虐（乎），鼎（則）忎（恐）逡（後）豉（誅）於史者。古（故）丌（其）祝史裚（製）蔑耑折祝之，多堣（寓）言……【7】

丌（其）左右相屄〈㕦-容〉自善，曰：'盍（蓋）必死，愈（偷）爲樂虐（乎）！古（故）死丌（其）牆（將）至，可（何）息（仁）……'……【11】……之臣，出喬（矯）於郢（鄙）。自古（姑）、蚤（尤）目（以）西，翏（聊）、䀒（攝）目（以）東，丌（其）人婁（數）多巳（已）。是皆貧胋（苦）約{疠（約）}瘤（病），夫婦皆祖（詛）。一丈夫執㪅（尋）之㡀（幣），三布之玉，唯是夫……【10】

禮（詛）爲亡（無）䰧（傷），祝亦亡（無）秝（益）。今新（薪）登〈聳（蒸）〉思（使）吳（虞）守之，䕶（澤）梁（梁）史（使）敂（漁）守之，山沓（林）史（使）莫（衡）守之。㒲（舉）邦爲欽（禁），約（要）夾（挾）者（諸）閘（關），縛繩（纆）者（諸）肺（市）。眾……【8】

明惪（德）觀行。勿（物）而祟者也，非爲媺（媺-美）玉肴生也。今內寵又（有）割（艾?）疾（款），外=（外寵）又（有）梁（梁）丘坓（據），縈（營）恎（誑）公，退（納?）武夫，亞（惡）聖人，番（播）浧壂（藏）菅，貴……【9】

二夫可不受皇，瓔（嬰）則未旻（得）與昏（聞）。”公弜（強）记（起）違箬（席），曰：“善才（哉）虐（吾）子!”晏子：“是毀（壤-襄）、逗（桓）之言也。”“祭（祭）、正（貞）不隻（蒦-獲）祟，㠯（以）至於此。神見虐（吾）逕〈逕（淫）〉㫷（暴）……【12】青（青-請）祭（祭）與正（貞）。”安（晏）子詞（辭）。公或（又）胃（謂）之。安（晏）子許若（諾）。命割（艾?）疾（款）不敔（敢）監祭（祭），梁（梁）丘虡（據）不敔（敢）監正（貞）。旬又（有）五，公乃出，見〈貝-視〉折〈朝-朝〉。【13】

競（景）公瘧（瘧）【2反】

6.2 孔子見季桓子

【篇題】

原題“孔子見季趄子”，今“趄”改用傳世文獻記載該名用字“桓”。

【編聯】

（1+4）—（20+3）—24；（16+6）—（10+8）；12—（2+7）—（26+14）—（11+22）—（19+17）—（18+13）；15，5，27。

本篇簡21、23附此。

【釋文】

子貝〈見〉季趄=〔子=〕（趄子趄子-桓子，桓子）曰：“䧹〈䧹（斯）〉䎽（聞）之，害（蓋）臤（賢）者是能皋〔=〕〈䍐=〉【1】息=（䍐息䍐息-親仁，親仁）者是能行𦔻（聖）人之道。女（如）子（茲）皋〈䍐-親〉息（仁），行𦔻（聖）人之道，則䧹〈䧹（斯）〉【4】不足，㞷〈剴（豈）〉敔（敢）訑（望）之？女（如）夫貝〈見〉人不猒（厭），䎽（問）豊（禮）不券（倦），則【20】䧹〈䧹（斯）〉忠=（中心）樂之。”夫子曰：“上不皋〈䍐-親〉息（仁），而粲（敷）{尃（敷）}䎽（聞）亓（其）㚸（詞/辭）於𢓜（逸）人虖（乎）？夫士，品勿（物）【3】不窮（窮），君子溝（流）亓（其）觀安（焉）。品勿（物）備矣，而亡（無）成惪（德）……【24】

者也。女（如）此者，安（焉）𢍰（與）之䁁（暑-處）而譔（詧-察）䎽（問）亓（其）所學。先【16】……䌛（由）息（仁）𢍰（歟）？害（蓋）君子𦔻（聖-聽）之。”

趄（桓）子曰：“女（如）夫息（仁）人之未譔（詧-察），亓（其）行【6】䁁（暑-處）可名而智（知）与（歟）？”夫子曰：“坒〈㐀-丘〉䎽（聞）之，唯（雖?）息（仁）人□□……【10】……也。[illegible]又（有）此佫（貌）也，而亡（無）㠯（以）會（合）者（諸）[illegible]矣（矣）。唯非息（仁）人也，乃……【8】

……亓（其）勿（物）。與（邪）蝺（僞）之民亦（亦）㠯（以）亓（其）勿（物）。審二逃（道）者㠯（以）觀於民，唯（雖）又（有）謂（過），弗逺（遠）【12】矣。”

趄(桓)子曰:“二道者,可旻(得)睧(聞)与(歟)?”夫子曰:“言䢅〈即〉至矣(矣),唯(雖)【2】虐(吾)子勿睧(問),古(固)牐(將)㠯(以)告。悬(仁)人之道,卒(衣)備(服)北(必)‌⿻(中),緅〈頌-容〉佫(貌)不求異於人。不[illegible]【7】也。孜(好)睘隹(唯)聚(聚),印(仰)天而𢘅(歎),曰:役(譻)!不弄(奉)[illegible],不沓(味)酉(酒)肉,【26】不飤(食)五穀(穀),臭(擇)凥(處)𡊨杆(岸?),剴(豈)不難虐(乎)?𢧢(抑)与(邪)民之行也,孜(好)叚(假)䊷(美)㠯(以)爲芓〔□,〕【14】此与(與)悬(仁)人弍(二)者也。夫與(邪)蟡(僞)之民,亓(其)述(術)多方。女(如)【11】迷〈恣(悉)〉言之,則忎(恐)舊(久)虐(吾)子。”

趄(桓)子曰:“𡳿〈𡳿(斯)〉不𨑝(敏),虐(吾)子迷〈恣(悉)〉言之,猷(猶)忎(恐)弗智(知),皇(況)亓(其)女(如)【22】㣲(微)言之虐(乎)?”夫子曰:“與(邪)蟡(僞)之民,卒(衣)備(服)孜(好)𢝊(采),□□【19】□皆求異於人。□𡚸(娄)𢦏(暴),興道學𡍫(淫)。言不𡊢(堂-當)亓(其)所,𣆢(𤾀-皆)同亓(其)[illegible]。此与(邪)民也。【17】行季(年)民(彌)舊(久),睧(聞)學(斆-教)不譔(詧-察)不㑗(依),亓(其)行枳忌哀□【18】□,此與(邪)民也。𢑴(色)不僕(𢣕?),此〈出〉言不𢖹(忌)。㒵〈見〉於孶=(君子),大爲毋槼(攝)。此與(邪)民〔也。〕……【13】

孶〔=〕(君子)𣦵㠯(以)眾𥜿〈𥜿-福〉,句(叩)拜四方之立(位)㠯(以)童(動)。孶〔=〕(君子)畏之㠯(以)亓(其)所畏,䂓(規)之㠯(以)亓(其)所谷(欲),智不行矣(矣)。不𠏿兼,𢇍(絕)㠯(以)爲㠯(己)兼。此民□……【15】

爲䛌㠯(以)事亓(其)上,悬(仁)亓(其)女(如)此也。上唯(雖)逃,智亡(無)不𡚀(亂)矣。是古(故)魚〈備(服)〉道之孶=(君子)行冟(冠),弗㒵〈見〉也;吾(語)㑒(險),弗㒵〈見〉也;魚〈備(服)〉[illegible],弗㒵〈見〉也。……【5】

是譔(詧-察),求之於⿻(中)。此㠯(以)不惑,而民道之。【27】

【附簡】

……者,孶=(君子)𢛳㠯(己)而立帀(師)保,𣂼(慎)亓(其)豊(禮)樂,逃(道)亓(其)……【21】

……君子又(有)道,至民之蟡(化?)……【23】

6.3.1 莊王既成

【篇題】

本篇與6.3.2《申公臣靈王》連抄,整理者統稱爲《莊王既成 申公臣靈王》。今各自獨立成篇,各用其題,唯簡號沿用原統一編號。

【編聯】

據原整理者意見。

【釋文】

臧(莊)王既成亡(無)鉀〈鎴(射)〉,㠯(以)昏(問)酷(沈)尹子桱(莖)曰:“虐(吾)既果成𣞤(無)鉀〈鎴(射)〉,㠯(以)共(供)萅(春)𥝩(秋)之𡧊(嘗),㠯(以)【1】時(待)四㕣(鄰)之賓(賓)客(客)。逡(後)之人幾可(何)保之?”酷(沈)尹匿(固)𢘓(辭),王匿(固)昏(問)之。酷(沈)尹子桱(莖)倉(答)【2】曰:“四與五之閒(間)

虖（乎）？”王曰：“女（如）四與五之閥（間），軵（載）之塼（傳）車㠯（以）走（上）虖（乎）？敀〈敃（抑）〉四舿（艖）㠯（以）【3】逾虖（乎）？”酷（沈）尹子桱（莖）曰：“四舿（艖）㠯（以）逾。”【4A】

臧（莊）王既成【1反】

6.3.2　申公臣靈王

【篇題】

據原整理者意見。

【編聯】

據原整理者意見。

【釋文】

戠（敔-禦）於朸（棘）述（遂），繡（紳-陳）公子皇峕（得/止）皇子，【4B】王子回（圍）敓（奪）之，繡（紳-陳）公俤（爭）之。王子回（圍）立爲王，繡（紳-陳）公子皇見王=（王。王）曰：“繡（紳-陳）公【5】忘夫朸（棘）述（遂）之下虖（乎）？”繡（紳-陳）公曰：“臣不智（知）君王之牆（將）爲君。女（如）臣智（知）君王【6】之爲君，臣牆（將）或至（致）安（焉）。”

王曰：“不敎（穀）㠯（以）芺（笑）繡（紳-陳）公，氏（是）言弃（棄）之。含（今）日【7】繡（紳-陳）公事不敎（穀），必㠯（以）氏（是）心。”繡（紳-陳）公坐（跪）拜，记（起），倉（答）：“臣爲君王臣，君王孚（挽-免）之【8】死，不㠯（以）唇〈辱〉釜（斧）疐（鑕），可（何）敌（敢）心之又（有）？”【9】

6.4.1　平王問鄭壽（含【王子木 1A】）

【篇題】

據原整理者意見。

【編聯】

1—2—3—4—5—6—王子木 1A。

【釋文】

競（景）坪（平）王豪（就）奠（鄭）耆（壽）訇（訊？稽？）之於尿屆（廟），曰：“禍（禍）敗（敗）因童（重）於楚邦，懼槐（鬼）神㠯（以）爲妄（怒），囟（思-使）【1】先王亡（無）所遠（歸）。虐（吾）可（何）攺（改）而可？”奠（鄭）耆（壽）怨（辭），不敌（敢）倉（答）。王悃（固）訇（訊？稽？）之。倉（答）：“女（如）敳（毀）新都、楲陵、【2】臨昜（陽），杀（殺）左尹䖒（宛）、少帀（師）亡（無）悬（忌）。”王曰：“不能。”奠（鄭）耆（壽）：“女（如）不能，君王與楚邦懼戁。”

奠（鄭）【3】耆（壽）告又（有）疾，不史（事）。盟〈盟（明）〉戢（歲），王復（復）見奠=耆=（奠耆奠耆-鄭壽，鄭壽）出，居逄（路）㠯（以）須。王與之訏（語）。少=（少少），王芺（笑）【4】曰：“歬（前）䆃（冬）言曰：邦必乚（喪），我及。含（今）可（何）若？”倉（答）曰：“臣爲君王臣，介備名，君王遂（踐）尻（處），辱【5】於孝（老）夫。君王所攺（改）多=（多多-者也多），君王保邦。”

王芺（笑）：“女（如）我旻（得）孚（挽-免），遂（後）之人可（何）若？”倉（答）曰：“臣弗【6】智（知）。”【1A】

6.4.2 平王問鄭壽附

【篇題】

《平王問鄭壽》簡 7 與《平王問鄭壽》整體不屬，今析爲兩篇，簡 7 謂之“平王問鄭壽附”。李松儒以爲與上博八《命》《王居》《志書乃言》屬同一書手，郭永秉（2008=2011：87-102）以爲可能編入未公佈的《謙恭淑德》（李零 2020:271）。

【編聯】

7。

【釋文】

……䘮（喪）。𠁁（温）龏（恭）𡉚（淑）惠，民是䁥（瞻）睢（望）。【7】

6.5 平王與王子木（含【志書 8】）

【篇題】

據原整理者意見。

【編聯】

1B—5—2—3—4—志書 8。

【釋文】

競（景）坪（平）王命王子木迈（蹠）成父，𨑥（過）緍（紳-申），暏（託）飤（食）於䵣寱（宿）。成公䡊（乾）枕，【1B】𡍮（坐）於䔮（䔮-疇）𠁩（中）。王子䎽（問）成公：“此可（何）？”成公𣕟（答）曰：“䔮（䔮-疇）。”王子曰：“䔮（䔮-疇）可（何）𠚤（以）爲？”【5】曰：“𠚤（以）穜（種）𣏌（麻）。”王子曰：“可（何）𠚤（以）𣏌（麻）爲？”𣕟（答）曰：“𠚤（以）爲卒（衣）。”

成公记（起），曰：“臣𨡕（將）又（有）告。虐（吾）先君【2】𢧢（莊）王迈（蹠）河雝（雍）之行，暏（託）飤（食）於䵣寱（宿），盬（酪）盉（羹）不𩠹（焌-酸）。王曰：‘𥂕（瓮/甕）不盍（蓋）。’先君【3】智（知）𥂕（瓮/甕）不盍（蓋），盬（酪）不𩠹（焌-酸）。王子不智（知）𣏌（麻）。王子不𢔶（得）君楚邦，或（又）不𢔶（得）【4】臣楚邦。”【志書 8】

6.6 慎子曰恭儉（含【凡物甲 27】，【成王 4】）

【篇題】

據原整理者意見。

【編聯】

1；2；凡物甲 27—5；3；4；6

3 反［篇題］。

成王 4 附此。

【釋文】

訢（慎）子曰：“共（恭）㑴（僉一儉）𠚤（以）立身，㝯（堅）𢏚（強）𠚤（以）立志，忠𡩆（實）𠚤（以）反（返）𠘧〈命〉。逆䎡（友）𠚤（以）載道，𥻘（精）灋（法）𠚤（以）巽（全）埶（勢）【1】……

……干（焉），共（恭）𠚤（以）爲體𨑍，莫攴（偏）干（焉）。訐（信）𠚤（以）爲言，莫攴（偏）干（焉）。㢾（強）𠚤（以）庚（賡）志，……【2】

敔牆（牆）而豊（履），并（屏）燹（氣）而言，不逹〈遂-失〉丌（其）所然，古（故）曰𡸎（堅）。朶（端）凥（處）和燹（氣），窹（令）聖（聲）好色，【凡物甲27】豪不纆（纍-羸）甘（其）志，古（故）曰弡（強）。百（首）峕（戴）茅芙（蒲），槢（樸-撰）筱（蓧）執櫨（鉏），逩（遵）畎備（服）晏〈畮-畝〉，必於……【5】

勿（物）目（以）坏（培）身，中（中）凥（處）而不皮（頗），貢（賃-任）悳（德）目（以）祀（竢）。古（故）曰：菁（青-靜）剸（斷）□……【3】

㙯（壤-尚）旻（得）甬（用）於殜（世）。均分而坣（廣）貤（施），時（持）悳（德）而方（秉）義。民之……【4】

遠迖。爲民之古（故），急（仁）之至。氏（是）目（以）孥=（君子）向方智（知）道不可目（以）恷（疑），臨……【6】

訢（慎）子曰共（恭）奢（儉）【3反】

【附簡】

白（伯）㞒（夷）、弔（叔）齊戗（餓）而死於售（雝-溝）滓（瀆），不𨸏〈辱〉丌（其）身，糈□……【成王4】

6.7 用曰

【篇題】

據原整理者意見。

【編聯】

1；2；3；4—19；5—13；6；7；8；9；10；11；12；14；15；16；17；18；20A，20B[習字]。

【釋文】

……思民之初生，多隂（險）目（以）戁（難）成。旲（視-示）之台（以）康樂，慝之台（以）兇坓（刑）。心、目彶（及）言，是善敗（敗）之經。曑（三）節之未旻（得），豫（舍）命乃縈（營）。【1】

……不可惷。用曰：執（暬/褻）〖邇〗君執（暬/褻）〖邇〗戾。

柬=（柬柬-簡簡）疋=（疋疋-疏疏），事非與（譽?）又（有）方。爯（稱）秉緟（重）悳（德），冒難軋（犯）央（殃）。非憮（撫）於禀〈㝛-福〉，亦力孠（挽-勉）目（以）母（毋）忘。君□……【2】

丨（節）亓（其）又（有）成悳（德），閟（閉）言自闢（關）。訛（亢）亓（其）又（有）审（中）墨，良人貟安（焉）。戁之！少疋（疏）於穀（穀），亦不執（暬/褻）〖邇〗於惻（賊）。用曰：遠君遠戾。【3】

悳（德）徑于康。㤩（慑-攝）好弃（棄）怢（尤），五井（刑）不行。淦（陰）鼎（則）或淦（陰），昜（陽）鼎（則）或昜（陽）。民日愈（偷）樂，逌〈遻（蕩）〉相弋𢦒。社之亡（無）經，而亦不可〔□。□〕【4】定又（有）紀（紀），而亦不可慮（阻）。民道絣（緐-

繁）多，而亦不可沽（怙）。又（有）昧〔=〕（昧昧）丌（其）不見，不〈而〉卲（昭）亓（其）甚明；又（有）泯=（泯泯）之不達，而㬎（散-顯）亓（其）甚章。進退敫立，而【19】

……難之，而亦弗能弃（棄）。用曰：盜（寧）事虩=（虩虩-赫赫）。

征虫（蟲）飛鳴（鳥），受勿（物）于天。民之乍（作）勿（物），隹（唯）言之又（有）訐（信）。見（視）歬（前）募（顧）遂（後），九惪是貞。用曰：□【5】不㠯（紀？期？）於天，而㠯（紀？期？）於人。

隹（唯）君之賓（賈）臣，非貨台（以）䠷（酬）。又（有）䐗（藏）才（在）心，嘉惪（德）吉猷。心䐗（藏）之既權，征民乃䞶。兇井（刑）厲政，攼亓（其）若𢍏。……【13】

䧖（措）心懷惟，各又（有）亓（其）異恚（圖）。繼（絕）原（源）湋（流）滮〈漲-澌〉，亓（其）由（猶）能不沽（涸）？用曰：䣍（脣）亡齒倉〈寒〉。

凡龏（恭）人，非人是龏（恭），氒（厥）身是戠（衛）。戔亓（其）又（有）綸綌（紀）【6】

鼎（則）方繇（由）而弗可矣。用曰：咎羣言之弃（棄）。

曼=（曼曼）柬=（柬柬-簡簡），亓（其）頌（容）之作。贛=（贛贛-坎坎）險=（險險-險險），亓（其）自見（視）之泊。慎（寘/實）可新（慎）哉，亓（其）言之䛐〈謬〉（謎-差）罪（擇）。龔（龔-恭）又（有）武心，【7】

……敳（樹）惠蓄，宔（定）保之亟（亙-極）。非稷之橦（種），而可畲（歙-飲）飤（食）。硃（積）浧（盈）天之下，而莫之能旻（得）。用曰：自亓（其）又（有）保（寶）貨，盜（寧）又（有）保（寶）惪（德）。

韓難□……【8】

價（瀆？）言，台（以）忘民惪（德）。內（納）閒（間）諯（誅）眾，而焚丌（其）反昃（側）。禍（禍）不降自天，亦不出自墬（地），隹（唯）心自惻（賊）。用曰：……【9】

之巡（襲？）。萅（春）穋〈𥝩-秋〉還遭（轉），而諗（叙/序）既返（及）。用曰：裻（勞）人亡（無）赴（徒）。

胃（謂）天高而不槩（暨），胃（謂）墬（地）厚而不達。言才（在）冡（家）室，而莫執朕肓（舌）。昌……【10】

〔□〕亞（惡）猷（猶）悉（愛），亂（亂）節晉（僭）行。冒還（營）氒（厥）辟，台（以）民乍（作）康。若罔（網）之未變（癹-發），而自嘉樂。司民之降兇，而亦不可逃。用曰：𢨋（舉）箄（竿）於埜（野）。【11】

既出於口，鼎（則）弗可悔，若矢之厺（挩-免）於弦。用曰：聶（攝）亓（其）䍐（栝？），而不可復（復）。舵（舌）非考（巧）厺（挩-謾），新（慎）良台（以）冡（稼）嗇（穡），鼎（則）行也【12】

……用曰：母（毋）事繅=（繅繅）。

弜（強）君梍（處）政，楊（揚）武於外，克轤（獵）戎事，台（以）員（損）四戔（踐）。折（制）灋（法）即（節）井（刑），恐（恆-極）民趣（趣-癉）毀（敗）。訍（繁）亓（其）又（有）繼（絕-算）恚（圖），而難（難）亓（其）又（有）惠民，□【14】

……宧（甑）于翺（朝）夕，而考（嫱）於左右。埶（瞀/褻）〖邇〗而不難（戁），告眾之所畏忌，請（請）命之所䋨（惓?），而言訢（語）斋=（之所）记（起）。辠（罪）之枳（枝）葉，良人可思。……【15】

鰥之身，浵吝（文）惠武，韶（龔-恭）弔（淑）吕（以）成。茅之台（以）元色：柬（簡）亓（其）又（有）死（亙-恆）井（形），纏（憓）亓（其）又（有）魁（威）頌（容），而綏（晏）亓（其）又（有）盜（寧）……【16】

……用，亡（無）咎隹（唯）溋（盈）。用曰：莫眾而眯（迷）。

僉（斂）之不肎（肯），而壓（廛-展）之亦不能。韓（違）眾誁（孽）諫，腈（羞）䎽（聞）亞（惡）悬（謀）。事既㷻（無）社（功），眾……【17】

〔用曰：〕人亡（無）麐〈麐（文）〉，言台（以）爲章。

记（起）事乍（作）志，敫（睿）亓（其）又（有）串（中）成。番（播）悳（圖）紒（裕）眾，台（以）孚（挽-勉）民生。秝（設）立帀（師）長，聿（建）𣪠（設）之政（正）。諭諫敃〈𢽴（差）〉【18】

民亦弗能望。

又（有）但之深，而又（有）弔之滐（淺）。又（有）䕅=（䕅䕅）之紒（裕），而又（有）緽=（緽緽）之衺（褊）。凡民之㝒（終）頪（類），隹（唯）善是善。【20A】{善古（故）君之【20B】}

6.8 天子建州（甲本）

【篇題】

據原整理者意見。

【編聯】

據原整理者意見。

【釋文】

天子聿（建）之吕（以）州，邦君聿（建）之吕（以）坘（都），夫=（大夫）聿（建）之吕（以）里，士聿（建）之吕（以）室。凡天子七殜（世），邦君五【1】三殜（世），士二殜（世）。士象夫=（大夫）之立（位），身不孚（挽-免）；夫=（大夫）象邦君之立（位），身不孚（挽-免）；邦君象天子之【2】〔立（位），〕身不孚（挽-免）。

豊（禮）者，義（儀）之跬（兄）也。豊（禮）之於层宙（廟）也，不腈（腈-精）爲腈（腈-精），不娧（媺-美）爲娧（媺-美）。義（儀）反之，腈（腈-精）爲不【3】腈（腈-精），娧（媺-美）爲不娧（媺-美）。古（故）亡（無）豊（禮）大瀌（廢），亡（無）義（儀）大誁（孽）。

型（刑）屯（純）用肯（青-情），邦𡰥（喪）；屯（純）用勿（物），邦𡰥（喪）。必串（中）肯（青-情）吕（以）罷（羅-麗）於【4】勿（物），幾（稀）敕（殺）而邦正。

文会（陰）而武昜（陽）。訐（信）文旻（得）事，訐（信）武旻（得）田。文悳（德）紿（紿-治），武悳（德）伐，文生武敕（殺）。明=（日月）旻（得）亓（其）【5】甫（輔），想（將）之吕（以）玉抖（斗）。戟（仇）戠（讎）戔（殘）亡，洛、尹（伊）行，身和二：一憙（憙-喜）一忞（怒）。

天子坐㠯（以-似）巨（矩），飤（食）㠯（以-似）義（儀），立㠯（以-似）縣（懸），行㠯（以-似）【6】〔繩。視〕医（矦-侯）量，募（顧）還身。者（諸）医（矦-侯）飤（食）同脜（狀），見（視）百〈百-首〉正，募（顧）還胥〈觳-肩〉，與卿夫=（大夫）同恥（態）厇（度）。士見（視）目巠（恆），募（顧）還【7】不可㠯（以）不聒（聞）。恥（態）厇（度），民之義（儀）也。

凡天子欽（歆）𣪘（溉？氣？），邦君飤（食）蜀（獨），夫=（大夫）氶（承）鷹（薦-餕），士受余（餘）。天子亖（四）辟（襞）【8】〔筵〕若（席），邦君三辟（襞），夫=（大夫）二辟（襞），士一辟（襞）。

事槐（鬼）鼎（則）行敬，褱（懷）民則㠯（以）悳（德），剸（斷）型（刑）則㠯（以）忞（哀）。

䡗（朝）不語內，䢼（攻）【9】〔不語〕戳（戰）。才（在）道不訮（語）匿，凥（處）正（政）不訮（語）樂。酓（尊）且（俎）不折（制）事，聚眾不訮（語）急（逸）。男女不訮（語）鹿〈麗（離？儷？）〉，堋（朋）晳（友）不【10】〔語分，〕臨飤（食）不訮（語）亞（惡）。臨𣦵（兆）不言亂（亂）、不言帰（侵）、不言威（滅）、不言犮（拔）、不言耑（短），古（故）龜又（有）五昇（忌）。臨成（城）不【11】〔言〕毀（毀），觀邦不言𠷎（喪）。古（故）見傷而爲之晢〈鑿〉，見窔（竅）而爲之內（枘）。

時言而殜（世）行，因悳（德）而爲之折（制），是胃（謂）【12】中（中）不韋（違）。所不季（教）於帀（師）者三：弜（強）行、忠謀（謀）、訐（信）言。此所不季（教）於帀（師）也。【13】

6.9 天子建州（乙本）

【篇題】

據原整理者意見。

【編聯】

據原整理者意見。

【釋文】

凡天子聿（建）之㠯（以）州，邦君聿（建）之㠯（以）坨（都），夫=（大夫）聿（建）之㠯（以）里，士聿（建）之㠯（以）室。凡天子七殜（世），邦君五殜（世），夫=（大夫）三殜（世），士二殜（世）。【1】

士象夫=（大夫）之立（位），身不夅（娩-免）；夫=（大夫）象邦君之立（位），身不夅（娩-免）；邦君象天子之立（位），身不夅（娩-免）。

豊（禮）者，義（儀）之跬（兄）也。【2】豊（禮）之於屎宙（廟）也，不腈（腈-精）爲腈（腈-精），不娧（媺-美）爲娧（媺-美）。義（儀）反之，腈（腈-精）爲不腈（腈-精），娧（媺-美）爲不娧（媺-美）。古（故）亡（無）豊（禮）大灋（廢），亡（無）義大訥（孽）。

型（刑）【3】屯（純）用青（青-情），邦𠷎（喪）；屯（純）用勿（物），邦𠷎（喪）。必中（中）青（青-情）㠯（以）翟（羅-麗）於勿（物），幾（稀）敎（殺）而邦正。

文侌（陰）而武昜（陽），訐（信）文㝵（得）弁〈史（事）〉，訐（信）武㝵（得）田。文直（德）【4】絧（紿-治），武直（德）伐。文生武敎（殺）。明=（日月）直（得）亓（其）甫（輔），想（將）之㠯（以）玉斗（斗）。戟（仇）戳（讎）戔（殘）亡，洛、尹（伊）行，身和二：一憙（憙-喜）一忞（怒）。

天子坐【5】㠯（以-似）巨（矩），飤（食）㠯（以-似）義（儀），立㠯（以-似）縣（懸），行㠯（以-似）輿（繩）。見（視）医（矦-侯）量，募（顧）還身。者（諸）医（矦-

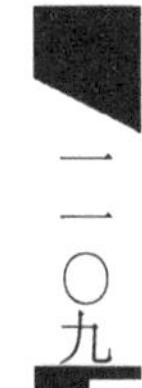

侯）飤（食）同脜（狀），旯（視）百〈百-首〉正，募（顧）還胥〈散-肩〉，與【6】卿夫=（大夫）同恥（態）厇（度）。士旯（視）目巠（恆），募（顧）還面，不可㠯（以）不昏（聞）。恥（態）庑（度），民之義（儀）也。

凡天子欽（歆）燹（溉？氣？），邦君飤（食）蜀（獨），夫=（大夫）【7】氶（承）廌（薦-餕），士受舍（餘）。天子三（四）辟（襞）延（筵）箬（席），邦君三辟（襞），夫=（大夫）二辟（襞），士一辟（襞）。

事梟（鬼）則行敬，褱（懷）民則㠯（以）悳（德），剸（斷）型（刑）則㠯（以）忞（哀）。【8】

翺（朝）不語內，社（攻）不語戩（戰）。才（在）道不䛠（語）匿，凥（處）正（政）不䛠（語）樂。夊（尊）且（俎）不折（制）事，聚眾不䛠（語）急（逸）。男【9】女不䛠（語）鹿〈麗（離？儷？）〉，堋（朋）瞀（友）不䛠（語）分，臨飤（食）不䛠（語）亞（惡）。臨兆（兆）不言悆（亂）、不言㷋（侵）、不言威（滅）、【10】不言犮（拔）、不言耑（短），古（故）龜又（有）五昇（忌）。臨成（城）不言毀（毀），觀邦不言朻（喪）。古（故）旯〈見〉傷（祥？）而爲之晢〈鑿〉，……【11】

7.1　武王踐阼

【篇題】

據原整理者意見。宜名之《武王問於師尚父》。

【編聯】

據原整理者意見。

【釋文】

〔武〕王䎽（問）於帀（師）上（尚）父曰：“不智（知）黃帝、耑（顓）琂（頊）、尭（堯）、叁（舜）之道（道）才（在）虐（乎）？音（意）幾忘（亡）不可旻（得）而訨（睹）虐（乎）？”帀（師）上（尚）父曰：“【1】於丹箸（書）。王女（如）谷（欲）觀之，盍[illegible]（齋？）虐（乎）？牆（將）㠯（以）箸（書）旯（示）。”

武王[illegible]（齋？）三日，耑（端）備（服）曼（冕），俞（逾），堂（當）毀（楣）南面而立。帀（師）上（尚）父：“【2】夫先王之箸（書）不㠯（與）北面。”武王西面而行，[illegible]（杠？-尼？），折而南，東面而立。

帀（師）上（尚）父弄（奉）箸（書），道（道）箸（書）之言，曰：“怠【3】勳（勝）義〈敬〉則忘（亡），義〈敬〉勳（勝）怠則長。義勳（勝）谷（慾）則從，谷（慾）勳（勝）義則兇。息（仁）㠯（以）旻（得）之，息（仁）㠯（以）戰〈獸（守）〉之，亓（其）韋（運）百【4】〔世〕；不息（仁）㠯（以）旻（得）之，息（仁）㠯（以）戰〈獸（守）〉之，亓（其）韋（運）十殜（世）；不息（仁）㠯（以）旻（得）之，不息（仁）㠯（以）戰〈獸（守）〉之，及於身。”

武王䎽（聞）之忎（恐）䁈（懼）。爲【5】名（銘）於箬（席）之四耑（端）。〔左端〕曰：“安樂必戒。”右耑（端）曰：“毋行可思（悔）。”箬（席）逡（後）左耑（端）曰：“民之反[illegible]（側？），亦不可〔不〕志。”逡（後）右耑（端）曰：“【6】□（所？）諫不遠，旯（視）而所弋（代）。”

[illegible]機曰：“皇=（皇皇）隹（惟）堇口=（口，口）生敬，口生訇（怠/殆），槧（縝-慎）之口{=}。”

檻（鑒）名（銘）曰：“見亓（其）歬（前），必慮亓（其）逡（後）。”【7】

□盥（盤/瓮）名（銘）曰：“與亓（其）溺於人，盜（寧）溺=於=宋〔=〕（溺於宋溺於宋-溺於淵。溺於淵）猷（猶）可遊（游），溺於人不可求（救）。”

桯（楹）名（銘）：“隹（唯）毋曰可（何）惕（傷），[illegible]（禍？）牆（將）長。【8】〔毋〕

曰亞（惡）害，□（禍？）牆（將）大。毋曰可（何）戔（殘），□（禍？）牆（將）言（衍）。”

枳（枝）名（銘）隹（唯）曰：“亞（惡）坐=（跪跪-危？危）於忿連（戾）。亞（惡）遊〈遾〉=（遾遾-失？失）逌（道）於脂（嗜）谷（慾）。亞（惡）【9】〔忘？忘〕於貴稟〈稾（富）〉。”

卣（牖？）名（銘）隹（唯）曰：“立（位）難㝵（得）而惕（易）遊〈遾-失〉，士難㝵（得）而惕（易）雈（外）。毋堇（勤）弗志，曰余智（知）之。毋【10】

武王䎽（問）於大（太）公瞖（望）曰：“亦又（有）不浧（盈）於十言而百殜（世）不遊〈遾-失〉之逌（道），又（有）之唇（乎）？”大（太）公瞖（望）倉（答）曰：“又（有）。”

武王曰：“亓（其）逌（道）可㝵（得）【11】㠯（以）䎽（聞）唇（乎）？”大（太）公瞖（望）倉（答）曰：“身則君之臣，逌（道）則聖人之逌（道）。君齋，牆（將）逌（道）之。君不祈，則弗逌（道）。”

武王齋七日。大（太）【12】〔公〕瞖（望）弄（奉）丹箸（書）㠯（以）韝（朝）。大（太）公南面，武王北面而遉（復）䎽（問）。大公倉（答）曰：“丹箸（書）之言又（有）之曰：‘志勳（勝）欲（慾）則【13】回〈昌〉，欲（慾）勳（勝）志則乚（喪）。志勳（勝）欲（慾）則從，欲（慾）勳（勝）志則兇。敬勳（勝）怠（怠）則吉，怠（怠）勳（勝）敬則威（滅）。不敬則不定（正），弗【14】弜（強）則柱=（柱柱-枉。枉）者戢（敗），而敬者萬殜（世）。史（使）民不逆而訓（順）成，百眚（姓）之爲緄（程）。’丹箸（書）之言又（有）之。”【15】

7.2　鄭子家喪（甲本）

【篇題】

據原整理者意見。

【編聯】

據原整理者意見。

【釋文】

奠（鄭）子豪（家）乚（喪），鄸（鄸-邊）人砳（來）告。臧（莊）王㝡（就）夫=（大夫）而與之言曰：“奠（鄭）子豪（家）敉（殺）丌（其）君，不敦（穀）日欲㠯（以）告夫=（大夫），㠯（以）邦之惪（病），【1】㠯（以）急（及）於含（今）。天逡（後-厚）楚邦，囟（思-使）爲者（諸）医（矦-侯）正。含（今）奠（鄭）子豪（家）敉（殺）亓（其）君，牆（將）俫〈保〉亓（其）龔（恭-寵）炎〈光〉㠯（以）叟（沒）內（入）堅（地）。女（如）上帝褱（鬼）【2】神㠯（以）爲惹（怒），虛（吾）牆（將）可（何）㠯（以）倉（答）？唯（雖）邦之惪（病），牆（將）必爲帀（師）。”

乃𧻚（起）帀（師），回（圍）奠（鄭）三月。奠（鄭）人責（青-請）亓（其）古（故）。王命倉（答）之曰：“奠（鄭）子【3】豪（家）遉（顛）遉（覆）天下之豊（禮），弗愧（畏）褱（鬼）神之不恙（祥），戕（戕）惻（賊）丌（其）君。祠（台）牆（將）必囟（思-使）子豪（家）毋㠯（以）成名立於上，而威（滅）【4】炎〈光〉於下。”

奠（鄭）人命㠯（以）子良爲執（質），命思（使）子豪（家）利木三窨（寸），綻（疏）索（索）㠯（以）紲（鞏），毋敔（敢）丁門而出，斂（掩）之成（城）丕（基）。【5】王許之。

帀（師）未還，晉人涉，牆（將）救奠（鄭），王牆（將）還。夫=（大夫）皆進曰：“君王之𧻚（起）此帀（師），㠯（以）子豪（家）之古（故）。含（今）晉【6】人牆（將）救子豪（家），君王必進帀（師）㠯（以）辺之。”王安（焉）還軍㠯（以）辺之，與之戰於兩

棠，大敗（敗）晉帀（師）安（焉）。【7】

7.3 鄭子家喪（乙本）

【篇題】

據原整理者意見。

【編聯】

據原整理者意見。

【釋文】

子冢（家）乢（喪），鄒（邊）人銮（來）告。臧（莊）王㐭（就）夫=（大夫）而与之言曰：“奠（鄭）子冢（家）敹（殺）亓（其）君，不敦（穀）日欲㠯（以）告夫=（大夫），㠯（以）【1】邦之㾞（病），㠯（以）急（及）於含（今）。天逡（厚）楚邦，囟（思-使）爲者（諸）厌（矦-侯）正。奠（鄭）子冢（家）敹（殺）亓（其）君，牆（將）保亓（其）龏（恭-寵）炎〈光〉㠯（以）及〈叟（沒）〉内（入）埅（地）。女（如）上帝〔鬼〕【2】〔神〕㠯（以）爲惹（怒），虛（吾）牆（將）可（何）㠯（以）倉（答）？唯（雖）邦之㾞（病），牆（將）必爲帀（師）。”

乃记（起）帀（師），回（圍）奠（鄭）三月。奠（鄭）人情（請）亓（其）古（故）。王命倉（答）之〔曰：“鄭〕【3】〔子〕冢（家）逌（顛）逡（覆）天下之豊（禮），弗思〈愧（畏）〉𩲃（鬼）神之不恙（祥），憾（戕）惻（賊）亓（其）君。我牆（將）必囟（思-使）子冢（家）〔毋以成名立於上，而滅光於〕【4】下。”

奠（鄭）人命㠯（以）子良爲執（質），命囟（思-使）子冢（家）利木三沓（寸），紝（疏）𦄿（索）㠯（以）絾（鞏），毋敢（敢）丁門而出，歛（掩）之成（城）【5】丕（基）。王許之。

帀（師）未還，晉人涉，牆（將）救奠（鄭），王牆（將）還。夫=（大夫）皆進曰：“君王之记（起）此帀（師），㠯（以）子冢（家）之古（故）。含（今）晉〔人〕【6】〔將救〕子冢（家），君王必進帀（師）㠯（以）迈之。”王安（焉）還軍㠯（以）迈之，與之戰於兩棠（棠），大敗（敗）晉帀（師）安（焉）。【7】

7.4 君人者何必安哉（甲本）

【篇題】

據原整理者意見。

【編聯】

據原整理者意見。

【釋文】

軋（范）戉曰：“君王又（有）白玉三回（煒）而不戔（散），命爲君王戔（散）之，敔（敢）告於見〈炅-視〉日。”王乃出而【1】見之。王曰：“軋（范）𠅞（乘），虛（吾）䡅（安）又（有）白玉三回（煒）而不戔（散）才（哉）？”

軋（范）𠅞（乘）曰：“楚邦之串（中）又（有）飤（食）【2】田五眞（畛），竽祇（丽-篪？瑟？）奐（衡）於𣶃（前）。君王又（有）楚，不聖（聽）鼓鐘之聖（聲），此亓（其）一回（煒）也。𤦡=（寺？玉-持？玉）之君，百【3】眞（畛）之宔（主），宮妾㠯（以）十百婁（數）。君王又（有）楚，厌（矦-侯）子三人，𠀀〔=〕（一人）土（杜）門而不出，此亓（其）二回（煒）也。州徒【4】之樂，而天下莫不語（娛），之〈先〉王𣥠=（之所）㠯（以）爲目觀（歡）也。君王龍亓（其）祭（祭）而不爲亓（其）樂，【5】此亓（其）三回（煒）也。先王爲此，人胃（謂）之安邦，胃（謂）之利民。含（今）君王聿（盡）去耳【6】目之欲（慾），人𠃊（以）君王爲㚖（忤）𠃊（以）戳（矯）民。又（有）不能也，𩲡（鬼）；亡（無）不能也，民。乍（作）而囟（思-使）𢏻【7】之，君王唯（雖）不亢（荒）季（佞），可也？戊行季（年）𠦃=（七十）矣，言不敔（敢）睪（懌）身，君人者可（何）必安才（哉）？傑〈傑（竭）〉、【8】受（紂）、幽、萬（厲）殍（戮）死於人手，先君需（靈）王韋〈𠬝（乾）〉涂（溪）云（殞）菑〈萓（旃）〉。君人者可（何）必安才（哉）？”【9】

7.5　君人者何必安哉（乙本）

【篇題】

據原整理者意見。

【編聯】

據原整理者意見。

【釋文】

軛（范）戊曰：“君王又（有）白玉三回（煒）而不戔（散），命爲君王戔（散）之，敔（敢）告於見〈貝-視〉日。”王乃出而見【1】之。王曰：“軛（范）弃（乘），虐（吾）𠬝（安）又（有）白玉三回（煒）而不戔（散）才（哉）？”

軛（范）弃（乘）曰：“楚邦之𠁩（中）又（有）飴（食）田五【2】眞（畛），竽祇（丽-篪？瑟？）㚔（衡）於𣥺（前）。君王又（有）楚，不聖（聽）鼓鐘之聖（聲），此亓（其）一回（煒）也。䢔=（寺？玉-持？玉）之君，百眞（畛）之宔（主），【3】宮妾𠃊（以）十百婁（數）。君王又（有）楚，灰（矦-侯）子三人，一人土（杜）門而不出，此亓（其）二回（煒）也。州徒之樂，而【4】〔天下〕莫不語（娛），先王𠧟=（之所）𠃊（以）爲目觀（歡）也。君王龍亓（其）祭（祭）而不爲亓（其）樂，此亓（其）三【5】回（煒）也。先王爲此，人胃（謂）之安邦，胃（謂）之利民。含（今）君王聿（盡）去耳目之欲（慾），人𠃊（以）君王爲【6】〔忤以〕戳（矯）民。又（有）不能也，𩲡（鬼）；亡（無）不能也，民。乍（作）而囟（思-使）𢏻之，君王唯（雖）不亢（荒）季（佞），可【7】也？戊行季（年）𠦃=（七十）矣，言不敔（敢）睪（懌）身，君人者可（何）必安才（哉）？傑〈傑（竭）〉、受（紂）、幽、萬（厲）殍（戮）【8】死於人手，先君需（靈）王韋〈𠬝（乾）〉涂（溪）云（殞）菑〈萓（旃）〉。君人者可（何）必安才（哉）？”【9】

7.6　凡物流形（甲本）

【篇題】

據原整理者意見。

【編聯】

1—2—3—4—5—6—7—8—9—10—11—（12A+13B）—14—16—26—18—28—15—24—25—21—（13A+12B）—22—23—17—19—（20A+20C）—29—30A，30B[習字]

3反[篇題]。

本篇简 20B附此。

【釋文】

㞢（凡）勿（物）澅（流）型（形），奚（奚）旻（得）而成？澅（流）型（形）成豊（體），奚（奚）旻（得）而不死？既成既生，奚（奚）㝅（呱）而鳴？既杲（本）既槿（根），奚（奚）

遂（後）【1】之系（奚）先？侌（陰）昜（陽）之层〈凥-處〉，系（奚）旻（得）而固？水火之和，系（奚）旻（得）而不塦（詭？）？

䎽（問）之曰：民人滍（流）型（形），系（奚）旻（得）而生？【2】滍（流）型（形）成豊（體），系（奚）逵（失）而死？又（有）旻（得）而成，未智（知）左右之請（請-情）。天堅（地）立宊（終）立怠（始）：天陞（降）五厇（度）虐（乎），系（奚）【3】奐（衡）系（奚）從（縱）？五既（氣）齊至虐（乎），系（奚）異系（奚）吕〈同〉？五言才（在）人，笸（孰）爲之公？九囦（囿-有）出誓（牧），笸（孰）爲之佳（封）虐（乎）？既長而【4】或（又）老，笸（孰）爲 （晉）弄（奉）？ （鬼）生於人，系（奚）古（故）神 （明）？骨=（骨肉）之既 （靡），亓（其）智愈暲（彰）。亓（其）夬系（奚）埅（適）？笸（孰）智（知）【5】亓（其）疆？ （鬼）生於人虐（乎），系（奚）古（故）事之？骨=（骨肉）之既 （靡），身豊（體）不見虐（乎），系（奚）自飤（食）之？亓（其） （來）亡（無）厇（度）【6】虐（乎），系（奚） （待）之？ 祭（祭）員系（奚）逐虐（乎），女（如）之可（何）思（使） （飽）？川（順）天之道虐（乎），系（奚）吕（以）爲頁（首）虐（乎）？欲旻（得）【7】自〈百〉 （姓）之和虐（乎），系（奚）事之？天之 （明）系（奚）旻（得）？ （鬼）之神系（奚）飤（食）？先王之智系（奚）備（服）？

䎽（聞）之曰：逐【8】高從埤，至（致）遠從迩（邇）〚 / 〛。十回（圍）之木，亓（其）𣏂（始）生女（如） （蘖/櫱）。足 （將）至千里，必從 （寸）𣏂（始）。日之又（有）【9】耳（珥）， （將）可（何）聖（聽）？月之又（有）軍（暈）， （將）可（何）正（征）？水之東滍（流）， （將）可（何）浧（盈）？日之𣏂（始）出，可（何）古（故）大而不 〈 （燠）〉？亓（其）人【10】 （中），系（奚）古（故）少（小） 暲（彰）致（屬/燭）？

䎽（問）：天笸（孰）高 （歟）？堅（地）笸（孰） （遠） （歟）？笸（孰）爲天？笸（孰）爲堅（地）？笸（孰）爲 （雷）【11】神？笸（孰）爲 （帝）？土系（奚）旻（得）而坪（平）？水系（奚）旻（得）而 （清）？ （草）木系（奚）旻（得）而生？【12A】含（禽）戰（獸）系（奚）旻（得）而鳴？【13B】夫雨之至，笸（孰） 之？夫吕（風）之至，笸（孰） （散） （歙）而进之？

䎽（聞）之曰： （督-察）道，侳（坐）不下 （席）；耑（揣） （文），【14】 （書）不 （與）事。之〈先〉智（知）四 （海），至聖（聽）千里，達見百里。是古（故）聖人层〈凥-處〉於亓（其）所，邦 （家）之【16】 （跪-危） （安） （薦-存）忘（亡）， （賊） （盜）之 （作），可之〈先〉智（知）。

䎽（聞）之曰：心不 （勝）心，六 （亂）乃 （作）；心女（如）能 （勝）心，【26】是胃（謂）少（小） （徹）。系（奚）胃（謂）少（小） （徹）？人白（泊）爲 （督-察）。系（奚）吕（以）智（知）亓（其）白（泊）？宊（終）身自若。{□}能 （寡）言虐（乎），能鼠（一）【18】虐（乎）？夫此之胃（謂）省（小）成。

曰：百 （姓） =（之所）貴唯君=（君，君） =（之所）貴唯心=（心，心） =（之所）貴唯鼠（一）。旻（得）而解之，上【28】 〈 （賓）〉於天，下番（蟠）於 （淵）。侳（坐）而思之， （次）於千里；记（起）而甬（用）之， （繼）於四 （海）。

䎽（聞）之 （ -曰）：至情而智（知），【15】 （督-察）智（知）而神， （督-察）神而同，〔察同〕而僉（險）， （督-察）僉（險）而困， （督-察）困而 （復）。氏（是）古（故）陳爲新，人死 （復）爲人。水 （復）【24】於天，咸百勿（物）不死女（如）月。出 （則）或（又）内（入），宊（終）則或（又）怠（始），至則或（又）反。 （督-察）此言，记（起）於鼠（一）耑（端）。【25】

䎽（聞）之曰：鼠（一）生兩=（兩，兩）生 =（ -三，三）生女〈四=（四，四）〉成結。是古（故）又（有）鼠（一），天下亡（無）不又=（又鼠-有一）；亡（無）鼠（一），天下亦亡(無)鼠〈不〉又=(又鼠-有一)。亡(無)【21】目而智(知)名,亡(無)耳天〈而〉聕(聞)聖(聲)。茻(草)木旻(得)之𠂤(以)生,含(禽)獸(獸)旻(得)之𠂤(以)𠱫〈鳴〉。遠之矢【13A】天,𡨄(近)之矢人。是古(故)【12B】戠(詧-察)道,所𠂤(以)攸(修)身而訋(詞-治)邦冡(家)。

聕(聞)之曰:能戠(詧-察)鼠(一),則百勿(物)不遊(失);女(如)不能戠(詧-察)鼠(一),則【22】百勿(物)具(俱)遊(失)。女(如)欲戠(詧-察)鼠(一),卬(仰)而𥃰(視)之,㝐(俯)而□之。母(毋)遠怺(求)庀(度),於身旨(稽)之。旻(得)鼠(一)〔而〕【23】煮(圖)之,女(如)并(併)而〈天〉下而𠭁(担)之;旻(得)鼠(一)天〈而〉思之,若并(併)天下而訋(詞-治)之。又(肘-守)鼠(一)𠂤(以)爲天埅(地)旨,【17】是古(故)鼠(一):𠭁(咀)之又(有)未(味),𨇵(𨇵-達)〔之有𦖞,〕敳(鼓)之又(有)聖(聲),忻(近)之可見。操之可㯛(操),㩅(握)之則遊(失)。敗之則【19】高(蕘),測(賊)之則威(滅)。戠(詧-察)此言,记(起)於鼠(一)耑(端)。

聕(聞)之曰:鼠(一)言【20A】而禾〈㚏-終〉不䠶(窮),鼠(一)言而又(有)眾,【20C】{眾}鼠(一)言而萬民之利,鼠(一)言而爲天埅(地)旨。㩅(握)之不浧(盈)㩅(握),専(敷)之亡(無)所㕦(容)。六〈大〉【29】之𠂤(以)智(知)天下,少(小)之𠂤(以)訋(詞-治)邦。【30A】{之𤓰古之力乃下上【30B】}

𠙴(凡)勿(物)潹(流)型(形)【3反】

【附簡】

□【20B】

7.7 凡物流形(乙本)(含【凡物乙補】)

【篇題】

據原整理者意見。本篇簡背有“陰陽”之題(李松儒 2015:445;濮茅左 2020 前言)。

【編聯】

1—2—3—(4+11B)—5—6—7—8—凡物乙補—9—(10A+11A)—19—(13A+20)—(21+10B)—17—18;15—(16+12)—13B—14A—14B—22。

【釋文】

𠙴(凡)勿(物)潹(流)型(形),系(奚)旻(得)而成?潹(流)型(形)成豊(體),系(奚)旻(得)而不死?既成既生,系(奚)寡(呱)而鳴?既㮚(本)既槿(根),系(奚)逡(後)之系(奚)先?侌(陰)昜(陽)〔之處,〕【1】系(奚)旻(得)而固?水火之和,系(奚)旻(得)而不座(詭?)?

聕(問)之曰:民人潹(流)型(形),系(奚)旻(得)而生?潹(流)型(形)成豊(體),系(奚)遊(失)而死?又(有)旻(得)而成,未【2】智(知)左右之請(請-情)。天埅(地)立㚏(終)立𢘓(始):天隆(降)五庀(度)虐(乎),系(奚)奐(衡)系(奚)從(縱)?五既(氣)齊至虐(乎),系(奚)異系(奚)同?五言才(在)人,篙(孰)爲之【3】公?九囡(囿-有)出𤘵(牧),篙(孰)爲之佳(封)虐(乎)?既長而或(又)老,篙(孰)爲𡘷(晉)弄(奉)?㚶(鬼)生於人,系(奚)古(故)神𥁕(明)?骨=(骨肉)之【4】既林(靡),亓(其)智愈暲(彰)。亓(其)【11B】夬系(奚)啻(適)?篙(孰)智(知)亓(其)疆。㚶(鬼)生於人虐(乎),系(奚)古(故)事之?骨=(骨肉)之既林(靡),身豊(體)不見虐(乎),系(奚)自飤(食)之?亓(其)𡳿(來)亡(無)庀(度)〔乎,奚待〕【5】之?窔祭(祭)員系(奚)逐虐(乎),女(如)之可(何)思(使)歆

（飽）？川（順）天之道虐（乎），系（奚）㠯（以）爲頁（首）虐（乎）？〔欲得百姓之和乎，奚事之㱙？天之明奚得？〕【6】〔鬼之神〕系（奚）飤？先王之智系（奚）備（服）？

聕（聞）之曰：逐高從埤，至遠從迩（邇）〖䀇/褻〗。十回（圍）之木，亓（其）刣（始）生女（如）蒴（蘖/糵）。足㴚（將）至千里，必【7】〔從寸始。日之有珥，將〕可（何）聖（聽）？月之又（有）軍（暈），㴚（將）可（何）正（征）？水之東湰（流），㴚（將）可（何）浧（盈）？日之刣（始）出，可（何）古（故）大而不䏍〈䏍（燠）〉？亓（其）人宙（中），系（奚）【8】〔故小□障樹？

問：天孰高歟？〕埅（地）筥（孰）遠与（歟）？筥（孰）爲天？〔孰爲地？孰爲雷神？孰爲帝？土奚得而〕坪（平）？水【凡物乙補】系（奚）旻（得）而渍（清）？䒑（草）木系（奚）旻（得）而生？含（禽）戰（獸）系（奚）旻（得）而鳴？夫雨之至，筥（孰）[illegible]之？夫凨（風）之至，筥（孰）颰（歊）飄（歙）而迸之？

聕（聞）之曰：【9】戠（晵-察）道，侳（坐）不下笞（席）；耑廋（文），【10A】箸（書）不舁（與）事。先智（知）四海（海），至聖（聽）千里，達見百里。是古（故）聖人尻（處）於亓（其）所，邦冢（家）〔之危〕【11A】佞（安）鷹（薦-存）忘（亡），恻（賊）悠（盜）之复（作），可先智（知）。

聕（聞）之曰：心不勳（勝）心，六翾（亂）乃复（作）；心女（如）能勳（勝）心，……【19】……智（知）亓（其）白（泊）？宩（終）身自若。能寡（寡）言虐（乎），能鼠（一）虐（乎）？夫【13A】此之胃（謂）尐（小）成。

曰：百眚（姓）之=（之所）貴唯君=（君，君）之=（之所）貴唯心=（心，心）之=（之所）【20】貴唯鼠（一）。旻（得）而解之，……【21】……下番（蟠）於困（淵）。侳（坐）而思之，姊（次）於〔千里；起而用之，繼於四海。

聞之曰：至〕【10B】情而智（知），戠（晵-察）智（知）而神，戠（晵-察）神而同，戠（晵-察）同而僉（險），戠（晵-察）僉（險）而困，戠（晵-察）困而逭（復）。氏（是）古（故）陳爲新，人死逭（復）爲人。水逭（復）【17】於天，咸百勿（物）不死女（如）月。出恻（則）或（又）内（入），宩（終）則或（又）詒（始），至則或（又）反。戠（晵-察）此言，记（起）於鼠（一）耑（端）。

聕（聞）之曰：鼠（一）生兩=（兩，兩）【18】

戠（晵-察）鼠（一），則百勿（物）不遂（失）；女（如）不能戠（晵-察）鼠（一），則百勿（物）具（俱）遂（失）。女（如）欲戠（晵-察）鼠（一），卬（仰）而旯（視）之，府（俯）而[illegible]之。母（毋）遠怺（求）庑（度），【15】於身旨（稽）之。旻（得）鼠（一）而煮（圖）之，女（如）〔併〕【16】天下而叡（抯）之；旻（得）鼠（一）而思之，若并（併）天下……【12】……叡（咀）之又（有）未（味），䏦（䏦-達）之又（有）䏦（䏦-龏）。敳（鼓）之又（有）聖（聲），……【13B】……之可操（操），搼（握）……【14A】……於鼠（一）耑（端）。

聕（聞）之曰：鼠（一）言而禾〈宩-終〉不膾（窮），鼠（一）言而又（有）眾，鼠（一）言〔而萬民之利，一言而〕【14B】爲天埅（地）旨。搼（握）之不浧（盈）搼（握），尃（敷）之亡（無）所{所}峇（容）。大之㠯（以）智（知）天下，尐（小）之㠯（以）詞（詞-治）邦。【22】

7.8.1 吳命

【篇題】

據原整理者意見。

【編聯】

（3+1）；2；4；5B；6；7；8A；8B；9

3 反[篇題]。

【釋文】

〔兩〕君之𢚩（順）之，則君之志也。兩君之弗𢚩（順），敌（敢）不芒（撫?）道㠯（以）告。”吳青（青-請）成於楚。

昔上天不中（衷），隆（降）悠（禍）於我【3】二邑，非疾痼（疢）安（焉）加之，而殄（殄）蠿（絕）我二邑之好。先=（先人）又（有）言曰：馬𨟻（將）蠢（𤜭），或童（動）之，遬（速）恙（祥）。𤞞𡌛（來）告曰：【1】

孤居纘（綵）紞（纚）之中（中），亦唯君是望。君而或言若是，此鼎（則）社稷（稷）……【2】

……𦊆（州?）逨（來）。孤史（使）一介史（使）𢟟（親）於桃逆，袋（勞）丌（其）夫=（大夫），㪚（且）青（青-請）丌（其）行。𦊓（荊）爲不道，胃（謂）余曰：“女（汝）周之𦙶（孽）子……【4】

𨗨（逝）敌（敢）居我江㝊（濱），曰：“余必攼（虔?）𠂤（喪）尔（爾）社（社）稷（稷），㠯（以）宔（廣）東沺（海）之表。天甬（用）丌（其）中（中），卑（俾）周先王㞕（夷）□……【5B】

賽，才（在）攱（波）𢧵（濤）之閖（間）。𦣻（舅）生（甥）之邦，聶（攝）周孫=（子孫），隹（唯）舍（余）一人所豊（禮）。寍（寧）心敎（拋）𢝊（憂），亦隹（唯）吳白（伯）父。晉……【6】

……古（故）甬（用）史（使）丌（其）三臣，毋敌（敢）又（有）迡〈遲-遲〉𢓊（速）之异（期），敌（敢）告叚（假）日。”

會（答）曰：三夫=（大夫）辱命於募（寡）君之業。募（寡）君一人……【7】

𡌛（理）先王之𥚤〈𥛚-福〉，天子之霝（靈）。𤔲〈孤〉也可（何）袋（勞）力之又（有）安（焉）？𤔲〈孤〉也敌（敢）至（致）先王之𥚤〈𥛚-福〉，天子之霝（靈）。吳人𢍰……【8A】

於周。

募（寡）君昏（問）左右：筥（孰）爲帀（師）徒，𨒥（踐）𩑶（履）墜（陳）㙴（地）？㠯（以）墜（陳）邦非它也，先王姑姊大𡚱（姬）之邑……【8B】

㠯（以）𡛟多异（期）。隹（唯）三夫=（大夫）丌（其）辱昏（問）之。今日隹（雖）不𢟓（敏），既𢓜（犯）矣。自𣅜日㠯（以）𨑒（往），必（比）五六日，皆𢿁（敝）邑之异（期）也。”吳蠢墜（陳）。

楚人爲不道，不思（使）丌（其）先君之臣事先王。灋（廢）丌（其）𪉳獻，不共（供）承（承）王事。我先君盍（闔）〔廬〕……【9】

吳命【3 反】

7.8.2 吳命附

【篇題】

《吳命》簡5上與《吳命》整體不屬，今獨立爲一篇，謂之“吳命附”。

【編聯】

5A。

【釋文】

……又（有）軒輕（冕）之賞，或（又）又（有）釜（斧）戉（鉞）之愄（威）。㠯（以）此𢎫（前）逡（後）之，猷（猶）不能㠯（以）牧民，而反志下之相敵（儕）也。幾（豈）不左（差）才（哉）！……【5A】

8.1.1 子道餓

【篇題】

據原整理者意見。宜名之《言游》。

【編聯】

（4+5）—3—2—1。

【釋文】

魯司寇（寇）奇䇂（言）遊於逡楚，曰：“荼（除）虐（乎）！司寇（寇）【4】牆（將）見我。”門人既荼（除），而司寇（寇）不至。䇂（言）遊去。司【5】〔寇〕……牆（將）安（焉）进（往）？”䇂（言）遊曰：“飤（食）而弗與爲豊（禮），是畀攻畜（畜）【3】之也。牀（偃）也攸（修）亓（其）悳〈悳（德）〉行，㠯（以）受畀攻之飤（食）於子，於牀（偃）僞，於子員（損），於是虐（乎）可（何）待？”

述（遂）行，至宋衜（䡅-衛）之列（間），亓（其）一【2】子道餓而死安（焉）。門人柬（諫）曰：“虐（吾）子齒季（年）長壴（喜-矣），豪（家）眚（姓）甚級（急），生未又（有）所奠，元（願）虐（吾）子之煮（圖）之也。䇂（言）遊【1】

8.1.2 子道餓附（含【港中零簡9】）

【篇題】

《子道餓》簡6與《子道餓》整體不屬，今析爲兩篇。此簡與港中零簡9字跡相類，今暫歸二簡屬一篇，謂之“子道餓附”。

【編聯】

6；港中零簡9。

【釋文】

而之大難寰【6】

民好而纏之，㠯（以）上下之約，亦曰【港中零簡9】

8.2 顏淵問於孔子

【篇題】

據原整理者意見。

【編聯】

1—（12A+2B）—（2A+11+12B）—5—6—7—9—10；3；4；8；13；14。

【釋文】

……□。寶（顏）囦（淵）籣（問）於孔=（孔子）曰："敔（敢）籣（問）君子之內事也又（有）遉（道）虐（乎）？"孔=（孔子）曰："又（有）。"寶（顏）囦（淵）："敔（敢）籣（問）可（何）女（如）？"孔=（孔子）曰："敬〈䢔（遂）〉又（有）𢓜（過）而【1】〔先〕又（有）司，老=（老老）而𢜛（慈）學（幼），𡢁（紓）絞（約）而收貧。彔（祿）不足則賁（青-請），又（有）余（餘）則詞（辭）。【12A】敬〈䢔（遂）〉又（有）𢓜（過），所㠯（以）爲𡨦（寬）也；先【2B】〔有〕司，所㠯（以）【2A】旻（得）賁=（青也-情也）；老=（老老）而𢜛（慈）學（幼），所㠯（以）凥（處）𢘅（仁）也；𢻱（紓）絞（約）而收貧，所㠯（以）取（取）【11】新（親）也；彔（祿）不足則賁（青-請），又（有）余（餘）【12B】則詞（辭），所㠯（以）昜（揚）訐（信）也。害（蓋）君子之內事也女（如）此矣。"

寶（顏）囦（淵）曰："君子之內（入）事也，愇（回）既籣（聞）命矣。敔（敢）籣（問）【5】君子之內（入）教也又（有）遉（道）虐（乎）？"孔=（孔子）曰："又（有）。"寶（顏）囦（淵）："敔（敢）籣（問）可（何）女（如）？"孔=（孔子）曰："攸（修）身㠯（以）先，則民莫不從矣；歬（前）【6】㠯（以）尃（博）㤅〈㤅（愛）〉，則民莫遗（遺）新（親）矣；遉（導）之㠯（以）僉（儉），則民智（知）足矣；歬（前）之㠯（以）讓（讓），則民不靜（爭）矣。或迪而教【7】□能=（能能）、戔（賤）不𣎼（肖）而遠之，則民智（知）欽（禁）矣。女（如）進者藋（勸）行，退（退）者智（知）欽（禁），則亓（其）於教也不遠矣。"

寶（顏）囦（淵）曰："【9】君子之內（入）教也，愇（回）既籣（聞）矣=（命矣）。敔（敢）籣（問）至明〈名〉。"孔=（孔子）曰："悳（德）成則名至矣。名至必俾（卑）身=（身，身）絧（紿）大則彔（祿）【10】

必不才（在）𢜛之內矣。"寶（顏）囦（淵）卤（廼）【3】

內矣。俑（庸）言之訐（信），俑（庸）行之敬【4】

……〔君子讓〕而旻（得）之，少（小）人靜（爭）而遂（失）之。【8】

……未行而訐（信），先凥（處）忠也；貧而安樂，先凥（處）【13】

……宗則斤（謹？），而母（毋）谷（欲）旻（得）安（焉）。【14】

8.3.1　成王既封

【篇題】

原題"成王既邦"，今"邦"改用破讀後的通行字"封"。

【編聯】

1B；（11+6）—8—7；3—14，10，15；5。

【釋文】

成王既邦（封）周公二季（年），而王至（重-屬）亓（其）貢（賃-任），乃訪□……【1B】

先弍（二）史之攸（修）也。外道之明者，少罡（疏）於身，非天子【11】之正道也。"

成王曰："睿（青-請）聒（問）天子之正道。"周公曰："……【6】……□皆欲𧰼〈豫（捨）〉亓（其）新（親）而新（親）之，皆欲㠯（以）亓（其）邦𦎫（就）之，是胃（謂）【8】天子之正道。弗𨔶（招）而自至，弗審而自周，弗會（劊）而自𠜾（斷）。"

成王曰："睿（青-請）聒（問）亓（其）事……【7】

……□欲明智（知）之。"周公曰："旦之聒（聞）之也，各才（在）亓（其）身，而【3】皆見章（彰）于天。"

成王曰："夫𩒨（夏）曾（繒）是（氏）之道，可㠯（以）智（知）善否，可㠯（以）智（知）亡才（在），可胃（謂）又（有）道𧻚（乎）？"周公曰："是夫【14】

□而𠬧（賢）者，能㠯（以）亓（其）六𧷤（藏）之獸（守）取新（親）安（焉），是胃（謂）六新（親）之約。"

成王曰："睿（青-請）聒（問）亓（其）方。"周〔公曰："〕……【10】

童=光=（童光童光-重光。重光）亓（其）昌也，可羿（期）而須也。此六者皆逆，民皆又（有）夬（乖）鹿〈麗（離）〉之心，而或又（有）相串（患）割（害）之志。是胃（謂）童=〔□=〕（童□童□-重□。重□）【15】

安（焉）不曰日章（彰）而冰澡（消）𧻚（乎）？"成王曰："於（嗚）𧻚（呼）！道……【5】

8.3.2 成王既封附一

【篇題】

《成王既封》簡1A後有粗墨痕，墨痕之前的文字應屬另一篇，今獨立成篇，謂之"成王既封附一"。

【編聯】

1A。

【釋文】

四旹（時），長事必至，西行弗𧻚（來）。【1A】

8.3.3 成王既封附二

【篇題】

《成王既封》簡2字跡與內容均與《成王既封》不屬，今獨立爲一篇，謂之"成王既封附二"。

【編聯】

2。

【釋文】

……王才（在）鎬，䚩（召）周公旦曰："亞（嗚）虖（呼），敬之才（哉）！𦨶（朕）聒（聞）才（在/哉）【2】〔昔〕

8.3.4　成王既封附三

【篇題】

《成王既封》簡12、13字跡與內容均與《成王既封》不屬，今獨立爲一篇，謂之“成王既封附三”。

【編聯】

12；13。

【釋文】

道，大才（哉）宅（沌）虖=（虖虖-乎！吾）欲舉（舉）之不果，𠯑（以）進則𨗨（傷）安（焉）。達……【12】

是=（是謂）擂（宣）之不果，毀（毀）之不可。亓（其）頫（狀）膏（高）望，𠯑（以）罙罙（深）埊（陵）……【13】

8.4　命

【篇題】

據原整理者意見。

【編聯】

1—2—3—6—7—8—9—10—11

11反[篇題]。

【釋文】

鄴（葉）公子高之子見於命（令）尹子=旾=（子旾子旾-子春，子春）胃（謂）之曰：“君王窮（窮）亡（無）人，命虛（吾）爲楚邦。忎（恐）不【1】能，𠯑（以）辱釜（斧）疐（鑕）。先夫=（大夫）之風𧧻遗（遺）命，亦可𠯑（以）告我。”會（答）曰：“儤（僕）既旻（得）辱見（視）日【2】之廷，命求言𠯑（以）會（答），唯（雖）欿（陷）於釜（斧）疐（鑕），命勿之敌（敢）韋（違）。女（如）𠯑（以）儤（僕）之觀見（視）日也，【3】十又厽（三）亡儤（僕）。”

命（令）尹曰：“先夫=（大夫）𤔲（嗣）命（令）尹，受司馬，絧（紿-治）楚邦之正（政）。黔（黔）頁（首）萬（萬）民【6】莫不忻憙（憙-喜），四游（海）之內莫弗聰。子胃（謂）昜（陽）爲孯（孯-賢）於先夫=（大夫），請（請）昏（問）亓（其）古（故）。”會（答）曰：“【7】亡儤（僕）之尚（掌）楚邦之正（政），逨（坐）晉（友）五人，立晉（友）七人。君王之所𠯑（以）命與所爲於楚【8】邦，必內𠂤之於十晉（友）又三，皆亡（無）罶（留）安（焉）而行之。含（今）見（視）日爲楚命（令）尹，逨（坐）晉（友）亡（無）【9】一人，立晉（友）亡（無）一人，而邦正（政）不敗。儤（僕）𠯑（以）此胃（謂）見（視）日十又厽（三）亡儤（僕）。”

命（令）尹曰：“尚〈甚〉善。”安（焉）敃（樹）【10】逨（坐）晉（友）三人，立晉（友）三人。【11】

命【11反】

8.5+8.6 王居（含【志書】，【命 4、5】）

【篇題】

原題 8.5“王居” 和 8.6“志書乃言”，今歸併爲一篇，用簡背篇題“王居”。

【編聯】

王居 1—志書 1—志書 2—志書 3—命 4—命 5—志書 5—志書 4—志書 6—志書 7—王居 5—王居 6—王居 2—王居 3—王居 4—王居 7

王居 1 反[篇題]。

【釋文】

王居榩滿之室。彭徒㚕（返）諹闢（關）至（致）命，郘昌爲之告，王未會（答）之。觀𣞤（無）愄（畏）【王居 1】寺（跱）箸（躇）乃言：“是楚邦之弝（強）秎（梁）人，反昃（側）亓（其）口舌，目（以）㚇（譏）譌王、夫=（大夫）之言。縱（縱）【志書 1】不隻（蒦-獲）辠（罪），或（又）猷（猶）歪〈走〉趣（趨）事王，邦人亓（其）胃（謂）之可（何）？”

王㪅（作）色曰：“𣞤（無）愄（畏），此是【志書 2】胃（謂）死辠（罪）。虗（吾）安尔（爾）而埶（設）尔=（尔尔-爾，爾）亡（無）目（以）劇（勵）桂（匡）正我，攺（抑）忍（忌）韋（回/違）譴（讒）託（媢）；目（以）坆（瘝）亞（惡）虗（吾）【志書 3】外臣。而居虗（吾）㝔=（左右），不禹（稱）㙼（臤-賢）進可，目（以）啚（屏）補（輔）我，則戠（職）爲民竊窗。虗（吾）聒（聞）古【命 4】之善臣，不目（以）厶（私）思〈愧（惠）〉厶（私）怠（怨）內（入）于王門。非而所目（以）𡕩（復），我不能聑（穿）壁而見（視）聖（聽）。【命 5】虗（吾）目（以）尔（爾）爲遠目耳。而縱（縱）不爲虗（吾）禹（稱）睪（擇）虗（吾）父𡢁（兄）眚（甥）咎（舅）之又（有）□善，【志書 5】蟲材目（以）爲獻，或（又）不能節居（暑-處），所目（以）辠（罪）人，然目（以）譴（讒）言相㤻（謗）。尔（爾）思（使）我【志書 4】旻（得）忧（尤）於邦多巳（已）。虗（吾）欲至（致）尔（爾）於辠（罪），邦人亓（其）胃（謂）我不能禹（稱）人，朝（朝）记（起）而【志書 6】夕瀍（廢）之。是則聿（盡）不敦（穀）之辠（罪）也。逡（後）舍（捨）勿肰（然）。唯（雖）我悉（愛）尔（爾），虗（吾）𣞤（無）女（如）袿（社）【志書 7】禝（稷）可（何）？而必良諡（縝-慎）之。”

亓（其）㬰=（㬰日-明日），命（令）尹子菁（春）猒（厭）。王𦤎（就）之，曰：“夫彭徒龓（一）褮（勞），爲【王居 5】虗（吾）詇（蔽）之。”命（令）尹會（答）：“命須亓（其）侓（盡）。”王胃（謂）：“虗（吾）谷（欲）迭（速）。”乃許諾，命須逡（後）佖（蔽）。王𦤎（就）【王居 6】命（令）尹：“尐（少）進於此，虗（吾）鼾（一）恥於告夫=（大夫）。述（遂）日，徒自闢（關）至（致）命，昌爲之告。虗（吾）未【王居 2】……毀（毀）亞（惡）之。是言既聒（聞）於眾巳（已）。邦人其㵪（沮）志解體，胃（謂）【王居 3】……□㞡（廛-展）能進逡（後）人。忨（願）夫=（大夫）之母（毋）蕟（孛-拂）徒，目（以）員（損）不敦（穀）之【王居 4】……言之滓（瀆）。”命（令）尹許諾，乃命彭徒爲洛𨑓（卜）尹。【王居 7】

王居【王居 1 反】

8.7 李頌

【篇題】

據原整理者意見。季旭昇更名爲《桐頌》。

【編聯】

據原整理者意見。

【釋文】

㮮（相）虐（吾）官（館）查（樹），桐鬳（且）台（治）可（兮）。剸（摶）外罡（疏）中（中），眾木之絽（紀）可（兮）。䡈（旱）宮（冬）之旨（祁）倉〈寒〉，喿（燥）亓（其）方茖（落）可（兮）。鸓（鳳）鳥之所窠（萃），㠯（竢）時（時）而复（作）可（兮）。

木斯（斯）蜀（獨）生，秦（榛）朸（棘）之閯（間）可（兮）。丞（亙）植（直）兼成，砢（厚）亓（其）不還可（兮）。深利（麗）【1】幵（介？）豆（屬？樹？），亢亓（其）不弍（貳）可（兮）。𤔔（亂）本曽（層）枳（枝），寖（芰）㓞（剝-刈）丨（節）可（兮）。

差=（差差-嗟嗟）君子，觀（歡）虐（吾）查（樹）之蓉（容）可（兮）。幾（豈）不皆（偕）生？則不同可（兮）。胃（謂）羣眾鳥，敬而勿窠（萃）可（兮）。𡩦（素）府（柎）宮李（理），木異頪（類）可（兮）。忨（願）戠（歲）之啟旹（時），思（使）虐（吾）【1反】查（樹）秀可（兮）。豐芋（華）緟（重）光，民之所好可（兮）。獸（守）勿（物）彊（強）榦（幹），木一心可（兮）。愇（違）與佗（他）木，非與從風可（兮）。

氏（是）古（故）聖人兼此，和勿（物）㠯（以）李（理）人情。人因丌（其）情則樂丌（其）事，遠丌（其）情。【2】

氏（是）古（故）聖人兼此。【3】

8.8 蘭賦

【篇題】

據原整理者意見。

【編聯】

1；2；3；4—5。

【釋文】

汗（旱），雨零（露）不墜（降）矣。日月遂（失）時，荑（稊）薛（稗）茅（茂）豐。夬（決）迲（去）選勿（物），宅（宅）才（在）學（幽）中（中）。【1】

……□。汗（旱）亓（其）不雨，可（何）湫（湛）而不沽（涸）？備坙（修）庶戒，方（並）時（時）安（焉）复（作）。緩才（哉）蘭（蘭）可（兮），〔□□□=□=（□□。□□）〕攸（搖）茖（落），而猷（猶）不遂（失）氏〈氒-厥〉芳=（芳。芳）浧（馨）訛（密）𨑒（迟），而達聒（聞）于四方。凥（處）宅（宅）幽彔（麓），【2】

……戔（殘）惻（賊），螻蛾（蟻）虫（蟲）蛇。視（親）眾秉志，綽（逴）遠行道，不船（窮）又（有）折。蘭（蘭）斯（斯）秉悳（德），臤（賢？）……【3】

……□。季（憐）肯（前）亓（其）約畬（儉），𢇍（美）後（後）亓（其）不長。女（如）蘭（蘭）之不芳，訐（信）蘭（蘭）亓（其）蔑（滅）也。風汗（旱）【4】之不罔（罔），天道亓（其）逑（越）也。荑（稊）薛（稗）之方（並）记（起），夫亦啻（適）亓（其）戠（歲）也。蘭（蘭）又（有）異勿（物）：蓉（容）惻（則）東（閒）浼（逸），而莫之能𩐋（效）矣。身體䟘（重）萛（䔖-靜），而目耳䙝（勞）矣。凥（處）立（位）竅（隱）下，而比𢘓（擬）高矣。【5】

8.9 有凰將起

【篇題】

原題“有皇將起”，今“皇”改用破讀後的通行字“凰”。

【編聯】

1A；1B；2；3；4A；4B；5；6。

【釋文】

又（有）皇（凰）牆（將）记（起）含（今）可（兮），𢘅余孝（教）保子含（今）可（兮）。囟（思-使）遊於𢙈（仁）□……【1A】

……含（今）可（兮），能與余相𡖊含（今）可=（可可-兮。可）𠯑（幾）成夫含（今）可（兮），能爲余㧊（拜）楮柧（楛？槵？）含（今）可（兮）。【1B】

……𢒼䛬（悔）含（今）可（兮），又（有）怹（過）而能攺（改）含（今）可（兮）。亡（無）郪又（有）風（諷）含（今）可（兮），同郪異心含（今）可（兮）。又（有）郪〔無□兮，異郪同□兮兮。〕【2】

……大逄（路）含（今）可（兮），敢𦼝與楮含（今）可（兮）。𢡺（慮）余子亓（其）𨒪（速）倀（长）含（今）〔兮。〕【3】

……含（今）可（兮），鹿〈麗（離）〉凥（居）而同欲含（今）可（兮）。逈（周）𤄷（流）而〈天〉下含（今）可（兮），牆（將）莫□【4A】

皇含（今）可（兮）。又（有）不善心耳含（今）可（兮），莫不弁（變）攺（改）含（今）可（兮）。女=（女女-如女）子牆（將）滐（泣）含（今）可（兮），……【4B】

若余子力含（今）可（兮）。族𤔡=（𤔡𤔡）必䌛（縝-慎）毋𡢁（忤/牾）含（今）可（兮），日月卲（昭）明含（今）可（兮）。𧠟（視）毋㠯（以）三諻……【5】

……也含（今）可（兮），論三夫之旁也含（今）可（兮）。膠膰秀（誘）余含（今）可（兮），蜀（獨）論三夫含（今）可（兮）。膠膰之膌（腈-精）也含（今）可（兮），論夫三夫之禟（禟-精）也含（今）可（兮）。【6】

8.10 鶹鷅

【篇題】

據原整理者意見。

【編聯】

（1+2）。

【釋文】

子遳（遺）余婁（鶹）㮚（鷅）含（今）可（兮）。婁（鶹）㮚（鷅）之止（趾）含（今）可（兮），欲卒（衣）而亞（惡）䋲（枲）含（今）可（兮）。婁（鶹）㮚（鷅）之羽含（今）可（兮），子可（何）舍=（舍舍-舍余）含（今）可（兮）？婁（鶹）㮚（鷅）䴂（翩）飛含（今）【1】可（兮），不戠〈戠（織）〉而欲卒（衣）含（今）可（兮）。【2】

9.1.1 成王爲城濮之行

【篇題】

原題“成王爲城濮之行（甲本、乙本）”，今歸併爲一篇，更名爲“成王爲城濮之行”。因簡號仍用原整理者分篇編號，故簡號前附上“甲”“乙”以示分别。

【編聯】

甲1—甲2—甲3—乙1—乙2—甲4—乙3A—乙4—甲5。

【釋文】

成王爲成僕（濮）之行，王囟（思-使）子虔（文）斊（教）子玉。子虔（文）�（送-總）帀（師）於𣪊，一日而𧌧（畢），不毄（抶）一人。子【甲1】玉受（授）帀（師），出之𣪘〈𣪘（蔿/薳）〉，三日而𧌧（畢），漸（斬）三人。舉（舉）邦加（賀）子虔（文），㠯（以）亓（其）善行帀（師）。

王逯（歸），客於子=虔〔=〕（子虔子虔-子文。子文）甚憙（憙-喜），【甲2】會（合）邦㠯（以）畲=（畲酉-飲酒）。遠（蔿/薳）白（伯）珵（嬴）猷（猶）約（弱），㝥（孤）寺（持）舟畲=（畲酉-飲酒）。子{=}虔（文）舉（舉）脰〻白（伯）珵（嬴），曰：“𣪊虖（菟）余爲【甲3】楚邦老，君王孚（挽-免）余辠（罪），㠯（以）子王〈玉〉之未患（貫），君王命余遚（送-總）帀（師）於𣪊，一日而𧍨〈𧌧（畢）〉，【乙1】不敓（抶）一人。子玉出之𡗜（蔿/薳），三日而𧍨（脖-畢），漸（斬）三人。王爲余賓，舉（舉）邦加（賀）余，女（汝）【乙2】蜀（獨）不余見。飤（食）是脰而弃（棄）不思老人之心。”白（伯）珵（嬴）曰：“君王胃（謂）子玉未患（貫），【甲4】命君斊（教）之。君一日而𧍨（脖-畢），不毄（抶）〔一人，〕……【乙3A】……子玉之【乙4】帀（師）。既敱（敗）帀（師）巳（已），君爲楚邦老，憙（憙-喜）君之善，而不憖（誅）子玉之帀（師）之【甲5】

9.1.2 成王爲城濮之行附

【篇題】

《成王爲城濮之行》（乙本）簡3下半端與《成王爲城濮之行》内容不屬，今析爲兩篇。《成王爲城濮之行》（乙本）簡3謂之“成王爲城濮之行附”。劉洪濤（2019）以爲可能編入未完整公佈的《子路》（濮茅左2001；鄔可晶2015:59）。

【編聯】

乙3B。

【釋文】

……才（哉）言虐（乎）！君子才（哉）𧦝（問）虐（乎）！……【乙3B】

9.2 靈王遂申

【篇題】

據原整理者意見。網友“知北遊”更名爲《申虎不取蔡器》。

【編聯】

據原整理者意見。

【釋文】

霝（靈）王既立（位），繙（紳-申）、賽（息）不憖。王敱（敗）郗（蔡）霝（靈）医（矦-侯）於呂。命繙（紳-申）人室出，敀（取）郗（蔡）之器。𩝙（執）事人夾郗（蔡）人之軍門，命人毋【1】敔（敢）徒出。繃（紳-申）成公峕（恃）丌（其）子虎未畜（畜）頞（髮），命之遉（逝）。虎厽（三）徒出，𩍇（執）事人志=（志之-止之）。虎𨏓（乘）一𦉢{=}驷，告執事【2】人："𡭴=（少人-小人）學（幼），不能㠯（以）它器。𠭁（得）此車，或（又）不能馭（御）之㠯（以）逯（歸），命㠯（以）亓（其）策逯（歸）。"執事人許之。虎秉策㠯（以）逯（歸）。【3】

至毄澈（滏），或（又）弃（棄）亓（其）策安（焉）。成公懼亓（其）又（有）取（取）安（焉），而逆之京。爲之惹（怒）："嬰（舉）邦𦘔（盡）隻（蒦-獲），女（汝）蜀（獨）亡（無）【4】𠭁（得）。"虎不會（答）。或（又）爲之惹（怒）。虎會（答）曰："君爲王臣，王牆（將）述（墜）邦弗能𡳿（止）。而或（又）欲𠭁（得）安（焉）。"成公與虎逯（歸），爲袼。【5】

9.3　陳公治兵

【篇題】

據原整理者意見。

【編聯】

1；6—7—8；9；10—11；13—12—14；3—2—4—5—15—16；17；18—19；20。

【釋文】

王迈（蹠）郋之行，楚邦尐（小）安。君王安（焉）先居灾䜌（戀）之上㠯（以）雚（觀）帀（師）徒。安（焉）命帀（師）徒敎（殺）取含（禽）獸（獸）䧹（雉）兔。帀（師）徒乃𤔔（亂），不【1】

……此。君王不智（知）㞷（狂）之𣞤（無）材（才），命㞷（狂）𢑚（相）執【6】事人𣪊（設）帀（師）徒。不智（知）進帀（師）徒𨔵（極）於王所，而𡳿（止）帀（師）徒虐（乎）？不智（知）亓（其）啟卒（卒）𡧊（次？）行述（遂）内（入）王卒（卒），而母（毋）𡳿（止）帀（師）【7】徒虐（乎）？"

王胃（謂）陳公："女（如）内（入）王卒（卒）而母（毋）𡳿（止）帀（師）徒，母（毋）亦善虐（乎）？"陳〔公〕……【8】

既聖（聽）命，乃𨖹（逝）𣪊（設）帀（師）徒。陳公乃𨘢（就）軍執事人："君魯……【9】

又𨓍（復）於君王，㠯（以）緹（程）帀=徒=（師徒。"師徒）𣪘（㬜-皆）懼，乃各𠭁（得）亓（其）行。陳公𨓍（復）聖（聽）命於君=王=（君王："君王）不智（知）臣之𣞤（無）材（才），命臣𢑚（相）執【10】事人𣪊（設）帀（師）徒，執事人必善命之。"命𢑚（相）𠭙（輔）緩（援），五人於吾（伍），十人於行=（行。行）戚（蹙）不成𨋢（卒），衜（逵-帥）𨋢（卒）敀（令）從灋（法），𡭴=（少人-小人）牆（將）【11】

車爲宔（主）安（焉）。或（又）時（持）八敼（鼓）五𤔲（稱），鉦鐃（鐲）㠯（以）左，錞（錞）釪㠯（以）右；鍨=（金鍨/金臭-金鐸）㠯（以）𡍯（坐），木鍨（鐸）㠯（以）𧺆（起）；敼（鼓）㠯（以）進之，鞞（鼙）㠯（以）𡳿=（𡳿之-止之）；《𧩑溝》【13】㠯（以）戕（將）士，《喬山》㠯（以）退（退）之。又（有）所胃（謂）㚃（威），又（有）所胃（謂）恭，又（有）所胃（謂）絡（裕），又（有）所胃（謂）一，又（有）所胃（謂）剸（斷-敦？）。

陳公㞷（狂）安（焉）巽（選）楚邦之古（孤）【12】童（踵）之於逡（後），㠯（以）厚王卒（卒）。三敼（鼓）乃行，𡧊（次？）内（入）王卒（卒）不𡳿（止），述（遂）敼（鼓）乃

行。君王憙（憙-喜）之，安（焉）命陳公惾（狂）寺=（寺之-持之）。陳公惾（狂）【14】

戰於鄴咎，帀（師）不螣（絕）。酓（熊）嚻（雪）、子林與郙（巴）人戰於鵅（雒）州，帀（師）不螣（絕），安（焉）旻（得）亓（其）鰀（猨）羿（旗）。屈啬與郙（巴）命（令）尹戰於埧〈壝〉，【3】戩（戰）而峕=（峕之-持之）。先君武王與邲（鄖）人戩（戰）於莆（蒲）寞〈蒐（騷）〉，帀（師）不螣（絕）。先君文〔王〕……【2】戰於涂、漳之澫（滸），帀（師）不螣（絕）。或（又）與晉人戰於兩棠，帀（師）不螣（絕）。

女（如）既至於𢦏（仇）人之閼（間），牆（將）出帀（師），既㪶（斯）軍，左右【4】司馬進於牆（將）軍，命出帀（師）徒，牆（將）軍乃許若（諾）。左右司馬……【5】……之，帀（師）徒乃出，伓（背）軍而戦（陳），牆（將）軍逶（後）出，安（焉）名【15】之曰穿（弇/掩）行。女（如）閔（門），女（如）逆閔（門），女（如）開阩，女（如）戉（攻）阩，女（如）御逌（援），必訢（慎）……【16】

桧（檜-擔）徒，州（周）亓（其）徒𢧢（衛）；女（如）既滐成（城），安（焉）紳（陳）兩和而紉之，必訢（慎）……【17】

……徒虖（甲）居逶（後）；申（陣）於壁（坎），鼎（則）徒虖（甲）進退；【18】申（陣）於陶（阜）阬（崗），鼎（則）鳶（雁）飛；申（陣）於㴔（剈-外？）埜（野）、罙（深）茻（草）、霜零（露），車鼎（則）……【19】

兩申（陣）逶（後），乃右林（麾）左林（麾），申（陣）逶（後）若纚；或兩申（陣）歬（前），右林（麾）左〔麾〕……【20】

9.4.1 舉治王天下·古公見太公望

【篇題】

原題“《舉治王天下》（五篇）”，由《古公簡太公望》《文王訪之於尚父舉治》《堯王天下》《舜王天下》《禹王天下》五小篇構成。今五小篇各自独立成篇，各以大題兼小題爲篇名。原大題“舉治王天下”，王榆楨（季旭昇 2017：113）更名爲《文王訪尚父問道》。

【編聯】

1A；1B；2；3。

【釋文】

坪。【1A】

者（胡）公見大（太）公室（望）於呂隉（隧），曰：“虛（吾）聒（聞）周宗又（有）難，而不……【1B】

……☐㮚（令）聒（聞）光剌（烈）之𣚋（族）。者（胡）公……【2】

……又（有）慶，子嘗㠯（以）此謟（謑-啓）之，亓（其）白墨（黑）牆（將）可智（知）也。者（胡）公【3】

9.4.2 舉治王天下·文王命子訪尚父（含【成王 9，16】）

【篇題】

原小題“文王訪之於尚父舉治”，今從王榆楨（季旭昇 2017：113）更名爲“文王命子訪尚父”。鄔可晶（2013.1.11=2013=2020:145-160）更名爲“文王訪於尚父”。

【編聯】

成王 16—9—7，4，11，28—10，5—6—成王 9；16—17—14；19—（15+18），（20+27），13—21A。

本篇簡 8、12 附此。

【釋文】

……之至于周之東，乃命之曰：“昔者又（有）神【成王 16】寡（顧）監于下，乃語周之先裋（祖）曰：‘天斋=（之所）向，若或與之；天斋=（之所）伓（背），若佢（拒）之。勿（物）又（有）所總，【9】道又（有）所攸（修）。非天之所向，莫之能旻（得）。’尚（嘗）退而愧〈思〉之，亓（其）唯臤（賢）民虖（乎）？子爲我……【7】

子訪之，上（尚）父嬰（與）詞（辭）。文王曰：“日耑而殜（世）曶……【4】

乃進（往）。既見，牆（將）反（返）。文王乃卑（俾）……【11】

……遂（失）也；萏（晼-宛）丘之眾人也，非能會（合）㥁〈悳（德）〉於殜（世）者也；……【28】也，非天子之差（佐）也。請（請）厶（私）之於夫子。昔者奎（舜）台（以）大會（合）……【10】

旻（得）上（尚）父，軙（載）我天下；子遂（失）上（尚）父，坾（墜）我周晅（睱-祚）。”既言，而上（尚）父乃皆（偕）至。

隹（唯）七季（年），文【5】王訪於上（尚）父，曰：“我左串（患）右難，虐（吾）欲達申（中）持（持）道。昔埅（我）旻（得）申（中），殜=（殜殜-世世）母（毋）又（有）遂（後）思（悔）。隹（唯）【6】持（持）{市}明之悳（德），亓（其）殜（世）也……【成王 9】

矣。”上（尚）父乃言曰：“夫先四帝二王之……【16】……啟行五厇（度），湯行三记（紀）。”

文王曰：“道又（有）獸（守）虐（乎）？”上（尚）父曰：“黃帝倿光，圥（堯）……【17】艮（視）僮，湯倿善艮（視）訡。”

文王曰：“道又（有）要虐（乎）？”上（尚）父曰：“敬人而新（親）道，母（毋）自欲〈歃（慾）〉而訐（信）……【14】

……不智（知）亓（其）所堊（極）。”

文王曰：“又（有）逮盍虐（乎）？”上（尚）父曰：“黃帝攸（修）三員，葡（備）日行，習女〈毋〉智，【19】於是甬（用）牆（將）安（焉）。”

文王曰：“請（請）聒（問）亓（其）【15】茖（署）。”上（尚）父曰：“黃帝攸（修）厽（三）員，……【18】

埶（設）皆紀，四正（政）受績（任），五事皆【20】李（理）；正（政）弔（淑）才（在）光（微），請（請）【27】

□五□一□五厇（度）。五𢼸不嬰（舉），亓（其）民能相分舍（餘）；三季（年）不生粟，五季（年）亡（無）湅（凍）飤者，此盍民之道也。”

文王曰：“請（請）【13】聒（問）日行。”上（尚）父曰：“日行虐（乎），甬（勇）目（以）果，而濳（寑/浸）目（以）成。吝（鄰）而均庶（蹠），遠而方（旁）達，此日行也。”【21A】

【附簡】

之道，寡（寡）人不能戋（一）安（焉），而介緌弋之。夫立民，天下之難事也。或曰

(以)舉〈興〉，或㠯(以)亡。公亓(其)𦘔(盡)之。夫【8】

安共㠯(以)【12】

9.4.3 舉治王天下·堯王天下

【篇題】

據整理者意見。

【編聯】

21B；22—24；23；25。

【釋文】

先(堯)王天下，備(服)方，死(亙-恆)吝(粦/鄰)倀(長)明，行四【21B】

……訪之於子，曰："芒(從)正(政)可(何)先？"墨(禹)會(答)曰："隹(唯)寺(時)。"先(堯)〔曰："〕【22】尻(處)寺(時)可(何)先？"曰："母(毋)忘亓(其)所不能(能)。"先(堯)曰："於(嗚)虖(呼)！日月閟閱(間)，戢(歲)建□……【24】

……則勿(物)生，滓(瀆)則智(知)成。金𦤶(重)不澅(流)，玉則不斟。先(堯)㠯(以)四割(害)之文(紊)爲未也，乃𦖞(問)於墨(禹)曰："大割(害)既折(制)，少(小)……【23】

諦(督-察)之於先=(先先-堯，堯)㠯(始)甬(用)之。嘉悳(德)……【25】

9.4.4 舉治王天下·舜王天下

【篇題】

據整理者意見。

【編聯】

26；29A。

【釋文】

𡚽(舜)王天下，三䒠(苗)不賓。𡚽(舜)不割(害)亓(其)道，不賽(塞)亓(其)……【26】

明則保或(國)，智(知)臤(賢)正(政)絧(紿-治)，教媺(𡢃-美)民備(服)。【29A】

9.4.5 舉治王天下·禹王天下

【篇題】

據整理者意見。

【編聯】

29B；31—32—33；34；35。

【釋文】

墨（禹）王天下，備（服）深死至（重）……【29B】

五季（年）而天下正。

一曰：墨（禹）事先（堯），天下大水。先（堯）乃臺（就）墨（禹）曰："气（訖）安（焉）亓（其）進（往），疋（疏）洲（川）记（起）〖敵〗浴（谷），㠯（以）滓（瀆）天下。"墨（禹）疋（疏）江爲三，疋（疏）河【30】爲九，百洲（川）皆道（導），賽（塞）専（湖）卆=（九十），夬（決）滓（瀆）三百，百（手）丩（句）旨（指），身鯩（鱗）鮨（皵）。墨（禹）史（使）民㠯（以）二（仁）和，民乃聿（盡）力。百洲（川）既【31】道（導），天下能死（亙-極）。

二曰：墨（禹）弄（奉）奞（舜）童（重）悳（德），攺（施）于四或（域），思（謀）㠯（以）裻（勞）民，𫄧而聿（盡）力。墨（禹）奞（奮）𠁩（中）疾志，又（有）欲而弗【32】達；深僮（柢）固疋（疏），又（有）社（功）而弗㜏（登-伐）。

三曰：墨（禹）王天下，卲（昭）大之不厶（私）……【33】

弃（棄）身。生行裻（勞）民，死行不祭，歬（前）行書（建）社（功），𠁩（中）行固同，冬（終）行不……【34】

五曰：忞（怒）而不寡（寡），不悉（愛）亓（其）……【35】

9.5.1　邦人不稱

【篇題】

據整理者意見。

【編聯】

2B—3—4—5—（6+7B）—11—12—10。

本篇簡 2A、7A附此。

【釋文】

……頗天之女（如）。

臺（就）卲（昭）王之亡，要（徼）王於隓（隨），寺（待）戰於澂（溠）——戰於津（津），戰於長【2B】〔□，戰〕於凸（曲）陶（阜）。三戳（戰）而三㞢（得/止），而邦人不叓（稱）戫（勇）安（焉）。

臺（就）逿（復）邦之遂（後），盍（蓋）冐（冠）爲王𢦏，而邦人【3】不叓（稱）媺（媺-美）安（焉）。

臺（就）白公之褙（禍），晤（聞）命（令）尹、司馬既死，牆（將）迈（蹠）郢。鄴（葉）之者（諸）老皆柬（諫）曰："不可，必㠯（以）帀（師）。"鄴（葉）【4】公子高曰："不旻（得）王，牆（將）必死。可（何）㠯（以）帀（師）爲？"乃窕（乘）埶（馹）車五𡍰（乘），述（遂）迈（蹠）郢。至，未旻（得）王。卲（昭）夫人胃（謂）鄴（葉）公【5】子高："先君之子聚才（在）外，【6】盍（蓋）睪（擇）而立之。邦既又（有）王，毋亦藋（權）虐（乎）？"鄴（葉）公子高曰："仌〔=〕（一人）氏（是）君，䛊（安）可它？"果【7B】盜（寧）褙（禍），賞之㠯（以）西畦田百貞（畛）。訶（辭）曰："君王□臣之青（青-請）命，未尚（嘗）不許。"訶（辭）不受賞。命之爲命（令）【11】尹，訶（辭）。命之爲司馬，訶（辭）。曰："㠯（以）鄴（葉）之遠，不可畜（畜）也，安（焉）暇（假）爲司馬？"不敢（取）亓（其）折（實），而邦人不叓（稱）還【12】安（焉）。

𩫏（就）王之長也，賞之㠯（以）焚寚百貞（畛），古（故）爲鄴（葉）連囂（敖）與郙（蔡）樂尹，而邦人不旻（稱）畬（貪）安（焉）。臣𠭯【10】

【附簡】

亡（無）名安（焉），是古（故）弗智（知）也……【2A】

……□之言怨（過），昔周……【7A】

9.5.2　邦人不稱附一

【篇題】

《邦人不稱》簡 1 與《邦人不稱》整體不屬，今獨立爲一篇，謂之“邦人不稱附一”。李松儒（2017:478-481）以爲可能是未公佈的《寢尹曰》（李零 2020:272）末簡。

【編聯】

1。

【釋文】

……子虖（乎）？耆（故）不㠯（以）至（致）敂（命）。”寑尹曰：“天加訛（禍）於楚邦，虗（吾）君遢出，醜㽰（鬼）□□□……【1】

9.5.3　邦人不稱附二

【篇題】

《邦人不稱》簡 8、9 與《邦人不稱》整體不屬，今獨立爲一篇，謂之“邦人不稱附二”。

【編聯】

8—9。

【釋文】

之或也。而并（併）是二者，㠯（以）邦君=（君，君）猷（猶）尐（少）之，龍（一）瞿（懼）君之不穼（終）殜（世）係〈保〉邦。既言乃魚（御），固祝而㞢=（㞢之-止之）。郙（蔡）【8】大祝㞢（止），須邦君加㒵（冠），卑廷備（服）出𩫏（就）。郙（蔡）大祝[illegible]二拜頓=（頓頁-頓首）曰：“今日迵既逵（失）邦，或（又）㝵（得）之。”郙（蔡）大【9】〔祝〕

9.5.4　邦人不稱附三

【篇題】

《邦人不稱》簡 13 與《邦人不稱》整體不屬，今獨立爲一篇，謂之“邦人不稱附三”。

【編聯】

13。

【釋文】

虗（吾）敳（豈）敔（敢）㠯（以）尔（爾）𤔔（亂）邦？【13】

9.6　史蕾問於夫子（含【季桓子 9，25】）

【篇題】

據原整理者意見。

【編聯】

1；（2+11）；（3+10）；（4+季桓子 9）；（季桓子 25+5）；6—7；（9+8）；12。

【釋文】

……亓（其）□之。史蕾乚（𣅀-曰）："蕾也，古（故）齊邦㓿（敝）史之子也，亡（無）女（如）煮（圖）也……【1】

既之㠯（以）亓（其）子=（子。子）亓（其）身之戋（貳）也。含（今）史（使）子帀（師）之，君之睪（擇）之誓（慎）矣。□【2】不可㠯（以）弗戒。子之史（事）行，百生（姓）㝵（得）亓（其）利，邦豙（家）㠯（以）𨗴（親）。子之史（事）不行，百生（姓）……【11】

𠂔（必）坐（跪-危）亓（其）邦豙（家），鼎（則）能貴於墨=濂=（墨濂墨濂-禹湯，禹湯）則學。自訠（詞-始）【3】又（有）民㠯（以）來，未或（有）能才（哉）立於坔（地）之上。鼠（一）或不免又（有）謂（禍），不……【10】

死（亙-恆）取同，古（故）斉（教）於訠（詞-始）虐（乎）才（哉）！訠（詞-始）㝵（得）可人而与（與）之，【4】息（仁）爰（援）息（仁）而進之，不息（仁）人弗㝵（得）進矣。訠（詞-始）㝵（得）不可人而与（與）〔之，〕……【季桓子 9】

民嚣（氓）不可悬（侮）。眾之所植，莫之能埔（瀍-廢）也；眾之〔所〕埔（瀍-廢），【季桓子 25】莫之能豊（豎）也。子㠯（以）氏（是）貝（視）之，不亓（其）難与（與）言也？叡（且）夫□……【5】

……也。"

史蕾曰："可（何）胃（謂）八？"夫子曰："內（納）与（邪）、賜（僞）、幽（幼）色与（與）酉（酒），大鐘貞（鼎），【6】美宙（宮）室，區（驅）軽（騁）畋（田）邋（獵），与（舉）獄諮（訟），此所㠯（以）遂（失）【7】

害鹿〈麗（離）〉而不敬，子亦（亦）氏（是）之惻。"

史蕾乚（𣅀-曰）："可（何）胃（謂）[illegible]？可（何）胃（謂）【9】敬？"夫子曰："敬也者，詹（瞻）人之彦=（彦色-顏色）而爲之爲（僞），貝（視）亓（其）所谷（欲）而……【8】

……聒（聞）子之言大矍（懼），不志（識）所爲。"夫子乚（𣅀-曰）："善才（哉）！臨事而矍（懼），希不【12】

9.7　卜書

【篇題】

據原整理者意見。

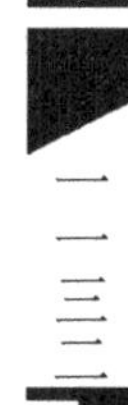

【編聯】

據原整理者意見。

【釋文】

肥弔（叔）曰:“兆（兆）印（仰）百（首）出止（趾），是胃（謂）閔（避）。卜人𦍒（無）咎，牆（將）迲（去）亓（其）里，而它方安（焉）逾（適）。”

季曾曰:“兆（兆）馗〈訇〉=（勹首-俯首）內（納）止（趾），是胃（謂）【1】沓（沈）。尻（處）宮𦍒（無）咎，又（有）疾乃逪〈亞（漸）〉。”

鄒（蔡）公曰:“兆（兆）女（如）印（仰）百（首）出止（趾），而屯（沌）不（背）困（混）鄘（膺），是胃（謂）狮。卜焍（火）龜，亓（其）又（有）吝。尻（處）:【2】不沾大汙，乃沾大浴（谷）。

曰:“兆（兆）尐（小）郜（邥-沈），是胃（謂）鬃。尐（小）子吉，倀=（長人/倀人-丈人）乃哭。甬（用）尻（處）宮〔□:不沾大□，乃沾〕【3】滓（瀆）。”

“侌（肸）高上，卧屯（純）沓（深），是胃（謂）幵（開）。婦人幵（開）目（以）歓飤（食），倀（丈）夫沓（深）目（以）伏匿。”

一占……【4】……吉。邦扎（必）又（有）疾。

凡三族又（有）此（疵），三末唯吉，女（如）白女（如）黃。貞邦……【5】夫。

貞卜邦:兆（兆）唯记（起）〖敀（枳）〗句（椇），母（毋）白母（毋）赤，母（毋）卒（卒-萃）目（以）易（逖）。貞邦𦍒（無）咎，敀（抑）牆（將）又（有）役。

女（如）……【6】……飤（食）墨，亦𦍒（無）它色。

[illegible]公占之曰:“三族之敓（奪）。周邦又（有）吝，亦不𢇍（絕）。三末飤（食）墨叡（且）表（蒙）。我周之孫=（子孫），亓（其）【7】鎜（散）于百邦。大貞邦亦兇。”

[illegible]公占之曰:“若卜貞邦，三族句（椇）旨（枳）而惕（逖），三末唯敗（敗）。亡大咎，又（有）【8】吝於外。女（如）三末唯吉，三族是卒（卒-萃）。亦亡（無）大咎，又（有）吝於內。女（如）三族〔□□，三末□□。□□□〕【9】兇，兆（兆）不利邦貞。【10】

10.1 港中零簡附一

【篇題】

此《香港中文大學文物館藏簡牘》公佈楚簡之一。目前未明歸屬，暫獨立爲篇，名之“港中零簡附一”。

【編聯】

7。

【釋文】

……之女（如）晏𩈎（嬰）也，此之胃（謂）君【港中零簡7】

10.2 港中零簡附二

【篇題】

此《香港中文大學文物館藏簡牘》公佈楚簡之一。目前未明歸屬，暫獨立爲篇，名之“港中零簡附二”。李松儒以爲字跡與《有皇將起》《鶹鷅》一致。

【編聯】

10。

【釋文】

……□牆（將）斆……【港中零簡 10】

11　草茅之外

【篇題】

據原整理者意見。

【編聯】

據原整理者意見。

【釋文】

雭（無）啻敔（敢）聒（問）下事。忨（願）畣（答）之逨（來）反（返）虗（乎），㠯（以）尾（度）文人之㴊（淵）思。

芔（草）茅之外，役（殹）敔（敢）丞（承）【1】行？医（矦-喉）肎（舌）庑（堵）賽（塞），安（焉）能聣（聽）明？舊（久）立不弮（捲），昔（措）足安（焉）寍（定）？多宙（貌）寡（寡）憤（情），民古（故）弗敬。皇句（后）又（有）命，幾（豈）敔（敢）巟（荒）怠（怠）？敬戒㠯（以）時（持），榦（憲）祟（常）亓（其）若孳（兹）。血燹（氣）不迵（通），篙（孰）【2】能飤（食）之？敔（敢）戦（陳）紀皋（告），不智亓（其）若孳（兹）。

南又（有）嘉芔（草），生於麔之宮矣。【3】

12　戰國楚簡書法藝術·竹簡書法選字六

【說明】

濮茅左（2020）公佈了 197 個上博簡新見單字，或成短語，庶不成句，亦不知所出篇目，兹據原書次序逐字排列。原書第 130 頁第 5 字係同頁第 1 字重出，今不收。

【釋文】

也欲皆

邦雈眗

立貿贙【128】

豉利曹

邦㠯才

楚又因【129】

㠯敕忎

或　從

不丌我【130】

隹氏土

其乍氏

叟之尹【131】

裖命於

鬳廷受

自牆之【132】

王逞女

四賓客
毀尃所【133】
昏萬宮
邳逮宔
臨百弔【134】
告鄭大
臣也畜
利安所【135】
涇恷若=
齊恷則
邦司馬【136】
巳左命
聕行則
歐君善【137】
曰才左
司善堇
不恙醫【138】
毋云皆
會萬民
皆涇君【139】
公坪俤
倚仮彜
土固唯【140】
良谽遳
能自耆
風霖澇【141】
忎善臣
者好慁
返邦於【142】
楚大臣
夫鄤尻
天四勿【143】
倀學戉
子戠邑
成哭卍【144】
畬尔公
之吳豪
日竝出【145】
語复色
臣弗康
智人魚【146】
毋乃言
怟或聕
邦君與【147】

火＝然不
志一車
弟祝訏【148】
糸才斤
居石箕
竺賁爲【149】

附錄三　備考簡文

一・性情論殘04【C殘14-6】（旋轉一百八十度）

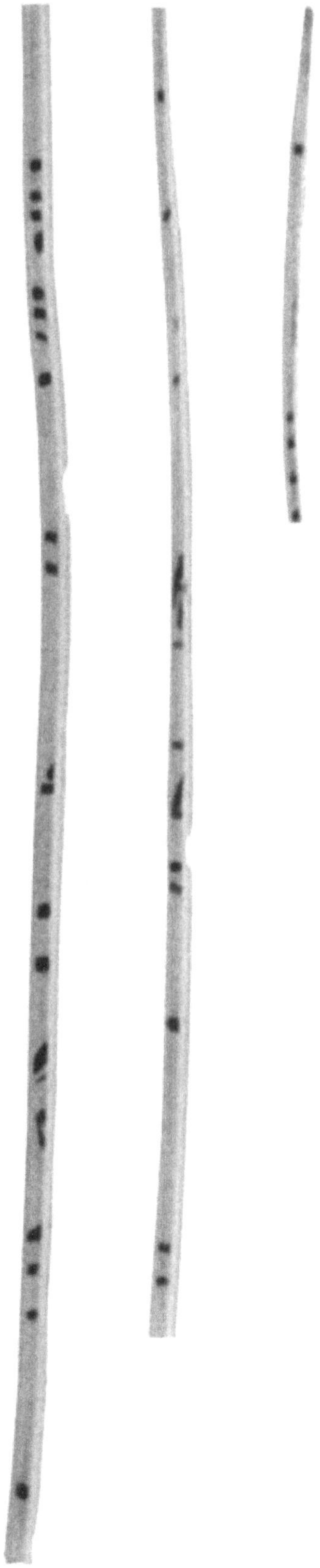

【說明】李零（2007:54–55）據其剪貼本推知，原著錄圖版上下倒置，今更正如右。據其稱，此簡原存字二十餘，接於簡4之前，對應郭店簡本《性自命出》「異也者，剛之樹也，剛取之也；柔之約也，柔取之也」一段。因字跡難辨，故正編不錄。

七·凡物乙補【22-66】

陳建勝摹本

【說明】《凡物流形（乙篇）》原著錄失收，曹錦炎（2021）據黑白照片複印底本補錄，並附陳建勝摹本，今一併著錄。據曹錦炎（2021：271）介紹，此簡接於簡8之後，對應甲篇「故小□彰致（屬/燭）？問：天孰高歟？地孰遠歟？孰爲天？孰爲地？孰爲雷神？孰爲帝？土奚得而平？水」一段。今可辨識「埅、箮、遠、与、箮、爲、天、坪、水」九字，均據陳建勝摹本歸入正編，其餘文字難辨，故正編不錄。

周易逸簡

【釋文】孚膚女（如）【殘14-4】

【説明】此簡釋文由李零（2006）披露。對應今本「〔有〕孚攣如」。

子路逸簡

【釋文】子逄（路）遊於齊中，退而遉（復）䎽（問）於孔=（孔子）曰：「交新而取新，爲之女（如）可（何）？言約而足甬（用）也，爲之女（如）可（何）？張（長）爲壯（莊）【15-240】而毋可軋（犯）也，爲之女（如）可（何）？」孔=（孔子）曰：「善才（哉）言虐（乎）！君子才（哉）䎽（問）虐（乎）！交新而取新，亓（其）忠虐（乎）？言約而足甬（用），【14-217】

【説明】此簡釋文由李零所作，初由濮茅左（2001）披露，後由鄔可晶（2015:59）完整披露，並補「亓（其）信虐（乎）？張（長）爲壯（莊）而毋可軋（犯）也，

亓（其）禮虐（乎）？」劉洪濤（2019）指出「禮」「信」未嚴格隸定，並認爲

《成王爲城濮之行》簡3亦當編入本篇。

字析逸簡

【釋文】人植羽爲completion（美）

【説明】此簡釋文由李零（2016）披露。本屬第二宗上博簡（詳見本編前言），今附錄

於此。

徵引及參考文獻要目

古代文獻

某氏著、郭璞注：《宋本爾雅》，羽澤石經山房影印本，藝文印書館，2013 年。【《爾雅》】
許　慎：《說文解字》，陳昌治刻本影印本，中華書局，1963 年。【大徐本《說文》】
徐　鉉：《說文解字繫傳》，道光十九年依影宋抄本重雕本影印本，中華書局，1987 年。【小徐本《說文》】
顧野王：《宋本玉篇》，澤存堂本影印本，中國書店出版社，1983 年。又參《玉篇》（殘卷），《續修四庫全書》第 228 冊，上海古籍出版社，2002 年。【《玉篇》】
陸德明：《經典釋文》，北京圖書館藏宋刻本影印本，上海古籍出版社，2012 年。【《釋文》】
陳彭年等：《宋本廣韻》，澤存堂本影印本，中國書店出版社，1982 年。【《廣韻》】
丁　度等：《宋刻集韻》，北京圖書館藏宋本影印本，中華書局，1989 年。【《集韻》】
郭忠恕、夏竦：《汗簡 古文四聲韻》，中華書局，1983 年。【《汗簡》/《古文四聲韻》】
張自烈：《正字通》，弘文書院本影印本，國際文化出版公司，1996 年。【《正字通》】
朱駿聲：《說文通訓定聲》，臨嘯閣本影印本，中華書局，1984 年。
段玉裁：《說文解字注》，經韻樓本影印本，上海古籍出版社，1988 年。【段《注》】
錢大昕：《十駕齋養新錄》，楊勇軍整理，上海書店，2011 年。【《十駕齋養新錄》】
雷　浚：《說文外編》，光緒二年（1876）本。【《說文外編》】
阮　元等校刻：《十三經注疏》，世界書局本影印本，中華書局，1980 年。
釋空海：《篆隸萬象名義》，崇文叢書本影印本，中華書局，1995 年。【《篆隸萬象名義》】

出土文獻整理報告與資料彙編及相關文字編

馬承源主編：《上海博物館藏戰國楚竹書（一）》，上海古籍出版社，2001 年。
馬承源主編：《上海博物館藏戰國楚竹書（二）》，上海古籍出版社，2002 年。
馬承源主編：《上海博物館藏戰國楚竹書（三）》，上海古籍出版社，2003 年。
馬承源主編：《上海博物館藏戰國楚竹書（四）》，上海古籍出版社，2004 年。
馬承源主編：《上海博物館藏戰國楚竹書（五）》，上海古籍出版社，2005 年。
馬承源主編：《上海博物館藏戰國楚竹書（六）》，上海古籍出版社，2007 年。
馬承源主編：《上海博物館藏戰國楚竹書（七）》，上海古籍出版社，2008 年。
馬承源主編：《上海博物館藏戰國楚竹書（八）》，上海古籍出版社，2011 年。
馬承源主編：《上海博物館藏戰國楚竹書（九）》，上海古籍出版社，2012 年。
陳松長主編：《香港中文大學文物館藏簡牘》，香港中文大學文物館，2001 年。
曹錦炎：《上博竹書〈卉茅之外〉注釋》，《簡帛》第十八輯，上海古籍出版社，2019 年。
宋鎮豪主編：《中國法書全集 1・先秦秦漢》，文物出版社，2009 年。
濮茅左編著：《戰國竹簡書法藝術》，中西書局，2020 年。【濮茅左 2020】

湖北省荊沙鐵路考古隊：《包山楚簡》，文物出版社，1991 年。
湖北省文物考古研究所、北京大學中文系：《望山楚簡》，中華書局，1995 年。
荊門市博物館：《郭店楚墓楚簡》，文物出版社，1998 年。【荊門市博物館 1998】
湖北省文物考古研究所、北京大學中文系：《九店楚簡》，中華書局，2000 年。
陳偉等：《楚地出土戰國簡冊［十四種］》，武漢大學出版社，2016 年。
武漢大學簡帛研究中心、荊門市博物館：《楚地出土戰國簡冊合集（一）郭店楚墓竹書》，文物出版社，2011 年。
武漢大學簡帛研究中心、河南省文物考古研究所：《楚地出土戰國簡冊合集（二）葛陵楚墓竹簡 長臺關楚墓竹簡》，文物出版社，2013 年。
武漢大學簡帛研究中心、湖北省博物館：《楚地出土戰國簡冊合集（三）曾侯乙墓竹簡》，文物出版社，2019 年。
武漢大學簡帛研究中心、湖北省文物考古所、黄岡市博物館：《楚地出土戰國簡冊合集（四）望山楚墓竹簡 曹家崗楚墓竹簡》，文物出版社，2019 年。
武漢大學簡帛研究中心、湖北省文物考古所：《楚地出土戰國簡冊合集（五）九店楚墓竹書》，文物出版社，2021 年。
李學勤主編：《清華大學藏戰國竹簡（壹）》，中西書局，2011 年。
李學勤主編：《清華大學藏戰國竹簡（貳）》，中西書局，2011 年。
李學勤主編：《清華大學藏戰國竹簡（叁）》，中西書局，2013 年。
李學勤主編：《清華大學藏戰國竹簡（肆）》，中西書局，2014 年。
李學勤主編：《清華大學藏戰國竹簡（伍）》，中西書局，2015 年。
李學勤主編：《清華大學藏戰國竹簡（陸）》，中西書局，2016 年。
李學勤主編：《清華大學藏戰國竹簡（柒）》，中西書局，2017 年。
李學勤主編：《清華大學藏戰國竹簡（捌）》，中西書局，2018 年。
黄德寬主編：《清華大學藏戰國竹簡（玖）》，中西書局，2019 年。
黄德寬主編：《清華大學藏戰國竹簡（拾）》，中西書局，2020 年。
黄德寬主編：《清華大學藏戰國竹簡（拾壹）》，中西書局，2021 年。
黄德寬主編：《清華大學藏戰國竹簡（拾貳）》，中西書局，2022 年。
黄德寬主編：《清華大學藏戰國竹簡（拾叁）》，中西書局，2023 年。
黄德寬、徐在國主編：《安徽大學藏戰國竹簡（一）》，中西書局，2019 年。
黄德寬、徐在國主編：《安徽大學藏戰國竹簡（二）》，中西書局，2022 年。
李天虹主編：《湖北出土楚簡五種〔壹〕》，文物出版社，2024 年。
李天虹主編：《湖北出土楚簡五種〔貳〕》，文物出版社，2024 年。
荊州博物館：《湖北荊州秦家嘴墓地 M1093 發掘簡報》，《江漢考古》2024 年第 4 期。
吳鎮烽編：《商周青銅器銘文暨圖像集成》，上海古籍出版社，2012 年。【銘圖】
吳鎮烽編：《商周青銅器銘文暨圖像集成續編》，上海古籍出版社，2016 年。【銘圖續】
吳鎮烽編：《商周青銅器銘文暨圖像集成三編》，上海古籍出版社，2020 年。【銘圖三】
羅福頤主編：《古璽彙編》，文物出版社，1981 年。【璽彙】
高　明編：《古陶文彙編》，中華書局，1990 年。【陶彙】

陳　瓊:《〈上海博物館藏戰國楚竹書(一)〉研究概況及文字編》,吉林大學碩士學位論文,2005年。
牛淑娟:《〈上海博物館藏戰國楚竹書(二)〉研究概況及文字編》,吉林大學碩士學位論文,2005年。
曲　冰:《〈上海博物館藏戰國楚竹書(三)〉研究概況及文字編》,吉林大學碩士學位論文,2006年。
王　鳳:《〈上海博物館藏戰國楚竹書(三)〉的研究及文字整理》,東北師範大學碩士學位論文,2006年。
徐　蕾:《〈上海博物館藏戰國楚竹書(四)〉的研究及文字整理》,東北師範大學碩士學位論文,2006年。
余智博:《〈上海博物館藏戰國楚竹書(四)〉研究概況及文字編》,吉林大學碩士學位論文,2007年。
鍾　明:《〈上海博物館藏戰國楚竹書(五)〉研究概況及文字編》,吉林大學碩士學位論文,2007年。
郭蕾蕾:《〈上海博物館藏戰國楚竹書(六)〉研究概況及文字編》,吉林大學碩士學位論文,2008年。
蔣　文:《〈上海博物館藏戰國楚竹書(六)〉文字編》,復旦大學學士學位論文,2009年。
雷金方:《〈上海博物馆藏戰國楚竹書(七)〉文字編》,安徽大學碩士學位論文,2010年。
韓義剛:《〈上海博物館藏戰國楚竹書(七)〉研究概況及文字編》,吉林大學碩士學位論文,2011年。
王凱博:《上博八文字編》,復旦網,2012年1月3日。
陳　茜:《〈上海博物館藏戰國楚竹書(九)〉文字編》,東北師範大學碩士學位論文,2014年。
李　敏:《〈上海博物館藏戰國楚竹書(九)〉文字編》,安徽大學碩士學位論文,2014年。
吳宛真:《〈上海博物館藏戰國楚竹書(九)〉文字編》,臺灣彰化師範大學碩士學位論文,2015年。
郭　楠:《〈上海博物館藏戰國楚竹書〉(三、四)文字整理和研究》,北京語言大學碩士學位論文,2009年。
李守奎、曲冰、孫偉龍等:《上海博物館藏戰國楚竹書(一–五)文字編》,作家出版社,2007年。
饒宗頤、徐在國等:《上博藏戰國楚竹書字匯》,安徽大學出版社,2012年。
徐在國:《上博楚簡文字聲系(一~八)》,安徽大學出版社,2013年。
徐加躍、賀一平:《上海博物館藏楚簡字形合編》,上海古籍出版社,2024年。

李守奎:《楚文字編》,華東師範大學出版社,2003年。
滕壬生:《楚系簡帛文字編(增訂本)》,湖北教育出版社,2008年。
程　燕:《望山楚簡文字編》,中華書局,2007年。
張新俊、張勝波:《新蔡葛陵楚簡文字編》,巴蜀書社,2008年。

李守奎：《包山楚墓文字全編》，上海古籍出版社，2012 年。

李學勤主編，沈建華、賈連翔編：《清華大學藏戰國竹簡（壹－叁）文字編》，中西書局，2014 年。後修訂爲《清華大學藏戰國竹簡（壹－叁）文字編（修訂本）》（中西書局，2020 年）。

李學勤主編，沈建華、賈連翔編：《清華大學藏戰國竹簡（肆－陸）文字編》，中西書局，2017 年。

李學勤主編，沈建華、賈連翔編：《清華大學藏戰國竹簡（柒－玖）文字編》，中西書局，2020 年。

孫啟燦：《曾文字編》，吉林大學碩士學位論文，2016 年。

洪德榮、葉楠：《曾侯乙墓竹簡字形合編》，上海古籍出版社，2023 年。

劉洪濤、李芳梅：《郭店楚簡字形合編》，上海古籍出版社，2024 年。

宋麗璇：《豫出楚簡字形合編》，上海古籍出版社，2023 年。

劉　雲、袁瑩、洪德榮：《湘鄂所出楚系簡帛字形合編（二十五種）》，上海古籍出版社，2023 年。

劉新全：《楚系金文編及相關問題研究》，華東師範大學碩士學位論文，2022 年。

董蓮池編著：《新金文編》，作家出版社，2011 年。

陳斯鵬、石小力、蘇清芳編著：《新見金文字編》，福建人民出版社，2012 年。【陳斯鵬等 2012】

何琳儀：《戰國古文字典——戰國文字聲系》，中華書局，1998 年。

徐在國、程燕、張振謙：《戰國文字字形表》，上海古籍出版社，2017 年。

曾憲通、陳偉武主編：《出土戰國文獻字詞集釋》，中華書局，2018 年。【曾憲通、陳偉武 2018】

劉建民：《傳抄古文新編字編》，復旦大學博士學位論文，2013 年。

施謝捷：《魏石經古文彙編》（未刊）。

近現代研究論著

A

安徽大學古文字研究室：《上海楚竹書（二）研讀記》，簡帛研究網，2003 年 1 月 13 日。又見於《上博館藏戰國楚竹書研究續編》（上海書店出版社，2004 年）。

B

白海燕：《〈季庚子問於孔子〉集釋》，吉林大學碩士學位論文，2009 年。【白海燕 2009】

白右尹：《釋戰國楚文字“鬱”兼論包山楚簡中的“郡”》，簡帛網，2023 年 6 月 21 日。

白於藍：《〈包山楚簡文字編〉校訂》，《中國文字》新二十五期，藝文印書館，1999 年。

白於藍：《〈郭店楚墓竹簡〉釋文正誤一則》，《吉林大學社會科學學報》1999 年第 2 期。後收入氏著《拾遺錄——出土文獻研究》（科學出版社，2017 年）。

白於藍：《郭店楚簡拾遺》，《華南師範大學學報》2000 年第 3 期。【白於藍 2000】

白於藍：《郭店楚簡考釋（四篇）》，《簡帛研究二〇〇一》，廣西師範大學出版社，2001 年。

白於藍：《郭店楚墓竹簡釋讀札記》，《古文字論集（二）》（《考古與文物》增刊），《考古與文物》編輯部，2001 年。【白於藍 2001】

白於藍：《〈上海博物館藏戰國楚竹書（一）〉釋注商榷》，《華南師範大學學報》2002 年第 5 期。

白於藍：《〈容成氏〉編連問題補議》，《華南師範大學學報》2004 年第 4 期。

白於藍：《上海博物館藏竹簡〈容成氏〉“凡民俾敀者”考》，《文物》2005 年第 11 期。後收入氏著《拾遺錄——出土文獻研究》（科學出版社，2017 年）。

白於藍：《讀上博簡（二）札記》，《江漢考古》2005 年第 4 期。【白於藍 2005】

白於藍：《〈曹沫之陳〉新編釋文及相關問題探討》，《中國文字》新三十一期，藝文印書館，2006 年。後收入氏著《拾遺錄——出土文獻研究》（科學出版社，2017 年）。【白於藍 2006=2017:120–138】

白於藍：《〈簡牘帛書通假字字典〉部分按語的補充說明》，《新果集——慶祝林澐先生七十歲論文集》，科學出版社，2008 年。

白於藍：《釋“婁”》，《古文字研究》第二十八輯，中華書局，2010 年。後收入氏著《拾遺錄——出土文獻研究》（科學出版社，2017 年）。【白於藍 2010=2017：223–231】

白於藍：《釋“譽”“㞒”》，《古漢語研究》2011 年第 3 期。

白於藍：《釋“賔”——兼論今本〈老子〉第三十二章“萬物將自賓”》，《文史》2014 年第 4 輯。後收入氏著《拾遺錄——出土文獻研究》（科學出版社，2017 年）。【白於藍 2014=2017:307–318】

白於藍：《清華簡〈芮良夫毖〉6—8 號簡校釋》，《古文字研究》第三十輯，中華書局，2016 年。

白於藍：《簡帛古書通假字大系》，福建人民出版社，2017 年。【白於藍 2017】

白於藍、麥茵茵：《釋中山王胤嗣圓壺銘文中的“佇”字》，《三峽論壇》2020 年第 5 期。

白於藍、耿欣：《戰國楚簡中的“辜”與“章”及相關諸字》，《中國歷史研究院集刊》2020 年第 1 期。

北京大學《儒藏》編纂與研究中心：《儒藏》（精華編二八二）（上冊）“出土文獻類”，北京大學出版社，2020 年。【儒藏［282］2020】

邴尚白：《上博楚竹書〈曹沫之陳〉注釋》，《中國文學研究》第 21 期，臺灣大學中國文學研究所，2005 年。

C

蔡　偉：《釋“百丩旨身鯩鮨”》，復旦網，2013 年 1 月 16 日。後收入氏著《古文獻叢札》（花木蘭文化事業有限公司，2022 年）。

蔡　偉：《讀上博簡〈卉茅之外〉札記》，復旦網，2019 年 5 月 30 日（原文署名“抱小”）。

後收入氏著《古文獻叢札》（花木蘭文化事業有限公司，2022 年）。

蔡　偉：《上博簡〈卉茅之外〉補證二則》，復旦網，2019 年 8 月 4 日（原文署名“抱小”）。後收入氏著《古文獻叢札》（花木蘭文化事業有限公司，2022 年）。

蔡一峰：《出土文獻與上古音若干問題探研》，中山大學博士學位論文，2018 年。【蔡一峰 2018】

蔡一峰：《竹書所見傳說之名辨說》，《中國文字研究》第三十二輯，華東師範大學出版社，2020 年。

蔡一峰：《上博藏楚竹書新釋四篇》，“‘古文字與中華文明’國際學術論壇”會議論文，清華大學，2023 年。

曹方向：《據清華簡釋上博簡的“鈙”字》，簡帛網，2014 年 1 月 9 日。

曹方向：《上博簡所見楚國故事類文獻校釋與研究》，武漢大學博士學位論文，2013 年。

曹　峰：《再談〈三德〉的編聯與分章》，簡帛網，2006 年 4 月 13 日。又見於孔子 2000 網，2006 年 4 月 13 日；簡帛研究網，2006 年 4 月 23 日。

曹　峰：《上博楚簡思想研究》，萬卷樓圖書股份有限公司，2006 年。

曹建敦：《上博簡（九）〈陳公治兵〉研讀劄記（二）》，復旦網，2013 年 4 月 23 日。

曹建敦：《上博簡（九）〈陳公治兵〉初步研究》，《黃河文明與可持續發展》第八輯，河南大學出版社，2014 年。

曹錦炎：《上海博物館藏戰國竹書楚辭箋注》，上海古籍出版社，2021 年。【曹錦炎 2021】

曹雨楊：《楚文字“訇”及相關諸字用字研究》，《中國文字研究》第三十八輯，華東師範大學出版社，2023 年。【曹雨楊 2023】

常佩雨：《上博簡孔子言論研究》，鄭州大學博士學位論文，2012 年。

陳　戩：《說〈管子〉〈老子〉中與“勇”相對的“慈”》，“第一屆‘樹人杯’古文字強基計劃學生論壇”會議論文，中國人民大學，2023 年。【陳戩 2023】

陳　劍：《殷墟卜辭的分期分類對甲骨文字考釋的重要性》，北京大學博士學位論文，2001 年。後收入氏著《甲骨金文考釋論集》，綫裝書局，2007 年。【陳劍 2001=2007：317–457】

陳　劍：《據郭店簡釋讀西周金文一例》，《北京大學古文獻研究中心集刊》第二輯，北京燕山出版社，2001 年。後收入氏著《甲骨金文考釋論集》，綫裝書局，2007 年。【陳劍 2001=2007:20–38】

陳　劍：《〈孔子詩論〉補釋一則》，《國際簡帛研究通訊》2002 年第 3 期。後收入氏著《戰國竹書論集》（上海古籍出版社，2013 年）。

陳　劍：《上博簡〈子羔〉〈從政〉篇的竹簡拼合與編連問題小議》，簡帛研究網，2003 年 1 月 8 日。後收入氏著《戰國竹書論集》（上海古籍出版社，2013 年）。【陳劍 2003.1.8=2013:24–31】

陳　劍：《上博簡〈容成氏〉的拼合與編連問題小議》，簡帛研究網，2003 年 1 月 9 日。後收入氏著《戰國竹書論集》（上海古籍出版社，2013 年）。

陳　劍：《上博楚簡〈容成氏〉與古史傳說》，“中國南方文明研討會”會議論文，中研院歷史語言研究所，2003 年。後收入氏著《戰國竹書論集》（上海古籍出版社，

2013 年）。

陳　劍：《上博竹書〈仲弓〉篇新編釋文（稿）》，簡帛研究網，2004 年 4 月 18 日。後收入氏著《戰國竹書論集》（上海古籍出版社，2013 年）。

陳　劍：《竹書〈周易〉需卦卦名之字試解》，簡帛研究網，2004 年 4 月 29 日。收入氏著《戰國竹書論集》（上海古籍出版社，2013 年）。

陳　劍：《上海博物館藏戰國楚竹書〈從政〉篇研究（三題）》，“第三屆國際簡帛研討會”會議論文，Mount Holyoke College，2004 年。後收入氏著《戰國竹書論集》（上海古籍出版社，2013 年）。【陳劍 2004=2013:80–96】

陳　劍：《上博竹書〈曹沫之陳〉新編釋文》，簡帛研究網，2005 年 2 月 12 日。後收入氏著《戰國竹書論集》（上海古籍出版社，2013 年）。

陳　劍：《上博竹書〈昭王與龔之脽〉和〈柬大王泊旱〉讀後記》，簡帛研究網，2005 年 2 月 15 日。後收入氏著《戰國竹書論集》（上海古籍出版社，2013 年）。

陳　劍：《釋上博竹書〈昭王毀室〉的“幸”字》，簡帛網，2005 年 12 月 16 日。後收入氏著《戰國竹書論集》（上海古籍出版社，2013 年）。

陳　劍：《上博竹書〈周易〉異文選釋（六則）》，“出土簡帛文獻與古代學術國際研討會”會議論文，臺北市政治大學，2005 年。後收入氏著《戰國竹書論集》（上海古籍出版社，2013 年）。【陳劍 2005=2013:146–167】

陳　劍：《談談〈上博（五）〉的竹簡分篇、拼合與編聯問題》，簡帛網，2006 年 2 月 19 日。後收入氏著《戰國竹書論集》（上海古籍出版社，2013 年）。【陳劍 2006.2.19=2013:168–182】

陳　劍：《〈上博（五）〉零札兩則》，簡帛網，2006 年 2 月 21 日。後收入氏著《戰國竹書論集》（上海古籍出版社，2013 年）。

陳　劍：《上博竹書“葛”字小考》，簡帛網，2006 年 3 月 10 日。後收入氏著《戰國竹書論集》（上海古籍出版社，2013 年）。

陳　劍：《〈三德〉竹簡編聯的一處補正》，簡帛網，2006 年 4 月 1 日。後收入氏著《戰國竹書論集》（上海古籍出版社，2013 年）。

陳　劍：《也談〈競建内之〉簡 7 的所謂“害”字》，簡帛網，2006 年 6 月 16 日。後收入氏著《戰國竹書論集》（上海古籍出版社，2013 年）。【陳劍 2006.4.1=2013:196–200】

陳　劍：《釋造》，《出土文獻與古文字研究》第一輯，復旦大學出版社，2006 年。後收入氏著《甲骨金文考釋論集》，綫裝書局，2007 年。

陳　劍：《讀〈上博（六）〉短札五則》，簡帛網，2007 年 7 月 20 日。後收入氏著《戰國竹書論集》（上海古籍出版社，2013 年）。

陳　劍：《金文“彖”字考釋》，《甲骨金文考釋論集》，綫裝書局，2007 年。

陳　劍：《釋“琮”及相關諸字》，《甲骨金文考釋論集》，綫裝書局，2007 年。

陳　劍：《釋上博竹書和春秋金文的“羹”字異體》，復旦網，2008 年 1 月 6 日。後收入氏著《戰國竹書論集》（上海古籍出版社，2013 年）。

陳　劍：《〈上博（六）·孔子見季桓子〉重編新釋》，復旦網，2008 年 3 月 22 日。後收入氏著《戰國竹書論集》（上海古籍出版社，2013 年）。【陳劍 2008.3.22=

2013:281-317】

陳　劍：《〈上博（三）·仲弓〉剩義》，《簡帛》第三輯，上海古籍出版社，2008 年。後收入氏著《戰國竹書論集》（上海古籍出版社，2013 年）。

陳　劍：《甲骨金文舊釋"𪓐"之字及相關諸字新釋》，《出土文獻與古文字研究》第二輯，復旦大學出版社，2008 年。【陳劍 2008A】

陳　劍：《"邍"字補釋》，《古文字研究》第二十七輯，中華書局，2008 年。【陳劍 2008B】

陳　劍：《關於"營="與早期出土文獻中的"省代符"》，復旦網"學術討論"，2011 年 7 月 9 日。

陳　劍：《〈上博（八）·子道餓〉補說》，復旦網，2011 年 7 月 19 日。後收入氏著《戰國竹書論集》（上海古籍出版社，2013 年）。

陳　劍：《〈上博（八）·王居〉復原》，復旦網，2011 年 7 月 20 日。後收入氏著《戰國竹書論集》（上海古籍出版社，2013 年）。

陳　劍：《〈上博八·顔淵問于孔子〉補釋兩則》，《簡帛》第七輯，上海古籍出版社，2012 年。

陳　劍：《簡談〈繫年〉的"戬"和楚簡部分"𦣞"字當釋讀爲"捷"》，復旦網，2013 年 1 月 16 日。又見於《安徽大學學報（哲學社會科學版）》2013 年第 6 期。【2013.1.16=2013】

陳　劍：《〈成王爲城濮之行〉的"受"字和"穀莬余"》，復旦網，2013 年 10 月 21 日。

陳　劍：《釋"疌"及相關諸字》，《出土文獻與古文字研究》第五輯，上海古籍出版社，2013 年。

陳　劍：《〈容成氏〉補釋三則》，《出土文獻與古文字研究》第六輯，上海古籍出版社，2015 年。【陳劍 2015】

陳　劍：《清華簡"戾灾罪蠱"與〈詩經〉"烈假""罪罟"合證》，《饒宗頤國學院院刊》第二期，中華書局（香港）有限公司，2015 年。

陳　劍：《說"規"等字並論一些特別的形聲字意符》，《源遠流長：漢字國際學術研討會暨 AEARU 第三屆漢字文化研討會論文集》，北京大學出版社，2017 年。【陳劍 2017】

陳　劍：《據出土文獻表"虐""傲"等詞的用字情況說古書中幾處相關校讀問題》，《出土文獻與古文字研究》第八輯，上海古籍出版社，2019 年。【陳劍 2019】

陳　劍：《釋"瓜"》，《出土文獻與古文字研究》第九輯，2020 年。【陳劍 2020】

陳　劍：《"㞋""叚"聲符探源並論相關諸字》，《中國文字》2021 年冬季號（總第六期），萬卷樓圖書股份有限公司，2021 年。【陳劍 2021】

陳　劍：《與清華簡〈五紀〉相關的兩個字詞問題："𧢦"和{統}》，《中國文字》2022 年夏季號（總第七期），萬卷樓圖書股份有限公司，2022 年。【陳劍 2022A】

陳　劍：《戰國竹書字義零札兩則》，《出土文獻與古文字研究》第十輯，上海古籍出版社，2022 年。【陳劍 2022B】

陳　劍：《據天回簡"篼"形補說"兜"字源流》，《中國文字》2024 年夏季號（總第

十一期），萬卷樓圖書股份有限公司，2024 年。【陳劍 2024】

陳　琦：《“喪”字形音補說》，《燕京語言學》第三輯，學苑出版社，2022 年。【陳琦 2022】

陳　琦：《形體混同與諧聲辨析》，復旦大學碩士學位論文，2024 年。【陳琦 2024】

陳仁仁：《戰國楚竹書〈周易〉研究》，武漢大學出版社，2010 年。

陳斯鵬：《初讀上博簡》，簡帛研究網，2002 年 2 月 5 日。其中部分觀點改併入《上博館藏楚簡文字考釋四則》（《江漢考古》2008 年第 2 期）。後收入氏著《卓廬古文字學叢稿》（中西書局，2018 年）。【陳斯鵬 2002.2.5=2018：163–169】

陳斯鵬：《論周原甲骨和楚系簡帛中的“囟”與“思”——兼論卜辭命辭的性質》，《第四屆國際中國古文字學研討會論文集》，香港中文大學中國語言及文學系，2003 年。後收入氏著《卓廬古文字學叢稿》（中西書局，2018 年）。

陳斯鵬：《楚簡〈周易〉初讀記》，孔子 2000 網，2004 年 4 月 25 日。其中部分觀點改併入《上博館藏楚簡文字考釋四則》（《江漢考古》2008 年第 2 期）。後收入氏著《卓廬古文字學叢稿》（中西書局，2018 年）。

陳斯鵬：《上海博物館藏楚簡〈彭祖〉新釋》，《華學》第七輯，中山大學出版社，2004 年。後收入氏著《卓廬古文字學叢稿》，中西書局，2018 年。【陳斯鵬 2004=2018：170–183】

陳斯鵬：《上海博物館藏楚簡〈曹沫之陳〉釋文校理稿》，簡帛研究網，2005 年 2 月 20 日。【陳斯鵬 2005.2.20】

陳斯鵬：《初讀上博竹書（四）文字小記》，簡帛研究網，2005 年 3 月 6 日。

陳斯鵬：《〈柬大王泊旱〉編聯補議》，簡帛研究網，2005 年 3 月 10 日。後收入氏著《卓廬古文字學叢稿》（中西書局，2018 年）。

陳斯鵬：《讀〈上博竹書（五）〉小記》，簡帛網，2006 年 4 月 1 日。

陳斯鵬：《讀〈上博竹書（五）〉小記》，簡帛網，2006 年 4 月 1 日。【陳斯鵬 2006.4.1】

陳斯鵬：《簡帛文獻與文學考論》，中山大學出版社，2007 年。【陳斯鵬 2007】

陳斯鵬：《楚系簡帛中字形與音義關係研究》，中國社會科學出版社，2011 年。後修訂爲《楚系簡帛中字形與音義關係研究（修訂本）》，中西書局，2023 年。【陳斯鵬 2011=2023】

陳斯鵬：《上博館藏楚簡文字考釋四則》，《江漢考古》2008 年第 2 期。後收入氏著《卓廬古文字學叢稿》（中西書局，2018 年）。

陳斯鵬：《楚簡“史”“弁”續辨》，《古文字研究》第二十七輯，2008 年。後收入氏著《卓廬古文字學叢稿》（中西書局，2018 年）。

陳斯鵬：《“舌”字古讀考》，《文史》2014 年第 2 輯。後收入氏著《卓廬古文字學叢稿》（中西書局，2018 年）。【陳斯鵬 2014=2018：1–16】

陳斯鵬：《楚簡中一個讀爲“曰”的奇字補說》，《古文字論壇》第一輯，中山大學出版社，2015 年。後收入氏著《卓廬古文字學叢稿》（中西書局，2018 年）。【陳斯鵬 2015=2018：123–131】

陳思婷：《〈上海博物館藏戰國楚竹書（四）·采風曲目、逸詩、內豊、相邦之道〉研究》，花木蘭文化事業有限公司，2008 年。

陳　偉：《上海博物館藏楚竹書〈從政〉校讀》，簡帛研究網，2003 年 1 月 10 日。後修改作《〈從政〉校讀》，收入氏著《新出楚簡研讀》（武漢大學出版社，2010 年）。

陳　偉：《〈上海博物館藏戰國楚竹書（二）〉零釋》，簡帛研究網，2003 年 3 月 17 日。後收入氏著《新出楚簡研讀》（武漢大學出版社，2010 年）。

陳　偉：《楚竹書〈周易〉文字試釋》，簡帛研究網，2004 年 4 月 18 日。後修改作《〈周易〉校讀》，收入氏著《新出楚簡研讀》（武漢大學出版社，2010 年）。

陳　偉：《上博五〈鬼神之明〉篇初讀》，簡帛網，2006 年 2 月 18 日。後修改作《〈鬼神之明〉校讀》，收入氏著《新出楚簡研讀》（武漢大學出版社，2010 年）。

陳　偉：《上博五〈三德〉初讀》，簡帛網，2006 年 2 月 19 日。後修改作《〈三德〉校讀》，收入氏著《新出楚簡研讀》（武漢大學出版社，2010 年）。

陳　偉：《上博五〈弟子問〉零釋》，簡帛網，2006 年 2 月 21 日。後修改作《〈弟子問〉零釋》，收入氏著《新出楚簡研讀》（武漢大學出版社，2010 年）。【陳偉 2006.2.21=2010：242–246】

陳　偉：《〈競建内之〉〈鮑叔牙與隰朋之諫〉零識》，簡帛網，2006 年 2 月 22 日。後收入氏著《新出楚簡研讀》（武漢大學出版社，2010 年）。

陳　偉：《〈苦成家父〉通釋》，簡帛網，2006 年 2 月 26 日。後修改作《〈苦成家父〉研究》，收入氏著《新出楚簡研讀》（武漢大學出版社，2010 年）。

陳　偉:《郭店竹書〈六德〉“以奉社稷”補説》，簡帛網，2006 年 2 月 26 日。後修改作《“朩”與“社稷”》，收入氏著《新出楚簡研讀》（武漢大學出版社，2010 年）。【陳偉 2006.2.6=2010:254–】

陳　偉：《讀〈上博六〉條記》，簡帛網，2007 年 7 月 9 日。【陳偉 2007.7.9】

陳　偉：《讀〈上博六〉條記之二》，簡帛網，2007 年 7 月 10 日。

陳　偉：《〈用曰〉校讀》，簡帛網，2007 年 7 月 15 日。後收入氏著《新出楚簡研讀》（武漢大學出版社，2010 年）。【陳偉 2007.7.15=2010：293–295】

陳　偉：《〈慎子曰恭儉〉校讀》，簡帛網，2007 年 7 月 19 日。後修改作《〈慎子曰恭儉〉初讀》，收入氏著《新出楚簡研讀》（武漢大學出版社，2010 年）。

陳　偉：《〈柬大王泊旱〉新研》，《簡帛》第二輯，上海古籍出版社，2007 年。後收入氏著《新出楚簡研讀》（武漢大學出版社，2010 年）。

陳　偉：《〈鄭子家喪〉初讀》，簡帛網，2008 年 12 月 31 日。

陳　偉：《〈成王爲城濮之行〉初讀》，簡帛網，2013 年 1 月 5 日。

陳偉武：《簡帛兵學文獻探論》，中山大學出版社，1999 年。【陳偉武 1999】

陳偉武：《讀上博藏簡第三冊零劄》，《華學》第七輯，中山大學出版社，2004 年。後收入氏著《愈愚齋磨牙集：古文字與漢語史研究叢稿》（中西書局，2014 年）。

陳偉武：《上博藏簡識小錄》，《語言文字學研究》，中國社會科學出版社，2005 年。後收入氏著《愈愚齋磨牙集：古文字與漢語史研究叢稿》（中西書局，2014 年）。【陳偉武 2005=2014：102–105】

陳偉武：《上博簡第七冊釋讀拾遺》，《古文字研究》第二十八輯，2010 年。後收入氏著《愈愚齋磨牙集：古文字與漢語史研究叢稿》（中西書局，2014 年）。【陳

偉武 2010=2014：129–137】

陳偉武：《楚簡秦簡字詞考釋拾遺》，《簡帛》第十三輯，上海古籍出版社，2016 年。後收入氏著《愈愚齋磨牙二集：古文字與漢語史研究叢稿》（中西書局，2018 年）。

陳雅雯：《〈上海博物館藏戰國楚竹書（五）·三德〉研究》，臺灣師範大學碩士學位論文，2008 年。

陳　哲：《釋上博竹書〈顏淵問于孔子〉用爲“愛”之字》，《漢語史學報》第二十五輯，上海教育出版社，2021 年。【陳哲 2021】

陳　哲：《戰國秦漢聲符叢考》，中山大學博士學位論文，2024 年。【陳哲 2024】

程鵬萬：《〈仲弓〉的“[illegible]”字考釋》，簡帛研究網，2005 年 6 月 6 日。後改作《釋〈仲弓〉第 16 簡的“小人”》（《古文字研究》第二十六輯，中華書局，2006 年）。

程鵬萬：《上博三〈彭祖〉第 4 簡的歸屬與拼合》，復旦網 2010 年 1 月 17 日。又見於《古籍整理研究學刊》（2015 第 4 期）。【程鵬萬 2010.1.17= 程鵬萬 2015】

程鵬萬：《〈交交鳴烏〉第二簡上的反印文字》，《簡帛》第十一輯，上海古籍出版社，2015 年。

程鵬萬：《簡牘帛書格式研究》，上海古籍出版社，2017 年。

程少軒：《上博八〈鶹鷅〉與〈有皇將起〉編冊小議》，《中國文字》新三十八期，藝文印書館，2012 年。

程少軒：《小議上博九〈卜書〉的“三族”和“三末”》，復旦網，2013 年 1 月 16 日。又見於《中國文字》新三十九期（藝文印書館，2013 年）。【程少軒 2013.1.16=2013】

程　燕：《讀上博六劄記》，簡帛網，2007 年 7 月 24 日。

程　燕：《“豈”“饑”同源考》，《古文字研究》第二十六輯，中華書局，2006 年。

程　燕：《讀〈上博九〉劄記（二）》，簡帛網，2013 年 1 月 7 日。

程　燕：《說樊》，《中國文字學報》第五輯，商務印書館，2014 年。

程　燕：《談楚文字中的“亜”字》，《安徽大學學報（哲學社會科學版）》2017 年第 5 期。

程　燕：《“沓”字探源——兼釋“沓”之相關字》，《語言科學》2018 年第 3 期。

程　燕、滕勝霖：《楚簡“鑿”字小考》，《安徽大學學報（哲學社會科學版）》2021 年第 6 期。【程燕、滕勝霖 2021】

D

大西克也：《戰國楚系文字中的兩種“告”字》，《簡帛》第一輯，上海古籍出版社，2006 年。

大西克也：《試論上博楚簡〈緇衣〉中的“[illegible]”字及相關諸字》，《第四屆國際中國古文字學研討會論文集：新世紀的古文字學與經典詮釋》，香港中文大學，2003 年。

丁四新：《楚簡〈恆先〉章句釋義》，簡帛研究網，2003 年 7 月 25 日。

董蓮池：《〈上海博物館藏戰國竹書（一）·孔子詩論〉試詁》，新出土文獻與古代文明研究國際學術研討會，上海，2002 年。後成書爲《新出土文獻與古代文明研究》（上海大學出版社，2004 年）。又見於《吉林大學古籍研究所建所二十周年紀念文集》（吉林文史出版社，2003 年）。

董蓮池:《西周金文幾個疑難的字再研究》,《古文字研究》第二十八輯,中華書局,2010年。

董　珊:《楚簡〈恆先〉初探》,簡帛研究網,2004年5月12日。後收入氏著《簡帛文獻考釋論叢》(上海古籍出版社,2014年)。

董　珊:《楚簡〈恆先〉"詳宜利巧"解釋》,簡帛研究網,2004年11月9日。後收入氏著《簡帛文獻考釋論叢》(上海古籍出版社,2014年)。

董　珊:《讀〈上博藏戰國楚竹書(四)〉雜記》,簡帛研究網,2005年2月20日。後收入氏著《簡帛文獻考釋論叢》(上海古籍出版社,2014年)。

董　珊:《楚簡中从"大"聲之字的讀法》,簡帛網,2007年6月20日。又見於《古代文明》第8卷(文物出版社,2010年)。後收入氏著《簡帛文獻考釋論叢》(上海古籍出版社,2014年)。【董珊2007.6.20=2010=2014:143–173】

董　珊:《讀〈上博六〉雜記(續二)》,簡帛網,2007年7月11日。後併入《讀〈上博藏戰國楚竹書(六)〉雜記》,收入氏著《簡帛文獻考釋論叢》(上海古籍出版社,2014年)。

董　珊:《讀〈上博六〉雜記(續一)》,簡帛網,2007年7月11日。後併入《讀〈上博藏戰國楚竹書(六)〉雜記》,收入氏著《簡帛文獻考釋論叢》(上海古籍出版社,2014年)。

董　珊:《讀〈上博七〉雜記(一)》,復旦網,2008年12月31日。後併入《讀上博簡〈君人者何必安哉〉》,收入氏著《簡帛文獻考釋論叢》(上海古籍出版社,2014年)。

董　珊:《上博簡〈屮茅之外〉的再理解》,"先秦秦漢史"(微信公眾號),2019年7月28日。

段　凱:《〈古文四聲韻〉(卷一–卷四)校注》,華東師範大學博士學位論文,2018年。【段凱2018】

段　凱:《傳抄古文與出土文獻互證三則》,"第一屆文史青年論壇"會議論文,華東師範大學,2018年。又見於《古文字研究》(第三十三輯,中華書局,2020年)。【段凱2018=2020】

段　凱:《上博簡〈内禮〉篇"冠不力"重釋》,《古文字與出土文獻青年學者西湖論壇(2021)論文集》,上海古籍出版社,2022年。【段凱2022】

F

凡國棟:《〈上博六〉楚平王逸篇初讀》,簡帛網,2007年7月9日。

凡國棟:《讀〈上博楚竹書六〉記》,簡帛網,2007年7月9日。

凡國棟:《上博六〈用曰〉篇初讀》,簡帛網,2007年7月10日。

凡國棟:《〈用曰〉篇中的"寧"字》,簡帛網,2007年7月12日。

凡國棟:《上博六〈景公瘧〉劄記》,簡帛網,2007年7月17日。

凡國棟:《〈上博七·鄭子家喪〉校讀劄記兩則》,簡帛網,2008年12月31日。

凡國棟:《上博七〈凡物流形〉簡4"九囿出牧"試說》,簡帛網,2009年1月3日。

凡國棟:《上博七〈凡物流形〉札記五則》,《簡帛語言文字研究》第五輯,巴蜀書社,2010年。

凡國棟、何有祖:《〈孔子見季桓子〉札記一則》,簡帛網,2007年7月15日。

范常喜：《〈上博五·三德〉劄記三則》，簡帛網，2006年2月24日。後改作《〈三德〉劄記四則》，收入氏著《簡帛探微——簡帛字詞考釋與文獻新證》（中西書局，2016年）。

范常喜：《上博（二）〈從政（甲）〉簡三補説》，《康樂集：曾憲通教授七十壽慶論文集》，中山大學出版社，2006年。

范常喜：《〈上博五·三德〉與〈吕氏春秋·上農〉對校一則》，《文獻》2007年第1期。

范常喜：《〈上博五·三德〉簡12、20補議》，簡帛網，2007年4月28日。後改作《〈三德〉簡12、20疏釋》，收入氏著《簡帛探微——簡帛字詞考釋與文獻新證》（中西書局，2016年）。【范常喜2007.4.28=2007:43–54】

范常喜：《讀〈上博六〉劄記六則》，簡帛網，2007年7月20日。後改作《〈上博六〉散劄四則》，收入氏著《簡帛探微——簡帛字詞考釋與文獻新證》（中西書局，2016年）。

范常喜：《〈上博五·三德〉“期而不期”“已而不已”試解》，簡帛網，2008年10月28日。

范常喜：《〈上博七·凡物流形〉短劄一則》，簡帛網，2009年1月3日。

范常喜：《楚簡“□”及相關之字述議》，《簡帛》第十一輯，上海古籍出版社，2015年。後收入氏著《簡帛探微——簡帛字詞考釋與文獻新證》（中西書局，2016年）。

范常喜：《上博八〈李頌〉“深利幵豆”試釋》，“簡帛文字與書法”會議論文，山東大學，2018年。

范常喜：《上博五〈君子爲禮〉有關“容禮”的一段簡文疏釋》，“中國文字學會第十屆學術年會”會議論文，鄭州，2019年。

范常喜：《安大簡〈曹沫之陳〉札記二則》，“戰國文字青年學者論壇”會議論文，安徽大學，2022年。其中一則後改作《安大簡〈曹沫之陳〉“剸”讀“摶”試説》，《戰國文字研究》第八輯（安徽大學出版社，2023年）。

方稚松：《關於甲骨文“叀”字構形的再認識》，《故宫博物院院刊》2015年第2期。

方稚松：《甲骨文中的“妨”讀爲“嘉”補證》，《古文字研究》第三十三輯，中華書局，2020年。

房振三：《上博館藏楚竹書（四）釋字二則》，簡帛研究網，2005年4月3日。

馮勝君：《戰國燕系古文字資料綜述》，吉林大學碩士學位論文，1997年。【馮勝君1997】

馮勝君：《讀上博簡〈孔子詩論〉劄記》，簡帛研究網，2002年1月11日。

馮勝君：《讀上博簡〈緇衣〉札記二則》，《上博館藏戰國楚竹書研究》，上海書店出版社，2002年。

馮勝君：《讀上博簡〈孔子詩論〉札記》，簡帛研究網，2002年1月11日。又見於《古籍整理研究學刊》（2002年第2期）。【馮勝君2002.1.11=2002】

馮勝君：《釋戰國文字中的“怨”》，《古文字研究》第二十五輯，中華書局，2004年。

馮勝君：《〈性情論〉首句“凡人雖有生”新解》，《簡帛》第二輯，上海古籍出版社，2007年。

馮勝君：《郭店簡與上博簡對比研究》，綫裝書局，2007年。【馮勝君2007】

馮勝君：《試說東周文字中部分“嬰”及從“嬰”之字的聲符——兼釋甲骨文中的“瘻”和“頸”》，復旦網，2009年7月30日。又見於《出土文獻與傳世典籍的詮釋——紀念譚樸森先生逝世兩周年國際學術研討會論文集》（上海古籍出版社，2010年）。

馮勝君：《郭店〈緇衣〉“渫”字補釋——兼談戰國楚文字“枼”“桀”“柞”之間的形體區別》，《2007中國簡帛學國際論壇論文集》，臺灣大學中國文學系，2011年。

馮勝君：《〈容成氏〉賸義掇拾》，《“承繼與拓新”：漢語語言文字學研究》（上），（香港）商務印書館，2014年。

馮勝君：《讀簡隨記（二題）》，《古文字研究》第三十輯，中華書局，2014年。

復旦大學出土文獻與古文字研究中心研究生讀書會：《攻研雜志——讀〈上博（六）·孔子見季桓子〉（四則）》，復旦網，2008年5月23日。

復旦大學出土文獻與古文字研究中心研究生讀書會：《〈上博七·武王踐阼〉校讀》，復旦網，2008年12月30日。後收入《出土文獻與古文字研究》第三輯（上海古籍出版社，2010年）。【復旦讀書會［武王］2008.12.30=2010：255-263】

復旦大學出土文獻與古文字研究中心研究生讀書會：《〈上博七·吳命〉校讀》，復旦網，2008年12月30日。後收入《出土文獻與古文字研究》第三輯（上海古籍出版社，2010年）。

復旦大學出土文獻與古文字研究中心研究生讀書會：《〈上博七·鄭子家喪〉校讀》，復旦網，2008年12月31日。後收入《出土文獻與古文字研究》第三輯（上海古籍出版社，2010年）。

復旦大學出土文獻與古文字研究中心研究生讀書會：《〈上博七·君人者何必安哉〉校讀》，復旦網，2008年12月31日。後收入《出土文獻與古文字研究》第三輯（上海古籍出版社，2010年）。

復旦大學出土文獻與古文字研究中心研究生讀書會：《〈上博七·凡物流形〉重編釋文》，復旦網，2008年12月31日。後收入《出土文獻與古文字研究》第三輯（上海古籍出版社，2010年）。

復旦大學出土文獻與古文字研究中心研究生讀書會：《清華簡〈祭公之顧命〉研讀札記》，復旦網，2011年1月5日。

復旦吉大古文字專業研究生聯合讀書會：《上博八〈子道餓〉校讀》，復旦網，2011年7月17日。【復吉讀書會［子道餓］2011.7.17】

復旦吉大古文字專業研究生聯合讀書會：《〈上博八·顏淵問於孔子〉校讀》，復旦網，2011年7月17日。【復吉讀書會［顏淵］2011.7.17】

復旦吉大古文字專業研究生聯合讀書會：《上博八〈成王既邦〉校讀》，復旦網，2011年7月17日。

復旦吉大古文字專業研究生聯合讀書會：《上博八〈命〉校讀》，復旦網，2011年7月17日。【復吉讀書會［命］2011.7.17】

復旦吉大古文字專業研究生聯合讀書會：《上博八〈王居〉〈志書乃言〉校讀》，復旦網，2011年7月17日。

復旦吉大古文字專業研究生聯合讀書會：《上博八〈李頌〉校讀》，復旦網，2011 年 7 月 17 日。【復吉讀書會［李頌］2011.7.17】
復旦吉大古文字專業研究生聯合讀書會：《上博八〈蘭賦〉校讀》，復旦網，2011 年 7 月 17 日。
復旦吉大古文字專業研究生聯合讀書會：《上博八〈有皇將起〉校讀》，復旦網，2011 年 7 月 17 日。【復吉讀書會［有皇］2011.7.17】
復旦吉大古文字專業研究生聯合讀書會：《上博八〈鶹鷅〉校讀》，復旦網，2011 年 7 月 17 日。
福田哲之：《〈孔子見季桓子〉1 號簡的釋讀與綴合》，簡帛網，2007 年 8 月 6 日。【福田哲之 2007.8.6】

G

高　強：《上博簡〈鮑叔牙與隰朋之諫〉等四篇集釋續補及相關問題研究》，復旦大學碩士學位論文，2019 年。
高榮鴻：《上博楚簡齊國史料研究》，臺灣中興大學碩士學位論文，2008 年。
高榮鴻：《〈上博九・靈王遂申〉2 號簡“澥”字釋讀》，簡帛網，2013 年 1 月 10 日。
高佑仁：《談戰國楚系“夜”字的一種特殊寫法》，孔子 2000 網，2005 年 4 月 3 日。【高佑仁 2005.4.3】
高佑仁：《談〈唐虞之道〉與〈曹沫之陣〉的“沒”字》，簡帛網，2005 年 11 月 14 日。
高佑仁：《〈曹沫之陣〉校讀九則》，簡帛網，2005 年 11 月 14 日。【高佑仁 2005.11.14】
高佑仁：《〈上海博物館藏戰國楚竹書（四）・曹沫之陣〉研究》，花木蘭文化事業有限公司，2008 年。
高佑仁：《〈莊公既成〉“航”字構形考察——兼談戰國文字“蔡”“龙”“亢”的字形差異》，簡帛網，2010 年 7 月 12 日。又見於《簡帛》第六輯（上海古籍出版社，2011 年）。
高佑仁：《上博楚簡莊、楚、平三王研究》，臺灣成功大學博士學位論文，2011 年。
高佑仁：《〈上博九〉初讀》，簡帛網，2013 年 1 月 8 日。
高中正：《文本未定的時代——先秦兩漢“書”及〈尚書〉的文獻學研究》，復旦大學博士學位論文，2018 年。
葛　亮：《〈上海博物館藏戰國楚簡竹書（六）〉“莊王既成”篇校讀》，《中國出土資料研究》第 13 號，新高速印刷株式會社，2009 年。
葛希谷：《是“刈”還是“穫”》，復旦網，2017 年 11 月 26 日。
顧史考：《上博等楚簡戰國逸書縱橫覽》，中西書局，2018 年。
顧史考：《上博竹書孔子語錄文獻研究》，中西書局，2021 年。【顧史考 2021】
管文韜：《說裸璋》，未刊。
廣瀨熏雄：《關於〈魯邦大旱〉的幾個問題》，《武漢大學學報（哲學社會科學版）》2004 年第 4 期。
廣瀨薰雄：《釋卜鼎——〈釋卜缶〉補說》，《古文字研究》第二十九輯，中華書局，2010 年。
廣瀨薰雄：《包山楚簡 131–139 號簡文書所見“僉殺”之“僉”字之釋祛疑》，《古文字研究》

第二十六輯，中華書局，2016 年。

郭理遠：《楚系文字研究》，復旦大學博士學位論文，2020 年。【郭理遠 2020】

郭理遠：《“舄”字略說——兼釋清華簡《子儀》篇的“[illegible]”字》，《出土文獻與古文字研究》（待刊）。

郭永秉：《從上博楚簡〈容成氏〉的“有虞迵”說到唐虞史事的疑問》，簡帛研究網，2005 年 11 月 7 日。後收入《出土文獻與古文字研究》第一輯（復旦大學出版社，2006 年）。又改作《上博簡〈容成氏〉的“有虞迵”和虞代傳說的研究》，收入氏著《古文字與古文獻論集》（上海古籍出版社，2011 年）。【郭永秉 2005=2011：106–143】

郭永秉：《說〈子羔〉簡 4 的“敏以好詩”》，《出土文獻與古文字研究》第一輯，復旦大學出版社，2006 年。後收入氏著《古文字與古文獻論集》（上海古籍出版社，2011 年）。

郭永秉：《〈景公瘧〉的“襄桓之言”》，簡帛網，2007 年 7 月 25 日。後收入氏著《古文字與古文獻論集》（上海古籍出版社，2011 年）。

郭永秉：《讀〈平王問鄭壽〉篇小記二則》，簡帛網，2007 年 8 月 30 日。其中第一則“關於 1、2 號簡的所謂‘繇’字”後改作《釋上博楚簡〈平王問鄭壽〉的“訊”字》，《古文字研究》第二十七輯（中華書局，2008 年）。後收入氏著《古文字與古文獻論集》（上海古籍出版社，2011 年）。

郭永秉：《由〈凡物流形〉“鳶”字寫法推測郭店〈老子〉甲組與“朘”相當之字應爲“鳶”字變體》，復旦網，2008 年 12 月 31 日。

郭永秉：《戰國竹書剩義（三則）》，《語言研究集刊》第五輯，上海辭書出版社，2008 年。後收入氏著《古文字與古文獻論集》（上海古籍出版社，2011 年）。【郭永秉 2008=2011：87–102】

郭永秉：《楚竹書字詞考釋三篇》，《中國文字研究》第十三輯，大象出版社，2010 年。後收入氏著《古文字與古文獻論集》（上海古籍出版社，2011 年）。

郭永秉：《談古文字中的“要”字和從“要”之字》，《古文字研究》第二十八輯，中華書局，2010 年。後收入氏著《古文字與古文獻論集》（上海古籍出版社，2011 年）。【郭永秉 2010=2011：189–201】

郭永秉：《談談戰國文字中可能與“庖”有關的資料》，《出土文獻研究》第十一輯，中西書局，2011 年。後收入氏著《古文字與古文獻論集續編》（上海古籍出版社，2015 年）。【郭永秉 2011=2015:31–59】

郭永秉：《上博竹書〈孔子見季桓子〉考釋二題》，《文史》2011 年第 4 輯。後收入氏著《古文字與古文獻論集續編》（上海古籍出版社，2015 年）。【郭永秉 2011=2015:227–236】

郭永秉：《〈孔子見季桓子〉5 號簡釋讀補證》，《中國文字》新三十七輯，藝文印書館，2012 年。後收入氏著《古文字與古文獻論集續編》（上海古籍出版社，2015 年）。【郭永秉 2012=2015:237–239】

郭永秉：《補說“麗”“瑟”的會通》，《中國文字》新三十八輯，藝文印書館，2012 年。後收入氏著《古文字與古文獻論集續編》（上海古籍出版社，2015 年）。

郭永秉：《從戰國楚系“乳”字的辨釋談到戰國銘中的“乳（儒）子”》，《簡帛·經典·古史》，上海古籍出版社，2013 年。後收入氏著《古文字與古文獻論集續編》（上海古籍出版社，2015 年）。

郭永秉：《從戰國文字所見的類“倉”形“寒”字論古文獻中表“寒”義的“滄 / 滄”是轉寫誤釋的產物》,《出土文獻與古文字研究》第六輯,上海古籍出版社,2015 年。後收入氏著《古文字與古文獻論集續編》（上海古籍出版社，2015 年）。【郭永秉 2015:115–137】

郭永秉：《談談戰國楚地簡冊文字與秦文字值得注意的相合相應現象》，“‘戰國文字研究的回顧與展望’國際學術研討會”會議論文，復旦大學，2015 年。

郭永秉：《續說戰國文字的“夌”和從“夌”之字》，《饒宗頤國學院院刊》第二期，中華書局（香港）有限公司，2015 年。後收入氏著《古文字與古文獻論集續編》（上海古籍出版社，2015 年）。

郭永秉：《關於“穗、秀”問題致白於藍教授》，微信公眾號“古文字微刊”，2016 年 4 月 8 日。後收入氏著《金石有聲》（上海人民出版社，2021 年）。【郭永秉 2016.4.8=2021：144–151】

郭永秉：《說表示“死”義的“世”字》，“文字、文獻與文明——第七屆出土文獻青年學者論壇暨國際學術研討會”會議論文，中山大學，2018 年。又見於《文字·文明·文獻》（上海古籍出版社，2019 年）。【郭永秉 2018=2019】

郭永秉、鄔可晶：《說“索”“剌”》，《出土文獻》第三輯，中西書局，2013 年。後收入氏著《古文字與古文獻論集續編》（上海古籍出版社，2015 年）。【郭永秉、鄔可晶 2013= 郭永秉 2015：60–84】

H

海天遊蹤：《邦人不稱札記》，簡帛網“簡帛論壇”，2013 年 1 月 5 日。

海天遊蹤：《讀〈成王爲城濮之行〉劄記》，簡帛網“簡帛論壇”，2013 年 1 月 5 日。

何家興：《璽陶文字叢釋》，復旦網，2010 年 9 月 16 日。【何家興 2010.9.16】

何琳儀：《滬簡詩論選釋》，簡帛研究網，2002 年 1 月 17 日。又見於《上博館藏戰國楚竹書研究》（上海書店出版社，2002 年）。後收入氏著《安徽大學漢語言文字研究叢書·何琳儀卷》（安徽大學出版社，2013 年）以及黃德寬、何琳儀、徐在國《新出竹簡文字考》（安徽大學出版社，2007 年）。【何琳儀 2002.1.17=2002=2013：403–416】

何琳儀：《滬簡二選釋》，簡帛研究網，2003 年 1 月 14 日。後改作《第二批滬簡選釋》（《學術界》2003 年第 1 期）。又見於《上博館藏戰國楚竹書研究續編》（上海書店出版社，2004 年）以及黃德寬、何琳儀、徐在國《新出竹簡文字考》（安徽大學出版社，2007 年）。【何琳儀 2003.1.14=2003=2004】

何琳儀、程燕：《滬簡〈周易〉選釋》，簡帛研究網，2004 年 5 月 16 日。又見於《江漢考古》（2005 年第 4 期）。後與房振三修訂爲《滬簡〈周易〉選釋（修訂）》（《周易研究》2006 年第 1 期）。又見於《簡帛考論》（上海古籍出版社，2017 年）【何琳儀、程燕 2004.5.16=2005；何琳儀、程燕、房振三 2006=2017】

何琳儀、黄德寬：《說蔡》，《徐中舒先生百年誕辰紀念文集》，巴蜀書社，1998 年。又見於《東南文化》（1999 年第 5 期）。後收入黄德寬、何琳儀、徐在國《新出竹簡文字考》（安徽大學出版社，2007 年）。

何義軍、張顯成：《釋上博九〈成王爲城濮之行〉的“既”字和“慭”字》，《古籍研究》2019 年第 2 輯。

何義軍：《上博竹書字詞釋讀補正》，西南大學碩士學位論文，2020 年。【何義軍 2020】。

何義軍、張顯成：《上博楚簡字詞考釋四則》，《簡帛》第二十六輯，上海古籍出版社，2023 年。

何有祖：《上博楚竹書（四）劄記》，簡帛研究網，2005 年 4 月 15 日。【何有祖 2005.4.15】

何有祖：《上博五楚竹書〈競建内之〉札記三則》，簡帛網，2006 年 2 月 18 日。【何有祖 2006.2.18】

何有祖：《〈季康子問於孔子〉與〈姑成家父〉試讀》，簡帛網，2006 年 2 月 19 日。

何有祖：《上博五〈鮑叔牙與隰朋之諫〉試讀》，簡帛網，2006 年 2 月 19 日。

何有祖：《上博五〈君子爲禮〉試讀》，簡帛網，2006 年 2 月 19 日。

何有祖：《上博五〈弟子問〉試讀三則》，簡帛網，2006 年 2 月 20 日。

何有祖：《上博五〈三德〉試讀（二）》，簡帛網，2006 年 2 月 21 日。

何有祖：《上博（五）零釋》，簡帛網，2006 年 2 月 22 日。

何有祖：《釋〈簡大王泊旱〉“臨”字》，簡帛網，2007 年 2 月 20 日。

何有祖：《〈慎子曰恭儉〉札記》，簡帛網，2007 年 7 月 5 日。【何有祖 2007.7.5】

何有祖：《讀〈上博六〉札記（二）》，簡帛網，2007 年 7 月 9 日。

何有祖：《讀〈上博六〉札記》，簡帛網，2007 年 7 月 9 日。

何有祖：《上博六〈景公瘧〉初探》，簡帛網，2007 年 7 月 11 日。

何有祖：《上博六札記（三）》，簡帛網，2007 年 7 月 13 日。

何有祖：《讀〈上博六〉札記（四）》，簡帛網，2007 年 7 月 14 日。

何有祖：《讀〈上博六〉札記三則》，簡帛網，2007 年 7 月 17 日。

何有祖：《〈景公瘧〉札記四則》，簡帛網，2007 年 7 月 27 日。

何有祖：《上博七〈君人者何必安哉〉校讀》，簡帛網，2008 年 12 月 31 日。

何有祖：《〈凡物流形〉札記》，簡帛網，2009 年 1 月 1 日。【何有祖 2009.1.1】

何有祖：《〈天子建州〉初步研究》，武漢大學博士學位論文，2009 年。

何有祖：《讀〈上海博物館藏戰國楚竹書（九）〉札記》，簡帛網，2013 年 1 月 6 日。

何有祖：《上博簡〈容成氏〉“焚宗”補說》，簡帛網，2019 年 10 月 12 日。

侯乃峰：《讀上博（五）〈三德〉劄記四則》，簡帛網，2006 年 2 月 27 日。

侯乃峰：《上博（五）幾個固定詞語和句式補說》，簡帛網，2006 年 3 月 20 日。又見於《楚地簡帛思想研究（三）》（湖北教育出版社，2007 年）。後收入氏著《逐狐東山：先秦兩漢出土文獻與古文字論集》（上海古籍出版社，2020 年）。

侯乃峰：《上博六賸義贅言》，簡帛研究網，2007 年 10 月 30 日。又見於簡帛網（2007 年 10 月 30 日）。

侯乃峰：《〈天子建州〉“恥度”解》，簡帛網，2008 年 2 月 16 日。又見於復旦網（2008 年 2 月 16 日）。

侯乃峰：《〈上博七·武王踐阼〉小劄三則》，復旦網，2009 年 1 月 3 日。

侯乃峰：《〈上博（七）·鄭子家喪〉“天後（厚）楚邦”小考》，復旦網，2009 年 1 月 6 日。又見於《古文字研究》第二十九輯（中華書局，2012 年）。後收入氏著《逐狐東山：先秦兩漢出土文獻與古文字論集》（上海古籍出版社，2020 年）。

侯乃峰：《〈周易〉文字彙校集釋》，安徽大學博士學位論文，2007 年。後成書《〈周易〉文字彙校集釋》（臺灣古籍出版有限公司，2009 年）。

侯乃峰：《楚簡問字“減體象形”現象舉隅——兼談楚簡“汩”字》，《漢語言文字學研究》第一輯，上海古籍出版社，2015 年。後收入氏著《逐狐東山：先秦兩漢出土文獻與古文字論集》（上海古籍出版社，2020 年）。【侯乃峰 2015=2020:77–83】

侯乃峰：《古文字中的“助”字補說》，《第五屆中國文字發展論壇論文集》，中州古籍出版社，2015 年。後收入氏著《逐狐東山：先秦兩漢出土文獻與古文字論集》（上海古籍出版社，2020 年）。

侯乃峰：《清華簡〈保訓〉篇“命未有所次”解義》，《古籍研究》2015 年第一輯。後收入氏著《逐狐東山：先秦兩漢出土文獻與古文字論集》（上海古籍出版社，2020 年）。【侯乃峰 2015=2020:203–208】

侯乃峰：《上博楚簡儒家文獻校理》，上海古籍出版社，2018 年。【侯乃峰 2018】

胡平生：《讀上博藏戰國楚竹書〈詩論〉劄記》，簡帛研究網，2002 年 6 月 4 日。

許全勝：《〈容成氏〉補釋》，簡帛研究網，2003 年 1 月 14 日。

許全勝：《〈容成氏〉篇釋地》，《上博館藏戰國楚竹書研究續編》，上海書店出版社，2004 年。【許全勝 2004】

許無咎：《〈內禮〉劄記一則》，簡帛研究網，2005 年 3 月 1 日。【許無咎 2005.3.1】

許無咎：《上博楚竹書（五）〈競建內之〉篇劄記》，簡帛研究網，2006 年 2 月 25 日。

黃德寬：《戰國楚竹書（二）釋文補正》，簡帛研究網，2003 年 1 月 21 日。又見於《學術界》（2003 年第 1 期）。又見於《上博館藏戰國楚竹書研究續編》（上海書店出版社，2004 年）。後收入黃德寬、何琳儀、徐在國《新出竹簡文字考》（安徽大學出版社，2007 年）。

黃德寬主編：《古文字譜系疏證》，商務印書館，2017 年。

黃德寬：《略談新出楚簡的文字學價值》，《源遠流長：漢字國際學術研討會暨 AEARU 第三屆漢字文化研討會論文集》，北京大學出版社，2017 年。

黃德寬：《清華簡〈四告〉疑難字詞二考》，《出土文獻》2020 年第 3 期。

黃德寬：《說“彥”及相關諸字》，《中國文字博物館集刊》，中州古籍出版社，2021 年。【黃德寬 2021】

黃德寬、徐在國：《〈上海博物館藏戰國楚竹書（一）緇衣·性情論〉釋文補正》，《古籍整理研究學刊》2002 年第 2 期。又見於《新出楚簡文字考》（安徽大學出版社，2007 年）。【黃德寬、徐在國 2002=2007】

黃浩波：《上博八〈蘭賦〉“容則”試解》，簡帛網，2011 年 9 月 9 日。

黃懷信主編：《大戴禮記匯校集注》，三秦出版社，2004 年。

黃　傑：《初讀〈上海博物館藏戰國楚竹書（八）〉筆記》，簡帛網，2011 年 7 月 19 日。

黃　傑：《釋上博簡〈君子爲禮〉的“企”字》，“紀念中國古文字研究會成立四十週年國際學術研討會”會議論文，吉林大學，2018 年。【黃傑 2018】

黃人二、林志鵬：《上博藏簡第三冊〈彭祖〉試探》，孔子 2000 網，2004 年 4 月 27 日。又見於簡帛研究網（2004 年 4 月 29 日）。

黃文傑：《說朋》，《古文字研究》第二十二輯，中華書局，2000 年。【黃文傑 2000】

黃武智：《上博簡〈舉治王天下〉簡 22、簡 24 補字連讀及“寺（志）”字訓讀》，《戰國文字研究》第三輯，安徽大學出版社，2021 年。

黃錫全：《楚簡續貂》，《簡帛研究》第三輯，廣西教育出版社，1998 年。後收入氏著《古文字與古貨幣文集》（文物出版社，2009 年）。【黃錫全 1998=2009：406-411】

黃錫全：《楚簡“𧬊”字簡釋》，《簡帛研究二〇〇一》，廣西師範大學出版社，2001 年。後收入氏著《古文字與古貨幣文集》（文物出版社，2009 年）。

黃錫全：《讀上博楚簡札記》，《新出楚簡與儒學思想國際學術研討會論文集》，清華大學思想文化研究所，2002 年。又見於《新出簡帛研究》（文物出版社，2004 年）。後改作《郭店上海楚簡對讀札記》（《古墓新知——紀念郭店楚簡出土十周年論文專輯》，香港國際炎黃文化出版社，2003 年）。後收入氏著《古文字與古貨幣文集》（文物出版社，2009 年）。

黃錫全：《讀上博〈戰國楚竹書（三）〉札記數則》，簡帛研究網，2004 年 6 月 22 日。後併入《讀上博〈戰國楚竹書（三）〉札記》，收入氏著《古文字與古貨幣文集》（文物出版社，2009 年）。

J

季旭昇：《〈上博四·柬大王泊旱〉三題》，簡帛研究網，2005 年 2 月 12 日。

季旭昇主編：《〈上海博物館藏戰國楚竹書（二）〉讀本》，萬卷樓圖書股份有限公司，2003 年。

季旭昇主編：《〈上海博物館藏戰國楚竹書（一）〉讀本》，萬卷樓圖書股份有限公司，2004 年。【季旭昇 2004】

季旭昇主編：《〈上海博物館藏戰國楚竹書（三）〉讀本》，萬卷樓圖書股份有限公司，2005 年。

季旭昇：《上博五芻議（下）》，簡帛網，2006 年 2 月 18 日。

季旭昇：《說“婁”“要”》，《古文字研究》第二十六輯，中華書局，2006 年。後收入氏著《季旭昇學術論文集》（花木蘭文化事業有限公司，2022 年）。

季旭昇主編：《〈上海博物館藏戰國楚竹書（四）〉讀本》，萬卷樓圖書股份有限公司，2007 年。

季旭昇：《〈上博六·孔子見季桓子〉譯釋》，《國際儒學研究》第十七輯，九州出版社，2010 年。

季旭昇：《說文新證》，藝文印書館，2014 年。

季旭昇：《〈上博九·史蒥問于夫子〉釋讀及相關問題》，《吉林大學社會科學學報》2015年第4期。後收入氏著《季旭昇學術論文集》（花木蘭文化事業有限公司，2022年）。【季旭昇 2015=2022：227–235】

季旭昇主編：《〈上海博物館藏戰國楚竹書（九）〉讀本》，萬卷樓圖書股份有限公司，2017年。

季旭昇：《〈上博五·姑成家父〉“廢厥契闊”考》，2020年冬季號（總第4期），萬卷樓圖書股份有限公司，2020年。

季旭昇：《重讀〈上博五·融師有成〉》，《古文字研究》第三十四輯，上海古籍出版社，2022年。

季旭昇古文字讀書會：《上博九〈成王爲城濮之行〉集釋》，復旦網，2013年1月27日。

冀小軍：《釋楚簡中的“[illegible]”字》，簡帛研究網，2002年7月21日。

jiaguwen1899：《上博八〈顏淵問於孔子〉“易信”一解》，簡帛網“簡帛論壇”，2011年7月20日。

賈連翔：《試析戰國竹簡中的“辡”及相關字》，“‘文字、文獻與文明’——第七屆出土文獻青年學者論壇暨國際學術研討會”會議論文，中山大學，2018年。【賈連翔 2018】

賈連翔：《試析戰國竹書中的“貌”》，“簡帛文字與書法”會議論文，山東大學，2018年。又見於《語言學論叢》第六十三輯（商務印書館，2021年）。【賈連翔 2018=2021】

賈連翔：《清華簡〈厚父〉“本”字補釋——兼校〈逸周書·嘗麥〉之“如木既顛厥巢”句》，《古文字研究》第三十三輯，2020年。【賈連翔 2020】

江秋貞：《〈上海博物館藏戰國楚竹書（七）·武王踐阼〉研究》，臺灣師範大學碩士學位論文，2011年。

蔣偉男：《談上博簡中從“埶”的兩個字》，《戰國文字研究》第一輯，安徽大學出版社，2019年。【蔣偉男 2019】

蔣　文、程少軒：《〈用曰〉第4簡與第19簡試讀》，簡帛網，2008年3月24日。

蔣玉斌：《甲骨文待登錄字“㔰”“配”釋說（提綱）》，“古代漢語大型辭書編纂問題研討會”會議論文，復旦大學，2018年。

金宇祥：《讀〈上博五·弟子問〉“飲酒如啜水”及其相關問題》，臺灣第二十九屆中國文字學國際學術研討會，臺灣“中央”大學，2018年。又見於《成大中文學報》（第67期，2019年）。

金宇祥：《戰國竹簡晉國史料研究》，臺灣師範大學博士學位，2019年。

L

Lht：《關於楚簡“薛”字》，簡帛網“簡帛論壇”，2008年3月18日。

李春桃：《說“夬”“韘”——从“夬”字考釋談到文物中扳指的命名》，《吉林大學社會科學學報》2017年第1期。

李春桃：《從斗形爵的稱謂談到三足爵的命名》，《“中央”研究院歷史語言研究所集刊》第八十九本第一分，“中央”研究院歷史語言研究所，2018年。

李芳梅、劉洪濤：《郭店簡〈唐虞之道〉“湝”字考釋——兼論上博簡〈凡物流形〉和天星觀卜筮簡的“縏”字》，《簡帛》第二十五輯，上海古籍出版社，2023年。

李桂森、劉洪濤：《“三豕涉河”與竹簡文字的借邊》，《中國文字研究》第三十一輯，華東師範大學出版社，2020年。【李桂森、劉洪濤 2020】

李桂森、劉洪濤：《上博竹書〈卉茅之外〉補釋》，《簡帛研究二〇二一・春夏卷》，廣西師範大學出版社，2021年。

李家浩：《楚大府鎬銘文新釋》，《語言學論叢》第二十二輯，商務印書館，1999年。後收入氏著《著名中年語言學家自選集・李家浩卷》（安徽教育出版社，2002年）。

李家浩：《釋上博戰國竹書〈緇衣〉中的“𢇛臣”合文》，《康樂集：曾憲通教授七十壽慶論文集》，中山大學出版社，2006年。後收入氏著《安徽大學漢語言文字研究叢書・李家浩卷》（安徽大學出版社，2013年）。

李家浩：《章子國戈小考》，《出土文獻》第一輯，中西書局，2010年。後收入氏著《安徽大學漢語言文字研究叢書・李家浩卷》（安徽大學出版社，2013年）。

李家浩：《甲骨文北方神名“勹”與戰國文字從“勹”之字——談古文字“勹”有讀如“宛”的音》，《文史》2012年第3輯。【李家浩 2012】

李家浩：《楚簡文字中的“枕”字——兼談戰國文字中幾個从“臼”之字》，《出土文獻》第九輯，中西書局，2016年。【李家浩 2016】

李家浩：《鄂君啟節銘文中的“兔禾”》，《古文字研究》第三十二輯，中華書局，2018年。【李家浩 2018】

李家浩：《關於東周器名“𣏌”及其異體的釋讀》，《文史》2021年第3輯。【李家浩 2021】

李家浩：《甲骨卜辭“𠦪”與戰國文字“逹”》，《戰國文字研究》第五輯，安徽大學出版社，2022年。

李家浩：《談〈說文〉“梏”字說解》，《出土文獻綜合研究集刊》第十五輯，巴蜀書社，2022年。

李家浩：《戰國官印“𡜵樂官”考》，《印學研究》第十八輯，文物出版社，2023年。

李　零：《讀上博楚簡〈周易〉》，《中國歷史文物》2006年第4期（總第63期）。【李零 2006】

李　零：《上博楚簡三篇校讀記》，中國人民大學出版社，2007年。【李零 2007】

李　零：《讀清華簡筆記：禼與竊》，《清華簡研究》第一輯，中西書局，2012年。

李　零：《“邦無飤人”與“道毋飤人”》，《文物》2012年第5期。

李　零：《文字大一統和國家大一統是配套的》，澎湃新聞，2016年1月25日。【李零 2016】

李　零：《上博楚簡古書叢鈔（局部）》，未刊。

李鵬輝：《據安徽大學藏戰國竹簡〈曹沫之陳〉談上博簡相關簡文的編聯》，《文物》2022年第3期。

李　銳：《上博館藏楚簡（二）初札》，簡帛研究網，2003年1月6日。

李　銳：《〈恆先〉淺釋》，簡帛研究網，2003年4月23日。

李　銳：《清華大學簡帛講讀班第三十二次研討會（2004年4月2日）綜述》，孔子2000網，2004年4月15日。又見於簡帛研究網（2004年4月18日）。
李　銳：《〈仲弓〉新編》，孔子2000網，2004年4月22日。
李　銳：《〈曹劌之陣〉釋文新編》，孔子2000網，2005年2月22日。又見於簡帛研究網（2005年2月25日）。【李銳2005.2.22=2005.2.25】
李　銳：《讀〈季康子問於孔子〉札記》，孔子2000網，2006年2月26日。又見於簡帛研究網（2005年3月6日）。【李銳2006.2.26=2005.3.6】
李　銳：《〈孔子見季桓子〉新編（稿）》，簡帛網，2007年7月11日。又見於孔子2000網（2007年7月12日）。【李銳2007.7.11=2007.7.12】
李　銳：《〈用曰〉新編（稿）》，簡帛網，2007年7月13日。又見於簡帛研究網（2007年7月13日）。又見於孔子2000網（2007年7月13日）。
李　銳：《〈凡物流形〉釋文新編（稿）》，孔子2000網，2008年12月31日。又見於簡帛研究網（2009年1月2日）【李銳2008.12.31=2009.1.2】
李　銳：《新出簡帛的學術探索（第2版）》，北京師範大學出版社，2020年。
李守奎：《上博簡殘字叢考》，《古文字研究》第二十七輯，中華書局，2008年。
李守奎：《說"頁""見"》，《中國文字》2019年夏季號（總第一期），萬卷樓圖書股份有限公司，2019年。【李守奎2019】
李松儒：《上博九編聯二題》，《"簡帛文獻與古代史"——第二屆出土文獻青年學者國際論壇論文集》，中西書局，2015年。
李松儒：《戰國簡帛字迹研究——以上博簡爲中心》，上海古籍出版社，2015年。【李松儒2015】
李松儒：《安徽大學藏戰國竹簡對讀三則》，《出土文獻》第十二輯，中西書局，2018年。【李松儒2018】
李松儒：《郭店、上博簡孔子文獻合考一則》，《古文字研究》第三十三輯，中華書局，2020年。
李天虹：《釋楚簡文字"㡯"》，《華學》第四輯，紫禁城出版社，2000年。後改作《釋"㡯"》，收入氏著《郭店楚簡〈性自命出〉研究》（湖北教育出版社，2003年）。
李天虹：《郭店楚簡〈性自命出〉研究》，湖北教育出版社，2003年。
李天虹：《上博五〈競〉〈鮑〉篇校讀四則》，簡帛網，2006年2月19日。
李天虹：《讀〈季康子問於孔子〉劄記》，簡帛網，2006年2月24日。
李天虹：《〈上博（五）〉零識三則》，簡帛網，2006年2月26日。【李天虹2006.2.26】
李天虹：《〈景公瘧〉校讀三則》，簡帛網，2007年7月24日。
李天虹：《〈景公瘧〉校讀二則》，簡帛網，2007年7月26日。
李天虹：《上博六〈景公瘧〉字詞校釋》，《古文字學論稿》，安徽大學出版社，2008年。【李天虹2008】
李天虹：《〈君人者何必安哉〉補說》，簡帛網，2009年1月21日。
李天虹：《上博六〈景公瘧〉編聯試析》，《新果集——慶祝林澐先生七十華誕論文集》，科学出版社，2009年。

李　丹：《釋上博六〈孔子見季桓子〉中的“𢡃”字》，《出土文獻》（待刊）。

李學勤：《〈古韻通曉〉簡評》，《中國社會科學》1991 年第 3 期。後收入氏著《擁篲集》（三秦出版社 2000 年）。【李學勤 1991=2000:203–206】

李學勤：《試解郭店簡讀“文”之字》，《孔子·儒學研究文叢（一）》，齊魯書社，2001 年。後收入氏著《中國古代文明研究》（華東師範大學出版社，2005 年）。【李學勤 2001=2005：229–230】

李學勤：《〈詩論〉簡的編聯與復原》，《中國哲學史》2002 年第 1 期。其中附錄後改爲《上海博物館藏楚竹書〈詩論〉分章釋文》，見於簡帛研究網（2002 年 1 月 16 日），又見於《國際簡帛研究通訊》（2002 年第 2 期）；又改名爲《〈詩論〉分章釋文》，見於《經學新詮三編》（《中國哲學》第二十四輯，遼寧教育出版社，2002 年）。後正文與附錄均收入氏著《中國古代文明研究》（華東師範大學出版社，2005 年）。【李學勤 2002=2005：247–251】

李學勤：《〈詩論〉說〈關雎〉等七篇釋義》，《齊魯學刊》2002 年第 2 期。後收入氏著《中國古代文明研究》（華東師範大學出版社，2005 年）。

李學勤：《釋“改”》，《石璋如院士百歲祝壽論文集：考古、歷史、文化》，南天書局，2002 年。後收入氏著《中國古代文明研究》（華東師範大學出版社，2005 年）。

李學勤：《楚簡〈恆先〉首章釋義》，孔子 2000 網，2004 年 4 月 19 日。又見於簡帛研究網（2004 年 4 月 23 日），《中國哲學史》（2004 年第 3 期）。後收入氏著《文物中的古代文明》（商務印書館，2008 年）。

李學勤：《楚簡〈子羔〉研究》，《上博館藏戰國楚竹書研究續編》，上海書店出版社，2004 年。後收入氏著《文物中的古代文明》（商務印書館，2008 年）。

李學勤：《楚簡〈弟子問〉與䌛字》，《出土文獻研究》第八輯，上海古籍出版社，2007 年。後收入氏著《文物中的古文明》（商務印書館，2008 年）。

李學勤：《談楚簡〈慎子〉》，《中國文化》第二十五、二十六期合刊，中國文化社，2007 年。後收入氏著《通向文明之路》（商務印書館，2010 年）。

李詠健：《〈上博（七）·凡物流形〉釋讀札記二則》，“第二十五屆中國文字學國際學術研討會”會議論文，中國文化大學中國文學系，2014 年。【李詠健 2014】

梁　静：《〈孔子見季桓子〉校讀》，簡帛網，2008 年 3 月 4 日。

梁　静：《〈上博六·景公瘧〉重編新釋與版本對比》，2008 年 11 月 25 日。後發表於《中国历史文物》（2010 年第 1 期）。

梁　静：《上博楚簡儒籍考論》，科學出版社，2022 年。

廖名春：《上海博物館藏詩論簡校釋劄記》，《上博館藏戰國楚竹書研究》，上海書店出版社，2002 年。又見於簡帛研究網（2002 年 7 月 3 日）。後收入氏著《出土簡帛叢考》（湖北教育出版社，2004 年）。

廖名春：《新出楚簡試論》，臺灣古籍出版有限公司，2001 年。

廖名春：《讀上博簡〈容成氏〉札記（一）》，簡帛研究網，2002 年 12 月 27 日。

廖名春：《上博藏楚竹書〈恆先〉簡釋（修訂稿）》，孔子 2000 網，2004 年 4 月 22 日。又見於簡帛研究網（2004 年 4 月 19 日）。

廖名春：《上博藏楚竹書〈恆先〉新釋》，《中國哲學史》2004 年第 3 期。
廖名春：《楚簡〈逸詩·交交鳴烏〉補釋》，簡帛研究網，2005 年 2 月 12 日。又見於孔子 2000 網（2005 年 2 月 13 日），《中國文化研究》（2005 年春之卷）。
廖名春：《讀楚竹書〈內豊〉篇札記（一）》，孔子 2000 網，2005 年 4 月 22 日。又見於簡帛研究網（2005 年 2 月 20 日）。
廖名春：《讀〈上博五·鬼神之明〉篇札記》，孔子 2000 網，2006 年 2 月 19 日。又見於簡帛研究網（2006 年 2 月 20 日）。
廖名春：《讀〈上博五·融師有成氏〉篇札記四則》，孔子 2000 網，2006 年 2 月 19 日。又見於簡帛研究網（2006 年 2 月 20 日）。
林煥澤：《出土戰國秦漢文獻所見時空觀念考論》，中山大學博士學位論文，2023 年。
林清源：《上博九〈陳公治兵〉通釋》，“第四屆古文字與古代史國際學術研討會——紀念董作賓逝世五十周年”會議論文，“中央”研究院歷史語言研究所，2013 年。又見於《古文字與古代史》第四輯（“中央”研究院歷史語言研究所，2015 年）。
林清源：《〈上博九·陳公治兵〉編聯及相關問題》，《“中央”研究院歷史語言研究所集刊》第八十六本第三分，“中央”研究院歷史語言研究所，2015 年。
林素清：《上博楚竹書〈昔者君老〉新釋》，《上博館藏戰國楚竹書研究續編》，上海書店出版社，2004 年。
林文華：《〈上博六·景公瘧〉“吾用晏子是襄桓之言也”新解》，簡帛網，2007 年 8 月 2 日。【林文華 2007.8.2】
林　澐：《新版〈金文編〉正文部分釋字商榷》，中國古文字學會第七屆年會論文，太倉，1990 年。
林志鵬：《上博楚竹書〈競建內之〉重編新解》，簡帛網，2006 年 2 月 25 日。
林志鵬：《戰國楚竹書〈彭祖〉考論（一）——兼論〈漢志〉“小說家”之成立》，簡帛網，2007 年 8 月 18 日。
林志鵬：《讀上博簡第九冊〈卜書〉札記》，簡帛網，2013 年 3 月 11 日。
劉傳賓：《上博六〈平王問鄭壽〉札記兩則》，“新出土文獻與古文字考釋青年學者學術研討會”會議論文，東北師範大學，2017 年。
劉　剛：《釋〈上博六·用曰〉20 號簡的“裕”和“褊”——兼說“扁”聲字的上古音歸部問題》，《安徽大學學報（哲學社會科學版）》2017 年第 5 期。【劉剛 2017】
劉　剛：《讀簡雜記·上博七》，復旦網，2019 年 1 月 5 日。【劉剛 2019】
劉　剛：《釋戰國文字中的“縫”》，《古文字研究》第三十三輯，中華書局，2020 年。
劉　剛：《釋戰國文字中的“廌（觶）”及相關之字》，“第二屆古文字與出土文獻青年學者西湖論壇”會議論文，中國美術學院，2023 年。【劉剛 2023】
劉國勝：《上博（五）零劄（六則）》，簡帛網，2006 年 3 月 31 日。
劉洪濤：《說上海博物館藏戰國竹書〈民之父母〉中的“詩”字》，簡帛網，2006 年 9 月 6 日。【劉洪濤 2006.9.6】
劉洪濤：《上博竹書〈慎子曰恭儉〉校讀》，簡帛網，2007 年 7 月 6 日。
劉洪濤：《讀上博竹書〈天子建州〉劄記》，簡帛網，2007 年 7 月 12 日。

劉洪濤：《上古音“也”字歸部簡論》，復旦網，2008年12月18日。【劉洪濤 2009.12.18】

劉洪濤：《上博竹書〈民之父母〉研究》，北京大學碩士學位論文，2008年。

劉洪濤：《上博竹書〈武王踐阼〉所謂“卣”字應釋爲“戶”》，簡帛網，2009年3月14日。【劉洪濤 2009.3.14】

劉洪濤：《釋上博竹書〈武王踐阼〉的“齋”字》，復旦網，2009年4月5日。又見於《簡帛語言文字研究》第五輯（巴蜀書社，2010年）。後改作《戰國竹簡〈武王踐阼〉“齋”字考釋》，收入氏著《形體特點對古文字重要性研究》（商務印書館，2019年）。

劉洪濤：《上博竹簡釋讀札記》，簡帛網，2010年11月1日。

劉洪濤：《釋上官登銘文中的“役”字》，復旦網，2011年2月16日。後收入氏著《論掌握形體特點對古文字考釋的重要性》（商務印書館，2019年）。

劉洪濤：《清華簡補釋四則》，復旦網，2011年4月27日。後改作《清華簡補釋三則》，收入氏著《形體特點對古文字重要性研究》（商務印書館，2019年）。

劉洪濤：《上博竹簡〈凡物流形〉釋字二則》，《簡帛》第六輯，上海古籍出版社，2011年。後收入氏著《形體特點對古文字重要性研究》（商務印書館，2019年）。【劉洪濤 2011=2019：252–256】

劉洪濤：《清華簡補釋四則》，《考古與文物》2013年第1期。【劉洪濤 2013】

劉洪濤：《釋“肙”》，《簡帛》第十二輯，上海古籍出版社，2016年。【劉洪濤 2016】

劉洪濤：《釋“韓”》，《古文字研究》第三十一輯，中華書局，2016年。後收入氏著《形體特點對古文字重要性研究》（商務印書館，2019年）。

劉洪濤：《釋勮－兼談“慮”字的不同來源》，《“中央”研究院歷史語言研究所集刊》第八十九本第二分，“中央”研究院歷史語言研究所，2018年。後收入氏著《形體特點對古文字重要性研究》（商務印書館，2019年）。【劉洪濤 2018=2019：152–173】

劉洪濤：《上海博物館藏戰國竹簡〈子路〉篇殘簡》，《出土文獻》第十五輯，中西書局，2019年。【劉洪濤 2019】

劉洪濤：《楚系簡帛文獻中的“程”》，“中國文字學會第十一屆學術年會”會議論文，南通，2022年。後發表於《語言學論叢》（2024年第3期）。【劉洪濤 2022=2024】

劉建民：《上博竹書〈景公瘧〉注釋研究》，北京大學碩士學位論文，2009年。

劉樂賢：《讀上博簡〈民之父母〉等三篇劄記》，簡帛研究網，2003年1月10日。

劉樂賢：《讀上博（四）劄記》，簡帛研究網，2005年2月15日。

劉樂賢：《讀上博簡劄記》，《上博館藏戰國楚竹書研究》，上海書店出版社，2002年。

劉松清：《讀上博（九）〈邦人不稱〉篇札記》，簡帛網，2021年10月6日。

劉曉晗：《據出土文獻說“言”“讞”同源兼及郭店簡〈六德〉“獄 音”的釋讀》，《出土文獻》2024年第2期。【劉曉晗 2024】

劉信芳：《上博藏竹書試讀》，簡帛研究網，2003年1月9日。又見於《學術界》（2003年第1期）。

劉信芳：《上博藏竹書〈從政〉補釋（六則）》，《第四屆國際中國古文字學研討會論文集：新世紀的古文字學與經典詮釋》，香港中文大學，2003 年。【劉信芳 2003】

劉信芳：《上博藏五試解續》，簡帛網，2006 年 3 月 20 日。後收入氏著《出土簡帛宗教神話文獻研究》（安徽大學出版社，2014 年）。

劉信芳：《上博藏六〈用曰〉12、13 號簡試解》，簡帛網，2007 年 7 月 28 日。

劉信芳：《〈上博藏六〉試解之三》，簡帛網，2007 年 8 月 9 日。

劉信芳：《楚簡帛通假彙釋》，高等教育出版社，2011 年。【劉信芳 2011】

劉　雲：《說上博簡中的“掌”字——兼談文獻中相關的字形訛變現象》，簡帛網，2008 年 11 月 29 日。【劉雲 2008.11.29】

劉　雲：《說〈上博七・吳命〉中所謂的“走”字》，復旦網，2009 年 1 月 16 日。

劉　雲：《戰國文字考釋三則》，《戰國文字研究的回顧與展望》，中西書局，2017 年。【劉雲 2017】

劉　釗：《讀〈上海博物館藏戰國竹書（一）〉劄記》，簡帛研究網，2002 年 1 月 8 日。又見於《上博館藏戰國楚竹書研究》（上海書店出版社，2002 年）。

劉　釗：《利用郭店楚簡字形考釋金文一例》，《古文字研究》第二十四輯，中華書局，2002 年。後收入氏著《古文字考釋叢稿》（嶽麓書社，2005 年）。

劉　釗：《“集”字的形音義》，《中國語文》2018 年第 1 期。後收入氏著《書馨集續編：出土文獻與古文字論叢》（中西書局，2018 年）。【劉釗 2018】

劉釗主編：《傳承中華基因：甲骨文發現一百二十年甲骨學論文精選及提要》，商務印書館，2021 年。

劉　釗：《關於“轡”字形體演變的分析》，第二屆簡牘學與出土文獻語言文字研究學術研討會，西北師范大學，2023 年。後修改作《“轡”字的形體變化及其呈現的特殊演變現象》，《中國語言學研究》第四輯（社會科學文獻出版社，2024 年）。

劉志基：《簡說古文字數據庫的改善——以新版“文字網”古文字數據庫爲例》，《戰國文字研究的回顧與展望》，中西書局，2017 年。

羅小華：《〈凡勿流型〉甲本選釋五則》，簡帛網，2008 年 12 月 31 日。

駱珍伊：《〈上博九・卜書〉“散于百邦”小議》，簡帛網，2013 年 2 月 26 日。

駱珍伊：《〈上海博物館藏戰國楚竹書（七）~（九）〉與〈清華大學藏戰國竹簡（壹）~（叁）〉字根研究》，臺灣師範大學，2015 年。

駱珍伊：《談楚簡中的“㬥（暴）”字》，“第二十八屆中國文字學國際學術研討會”會議論文，臺灣大學中國文學系、臺北中國文字學會，2017 年。

M

馬嘉賢：《上博八〈成王既邦〉考釋一則》，《中國文字》新三十七期，藝文印書館，2012 年。

馬　楠：《〈上博九・陳公治兵〉初讀》，清華網，2013 年 4 月 22 日。

孟蓬生：《上博竹書（二）字詞劄記》，簡帛研究網，2003 年 1 月 14 日。【孟蓬生 2003.1.14】

孟蓬生：《上博竹書（三）字詞考釋》，簡帛研究網，2004 年 4 月 26 日。【孟蓬生

2004.4.26】

孟蓬生:《上博簡〈緇衣〉三解》,《上博館藏戰國楚竹書研究》,上海書店出版社,2002 年。又見於簡帛研究網（2002 年 7 月 28 日）。【孟蓬生 2002】

孟蓬生：《〈彭祖〉字義疏證》，簡帛研究網，2005 年 6 月 21 日。【孟蓬生 2005.6.21】

孟蓬生：《“牪”疑》，簡帛網，2007 年 9 月 22 日。又見於《簡帛》第三輯（上海古籍出版社，2008 年）。【孟蓬生 2007.9.22=2008】

米　雁：《上博簡〈君人者何必安哉〉綜合研究》，安徽大學碩士學位論文，2012 年。

N

倪薇春:《〈上海博物館藏戰國楚竹書（六）·競公瘧〉研究》,臺灣師範大學碩士學位論文,2008 年。

牛新房：《讀上博（五）〈弟子問〉劄記一則》，簡帛網，2006 年 3 月 4 日。

牛新房：《讀上博五劄記》，簡帛網，2006 年 9 月 17 日。

牛新房：《戰國竹書研究方法探析》，華南師範大學博士學位論文，2010 年。後成書《戰國竹書研究方法探析》（花木蘭文化事業有限公司，2014 年）。

P

潘　燈：《〈五紀〉初讀》，簡帛網“簡帛論壇”，2021 年 10 月 15 日。【潘燈 2021.10.15】

濮茅左：《關於上海楚簡中“孔子”的認定——論〈孔子詩論〉中合文是“孔子”而非“卜子”“子上”》，《中華文史論叢》第六十七輯，上海古籍出版社，2001 年。【濮茅左 2001】

Q

淺野裕一：《上博楚簡〈凡物流形〉之整體結構》，復旦網，2009 年 9 月 15 日。

秦曉華：《上博（五）〈三德〉釋讀一則》，簡帛網，2006 年 2 月 27 日。

清華大學出土文獻讀書會：《清華六整理報告補正》，清華網，2016 年 4 月 16 日。

裘　迷：《說上博簡的兩個殘字》，復旦網，2008 年 7 月 6 日。

裘錫圭：《也談子犯編鐘》，《故宮文物月刊》13 卷第 5 期，1995 年。收入氏著《裘錫圭學術文集（金文及其他古文字卷）》（復旦大學出版社，2012 年）。

裘錫圭:《以郭店〈老子〉簡爲例談談古文字的考釋》,郭店楚簡〈老子〉國際學術討論會,武漢大學，1995 年。又載《郭店老子——東西方學者的對話》（學苑出版社，2002 年）。後收入氏著《裘錫圭學術文集（簡牘帛書卷）》（復旦大學出版社，2012 年）。

裘錫圭：《談談上博簡和郭店簡中的錯別字》，新出楚簡與儒學思想國際學術研討會，清華大學，2002 年。後收入氏著《裘錫圭學術文集（簡牘帛書卷）》（復旦大學出版社，2012 年）。

裘錫圭：《𤎼公盨銘文考釋》，《𤎼公盨——大禹治水爲政以德》，綫裝書局，2002 年。後收入氏著《裘錫圭學術文集（金文及其他古文字卷）》（復旦大學出版社，

2012 年）。
裘錫圭：《釋郭店〈緇衣〉“出言有丨，黎民所訁丨”——兼說“丨”爲“針”之初文》，《古墓新知——紀念郭店楚簡出土十周年論文專輯》，香港國際炎黃文化出版社，2003 年。後收入氏著《裘錫圭學術文集（簡牘帛書卷）》（復旦大學出版社，2012 年）。
裘錫圭：《讀上博簡〈容成氏〉劄記二則》，《古文字研究》第二十五輯，中華書局，2004 年。後收入氏著《裘錫圭學術文集（簡牘帛書卷）》（復旦大學出版社，2012 年）。
裘錫圭：《上博簡〈相邦之道〉一號簡考釋》，《中國文字學報》第一輯，商務印書館，2006 年。後收入氏著《裘錫圭學術文集（簡牘帛書卷）》（復旦大學出版社，2012 年）。【裘錫圭 2006=2012（2）:507–511】
裘錫圭：《釋戰國楚簡中的“㕣”字》，《古文字研究》第二十六輯，中華書局，2006 年。後收入氏著《裘錫圭學術文集（簡牘帛書卷）》（復旦大學出版社，2012 年）。
裘錫圭：《釋〈子羔〉篇“鈍”字並論商得金德之說》，《簡帛》第二輯，上海古籍出版社，2007 年。後收入氏著《裘錫圭學術文集（簡牘帛書卷）》（復旦大學出版社，2012 年）。【裘錫圭 2007=2012（2）：496–503】
裘錫圭：《〈天子建州〉（甲本）小札》，簡帛網，2007 年 7 月 16 日。後收入氏著《裘錫圭學術文集（簡牘帛書卷）》（復旦大學出版社，2012 年）。【裘錫圭 2007=2012（2）:530】
裘錫圭：《釋古文字中的有些“悤”字和从“悤”、从“兇”之字》，出土文獻與古文字研究》第二輯，復旦大學出版社，2008 年。後收入氏著《裘錫圭學術文集（簡牘帛書卷）》（復旦大學出版社，2012 年）。
裘錫圭：《說“㛸”（提綱）》，《古文字與古代史》第二輯，中研院歷史語言研究所，2009 年。後收入氏著《裘錫圭學術文集（甲骨文卷）》（復旦大學出版社，2012 年）。【裘錫圭 2009=2012（1）:523–526】
裘錫圭：《是“恆先”還是“極先”？》，復旦網，2009 年 6 月 2 日。後收入氏著《裘錫圭學術文集（古代歷史、思想、民俗卷）》（復旦大學出版社，2012 年）。
裘錫圭：《〈上海博物館藏戰國楚竹書（二）·魯邦大旱〉釋文注釋》，《裘錫圭學術文集（簡牘帛書卷）》，復旦大學出版社，2012 年。
裘錫圭：《〈上海博物館藏戰國楚竹書（二）·子羔〉釋文注釋》，《裘錫圭學術文集（簡牘帛書卷）》，復旦大學出版社，2012 年。
裘錫圭：《說從“㫚”聲的從“貝”與從“辵”之字》，《文史》2012 年第 3 輯。

S

單育辰：《〈曹沫之陳〉文本集釋及相關問題研究》，吉林大學碩士學位論文，2006 年。
單育辰：《上博五短札（三則）》，簡帛網，2006 年 4 月 30 日。後修改作《上博竹書研究三題》，《簡帛研究二〇〇五》，廣西師範大學出版社，2008 年。【單育辰 2006.4.30=2008】
單育辰：《佔畢隨錄》，簡帛網，2007 年 7 月 27 日。
單育辰：《佔畢隨錄之二》，簡帛網，2007 年 7 月 28 日。

單育辰：《佔畢隨錄之七》，復旦網，2009 年 1 月 1 日。

單育辰：《佔畢隨錄之八》，復旦網，2009 年 1 月 3 日。

單育辰：《佔畢隨錄之九》，簡帛網，2009 年 1 月 19 日。

單育辰：《上博七〈凡物流形〉〈吳命〉札記（修訂）》，簡帛網，2009 年 6 月 5 日。後改作《上博七〈凡物流形〉〈吳命〉札記》，《簡帛》第五輯（上海古籍出版社，2010 年）。

單育辰：《佔畢隨錄之十五》，復旦網，2011 年 7 月 22 日。【單育辰 2011.7.22】

單育辰：《佔畢隨錄之十六》，簡帛網，2013 年 1 月 9 日。

單育辰：《上海博物館藏戰國楚竹書（八）文字考釋》，《出土文獻語言研究》第二輯，暨南大學出版社，2015 年。【單育辰 2015】

單育辰：《由清華四〈別卦〉談上博四〈柬大王泊旱〉的“褱”字》，《古文字研究》第三十一輯，中華書局，2016 年。【單育辰 2016：312–315】

單育辰：《四十二年逑鼎“[illegible]”字考》，《文史》2023 年第 1 輯。

沈　培：《卜辭“雉眾”補釋》，《語言學論叢》第二十六輯，商務印書館，2002 年。【沈培 2002】

沈　培：《上博簡〈姑成家父〉一個編聯組位置的調整》，簡帛網，2006 年 2 月 22 日。

沈　培：《由上博簡證“如”可訓爲“不如”》，簡帛網，2007 年 7 月 15 日。

沈　培：《試釋戰國時代从“之”从“首（或从頁）”之字》，簡帛研究網，2007 年 7 月 17 日。後修改發於“2007 中國簡帛學國際論壇”，臺灣大學中國文學系，2007 年。【沈培 2007.7.17=2007】

沈　培：《〈上博六〉字詞淺釋（七則）》，簡帛網，2007 年 7 月 20 日。

沈　培：《〈上博（六）·競公瘧〉“正”字小議》，簡帛網，2007 年 7 月 31 日。

沈　培：《從戰國簡看古人占卜的“蔽志”——兼論“移祟”說》，復旦網，2007 年 12 月 16 日。又見於《古文字與古代史》第一輯（“中央”研究院歷史語言研究所，2007 年）。

沈　培：《略說〈上博（七）〉新見的“一”字》，復旦網，2008 年 12 月 31 日。

沈　培：《〈上博（七）〉字詞補說二則》，復旦網，2009 年 1 月 3 日。【沈培 2009】

沈　培：《清華簡和上博簡“就”字用法合證》，簡帛網，2013 年 1 月 6 日。又見於《源遠流長：漢字國際學術研討會暨 AEARU 第三屆漢字文化研討會論文集》（北京大學出版社，2017 年）。

沈　培：《說古文字裏的“祝”及相關之字》，“中國簡帛學國際論壇 2006”會議論文，武漢大學簡帛研究中心，2006 年。後發於《簡帛》第二輯（上海古籍出版社，2007 年）。

沈　培：《古文字“遺”“送”原本同形說》，“古文字與出土文獻學術研討會”會議論文，北京大學，2023 年。【沈培 2023】

沈奇石：《〈曹沬之陣〉與傳世軍事文獻合證兩則》，《中國文字研究》第三十七輯，華東師範大學出版社，2023 年。【沈奇石 2023】

沈奇石：《楚簡帛用韻文獻整理研究》，華東師範大學博士學位論文，2024 年。【沈奇石 2024A】

沈奇石：《“隼”字音義考論》，《臺灣大學中文學報》第八十四期，2024年。【沈奇石 2024B】
沈奇石：《說戰國楚簡中一類讀音特殊的“十”》，《語言研究》（待刊）。
施謝捷：《釋“索”》，《古文字研究》第二十輯，中華書局，2000年。【施謝捷 2000】
施謝捷：《說“[illegible]（[illegible]）”及相關諸字（上）》，《出土文獻與傳世典籍的詮釋——紀念譚樸森先生逝世兩周年國際學術研討會論文集》，上海古籍出版社，2010年。
施謝捷：《說上博簡〈緇衣〉中用爲“望（朢）”“湯”的字》，“先秦文本與思想國際學術研討會”會議論文，臺灣大學中文系，2010年。後又見《華學》第十一輯（中山大學出版社，2014年）。【施謝捷 2014】
石小力：《東周金文與楚簡合證》，上海古籍出版社，2017年。
石小力：《釋戰國楚文字中的“軌”》，“首屆漢語字詞關係學術研討會”會議論文，浙江大學，2019年。後發表於《漢語字詞關係研究（一）》（中西書局，2021年）。【石小力 2019=2021】
石小力：《戰國“琮”字初文構形補說》，“《中國文字》出刊100期暨文字學國際學術研討會”會議論文，福州，2020年。後發表於《中國文字學報》第十三輯（商務印書館，2023年）。【石小力 2020=2023】
石小力：《清華簡〈五紀〉的“壇”與郭店簡〈唐虞之道〉的“禪”》，《出土文獻》2021年第4期。【石小力 2021】
石小力：《說戰國楚文字中用爲“一”的“翼”字》，《中國語文》2022年第1期。【石小力 2022（1）】
石小力：《說戰國文字“鼠”字的來源》，《古文字研究》第三十四輯，中華書局，2022年。【石小力 2022】
石小力：《說戰國文字中“罰”字的一種異體》，“中國文字學會第十一屆學術年會”會議論文，南通，2022年。
石小力：《清華簡第十三輯中的新用字現象》，“‘古文字與中華文明’國際學術論壇”會議論文，清華大學，2023年。
史德新：《讀上博（七）札記》，《中國歷史文物》2010年第1期。
史傑鵬：《談上海博物館楚簡的“舍”字》，簡帛研究網，2003年5月1日。後收入氏著《畏此簡書：戰國楚簡與訓詁論集》（江西高校出版社，2018年）。
史傑鵬：《上博竹書（三）注釋補正》，《考古與文物》2005年增刊《古文字論集》（三）》。後收入氏著《畏此簡書：戰國楚簡與訓詁論集》（江西高校出版社，2018年）。【史傑鵬 2005=2018:64–71】
宋華強：《由新蔡簡“肩背疾”說到平夜君成所患爲心痛之症》，簡帛網，2005年12月7日。
宋華強：《〈上博（七）·吳命〉“姑姊大姬”小考》，簡帛網，2009年1月1日。
宋華強：《〈上博（七）·凡物流形〉札記四則》，簡帛網，2009年1月3日。【宋華強 2009.1.3】
宋華強：《〈上博（七）·凡物流形〉散札》，簡帛網，2009年1月6日。

宋華強：《釋〈上博六·莊王既成〉的“船”》，簡帛網，2011年1月6日。又見於《江漢考古》2018年第1期。

宋華強：《楚文字資料中所謂“箴尹”之“箴”的文字學考察》，《古文字研究》第二十九輯，中華書局，2012年。

宋華強：《上博九〈成王爲城濮之行〉考釋（九則）》，《簡帛》第九輯，上海古籍出版社，2014年。

蘇建洲：《上博楚竹書（二）考釋四則》，簡帛研究網，2003年1月18日。

蘇建洲：《初讀〈上博五〉淺說》，簡帛網，2006年2月18日。

蘇建洲：《上海博物館藏戰國楚竹書（二）校釋》，花木蘭文化出版社，2006年。

蘇建洲：《〈上博（五）·姑成家父〉簡3“稷”字考釋》，簡帛網，2006年3月30日。後收入《上博楚簡（五）考釋五則》，《中國文字》新三十二期（藝文印書館，2006年）。【蘇建洲 2006.3.30=2006】

蘇建洲：《〈上博楚簡（五）〉考釋二則》，簡帛網，2006年12月1日。【蘇建洲 2006.12.1】

蘇建洲：《初讀〈上博（六）〉》，簡帛網，2007年7月19日。

蘇建洲：《讀〈上博（六）·用曰〉筆記五則》，簡帛網，2007年7月20日。【蘇建洲 2007.7.20】

蘇建洲：《讀〈上博（六）·天子建州〉筆記》，簡帛網，2007年7月22日。

蘇建洲：《〈上博楚竹書〉文字及相關問題研究》，萬卷樓圖書股份有限公司，2008年。

蘇建洲：《也說〈君人者何必安哉〉“人以君王爲所以囂”》，復旦網，2009年1月10日。

蘇建洲：《釋〈孔子見季桓子〉簡13“色不察”》，2009年4月14日。

蘇建洲：《楚文字論集》，萬卷樓圖書股份有限公司，2011年。

蘇建洲：《〈上博五·弟子問〉研究》，《“中央”研究院歷史語言研究所集刊》第八十三本第二分，“中央”研究院歷史語言研究所，2012年。【蘇建洲 2012】

蘇建洲：《初讀〈上博九〉札記（一）》，簡帛網，2013年1月6日。

蘇建洲：《初讀〈上博九〉札記（二）》，簡帛網，2013年1月14日。

蘇建洲：《釋〈上博九·成王爲城濮之行〉的“肆”字以及相關的幾個問題》，《中正漢學研究》2014年第2期。又見於《源遠流長：漢字國際學術研討會暨AEARU第三屆漢字文化研討會論文集》（北京大學出版社，2017年）。

蘇建洲：《楚文字考釋兩則》，《出土文獻語言研究》第二輯，暨南大學出版社，2015年。【蘇建洲 2015】

蘇建洲：《據楚簡“愄”譌變爲“思”的現象考釋古文字》，《戰國文字研究的回顧與展望》，中西書局，2017年。

蘇建洲：《試論“禼”字的源流以及相關的幾個問題》，《古文字與古代史》第五輯，中研院歷史語言研究所，2017年。

蘇建洲：《上博四〈昭王毀室〉“条”字試解》，《出土文獻》第十二輯，中西書局，2018年。

蘇建洲：《說戰國文字“再”“兩”的字形結構》，簡帛網，2019年12月25日。【蘇建洲 2019.12.25】

孫超傑：《從"伐"字的訓釋談到相關問題》，《戰國文字研究》第四輯，安徽大學出版社，2021 年。

孫飛燕：《讀〈凡物流形〉札記》，孔子 2000 網，2009 年 1 月 1 日。【孫飛燕 2009.1.1】

孫飛燕：《〈容成氏〉文本整理及研究》，清華大學博士學位論文，2010 年 4 月。後出版爲《上博簡〈容成氏〉文本整理及研究》（中國社會科學出版社，2014 年）。

孫　剛：《說"喜（鼓）"——兼談"嘉""垂"的形體流變》，《戰國文字研究的回顧與展望》，中西書局，2017 年。

孫　剛：《試說戰國齊、楚兩系文字中的"逵"》，《江漢考古》2018 年第 6 期。

孫　濤：《〈禮記·玉藻〉"造車馬"新證》，"第四屆文獻語言學青年論壇"會議論文，北京語言大學，2022 年。【孫濤 2022】

T

譚生力：《楚文字形近、同形現象源流考》，吉林大學博士學位論文，2014 年。

湯志彪：《上博簡（三）〈彭祖〉篇校讀瑣記》，《江漢考古》2005 年第 3 期。

湯志彪：《釋襽》，《語言科學》2021 年第 1 期。

唐洪志：《上博（五）札記（兩則）》，簡帛網，2006 年 3 月 8 日。

唐洪志：《上博簡（五）孔子文獻校理》，華南師範大學碩士學位論文，2007 年。

滕勝霖：《說楚簡裏的"黽"與"黿"》，《漢字漢語研究》2023 年第 1 期。

田　河：《〈君人者何必安哉〉補議》，復旦網，2009 年 2 月 7 日。

田　煒：《讀上博竹書（四）瑣記》，簡帛研究網，2005 年 4 月 3 日。

田　煒：《讀〈上海博物館藏戰國楚竹書〉零札》，《江漢考古》2008 年第 2 期。【田煒 2008】

W

王化平：《讀上博〈季康子問於孔子〉札記六則》，簡帛網，2007 年 10 月 30 日。【王化平 2007.10.30】

王　輝：《楚簡字詞釋讀瑣記五則》，《古文字論壇》第一輯，中山大學出版社，2015 年。【王輝 2015】

王　輝：《也談清華簡〈繫年〉"降西戎"的釋讀——兼說"降"、"隓"譌混的條件及"升""㚘"之別》，《清華簡〈繫年〉與古史新探》，中西書局，2016 年。【王輝 2016】

王精松：《說"晨"》，《中國文字研究》第三十六輯，華東師範大學出版社，2022 年。【王精松 2022】

王凱博：《〈史蒥問於夫子〉綴合三則》，簡帛網，2013 年 1 月 10 日。

王凱博：《出土文獻資料疑義探研》，吉林大學博士學位論文，2018 年。

王　磊：《釋上博簡六〈孔子見季桓子〉的"丘"字》，簡帛網，2019 年 5 月 14 日。

王　磊：《釋上博簡五〈競建内之〉的"迡"字》，《出土文獻研究》第十八輯，上海古籍出版社，2019 年。【王磊 2019】

王　磊：《戰國文字考釋方法研究》，安徽大學博士學位論文，2021 年。

王　寧：《上博九〈邦人不稱〉釋文補正簡評》，復旦網，2015 年 4 月 5 日。

王　寧：《再釋楚簡中的“丨”字》，復旦網，2011 年 9 月 7 日。【王寧 2011.9.7】

王　萍：《上博（八）彙校集注》，華東師範單大學碩士學位論文，2020 年。

王挺斌：《戰國秦漢簡帛古書訓釋研究》，中國社會科學出版社，2022 年。【王挺斌 2022】

王曉陽：《〈曹沫之陳〉“琗”字考——兼談戰國文字中幾個从“鼠”的字》，《漢字漢語研究》2021 年第 4 期。

王瑜楨：《〈舉治王天下〉小記》，簡帛網，2013 年 1 月 6 日。

王瑜楨：《〈上海博物館藏戰國楚竹書（一）~（六）〉字根研究》，臺灣淡江大學碩士學位論文，2011 年。

王中江：《〈從政〉重編校注》，簡帛研究網，2003 年 1 月 16 日。

王子揚：《說甲骨文中的“逸”字》，復旦網，2008 年 12 月 25 日。

尉侯凱：《楚簡“起”字補釋》，《楚學論叢》第六輯，湖北人民出版社，2017 年。後調整發表於簡帛網（2018 年 4 月 21 日）。【尉侯凱 2017=2018.5.9】

尉侯凱：《〈從政〉箋釋一則》，簡帛網，2018 年 5 月 9 日。【尉侯凱 2018.5.9】

尉侯凱：《〈孔子見季桓子〉補釋三則》，《出土文獻》第十三輯，中華書局，2018 年。

尉侯凱：《上博簡〈論語〉類文獻研究》，武漢大學博士學位論文，2019 年。【尉侯凱 2019】

尉侯凱：《上博簡〈論語〉類文獻研究》（社會科學文獻出版社，2023 年）

魏宜輝：《讀上博楚簡（四）劄記》，簡帛研究網，2005 年 3 月 10 日。

魏宜輝：《讀上博簡文字劄記》，《上博館藏戰國楚竹書研究》，上海書店出版社，2002 年。

魏宜輝：《說“匋”》，《古文字研究》第二十九輯，中華書局，2012 年。

魏宜輝：《說“盜”》，《語言研究》2014 年第 1 期。

魏宜輝：《談古文字“嬰”“鬼”之辨及相關問題》，《出土文獻與古文字研究》第八輯，上海古籍出版社，2019 年。【魏宜輝 2019】

魏宜輝、李雨萌：《“下”字構形補議》，《語言科學》2024 年第 2 期。【魏宜輝、李雨萌 2024】

鄔可晶：《談〈上博（七）·凡物流形〉甲乙本編聯及相關問題》，復旦網，2009 年 1 月 7 日。

鄔可晶：《〈上博（七）·凡物流形〉補釋二則》，復旦網，2009 年 4 月 11 日。後改爲《上博藏楚竹書〈凡物流形〉篇補釋二則》（《東南文化》2010 年第 5 期）。後收入氏著《戰國秦漢文字與文獻論稿》（上海古籍出版社，2020 年）。

鄔可晶：《〈上博（九）·舉治王天下〉“文王訪之於尚父舉治”篇編連小議》，簡帛網，2013 年 1 月 11 日。又見於《中國文字》新三十九期（藝文印書館，2013 年）。後收入氏著《戰國秦漢文字與文獻論稿》（上海古籍出版社，2020 年）。【鄔可晶 2013.1.11=2013=2020:145-160】

鄔可晶：《說古文獻以“坐”爲“跪（危）”的現象》，《簡帛》第五輯，上海古籍出版社，2010 年。後收入氏著《戰國秦漢文字與文獻論稿》（上海古籍出版社，2020 年）。

鄔可晶：《釋上博楚簡中的所謂“逐”字》，《簡帛研究二〇一二》，廣西師範大學出版社，

2013 年。後收入氏著《戰國秦漢文字與文獻論稿》（上海古籍出版社，2020 年）。

鄔可晶：《釋〈凡物流形〉甲本 27 號簡的“朵”字》，復旦網，2014 年 5 月 27 日。（原文署名“補白”）又見於《古文字研究》（第三十一輯，中華書局，2016 年）。後收入氏著《戰國秦漢文字與文獻論稿》（上海古籍出版社，2020 年）。

鄔可晶：《〈孔子家語〉成書考》，中西書局，2015 年。【鄔可晶 2015】

鄔可晶：《說“脊”“骴”》，《出土文獻》第十三輯，中西書局，2018 年。後收入氏著《甲骨金文語文論稿》（上海古籍出版社，2024 年）。【鄔可晶 2018=2024:76–140】

鄔可晶：《戰國時代寫法特殊的“曷”的字形分析，並說“敀”及相關問題》，《出土文獻與古文字研究》第七輯，上海古籍出版社，2018 年。後收入氏著《戰國秦漢文字與文獻論稿》（上海古籍出版社，2020 年）【鄔可晶 2018=2020：1–34】

鄔可晶：《“芻、若”補釋》，《古文字研究》第三十二輯，中華書局，2018 年。後收入氏著《甲骨金文語文論稿》（上海古籍出版社，2024 年）。

鄔可晶：《郭店〈老子〉甲組 21 號簡有關異文的解釋》，《人文中國學報》2018 年第 1 期。後收入氏著《戰國秦漢文字與文獻論稿》（上海古籍出版社，2020 年）。

鄔可晶：《說古文字裏舊釋“陶”之字》，《文史》2018 年第 3 輯。後收入氏著《甲骨金文語文論稿》（上海古籍出版社，2024 年）。

鄔可晶：《說“回”》，《中國文字》2019 年冬季號（總第二期），萬卷樓圖書股份有限公司，2019 年。後收入氏著《甲骨金文語文論稿》（上海古籍出版社，2024 年）。

鄔可晶：《釋“鑠”》，《出土文獻與古文字研究》第九輯，上海古籍出版社，2020 年。後收入氏著《甲骨金文語文論稿》（上海古籍出版社，2024 年）。【鄔可晶 2020=2024：227–248】

鄔可晶：《“弱”“約”有關字詞的考察》，《漢語字詞關係研究（二）》，中西書局，2021 年。後收入氏著《甲骨金文語文論稿》（上海古籍出版社，2024 年）。【鄔可晶 2021=2024：500–527】

鄔可晶：《“丸”字續釋——從清華簡所見的一種“邍”字談起》，《中國文字》2021 年夏季號（總第五期），萬卷樓圖書股份有限公司，2021 年。後收入氏著《甲骨金文語文論稿》（上海古籍出版社，2024 年）。

鄔可晶：《讀〈清華大學藏戰國竹簡（玖）〉札記》，《簡帛》第二十三輯，上海古籍出版社，2021 年。【鄔可晶 2021】

鄔可晶：《說“丱”》，《戰國文字研究》第六輯，安徽大學出版社，2022 年。後收入氏著《甲骨金文語文論稿》（上海古籍出版社，2024 年）。【鄔可晶 2022=2024:428–478】

鄔可晶、郭永秉：《從楚文字“原”的異體談到三晉的原地與原姓》，“新出土文獻與古文字考釋青年學者學術研討會”會議論集，東北師範大學，2017 年。又見於《出土文獻》第十一輯（中西書局，2017 年）。後收入氏著《戰國秦漢文字與文獻論稿》（上海古籍出版社，2020 年）。

鄔可晶、施瑞峰：《說“朕”“灷”》，《文史》2022 年第 2 輯。後收入氏著《甲骨金文語文論稿》（上海古籍出版社，2024 年）。

吳良寶：《秦文字“襄”地補說》，《古文字研究》第三十三輯，中華書局，2020 年。
吳　祺：《戰國竹書訓詁方法探論》，華東師範大學博士學位論文，2019 年。
吳　祺、張學城：《上博七補說二則》，《華夏考古》2020 年第 3 期。
吳　祺：《戰國楚簡詞義訓詁六則》，《江漢考古》2023 年第 6 期。
吳夏郎：《〈容成氏〉“酥”字考——兼論“⿰旨留”“稽”二字關係》，《中國文字》新三十九期，藝文印書館，2013 年。【吳夏郎 2013】
吳振武：《燕國銘刻中的“泉”字》，《華學》第二輯，中山大學出版社，1996 年。
吳振武:《戰國文字中一種值得注意的構形方式》,《漢語史學報》第三輯,上海教育出版社,2003 年。【吳振武 2003】
吳振武：《試釋西周𤟹簋銘文中的“馨”字》，《文物》2006 年第 11 期。

X

小　蟲：《說〈上博五·弟子問〉“延陵季子”的“延”字》，簡帛網，2006 年 5 月 20 日。
謝明文：《釋金文中的“鋈”字》，復旦網，2013 年 5 月 13 日。又見於《中國文字》新三十九期（藝文印書館，2013 年）。後收入氏著《商周金文論集》（上海古籍出版社，2017 年）。
謝明文：《釋“顛”字》，《古文字研究》第三十輯，中華書局，2014 年。後收入氏著《商周金文論集》（上海古籍出版社，2017 年）。
謝明文：《釋西周金文中的“垣”字》，《中國文字學報》第六輯，商務印書館，2015 年。後收入氏著《商周金文論集》（上海古籍出版社，2017 年）。
謝明文:《釋魯侯簋“逝”字兼談東周文字中“噬”字的來源》,《青銅器與金文》第一輯,上海古籍出版社, 2017 年。後收入氏著《商周金文論集續編》(上海古籍出版社, 2022 年）。
謝明文：《說“狄”》，《文史》2019 年第 1 輯。後收入氏著《商周金文論集續編》（上海古籍出版社，2022 年）。
謝明文：《釋甲骨文中的“⿱亼丂”及相關諸字——兼論丂、亥係一形分化》，《出土文獻與古文字研究》第十輯，上海古籍出版社，2022 年。【謝明文 2022】
謝廣普：《簡帛數術文獻述考》，中山大學博士學位論文，2023 年。
虛一而靜：《〈相邦之道〉釋字一則》，簡帛網“簡帛論壇”，2005 年 10 月 30 日。
徐在國：《上博竹書（二）文字雜考》，簡帛研究網，2003 年 1 月 14 日。後收入黃德寬、何琳儀、徐在國《新出竹簡文字考》（安徽大學出版社，2007 年）。
徐在國:《上博三〈周易〉釋文補正》, 簡帛研究網, 2004 年 4 月 24 日。後修改發表於《康樂集：曾憲通教授七十壽慶論文集》（中山大學出版社，2006 年）。後收入黃德寬、何琳儀、徐在國《新出竹簡文字考》（安徽大學出版社，2007 年）。
徐在國:《上博竹書（三）札記二則》，簡帛研究網，2004 年 4 月 26 日。後收入氏著《安徽大學漢語言文字研究叢書·徐在國卷》（安徽大學出版社，2013 年）。
徐在國:《釋楚簡“敓”兼及相關字》，《古文字研究》第二十五輯，中華書局，2004 年。
徐在國：《說“咠”及其相關字》，簡帛研究網，2005 年 3 月 4 日。
徐在國：《上博（六）文字考釋二則》，簡帛網，2007 年 7 月 23 日。後收入氏著《安徽大學漢語言文字研究叢書·徐在國卷》（安徽大學出版社，2013年）。

徐在國：《談上博七〈凡物流形〉中的“詧”字》，復旦網，2009年1月6日。又見《古文字研究》第二十八輯（中華書局，2010年）。後收入氏著《安徽大學漢語言文字研究叢書·徐在國卷》（安徽大學出版社，2013年）。【徐在國2009.1.6=2010=2013：261–264】

徐在國：《說楚簡“叚”兼及相關字》，簡帛網，2009年7月15日。後收入氏著《安徽大學漢語言文字研究叢書·徐在國卷》（安徽大學出版社，2013年）。

徐在國：《〈詩·周南·葛覃〉“是刈是濩”解》，《安徽大學學報》2017年第5期。

徐在國：《試說古文字中的“矛”及從“矛”的一些字》，《簡帛》第十七輯，上海古籍出版社，2018年。【徐在國2018】

薛培武：《説“尐”及相關諸字——兼爲甲骨文中的人物“雀*”爲“傅説”提供一點文字學上的證據》，《第八屆中國文字發展論壇論文集》，中州出版社，2022年。【薛培武2022】

禤健聰：《上博緇衣“[illegible]”字試析》，簡帛研究網，2003年12月13日。

禤健聰：《上博楚簡（五）零札（一）》，簡帛網，2006年2月24日。

禤健聰：《上博楚簡（五）零札（二）》，簡帛網，2006年2月26日。【禤健聰2006.2.26】

禤健聰：《說〈吳命〉簡1的“駭”》，簡帛網，2009年1月16日。

禤健聰：《楚簡“喪”字補釋》，《中國文字學報》第三輯，商務印書館，2010年。後收入氏著《戰國楚系簡帛用字習慣》（科學出版社，2017年）【禤健聰2010=2017：509–516】

禤健聰：《上博藏簡〈緇衣〉篇“替”字考釋》，《簡帛研究二〇一二》，廣西師範大學出版社，2013年。【禤健聰2013】

禤健聰：《釋“巠”並論“印”“卬”“色”諸字》，《中山大學學報（社會科學版）》2014年第1期。

禤健聰：《戰國楚系簡帛用字習慣》，科學出版社，2017年。【禤健聰2017】

禤健聰：《戰國簡帛讀本》，鳳凰出版社，2017年。

禤健聰：《說“笴”》，“中國文字學會第十屆學術年會”會議論文，鄭州大學，2019年。【禤健聰2019】

禤健聰：《戰國文字“矢”旁變體辨說》，《古文字研究》第三十三輯，中華書局，2020年。【禤健聰2020】

Y

晏昌貴：《上博簡〈容成氏〉九州柬釋》，簡帛研究網，2003年4月6日。後改作《〈上海博物館藏戰國楚竹書（二）〉中〈容成氏〉九州柬釋》，《武漢大學學報（哲學社會科學版）》2004年第4期。

晏昌貴：《〈三德〉四札》，簡帛網，2006年3月7日。

晏昌貴：《〈三德〉“不墮祭祀”補說》，簡帛網，2006年5月3日。

楊　安：《“助”“叀”考辨》，《中國文字》新三十七期，藝文印書館，2012年。

楊樹達：《積微居小學述林全編》，上海古籍出版社，2013 年。
楊澤生：《竹書〈周易〉札記一則》，簡帛研究網站，2004 年 4 月 24 日。後收入《楚竹書〈周易〉札記》，《康樂集：曾憲通教授七十壽慶論文集》，中山大學出版社，2006 年。
楊澤生：《讀〈上博四〉札記》，簡帛研究網，2005 年 3 月 24 日。
楊澤生：《〈上博五〉劄記兩則》，簡帛網，2006 年 2 月 28 日。
楊澤生：《〈上博五〉零釋十二則》，簡帛網，2006 年 3 月 20 日。
楊澤生：《說〈上博六・競公瘧〉中的"欽"字》，簡帛網，2007 年 7 月 20 日。
楊澤生：《讀〈上博六〉小劄》，簡帛網，2007 年 7 月 21 日。
楊澤生：《讀上博竹簡劄記（六則）》，《古文字研究》第二十五輯，中華書局，2004 年。
楊澤生：《釋"怒"》，《中山大學學報（社會科學版）》2010 年第 6 期。【楊澤生 2010】
姚小鷗：《〈孔子詩論〉第九簡黃鳥句的釋文與考釋》，《北方論叢》2002 年 4 期。
野原將揮：《少の上古音再考——義通換讀から見た上古音再構》，《中國文學研究》第四十四期，2018 年。【野原將揮 2018】
葉曉鋒：《關於楚簡中的"丨"字》，復旦網，2008 年 5 月 9 日。【葉曉鋒 2008.5.9】
伊　強：《〈君人者何必安哉〉劄記一則》，簡帛網，2009 年 1 月 11 日。
應金琦：《西周金文所見周代語音信息考察》，復旦大學碩士學位論文，2023 年。【應金琦 2023】
應金琦："The Date of the Merger of –ps and –ts in Old Chinese"，*Cahiers de Linguistique Asie Orientale*（待刊）。
youren：《〈卜書〉初讀》，簡帛網"簡帛論壇"，2013 年 1 月 5 日。【youren2013.1.5A】
youren：《〈陳公治兵〉初讀》，簡帛網"簡帛論壇"，2013 年 1 月 5 日。【youren2013.1.5B】
youren：《〈舉治王天下〉初讀》，簡帛網"簡帛論壇"，2013 年 1 月 5 日。
youren：《〈靈王遂申〉初讀》，簡帛網"簡帛論壇"，2013 年 1 月 5 日。
youren：《〈史蒥問於夫子〉初讀》，簡帛網"簡帛論壇"，2013 年 1 月 6 日。【youren2013.1.6】
于省吾：《釋庶》，《甲骨文字釋林》，中華書局，1979 年。
俞紹宏：《上海博物館藏楚簡校注》，中國社會科學出版社，2016 年。
俞紹宏、張青松編著：《上海博物館藏楚簡集釋》，社會科學文獻出版社，2019 年。【俞紹宏 2019】
虞萬里：《上博館藏楚竹書〈緇衣〉綜合研究》，武漢大學出版社，2009 年。
虞萬里：《〈孔子詩論〉應定名爲"孔門詩傳"論》，《中國經學》第五輯，廣西師范大學出版社，2009 年。【虞萬里 2009】
袁金平：《读〈上博（五）〉札記三則》，簡帛網，2006 年 2 月 26 日。
袁　瑩：《上博三〈周易〉中的"帶"字》，簡帛網，2008 年 11 月 22 日。【袁瑩 2008.11.22】
雲　漢：《楚簡一類寫作"還"形的"送"字補說》，復旦網，2023 年 12 月 5 日。

Z

曾憲通：《〈周易·睽〉卦卦辭及六三爻辭新詮》，《中國語言學報》第九期，商務印書館，1995年。後收入氏著《古文字與出土文獻叢考》（中山大學出版社，2005年）。

曾憲通：《楚文字釋叢（五則）》，《中山大學學報》1996年第3期。後收入氏著《古文字與出土文獻叢考》（中山大學出版社，2005年）。

戦国楚簡研究会：《上海博物館蔵戦国楚簡「字書」に関する情報》，《中国研究集刊》第43号，2007年。

張崇禮：《釋〈君人者何必安哉〉的“貞”》，復旦網，2009年1月11日。

張崇禮：《釋〈凡物流形〉的“其夬奚適，孰知其疆”》，復旦網，2009年3月19日。

張崇禮：《〈用曰〉中讀爲“選”的字》，復旦網“學術討論”，2011年12月22日。

張崇禮：《讀上博九〈陳公治兵〉劄記》，復旦網，2013年1月29日。

張崇禮：《釋楚文字“列”及从“列”得聲的字》，復旦網，2013年6月28日。

張　峰：《說楚文字中的“桀”與“傑”》，《簡帛》第七輯，上海古籍出版社，2012年。又見於氏著《楚文字訛書研究》（上海古籍出版社，2016年）。【張峰2012=2016：134–141】

張　峰：《〈上博九·史蒥問於夫子〉初讀》，簡帛網，2013年1月6日。

張　峰：《〈上博九〉讀書筆記》，簡帛網，2013年1月7日。

張　峰：《楚簡省形符號“=”及相關字略說》，《江漢考古》2015年第6期。

張　峰：《說說楚簡中的“寅”和“要”》，《楚學論叢》第五輯，湖北人民出版社，2016年。

張　峰：《楚文字訛書研究》，上海古籍出版社，2016年。【張峰2016】

張富海：《郭店楚簡〈緇衣〉篇研究》，北京大學碩士學位論文，2002年。【張富海2002】

張富海：《上博簡〈子羔〉篇“后稷之母”節考釋》，簡帛研究網，2003年1月17日。後收入氏著《古文字與上古音論稿》（上海古籍出版社，2021年）。

張富海：《讀楚簡札記五則》，《古文字研究》第二十五輯，中華書局，2004年。後收入氏著《古文字與上古音論稿》（上海古籍出版社，2021年）。【張富海2004=2021：59–63】

張富海：《漢人所謂古文研究》，綫裝書局，2008年。

張富海：《說“"”“冤”》，《古文字研究》第二十八輯，中華書局，2010年。後收入氏著《古文字與上古音論稿》（上海古籍出版社，2021年）。【張富海2010=2021：177–180】

張富海：《“敕”字補說》，“‘文字、文獻與文明’——第七屆出土文獻青年學者論壇暨國際學術研討會”會議論文，中山大學古文字研究所，2018年。後收入氏著《古文字與上古音論稿》（上海古籍出版社，2021年）。【張富海2018=2021：163–172】

張富海：《說“耕”》，《漢語字詞關係研究（二）》，中西書局，2021年。【張富海2021】

張富海：《補說“毁”的上古音及其字形結構》，《中國文字》2021年夏季號（總第五期），萬卷樓圖書股份有限公司，2021年。【張富海2021】

張富海：《“希”字古音考》，《中國文字》2021 年冬季號（總第六期），萬卷樓圖書股份有限公司，2021 年。

張富海：《說“井”》，《出土文獻與古文字研究》第十輯，上海古籍出版社，2022 年。【張富海 2022】

張桂光：《楚簡文字考釋二則》，《江漢考古》1994 年第 3 期。後收入氏著《古文字論集》（中華書局，2004 年）。

張榮輝：《上博楚簡殘漶字擬補四則》，《簡帛》第二十三輯，上海古籍出版社，2021 年。

張榮輝：《上博簡和包山楚簡殘漶字研究》，中山大學博士學位論文，2022 年。【張榮輝 2022】

張榮輝：《〈上博簡〉殘漶字校讀四則》，《中國文字》2022 年夏季號（總第七期），萬卷樓圖書股份有限公司，2022 年。

張世超：《楚文字札記》，《古文字研究》第二十九輯，中華書局，2012 年。

張世超：《侯馬載書盟主新考》，《中國文字學報》第五輯，商務印書館，2014 年。

張　舒：《〈上海博物館藏戰國楚竹書（九）〉集釋及相關問題研究》，復旦大學碩士學位論文，2015 年。【張舒 2015】

張新俊：《〈成王爲城濮之行〉札記二則》，簡帛網，2013 年 1 月 7 日。

張新俊：《上博楚簡文字研究》，吉林大學博士學位論文，2005 年。【張新俊 2005】

張新俊：《釋清華簡〈五紀〉中與“東壁”之“東”相當的字》，復旦網，2023 年 12 月 22 日。【張新俊 2023.12.22】

張宇衛：《談“冈”》，《中正漢學研究》2016 年第 1 期。【張宇衛 2016】

張文成：《上博一札記二則》，未刊。

張振謙：《上博（五）札記二則》，簡帛網，2007 年 2 月 27 日。

張振謙：《清華簡〈五紀〉“眉”旁考》，《戰國文字研究》第七輯，安徽大學出版社，2023 年。

趙炳清：《上博簡三〈彭祖〉補釋》，簡帛研究網，2005 年 1 月 26 日。

趙平安：《“進芋明（從人）子以馳於倪廷”解》，簡帛網，2006 年 3 月 31 日。

趙平安：《上博簡〈三德〉“毋㚔貧”解讀》，簡帛網，2007 年 1 月 1 日。又見於《簡帛語言文字研究》（第三輯，巴蜀書社，2007 年）。後收入氏著《新出簡帛與古文字古文獻研究》（商務印書館，2009 年）。

趙平安：《戰國文字的“遊”與甲骨文“𡴘”爲一字說》，《古文字研究》第二十二輯，中華書局，2000 年。後收入氏著《新出簡帛與古文字古文獻研究》（商務印書館，2009 年）。

趙平安：《上博簡〈緇衣〉簡字詁四篇》，《上博館藏戰國楚竹書研究》，上海書店出版社，2002 年。後收入氏著《新出簡帛與古文字古文獻研究》（商務印書館，2009 年）。【趙平安 2002=2009：354–356】

趙平安：《上博簡釋字四篇》，《簡帛》第四輯，上海古籍出版社，2009 年。

趙平安：《試說“邇”的一種異體及其來源》，《安徽大學學報（哲學社會科學版）》2017 年第 5 期。【趙平安 2017】

知北遊：《上博九〈靈王遂申〉簡析》，新浪博客，2013 年 1 月 20 日。

周　波：《讀〈容成氏〉〈君子爲禮〉劄記（二則）》，《出土文獻與古文字研究》第一輯，復旦大學出版社，2006 年。

周　波：《試說徐器銘文中的官名"賫尹"》，《出土文獻與古文字研究》第四輯，上海古籍出版社，2011 年。後收入氏著《戰國銘文分域研究》（上海古籍出版社，2019 年）。

周　波：《戰國時代各系文字間的用字差異現象研究》，綫裝書局，2013 年。

周　波：《戰國銘文分域研究》，上海古籍出版社，2019 年。

周　波：《說上博簡〈容成氏〉的"冥"及其相關諸字》，《出土文獻與中國經學、古史研究國際學術研討會論文集》，高文出版社，2019 年。又見於復旦網（2020 年 6 月 23 日）【周波 2019=2020.6.23】

周鳳五：《〈孔子詩論〉新釋文及注解》，《上博館藏戰國楚竹書研究》，上海書店出版社，2002 年。後收入氏著《朋齋學術文集（戰國竹書卷）》（臺灣大學出版中心，2016 年）。【周鳳五 2002=2016：287–307】

周鳳五：《讀上博楚竹書〈從政（甲篇）〉劄記》，簡帛研究網，2003 年 1 月 10 日。後收入氏著《朋齋學術文集（戰國竹書卷）》（臺灣大學出版中心，2016 年）。

周鳳五：《上博六〈莊王既成〉〈申公臣靈王〉〈平王問鄭壽〉〈平王與王子木〉新訂釋文注解語譯》，"中國簡帛學國際論壇 2007"會議論文，臺灣大學，2007 年。後收入氏著《朋齋學術文集（戰國竹書卷）》（臺灣大學出版中心，2016 年）。

周鳳五：《上博六〈競公瘧〉"公乃出視朝"解》，"第一屆文字文本文獻國際學術研討會"會議論文，臺灣大學，2009 年。後收入氏著《朋齋學術文集（戰國竹書卷）》（灣大學出版中心，2016 年）。【周鳳五 2009=2016：411–416】

周忠兵：《釋金文中的"㢆"》，《出土文獻》第十二輯，中西書局，2018 年。

朱國雷：《〈清華大學藏戰國竹簡（拾）〉集釋及相關問題研究》，武漢大學碩士學位論文，2022 年。【朱國雷 2022】

鄒睿智：《上海博物館藏戰國楚竹書（一）・緇衣研究》，臺灣師範大學碩士學位論文，2004 年。【鄒睿智 2004】

關於網絡文獻的若干說明

・前列網絡文獻中的網站名一般使用簡稱，其全稱及其網址如下：

孔子 2000 網：清華大學簡帛研究網 http://www.confucius2000.com

簡帛研究網：https://www.jianbo.org

復　旦　網：復旦大學出土文獻與古文字研究中心網 http://www.gwz.fudan.edu.cn

清　華　網：清華大學出土文獻研究與保護中心網 http://www.ctwx.tsinghua.edu.cn

簡　帛　網：武漢大學簡帛研究中心簡帛網 http://www.bsm.org.cn

至於微信公眾號及新浪博客恕不具出網址。

・前列網絡文獻若署匿稱，且作者本人未公開點明（如該文獻後實名刊出或收入其集結文集中），一般保留暱稱，並以暱稱參與音序排次。

・前列網絡文獻的跟帖，本書引及時，再作析出。其析出文獻的簡稱格式爲：發帖者網名，樓主名 + 樓主發帖時間 +F 樓層數，跟帖時間。如網友"一上示三王"在 2013

年 1 月 6 日於網友“youren”《〈卜書〉初讀》（簡帛網“簡帛論壇”，2013 年 1 月 5 日）第 12 樓所發帖，簡稱爲“一上示三王，youren2013.1.5F12，2013.1.6”。

筆畫索引表

五畫

六畫

七畫

[一]

[丨]

[丿]

[丶]

[乛]

八畫

九畫

十畫

十一畫

十二畫

十四畫

十五畫

十六畫

十七畫

十八畫

十九畫

廿畫

廿一畫

廿二畫

廿三畫

廿四畫

廿五畫

後　記

呈於各位讀者面前的這部小書《上博簡文字編》是由筆者 2017 年 5 月至 2019 年 6 月期间完成的碩士學位論文《〈上海博物館藏戰國楚竹書（一－九）〉文字編》（以下簡稱“碩論版文字編”）改訂而成。此番改訂自 2019 年 6 月始，至 2024 年 7 月基本收尾。在此期間，主要做了如下三項工作：

一、增補、調整字形。主要增補了《卉茅之外》《凡物流形》若干逸簡以及《戰國楚簡書法藝術・竹簡書法選字六》收錄的若干单字。其次增補了已公佈材料中的若干殘字——過去碩論版文字編因其幾不成字，僅作選錄。此次成書，莫不畢載。此外，還調整了因竹簡編聯、拼合而需作修改的字形。

二、重製圖様。碩論版文字編所用圖様積弊不少，不堪敷用。趁此改訂，對所有圖様重新截取，又歷經去除底色、消除污漬、殘簡勾邊、拼綴復原等工序，方纔收錄。

三、修訂字詞釋讀。這項工作的核心内容是博採諸家，慎斷歧見，復出己意。值得一提的是，所博採者，除了刊物或網絡上正式發表的成果，還有部分是承蒙師友惠允徵引的未刊之作，抑或謦欬間賜教者。在此深表感謝！

前兩項葳事在先，最後一項至今旋寫旋改。蓋因見聞未賅，學識有限；以致博採非易，慎斷實難。時下古文字學蔚起，新出材料涌溢；歧見蠭出，異說汪肆。平心而論，辟除倉皇立說者之失、舉秀才而不知書者之過，尚屬易事。真正犯難的，大抵是形、音、義彼此膠轕的字（詞）族，如何別異同；“可愛”與“可信”之間，如何明是非；各持積極證據的舊論新說，如何決嫌疑。初，嘗哂他人好挾新異之說，逞辯給之能；而今反求諸己，又安能免俗？是以畏古人用字之機，知今世識文之艱，以致筆不能下。可謂身處“躊躇歧路之衢，愁勞群疑之藪”，“嘗有窮年竟不豁瞭”者。

然而，書稿終究是要交付的。倉促間，小書在隸定、歸字、括讀等方面難免多有貽笑者。加之上博簡仍有材料韞匵未發，小書在分篇、編聯、句讀等方面亦有待更正者。又限於篇幅，小書未能附上重新拼綴的彩色復原圖版以及上博簡字詞關係表。一生赤貧的英國文豪塞繆爾・約翰遜（Samuel Johnson）在其 1755 年出版的《英語詞典》（A Dictionary of the English Language）前言中自嘲：

> 凡世之不幸，其有字書撰者乎！世人眼中，他們是科學界的搬運工，是人文領域的排頭兵，而不是研學之徒。這注定了他們所做的一切，不過是爲學生與學者精進與馳名之路除穢祛壅。而那些學人不會因此就青睞這些助其成就的區區工具書。其他作者都會求其著作有功；而字書撰者但求無過，甚至連這也已是奢求（若干文句略作意譯，原文爲：Among these unhappy mortals is the writer of dictionaries, whom mankind have considered, not as the pupil, but the slave of science, the pioneer of literature, doomed only to remove rubbish and clear obstructions from the paths through which Learning and Genius, who press forward to conquest and glory, without bestowing a smile on the humble drudge that facilitates their progress. Every other author may aspire

to praise; the lexicographer can only hope to escape reproach, and even this negative recompense has been yet granted to very few）。

這番話道出了編纂字書之徒的心聲。而若小書果真能惠於學林，是我的榮幸。至於上述種種遺恨，且待來日吧！

上述工作能順利開展並完成，少不了師友的襄助。字編數據庫方面，基本框架出自張再興教授之手，運行代碼經由黎楠學長、劉新全調試；圖樣方面，若干高清圖版蒙段凱師兄惠賜，部分圖樣剪裁承劉新全、陳珏秀襄助，圖樣處理技術拜李雨萌、應金琦賜教。初稿草成後，煩請劉新全、趙雪婷、陳戥、古廣政等校字，又勞陳建勝尊兄與陳戥題簽點睛。同時，責任編輯張鵬蕊女史以及美術編輯劉華也爲小書頗費心力。僊蒂君爲我提供了情緒價值。還有對本書的前身碩論版文字編有過幫助的其他師友，在此恕難一一。

師友們的恩義，筆者自是難忘，在此致以衷心感謝！當然，最要感謝的，是我的研究生導師 白於藍先生。

一七年仲春，一個明媚的下午， 先生趁著課間休息，在教室外的過道，喫著菸，定下了我的碩士畢業論題：新修一部上博簡文字編。

一九年孟春，又一個明媚的下午， 先生在他家書桌前，排出十一張寫滿了歸字問題的紙片，對著電腦上的碩論初稿，喫著菸，與我逐條說文解字。

二三年暮春，還是一個明媚的下午， 先生在 QQ 上發了我爲小書所作前序。黄昏復易數稿，改至終了，問我："又改了幾個字，知道改了哪些？"我截出首段講王國維 1925 年的演講至"如今近一百年過去了"一句——舊稿誤作"九十年"。他回道："嗯，再讀的時候，發現快 100 年了。"又補道："快不快，這光陰？［微笑］"

光陰確實過得很快。恍惚間，小書修了七年。七年光陰，聖人足以教民"即戎"，"行文王之政於天下"；君子得以"論說學之是非"，"選擇好人"爲友，至臻"小成"。而半道出家的我，在漫長的修書過程中，勉強踏入了古文字之門。

允佇闈前，瞻望前途，卻又"未知止泊處"：生活無著，治學未成，處世尚絀。雖然如此，我那年愈耳順的雙親，瀕近耄耋的好（媪）公、好（媪）婆與外婆，卻一直在背後默默支持著我。這份無私的恩情，非我此生足以盡報。

這部小書，對各位讀者而言，不啻是一部尋常的階段性工具書；至我而言，是在各位師友與親朋玉成下，是對我這些年研習所得的一份階段性答卷。這份卷子答得是否合格，當由各位讀者裁奪。初學之作，疏失一定不少，祈盼不吝指正。

是爲記。

2023 年 7 月 18 日 初稿於上海下海廟

2024 年 8 月 27 日 改定於北京南沙灘

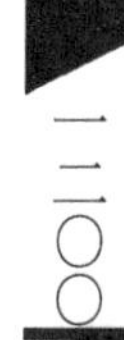